David Signer
Die Ökonomie der Hexerei *oder*
Warum es in Afrika keine Wolkenkratzer gibt

David Signer

# Die Ökonomie der Hexerei

*oder*
**Warum es in Afrika keine Wolkenkratzer gibt**

Publiziert mit Unterstützung des
Schweizerischen Nationalfonds zur Förderung
der wissenschaftlichen Forschung

Edition Trickster im Peter Hammer Verlag

*Dank*
„*Ce qui compte ce sont les relations*", pflegte Baba zu sagen. Ein wunderbarer Satz, vor allem, was die Vielschichtigkeit von „*relation*" betrifft.
In diesem Sinne möchte ich folgenden Personen herzlich danken: Coulibaly Tiegnouma, Clémentine Roger, Baba Diarrassouba, Hans-Peter Müller, Michael Oppitz, Michael Hürsch, Andreas Bühler, Jürg von Ins, Eugen Sorg, Vera Saller, Heidi Schär, Danielle Bazzi, Pape Sall, Jakob Zinsstag, Olivier Girardin, Marcel Tanner, Jürg Utzinger, Lea Knopf, Andrea Studer, Jacqueline Grigo, Dao Daouda, N´Goran Amani, Jean-Paul Eschlimann, Christine Hemmi, Sonja Zie, Alima Ouattara, Ruth Pierce, David King, Regula, Hans und Elisabeth Signer.
*Et surtout* Lucienne, *ma lumière*.
Der Schweizerische Nationalfonds finanzierte die Forschung drei Jahre lang.

*David Signer* wurde 1964 in St. Gallen in der Schweiz geboren, studierte Ethnologie, Psychologie und Linguistik. In seiner Promotion (Konstruktionen des Unbewussten, Passagen-Verlag 1994) setzte er sich kritisch mit der Ethnopsychoanalyse auseinander. Nach längerer Beschäftigung mit dem Flüchtlingswesen (Überlebenskunst in Übergangswelten, Reimer 1999) und mehrjährigen Aufenthalten im Nahen Osten, in Ost- und Westafrika ist er heute als Lehrbeauftragter und als Wissenschaftsredakteur der Schweizer *Weltwoche* tätig.


Publiziert mit Unterstützung des Schweizerischen Nationalfonds zur Förderung der wissenschaftlichen Forschung


© David Signer
© Peter Hammer Verlag GmbH, Wuppertal 2004
Alle Rechte ausdrücklich vorbehalten
Umschlaggestaltung: Magdalene Krumbeck
Satz: stallmeister publishing, Wuppertal
Druck: Koninklijke Wöhrmann, Zutphen
Printed in the Netherlands
ISBN 3-7795-0017-5
www.peter-hammer-verlag.de

EINLEITUNG  9

Worum es geht  11
Seltsame Zugänge  19
Was steckt dahinter? Die Frage der Hexerei  22

EXPEDITIONEN MIT ZAUBERERN  33

**Eine erste, persönliche Annäherung  33**
Die Geisterpriesterin  33
Der Féticheur  44

**Verwirrung als Erkenntnismittel  57**
Übertretungen des Bischofs – Stärke  58
Übertretungen des Agronomiestudenten – Sex  61
Übertretungen des Schweizers – Sparen  65
Übertretungen des Ego – Distanz  68

**In Coulibalys Welt**
*Der Féticheur aus Mali*  72
Der Mann, der mit bloßen Worten ein Huhn töten konnte  72
Coulibaly sagt wahr  79
Potenz und Grenzen  87
Eine Zeichnung, die dich reich macht  91
Im Netz. Die Textur des Analphabeten  94
Immer wieder: Kauris, Geister, Opfer und Gris-Gris  97
Das Geheimnis des Fetischs  102
Bei der Polizei und am Wasser  105
Die Reise nach Tiengolo  110
In den Dörfern Bélédougous: Zwillinge, Schlangen und der blinde Peul  113
Größenwahn und Liebe  121
In den Brei schreiben  125
Träume in Mopti  129
Warum muss man bis zu den Dogon reisen, um zu erfahren, wie viele Kinder man hat?  132
Rückkehr an die blaue Lagune  135
Rechnungen begleichen  137

**Baba, die Familie und das Wort**
*Die Griots aus Burkina Faso* 141
Jäger, Schmiede und Griots 141
Als ob die Zeit stehen bliebe 150
Die Reise nach Koumbara (Baba, Bobo, Bwaba, Bubu) 153
Auf dem Dorf: Begrüßung, Schenkung, Segnung
(oder Verhexung) 160
Ist der Vater immer noch nicht zufrieden? 170
Big Brother is watching you 174

**Clémentines Geister**
*Trance und Besessenheit in Abidjan* 177
Ein aufmüpfiger Fahrer und eine rachsüchtige Schlange 180
Vielschichtiger Lebenslauf 181
Eine Beziehung etablieren 184
Die Stimme der Geister 187
Abermals: Wie sie Féticheuse wurde 189
Liebesübersetzer, Bluttrommel, Gris-Gris-Kraft 196
Eine afrikanische Kassandra 198
Eine Waschung mit Rum und Hölzern 203
Das Opfer: Hühnerblut, Rum, Kaolin und Hirse 207
Die jährliche Opferzeremonie für die Geister 211
Die Geister um Erlaubnis für Filmaufnahmen fragen 214
Die Heilzeremonie in Bonoua 216
Die Lackmusprobe der Trance 231
Die Ankündigung einer zweiten Initiation 233
Eine geisterhafte Besucherin von weit her 236
Die neu geweihte Féticheuse zeigt sich 239
Die jährliche Opferzeremonie auf dem Dorf 243

**Wahn-, Warn- und Wahrträume**
*Vorahnungen und Wunder in Guinea und Senegal* 247
Kribi und verkohltes Küken gegen Aids 248
Ein neuer Fetisch 250
Ein erster Eindruck von Guinea 252
Falsche Frauen und zwei weise Marabouts 254
Die Malinké-Wahrsager: Tote Frau, erfreulicher Brief 256
Wenn die Féticheure ihr Netz auswerfen 259
Die Vorahnung des ausgehobenen Loches 261
Hatte Coulibaly von Siguiri und dem Alten auch bloß geträumt? 262

Sand in die Augen gestreut   263
Ein Fetisch, der (nicht) spricht   267
Wasser und Feuer   269
Coulibaly auf der Fährte eines unheimlichen Großvaters   271
Der Elefantenfetisch gibt etwas von sich   277
Geht der Tod der Großmutter auch auf das Konto
des Großvaters?   280
Aufstieg auf unbestimmte Zeit verschoben   283
Die Traumungeheuer sind in Wirklichkeit die Hexer   284
Der Tod des Onkels   288
Magischer Geleitschutz   290
Regen rufen und Kopf abbeißen   292
Odysseus, Eulenspiegel
und Baron von Münchhausen in Afrika   295
Die Rivalen pulverisiert   301
„Es soll dir nicht besser ergehen als mir"   303
Ist Geld etwas Reales? (Die Geldverdoppler-Marabouts)   308
Geld als (uneinnehmbares) Luftschloss   311
Das Dosenwunder von Ferkessédougou   314

**Initiation in die Kunst des Heilens**
**und Krankmachens   317**
Ich soll lernen, Hexen und die Zukunft zu sehen   317
Eine Vorahnung von Bösem   322
Die Welt der Kauris   323
Der Heiler und das Unheil   326
Eine Konsultation in Abwesenheit des Betroffenen   329
Lesen im Sand   332
Ein Versuch, die Welt zu ordnen   336
Das zufällige Reale strukturieren   337
Wie die Zeichen heilen   339
Coulibaly und Prof. Gueye im Vergleich   343

**Tropischer Hyperhumanismus   356**
Die persönliche Parksäule   357
Des Menschen Hörigkeit   357
Nanette oder Warum es in Afrika
keine Wolkenkratzer gibt   358
Die hinterhältige Stiefmutter   359
Humanismus als Humus für Hexerei   360

Steckt hinter dem Herzinfarkt die neidische Tante? 362
Hänsel und Gretel bei den Mauren 364
Das Rätsel des Sechsten Sinns 366

„SIE LASSEN DICH NICHT WACHSEN" 371

**Die Ökonomie der Hexerei 371**
Der tödliche Neid 371
Die Hölle, das sind die andern – aber ohne sie wäre man nichts 374
Den Bruder oder gar den Vater überholen 376
Die Entwertung der greifbaren Realität 379
Hexerei versus Entwicklung („Arbeiten bringt nichts") 381
Der freigebige Chef 392
Magischer Schutz vor Hexerei 393

**Opfer und Gewalt 395**
Allgegenwart der Opferlogik 397
Neid, Sündenbock, Opfer 400
Die unsichtbare Gewalt 405

**Die Hexerei als Teil der Kultur 410**
Die Unantastbarkeit des Gegebenen 412
Bitte – Drohung – Hexerei (Eingeforderte Gaben) 418
Kredit und Schulden 420
Korruption und Nepotismus 423
Vermeidung von offenen Konflikten 427
Selbstlosigkeit 429
Liebe und Sexualität 431
Eine zirkuläre und hierarchische Zeitauffassung 438

**Die Hexerei als Fluchtpunkt 441**

**Literatur 447**

# Einleitung

Die afrikanischen Heiler waren für mich geradezu der Inbegriff des Geheimnisvollen und Fremden, und damit dürfte ich in unserer Kultur kaum alleine dastehen.

Schon als Kind faszinierten mich Geschichten über Zauberer, Medizinmänner, Schamanen, Geisterbeschwörer und Wundertätige. Als Jugendlicher sah ich „Der Exorzist", mit der Passage, wo nach all den fehl geschlagenen Versuchen, das besessene Mädchen zu beruhigen, ein Priester geholt wird, von dem man munkelt, er hätte viele Jahre im Busch verbracht, wo er von den Afrikanern in ihre geheimen Riten eingeweiht worden sei. Später hielt ich mich ein Jahr in Ostafrika auf, kam jedoch nie wirklich in die Nähe eines *nganga* oder *witchdoctor*, wie sie dort genannt werden.

Als ich 1994 dann zum ersten Mal in der Elfenbeinküste zu einer Féticheuse gebracht wurde, ging für mich damit ein langer Traum in Erfüllung, und erst recht, als ich später Coulibaly, einen Heiler aus Mali, auch persönlich kennen lernte. Endlich konnte ich in diesen so lange verschlossenen Raum eintreten und mich in dieses *Andere* versenken. Während dreier Jahre hatte ich Gelegenheit, mich mit der Gedankenwelt, dem Leben, den Methoden und der Umgebung der Heiler und Heilerinnen in Westafrika vertraut zu machen. Und obwohl mir diese Welt heute in gewisser Weise vertrauter ist als beispielsweise die Schweizer Bankenwelt (die Struktur des Sandorakels ist mir klarer als jene der Börse), ist sie in anderer Hinsicht auch immer rätselhafter geworden.

Denn im Prinzip hat ein afrikanischer Heiler denkbar wenig mit einem Arzt in unserem Sinne zu tun. Wenn man sich bloß auf die traditionellen Pflanzenmedizinen konzentriert, die verschrieben werden, dann hat man von der Welt, die den Patienten und den Heiler verbindet, wenig wahrgenommen und verstanden. (Und deshalb spreche ich im Folgenden auch nicht vom Heiler, sondern vom Féticheur, um diese Andersheit sogleich zu signalisieren.) Für uns ist ein Arzt ja eine Art Feinmechaniker, der den Körper gewissermaßen als eine weiche Maschine auffasst, die irgendwo eine Störung aufweist, die aufgefunden und repariert werden muss. Sucht in Afrika jemand aufgrund von Problemen einen Spezialisten auf, so wird dieser (abgesehen von den bloßen Herbristen) die Konsultation nicht etwa durch eine Befragung und

Untersuchung des Patienten beginnen, sondern im Allgemeinen gleich zum Orakel übergehen, auf dessen Offenbarungen er dann sowohl die Diagnose wie die Therapie stützen wird. Das kann in Form von Kaurischnecken geschehen, die geworfen werden, wobei ihre Konstellation interpretiert wird. Vielleicht zeichnet der Féticheur auch Muster in den Sand, die dann verbunden und „gelesen" werden. Handelt es sich um einen islamischen Marabout, kennt er vielleicht Techniken, die Steinchen seiner Gebetskette abzuzählen, um die resultierenden Zahlen sodann in Aussagen zu übersetzen. Oder handelt es sich um eine Geisterpriesterin, wird sie von diesen besessen und gibt dann in Trance deren Aussagen wieder. Aber immer handelt es sich um Methoden der Wahrheitsfindung, die wir kaum als rational, empirisch oder überprüfbar betrachten.

Meist weist die afrikanische Diagnose jedoch auf Ursachen hin, die unseren Tests und Instrumenten entgehen würden. Ursachen, die aus der „anderen Welt" kommen, jener der Hexerei und der Geister. Auch die Behandlung ist entsprechend vor allem auf jene ausgerichtet. Natürlich spielen Medikamente eine Rolle; aber auch diesen wird erst Wirksamkeit zugeschrieben in Verbindung mit einer vorgängigen rituell-magischen Behandlung (die Pflanzen müssen zum Beispiel „besprochen" werden). Wichtiger sind die verschriebenen Opfer (in Mali zum Beispiel oft ein bestimmtes Huhn und eine bestimmte Anzahl bestimmter Kolanüsse) sowie die Maßnahmen zur künftigen Abwehr des Bösen (zum Beispiel die *gris-gris*, in Leder eingenähte Schutzobjekte).

Wie man sieht, ist der afrikanische Féticheur zugleich weniger und mehr als unser Arzt. Er ist ebenso Psychologe, Familientherapeut, Seelsorger, Priester, Schiedsrichter, Zeremonienmeister, eine Art Performance-Künstler und *last but not least* eine Art Ökonom, Spezialist für Fragen der Lastenverteilung, Lastenumverteilung, Kosten, Schulden, Rückzahlung, Ausgleich. Dieser ökonomische Aspekt seiner Analysen und Behandlungen hängt zusammen mit Vorstellungen von Hexerei, die wiederum viel mit dem Problem des Neides zu tun haben. Ein großer Teil der Störungen, die zum Aufsuchen eines Heilers führen, wird mit den Phänomenen des zu schnellen Wachstums, der raschen Bereicherung, des überraschen Erfolgs und des überraschenden Sturzes in Verbindung gebracht, mit Fragen des Gebens und Verteilens beziehungsweise der Weigerung, genug abzugeben und den Folgen der daraus erwachsenden Missgunst. Opfer sind unter diesem Blickwinkel Geschenke des Wiedergutmachens, eine archaische Besteuerung, ein Wiedereinkauf ins Soziale.

Und damit ist man bereits im Herzen des afrikanischen Psycho- und Sozialsystems.

## Worum es geht

Im Oktober 1994 führte ich in Man, einer Stadt im Westen der Elfenbeinküste, ein sehr interessantes Gespräch mit einem jungen Mann namens Jean-Claude.

„Hexerei", sagte er mir, „ist das größte Hindernis für Entwicklung in Afrika."

Ich fragte: „Meinst du Hexerei oder den Glauben an die Hexerei?"

„Hexerei. Hexerei ist eine Realität. Immer wenn jemand aufsteigt, Erfolg hat, überdurchschnittlich ist, riskiert er, verhext zu werden. Der Neid ist so allgegenwärtig. Das führt zu Angst, Entmutigung, Lähmung jeder Initiative. Hexer essen am liebsten Erfolgreiche, Diplomierte, Studenten, junge hoffnungsvolle Talente. Und am liebsten einen aus der eigenen Familie. Sie verteilen ihn in ihrer Gruppe, und das nächste Mal ist ein anderer dran, jemanden aus seiner Verwandtschaft zu offerieren. So geht das immer weiter. Hast du einmal mitgegessen, stehst du in ihrer Schuld. Opferst du dann nicht jemanden von den Deinen, geht's dir selbst an den Kragen. In meiner Familie zum Beispiel ist es ein Bruder meines Vaters, der alle Erfolge verhindert. Seine eigenen Söhne reüssieren, aber alle anderen stranden. Ich selbst war ein guter Schüler; bis zur Abschlussprüfung, da versagte ich. Ich weiß selbst nicht warum. Deshalb konnte ich nicht weitermachen mit der Schule. Mir bleibt nur noch, auf einen Erfolg in der Lotterie zu hoffen!"

Jean-Claude ist ein Yacouba. Doch ich habe in den folgenden Jahren ähnliche Beschreibungen in den verschiedensten Regionen und bei unterschiedlichsten Leuten der ganzen Elfenbeinküste, aber auch in andern Ländern Westafrikas gehört.

Wie man aus meiner Frage heraushört, verstand ich Jean-Claudes Gedankengang, dass „Hexerei" entwicklungshemmend sei, weil es den Ehrgeiz einschüchtert. Aber ich tendierte zu jener Zeit noch dazu, Hexerei als einen Aberglauben zu betrachten. Wäre Hexerei bloß eine Angelegenheit des Glaubens, wäre es für den Einzelnen prinzipiell möglich, das Problem zu überwinden. Heute stehe ich Jean-Claudes (oder der „emischen") Sicht näher: Hexerei ist eine Realität, auch wenn ich vielleicht einschränken würde: eine soziale Realität. Das heißt: Auch wenn wir den Glauben an Versammlungen, wo die hoffnungsvollsten

Familienmitglieder verzehrt werden, nicht teilen, so ist doch die Feststellung der zerstörerischen Kraft des Neides in der afrikanischen Gesellschaft nicht zu leugnen. Diese Kraft ist aber etwas anderes als eine Angelegenheit des individuellen (Irr-)Glaubens. Sie betrifft die Ebene der sozialen Tatsachen und Strukturen, der Soziologie. Dass es nicht einfach um (Individual-)Psychologisches geht, zeigt schon der Sachverhalt, dass jemand wie Jean-Claude das Problem haarscharf erfasst und ihm trotzdem nicht entkommt.

Offizielle Hexereianklagen können heute nicht mehr erhoben werden, Ordale sind in den meisten afrikanischen Staaten verboten. Der Hexereidiskurs ist inoffiziell geworden, dadurch aber auch entgrenzter, diffuser und allgemeiner. Seine Domänen sind heute, neben dem Psychischen (den Vermutungen und Ängsten) das Gerücht, das Geschwätz und die Behandlungszimmer der traditionellen Heiler. Aber die Weltsicht, die in der Hexerei zum Ausdruck kommt (die impliziert, dass individueller Erfolg und sozialer Aufstieg gefährlich sind, weil sie – potenziell tödliche – Neider anziehen), ist immer noch allgegenwärtig, auch wenn das Wort „Hexerei" dabei gar nicht verwendet wird. Ich möchte das an einem weiteren kleinen Fallbeispiel veranschaulichen:

Abou ist ein junger Mann aus der Gegend von Odienné, der in Bouaké eine *cabine téléphonique* bedient. Eines Tages sagte er mir:
„Es ist besser nicht zu arbeiten, als zu arbeiten."
„Warum?", fragte ich.
„Weil es auf dasselbe rauskommt. Jeden Tag kommen zehn Leute, um mich anzupumpen. Weitere zehn kommen, um auf Kredit zu telefonieren. *Ils me fatiguent jusqu'à ce que j'accepte.* Es ist so viel Bargeld in der Schublade, ich kann nicht sagen, ich hätte nichts. Und ich kann auch nicht abhauen. Sie können mich den ganzen Tag bearbeiten, bis sie kriegen, was sie wollen. Und Ende des Monats habe ich zwar gegessen, aber ich stehe ohne einen *Sou* da, genau so wie die, die mich angepumpt haben und selber nicht arbeiten. Ich möchte nach London gehen. Du siehst mich seit zwei Jahren jeden Tag hier arbeiten, aber ich bin keinen Zentimeter vorwärtsgekommen. Ich muss weg."
Wie zur Illustration dieser Situation hat Abou zwei Sprüche auf die Wand hinter sich geschrieben:
„*L'enfer c'est les autres*" („Die Hölle, das sind die andern") und „*L'homme n'est rien sans l'homme*„ („Der Mensch ist nichts ohne den Menschen").

Man kann das afrikanische Dilemma wohl kaum prägnanter ausdrücken. Abou hat eigentlich alle Voraussetzungen und alles getan, um weiterzukommen. Er zeigt Initiative. Neben seinem Job in der Kabine unterhält er einen Kleinhandel mit allem Möglichem. Er ist intelligent, sprachgewandt und recht gebildet. Er ist aufgeklärter Muslim. Er hat die Provinz verlassen, um in die Großstadt zu kommen, wo er nicht mehr den engen Beschränkungen und Verpflichtungen der Familie untersteht. Trotzdem hat er nicht alle Verbindungen gekappt. Er wohnt bei seinem Onkel und geht von Zeit zu Zeit ins Dorf auf Besuch. Er ist umgänglich, gesprächig, allseits beliebt. Er ist weder verschwenderisch noch geizig. Er ist ledig und hat noch keine Kinder zu unterhalten. Er trinkt nicht und raucht nicht. Mit andern Worten: In einem friedlichen, recht prosperierenden Land wie der Elfenbeinküste müsste ein Mann wie er eigentlich weiterkommen. Warum kommt er auf keinen grünen Zweig? Er sagt es selber: Es liegt an der Art der herrschenden Sozialbeziehungen, und zwar vor allem, insofern sie Ökonomisches betreffen, konkret: an der Pflicht zu teilen und der Unmöglichkeit zu sparen.

Um die Unterschiede zum europäischen System noch schärfer herauszuarbeiten, muss man sich fragen, was denn passieren würde, verweigerte Abou Kredite und Geschenke. „*On va trop me fatiguer*", sagt er selbst. „Man wird mich ermüden, fertig machen." Das ist buchstäblich zu nehmen. All die selbst ernannten *petits-frères* würden den lieben langen Tag in seiner Kabine sitzen und ihn mit ihrem Gejammer an den Rand des Nervenzusammenbruchs treiben. Er kann ja nicht weg, er ist ihnen ausgeliefert! „*On va gâter mon nom*", sagt er auch. „Man wird meinen Namen in den Schmutz ziehen." Das hieße, die Kunden blieben aus. Es gibt genug andere Kabinen in der Umgebung.

Aber vor allem kann einen jemand, den man erzürnt hat, verhexen. „Die Hexen sind überall, du kannst ihnen nicht entfliehen. In Windeseile fliegen sie von hier nach Paris."

„Was kann man dagegen tun?"

„Vor allem musst du freundlich sein mit allen. Wenn dich jemand um einen Gefallen bittet, solltest du ihn nicht ausschlagen. Du musst immer daran denken, dass es dir besser geht als vielen anderen. Vor allem in der Familie. Die Leute, die Angst vor Hexen haben, sind vor allem Junge, die in die Stadt gekommen sind und sich seit Jahren nicht mehr im Dorf haben blicken lassen. Jetzt schämen sie sich. Man muss für die ärmeren Verwandten sorgen, sonst tun sie dir etwas an. Ich schütze mich auch mit einem Koranvers, den mir mein Onkel gegeben hat. Manchmal schreibe ich auch Koranverse auf die Tafel, wasche sie ab und trinke das Wasser. Es ist schwierig, hier vorwärts zu kommen. Ich kenne einen Ort, wo neunzig Prozent der Jungen ausgewandert sind. Immer will jemand etwas von dir, und wenn du es ausschlägst, machen sie dir das Leben zur Hölle. In Afrika arm geboren zu werden, heißt arm zu sterben. Der Faule ist schlauer als der Fleißige, denn beide bringen es gleich wenig weit, bloß dass der eine ein leichteres Leben hat als der andere."

Das Schicksal Abous erinnert an jene moderne Legende, die in verschiedenen afrikanischen Ländern kursiert und von einem Mann erzählt, der Gott begegnete. Der Allmächtige versprach, ihm zu geben, was immer er begehrte – und seinem Bruder das Doppelte. Der Mann dachte an eine Frau, ein Haus, ein Auto, aber die Vorstellung, dass sein Bruder zwei davon hätte, war ihm unerträglich. Schließlich bat er Gott: „Stich mir ein Auge aus."

Um diese Thematik des Neids kreist – nebst anderem – die vorliegende Studie. Sie beruht auf Feldforschungen, die ich im September/Oktober 1994 in der Elfenbeinküste begann, im März/April 1996 ebenda fortführte und vom August 1997 bis Sommer 2000 in einem größeren Rahmen, der auch Mali, Burkina Faso, Guinea und Senegal umfasste, weiterverfolgte.

Hexerei ist ein *fait social total*. Die sozialen, ökonomischen und zum Teil auch die politischen Aspekte lassen sich tagtäglich und überall beobachten. Die religiöse Seite nicht, denn sie hat ihre genau zugewiesenen Orte, Personen und eine abgestufte Geheimhaltungspraxis. Einen großen Teil meiner Forschungszeit verbrachte ich mit den dafür zuständigen Spezialisten: Féticheur, Heiler, Priesterin, Tradi-Practicien, Komian, Marabout oder wie immer man diese Fachleute für Hexerei, Antihexerei und Geister, aber auch für Krankheiten, Heilpflanzen und Behandlungen nennen will. Die zwei Menschen, denen ich in dieser Hinsicht am meisten zu verdanken habe, sind Tiegnouma Coulibaly und Clémentine Roger.

Tiegnouma Coulibaly ist ein Bambara aus Mali, der in Abengourou im Osten der Elfenbeinküste wohnt und praktiziert. Ich glaube sagen zu können, dass wir im Laufe der Jahre, in denen wir uns kennen, zu Freunden geworden sind. Ich habe ihm Einblicke in meine Welt gegeben, aber vor allem er mir in seine und in jene von andern Féticheurs, die wir in der Elfenbeinküste, in Mali und Guinea zusammen besucht haben.

Clémentine Roger ist eine Abouré in Abidjan. Durch sie habe ich zum einen viel über die traditionellen Auffassungen der Akan über diese Dinge erfahren (insbesondere auch durch die Kontakte, die sich durch sie zu ihrem Herkunftsort Bonoua ergaben, wo ich andere Féticheusen aus ihrer Verwandtschaft kennen lernte), zum andern aber auch über die besondere Perspektive einer Frau, die, wie sie, praktizierende Féticheuse ist, zugleich jedoch gebildete Angehörige eines großstädtischen Mittelstands, und größtenteils eine ebensolche Kundschaft betreut. Auch mit ihr verbindet mich zu viel, als dass ich einfach von einer Informantin (und wäre es eine „Hauptinformantin") sprechen könnte. Einen großen Teil meiner Forschung verbrachte ich reisend, mit Coulibaly, aber auch mit andern Heilern und mit Griots (auf die ich noch zurückkommen werde). Einen Höhepunkt in dieser Hinsicht stellte eine Reise dar, die ich mit Coulibaly in sein Heimatdorf Tiengolo im Westen Malis unternahm. Neben der Bekanntschaft mit seinem Vater, ebenfalls ein bekannter Heiler, ergaben sich Kontakte mit zahlreichen andern Féticheurs und Marabouts in den umliegenden Dörfern.

Diese Art der teilnehmenden Beobachtung – mit einem Heiler an seinen Herkunftsort zu reisen – erwies sich als äußerst fruchtbar in mehrerer Hinsicht. Erstens ist das Reisen eine zwanglose Möglichkeit, viel Zeit miteinander zu verbringen, Raum für Gespräche zu haben und Alltagsverhalten mitzuerleben. Zweitens erleichtert die Begleitung eines Heilers den Zugang zu andern Heilern (die in diesem Fall entweder mit ihm verwandt oder seine ehemaligen Lehrmeister sind), und zudem können die beobachteten Heilmethoden nachher diskutiert werden – aufgrund der Konkurrenzsituation oft auch durchaus kritisch. Drittens stellt die Rückkehr eines Arrivierten (wie es Coulibaly gemessen an seiner Herkunft zweifellos ist) in sein Heimatdorf quasi die Verhexungssituation par excellence dar. Auf einem solchen Rückkehrer lastet die Verpflichtung, seinen gewonnenen Reichtum zu verteilen. Tut er das nicht, gilt er als Egoist, zieht Neid auf sich und also möglicherweise auch Verhexung. Viertens erlebte ich diesen sozialen Druck, der auf dem Arrivierten lastet, gewissermaßen am eigenen Leib, indem ich für diese Erwartungen als Coulibalys „Überdruckventil" fungierte und geben musste, wenn jener nicht mehr konnte. Das eigene Involviertwerden in diese Erwartungen und die Aggressionen bei Nichterfüllung verschafften mir wohl auch manche vertieften Einsichten in die Psychodynamik von „Verhexung und Gegenmaßnahmen". Fünftens ermöglichte die Bekanntschaft mit seiner ganzen Familie und weiteren Verwandtschaft auch eine psychologisch differenziertere Betrachtung seiner Lebensgeschichte, einer Lebensgeschichte, die von einer leidensvollen Kindheit und Jugend gezeichnet ist und die in mancher Hinsicht als typisch für viele Heilerbiografien – zumindest dieser Region – gelten kann.

Ich wiederholte diese Methode später mit dem Griot Baba Diarrasouba, einem Bwaba, mit dem ich, nachdem ich auch ihn schon länger kannte, von seinem jetzigen Wohnort Ferkessédougou im Norden der Elfenbeinküste eine Reise in sein Dorf Koumbara im Westen von Burkina Faso unternahm, die sich wiederum als äußerst aufschlussreich erwies. Auch sein Vater ist ein bekannter Heiler, der mir Kontakte zu verschiedenen andern Heilern der Umgebung ermöglichte. Darüber hinaus ist Baba Diarrasouba als Griot für das Erzählen von Familiengeschichten, Anekdoten, politischen Ränkespielen und Gerüchten prädestiniert und verfügt über ein immenses Netz von Kontakten durch alle Schichten und Landesteile, was ihn zu einem wunderbaren Reise- und Gesprächspartner macht. Aber auch bei ihm stellte sich der ganze Komplex von Rückkehr, Verteilen-Müssen, Imponieren-Wollen (aber mit dem Vater und dem größeren Bruder nicht konkurrieren zu dürfen), Angst vor dem Vorwurf, unsozial zu sein usw., als äußerst konfliktreich dar.

Bei Erstkontakten mit Heilern und Heilerinnen realisierte ich rasch, dass es am einfachsten und ergiebigsten war, sich anstatt als Forscher (was meist bloß zu Missverständnissen führte) direkt als Klient einzuführen, um die praktizierten Methoden sogleich „von innen" zu erleben. Das wird dadurch erleichtert, dass von einem Kunden gar nicht erwartet wird, dass er ein konkretes Problem präsentiert, sondern es am Heiler (der immer auch Wahrsager ist) liegt, den Grund des Kommens herauszufinden. Und er findet auch immer etwas.

Ein „Aha-Erlebnis" stellte für mich das Recherchieren eines Falles von Hexereiverdacht in Grand-Béréby dar. Nach einer Art Schneeballprinzip suchte ich immer neue Involvierte auf, die mich dann wiederum auf andere Beteiligte verwiesen. Das Interessante an dieser Geschichte (sie findet sich im Kapitel „Es soll dir nicht besser ergehen als mir") ist, dass sie völlig ohne Institutionalisierung vor sich ging. Der Hexereiverdacht gegen die besagte Frau wurde eines Abends – nachdem der zugrunde liegende Konflikt sich seit einigen Wochen zugespitzt hatte – in einem Restaurant vor mehreren Gästen ausgesprochen und breitete sich in den nächsten Tagen im ganzen Ort aus, allerdings ohne dass irgendeine „offizielle" Instanz involviert gewesen wäre. Die (gruppen-)psychologischen Faktoren des Hexereiverdachts ließen sich hier also insofern besonders gut studieren, als es eine kontinuierliche Entwicklung gab von einem „normalen" Konflikt zu einem Konflikt, der in Begriffen der Hexerei formuliert und ausagiert wurde. Das war für mich lehrreich, weil in der klassischen ethnologischen Literatur eine Tendenz besteht, „Hexerei" zu isolieren und zu institutionalisieren. Demgegenüber begriff ich anhand dieser an sich banalen Auseinandersetzung, dass – zumindest heute – die Relevanz der Hexerei in Afrika darin besteht, dass sie nicht so sehr einen klar abgegrenzten Sachverhalt markiert (Verdacht, Anklage, Strafe etc.), sondern eher einen kulturellen Stil, eine Struktur oder einen Aspekt bezeichnet, der praktisch alles prägt, was das Sozialleben ausmacht, auch wenn das Wort „Hexerei" gar nicht ausgesprochen wird.

Der Hauptteil des vorliegenden Buches, die „Expeditionen mit Zauberern", ist empirischem Rohmaterial gewidmet. Zuerst gebe ich einen Bericht wieder, den ich anlässlich meiner ersten persönlichen Begegnung mit Féticheuren verfasste. Ich hatte Letztere als Klient aufgesucht (das kann man, wie gesagt, auch ohne spezifisches Problem, etwa so, wie man hier zu einem Wahrsager geht; es ist dann an ihm, das Problem zu finden.) Das gibt einem gute Einblicke, hat aber den „Nachteil", dass man persönlich involviert wird (etwa so, wie wenn sich ein Afrikaner, der den europäischen Psychoboom untersucht, einer Urschrei-Therapie unterzieht. Die schöne Dialektik von Eigenem und Fremdem kann dann ziemlich tumultös werden). Auch „Verwirrung als Erkenntnismittel" handelt von Verstrickungen, um die man in einer längeren Feldforschung nicht herumkommt. Der Text ist ein Versuch, die eigene Verdunkelung für Aufklärungszwecke fruchtbar zu machen, sich ins äußere und innere Chaos zu begeben, um zu einer neuen Ordnung zu gelangen.

„In Coulibalys Welt" porträtiert den Bambara-Féticheur Tiegnouma Coulibaly. Das Kapitel beschreibt vor allem auch die Reise in sein Heimatdorf in Mali, die ich mit ihm unternahm und die mir einige der familiären Probleme vor Augen führte, mit denen jemand konfrontiert ist, der einen Aufstieg geschafft hat, und nun einer Art verwandtschaftlicher Erpressung ausgesetzt ist: Entweder du gibst, oder du wirst verhext.

Das Kapitel „Baba, die Familie und das Wort" behandelt eine ähnliche Problematik. Auch mit dem Bwaba-Griot Baba Diarrasouba unternahm ich eine lange Reise in sein Dorf, zu seinem Vater. Wie schon mit Coulibaly besuchten wir auch hier zahlreiche Heiler, und Baba, als

Griot ein professioneller Vermittler, war für mich dabei ein unschätzbarer „Passepartout". Aber auch für ihn war das Wiedersehen mit all den *frères* und *sœurs* nicht nur eitel Freude. Wehe, jemand hatte das Gefühl, beim großen Geschenkeverteilen übergangen worden zu sein! In der Nacht gehen die Hexen um, vor allem auf dem Dorf (sagen die Städter). Wir jedenfalls verbrachten keine einzige Nacht in Koumbara ...

Das Kapitel „Clémentines Geister" zeichnet das Bild einer Féticheuse in der Millionenstadt Abidjan. Als Abouré-Frau gehört Clémentine Roger zur Akan-Kultur aus den Wäldern des südlichen Ghana. Damit vertritt sie auch in ihren Behandlungen einen andern Stil als die Leute aus dem Umfeld Coulibalys und Babas, die aus der Savanne im Norden kommen. Clémentine ist eine gebildete, städtische Kleinbürgerin mit Brille (tagsüber). In der Nacht, wenn sie konsultiert, ersetzt sie den Rock durch einen gelb-weißen *pagne* (das sind die Farben, die ihre Geister mögen). Ihre Brille legt sie ab, denn ihr Blick ist sowieso auf eine innere Ferne gerichtet, wenn sie sich das Gesicht mit Kaolin eingeschmiert hat, die Kalebasse mit dem Wasser vor ihrem Gesicht schwenkt und langsam in Trance fällt, bis der Flussgeist mit einer ganz unirdischen Stimme sich durch sie zu äußern beginnt. In solchen Séancen wird anschaulich, was die Afrikaner und Afrikanerinnen meinen, wenn sie so häufig davon sprechen, dass es neben der Tagwelt noch eine andere Ebene, eine *surréalité* gebe, die unsichtbar, aber an ihren Spuren auch am Morgen noch erkennbar sei, wie ein nächtlicher Föhnsturm. Für den, der Augen hat zu sehen.

In „Wahn-, Warn- und Wahrträume" geht es vor allem um die Reisen, die ich mit Coulibaly zu Heilern in Guinea unternommen habe (ein Land, das oft als Hochburg der Féticheure bezeichnet wird, insbesondere auch, wenn es darum geht, sich gegen jemanden zu schützen, wie der Klient sagen würde; jemandem Schaden zuzufügen, wie das betroffene Opfer sagen würde). Viel Platz nehmen dabei die Schilderungen und Deutungen von Träumen ein, denen die Féticheure eine große Wichtigkeit beimessen (weil sie auch Einblicke in jene „andere Welt" geben, in das verschlossene Studio gewissermaßen, wo der Film gedreht wird, den wir dann am Tag zu sehen bekommen und für real halten).

Das Kapitel „Initiation in die Kunst des Heilens und Krankmachens" schildert schließlich, wie ich von Coulibaly eingeweiht wurde. Aus dieser „Innenperspektive" werfe ich nochmals einen Blick auf die Funktion des Féticheurs als Heilers, beziehungsweise auf die Frage: Wie kann eine Therapie, die auf für uns extrem unwahrscheinlichen

Annahmen basiert, Erfolg haben? Die Verfolgung dieser Frage geschieht mit Seitenblicken auf die Klinik „Fann" in Dakar, wo mit modernen psychiatrischen Methoden gearbeitet wird, aber unter Berücksichtigung des traditionellen Krankheitsverständnisses. Möglicherweise ist ein Féticheur von der Art Coulibalys, der nie eine Schule besucht hat und den Kugelschreiber nur für seine Geheimschrift braucht, angesehener beim Durchschnittsafrikaner als der Psychiatrieprofessor mit seinen Diplomen und der Krawatte – und infolge dessen erfolgreicher, nicht nur was den Kundenandrang betrifft, sondern auch die (subjektiven) Heilresultate. Aber mit jedem Heilerfolg hat er die Vorstellungen von Hexerei und Geisterunwesen auch wieder bestätigt und perpetuiert.

Das Kapitel „Tropischer Hyperhumanismus" schließlich kreist um das, was man den kulturellen „Humus" des Hexereikonzepts nennen könnte: die extreme Ausrichtung auf den andern als Quelle des Glücks wie des Unglücks, die Personalisierung des Universums; man könnte auch sagen „Humanisierung", sofern man berücksichtigt, dass damit das Leben der Afrikaner im Vergleich zu den „Weißen" nicht nur ein Mehr an Nähe und Kommunikation aufweist, sondern auch an Personifizierung von Üblem, das „wir" nicht unbedingt einer konkreten Einzelperson zuschreiben würden.

**Seltsame Zugänge**

Natürlich könnte man sich fragen, ob mit dem hier propagierten und praktizierten Zugang (der Forscher als Klient und damit zugleich Forschungssubjekt und -objekt) noch Distanz und Objektivität möglich seien. Nun, um es kurz zu machen: Man hat meist gar keine andere Wahl. Denn *über* das System, um das es hier geht, redet der Heiler im Allgemeinen nicht. Man redet *im* System – oder gar nicht. Natürlich kann man immer über irgendwelche Praktiken reden („muss man vier oder fünf Kaurischnecken vergraben" usw.), und das war ja auch die Hauptbeschäftigung der konventionellen Ethnologie. Bloß: Ist das wichtig? Was Favret-Saada über das Hainland sagt, gilt auch für Afrika: Entzauberungsrituale zeichnen sich durch ihre Dürftigkeit und Zufälligkeit aus. „Ob dieses oder jenes Ritual angewandt wird, tut wenig zur

---

1  Favret-Saada 1979:17. „Einen Zauber lösen besteht nicht darin, Formeln aufzusagen oder magische Rituale zu praktizieren. Damit sie überhaupt einige Aussicht auf

Sache."[1] Dass der Heiler so tut, als *sei* es wichtig, gehört zur Funktionsweise des Systems. Hingegen haben die ausgesprochenen *Worte* ihre genau definierte Funktion. Das Wort im Zusammenhang der Zauberei ist Macht, nicht Information. Und deshalb kann ein Heiler auch nicht „Informant" sein.

„Wenn in der Zauberei gesprochen wird, dann niemals, um zu informieren. Und wenn man informiert, dann nur, damit derjenige, der töten soll (der Zauberbanner), weiß, wo er zuschlagen muss. Es ist im wahrsten Sinne des Wortes undenkbar, einen Ethnographen zu informieren, das heißt jemanden, der versichert, von diesen Informationen keinen Gebrauch machen zu wollen, der ganz naiv etwas wissen will, nur um es zu wissen."[2]

Schlussfolgerung: Der Hexenglaube lässt sich nicht untersuchen, „wenn man nicht bereit ist, in den Situationen, in denen er sich äußert, und in der Rede, die ihn zum Ausdruck bringt, mit eingeschlossen zu werden."[3]

Das heißt, es gibt also eigentlich nur zwei fruchtbare Positionen für den Ethnologen: Man beginnt als Kunde und endet als Lehrling oder Assistent (sowohl Coulibaly wie Clémentine drängten mich erst in die eine und dann in die andere Rolle).

Nochmals Favret-Saada (die ebenfalls als „Assistentin" ihrer Informantin endete): „Wenn man einen Wahrsager hören will, gibt es also keine andere Lösung, als sein Kunde zu werden, das heißt, ihm den eigenen Wunsch zur Deutung vorzulegen. (Eine Konsultation ohne Bitte um Wahrsagung ist sinnlos, denn die Hellseherin sieht nichts, und für den Ethnographen gibt es nichts zu verstehen). Es kann bei dieser Gelegenheit nicht ausbleiben, dass der Forscher, wie jeder Einheimische – oder wie jedes wünschende Subjekt – selbst von der Verkennung betroffen wird ..."[4]

Diese involvierte Position impliziert ein paar Abweichungen vom ethnologischen Methodenhandbuch:

---

Erfolg haben, muss vorher ein System von Plätzen errichtet sein, dank dem ein anderer den Magier in die Position eines Subjekts versetzt, von dem man annimmt, dass es Macht hat; und der Magier selbst muss anerkennen, dass er sich in dieser Position befindet, und akzeptieren, dass dies ein großes Engagement in einer bestimmten Rede erheischt, dass er die Folgen des magischen Wortes am eigenen Leib zu tragen hat, usw." (a.a.O.:31).
2    Favret-Saada 1979:17.
3    Favret-Saada 1979:32.
4    Favret-Saada 1979:35.

Die Verifizierung des Gesagten durch Dritte (durch unparteiische Zeugen) ist absurd, weil das Geschehen *per definitionem* außerhalb der Interaktion zwischen Kunde und Heiler (und „Hexer") keine „objektive" Realität besitzt, respektive sich erst im Behandlungszimmer konstituiert. Noch absurder wäre es, die Rede des „Verhexten" mit jener der „Hexe" vergleichen zu wollen. Im Prinzip ist überhaupt „Beobachtung" (Distanz, Position der Exteriorität) von allem, was mit Hexerei und Antihexerei zu tun hat, ein Widerspruch in sich selbst. Man kommt nicht um „Partizipation" (auch innere Partizipation, und das heißt zumindest vorübergehende Identifizierung mit dem System) und Subjektivierung (wo, wenn nicht an sich selber, erkennt man, „wie es geht"?) herum. Das schließt Theoretisierung nicht aus. Die wesentliche Rolle von Verteilen-Müssen, Verhext-Werden und Opfern ist mir erst klar geworden, als ich sie am eigenen Leib (will sagen als Klient) erfahren habe. (Ich begab mich damit den Heilern gegenüber in eine Position, die derjenigen der Heiler gegenüber ihren Verwandten auf dem Dorf glich).

„Man sieht", schreibt Favret-Saada[5], „dass es sich nicht genau um die klassische Situation eines Informationsaustauschs handelt, in der der Ethnograph hoffen könnte, dass ihm ein unschuldiges Wissen über die Vorstellungen und Praktiken des Hexenglaubens mitgeteilt wird. Denn wem es gelingt, sie kennen zu lernen, erwirbt eine Macht und hat die Folgen dieser Macht zu tragen: je mehr er weiß, desto bedrohlicher ist er und desto stärker ist er magisch bedroht."

Das heißt, man geht durchaus eine Art von faustischem Pakt ein. Man verkauft seine Seele (lässt sich bis ins Innerste affizieren) und hofft dafür auf Wissen und vor allem, dass man irgendwann, im letzten Moment, den Kopf aus der Schlinge ziehen und ungeschoren zurück ins Studierzimmer flüchten kann.

Ich konnte in der Elfenbeinküste so sehr „klarstellen" wie ich wollte; sobald sich irgendwo herumgesprochen hatte, worüber ich forsche, wurde ich als *sorcier blanc* bezeichnet, und am Ende meiner Initiation gab mir Coulibaly ein Papier, eine Art „Diplom", das wir beide unterschreiben mussten und in dem festgehalten war, was der Ethnologe alles getan hatte *„pour apprendre la sorcellerie et le fétiche, pour se libérer toute la vie et pour aider à ses enfants et ses proches"* – „Um die Hexerei und den Fetischismus zu erlernen und den Kindern und seinen Nächsten zu helfen."

---

5   1979:20.

## Was steckt dahinter? Die Frage der Hexerei

Ein großer Teil der Literatur über Hexerei in Afrika, insbesondere der Sechziger- und Siebzigerjahre, behandelt vor allem die Frage, unter welchen Umständen Hexerei auftaucht und wie soziale Faktoren ihre spezifische Ausprägung determinieren. Diese Werke[6] sind funktionalistisch in einem doppelten Sinn: Sie untersuchen die Funktion der Hexerei im gesellschaftlichen Ganzen einer spezifischen Kultur, sie fragen aber auch danach, inwiefern die Hexerei Funktion (im mathematischen Sinne) von andern Größen ist (insbesondere solchen, die als grundlegender betrachtet werden, wie die Produktionsweise oder die Verwandschaftsorganisation).[7]

Diese Befunde scheiterten jedoch häufig daran, dass sich das Phänomen Hexerei als ziemlich immun (oder eigensinnig) gegen äußere Einflüsse erweist. Das wurde insbesondere in Modernisierungs- und Urbanisierungsprozessen deutlich.

Heute lässt sich einerseits feststellen, dass Hexerei – zumindest in Afrika – ein Phänomen ist, das relativ ubiquitär, unabhängig von spezifischen Konstellationen, auftaucht[8], dass es andererseits aber sehr wohl über gewisse gemeinsame Charakteristika verfügt und sich mit andern Kulturelementen verbindet und so ein System bildet, das man mit dem Begriff „Hexereikomplex" umreißen könnte (um anzudeuten, dass sich die einzelne Teile gegenseitig stützen, ohne dass man in diesem Ganzen die Hexerei als bloßen Effekt etwa von ökonomischen Gegebenheiten beschreiben könnte).

Das Ziel der vorliegenden Studie besteht also darin, das Phänomen Hexerei in der Elfenbeinküste (und Nachbarländern) mit all seinen psychischen, sozialen, religiösen, politischen und ökonomischen Implikationen auszuleuchten und herauszuarbeiten, inwiefern sich aufgrund dieser Befunde ein „harter Kern" von Vorstellungen und sozialen Praktiken umreißen lässt, dessen Vorkommen sich mehr oder weniger über die ganze Region erstreckt.

Wenn die Verbreitung dieser spezifisch afrikanischen Hexereivorstellungen relativ unabhängig von sozialen, kulturellen, ökologischen

---

6   Exemplarisch sind hier die drei Reader von Marwick, Middleton und Douglas.
7   Geertz kritisierte schon früh diese reduktionistische Auffassung von Religion: „... Glaubensvorstellungen ... interpretieren nicht nur die sozialen und psychologischen Prozesse in kosmischen Zusammenhängen – in dem Falle wären sie philosophisch, nicht religiös – sie gestalten sie auch." (1987:93f.)
8   Augé 1975:108.

und politischen Unterschieden ist[9], stellt sich die Frage, ob und wie sich ein solches Phänomen erklären oder verstehen lässt – ein Phänomen, das uns in vieler Hinsicht als irrational, dysfunktional, anachronistisch oder entwicklungshemmend erscheint.

Die Hypothese lautet, dass sich nicht nur ein solcher formulierbarer kleinster gemeinsamer Nenner finden lässt, sondern dass die Hexerei das Kernstück eines ganzen Ensembles von Vorstellungen und Praktiken ausmacht, die zusammengehören und jenes System bilden, das Marc Augé den „Geist des Heidentums"[10] nennt.

Das Theorie-Kapitel „Die Ökonomie der Hexerei" interpretiert den Hexereiglauben in diesem Kontext vor allem als Angst vor lebensgefährlichen Neidern. Wie schon angetönt, geht es um folgende Überlegung: Wenn man, um es einmal etwas salopp auszudrücken, jedes hungrige Maul in der Familie stopfen muss (und die afrikanischen Familien dehnen sich tendenziell ins Unendliche aus, also findet sich immer irgendwo ein „Cousin" mit Hungerbauch), weil man sonst fürchten muss, vom Zukurzgekommenen verhext zu werden, kommt man eigentlich nie dazu, etwas auf die hohe Kante zu legen. (Wer anhäuft, macht sich geradezu verdächtig.) Wie soll man so akkumulieren, investieren, längerfristig anlegen, planen, aufbauen? Was bedeutet so ein Sozial- und Ökonomiesystem – die Hexerei ist aus dieser Perspektive vor allem ein wirtschaftlicher Mechanismus – für eine kapitalistische Entwicklung, für die Modernisierung, für den Einzelnen, der es „zu etwas bringen will"? Das scheinen mir ganz nahe liegende Fragen zu sein. Sie wurden mir jedoch zum Teil übel genommen, bezeichnenderweise vor allem von gebildeten, linken Weißen. Sie witterten Neokolonialismus oder eine Art kulturellen Neorassismus. Die Afrikaner haben weniger Mühe damit. Die meisten, vor allem die Jungen, möchten sowieso bloß weg. Für sie steht es außer Frage, dass man es in Afrika auf keinen grünen Zweig bringt (wenn man nicht schon drauf sitzt). *„On te laisse pas grandir"* – „Man lässt dich nicht wachsen."

Im Kapitel „Opfer und Gewalt" geht es um die Frage, warum eigentlich ausgerechnet eine Opfergabe gegen Verhexung wirksam sein soll. Hält man sich vor Augen, dass das (potenzielle) Hexereiopfer vor allem jemand ist, der Neid auf sich zieht (weil er – relativ – viel hat und wenig

---

9   Es kann als erwiesen gelten, dass „die Verbreitung und Häufigkeit von Hexereibeschuldigungen nicht durch eine vereinfachende soziologische Korrelation zu erklären ist" (Gillies 1988:32).
10  Augé 1995.

gibt), so ist es nur logisch, dass sich die Situation beruhigt, wenn er gibt (das Opfer ist die Gabe par excellence, für niemanden und alle). Das Opfer hat daneben aber auch noch einen aggressiveren Aspekt, beispielsweise wenn einer Ziege alles Böse aufgeladen wird, bevor man ihr den Hals durchschneidet. Auch die Hexe hat diesen Aspekt des Sündenbocks, der für alles Übel stellvertretend den Kopf hinhalten muss. Anhand eines Hexereiverdachts in einem Dorf an der liberianischen Grenze wird gezeigt, wie infolge der Allgegenwart des Neides (der geradezu die Normalform des Wunsches zu sein scheint) sehr rasch praktisch jeder in den Ruf einer Hexe oder eines Hexers kommen kann. Tatsächlich zeichnen die Schilderungen von Eingeweihten (also von Leuten, die die Fähigkeit erworben haben, Hexen oder Geister zu „sehen") das Bild einer gewissermaßen kannibalischen Gesellschaft, in der sich die Menschen unaufhörlich gegenseitig verletzen, krank machen, töten, verkaufen und „auffressen". Der Sündenbock (als Opfer oder als Hexe) dient dazu, diese omnipräsente Gewalt zumindest einzugrenzen.

„Hexerei als Teil der afrikanischen Kultur" folgt in den Grundzügen dem Werk *L'Afrique a-t-elle besoin d'un programme d'ajustement culturel?*, in dem der kamerunische Ökonom Etounga Manguelle die These vertritt, der wirtschaftliche und technische Entwicklungsrückstand des subsaharischen Afrikas hänge mit einem Gefüge von kulturellen Eigenheiten zusammen, das, wenn man es der vielleicht etwas polemisch und essentialistisch anmutenden Verwendung des Wortes „Afrika" entkleidet und mehr als Idealtypus fasst, einiges gemeinsam hat mit Augés „heidnischer Logik" und dem, was ich hier als Hexereikomplex bezeichne. Durch eine solche Einbettung in ein modellhaftes kulturelles System („modellhaft" heißt: in der Realität werden kaum je alle diese sich gegenseitig stützenden Elemente *in toto* auftreten), versuche ich zu zeigen, dass Hexerei ein *fait social total* ist, das in alle Aspekte der Gesellschaft hineinreicht und kaum von heute auf morgen verschwinden dürfte, eher im Gegenteil in der Konfrontation von konservativ-traditionellen und modern-kapitalistischen Ausrichtungen sich noch verschärfen wird.

Diese Sichtweise steht etwas quer zur gegenwärtigen ethnologischen Diskurslandschaft.

Erstens sind Verallgemeinerungen, die über zwei oder drei Ethnien hinausgehen, verpönt (man kommt dann leicht in den Ruch eines Essentialisten), zweitens macht man sich bei Mutmaßungen über das Verhältnis von Kultur und Entwicklung sowohl bei den Entwicklungssoziologen verdächtig (nämlich als Kulturalist), als auch bei den Ethnologen (Religionsethnologen wollen normalerweise nichts mit so profanen Themen wie ökonomischer Entwicklung zu tun zu haben, schon gar nicht in Zusammenhang mit ihrer eigenen Domäne). Auch ist drittens das Betonen von Unterschieden heikel geworden (man macht sich verdächtig, *othering* zu praktizieren). Schließlich gilt das Kennzeichnen von kulturellen Praktiken als dysfunktional und entwicklungshemmend durch kulturell Außenstehende prinzipiell als politisch unkorrekt.

Nun, ich kann diese Einwände niemandem übel nehmen.

Ich selber war nämlich auch schockiert, als ich bei meinem ersten Aufenthalt im Agniland den von mir verehrten Ethnologen Jean-Paul Eschlimann kennen lernte, der von so tiefem Verständnis für die Agni zeugende Bücher geschrieben hatte, und er mir, als ich irgendwas von faszinierenden, fremden Denkformen redete, ziemlich barsch zu verstehen gab, dass die meisten Agni ihren Hexenglauben liebend gerne los würden, wenn sie nur könnten, weil er ihnen mehr Angst und kollektive Lähmung bereite als irgendwelche Einsichten in „andere Welten". Und als ich etwas von „Entzauberung der Welt" sagte, meinte er bloß: „Exotismus eines Neulings."

Inzwischen gebe ich ihm völlig Recht. Man kann die magischen Denkformen faszinierend finden und soll versuchen, sie aus ihrer eigenen Sinnwelt heraus zu beschreiben, aber warum soll man, was ihre Konsequenzen beispielsweise für das ökonomische oder wissenschaftliche Leben betrifft, nicht genau so klar und kompromisslos sein, wie man es bei einer Analyse von gewissen Elementen der eigenen Gesellschaft wäre?

Wenn man mit Gellner[11] davon ausgeht, dass sich soziale und logische Kohärenz umgekehrt proportional verhalten (was uns zugleich eine Möglichkeit zur Hand gibt, „soziale" und „kognitive" Herangehensweisen zu verknüpfen), dann sind Gesellschaften mit einem ausgeprägten Hexereikomplex solche, in denen soziale Kohärenz fast alles und logische Kohärenz fast nichts gilt. Jeder Ethnologe würde eine solche Gesellschaft in seinem Erdteil ohne Zögern als totalitär bezeichnen. Wer hingegen in bezug auf das traditionelle Afrika solche Ausdrücke verwendet, wird selber als totalitär gebrandmarkt. Das ist, gelinde gesagt, inkonsequent.

---

11   1993:70.

Wenn man nun versucht, gewissermaßen einen kleinsten gemeinsamen Nenner zu formulieren, so könnte man folgendes Phantombild der Hexe zeichnen, das vermutlich (das bleibt noch genauer zu überprüfen) mehr oder weniger für das ganze subsaharische Afrika gelten könnte[12]:
Die Hexe kann beiderlei Geschlechts sein; häufiger ist sie eine Frau. Sie verlässt nachts ihren Körper (oft in Form eines Vogels oder eines andern Tieres) und trifft sich mit andern Hexen. Die Hexen wählen ein Opfer aus der Familie einer der Hexen; diese Hexe „holt" das betreffende Opfer, das anschließend verteilt wird. Ihr Blut wird getrunken oder ihr Fleisch gegessen (bzw. das unsichtbare „Doppel" des Blutes oder des Fleisches); das schwächt die Person, macht sie krank und tötet sie am Ende. Jede Krankheit kann so auf Hexerei zurückgeführt werden.[13]

---

12  Ich benütze hier „Afrika", bzw. „subsaharisches Afrika" im Sinne von „Schwarzafrika", d.h. so, wie es beispielsweise auch von Chabal/Daloz (1999:xxi) oder Plateau (2000) verwendet wird. Dabei werden Nord- und Südafrika ausgeschlossen; ebenso stellt das „Afrikanische Horn" (Äthiopien, Eritrea, Somalia und Djibouti) einen Sonderfall dar (das hat vor allem mit der Verbreitung von Viehzüchternomaden zu tun, bei denen Hexerei deutlich weniger verbreitet ist; siehe Baxter 1972).
Man kann es auch negativ ausdrücken: Das Hexenwesen existiert zwar fast durchgehend „von Dakar bis Dar es Salaam", aber es existiert in dieser Art *nicht* in Asien, Australien, Amerika, nicht im arabischen Raum und nicht im modernen „Westen".
Auch wenn es in einigen Gesellschaften Vorstellungen von Hexerei gibt, so bilden sie doch nicht das „psycho-sozio-öko-politische" System, das ich im Folgenden zu skizzieren versuche.
Plateau (2000), der – in einer eher ökonomisch-spieltheoretischen Begrifflichkeit – die gleichen Zusammenhänge zwischen Hexereifurcht und Ökonomie postuliert, bezieht seine Analyse auf tribale, lineage-zentrierte, agrarische Gesellschaften, die, insbesondere wegen Überschusses an leicht bebaubarem Land, weder Privateigentum an Boden noch ein diesbezügliches Recht, weder Klassen noch berufliche Spezialisierungen ausbildeten, und in denen soziale Differenzierung hauptsächlich auf Alter und Geschlecht beruht. Diese Konstellation (verbunden mit einer schwachen Verwurzelung von Religionen, die die Existenz von mensch-unabhängigen, universalen Gesetzen annehmen), die gemeinhin mit ausgeprägten Vorstellungen von verbindlicher Ausgleichssolidarität und Hexereidrohung bei Nichtbefolgung dieser egalitären Normen einhergeht, findet sich vor allem in Afrika. Zwar seien Hexereivorstellungen auch in Asien noch lebendig, prägten das Alltagsleben aber viel weniger als in Afrika, und egalisierende Umverteilung beschränke sich im Allgemeinen auf das Existenzminimum und nicht auf die Forderung, alle müssten gleich sein (Plateau 2000: 199ff.;214ff.). Chabal kommt zu einem ähnlichen Schluss, wenn er die „asiatischen Tiger", bei denen ein kultureller Anreiz bestehe, Vermögen zu investieren, mit dem afrikanischen Neo-Patrimonialismus vergleicht, wo Vermögen bloß zur Schau gestellt und verteilt werde (2001a:4).
Und die Hexereifurcht im Europa des Feudalismus und Absolutismus? Zweifellos weisen jene Vorstellungen eine erstaunliche Ähnlichkeit mit den afrikanischen auf („Walpurgisnacht"); aber sie sind eben genau *nicht* Teil einer „heidnischen" Logik,

Wenn das solcherart skizzierte Phänomen der Verhexung und ihrer Gegenmaßnahmen tatsächlich eine frappante Verbreitung und Ähnlichkeit in ganz Schwarzafrika aufweist (wie erwähnte Autoren nahe legen), es sich aber andererseits nicht einfach auf gewisse spezifische soziale, ökonomische oder politische Faktoren zurückführen lässt, stellt sich die Frage, ob es denn ein allgemeineres Denk- und Wahrnehmungsmuster, eine *idéo-logie* im Sinne Marc Augés[14] gibt, in das es eingebettet ist, und das, wenn es nicht ein Reflex der Sozialbeziehungen ist, diese vielleicht sogar im Gegenteil strukturiert. Nach Augé ist das „Heidentum" oder die „heidnische Logik" (womit primär einmal alle polytheistischen Glaubenssysteme zu verstehen sind, aber auch durchaus eine „heidnische" Schicht in monotheistischen Gesellschaften und sogar Individuen[15]) durch folgende Merkmale charakterisiert, beziehungsweise vom Christentum und andern Monotheismen abgegrenzt:

---

wenn auch solche „alten" Elemente Verwendung finden, jedoch in einen neuen Zusammenhang, eben jenen der Häresie innerhalb des Christentums, gestellt werden. Mit Marwick (1982:14f.) können wir annehmen, dass bis zum Ausgang des Mittelalters in Europa „heidnische" Vorstellungen über Hexerei herrschten, die in einer relativ undramatischen Art in den Alltag eingebettet waren und den afrikanischen Konzepten wohl recht ähnlich sahen. Erst mit dem Beginn von Renaissance und Reformation und den damit einhergehenden sozialen Veränderungen setzte sich die Verbindung von Hexe und Teufel durch und gab dem gleichen Phänomen eine andere Bedeutung, was aus sozialwissenschaftlicher Sicht heißt: machte sie zu einem anderen Phänomen. Die Inquisition ist in keiner Weise zu vergleichen mit den afrikanischen Antihexern, Wahrsagern und Féticheurs, vor allem was die Gewaltentfesselung betrifft.
Ein anderes Thema wäre die mögliche Parallelität zwischen dem neuen Synkretismus im Westen („Esoterik") und jenem in Afrika, vor allem, wie er sich in den Städten zeigt. Natürlich gibt es Unterschiede: Bei der postmodernen „Esoterik" handelt es sich ja, entgegen ihrem Wortlaut, um ein ganz und gar exoterisches, nämlich durch Massenmedien verbreitetes mittelständisches „Produkt"; und es ist wohl historisch nur zu verstehen als „postmonotheistisch", das heißt als Ersatz für zerfallenes Christentum und zerfallene Machbarkeits-, Rationalitäts- und Fortschrittsgläubigkeit. Aber möglicherweise sind die afrikanischen Städte ohne Umweg über „Moderne", Industrialisierung, protestantische Ethik, Aufklärung, allgemeine Schulbildung usw. gleich in eine Phase der postindustriellen „Dezentralisierung" („Desorientierung") getreten, die wir nicht hinter uns, sondern noch vor uns haben. Dann darf man gespannt sein, wann bei uns wieder die erste Hexenhysterie ausbricht. (Siehe dazu: „L'Afrique, laboratoire de la postmodernité", in: Latouche (1998:32–36), und Kaplan (1996:52f): „Westafrika bietet die beste Einführung in die häufig unbequemen Themenfelder, die sich bald unserer Zivilisation stellen werden …").
13  Parrinder 1958:138; de Rosny 1994:113; Sundermaier 1990:228ff., Mbiti 1974:246ff.
14  1977.
15  1986:69.

1. „Es ist niemals dualistisch und stellt weder den Geist dem Körper noch den Glauben dem Wissen entgegen."[16]
2. „Gleichsetzung der Sinnbezüge mit den Machtbeziehungen und dieser mit jenen, die keinen Platz für einen dritten Begriff lässt, die Moral, die ihnen äußerlich wäre."[17]
3. „Es postuliert eine Kontinuität zwischen biologischer und sozialer Ordnung, die einerseits die Opposition zwischen dem individuellen Leben und der Kollektivität, innerhalb derer es sich abspielt, relativiert und andererseits dazu tendiert, aus jedem individuellen oder gesellschaftlichen Problem ein Lektüreproblem zu machen: Es postuliert, dass alle Ereignisse zeichenhaft und alle Zeichen bedeutungsvoll sind. Das Heil, die Transzendenz und das Mysterium sind ihm wesensmäßig fremd. Folglich nimmt es das Neue interessiert und tolerant auf; stets bereit, die Liste der Götter zu verlängern, denkt es additiv und alternativ, nicht synthetisch."[18]

„Für bestimmte Kulturen, die ich vorschlage «heidnisch» zu nennen, ist die Definition der Person untrennbar verbunden mit der Beziehung zum Andern, in Bezug auf Erblichkeit, Einfluss, Zusammensetzung und Schicksal." [19]

Etwas zugespitzt könnte man also zusammenfassen: weder eine scharfe Trennung von Geistigem (Ideellem, Seelischem, Spirituellem, Glauben) und Körperlichem (Materiellem, Wissen), noch von Moral (Sinn) und Macht, noch von Subjekt (eigenem) und anderem.[20]

Diese Skizzierung einer heidnischen Logik scheint mir nun einen interessanten Weg zu eröffnen, das Phänomen der Hexerei in einen größeren Kontext von kulturellen Vorstellungen und sozialen Strukturen zu stellen und es in einer nichtreduktionistischen Art in Bezug zu setzen zu Fragen der Ökonomie und der Politik.

Folgende Zusammenhänge scheinen mir in diesem Zusammenhang wichtig (und werden sich anhand des gesammelten Materials veranschaulichen lassen):

Politischer Aspekt: Während bei uns die Macht in gewisser Hinsicht immer suspekt ist und unter Legitimationsdruck steht, ist das Macht*streben*, die Aufstiegsmentalität bzw. die soziale Mobilität selbst

---

16  1995:10.
17  1995:215.
18  1995:10.
19  Augé 1986:68 (Übersetzung D.S.).
20  Hampaté Bâ sagte einmal in Bezug auf die afrikanische Religion, die einem europäischen Geist „unklar" oder sogar „paradox" erscheinen könnte : „Ambivalenzen stören den afrikanischen Geist nicht." (1972:115).

nicht erklärungsbedürftig und nicht infrage gestellt, im Gegenteil. In Afrika stellt sich das Verhältnis genau umgekehrt dar: Ein Machtträger ist im Prinzip schon dadurch legitimiert, dass er die Macht besitzt. Macht legitimiert sich gewissermaßen durch sich selbst, durch ihre Präsenz und Realität. Demgegenüber sind Status*veränderungen* suspekt und werden mit Hexerei in Verbindung gebracht: Dem Aufsteiger wird magische Bereicherung unterstellt, während dem Absteiger missglückte Magie nachgesagt wird, oder aber er wird gerade wegen seines Unglücks und des damit verbundenen Ressentiments als potenzieller frustrierter Rächer und Hexer gefürchtet. Plötzlicher Misserfolg, aber noch mehr plötzlicher Erfolg werden als erklärungsbedürftig (als „Lektüreproblem" in der Begrifflichkeit Augés) betrachtet. Der Begriff der *puissance* oder *force* ist in den emischen Theorien über Hexerei und Heilung zentral. Das wurde schon von den frühen Afrikaforschern und Missionaren erkannt, jedoch nur unter philosophisch-religiösem Gesichtspunkt („Lebenskraft") und nicht unter seinem politischen („Macht"). Unter diesem Blickwinkel hat das System der Hexerei eine konservative, normative Funktion, die die Asozialen am oberen und unteren Rand der gesellschaftlichen Hierarchie „zurückpfeift" (Status quo erhaltend, „kalt" im Sinne Lévi-Strauss'): Einerseits werden Aufstieg und Kompetition verhindert (der allzu Ambitionierte oder Erfolgreiche wird der Hexerei verdächtigt oder aber ist der Angst ausgesetzt, von einem Neider verhext zu werden), andererseits werden die „Asozialen" am unteren Rand der Gesellschaft einem integrativen, oft aber auch endgültig marginalisierenden Druck ausgesetzt (dem Erfolg- und Machtlosen wird die Schädigung des Starken aus Neidmotiven vorgeworfen – z. B. Kindstod in einer angesehenen Familie, der auf die Hexerei einer alten, kinderlosen Witwe zurückgeführt wird). Der *etablierte* Mächtige kann demgegenüber aus dem Ruch, über besondere, magische Kräfte zu verfügen, zusätzlich einschüchternde Legitimität beziehen (so wurden manche charismatischen Politiker wie etwa Houphouët-Boigny gelegentlich in einer bewundernd-furchtsamen Art auch als *sorciers* bezeichnet: man nahm an, dass Gewehrkugeln an ihm abprallen würden).

Ökonomischer Aspekt: Hexerei hat immer eine ökonomische Dimension – sie wird als pervertiertes Verhältnis von Eigen und Nicht-Eigen betrachtet. Analog zum politischen Aspekt könnte man sagen: In Afrika wird Reichtum – im Gegensatz zu unserer christlichen Kultur – nicht moralisch infrage gestellt, aber ähnlich wie bei der Macht versucht man, an ihm zu partizipieren. Wie Augé sagt: Die Moral steht weder der Macht noch dem Besitz entgegen; der „Starke" hat das Recht auf seiner Seite. Dafür lastet der Imperativ des Teilens umso schwerer auf ihm (Position des *grand-frère*, Patron-Klient-Verhältnis). Kommt er dieser egalisierenden Forderung nicht nach, zieht er den Neid auf sich, und das heißt, eine drohende Verhexung. Vielleicht gerade weil der Reichtum nicht moralisch entwertet werden kann, ist der Neid umso größer, und weil die kapitalistischen psycho-ökonomischen Schranken zwischen Mein und Dein (noch) nicht wirklich aufgerichtet sind (auch als Eigenlegitimation), prallt der Neid nicht an der Indifferenz des Beneideten ab, sondern richtet dort psychisch etwas an, was in Afrika eben „Verhexung" genannt wird.

Psychologischer Aspekt: Nun partizipiert heute in Afrika natürlich ein großer Teil der Bevölkerung sowohl an einem traditional-egalitären Wertesystem (wer sich über die Gemeinschaft bzw. seine zugeschriebene Position zu erheben versucht, wird bestraft, geächtet, beneidet, „verhext") als auch an städtisch-kapitalistischen Erwartungen (Bildungserwerb, sozialer Aufstieg, politische Partizipation, Konkurrenz, Kapitalakkumulation). Nicht umsonst ist der häufigste Anlass einer Verhexung der Besuch eines „Aufsteigers" in seinem Heimatdorf. Pointiert formuliert: In der Stadt wird erwartet, dass er spart, akkumuliert und langfristig investiert, auf dem Dorf wird jeder Franc, der nicht geteilt wird, als vorenthalten und asozial betrachtet und geächtet.[21] Psychologisch müsste man von einer Doublebind-Situation sprechen: „Du sollst es einmal weiter bringen als dein Vater" versus „Du darfst deinen Vater nicht überholen"; „Je weniger du (aus-)gibst, umso mehr hast du" versus „Je mehr du gibst, umso mehr wirst du bekommen" usw. Es fällt nicht schwer, diese paradoxen kommunikativen Prädispositionen der Verhexung aus psychologischer Sicht als pathogen oder zumindest als eminent Stress auslösend zu erkennen. Der Heiler schafft durch die Interpretation dieser Probleme als „Verhexung" zwar individuelle Erleichterung, aber er tritt gewissermaßen als Retter von etwas auf, dessen Hauptproduzent er zugleich ist. Durch den angebotenen Schutz vor Verhexung perpetuiert er zugleich dieses System.

---

21  „In Kulturen, in denen heidnische Tugenden gepredigt, wenn auch nicht immer praktiziert werden, ist Knickrigkeit in den Augen der Leute eine viel grössere Sünde als bei uns. In einer Welt, in der das ganze Sozialgefüge von wechselseitigen Leistungen und Verpflichtungen abhängt, für deren Durchsetzung es im Großen und Ganzen keine Zwangsmittel gibt, ist ein Geizhals eine echte Bedrohung" (Barley 1990:159).

Hexerei ist gruppenpsychologisch nur verständlich, wenn man diesen radikalen Bezug zum *andern* in Rechnung stellt, wie er sich in der Neidproblematik manifestiert („das Übel kommt immer von außen"), aber auch in den traditionellen afrikanischen Vorstellungen über die Psyche als Konglomerat zwischen individuellen und kollektiven Anteilen, das die Grenzen von Ich/Nicht-Ich, Körper/Psyche, Biologie/Psychologie/Soziologie überscheitet (Problem der Ahnenseele, des „Gruppen-Ich", der „(In-)Dividualität", der Anwesenheit der Toten, des „Double", des „Seelenfressers", des Fetischs). In diesem Sinne greift es psychologisch zu kurz, Hexerei nur individualistisch als Projektion, Phantasie, Paranoia oder Regression zu interpretieren. Hexerei mag aus „materialistischer" Sicht inexistent sein, aber sie deswegen einfach als phantasmatisch abzutun und gewissermaßen als „sozialwissenschaftlich" nicht faßbar zu erklären, würde der afrikanischen gesellschaftlichen Wirklichkeit nicht gerecht und wäre mithin ethnozentrisch. Hexerei ist eine Realität – keine „materielle", aber eine soziale. Als Praxis tendiert sie dazu, das zu produzieren, was sie voraussetzt, eine Wirklichkeit zu schaffen, die ihre eigenen Prämissen bestätigt, im Sinne einer zirkulären *self-fulfilling prophecy*. „Hexerei" (als Befund, als verbaler performativer Akt von Wahrsagern, Féticheuren, Marabouts u. a.) ist eine nachträgliche Interpretation eines Übels, „Semiologie", wie Augé sagt. Diese deutenden Aussagen (als eigentliches Medium, in dem „Hexerei" soziale, d. h. kommunikative Realität besitzt) können ihr Gewicht aber nur aus der Tatsache beziehen, dass für viele AfrikanerInnen (oder für die „heidnische Logik") die Welt an sich primär durch ihre Uneindeutigkeit, ihre Interpretationsbedürftigkeit charakterisiert ist. In gewisser Hinsicht ist die „heidnische Logik" konstruktivistisch: Das Wirkliche ist nie gegeben, evident, sondern muss immer erschlossen, gelesen, rekonstruiert werden, und zwar im Umweg über das Abwesende, „Surreale", Geheime, Unsichtbare. Dieses Andere ist aber nicht ein Transzendentes, Metaphysisches im abendländischen Sinne, sondern primär sozial bestimmt: So wie der andere als Patron, *grand-frère* oder allgemein Mächtiger/Reicher über mein Wohlergehen entscheidet, so ist es auch die Interpretationsfigur des „anderen" in Form des Hexers, der für mein Unglück, mein Misslingen, meine Krankheit verantwortlich ist. Es handelt sich also um eine eher heteronome als autonome Auffassung der Persönlichkeit; entsprechend arbeiten die HeilerInnen gewissermassen eher mit einem systemischen bzw. gruppenpsychologischen (synchrone Analyse der Relationen und Kommunikationen) als individualpsychologischen (diachrone Analyse des Innerpsychischen) Ansatz. In diesen Zusammenhang gehört auch das „additive" (im Gegensatz zum synthetisierenden) Denken: Die afrikanische Religion ist auch ohne die Versatzstücke von Christentum und Islam, „per se", synkretistisch (und in diesem Sinne nie ethnisch-kulturell „rein"), sie rechnet immer mit dem „anderen" (dem anderen Menschen, Geist, Gott, der anderen Wahrheit) und fügt ihn der eigenen Liste hinzu. In diesem Sinne ist vielleicht auch die Unterscheidung wahr/unwahr oder wirklich/unwirklich ungeeignet, sich dem Weltbild der afrikanischen HeilerInnen zu nähern. („Kein Antagonismus von Glauben und Wissen", nach Augé.) „Wer heilt, hat Recht", sagen sie in einer pragmatischen Wirklichkeits- und Wahrheitsauffassung.

# Expeditionen mit Zauberern

## Eine erste, persönliche Annäherung

### Die Geisterpriesterin

September 1994, Abengourou. An der Fassade des Umweltministeriums prangten zwei unübersehbar schöne Malereien. Das eine zeigte den Agni-König Nanan Bonzou II. in feierlichem Gewand, unter einem immensen Sonnenschirm, von einem Diener getragen, mit seinem Hofstaat und den goldenen Reliquien seiner Macht. Das andere Mauergemälde stellte eine tanzende Zauberin mit ihren Gehilfinnen dar, an einem Fluss, an dem soeben ein Schaf geopfert wird. Diese Frau auf dem Bild mit dem weißen Rock, dem roten Hut und dem kaolingepuderten Gesicht kam mir bekannt vor. Ich hätte in diesem Moment, als ich mir überlegte, ob ich das verschlafene Gebäude betreten sollte, nicht zu hoffen gewagt, dass ich sie persönlich kennen lernen sollte und dass mir dann auch wieder in den Sinn kommen sollte, woher ich ihr Gesicht kannte.

Eine Stunde später saßen wir im staubigen Büro des Regionalen Delegierten des Ministeriums, Monsieur Gbogou Gaba Mathurin, und waren in ein faszinierendes Gespräch vertieft. Diese Frau an der Hausmauer, erklärte er uns, sei Ahissia, die berühmte Fetischpriesterin und Meisterin der Schule für angehende Priesterinnen in Tengouélan. Etwa 250 Heilerinnen seien dort im Laufe der Jahre schon ausgebildet worden, die heute in der ganzen Elfenbeinküste verstreut praktizierten. Die meisten wurden in die Geheimnisse der afrikanischen Tradition von Akoua Mandodja eingeweiht, der Vorgängerin von Ahissia, die 1991 verstarb. Damals, im Oktober, kamen alle ihre ehemaligen Schülerinnen zu ihrem Begräbnis und tanzten eine Woche lang.

„Ahissia hat Kontakt mit 120 Geistern, die sie über alles unterrich-

ten. Dank ihnen kann sie alles erfahren, sogar was jetzt gerade in der Schweiz passiert."
„Könnte ich sie auch konsultieren?"
„Sicher. Leute aus dem ganzen Land pilgern zu ihr."
„Was muss man machen, wenn man ihre Hilfe will?"
„Man muss ihr Gin mitbringen. Damit lockt sie die Geister an."

Ich hatte mir alles viel komplizierter vorgestellt. Aber tatsächlich: Warum nicht einfach die Heilerin persönlich aufsuchen, anstatt die andern über sie auszufragen?!

Am übernächsten Morgen gingen wir mit Mathurin in einen Laden in Abengourou, und er zeigte uns, welcher Gin es sein musste: der kleine aus Holland in der eckigen, grünen Flasche. Ich bemerkte, es sei eigentlich seltsam, dass die Geister hier nicht den afrikanischen Gin bevorzugten.

„Auch die Geister", sagte er, „bevorzugen das Fremde".

Wir fuhren mit dem Buschtaxi nach Agnibilékrou, und von dort brachte uns ein anderer Fahrer nach Tengouélan. Nichts wies auf die Besonderheit dieses Dorfes und dieses Hofes hin, zu dem uns Mathurin nun führte.

Nur ein paar Kinder balgten herum. Wir setzten uns auf einen Baumstrunk.

„Die Leute sind noch in der Kirche", sagte Mathurin, „wir müssen ein bisschen warten".

Es war Sonntag, und die Fetischpriesterin empfing also möglicherweise gerade eine Hostie vom christlichen Priester.

Mathurin zeigte auf den großen Hof.

„Hier finden jeweils die großen Zeremonien statt. Wenn es ein gewichtiges Problem gibt, bei dem viele Leute involviert sind, dann wird das große Ritual durchgeführt. Das kostet etwa 40 000 CFA (etwa 100 Schweizerfranken). Beispielsweise bei Familienstreitigkeiten, die mehrere Leute im Dorf betreffen. Dann wird auch getanzt und getrommelt. Was wir jetzt machen, ist eine ‚kleine Konsultation', aber du könntest im Prinzip auch eine große bestellen."

Nach und nach setzten sich einige Kinder und Frauen zu uns. Eine Zwergwüchsige begann ausgiebig ihr Kind einzuseifen, um es anschließend so aufmerksam abzuschrubben, als müsste jede Pore einzeln gereinigt werden.

Zwischen Mathurin und einer Alten entspann sich ein Gespräch in Agni.

Er fragte, ob sie sich nicht an seinen letzten Besuch erinnern könne, als er mit dem Fotografen an der großen Zeremonie teilnahm. Sie konnte nicht. Jetzt entrollte er endlich das Papier, das er schon den ganzen Tag sorgsam mit sich getragen hatte.

Es war das Fotoposter der tanzenden Ahissia, die Vorlage für das Bild an der Mauer des Ministeriums in Abengourou.

Mathurin erklärte, dass er das Plakat in hoher Auflage drucken und in den Verkehrs-, Fremden- und Tourismusbüros des ganzen Landes aushängen lassen wolle, als Werbung für Ahissia und die Kultur des Agnilandes. Jetzt kamen mehr Leute hinzu; sie drängten sich, um das Plakat zu sehen, und ob sie auch noch irgendwo selber im Hintergrund erkennbar seien. Jemand brachte ein Fotoalbum mit Bildern vom Begräbnis Akoua Mandodjas, der „Großmutter" Ahissias, wie sie sie nannten, der Gründerin der hiesigen Schule und berühmtesten Heilerin der Elfenbeinküste aller Zeiten. Auf einem Bild war sie auf dem Totenbett zu sehen, prunkvoll umgeben von all den Reliquien, die inzwischen auf Ahissia übergegangen waren.

Als alle die Fotos bewundert hatten und eine kleine Pause entstand, übergab Mathurin seine Geschenkrolle feierlich der Alten und sagte:

„Schick Deinen Sohn damit in die Stadt. Er soll ein Glas kaufen und es rahmen lassen. Dann hängt es an einem schattigen Ort auf, damit es nicht verdirbt."

Und dann erschien Ahissia selbst, die Fetischpriesterin. Ich wäre nicht auf sie aufmerksam geworden, hätte mir Mathurin sie nicht vorgestellt. Sie hatte sich erst eine Weile zwischen die andern Frauen gesetzt und das Plakat, das ja ihr galt, am teilnahmslosesten von allen angeschaut. Sie schien geistesabwesend, verschlafen, verträumt. Ein bisschen „in einer anderen Welt", aber das sage ich natürlich jetzt, nachträglich, mit all dem Wissen um ihre Person. Sie war eine Weile da, dann begrüßten wir uns, sie war noch eine Weile da, und verschwand dann wieder. Ihre ganze Gestalt hatte etwas sehr Introvertiertes, als nähme sie die Außenwelt nur flüchtig, wie durch einen Schleier wahr und als seien ihre Augen, obwohl geöffnet, nach innen gewandt.

Ich nahm noch einmal das Fotoalbum zur Hand und suchte das Bild, auf dem sie in voller Trance bei einem Ritual zu sehen war, und verglich das Gesicht mit dem Original. Sie war fast nicht wiederzuerkennen, und trotzdem: Etwas von all den Verzückungen, Verrenkungen und inneren Reisen war als Spur auf ihrem Gesicht zurückgeblieben. Auch jetzt, hier, an diesem normalen Sonntagmorgen, erschien sie mir ein wenig *drogué*.

Dann erschien der Übersetzer, ein junger, großgewachsener Mann im weißen Gewand – der „Intellektuelle" des Dorfes, denn er hatte studiert und erledigte nun alles „Schriftliche" für die Bewohner. Er war der jüngste Sohn eines reichen und einflussreichen Vaters, eines „Noblen" mit 72 Kindern. Später sollte er uns sein wundervolles, wenn auch heruntergekommenes Elternhaus in Tengouélan zeigen, bewohnt von einem blinden Alten, der verloren in einer dunklen Flurecke saß. Obwohl etwa dreimal so alt wie der „Intellektuelle" war er dessen Vetter, wurde jedoch mit *père heritier* angeredet. Der Altersunterschied erklärte sich aus dem hohen Alter, in dem der Vater seinen Jüngsten noch gezeugt hatte; und da die Agni in der mütterlichen Linie erben, ging das Haus des Vaters auf den ältesten Sohn seiner Schwester über, und die leiblichen Kinder gingen leer aus. Sie erbten von ihrem Onkel mütterlicherseits, wo aber nicht viel zu holen war. So war dem „Intellektuellen" nur der Stolz geblieben, nobel und gebildet zu sein, obwohl beides wenig abwarf.

„Wir haben eben das Matriarchat", fasste er etwas resigniert zusammen.

Später führte er uns zum Grab seines Vaters, des ehemaligen Dorfältesten. Das Grab war, wie hier üblich bei wichtigen Persönlichkeiten, geschmückt mit lebensgroßen, bunt bemalten Figuren, in seinem Fall mit einem Ungehorsamen, der geköpft in einer sehr roten Blutlache lag, sein Kopf in der Hand eines Mannes hinter ihm, der mit einem Säbel bewaffnet und flankiert von zwei Polizisten, einem Löwen und einem Elefanten war.

„Es wirkt sehr lebendig", bemerkte ich beeindruckt.

„Nun", antwortete er, „wie einer unserer Weisen gesagt hat: ‚Die Toten sind nicht tot'."

Aber zurück zur Fetischpiesterin. Inzwischen hatten wir uns in einen Nebenhof bewegt und saßen dort mit dem „Intellektuellen" vor ihrem Haus. Die Priesterin war offensichtlich mit Vorbereitungen beschäftigt. Wir sahen sie hin- und herschlurfen.

„Siehst du die Metallkettchen an ihren beiden Fesseln? Darin erkennst du die Meisterin. Die Schülerinnen, die dort am Brunnen hantieren, tragen Kettchen aus Kaurimuscheln."

Jetzt setzte sie sich, immer noch mit ihrem dämmrigen Ausdruck, zu uns, und ich übergab ihr die Ginflasche und 10 000 CFA (etwa 25 Schweizerfranken). Wir nahmen alle einen Schluck, gossen ein wenig auf den Boden, „für die Ahnen", dann entfernte sie sich mit der Flasche. Wenig später sahen wir einige der Frauen mit dem Gin zum – unscheinbaren, schmucklosen – Grab der „Großmutter" hinübergehen. Sie füllten einige dort deponierte Gläschen damit.

«Sie locken jetzt die Geister an», sagte Mathurin.

Ich assoziierte: les génies, Genius, Genie, Gin, dschinn (die arabischen Geister), genièvre (Wacholder), Agni ... Ich wurde aus meinen Buchstabenträumen gerissen, als sich der Übersetzer zu uns setzte, und es entspann sich ein Gespräch über die passende Bezeichnung für Ahissia. *Féticheuse* ließ er nicht gelten, denn Ahissia benütze keine Objekte für ihre Wahrsagungen. Auch „Heilerin" sei nicht zureichend. Er verwies uns auf eine andere, uralt wirkende Frau im Hof, eine Medizinfrau und „Kräuterhexe", die später uns gegenüber von sich behauptete, sie könne jede Krankheit heilen außer Aids. Aber sie arbeitete mit nichts „Metaphysischem", sie war einfach eine Pflanzenkennerin. *Charlatan* ging erstaulicherweise durch, hatte nichts Entwertendes für ihn. Ahissia selber aber nannte sich – selbstbewusst und bescheiden zugleich – *prêtresse des génies*.

Der geheimnisvolle Untergrund von Worten, ihre geheimen, magischen Verbindungen. Mir ging eine Passage von Hampaté Bâ durch den Kopf:

> Ein einziges schlecht gebrauchtes Wort vermag einen Krieg auszulösen wie ein brennendes Zweiglein einen Flächenbrand. Ein Sinnspruch in Mali sagt: „Was bringt eine Sache in den Zustand (das heißt ordnet sie an oder arrangiert sie in vorteilhafter Weise)? Es ist das Wort. Was beschädigt eine Sache? Es ist das Wort. Was erhält eine Sache in einem guten Zustand? Es ist das Wort."[22]

Plötzlich hörten wir die wimmernde Stimme Ahissias aus dem Fenster. „Sie ist jetzt in Trance", sagte jemand. „Die Geister sind in sie gefahren".

Nun wurden wir also zur „Priesterin der Geister" hereingerufen.

Wir legten im Vorraum unsere Schuhe ab. Dann setzten wir uns links in eine Art Durchgang oder Passage. Wir, das waren der Übersetzer, Nadja (meine damalige Freundin) und ich. Die Priesterin selber saß in einem dunklen Raum, von dem wir nichts sahen. Dazwischen, auf der Schwelle, saß ebenfalls eine Priestern, die „Interpretin". Ihre Aufgabe war es, die Sprache der Geister, die sich durch Ahissia kundtaten, in die Agni-Sprache zu übersetzen. Insofern war sie nicht einfach Übersetzerin, wie der „Intellektuelle", der das Agni dann ins Französische

---

22  Bâ 1993:47. Siehe auch Bâ 1972:14ff., 115ff.

übersetzte, sondern eine Eingeweihte, die – eine Art Hermes – die nichtmenschliche Geheimsprache in die diesseitige Welt „transferieren" musste.

Die unsichtbare, unkörperliche Ahissia sprach in Trance aus dem Dunkel. Die Geister existierten – für uns – nur in der Sprache, der Stimme, diesem rhythmischen Singsang. Offenbar klappte die „Übertragung" nicht einwandfrei. Die Interpretin musste zuerst einige Male zurückfragen, bevor die Séance beginnen konnte.

„Die Geister sprechen jetzt durch sie", erklärte der „Intellektuelle" in der Zwischenzeit. „Sie wird sich nachher an nichts mehr erinnern können."

„Was möchtet ihr?", fragte sie. (Man nehme die Frage in ihrem ganzen, den Wunsch betreffenden Gewicht).

„Ich möchte etwas über die Vergangenheit, die Gegenwart und die Zukunft erfahren."

Und nun sagte die Priesterin zu mir: „Deine Eltern sprechen verschiedene Sprachen. Sie verstehen sich nicht."

Als ich eine Weile schwieg, fügte sie hinzu:
„Die Geister wollen diskutieren."

Ich hatte die Aussage falsch verstanden, im Sinne von: Die Eltern sprechen eine andere Sprache als ich, wir verstehen uns nicht. Ich widersprach ihr und sagte, das sei vielleicht früher so gewesen, jetzt aber nicht mehr. Interessanterweise passte sie ihr Orakel nun aber nicht etwa meiner „Berichtigung" an, sondern wiederholte und insistierte:

„Deine Eltern verstehen sich nicht, und sie haben auch verschiedene Ziele für dich, in Hinblick auf dich, sie wollen verschiedene Dinge von dir. Du selber hast noch nicht wirklich gefunden und verwirklicht, was du persönlich willst. Diese Wünsche deiner Eltern dir gegenüber halten dich von deinem eigenen Weg ab oder erschweren ihn zumindest."

Man könnte sagen, dieser Orakelspruch sei ein Allgemeinplatz; trotzdem traf er zugleich ins Zentrum meiner Biografie, insofern als mich diese „verschiedene Sprache der Eltern" tatsächlich von Geburt an geprägt hatte, ja schon vorher, denn die Trennung meiner Eltern war meiner Geburt bereits vorangegangen. Als ich auf die Welt kam, waren sie schon nicht mehr zusammen. Und nichts trifft die „Unverträglichkeit", die „Differenz" meiner Eltern besser als diese Worte von der „verschiedenen Sprache". Es handelte sich tatsächlich nicht einmal um einen Streit, der zumindest eine gemeinsame Ebene vorausgesetzt hätte, sondern um eine Inkompatibilität, einen Widerstreit. Suaheli und Chinesisch ...; wenigstens habe ich es immer so wahrgenommen.

Auf jeden Fall löste die Wahrsagung einen ganzen Schwall von Assoziationen aus, und vielleicht war mein anfängliches Nichtverstehen auch ein Allzugutverstehen.

Als Nächstes sagte sie, ich könne nicht mit Geld umgehen. Tja, was sollte ich da für eine Antwort geben? (Denn sie erwartete eine.)

„Nun", sagte ich, „sicher, so eine Reise wie diese hier nach Afrika kostet und bringt ökonomisch nicht viel; dafür sonst."

„Wo ist deine Freundin?"

„Hier."

Nun wandte sie sich an sie.

„Deine Familie hat dich nötig. Gibt es irgendein Ereignis in deiner Familie, ein Begräbnis oder etwas Ähnliches?"

„Ja, mein Bruder hat gestern geheiratet."

„Deine Familie ist eurer Verbindung gegenüber nicht unbedingt positiv eingestellt."

Dann sagte sie: „In wenigen Stunden wird jemand im Dorf sterben."

Es gab einen gewissen Aufruhr unter den Anwesenden, es wurde einiges ohne Übersetzung gesagt, das uns offenbar nicht betraf. Dann kam sie wieder auf uns zu sprechen.

„Ihr wohnt in der Nähe des Wassers."

„Ja, das stimmt, wir wohnen gleich am Fluss."

„Wasser ist wichtig für dich. Es hat einen Geist in diesem Fluss, der dir gut gesinnt ist und dich beschützt. Du musst ihm ein Opfer bringen. Töte einen weißen Hahn, nachdem du ihm deine Wünsche gesagt hast. Lasse sein Blut ins Wasser fließen. Nachher wird sich vieles zum Bessern wenden. Du kommst wieder zu mir, nachdem du das gemacht hast, und ich sage dir Weiteres."

„Ich habe noch nie ein Huhn geopfert; ich weiß nicht, wie man das macht."

„Du kannst den Hahn auch durch jemand andern töten lassen oder du sagst dem Hahn einfach deine Wünsche und lässt ihn laufen. Aber wir können es nicht hier für dich machen, du musst es bei dir zu Hause tun, für deinen Flussgeist. Im Übrigen: Ihr werdet sicher und gesund nach Hause reisen. Habt ihr noch Fragen? Weil bald jemand sterben wird, verschwinden die Geister."

Dann wollte sie noch etwas zu Mathurin sagen. Er war aber nicht da. Sie ließ ihm ausrichten, dass seine Frau weiterhin versuche, ihn zu provozieren.

Die Séance war zu Ende, wir gingen mit der Interpretin hinaus. Sie richtete Mathurin seine Wahrsagung aus, und er murmelte bloß, zu mir gewandt: „Wie wahr, wie wahr!"

Uns teilte sie noch mit, dass wir Ahissia auch Fragen per Post schicken könnten, mit einem beigelegten Foto.

„Sie ist jetzt eure Schutzmutter."

Dann, wie üblich hier, verließen wir den Hof ohne besondere Formalitäten und ohne Ahissia noch einmal gesehen zu haben. Wir gingen mit dem „Intellektuellen" den Weg hinunter zu seinem Elternhaus, das er uns noch zeigen wollte. Plötzlich hob Geschrei hinter uns an. Oben am Weg stand die Interpretin und beschimpfte Mathurin im Namen der Priesterin, sodass es das halbe Dorf hören musste. Was war los? Ahissia, beziehungsweise die Geister, waren äußerst gekränkt, dass es Mathurin unterlassen hatte, zur Aussage über seine Frau Stellung zu beziehen. Ahissia hatte immer noch im Hausinnern mit den Geistern auf ihn gewartet, während wir uns auf den Weg gemacht hatten. Wir gingen noch einmal zurück, um uns zu entschuldigen.

Während wir dann mit dem Intellektuellen ein wenig durchs Dorf spazierten, gab er noch folgende Kostprobe vom Können Ahissias:

„Kürzlich starb jemand im Dorf. Man musste mehrere Tage warten, bis alle Verwandten zum Begräbnis eingetroffen waren. Die Leiche begann schon zu stinken. Da transportierte die Zauberin den Gestank in ein anderes Dorf. Wirklich konnten die Leute dort dann nur noch mit dem Taschentuch vor dem Gesicht herumgehen, während hier die Luft rein wie nach einem Regenguss war."

„Wobei", gab Mathurin zu bedenken, „man das einfach so sagt. In Wirklichkeit hat sie wahrscheinlich den Körper magisch dorthin transportiert, und was wir hier sahen, sah nur aus wie der Körper dieser Leiche."

Ich fragte den Intellektuellen, ob er nicht auch als Féticheur arbeiten könnte. Er antwortete nur, er habe die dazu nötige „Gabe" nicht. Später fragte ich Mathurin, warum es in Tengouélan keine praktizierenden Männer gebe.

„Die Frauen können besser ein Geheimnis hüten", antwortete er. „Es ist einfacher, zum Beispiel seine Totempflanze zu vermeiden, wenn man immer zu Hause ist. Der Mann ist in den Straßen, dann sieht er irgendwo Essen an einem Stand, das ihm verboten ist, aber er denkt: Ach was. Dann verliert er seine Sehergabe. Die Frauen können besser gehorchen."

Auf der Rückfahrt passierten wir eine Unfallstelle: Ein Leichenwagen war mit einem Lastwagen zusammengestoßen. Und das Ganze geschah gleich neben dem Friedhof – das konnte kein Zufall sein! Mathurin, der die Geschichte offenbar kannte, sagte:

„Der Chauffeur des Leichenwagens hat als Einziger überlebt. Die beiden Mitfahrer waren Angehörige des Verstorbenen, der hinten im Sarg lag. Die zwei waren offensichtlich schuld am Tod des Verstorbenen, der sich so gerächt hat. Deshalb geschah es auch gleich neben dem Friedhof, und deshalb überlebte der Fahrer, der nichts damit zu tun hatte."

Das ist ein schönes Beispiel für das, was Lévi-Strauss dem Zauberer und Schamanen (aber auch dem Psychopathen) zuschreibt: dem Alltagsdenken, das immer unter einem Mangel an Sinn angesichts der ärmlichen Wirklichkeit leidet, ein Übermaß an Signifikantem, Interpretation und Affektivität entgegenzustellen (allerdings keine individuell-zufälligen Bedeutungen, sondern kulturell normierte, die eine Situation, wenn auch nicht bereinigen, so doch an ein vordefiniertes Problem anpassen).[23]

Wieder in Abengourou tranken wir mit Mathurin noch ein Bier in einem „Maquis" und er erzählte die letzte seiner phantastischen Geschichten:

„Ein alter Zauberer in Tengouélan hatte einen Sohn, der seit dreißig Jahren in Paris lebte. Er vermisste ihn. So besuchte er ihn eines Nachts. Plötzlich stand er in der Wohnung. Der Sohn war nicht zu Hause. Der Alte schaute sich die Zimmer und die Kinder an, dann ging er wieder. Nach zehn Minuten war er zurück in seinem Dorf.

Die Frau des Sohnes hatte ihn aber gesehen und heimlich fotografiert. Dann kam der Sohn nach Hause. Seine Frau erzählte ihm von diesem seltsamen Besuch. Er glaubte ihr nicht.

‚Das ist unmöglich', sagte er. ‚Mein Vater hat kein Geld, er kann nicht Französisch, er wäre nicht fähig, ein Flugzeug und eine Metro zu benützen.'

Aber die Frau beschrieb den Vater ganz genau und zeigte das Foto. Ein Jahr später kam der Sohn auf Besuch nach Tengouélan. Es wurde eine Versammlung einberufen und der Sohn erzählte den Alten von diesem Besuch und reichte auch das Foto herum. Aber jeder im Dorf bestätigte, der Vater sei nie weggewesen. Nicht einmal die Mutter hatte etwas bemerkt. Es war eben sein Double, das sich auf die Reise gemacht hatte. Er hatte die Reise geträumt. Das, was wir träumen, ist das, was unser Double erlebt. Als wir heute morgen noch unterwegs waren, traf unser Double bereits bei der Fèticheuse ein, und sie sah, dass wir kom-

---

23 Lévi-Strauss 1977a:199–2001.

men. Deshalb mussten wir uns auch nicht anmelden. Aber wir können das Double nicht kontrollieren. Oder nur wenige können es. Das Double kommandiert das Bewusstsein, nicht umgekehrt. *Je suis le double* – ich bin das Double/ich folge dem Double ..."[24]

Nun, was die Rückreise betrifft: Wir kamen tatsächlich, wie vorausgesagt, sicher und gesund wieder nach Hause. Was den Todesfall im Dorf angeht: Ich bat Mathurin, mich darüber zu unterrichten; er schrieb nie etwas Diesbezügliches.

Wieder in der Schweiz, besorgte ich, wie angeordnet, einen weißen Hahn, ging mit ihm an den Fluss (zu einer Tageszeit, wo ich mit möglichst wenig Fußgängern rechnen konnte), und bekannte ihm meine Wünsche. Ich ließ ihn dann allerdings nicht frei, sondern gab ihn dem Besitzer zurück.

Die Wahrsagung arbeitet reflexiv, rekonstrukiv: Sie lässt die Vergangenheit in einem ganz bestimmten Licht erscheinen (indem sie zum Beispiel Unglücksfälle in eine Serie stellt und als systematisches Werk einer Hexe beschreibt). Aber die Wahrsagungen wirken auch in die Zukunft: Sie bereiten neuen Ereignissen den Boden der Interpretation, noch bevor sie eintreten oder sie machen sie überhaupt erst als solche wahrnehmbar, das heißt real. Das muss nicht bewusst geschehen, ja funktioniert wahrscheinlich umso besser, je weniger bewusst.

Beispielsweise hätte die Behauptung Ahissias, Nadjas Familie sei gegen unsere Verbindung, dazu führen können, dass ich vermehrt auf jedes negative diesbezügliche Zeichen seitens der Familie pedantisch geachtet und ihm Gewicht beigemessen hätte. Mit meiner feindseligen Reaktion darauf hätte ich einen Teufelskreis der Ablehnung in Gang gesetzt, sodass sich am Ende Ahissias These als *self-fulfilling prophecy* bewahrheitet hätte.

Wieder in meinem Zimmer angekommen, notierte ich all die Vorkommnisse des Tages, machte ein Schläfchen, dann gingen wir mit Mathurin zum Abendessen. Er hatte seinen Freund, den Bankdirektor, mitgenommen. Wir sprachen über die Seherin in Tengouélan, und er erzählte, dass er als Schüler jeweils die Prüfungsaufgaben des folgenden Tages vorausgesehen habe. Er vertrat auch die Theorie, dass Frauen

---

24 Diese Vorstellung eines „Double" findet man bei vielen afrikanischen Völkern. Bei den Agni wird es *woa-woè* genannt (Amon d'Aby 1960:20f.), auf Djoula *melege*, bei den Bambara *ja* (Imperato 1977:30f.).

besser als Männer für die Hellseherei prädestiniert seien wegen ihrer Eifersucht, die sie die kleinsten Zeichen lesen lasse.

Plötzlich kam mir wieder etwas in den Sinn, das Ahissia gesagt, ich aber wieder vergessen hatte: Trotz der unterschiedlichen Ziele der Eltern bezüglich meiner Zukunft würde ich am Ende finden, was ich wirklich wolle, aber das sei mit viel Arbeit und Kraft *(force)* verbunden. Diese Bemerkung war für mich deshalb so interessant, weil mir eine Hellseherin in Dublin etwa ein Jahr vorher mittels Karten dasselbe vorausgesagt hatte.

(Ich entnehme diese Tatsache einem Eintrag in meinem irischen Tagebuch. Gleich darunter finde ich folgende Notiz:

„Im Bus. Ich denke über *genies* nach. Ich hebe den Kopf. In diesem Moment blättert vor mir jemand die Zeitungsseite um und die Schlagzeile erscheint: *The Puzzle of Genius.*")

Ich denke jetzt, beim Schreiben, über Vergessen, Erinnern und geheime, unterirdische Verbindungen nach und dann erscheint eine weitere Erinnerung:

Als wir in Tengouélan am Grab der „Großmutter" vorbeigingen, erzählte jemand von einer Gruppe amerikanischer Schwarzer, die (auf der Suche nach ihren *roots)* vor einiger Zeit hier waren. Als sie ebendieses Grab passierten, fiel einer von ihnen, der nie vorher in Afrika gewesen war, in Trance und begann Agni zu sprechen. Wieder zu Hause forschte er in seinem Stammbaum nach und entdeckte, dass Vorfahren von ihm aus dieser Gegend stammten.

Auch hier wieder: Hatte er unbewusst schon „gewusst", dass er Vorfahren unter den Agni hatte und war deshalb hergefahren? Hatte er das nachträglich hineingelesen, interpretiert, konstruiert? War überhaupt die ganze Geschichte, wie so viele, nachträglich „gemacht"? Auf jeden fall schien es mir, je länger ich mich hier aufhielt und mit diesen Themen beschäftigte, so etwas wie einen Subtext zu geben, ein Netz von Zeichen, die alle aufeinander verwiesen, so wie die Spuren des Unbewussten in Freuds „Traumdeutung". Nur, dass es hier um reale Ereignisse und nicht um Träume ging; allerdings um „reale" Ereignisse, die häufig eine seltsam textuelle Struktur besaßen. Die Textur der Wirklichkeit. Es ging offenbar um Zeichen, die nicht nur etwas Reales repräsentierten, sondern dieses Reale hervorbrachten, beziehungsweise zumindest einen vorbereitenden Kontext schufen, in dem das Ereignis eintreten konnte, in dem es möglich wurde. „Primat der Struktur und des Signifikanten" hatten das die Strukturalisten genannt: damit ein Ereignis eintreten kann, müssen zuerst die Bedingungen der Möglichkeit geschaffen werden, in der Wahrnehmung, in der Psyche; denn nur was wahrgenommen wird, was von der Wahrnehmung zugelassen wird, geschieht.

### Der Féticheur

Wir hörten von Coulibaly. Coulibaly ist ein Bambara aus Bamako, Mali. Er war von einem ivorianischen Politiker für die Zeit des Wahlkampfs als Berater engagiert worden. Für drei Monate hatte man ihm, seinen zwei Frauen und dem kleinen Sohn ein Haus in Abengourou zur Verfügung gestellt. Mit Mathurin suchten wir ihn eines Morgens auf.

Die eine seiner zwei Frauen war gerade daran, Schaffleisch vor dem Haus zu braten. Wir traten ein in den kahlen Wohnraum mit einem Fernseher und einer Wolldecke auf dem Boden; darauf saß die andere Frau und der kleine Dauda. Wir setzten uns auf eine Holzbank. Coulibaly, noch jung, sehr freundlich, kam herein und bot uns vom Schaffleisch an.

Wir wuschen uns mit dem Wasser aus einem gereichten Plastikbecken die Hände, zogen die Schuhe aus und folgten Coulibaly in ein dunkles, fensterloses Hinterzimmer. Erst konnte ich fast nichts erkennen; nur durch die halb geöffnete Türe kam etwas Licht, allerdings auch der Lärm eines Radios, sodass ich Coulibaly fast nicht verstand, der zwar Französisch sprach, aber ein sehr afrikanisches. Mathurin musste oft übersetzen.

Als sich meine Augen an das Halbdunkel gewöhnt hatten, erkannte ich nach und nach eine Matte im Hintergrund, davor eine gespannte Schnur, an der seine Kleider hingen. Der Boden war über und über bedeckt mit Flaschen und Gläsern, gefüllt mit braunen Flüssigkeiten, Kräutern, Samen, Rindenstückchen, Töpfen, Beuteln, Dosen mit (für mich) undefinierbarem Inhalt. Dann erkannte ich ein Huhn zwischen all den Gefäßen und an der Wand angeheftete Blätter, voll gekritzelt mit geheimnisvollen Zeichen. Erst nach längerer Zeit sah ich in der Ecke den „Fetisch", eine kniehohe Holzfigur, behangen mit Kaurimuscheln und bedeckt mit grauen Federn.

Coulibaly selbst trug inzwischen seine Arbeitskluft, sein *chemise de chasseur,* bestickt mit mehreren in Leder gefassten Gris-Gris oder Talismanen, und seine Zaubermütze mit der Kaurimuschel. Wir saßen zu dritt auf einer Holzbank, während Coulibaly am Boden kauerte.

Nun musste ich ihm 205 CFA in Münzen geben (ca. 50 Rappen). Er

*Das „Aushängeschild" des Bambara-Heilers
Tiegnouma Coulibaly in Abengourou (Elfenbeinküste).
Links sein Vater Soungalo Coulibaly, ebenfalls Heiler.*

reichte mir eine Hand voll Kaurimuscheln, in die ich „hineinsprechen" musste, das heißt, denen ich sagen sollte, was ich wollte. Die Sprache, in der ich das sagte, spielte keine Rolle; jedoch sollte ich leise sprechen, sodass mich die andern nicht verstünden.

Was sagte ich den Muscheln? Wiederum muss ich dafür einen persönlichen Exkurs machen: Nadja, meine Begleiterin, ist Diabetikerin. Es nahm uns besonders wunder, ob es Coulibaly möglich sein sollte, die Zuckerkrankheit zu erkennen, ja, ob er vielleicht sogar ein Mittel dagegen verschreiben würde. Diese Problematik teilte ich den Kaurimuscheln mit.

Dann nahm Coulibaly die Muscheln wieder und warf sie mit den Münzen ein paarmal auf den Boden und interpretierte die entstandene Anordnung.

„Du hast viele Träume, die dir Angst machen; du wachst in der Nacht auf und deine Gedanken sind verwirrt. Das sind Geister, die kommen. Du musst ein Opfer darbringen: Einen weißen Hahn, sieben weiße Kolanüsse, Kuhmilch. Ich werde dir in einem *Canari* (Tontopf) eine magische Portion zubereiten."

Coulibaly sprach ruhig und nüchtern, sehr konzentriert auf die Verteilung von Muscheln und Münzen nach seinen Würfen, ohne Trance, und Nadja notierte seine Aussagen. (Wir arbeiteten nie mit Tonband; ich hatte mich schließlich als Klient eingeführt und nicht als Ethnograph. Was die Notizen betrifft, so schlug Coulibaly selber vor, wir sollten seine Anweisungen notieren, er könne sich nachher nicht mehr gut an alles erinnern. Ich werde später auf meine Rolle zurückkommen. Nur so viel: Im Magie- und Hexereidiskurs existiert die Position des neutralen Beobachters eigentlich nicht; es gibt nur solche, die „drin", also involviert sind (als Hexer, Verhexte oder Enthexer) und solche, die „draußen" sind, die aber auch nichts „Relevantes" aussagen können. Es bringt nichts, die Leute in einer allgemeinen Art über diese Dinge auszufragen; man muss sich, als zumindest teilweise Betroffener, verstricken lassen, sich – auch emotional – in das System einklinken. Es ist klar, dass diese Feststellung einen Metadiskurs, der eine Synthese der Innen- und der Außensicht wäre, ausschließt oder zumindest schwierig macht. Denn die Welt, um die es geht, ist quasi nur von innen real. Nur der, der subjektiv, als Subjekt (und Objekt) ein Teil dieser ontologischen Halbwelt wird, kann „authentische" Aussagen darüber machen; die jedoch von einem Außenstehenden notwendigerweise als irreal und unobjektiv [dis-]qualifiziert werden müssen.)

Wieder warf Coulibaly sein Orakel.

„Deine Mutter denkt und denkt. Sie ist sehr unruhig. Sie denkt zu viel", sagte er, immer noch zu mir gewandt.

„Wann fahrt Ihr zurück? Ihr müsst eine Medizin für sie mitnehmen."

Als er das Datum hörte, meinte er:

„Das ist zu spät. Es handelt sich um einen dringenden Fall. Ich muss sofort etwas für sie tun. Wir müssen ein weißes Wickeltuch für sie vergraben; dann wird sie ruhiger werden."

Ich werde später auf meine Mutter, und wie es ihr zu diesem Zeitpunkt erging, zurückkommen.

Coulibaly fuhr fort, zu mir gewandt:

„Eine Frau in deiner Familie ist zuckerkrank."

Ich bejahte und dachte dabei natürlich an Nadja.

Aber er fuhr weiter:

„Sie magert ab. Sie hat mehrere Kinder gehabt, aber die Ehe ging in Brüche. Ihr Mann ist tot."

Nun: Diese Beschreibung passte nicht auf Nadja, hingegen sehr wohl auf meine Großmutter, die eine große Bedeutung in meiner Biografie hatte, weil ich zum Teil bei ihr aufwuchs. Sie war tatsächlich seit etwa zwanzig Jahren Diabetikerin, stark abgemagert in den letzten Jahren, Mutter von fünf Kindern und geschieden. Nur eine Aussage stimmte nicht: Ihr Ex-Mann lebte immer noch.

Nach meiner Rückkehr in die Schweiz fragte ich meine Mutter, wie es ihr zu dieser Zeit gegangen sei.

Sie berichtete von ihrer äußerst schlechten Verfassung: Sie war krank gewesen und hatte, nach ihrer eigenen Aussage, die größten Schmerzen ihres Lebens erlitten. Hinzu kam, dass sich der Todestag ihres geliebten Bruders, der unter tragischen und gewaltsamen Umständen ums Leben gekommen war, gerade zum zehnten Mal gejährt hatte und sie intensiv an ihn gedacht und um ihn getrauert hatte. Dann hatte eine ihr nahe stehende Person sie verärgert und enttäuscht, was zusätzlich zu Herzproblemen führte. Es war, wie man sagt, tatsächlich „alles zusammengekommen". Vor allem aber, und das scheint mir in diesem Zusammenhang besonders interessant, berichtete sie, sie hätte geträumt, ihr Vater – also der Ex-Mann meiner besagten Großmutter – sei gestorben, so wie das Coulibaly gesagt hatte. Tatsache war, dass der Mann zu diesem Zeitpunkt für eine Operation im Spital lag.

Ich sagte Coulibaly, dass es sich bei seiner Weissagung offensichtlich um meine Großmutter handle. Er schlug vor, ihr einen Zaubertrank zu brauen, der ihr den Gatten zurückhole. Ich sagte ihm, dass sich meine

Großmutter erstens weigern würde, so etwas zu trinken, und dass sie froh sei, wenn der Mann nie mehr zurückkomme.

Er warf ein weiteres Mal Muscheln und Münzen und sagte mir, ich müsse mir zu meinem Schutz und Glück einen Silberring kaufen.

Noch ein Wurf.

„Vor deinem Studium hast du im öffentlichen Bereich gearbeitet. Dann hast du Streit mit jemandem bekommen und bist von dort weggegangen."

„Es ist richtig, dass ich vor meinem Studium anderthalb Jahre bei einer Zeitung gearbeitet habe. Ich bin allerdings nicht wegen Streit dort weggegangen. Es gab jedoch tatsächlich einen Chef, von dem ich mich nicht sehr geschätzt fühlte. Wäre das nicht gewesen, wäre ich vielleicht länger geblieben."

„Ein kleiner, dicker, älterer Mann ist gegen dich. Du kennst ihn schon länger. Ihr seid zusammen gereist. Es gibt Streit mit ihm wegen Geld. Ich werde ein Ei präparieren, das du bei Sonnenuntergang auf einer viel begangenen Straße zerschlagen musst, ohne dass es jemand sieht."

Dann wandte er sich Nadja zu.

Er sagte ihr voraus, sie werde eine Tochter und einen Sohn haben. Dann: „Du hast drei Schwestern und zwei Brüder."

„Nein. Ich habe eine Schwester und einen Bruder."

Er warf die Muscheln abermals und sagte:

„Das ist nicht möglich. Du hast nur einen Bruder?"

„Ja."

„Ein Bruder ist gestorben. Seine Krankheit begann im Kopf."

„Ja, das stimmt. Ich habe ihn vergessen. Er ist kurz nach der Geburt gestorben."

„Du träumst oft davon, dass du mit David schläfst. Es ist aber in Wirklichkeit ein Geist, der sich als David ausgibt. Du hast bis jetzt nicht viel Geld. Du brauchst eine goldene Halskette, das wird dir Glück bringen. Du hast eine Maschine nicht gekauft, die du kaufen wolltest vor der Abreise. Du musst hundert Kauris darbringen, dann wird es ein gutes Jahr werden."

Dann fragte Nadja nach ihrer gesundheitlichen Situation.

Coulibaly sprach von Blähungen und Völlegefühl, von zu viel Speichel, Erbrechen, Geräuschen im Bauch, kleinen Würmern und versprach Medizinen dagegen.

Nadja sagte ihm, sie sei Diabetikerin. Er fragte sie, unter was für Symptomen sie leide.

„Unter keinen, im Prinzip, solange ich Diät halte und regelmäßig die Spritzen mache."

„Dann ist die Krankheit auch nicht sichtbar für mich, beziehungsweise es ist dann gar keine Krankheit. Du hast ja keine Schmerzen, und alles funktioniert. Ich kann Dir aber trotzdem eine Medizin machen. Wir brauchen vor allem Erdnüsse und Bohnen."

(Das war insofern interessant, als wir ein halbes Jahr vorher eine Heilerin in Jerusalem konsultiert hatten, die gegen Diabetes ebenfalls das Einreiben von Erdnussöl und häufiges Essen von grünen Bohnen empfohlen hatte.) Er versicherte sich nochmals, ob wir alles Benötigte aufgeschrieben hätten, und damit war die Konsultation zu Ende.

Ich fragte ihn, ob ich ein Foto „nehmen" könne – *„Je pourrais prendre une photo?"*

Er missverstand mich, holte einen Briefumschlag mit alten Fotos und wollte mir freudestrahlend eines schenken, das ihn mit einer Ziege vor dem Haus zeigte.

Ich erklärte ihm, ich würe gerne selber ein Foto von ihm machen und ihm eine Kopie schicken.

Er nahm seinen Fetisch und posierte damit, stolz lächelnd.

Nun zog er sein Zauberhemd aus, und wir gingen zusammen auf den Markt zu einem „magischen Einkauf".

Ein weißer Hahn für 1700 CFA, sieben weiße Kolanüsse und eine Plastikflasche Kuhmilch gegen meine Angstträume.

Ein weißer Stoff gegen die Sorgen meiner Mutter.

Eine Goldkette für Nadjas Reichtum, für umgerechnet etwa 40 Fr.

Langsam wurde es uns etwas zu teuer, und bei meinem Silberring (für Glück und Schutz) gab es eine längere Diskussion darüber, welches Modell adäquat sei. Coulibaly beharrte darauf, es müsse ein großer Ring mit einer flachen, glänzenden Fläche sein, wie ein Siegelring, aber ohne Verzierung.

Die Ausgaben summierten sich und es kamen mir Zweifel, wie viel ich wirklich auszugeben bereit war. Mich beruhigte allein der Gedanke, dass der Gewinn Coulibalys dabei eigentlich minimal und eigennützige Interessen von ihm deshalb ausgeschlossen seien. Klar wurde mir allerdings bei diesem Marktgang, wie sehr Magie, Opfertiere, Glücksbringer und Nahrungsmittel für rituelle Zwecke auch ein beträchtliches Marktsegment in Afrika darstellen. Weiter hatten wir einzukaufen: ein Ei (gegen meinen kleinen, dicken Widersacher), hundert Kaurimuscheln für Nadja, Erdnüsse, Bohnen und diverse andere Zutaten für die Medizin.

Inzwischen war es etwa 1 Uhr mittags. Wir kehrten zurück und Coulibalys Frau bot uns Reis und Schafleber an.

Als er unsere Einkäufe überblickte, stellte er fest, dass wir doch einiges vergessen hatten. (Der ganze Einkauf war etwas chaotisch gewesen. Wir hatten ihn zum Beispiel wiederholt auf die Kauris aufmerksam gemacht, was er jeweils mit einer wegwerfenden Geste quittierte, sodass wir schließlich nicht mehr darauf insistierten, weil wir dachten, er hätte vielleicht noch genug davon zu Hause. Nun, als er sah, dass sie fehlten, ärgerte er sich über seine Vergesslichkeit. Wie Ahissia hatte er etwas Zerstreutes und Geistesabwesendes an sich und der Marktrundgang schien ihn viel Nerven gekostet zu haben).

Nach etlichem Hin und Her zog er schließlich wieder sein Zauberhemd an und sagte:

„Ich muss jetzt arbeiten, das heißt die Medizinen herstellen und die Rituale machen. Das dauert etwa bis vier Uhr, dann könnt ihr wieder kommen und alles holen."

Wir fragten ihn noch, ob er uns seine Adresse aufschreiben könne, für den Fall, dass wir sein Haus nicht mehr fänden, aber auch, um ihm später die Fotos schicken zu können.

Wir hatten nicht realisiert, dass er Analphabet war. Er durchsuchte ein Bündel von Zetteln, in denen die Adresse irgendwo notiert war, was aber natürlich nicht einfach war. Schließlich gab er uns eine Elektrizitätsrechnung mit der Adressangabe, die wir abschrieben. Dann holte er einen Notizblock hervor, voll gekritzelt mit Zeichen und Zeichnungen. Er malte auf ein leeres Blatt einen Kreis und vier Zeichen und bat uns, unsere Namen darunter zu schreiben.

„Ihr könnt mir trotzdem Briefe schicken", sagte er. „Ich habe jemanden, der mir alles vorliest und dem ich eine Antwort diktieren kann."

Dann gingen wir.

Als wir zurückkamen, sagte er:

„Ich habe den ganzen Nachmittag gearbeitet. Ich war im Wald. Mit deiner Mutter bin ich noch nicht fertig. Es war sehr hart. Ich muss nachher noch einmal in den Wald gehen."

Ich fragte ihn, was er für meine Mutter getan habe.

„Ich habe das weiße Tuch an einem Baum aufgespannt, um das Böse von ihr wegzuziehen und aufzufangen. Das Tuch werde ich vergraben, aber es ist noch nicht fertig. Mit ihr ist es eine schwierige Arbeit. Es ist ein dringender Fall, wir konnten nicht mehr warten. Ich werde das Tuch vergraben; der Baum wird sterben, aber sie wird gesund werden."

Seine Holzfigur stand jetzt nicht mehr im Hintergrund, sondern bei den Medizinen, die er hergestellt hatte. Die „Arbeit" machte er mit seinem Fetisch, beziehungsweise mithilfe des Geistes, den er verkörperte.

Nadja gab er eine Plastikflasche mit einer bräunlichen Flüssigkeit gegen den Diabetes.

„Du musst jeden Tag dreimal einen Esslöffel davon nehmen."

Sie blickte etwas misstrauisch und fragte, ob da vielleicht auch Blut drin sei.

„Nein, nur Kräuter", sagte er, und zum Beweis, dass es sich um nichts Giftiges handle, nahm er demonstrativ selber einen Schluck davon.

Ebenfalls überreichte er ihr hundert magisch bearbeitete Kauris, die sie auf einem Gestell in ihrem Zimmer aufstellen sollte. Auch die Goldkette für die *fortune* hatte er zauberkräftig gemacht.

Mir übergab er den Tontopf gefüllt mit Wurzelstückchen, Blättern und Hühnerfedern.

„Das musst du mit Wasser aufkochen, dann abkühlen lassen und sieben Tage lang täglich ein Glas davon trinken."

„Das ist schwierig, weil ich die nächste Zeit kaum je eine Woche am selben Ort sein werde. Soll ich es auch in eine Flasche abfüllen?"

„Nein, dann wartest du, bis du zu Hause bist und trinkst es dort."

Er gab mir eine Plastiktüte und wir verschnürten das Ganze sorgsam.

Dann überreichte er mir zu meinem Schutz den Silberring und ein Päckchen, in Zeitungspapier gewickelt.

„Geh damit zu einem Schuster auf dem Markt und lass es dir in Leder einnähen. Diesen Talisman und den Ring trägst du dann immer auf dir. Sie werden jeden Angreifer abwehren."

Als Letztes reichte er mir ein Ei, auf das mit Filzstift Figuren und Linien gezeichnet waren, unter anderem dieselben, unter die wir unsere Namen gesetzt hatten. Dieses Ei sollte ich, wie gesagt, um 18 Uhr mit abgewandtem Blick auf einer Hauptstraße fallen lassen.

Wir unterhielten uns noch ein wenig. Er erzählte uns, dass seine Sehergabe von seinem Vater auf ihn übertragen worden sei; dass alle meine Gedanken, die ich im Kopf hatte, während ich in die Muscheln sprach, nachher „in den Muscheln waren", während er sie warf; dass der Bruder von Nadja wahrscheinlich durch Hexerei gestorben war; dass er bis zum Ende der Wahlen hier bleiben werde (Frühling ´95). Dann musste er gehen, „in den Wald", um weiter das Böse von meiner Mutter wegzuziehen und im Tuch zu fangen. Später erfuhren wir, dass er noch bis halb zehn Uhr nachts damit gerungen hatte.

Wir gingen in unser Zimmer zurück. Ich wartete auf den Sonnenuntergang, dann ging ich mit Mathurin zur Hauptstraße hinunter, wartete, bis niemand schaute, überquerte sie und ließ in der Mitte das Ei fallen. Mathurin ging voraus, damit auch er nichts sah. Ich hörte, dass das Ei nicht zerbrochen war, sondern an den Strassenrand rollte. Ich fragte Mathurin, ob ich es noch einmal fallen lassen solle. Er sagte:

„Nein, schau auf keinen Fall zurück. Geh einfach weiter. Es ist schon gut so."

Ich fragte mich damals, ob dieses Ritual nicht eigentlich der schwarzen Magie zugerechnet werden müsse, dass mit dem Ei mein Widersacher zerbrochen werden sollte. Heute glaube ich eher, dass das Ei anstelle von mir zerbrochen wurde; es stand für meine Fragilität gegenüber den bösen Absichten meines Widersachers; seine Schädigungen sollten das Ei anstatt mich treffen.

Wie gesagt teilte mir meine Mutter nach der Rückkehr mit, sie hätte geträumt, ihr Vater sei gestorben, während Coulibaly ja ebendies – als Realität – geweissagt hatte. Insofern hat Coulibaly nicht die Realität, also die Außenwelt, sondern die Innenwelt beschrieben, die Traumwelt, oder das Unbewusste. Das würde allerdings voraussetzen, dass eine Übertragung des Unbewussten von meiner Mutter auf mich und von mir auf Coulibaly stattgefunden hätte. Coulibaly hätte dann nichts anderes getan als – psychoanalytisch ausgedrückt – in sich eine Gegenübertragung wahrgenommen, die von meiner Mutter herrührte und für die ich als Überträger oder Transmitter figurierte. Seine Fähigkeit würde dann nicht darin bestehen, Äußeres zu „sehen", sondern „Inneres", so wie er sagte: Alles was ich vor der Séance dachte (auch „unbewusst dachte"), als ich in die Muscheln sprach, ist jetzt dort drin und wird von ihrer Anordnung beim Wurf wieder ausgedrückt.

Bei Freud findet sich eine Überlegung, die in ebendiese Richtung weist:

„Ich habe eine ganze Reihe von solchen Prophezeiungen gesammelt und von allen den Eindruck gewonnen, dass der Wahrsager nur die Gedanken der ihn befragenden Personen und ganz besonders ihre geheimen Wünsche zum Ausdruck gebracht hatte, dass man also berechtigt war, solche Prophezeiungen zu analysieren, als wären es subjektive Produktionen, Phantasien oder Träume der Betreffenden."[25]

Wenn man nun daran denkt, dass die Wahrsager ja selber von sich sagen, dass sich ihre Aussagen auf die unsichtbare Gegenwelt von Doubles, Hexen, Seelenfressern usw. beziehen, die sich paradigmatisch in

Träumen äußert (wie die Geister, die meine Hülle und Nadjas Träume benützen, um mit ihr zu schlafen), dann lässt sich diese „andere Realität" wohl zwanglos mit dem in Verbindung bringen, was wir das Unbewusste nennen, dessen Wirksamkeit in Übertragung und Gegenübertragung als Spur zu lesen ist. Hexerei, die meist als unbewusster, rein psychischer, nicht vorsätzlicher Vorgang gedacht wird, wäre demnach nichts anderes als eine destruktive Übertragung.

Wir „wollen der Erwartung nachgehen", schreibt Freud, „dass die Anwendung der Psychoanalyse einiges Licht auf andere, okkult geheißene Tatbestände werfen kann. Da ist z.B. das Phänomen der Induktion oder Gedankenübertragung, das der Telepathie sehr nahe steht. Es besagt, dass seelische Vorgänge in einer Person, Vorstellungen, Erregungszustände, Willensimpulse sich durch den freien Raum auf eine andere Person übertragen können, ohne die bekannten Wege der Mitteilung durch Worte und Zeichen zu gebrauchen."[26]

Von dieser „Gedankenübertragung", die ja dann in Freuds Beispielen eher eine „Emotionenübertragung" ist, ist es nur ein kleiner Schritt zur (Gegen-)Übertragung im psychoanalytischen Sinn. Insbesondere die postulierte Übertragung von „Willensimpulsen" würde der Hexerei im afrikanischen Sinne sehr nahe kommen, die auch auf eine gewisse Unbewusstheit auf Seiten des Opfers (und vielleicht auch des Täters) angewiesen ist, um wirken zu können. Die Tätigkeit des Analytikers, der diese Übertragungen aufdeckt (insbesondere die vergangenen in der Beziehung vom Kind zu den Eltern, die sich jetzt auf den Analytiker übertragen) wäre dann der Identifizierung von Hexen durch den afrikanischen Heiler vergleichbar.

Zur Illustration noch die folgende Episode, die Mathurin eines Abends erzählte:

„Einmal waren drei Europäer hier. Wir saßen zusammen, tranken etwas und diskutierten. Auf einmal sagte ein Afrikaner, von dem bekannt war, dass er die Sehergabe (den doppelten Blick) hatte, zur jungen Frau: ‚In diesem Moment bist du nach Belgien geflogen, hast deinen Vater angegriffen und bist wieder zurückgekommen.' Sie reagierte

---

25  1982:493. Manchmal gibt es allerdings auch Weisagungen, wo innerlich und äußerlich Signifikantes zusammenfällt und die Realität den Charakter eines Traums oder Symbols erhält. 1994 – ich arbeitete damals in einem Flüchtlingszentrum – besuchte ich einen Marabout in Man, der mir sagte: „Du arbeitest in einem Haus, wo du nicht wohnen möchtest."
26  1982:480. Zu Zukunftsvoraussage, Telepathie und Übertragung siehe auch Signer 1994:143ff.

empört und aufgebracht. Am nächsten Tag kam ein Telegramm; ihr Vater hatte genau zu jener Stunde einen Herzinfarkt erlitten. Sie reiste gleich ab. Es gibt überall Hexerei, auch in Europa."

Wieder zurück in der Schweiz öffnete ich meinen Tontopf. Das Grünzeug war inzwischen etwas angeschimmelt. Ich begoss es mit Wasser und versuchte es auf dem Feuer zum Kochen zu bringen, was seltsamerweise nicht gelang. Schließlich stellte ich den Topf in einer wassergefüllten Pfanne auf eine Herdplatte. Ich heizte und heizte, aber brachte das Gebräu nicht zum Sieden. Trotz meiner Angst, ich könnte mich vergiften, wenn ich es nicht aufkochte, begann ich mit meiner siebentägigen Kur, unter anderem auch angespornt von Nadja, die ihre Medizin täglich einnahm und mit sehr ausgeglichenen Blutzuckerwerten belohnt wurde. Der Sud schmeckte anfangs wie ein Waldboden nach einem sommerlichen Regenguss, gegen Ende der Woche, als er möglicherweise etwas zu gären begann, eher wie eine Kloake. Aber ich hielt tapfer durch und fühlte mich prima. Insbesondere musste ich aber etwas sehr Seltsames feststellen. Seit meiner Kindheit gab es einen aufwühlenden Albtraum, der mich ein-, zweimal pro Monat heimsuchte und der mit meiner Großmutter zusammenhing, eben jener Diabetikerin, von der in Coulibalys Konsultation auch die Rede war. Dieser schlechte Traum (auf den man Coulibalys erste Aussage in seiner Séance beziehen könnte) löste sich auf (was kein Psychologe zuvor in noch so vielen Sitzungen und noch so genauer Analyse der „latentesten Trauminhalte" erreicht hatte!) Bis heute, Jahre danach, ist er nicht wiedergekommen. Wie ein Geist, der mich jetzt in Ruhe lässt.

Ich hatte Mathurin Abzüge der Fotos geschickt mit der Bitte, einen Satz Coulibaly weiterzugeben. Wenige Tage darauf kam ein Brief von Mathurin. Er ließ mir ausrichten, Coulibaly habe mithilfe meines Fotos eine Befragung gemacht und sei zu dem Schluss gekommen, ich müsse einen weißen Widder opfern samt 75 Gramm Münzen und 185 weiße Kauris. Dies alles vor Ende Dezember, denn es gehe um ein glückliches Neues Jahr. Im Falle, dass mir dies nicht möglich sei, könne ich auch die Summe von 100 000 CFA (160 EUR) auf sein, Mathurins, Konto überweisen. Der Brief endete mit dem Postscriptum: „Je te prie beaucoup fait ce sacrifice avant le 31/12/95 pour ta propre santé. Car rien ne vaut la vie de l'homme." („Ich bitte dich inständig, mache dieses Opfer vor dem 31.12.95, für deine eigene Gesundheit. Nichts kann das Leben eines Menschen aufwiegen.")

Nun, ich wurde ziemlich wütend, vor allem über diesen drohenden Nachsatz. Kam hinzu, dass Mathurin schließlich in Helsinki afrikanische Kunst studiert hatte und sehr wohl wusste, dass ich hier keinen Widder opfern konnte. Ich muss auch noch hinzufügen, dass er am Abend vor unserer Abreise von Abengourou zu mir gekommen war mit der Bitte, ihm 6000 CFA zu geben, weil er völlig blank sei. Ich hatte sie ihm gegeben, aber es war ein schales Gefühl zurückgeblieben.

Ich schrieb ihm also zurück, da sich Coulibalys Prophezeiung noch nicht erfüllt und Nadjas versprochener Reichtum sich noch nicht eingestellt habe, wir stattdessen immer noch an all den Ausgaben für die afrikanischen Heiler nagten, müsse er sich noch etwas gedulden mit der Überweisung.

Zugleich war aber seine Drohung doch nicht ohne Wirkung geblieben. Das System von Hexerei und Gegenhexerei hatte mich zweifellos ein bisschen gepackt. Ich war ein wenig abhängig geworden vom Schutz meiner Gris-Gris und Opfer und reagierte nun ängstlich und mit einem schlechten Gewissen auf meine Weigerung, das Opfer darzubringen. Dann geschah etwas Eigenartiges. Ich arbeitete eines Nachmittags im Keller, als ich plötzlich feststellte, dass Coulibalys Silberring von meinem Finger verschwunden war. Das war umso irritierender, als ich sicher wusste, dass er eine Stunde vorher noch da gewesen war, weil ich ihn zum Händewaschen abgestreift und nachher wieder angezogen hatte. Und nun war er plötzlich verschwunden und auch nach langer Suche nicht mehr aufzufinden. Und das, nachdem ich nach langem Zögern an ebendiesem Morgen den Brief an Mathurin mit besagter Antwort zur Post gebracht hatte! Ich wurde die Idee einfach nicht los, Coulibaly sei rasch hier gewesen und habe den Ring erbost wieder an sich genommen.

Ich habe den Ring bis heute nicht mehr gefunden, aber ich wurde entlastet, als einige Tage später ein Brief von Coulibaly eintraf, in dem er aufgrund seiner Konsultationen folgende Opfer anordnete:
1 Liter frische Kuhmilch, 1 Gramm Gold, 1 weißes Huhn, 100 Kauris, 5 Meter weißer Perkalstoff, 100 Datteln, an einem Freitag an kleine Kinder zu verteilen, 1 lebendes Chamäleon.

Falls es uns nicht möglich sei, diese Opfer darzubringen, sollten wir ihm 50 000 CFA (80 EUR) schicken, und er würde das Opfer für uns durchführen.

Ich ging davon aus, dass der Bericht von Mathurin nicht von Coulibaly stammte und er es nur auf unser Geld abgesehen hatte. Im Nachhinein bin ich erstaunt über meine Angst und Aufregung nach dem Verlust dieses Ringes. Wie groß muss die Abhängigkeit vieler Afrikaner von den Schutzzauberern sein, wenn es schon bei mir Außenstehendem so wenig brauchte. In gewisser Weise wird nicht der „magische Text" dem Klienten angepasst, sondern die Klienten werden nach und nach dem magischen System oder Text angepasst oder ihm eingefügt. Das System ist zirkulär: Irgendwann sind die Wahrsagungen wahr, weil sie – zumindest bei einer „Langzeitbehandlung" – den Klienten den Erwartungen des Systems angepasst haben und er sich in diese Sprache und ihre vorgesehenen Strukturen und Positionen eingefügt hat. Der Patient verhält sich gemäß einer vom Hellseher vorformulierten Rolle.

Ich machte all die vorgeschriebenen Opfer, schrieb Coulibaly jedoch, ein Chamäleon zu opfern sei mir nicht möglich. Dem Brief legte ich 2000 CFA (3 EUR) bei.

Zwei Wochen später kam die Antwort. (Von Mathurin hörte ich nichts mehr.)

Coulibaly schrieb, dass er das Chamäleonopfer inzwischen selber vorgenommen habe. Nach seinen neusten Konsultationen war es nun nötig, einen Ziegenbock für mich zu opfern; ebenfalls brauchte er ein wenig Goldstaub, weißes Silber und noch ein Foto von mir. Er bat mich dafür abermals um 50 000 CFA. Weiter fragte er nach dem Namen von Nadjas Schwester und ihrem Mann, weil er Konsultationen über sie durchführen wolle. Das war nun allerdings interessant, weil die beiden tatsächlich gerade in der Trennung begriffen waren.

Trotzdem brach ich an diesem Punkt den Kontakt vorläufig ab ...

# Verwirrung als Erkenntnismittel

„An einem gewissen Punkt angelangt, gibt es kein Zurück mehr.
Das ist der Punkt, der erreicht werden muss."
Franz Kafka

Im vorhergehenden Kapitel habe ich ein wenig von meinen gedanklichen Assoziationen und emotionalen Reaktionen berichtet, als ich zum ersten Mal afrikanische Heiler in der Rolle des Klienten aufsuchte. Ich behauptete, dass die Introspektion in solchen ungewöhnlichen Situationen uns Aufschluss geben könne über latente Aspekte des Gegenübers, sofern es gelinge, sie (nachträglich) in einen Kontext zu stellen, der über das Persönliche hinausgeht. Ich möchte im Folgenden anhand von einigen weiteren Situationen zeigen, wie ich als Forscher zum Objekt von Übertragungen wurde, die mich dazu brachten, Dinge zu fühlen, zu denken und zu tun, die ich sonst unterlassen hätte. Anhand dieser inneren und äußeren Übertretungen, durch das Erlebnis einer eigenen Andersheit, kann man etwas erfahren über die Andersheit der Andern.

Die drei afrikanischen Begebenheiten sind alle *étrange* (fremd, befremdend, seltsam), und sie haben alle etwas zu tun mit Übertragungen, von mir auf andere, von anderen auf mich, die etwas anrichten im Inneren und so die Sicht und dann auch das Verhalten verändern. Und insofern führen diese Übertragungen zu Übertretungen (der eigenen Grenzen und derjenigen der andern) und manchmal dann auch zur Einsicht in die Grenzen der Übertragbarkeit.

Auch (oder gerade) als Wissenschaftler und Forscher muss man manchmal den Kopf verlieren, um weiterzukommen. Denn was für viele ethnologischen Themen gilt, gilt ganz besonders in bezug auf Heiler, Hexerei und Magie in Afrika: „Though this be madness, yet there is method in't" – ist's auch Wahnsinn, so hat's doch System.[27] Man muss es bloß finden.

---

27  Shakespeare: Hamlet. Act II, Scene 2.

Man findet es jedoch nicht diesseits, sondern jenseits der *madness*. Oder: Der Sinn ist *im* „Wahnsinn" (buchstäblich ein Teil davon), nicht außerhalb. Man muss hineingehen.[28]

### Übertretungen des Bischofs – Stärke

Die erste Begebenheit fand Mitte der Achtzigerjahre in Ifakara statt, einer Kleinstadt in Tansania. Ich saß mit einigen so genannten Entwicklungshelfern und einigen Einheimischen in einem Garten. Jemand zeigte zu einem großzügigen Haus jenseits der gegenüberliegenden Wiese und erklärte, das sei das Haus des Bischofs. Ich bemerkte lachend, für eine einzige Person sei das Haus aber etwas groß.

„Er ist nicht allein", sagten die Afrikaner.

„Wie das?"

Und sie erzählten mir von der sechzehnjährigen Therese, die er vor einem Jahr als Köchin angestellt hatte und die jetzt seine Geliebte war.

Die so genannten Entwicklungshelfer und ich suchten nach Zeichen von Empörung in den Stimmen und Gesichtern der Afrikaner. Oder wenigstens moralischen Vorbehalten. Keine Spur.

Schließlich fragte einer von uns Europäern: „Und da findet niemand etwas dabei, dass der Bischof eine sechzehnjährige Freundin hat?"

Ich weiß nicht einmal, ob die anwesenden Afrikaner die Anklage, das Moment der *Übertretung* in dieser Frage wirklich heraushörten. Eher war es so, dass *wir*, weil es schließlich ein „Bischof" war, eine *Übertragung* vornahmen von unseren Bischöfen auf diesen Bischof, uns durch den Gleichklang der Wörter irreführen ließen und automatisch annahmen, die Afrikaner würden alle ethischen Implikationen dieses Wortes mit uns teilen. Auf jeden Fall folgte als Antwort der Afrikaner eine längere Erklärung über *power* und *to share the power*, die man etwa folgendermaßen zusammenfassen kann:

„Der Bischof ist stark. Er verfügt über spirituelle, religiöse, in gewisser Hinsicht politische und auch finanzielle Stärke/Kraft/Energie/Macht." (Das Gespräch wurde auf Englisch geführt, der Begriff *power* war zentral darin mit seinen Bedeutungen, die sich im Deutschen nur

---

28 Das folgende Kapitel erschien in einer früheren, kürzeren Fassung unter dem Titel „Übertragung und Übertretung als ethnologische Feldforschungsmethode" in: Knellessen 1998.

auf mehrere Wörter aufgefächert wiedergeben lassen). „Der Bischof ist eine öffentliche Person; er ist für die Gemeinschaft seiner Gläubigen da, er ist wie ihr Vater. Er lässt sie teilhaben an seiner Kraft. Es ist wichtig, dass er stark ist; dadurch ist auch unsere Kirche mit ihren Mitgliedern stark. Dass auch eine Frau etwas von ihm hat, ist nur normal. Sie hat erst Arbeit gefunden bei ihm, ein Einkommen, mit dem sie ihre Familie unterstützen kann, und jetzt hat sie auch teil an seinen anderen Vorteilen. Wenn jemand reich ist, dann kann er auch mehrere Frauen unterstützen, und dann soll er viele Kinder haben. Sie alle können leben durch ihn. Er hat ein großes Haus, das vielen Platz bietet. Und wenn viele da sind, ist es nur richtig, dass er sein Haus vergrößert oder ein zweites baut. Ein weites, schützendes Dach für seine Herde. Indem er verteilt, vermehrt er seine Kraft. Wer gibt, dem wird gegeben werden."

Wie gesagt, trug sich diese Geschichte vor etwa zwanzig Jahren zu. Ich dachte in dieser Zeit kaum an sie, aber jetzt, während meines Forschungsaufenthaltes in der Elfenbeinküste, kam sie mir wieder in den Sinn und beschäftigt mich seitdem, weil sie mir fast die Quintessenz dessen auszumachen scheint, was die Europäer von den Afrikanern, oder die Christen/Monotheisten von den Heiden/Polytheisten unterscheidet:

In Afrika ist die Moral der *power* nicht entgegengesetzt, sondern folgt ihr. Der Erfolgreiche ist ein Muster des richtigen Lebens. Infolgedessen gibt es nicht – wie in unserer Kultur – ein Ressentiment des Unterlegenen und ein Schuldgefühl des Überlegenen, gibt es keine Idealisierung – wie bei uns – von Schwäche, Leiden, Armut, Krankheit, Ehelosigkeit, Einsamkeit, Ungebildetheit, Machtlosigkeit, Wahnsinn, Verzweiflung, Trauer, Verkanntheit, Außenseitertum, äußerlicher Unansehnlichkeit (versus innerer Schönheit), sogar des Selbstmordes und des Todes selbst, gibt es keine Verneinung oder Herabsetzung des Lebens zugunsten eines Jenseits' oder einer Transzendenz, kurz: keine „Sklavenmoral" im Sinne Nietzsches. Der Antagonismus von Stärke und Moral dürfte eines der Kennzeichen unserer christlichen Kultur sein, das das eigentliche Christentum überdauert hat und fortwirkt in Leuten wie mir und den so genannten Entwicklungshelfern, die wir uns nicht allzusehr als „Christen" verstanden und trotzdem in einer typisch abendländischen Art auf den Bischof reagierten. Wir partizipierten nicht, durch ihn, an seiner „Potenz"; wir stellten sie in Frage oder in ein schiefes Licht. In Afrika gibt es diesen moralischen Vorbehalt gegenüber Reichtum, Macht, Stärke, Potenz, Intelligenz, Wissen, Schönheit und Kinderreichtum nicht. *Stärke ist gut*, und zwar „gut" in der ganzen Bandbreite seiner Bedeutung. Bei uns hat die Einstellung, dass der, der keine Macht hat, dafür die Moral für sich beanspruchen kann, über die eigentlich christliche Sphäre hinaus unzählige Diskurse geprägt: Die kritischen Diskurse der oppositionellen Politik, der Intellektuellen, des Journalismus, der Revolution, bis zur Psychoanalyse (die daraus ihre „subversive" Kraft bezieht, aber vielleicht auch diesen etwas melancholisch-fatalistischen Tonfall, wenn sie von kulturell notwendigem Triebverzicht spricht, von Unbehagen, gemeinem Leiden, Todestrieb, Kastration und unvermeidlichem Mangel). Möglicherweise nähert sich diese Epoche dem Ende; der Begriff der Kritik wird heute selber kritisiert, und was man Postmoderne nennt, ist vielleicht tatsächlich das Ende des Monotheismus (der in Form verschiedener Mono-Ideologien den Tod Gottes noch etwas überlebte) und der Anfang eines neuen Polytheismus, mit allen psychischen Implikationen. Die unzählbaren Richtungen, Götter und Geister der Esoterik können als Zeichen dafür gelesen werden.

Damit ist auch bereits die Grenze dieser Gegenüberstellung von afrikanischem Polytheismus mit seiner Wertschätzung der Stärke und abendländischem Monotheismus mit seiner moralischen Idealisierung der Schwäche angezeigt. In der Realität lässt sich die Grenze zwischen diesen Auffassungen nicht geografisch ziehen. Aber als Modell erlaubt es doch, im Umweg über das Andere am Eigenen einiges schärfer zu sehen.

In diesem „heidnischen" Modell also – um zusammenzufassen – gibt es keine moralische Herabsetzung des geglückten, glücklichen Lebens. Dadurch gibt es aber auch nichts, was den Neid leichter erträglich machen oder abwehren würde. Wenn ich den Erfolg des andern nicht entwerten kann, im abendländischen Sinne von „Seine Trauben, die ich selbst nicht habe, sind sowieso sauer", dann möchte ich teilhaben am „Gut meines Nächsten." In diesem Sinne wäre die christliche Moral und Metaphysik mit ihrer Relativierung des physischen Glücks eine Medizin gegen den unerträglichen Neid, gegen den quälenden Wunsch nach dem, was der andere hat und ich nicht; eine Untersagung der schrankenlosen Übertragungen und Übertretungen. Eine Rezeptur auch gegen das Gespenst der Hexerei, wie noch zu zeigen sein wird; Rezeptur, die vielleicht sogar nebenbei den Kapitalismus mit ermöglicht hat, der nur mit einer gewissen Gier- und Neidkontrolle funktioniert, mit einer Legitimierung des nichtgebenden Habens, mit der Aufrichtung von unpassierbaren psychoökonomischen Schranken zwischen den Individuen. Vielleicht erklärt das auch den Widerspruch, dass es gerade unsere Kultur, in der der weltliche Erfolg so herabgesetzt wurde, zu einem solchen Erfolg gebracht hat; aber das ist eine andere Geschichte.

Um vorerst auf den potenten Bischof zurückzukommen: Warum brauchte es diese Nachträglichkeit von zwölf Jahren, bis diese Geschichte in meiner bewussten Psyche ihre Wirkungen entfaltete? Dazu möchte ich nun die zweite Geschichte erzählen.

### Übertretungen des Agronomiestudenten – Sex

Es ist die Geschichte eines Schweizer Agronomiestudenten, der in der Elfenbeinküste ein zweimonatiges Praktikum absolvierte. Zu diesem Zweck lebte er einige Wochen in einem Dorf, wo Jamsknollen angepflanzt wurden, deren Lagerung mit seiner Hilfe verbessert werden sollte. Eines Abends wurde ein Fest gegeben. Und was ihm da widerfuhr, erzählte er mir:

> Zwei Kollegen aus dem Dorf kamen am frühen Abend mit einem Mädchen zu meinem Haus, stellten es mir vor und sagten: „Willst du sie?"
> Ich war verwirrt und fragte: „Was heißt das – willst du sie?"
> Sie lachten und sagten: „Wenn sie dir gefällt, kannst du heute abend mit ihr tanzen."
> Ich sagte: „Gut, ich tanze gerne mit ihr, aber mehr nicht. Ich habe eine feste Freundin in der Schweiz, in drei Wochen werde ich zurückkehren, ich habe keine Lust auf ein Abenteuer."
> Sie sagten: „Gut, um zehn Uhr holen wir dich ab."
> Sie kamen, wir gingen zum Fest, ich tanzte mit dem Mädchen, aber es war etwas langweilig, sie sprach kaum Französisch, war auch gar nicht gesprächig und schien mir eher desinteressiert und abwesend. So verabschiedete ich mich gegen Mitternacht und legte mich schlafen.
> Am nächsten Morgen wurde ich durch Klopfen an meiner Tür geweckt. Die Delegation vom Vorabend stand wieder vor meinem Zimmer, dieses Mal allerdings ohne das Mädchen.
> „Warum hast du das Mädchen einfach stehen lassen?", fragten sie. „Hat sie dir nicht gefallen?"

Sie waren recht aggressiv und ich war zu verwirrt, um überhaupt richtig zu antworten. Zuerst meinte ich noch, sie scherzten, aber ihre Empörung über mein Benehmen war echt. Ihre Anklagen wurden immer heftiger und gipfelten schließlich in der Aussage: „Sie hat dir nicht gefallen, weil sie schwarz ist. Deshalb wolltest du nicht mit ihr ins Bett. Du hast ihr nicht einmal etwas gezahlt. Du findest die Afrikanerinnen hässlich. Du bist ein Rassist."
Es bleibt noch hinzuzufügen, dass meine Forschungsarbeit im Dorf für die verbliebene Zeit fast unmöglich geworden war durch dieses Zerwürfnis mit den Kollegen.

Unser guter Europäer: Er wollte kein Rassist sein; er wollte nicht einer von *denen* sein, die nach Afrika reisen, mit der Erstbesten ins Bett gehen und ihr dafür ein Goldkettchen schenken. In den Augen seiner afrikanischen Kollegen war er aber unanständig; gerade weil er so anständig sein wollte.

Die Geschichte hätte übrigens noch weitergehen können. Wäre er mit ihr ins Bett gegangen, hätte er dann vielleicht pflichtbewusst rechtzeitig sein Präservativ gezückt, im guten Gefühl, kein rücksichtsloser Macho zu sein, sondern auch an die Frau zu denken. Es hätte ihm passieren können, dass die Frau gesagt hätte: „Ich schlafe nur ohne Pariser mit dir."

„Warum das?"
„Weil ich ein Kind von dir will."
„Warum?"
„Weil ich dich liebe."
„Du kennst mich ja kaum!"
„Ich möchte ein Kind von dir."
„Ich reise in drei Wochen zurück."
„Dann bleibt das Kind hier und du kommst es von Zeit zu Zeit besuchen."
„Wird man nicht auf dich herabschauen? Wird man nicht sagen: Die hat es mit einem durchreisenden Weißen getrieben, er hat sie sitzen lassen – das hat sie nun davon?"
„Nein, man wird stolz sein. Man wird sagen: Sie ist schön, sie ist unwiderstehlich, sie hat ein Kind vom reichen Weißen bekommen. Und vielleicht sogar: Er liebt sie, er schickt ihr viel Geld." [29]

---

29 Diese Einstellung zu Sexualität und Kinderhaben ist übrigens meines Erachtens auch eines der Hauptprobleme in der Aidsprophylaxe. Die Benutzung eines Präservativs wird häufig mit Prostitution assoziiert. Deshalb sind es gerade die Frauen, die

Der Agronomiestudent, er hat keine Übertretung begangen. Er hatte sich nichts vorzuwerfen, als er um Mitternacht nach Hause ging. Das hieß aber nicht, dass er einfach aus dem System entschwand. Für sich selber hatte er sich ehrenvoll aus der Affäre gezogen, hatte verzichtet, aber dafür die Moral auf seiner Seite. Für die andern nicht. In ihrer Übertragung, wenn man so will, in dem, was sie von ihrer Welt auf ihn übertrugen, war er einfach ein Mann, der ein Geschenk ausgeschlagen, der einen Affront begangen hatte. So leicht ließen sie ihn nicht davonkommen. Sie ließen es ihn spüren.

Aus ihrer Sicht hatte er sehr wohl eine Übertretung begangen. Er war geizig. Er war stark, reich, weiß, gebildet – aber er hatte nichts von sich gegeben, erst recht hatte er sich selbst nicht gegeben. Er hatte sich nicht zum Objekt machen lassen, er ließ sich nicht verführen. Wir würden sagen: Er blieb er selber und er blieb sich selber treu. *Sie* würden sagen: Er hat, aber er gibt nicht; das ist die Art Leute, die verhext werden, das ist die Art Stärke, die Neid weckt, weil die andern nichts davon haben. Er ist nicht wie der Bischof.

Sie ließen ihn das spüren, sie machten ihn am Ende doch zu ihrem Objekt. Und in diesem Sinne fand doch noch so etwas wie eine Übertretung in seinem Leben statt. Er hatte zwar keine Grenze übertreten, aber durch die Übertragungen auf ihn änderte sich die Sicht, die er von sich und den andern hatte, die Grenze verschob sich gewissermaßen unter seiner Füßen, ohne dass er sich vom Ort bewegte, und in diesem Sinne kam es doch noch zu einem Übertritt.

Wir sprachen lange über diese und ähnliche Geschichten, die uns verwirrt zurückgelassen hatten, und am Ende unseres Gesprächs hatte sich für uns beide etwas verändert; Grenzen hatten sich verschoben, Werte wurden umgewertet, Realitäten erschienen im Kontrast mit an-

---

gefühlsmäßig oft gegen seine Verwendung sind. Während sich bei uns Schutz vor Aids und Verhütung in praktischer Weise im Präservativ verbinden, stellt diese untrennbare Kombination in Afrika gerade das Problem dar. (Das wird gut durch die Anekdoten illustriert, die man sich gelegentlich von den Schlaumeiern erzählt, die jeweils ein kleines Loch in das Kondom machen. „So ist man geschützt und kann trotzdem Kinder machen.") Viele Frauen sagen: „Benützt du einen Pariser, heißt das, es geht dir nur ums Vergnügen. Du liebst mich nicht; du willst kein Kind mit mir." Mir selber passierte es einmal, dass mir eine Ivorianerin, als ich zu gegebenem Zeitpunkt ein Präservativ hervorkramte, sagte: „Willst du mich provozieren?" Zudem scheint Geschwängertwerden und Kinderhaben oder wenigstens die Aussicht darauf, noch stärker als bei uns erotisch besetzt. Verhütungsmittel ganz allgemein beeinträchtigen oder banalisieren so gesehen die Lust. (Siehe zu den Repräsentationen des Präservativs in Mali und Afrika generell: Vuarin 1999; zu Sex, Aids und Fortpflanzung: Boumpoto 1999; Signer 2002).

dern Realitäten plötzlich als Konstrukte, die dekonstruiert werden konnten.

Es gibt einen einfachen Grund, warum es zwölf Jahre brauchte, bis ich *fühlte*, wie wichtig die Geschichte mit dem Bischof war. Ich hatte damals zwar fast ein Jahr in Ostafrika verbracht, aber es war mir gelungen, keine Beziehungen einzugehen, in denen wirklich etwas auf dem Spiel stand. Dieses Mal war es anders. Es waren Freundschaften entstanden, die mir tatsächlich etwas bedeuteten, die ich nicht gefährden wollte, deren Verlust mir weh getan hätte. Angelangt an jenem Punkt, an dem es kein leichtfertiges – „mir nichts, dir nichts" – Zurück mehr gibt, hatte ich die Kontrolle aufgegeben, die man in unverbindlichen Kontakten behalten kann. Ich hatte mich ausgeliefert, ich ließ mit mir machen. Und das führte dazu, dass die Leute etwas von mir wollten. Ich hatte Geld, Prestige, Bildung, also wollte, wer mit mir verbunden war, daran teilhaben. Lange dachte ich: Wie komme ich aus dieser Rolle des Weißen heraus, immer werde ich als der reiche Weiße angegangen, als Patron, als Geldsack, nicht als Individuum. Ich träumte davon, irgendwann diese Art Beziehungen überwinden zu können und unter Afrikanern als einer der ihren aufgenommen zu werden – und merkte lange nicht, dass ich, gerade als Patron oder als *grand-frère,* schon lange ihrem System einverleibt worden war. Ich erlebte an mir selbst die Schwierigkeiten – nicht des Touristen, sondern des arrivierten Afrikaners, der es zu etwas gebracht hat, der sich vielleicht in der Metropole Bildung und eine Stellung angeeignet hat und sich nun kaum mehr ins Dorf zurück traut, weil er dort mit all den Erwartungen konfrontiert wird, die man an den *grand-frère* hat. Und die sich, falls sie nicht befriedigt werden, rächen. Denn jemand, der hat, aber nicht gibt, zieht Neid und Verhexung an.

Der Agronomiestudent hatte das an seinem eigenen Leib erfahren. Er war nicht mehr der Beobachter von außen, sondern er wurde zu einem Element des Systems gemacht und erfuhr so etwas über das System an sich selbst. Eine Art Verhexung, die ihm an seiner Lebenskraft zehrte, seine Arbeit unmöglichte machte, ihm weh tat, ihn verwirrte und isolierte. Aber indem er das Erlebte als typisch für die afrikanischen Beziehungen erkannte, erfuhr er vielleicht etwas Zentraleres über Afrika, als wenn er seine Studien über die Jamsknollen ungestört hätte zu Ende führen können.

## Übertretungen des Schweizers – Sparen

Ich möchte eine dritte Begebenheit erzählen, die sich auch mit jemandem abspielte, der wichtig, unverzichtbar für mich war; so wie die afrikanischen Kollegen für den Studenten. Denn erst dann spielt sich wahrscheinlich die Übertragung in einer Art ab, die *erlebte* Erkenntnis produziert. Dann erst ist es nicht mehr nur ein „Spielen", sondern steht etwas auf dem Spiel.

Coulibaly ist, wie bereits beschrieben, ein Féticheur, das heißt ein traditioneller Heiler, der mit einem Fetisch arbeitet, einer Figur, die einen Geist beherbergt. Coulibaly sorgt für diesen Geist, er gibt ihm Nahrung, in gewisser Hinsicht eine Wohnstatt, er befolgt gewisse Tabus – er vermeidet zum Beispiel den Kontakt mit Wasser, das der Geist nicht mag. Im Gegenzug hilft der Geist Coulibaly bei seinen Wahrsagungen, Diagnosen, Zukunftsvoraussagen, bei der Medikamentenherstellung und in seinem Alltag.

Ich kenne Coulibaly seit einigen Jahren. Paradoxerweise könnte man sagen: Je besser wir uns kennen, umso fremder werden wir uns. Den vorläufigen Höhepunkt dieser Bewegung markierte eine Reise, die wir zusammen in sein Heimatdorf in Mali unternahmen. Wir besuchten dort seinen Vater, von dem er seine Begabung geerbt und andere Heiler in der Umgebung, bei denen er seine Kenntnisse erweitert hat. Die Region dort nennt sich Bélédougou und ist über die Landesgrenzen hinaus berühmt-berüchtigt. „*Ils sont trop forts là-bas, les féticheurs*", sagt man; und Coulibaly bemerkte mit einem gewissen Stolz: „*Il n'y a ni de musulmans ni de chrétiens là-bas.*" Er sagte das im selben selbstbewussten Tonfall, wie wenn er jemandem erklärte, dass er nie eine Schule von innen gesehen hat, keinen Tag.

Dass die Reise zu diesen seinen Ursprüngen ein bisschen anstrengend für mich war, lag jedoch nicht primär an der Kirchen- und Schullosigkeit dieser Region. Die Gründe waren mehr ökonomischer Natur, und zwar ökonomisch im weitesten Sinn als das, was die Grenzziehung und den Austausch zwischen dem Eigenen und dem Nicht-Eigenen betrifft. Coulibaly war einem Erwartungsdruck ausgesetzt: Der Migrant, der aus der Fremde zurückkommt, muss zuhause zeigen, dass er es zu etwas gebracht hat. Er nimmt Statussymbole mit: So lief er beispielsweise die ganze Zeit mit meinem Walkman durch die Dörfer, aber auch ich selbst als weißer Freund war in gewisser Hinsicht ein prestigeträchtiges Accessoire oder Mitbringsel. Daneben waren natürlich Geschenke zu machen: Reis, Kaffee, Seife, Mayonnaise und Batterien für die Familie und die Verwandten, Kolanüsse und Alkohol für die Dorfältesten, Geld für die diversen Féticheurs. Ich wusste von Coulibaly und von andern, wie kostspielig, ja ruinös diese Besuche im Dorf waren, und ich bekam das am eigenen Leib zu spüren, indem ich als eine Art Überdruckventil für Coulibaly fungierte. Jeden Abend musste ich feststellen, dass wir abermals die Budgetgrenzen überschritten, *übertreten* hatten, entgegen allen eisernen Vorsätzen. Es schien da Kräfte zu geben, denen kaum zu widerstehen war, ein Sog von Erwartungen, Verführung, Vampirismus ... Es war wie verhext.

Gegen Ende unseres Aufenthaltes, das Geld war schon bedenklich knapp geworden und wir waren noch tausend Kilometer von zu Hause entfernt, besuchten wir einen mit Coulibaly befreundeten Féticheur in seinem Dorf. Normalerweise ließen wir uns in so einem Fall die Kaurimuscheln werfen oder ließen uns die Zukunft durch Zeichnungen im Sand voraussagen. Neben Erfreulichem zeigte sich dann meist auch Beunruhigendes am Horizont, das allerdings durch das Opfern eines Huhns oder auch mal eines Schafes abgewendet werden konnte. Sich solchermaßen gleich als Klient bei einem Heiler einzuführen hatte sich als adäquat und spannend erwiesen. An diesem Tag jedoch sagte ich zu Coulibaly, bevor wir das Haus des Heilers betraten:

„Dieses Mal werden wir uns keine Konsultation geben lassen. Wir haben zu wenig Geld. Wir werden bloß ein wenig plaudern. *C'est bien compris?*"

„Kein Problem."

Wir begrüßten den Mann, setzten uns, Coulibaly wechselte ein paar Worte in Bambara mit ihm, dann holte der Wahrsager die Kauris aus seinem Zaubersack.

Ich sagte laut und entschieden:

„Wir machen keine Konsultation!"

Wieder ein Wortwechsel in Bambara, dann begann der Mann die Kauris zu werfen.

Ich packte Coulibaly am Arm.

„Hör mal, ich habe gesagt : keine Konsulation. Ich werde nichts zahlen. Nichts!"

„Kein Problem. »

Der Féticheur begutachtete den Orakelwurf und sagte zu Coulibaly:

„Am Tag, als David bei dir angekommen ist, ging es dir nicht gut. Du warst auf dem Polizeirevier. Du wärst fast im Gefängnis gelandet, wegen einer Frau, die eines Tages im Morgengrauen zu dir kam. Sie gab dir Geld, du hast gedacht, das ist das Glück, aber es kam ganz anders.

Nur dank eines alten Mannes, der für dich bürgte, bist du freigekommen."

Ich schaute zu Coulibaly, ich war immer noch wütend, aber jetzt konnte ich nichts mehr sagen. Denn Coulibaly hatte zu weinen begonnen. Er sagte zu mir:

„Es ist unglaublich. Er hat alles gesehen. Erinnerst du dich, als du angekommen bist? Ich sagte dir, ich habe noch ein Problem zu regeln. Dann wurde es Abend, ich kam nicht. Schließlich bekamst du den Anruf von der Polizei. Ich konnte dir nicht sagen, was passiert war. Aber genau so, wie der Féticheur sagt, hat es sich zugetragen."

Am Ende mussten wir ein Zicklein opfern, um diese unerfreuliche Geschichte wieder auf die richtige Bahn zu bringen. Ich winkte ab. Aber Coulibaly war so gerührt von dieser Wahrheit. Ein Hin und Her, peinlich, denn man kann nicht A sagen ohne B, die Vorhersage bekommen ohne nachher die Opfer zu machen. Aber wenn wir dieses Zicklein kauften, würde das Geld nicht reichen für die Heimreise. Was machten wir dann, pleite, irgendwo im Busch? Schließlich gab ich dem Mann 10 Franken Abfindung und wir machten uns – beschämt – aus dem Staub.

Die Heimreise wurde schwierig. Am Zoll wurde gestreikt, wir konnten die Grenze nicht passieren. Es hieß, der Streik könne noch zwei Tage dauern. So lange würde das Geld nicht reichen.

Ich sagte: „Siehst du? Ich habe dir gesagt, wir haben fast kein Geld mehr – aber du warst ja so sorglos. Du wolltest noch ein Zicklein opfern! Du bist sehr großzügig – mit meinem Geld. Wer bringt uns nach Hause, wenn uns das Geld ausgeht – dein Fetisch?"

Er entgegnete: „Alle diese Schwierigkeiten rühren nur daher, dass wir nicht alle vorgeschriebenen Opfer gemacht haben. Man kann nicht eine Konsultation machen und dann die Opfer weglassen. Man hat uns gesagt, es würde Schwierigkeiten geben. *Voilà.*"

„Du hättest also mit dem letzten Geld das Opfer bezahlt, im Vertrauen, dass das Geld dann schon vom Himmel fällt?"

„Es ist das Geld, das Geld bringt. Gegebenes Geld ruft Geld."

Schließlich brachten uns zwei Jungen gegen eine kleine Entschädigung mit ihren Mopeds über die grüne Grenze, und wir erwischten einen Bus nach Abidjan, den wir mit dem letzten Sou gerade noch bezahlen konnten.

Erst im Nachhinein fällt mir auf, dass wir keine einzige Nacht in Coulibalys Dorf verbracht haben. Wie zufällig ergab es sich immer, dass wir

67

am Abend gerade irgendwo anders waren und keine Gelegenheit mehr hatten zurückzukehren. Die Nacht ist die Zeit der Hexen. Die Hexen, von denen man sagt, dass sie dein Fleisch und deine Seele essen. Nun, ich verstehe Coulibaly. Ich weiß nicht, ob ich diese Reise noch einmal machen würde. Die Enteignung, das Ausnehmen, Aussaugen. Wie leer, ausgelaugt, ausgeraubt fühlte ich mich oft. Genau so, wie die Effekte der Hexerei beschrieben werden.

Aber auf der anderen Seite: Coulibalys Vertrauen in die Kraft dieser seltsamen Ökonomie. Geld geben bringt Geld. Exzess, Verausgabung, Potlatch. Das Opfer, das dich an den Rand des Ruins bringt, wird dich reich machen.[30] Auf dieser Reise habe ich die Frustration dessen erlebt, der es zu etwas gebracht hat, und den man zu Hause bis aufs Hemd auszieht; aber auch, dass es jemandem wie Coulibaly ernst ist. Wer gibt, bekommt. Der Geizige wird am Ende verhext und verliert alles. *Man muss ein Risiko eingehen, man muss mit hohen Einsätzen spielen – und nicht nur so tun als ob – um zu gewinnen. Das gilt für die „heidnische Ökonomie", aber auch für eine Feldforschung.*

### Übertretungen des Ego – Distanz

Der Ethnologe Michael Oppitz, der viele Jahre bei den Schamanen in Nepal verbracht hat, gab mir vor meiner Abreise den Rat: „Bleiben Sie in Afrika, bis Sie eine Neurose kriegen!"

Ich verstehe das als Aufforderung, sich der mentalen Dekonstruktion auszuliefern, oder, psychoanalytisch ausgedrückt: sich derart zum Objekt von Übertragungen machen zu lassen, dass man zu Übertretun-

---

30 Al Imfeld gibt zwei Beispiele von Opfern, die die äußerste mögliche Konsequenz dieser Logik markieren: Ein Regenmacher opfert das letzte Wasser, das in einem Saheldorf vorhanden ist, für seine Zeremonie und leert es in das ausgetrocknete Bachbett. Dieser Totaleinsatz, der alles auf eine Karte setzte, scheint sich gelohnt zu haben (falls die Geschichte stimmt): Nach ein paar Minuten beginnt es zu regnen ... (Imfeld 1997:27). Im zweiten Bericht opfert sich ein N'ganga (ostafrikanischer Heiler) selbst, und zwar, indem er sich für den Frieden in Südafrika in die Victoria-Fälle stürzt. Dieselbe Zeitungsausgabe, die davon berichtete, verkündete auf ihrer Titelseite, dass Nelson Mandela nun nach 27 Jahren Haft freigekommen sei ... (a.a.O.:23f.).
Diese ganze afrikanische Ökonomie steht natürlich in scharfem Gegensatz zur protestantischen Ethik mit ihrer Betonung auf Sparen, Arbeiten und Geldverdienen als gottgefälligem Selbstzweck, Leistung, Selbstverantwortung, Einsamkeit, Askese, Unnachgiebigkeit, Prinzipientreue, rationaler Systematisierung des Alltags- und Berufslebens, Jenseitsorientiertheit, Magiefeindlichkeit, Entzauberung der Welt (Weber 1991).

gen verführt oder gedrängt wird. „*Let's get lost.*" Zeit zur nachträglichen Reflexion und Rekonstruktion des Dekonstruierten bleibt dann noch alleweil.

Ich habe einmal mit Elisabeth Hsü, einer Ethnologin, die lange Feldforschungen in China betrieben hat (und zwar über das Thema, wie ein Heiler sein Wissen auf einen Schüler übermitteln, übertragen kann) die Frage diskutiert, wie man eigentlich in einer Feldforschung etwas Fremdes wahrnehmen kann, das heißt etwas, das im eigenen System nicht vorgesehen ist, sondern das eigene System modifiziert, überschreitet. Und sie gab mir eine Antwort, die ich nicht erwartete, eine auf den ersten Blick ganz unepistemologische, unmethodologische Antwort. Sie sagte nämlich: „Es gibt eine Möglichkeit: Indem du dich verliebst."

Sich verlieben, sich verführen lassen. Paradox: Gerade die Extremform von Übertragung und Irrationalität als Erkenntnisinstrument, als Möglichkeit, die eigenen ewigen Übertragungen zu überschreiten und etwas Neues zu sehen. Sich verlieben als Aufweichung des Eigenen, das dem Nicht-Eigenen den Eintritt ermöglicht. Sich verlieben, nicht nur in eine Frau oder in einen Mann, sondern in eine ganze neue Welt. Sich verausgaben, sich ausliefern, nicht aus Schwäche, sondern als Stärke, wie der heidnische Bischof, der sich verschenkt, wie der Agronomiestudent, der sich verwickeln ließ ohne es eigentlich zu wollen, einfach indem er da war. Teilnehmende, Anteil nehmende Beobachtung.

Coulibaly pflegte gerne zu sagen: „*Pour gagner des connaissances et des secrets, il faut se déplacer.*" Mir gefällt das Wort „deplatzieren", weil es Assoziationen wachruft an (inneres und äußeres) Deplatziert-Sein, Fehl-am-Platz-Sein, Durcheinanderbringen, Versetzung, Versetzt-Werden oder sogar Entsetzen. Es erinnert daran, dass Erkenntnis immer auch etwas mit Umbau zu tun hat und nicht ohne eine Phase der Bewegung, des Bröckelns, des Schlitterns, ja des Chaos oder der Zerstörung eintreten kann. Kurz: Dass keine Verschiebung im Übertragungsgefüge (ein bescheideneres Wort für Erkenntnis), kein Übergang, kein Übertritt ohne Übertretung, ohne Fehler, ohne *faux pas* eintritt.

Insofern muss man aus Übertragung und Übertretung nicht eine eigene Methode machen. Übertragungen und Übertretungen ergeben sich, sobald eine Beziehung da ist, sie *sind* die Beziehung. Aber es ist etwas anderes als Beobachtung, die eine saubere Trennung von Subjekt und Objekt voraussetzt, ein Subjekt, das seine Unkontaminiertheit durch das Objekt zur Voraussetzung der Objektivität macht. Demgegenüber würde ich eher eine Radikalisierung und Generalisierung der Erkenntnistheorie vorschlagen, die in gewisser Weise in der Psychoanalyse impliziert ist: Ich erkenne das Objekt nur insofern, als es Subjekt – also Teil von mir selber – wird. Denn letztlich sind wir blind; wir haben keinen unmittelbaren Zugang zu einem Außen. Die Psyche kann nur Psychisches wahrnehmen und verarbeiten. Die Realität ist nur als psychisch konstruierte zugänglich. Insofern finde ich eine Passage zum Andern letztlich nur durch Introspektion und nur in dem Maße, indem der Andere in mir selber gegenwärtig, vertreten, anwesend, wirksam wird. In dem Maße, in dem ich selber zum Erkenntnisinstrument werde, an mir selber etwas ablesen kann, indem ich mich zum Objekt des Objekts machen lasse. Psychoanalytisch würde man von Gegenübertragung sprechen, von Introjektion und Projektion, von Identifikation oder auch von projektiver Identifizierung. In Afrika würde man es Besessenheit oder Verhexung nennen, im Falle eines Heilers und seines Patienten Hellsichtigkeit, *double vue* oder Telepathie. Indem ich mich – zumindest partiell – fernsteuern lasse, bekomme ich eine Ahnung von den Umrissen und Kräften des andern – und er von den meinen: Denn Übertragung, Übertretung, Verliebtheit, Verführung, Beziehung ganz allgemein bedeuten ja, dass „Mein" und „Dein" sich ineinander falten.

Sich aber auch gegenseitig begrenzen, stören oder sogar zerstören: Jede Wahrnehmung ist in gewisser Hinsicht „projektive Identifizierung", in dem Sinne, als ich das Andere nur identifizieren kann, indem ich Bilder von schon Bekanntem darüber lege, darauf projiziere. Insofern wird das Nicht-Eigene immer dem Eigenen assimiliert. Auf der andern Seite werde ich selber zum Objekt von Übertragungen, Projektionen, Zuschreibungen, die nicht ohne Folgen bleiben: Das Eigene wird immer wieder von Fremdem aufgeraut, durchkreuzt, aufgestört. Damit wird meiner Aneignung des Andern eine oft verwirrende, manchmal gewalttätige Grenze gesetzt; Unübertragbarkeit wird signalisiert.

Diese gegenseitigen Übertragungen sind immer Übergriffe und Übertretungen von Grenzen zwischen dir und mir. Sie sind nicht einfach ein Film, der auf den Körper des andern projiziert wird, ohne diesen zu affizieren. Der Film macht nicht Halt auf der Haut; er brennt sich ein, dringt ein. Mit andern Worten: Das Übertragungsgeschehen ist kein phantasmatisches Theater auf einem Schauplatz fern der „objektiven Realität" oder ein innerpsychisches Spiel, das sich einer an sich übertragungslosen Wirklichkeit hinzugesellte. Es gibt keine Wirklichkeit vor der Übertragung; die Übertragung hat immer schon stattgefunden, und damit auch der Übergriff und die Übertretung. Kein Eigenes vor dem andern. Wir sind immer schon verführt, verhext, verstört, um nicht zu sagen vergewaltigt.

Oder: Immer schon erregt und infiziert.

Denn vergessen wir nicht: Die „Übertragung" ist selbst von weither übertragen – sie trägt die Geschichte von Ansteckung, Seuche, Sterben und Eros mit sich. Vielleicht ist die *sexuelle Übertragbarkeit* als altes, ja archaisches Modell nicht am schlechtesten geeignet, die Übertragung radikal zu denken: Als zugleich reales und phantasmatisches Geschehen, wo sich Leben und Tod, Hoffnung und Angst, Liebe und Zerstörung fortpflanzen, als Risiko und Chance der lebensgefährlichen Berührung und Ansteckung mit Krankheits-, aber auch andern *Erregern*.

# In Coulibalys Welt
*Der Féticheur aus Mali*

Ich habe erzählt, wie ich 1994 in Abengourou den Féticheur Coulibaly kennen lernte, wie ich mir von ihm Weissagungen, Medikamente und Opfer machen ließ und wie ich brieflich mit ihm auch nach meiner Abreise in Kontakt blieb. Dann machte ich einen zeitlichen Sprung und berichtete kurz von meiner Reise mit ihm in sein Heimatdorf und von den Schwierigkeiten bei der Rückreise in die Elfenbeinküste, als uns Geld und Geduld ausgingen. Ich möchte jetzt in einer etwas detaillierteren Weise nachholend berichten, wie sich unsere Beziehung in der Zwischenzeit entwickelte und wie ich nach und nach Einblick in seine Welt bekam. Dabei werde ich öfters abschweifen, vor allem um Begegnungen mit anderen Heilkundigen zu schildern, die sich ausgehend von meiner Bekanntschaft mit Coulibaly ergaben.

### Der Mann, der mit bloßen Worten ein Huhn töten konnte

Nachdem wir uns also nach unserer ersten Begegnung anderthalb Jahre nicht mehr getroffen hatten, kehrte ich im März 1996 nach Abengourou zurück, um Coulibaly wiederzusehen. Auf der Busfahrt von Abidjan lernte ich einen jungen Lobi namens Balenfon kennen. Ich erzählte ihm von meinem Interesse für die afrikanischen Heiler.

Er fragte: „Würdest du etwas von einem Féticheur annehmen?"

„Ja", sagte ich.

In Abengourou angekommen, tranken wir ein Hirsebier in einem Hinterhof beim Markt, und er erzählte allerhand abenteuerliche Geschichten, insbesondere über einen Magier, der ein Huhn mit bloßen Worten töten könne. Später lud er uns in sein Haus ein, wo er, mit seiner Freundin und einem Kind, wohnte. Auf meine Nachfragen konnte er mir keine brauchbaren Antworten geben; der Magier sei ein alter Lobi in einem Dorf im Norden, das mit „S..." beginne. Aber schließlich meinte er, wir könnten morgen hinfahren. Ich ließ mich nicht zweimal bitten.

Balenfon hatte von einem „kleinen Ausflug" gesprochen. Das Unternehmen stellte sich dann als etwas aufwendiger heraus. Frühmorgens erwischten wir – Balenfon, meine Freundin Nadja und ich – einen Minibus bis Tanda, wo wir nach dem Mittag ankamen. Dort erkundigte er sich genauer nach dem Dorf und nach Möglichkeiten hinzukommen. Plötzlich schien mir, er sei noch gar nie dort gewesen, kenne den Ort vielleicht bloß vom Hörensagen, habe geblufft oder fantasiert. Doch dann gab es eine seltsame Überraschung. Das gesuchte Dorf stellte sich als *Sandégué* heraus. Warum „Überraschung"? Bei meinem letzten Aufenthalt in der Elfenbeinküste hatte ich die Bekanntschaft von Jean-Paul Eschlimann, dem Pater und Ethnologen, gemacht. Er galt als der beste Kenner der Agni-Kultur überhaupt; ich hatte seine Bücher[31] mit Faszination gelesen, und die Tage, die ich damals mit ihm in Tankessé und in umliegenden Dörfern verbringen konnte, waren mir unvergesslich. Nach meiner Abreise blieben wir in brieflichem Kontakt. Er lud mich ein, ihn in Sandégué zu besuchen, wo er eine Pfarrstelle innehatte. Meine zwei letzten Briefe jedoch, in denen ich ihm meine Ankunft ankündete, blieben unerklärlicherweise unbeantwortet. So hatte ich schließlich davon abgesehen, die Reise nach Sandégué ohne seine definitive Einladung anzutreten (Telefon gab es dort nicht, wie übrigens auch keinen Strom). Aber so sollte ich also durch einen Zufall doch noch nach Sandégué gelangen. Wir warteten einige Stunden in Tanda, bis uns schließlich ein Polizist auf der Ladefläche seines Kleintransporters in besagte Ortschaft mitnahm. Kurz vor der Dunkelheit kamen wir an, von Kopf bis Fuß staubrot, meldeten uns beim Polizeiposten, und mithilfe des Polizisten fanden wir uns alsbald im Hof des Heilers wieder.

Das Dorf bestand aus einer Lobi-Hälfte und einer Abron-Hälfte. Der alte Heiler, der tatsächlich weiterhum bekannt war für die tödliche Kraft seiner Worte, wie mir der Uniformierte bestätigte, war zugleich der Chef der Lobi (die alle mehr oder weniger zu seiner Verwandtschaft gehörten) und hieß Dah Konwiré. Wir setzten uns auf dem Dorfplatz unter den Baum, warteten und übergaben die mitgebrachte Flasche Gin. Dann erschien der *vieux*. Er hörte sich unsere Höflichkeitsbezeugungen, die letzten Neuigkeiten aus der Stadt und schließlich unser Anliegen an. Er meinte, er müsse zuerst die Geister um Erlaubnis fragen.

Er verschwand mit dem Schnaps in der Fetischhütte nebenan, wir hörten das Glöckchen, mit dem er die Geister anlockte, und seinen

---

31  Eschlimann 1982, 1985.

Singsang. Er brachte ihnen vom Gin dar. Dann kam er zurück, gab uns aber keinen Bescheid.

Wir unterhielten uns weiter mit seinen Söhnen. Dah Konwiré, erklärten sie uns, hatte vier Frauen. Von der ersten war er inzwischen geschieden. Insgesamt habe er 14 Kinder. (25, resümierte er selbst uns später). Die zweitälteste Tochter hieß Solange und war seit kurzem verwitwet. Sie war Christin, ihre strohgedeckte Lehmhütte (in der wir schließlich für die Nacht untergebracht wurden) war mit Bibel, Gesangbüchern, Kerzen und Heiligenbildern ausgestattet. Sie machte keinen Hehl daraus, dass sie unser Interesse für „Magisches" nicht billigte.

Sie hatte für Jean-Paul Eschlimann gearbeitet und berichtete uns, er habe Sandégué verlassen, weil er kurzfristig nach Rom abberufen worden sei. „Er war so traurig, Afrika verlassen zu müssen. Aber wenn der Papst ruft, muss man gehorchen." Am nächsten Tag führte sie uns in sein Haus und zu seinem Nachfolger. Meine zwei Briefe lagen noch auf seinem Schreibpult. (Im Sommer darauf war ich in Rom und wollte ihn anrufen. Da hieß es, er sei wieder in sein heimatliches Elsass zurückgekehrt ...).

Zum Gin, der nun ausgeschenkt wurde, machten allerhand Geschichten zum Thema die Runde.

Einer erzählte: „Einmal vor Jahren hat jemand von diesem Dorf aus einen Mann in Europa verhext. Wie? Er verschloss eine lebende Biene in einem Luftpost-Briefumschlag. In einer Sekunde war sie in Frankreich und tötete das Opfer."

Als sie mir verschiedene wirkmächtige Pflanzen aufzählten, präzisierte ich, dass ich mich nicht so sehr für die botanische Seite der Heilungen interessiere, als vielmehr für die kulturelle und religiöse.

„Wir Lobi sind nicht religiös", konterte einer. „Wir sind Fetischisten."

Wieder ein anderer erzählte: „Hier wird oft Hexerei praktiziert, indem man einen Pfeil auf jemanden schießt, der dann ganz in der Haut und im Fleisch verschwindet, sodass von außen nichts mehr sichtbar ist. Der Alte kann diese Geschosse extrahieren. Aber jetzt ist nicht der geeignete Zeitpunkt dafür. Sein Vater ist vor kurzem verstorben, und noch nicht alle Geister sind darüber unterrichtet. Deshalb kann man sie im Moment nicht für solche Sachen in Anspruch nehmen."

Es wurde uns auch gesagt, es gebe noch einen stärkeren Heiler im Dorf als den Alten; aber der sei im Moment nicht da.

Das ist übrigens etwas, was ich sehr oft bei meinen Recherchen zu hören bekam, wenn ich ein *miracle africain*, von dem alle erzählten, mit eigenen Augen sehen wollte: „Kein günstiger Zeitpunkt", „der Heiler ist gerade abwesend", „der wirklich starke Magier ist leider gerade vor kurzem verstorben", „die echten Wunder findet man im Dorf hundert Kilometer flussabwärts". Man kann das als eine Art Aufschubstrategie lesen: das Wunderbare ist immer nur potentiell (an einem anderen Ort, zu einer anderen Zeit) existent, nicht hier und jetzt. Damit bleibt – auch bei Fehlschlägen – der Glaube und die Faszination lebendig, weil man auf das wirklich Unglaubliche immer vertröstet wird; allerdings bleibt – je nach dem – auch die Skepsis. Im Allgemeinen wird auch bei Falsifikationen bloß der jeweilige Fall, jedoch nicht das System infrage gestellt.

Später verschwand der Alte abermals in der Fetischhütte (*maison d'enfants*, nannten sie es); er spreche jetzt mit den Geistern seines Vaters, hieß es. Er kam zurück und teilte uns mit, dass auch die Geister seines Vaters uns nun gut aufnähmen. Es wurde eine Ente für uns gebraten und später spielten Balafon und Trommeln zum Tanz in der fast völligen Dunkelheit auf.

Als wir unsere Zimmer bezogen und unser Gepäck hereingetragen wurde, fragte unsere Gastgeberin Solange, die Christin, ob in unseren Säcken auch wirklich kein Zauberzeug sei. Offenbar glaubte sie nicht mehr an all diese Sachen; aber Angst hatte sie trotzdem davor.

Am nächsten Morgen sagte man uns, der Alte werde uns heute wirklich zeigen, wie man ein Huhn mit bloßen Worten töten kann. „Wobei er natürlich prinzipiell dasselbe auch mit einem Menschen tun könnte."

Wir gingen mit einem Jungen zum Markt, wo wir das zu opfernde Huhn kauften. Dann suchten wir die obere, kleine *case fétiche* auf, mit dem Tierschädel auf dem Strohdach.

Auf dem Boden der Hütte stand die hölzerne Fetischgruppe, aus einem einzigen Stück Holz gefertigt, aber aus vier Figuren bestehend, und etwa 20 Zentimeter hoch.

„Die Fetische hat der Alte geschnitzt", erklärte man uns später. „Sie sind die Ahnen der Geister. Der Alte wird das Huhn nicht selber töten, sondern sein Sohn. Aber der Vater wird ihm seine Kraft leihen."

An der Wand hingen einige Hühnerfedern an einer Schnur und ein weiterer Fetisch aus einem Rinderschwanz. Wir setzten uns, der Sohn vor den Fetisch, der Alte im Rücken des Jungen. Der Sohn streifte sich einen metallenen Armreif über, dann goss er von unserem Gin in ein Gefäß vor der Fetischgruppe und auf den Rinderschwanz. Darauf begann der Alte sein Glöckchen zu läuten, um die Geister anzulocken.

Der Sohn leerte etwas Gin in ein anderes Glas, mischte ein Pulver hinein („das seinen Worten die tödliche Kraft gibt", wie man uns später sagte) und nahm einen Schluck davon. Dann ergriff er das Huhn, das bislang mit zusammengebunden Füßen in einer Ecke gelegen hatte, an den Beinen, hielt es kopfvoran über den Fetisch und murmelte auf Lobi etwas, das man uns sinngemäß so übersetzte: „Geister, ich bringe euch von den Fremden, die in unser Dorf gekommen sind, um eure Macht zu sehen, dieses Huhn dar; ihr könnt kommen und seine Seele und sein Blut nehmen." Diesen Spruch wiederholte er etwa eine Minute lang, währenddessen der Alte sein Glöckchen läutete, dann ließ er das Huhn vor den Fetisch fallen. Es war tot.

Das Gebimmel hörte auf. „Die Geister haben das Opfer angenommen", sagte man uns, „sie haben seine Seele bereits gegessen."

Wir gingen nach draußen, mit dem Huhn, das bald darauf zubereitet und verteilt wurde.

Auf dem Vorplatz rief der Sohn abermals die Geister an. Dann drehte er sich plötzlich um und nahm das blaue Fahrrad, das neben ihm stand, mit den Zähnen von hinten am Sattel und hob es so, ohne Zuhilfenahme seiner Hände, in die Luft und trug und wirbelte es etwa eine Minute in der Höhe herum.

„Siehst du", sagte man mir, „er selber könnte das nicht. Es sind die Geister, die es tragen."

Dann erschien noch ein kleinerer Sohn des Alten und führte uns vor, wie toll er mit seinen Stelzen herumgehen konnte. Dann war der Geisterzirkus zu Ende.[32]

Wir setzten uns wieder unter den Mangobaum am Dorfplatz. Der Alte beschrieb uns die Wirkungsweise einiger Heilpflanzen und Medizinen. Zum Beispiel das *ku*, ein Pulver aus Rinden.

---

32 Ehrlich gesagt, kann ich mir diesen Hühner-„Rufmord" nicht erklären. Verschiedene Leute, denen ich davon erzählte, vor allem etwas „gebildete", suchten fast zwanghaft nach einer rationalen Erklärung: durch Tricks, Gift, Würgen, Ablenkung der Zuschauer usw. Ich muss sagen, dass ich bei all den Gesprächen, Geschichten, Sitzungen und Zeremonien, die ich mitbekommen habe, sehr viele phantastische Gerüchte gehört, aber nur drei oder vier Ereignisse erlebt habe, die mir wirklich unerklärlich sind. Ich habe versucht, immer so wach und skeptisch wie möglich zu beobachten, meist zu zweit, und das Gesehene nachher zu diskutieren. All dies vorausgesetzt, scheint es mir aber eine „wissenschaftlichere" Haltung, die „Empire" so stehen zu lassen, auch wenn sie rätselhaft bleibt, als das Ereignis auf Biegen und Brechen pseudorational wegzuerklären.

„Hat einen jemand verhext, schluckt man davon. Geht man dann unter die Leute, spürt man es körperlich, wenn der Hexer an einem vorbeigeht. Dann nimmt man von dem Mittel in den Mund und spuckt ihn an. Ist er wirklich der Schuldige, stirbt er auf der Stelle. Das Pulver ist aber auch ein Allheilmittel. Man gibt davon in ein Glas, löst es in kaltem Wasser auf und trinkt es mitsamt dem Bodensatz."

Dann zeigte er uns einen Baum, dessen Blätter gegen Wahnsinn wirken; allerdings nur solchen, der durch Hexerei oder Vergiftung verursacht ist und nicht *par nature*.

Im Geäst des Baumes hingen zwei Tiergebisse. Ich sprach den Alten darauf an.

„Der Baum geht in der Nacht spazieren. Würdest du noch länger bleiben, würden wir um Mitternacht schauen gehen. Du würdest ihn suchen, aber er wäre nicht mehr an seinem Platz, wo du ihn am Vortag gesehen hast. Du würdest ihn beispielsweise an der Stelle des großen Mangobaumes neben der Opferstelle wiederfinden."

Er erzählte auch von seinem Vater, von dem er, als ältester Sohn, die Kenntnisse geerbt hatte. „Er hat sie mir auf dem Sterbebett übergeben, als er mit 125 Jahren gestorben ist."

Später saß ich vor Solanges Haus, als sich mir ein Peul im blauen Bubu näherte. Er zeigte mir seine Identitätskarte. Er war 52, Rinderhändler, Vater von drei Kindern, „der älteste Sohn so alt wie du".

„Mein Vater war sehr reich. Aber ich selber wurde verhext, und deshalb kann ich nicht mehr in meinem Dorf bleiben, sondern muss immer umherwandern. Zusehends verliere ich meinen Besitz."

Dann setzte er sich woanders hin, allein.

„Er hat mich aufgesucht", sagte der Alte, „um ein Mittel gegen Hexerei zu bekommen."

„Geben Sie ihm *ku*?"

„Ich gebe ihm nichts. Er selber ist ein Hexer. Er wurde verhext, weil er selber gehext hat. Einem Hexer gebe ich nichts, denn er würde Schlechtes damit tun."

Eine Stunde später ging der Peul wieder an uns vorbei.

„Er ist enttäuscht", sagte Solange. „Er hat für viel Geld *Kudugu* (den einheimischen Gin) gekauft, aber niemand hat ihm zum Trinken angeboten. Er hat drei Felder verkauft und eine Million CFA (= 1600 EUR) gekriegt. Morgen wird er nichts mehr haben. Er wird alles für Schnaps und Geschenke ausgeben. Warum ist er immer noch hier? Er spricht zu viel. Er weiß nicht, wann es Zeit ist zu gehen."

Schließlich verabschiedete er sich. Außer mir antwortete ihm niemand. Er sah unglücklich, desorientiert, einsam aus, mit leerem Blick. Ich dachte mir, dass man ihn vielleicht später einmal als einen dieser verdreckten, halb nackten *fous* wiederfinden würde, die in allen afrikanischen Städten auf den Straßen herumgirren.

Ich nehme an, der Peul verschenkte so viel, um sich vom Verdacht der Hexerei reinzuwaschen. Er wollte demonstrieren, dass er nicht habgierig, geizig und neidisch war, wie man es den Hexern nachsagt, sondern *sozial*. Aber auch das wurde gegen ihn ausgelegt. Man sagte: „Er verliert alles. Das ist der Beweis, dass er verhext wurde." (Hexerei als Möglichkeit, den Geizigen zum Teilen zu zwingen, als erzwungene Großzügigkeit, als Robin-Hood-Raub). Und seine Verhexung war nur der Beweis dafür, das er selber zuvor *gehext* hatte, oder wenigstens, dass irgendein anderer Grund bestand, ihn zu verhexen, eben wahrscheinlich der, dass er ein reicher Geizkragen gewesen war, der durch illegitime Mittel zu seinem Geld gekommen war, was sowohl Zeichen von Hexerei sein kann, als auch Verhexung anzieht; man beachte die schillernde, spiegelhafte Grenze zwischen Hexer und Verhextem. (Den Parvenu-Vorwurf suchte er wahrscheinlich dadurch zu entkräften, dass er sagte, bereits sein Vater sei reich gewesen, und er selbst also als Erbe legitimiert.) Zweifellos legte er angesichts des ablehnenden Verhaltens, das ihm überall entgegengebracht wurde, zusehends tatsächlich ein etwas merkwürdiges Gebaren an den Tag, das dann wiederum gegen ihn verwendet werden konnte, als Unterstützung des Hexereiverdachts[33]. Der totale Ausschluss, dem er sich ausgesetzt sah, dieser eisige Wind, der ihm entgegenwehte, wohin er auch ging, kam einem sozialen und schließlich vielleicht auch physischen Todesurteil gleich.

Wir machten noch einige Fotos im Hof des Alten, verteilten Geschenke, tauschten die Adressen aus, und er überließ mir ein Säckchen *ku*. Dann machten wir uns auf den Rückweg nach Abengourou.

---

33 Ich habe an anderer Stelle (1997:146ff.) nachzuzeichnen versucht, inwiefern der Hexereiverdacht als *self-fulfilling prophecy* wirken kann, indem der angebliche Hexer aufgrund der massiven Übertragung, die ihm entgegengebracht wird, zunehmend (im Sinne einer Gegenübertragung) dem Bild zu ähneln beginnt, das man sich von ihm macht und das man ihm zuschreibt, zuschiebt, eintätowiert, projektiv *einbrennt*.

## Coulibaly sagt wahr

Coulibaly erwartete uns bereits an der Straße, als wir in sein Quartier einfuhren. Er wohnte immer noch im gleichen Haus, mit dem Wohnzimmer, wo nonstop der Fernseher lief, den zwei Zimmern für seine zwei Frauen und seinem „Praxisraum". Er platzierte uns zuerst im Salon, dann bat er uns in sein Behandlungszimmer herein. Immer noch dasselbe faszinierende Durcheinander von Flaschen, Töpfen, Pflanzen, Fetischfiguren, Zetteln, Kerzen, Münzen, Pulvern, Rinden ... An der Wand hingen, schön gerahmt, die Fotos, die ich das letzte Mal von ihm gemacht hatte.

Er übergab mir seinen Ausweis.

Verwundert fragte ich: „Ja, brauchst du ihn denn nicht mehr?"

„Ich habe ihn verloren, man machte mir einen neuen, und dann fand ich den alten wieder."

Was immer das bedeuten wollte, ich nahm den Ausweis und las: „Tiegnouma Coulibaly, geb. 1. 1. 1966, in Tiengolo D. Vater: Soungalo Coulibaly, geb. 1941, Mutter: Tenimba Traoré, geb. 1946."

„Tiengolo?", fragte ich.

„Ja, etwa 250 km von Bamako. In der Region Bélédougou. Dort hat es weder Kirchen noch Moscheen, nur Féticheurs. Auch keine Schulen. Ich bin nie zur Schule gegangen, keinen einzigen Tag." Und er lachte laut.

Ich sagte ihm, ich verstände ihn besser als das letzte Mal. Vielleicht sei sein Französisch besser geworden, vielleicht auch meines.

„Ich übe, indem ich jeden Tag aufmerksam die Nachrichten am Radio höre."

(Ich vergaß dann übrigens, den Ausweis mitzunehmen.)

Dann erzählte ich ihm von dem Ring, den er mir das letzte Mal gegeben hatte, und der eines Tages auf unerklärliche Weise verschwunden war, als ich in Zürich im Keller gearbeitet hatte.

Das war für ihn das Zeichen, mir ohne weitere Kommentare die Kauris zu reichen, um hineinzusprechen und so die Konsultation zu beginnen.

Ich flüsterte: *„Santé, vision, argent."*

Dann gab ich ihm die 205 CFA, die er den Kauris beifügte, ein paarmal hineinspuckte und dann sein Orakel zu werfen begann.

*„Tu rêve les génies."* Wörtlich übersetzt ergibt das eine schöne (geradezu konstruktivistische) Doppeldeutigkeit: „Du träumst von den Geistern" oder „Du (er)träumst die Geister".

*Coulibaly wirft die Kauris und erklärt deren Bedeutung dem Patienten, mit Hilfe seines Fetischs (Abengourou 1999).*

Was stimmte; die vorletzte Nacht hatte ich zum ersten Mal Geister im Traum gesehen. Sie waren klein, wie Gnome, Wichte, Heinzelmännchen, auch ein bisschen wie Trickfilmfiguren, Schlümpfe oder Zwerge, und sprachen mit ganz hoher Stimme. Ich erzählte Coulibaly davon, und er meinte: „Ja, so sind sie."

Dazu muss man bedenken, dass für Coulibaly ein Traum kein Fantasiegebilde ist, sondern das eigentliche Medium, in dem Geister (und auch Hexen) für den normalen Menschen sichtbar werden bzw. sich manifestieren. Das heißt, wenn man von einem Geist (oder auch einer Person) träumt, ist das ein Zeichen, dass der Geist (beziehungsweise das Doppel dieser Person) einen besucht hat.[34]

Coulibaly warf die Kauris zum zweiten Mal.

„Du träumst, im Wasser zu sein."

Ich erzählte ihm, dass ich vor einer Woche geträumt hatte, in meinem Zimmer befinde sich ein Teich. Darin schwamm ein Blauer Katzenfisch, heilig wie jene in einem Dorf bei Man, die wir „begrüßt" hatten und von denen man sagt, sie seien Menschen, weil sie nicht verschwinden, wenn man sich ihnen nähert, sondern auf einen zuschwimmen. Baba, der Griot, hatte mir in Korhogo den Mythos von den beiden Brüdern erzählt, die auf der Flucht waren, bis sie an einem Fluss ankamen. Dort boten ihnen zwei Fische an, sie zu retten, falls sie nachher nicht gegessen würden. Die Brüder sagten es ihnen zu und wurden über den Fluss gebracht. Am andern Ufer angekommen, aß der eine der Brüder jedoch seinen Retter. Die Nachfahren der beiden Brüder nennt man *Coulibaly*, was „keine Piroge" bedeutet. Aber der Clan ist zweigeteilt. Die eine Hälfte – die Nachfahren des „Undankbaren" – isst diesen Fisch, für die andere Hälfte ist er tabu und zu ihrem Totemtier geworden. Der Fisch, der vor allem im Niger vorkommt, heisst auf Bambara *mpolio*. Im Traum berührte mich nun dieser Fisch, der jedoch im Aussehen mit jenem Blauen Katzenfisch verschwamm, in meinem überschwemmten Zimmer, und ich bekam Angst, weil er doch tabu war. Aber dann beruhigte ich mich, weil ich mir sagte, ich sei ja ein Weißer und es reiche, die berührte Hautstelle einfach abzuwaschen.[35]

---

34 Das immaterielle Doppel, das die Bambara wie viele afrikanische Völker den Menschen zuschreiben, kann von den Hexen eingefangen und „gegessen" werden. Auf Bambara wird es *ja* genannt. Siehe dazu: Dieterlen 1951:65–72; Hielscher 1992:59; Nathan 1994:224.
35 Diese Passage zeigt gut, wie die afrikanischen Heiler nicht empathisch arbeiten, sondern evozierend und direktiv (s. a. Hielscher 1996:54). Sie hören nicht erst zu,

Dritter Wurf.
„Ein Geist hat deinen Ring genommen."
Später fragte ich ihn, warum.
„Er war gegen dich."
Dann: „Du meinst, du seist mit deiner Frau im Bett. Aber es ist ein weiblicher Geist."
„Arbeit: Oft geht es, oft geht es nicht. Du musst einen Meter weißen Perkalstoff opfern und einen roten Hahn."
Der rote Hahn, auf Bambara *sissè oulé'n*, dient dazu, eine drohende Katastrophe abzuwenden oder in einer unsicheren Lage das Glück anzuziehen.[36]
Im nächsten Wurf: „Es gibt Streit mit einem kleinen Dicken wegen Geld."
Das hatte er mir schon vor anderthalb Jahren gesagt (damals hatte ich deswegen das Ei auf der Straße zerschlagen müssen), aber wiederum sagte ich ihm, dass ich damit nichts anfangen könne.
„Du musst dich gegen einen Unfall schützen. Lass dir einen Silberring fertigen. Der Geist wird ihn dir nicht mehr nehmen."
„Das Geld geht weg, ohne dass du weißt wie."

---

vorsichtig sich einfühlend, um dann behutsam Deutungen zu versuchen. In einer fast aggressiven Weise geht der erste Schritt immer von ihnen aus. Sie stellen kaum Fragen („weil der Patient sowieso nicht die Wahrheit sagt", wie Coulibaly einmal erklärte), sondern geben einen Impuls, als ob sie schon alles wüssten. Diese Initialzündung löst dann, falls gelungen, etwas „Intensives" aus, im vorliegenden Fall ein ganzes Netz von Assoziationen, das sein „Wissen" wiederum bestätigt. Es wird also nicht ein vorgebrachter Traum gedeutet, sondern eine Aussage, die wie aus dem Nichts kommt, löst die Erinnerung an Träume aus. Der Heiler kennt die Träume bereits, und die Deutung geht der Traumerzählung voraus! Nathan spricht im Zusammenhang mit afrikanischen Heilmethoden von *déclencher* (auslösen) und von Einfluss/Beeinflussung, im Gegensatz zu Empathie und Hermeneutik (programmatisch im Titel seines Buches *L'influence qui guérit*) (1994:13). In der Praxis ist ja zum Beispiel auch die Psychoanalyse nicht so reaktiv und zurückhaltend-zuhörend, wie das einige ihrer Vertreter glauben machen, sondern schon in der Anlage ihres Settings und ihrer Theorie durchaus „phallisch", konfrontativ und provokativ, um nicht zu sagen machtvoll aggressiv und zerstörerisch. Dagegen wäre an sich nichts einzuwenden, vielleicht beruht ein großer Teil ihrer Resultate darauf; manipulativ ist vielmehr das Verschleiern dieser gewalttätigen Seite – indem man so tut, als wäre der Analytiker bloß ein großes, liebes Ohr.
36   Touré 1990:129. Die Kenntnis des assoziativen Kontexts, in dem etwa ein Opferobjekt für Coulibaly als Bambara steht, erlaubt, gewissermaßen ein bisschen in seinen Kopf oder in seine Werkstatt zu blicken, und lässt uns besser verstehen, was er alles mitdenkt, wenn er dieses und nicht ein anderes Opfer verschreibt. Aber man darf nicht vergessen, dass gemäss der Studie von Touré (1990:78,195) 79,6% der städtischen Ivorianer, die opfern, selber die Bedeutung der Dinge, die sie opfern, gar nicht kennen. Aus psychologischer Sicht könnte man daraus schließen, dass es bei dieser

„Du wolltest einen Laden oder ein Geschäft eröffnen oder Geld in ein Auto investieren, aber der Geist hat dagegen gearbeitet."

Ich verneinte. „Höchstens die Investition für die Publikation meiner Doktorarbeit steht bevor."

„Du musst einen Sack weiße Böhnchen opfern. Dann wird die Investition Sinn machen."

„Für das Glück: Du musst ein Schaf kaufen, um zu verhindern, dass der Geist dir folgt, und einen Liter Kuhmilch opfern."

Ich sagte ihm, dass ich vor kurzem bei einem Nafara-Heiler in Ferkessédougou gewesen sei, der mir gesagt hatte, ich solle *kein* Schaf opfern.

„Gut, du kannst als Alternative ein männliches Zicklein nehmen. Das Blut musst du meinem Fetisch geben. Das ist gegen den Gegner deiner Arbeit."

Das Zicklein erfüllte in diesem Fall wahrscheinlich eine ähnliche Funktion wie damals das Ei: es fungierte als mein Stellvertreter und der Gegner (der Hexer) sollte es anstelle von meinerselbst verschlingen.[37]

„Punkto Geld wird es dieses Jahr besser laufen als letztes."

„Einer Nichte geht es gesundheitlich nicht gut. Sie hat Schmerzen. Im Bauch?"

„Ich habe eine Nichte, deren Oberschenkel kürzlich operiert werden musste. Sie ist immer noch ‚nicht ganz auf den Beinen'."

---

Art „Therapie" nicht um eine Bewusstwerdung geht, sondern dass angenommen wird, dass die Objekte auch unter Umgehung des Bewusstseins wirken können. Etwas Analoges gilt für die Gris-Gris (die tragbaren, in Leder eingenähten magischen Objekte), deren Inhalt normalerweise auch nicht bekannt ist, was ihrer Wirkung keinen Abbruch tun soll. Der Inhalt der Gris-Gris ist sehr wohl mit Bedacht in Hinblick auf ein Individuum ausgewählt, aber ihre Kraft wird ihrem geheimen Innern selbst zugesprochen und nicht der diesbezüglichen Kenntnis ihres Trägers. Man kann sich allerdings fragen, ob die Wirkungsweise der westlichen Psychotherapien tatsächlich so sehr, wie ihre Akteure selbst meinen, in ihrer bewusst machenden, dekodierenden Funktion begründet liegt oder ob sich nicht auch dort ein Teil ihrer Dynamik gerade unter Umgehung des Bewusstseins vollziehen *muss*. („Plötzlich ging es mir besser, ich weiß selber nicht warum.") (Siehe zu diesen Fragen Prince 1980 und Nathan 1994). Man könnte es auch so sagen: Die im Fetischismus, in der Magie und im Opferkult implizierte Logik ist keine Repräsentations-, sondern eine Verdoppelungs- oder Identifikationslogik. Sie beruht auf der Vorstellung, dass der Referent („Verhinderung einer Katastrophe") durch ein untrennbares Band mit dem Signifikanten („roter Hahn") verbunden ist, und zwar real, und nicht bloss bildlich/symbolisch (Geschiere 1995:28ff.; Signer 1994:119–169;185f.).
37   Touré 1990:77f.

„Das kann in den Kopf hinaufgehen. Man muss das Bein mit *beurre de carité* einreiben und sieben weiße Kolanüsse für ihr Glück darbringen."[38]

Dann warf Coulibaly das Orakel für Nadja.
„Du hast eine Schwester. Sie hat Probleme mit ihrem Mann."
„Stimmt."
„Du träumst, wie du von einem Rind verfolgt wirst und von jemandem mit einem Gewehr. Aber du vergisst die Träume. Dein Herz ermüdet und schmerzt beim Rennen. Du hast Schwindel, oft wird dir schwarz vor den Augen. Du musst einen Silberring machen lassen, für das Glück. Das beruhigt auch den Diabetes. Du wirst alt werden. Bringe dafür ein Kilogramm Reis als Opfer. Ich werde dir eine Medizin zum Trinken brauen, die auch gegen den Diabetes wirkt. Du musst dir ein getrocknetes Chamäleon um die Nieren binden. Dann können dir die Geister und die Schlangen im Busch nichts anhaben.

Opfere ein weißes Huhn für das Glück und gegen den Diabetes. Du wirst ein Kind haben, einen Sohn. Er wird Coulibaly heißen!" (Er lachte laut auf.)

„Für das Glück: verteile 17 Galetten an Kinder.

Für deine Schwester: sie muss die Haut eines Zitteraals kaufen, die wird zerstoßen, dann vermische ich sie mit Honig. Dieses Medikament muss sie sich dann zu gegebener Zeit einreiben – *à l'intérieur* ... Dann werden sie heiraten."

„Ist es besser", fragte Nadja, „wenn sie heiraten oder sich trennen?"
„Heiraten. Man muss auch ein Kilogramm Erdnüsse für sie opfern."

Nadja war nicht besonders beeindruckt von den Weissagungen. Von den Problemen der Schwester hatte er bereits vorher von uns erfahren.

Er wollte 50 000 CFA für seine Arbeit (80 EUR.).
Ich sagte: „15 000."
Er: „Ich werde von 23 Uhr bis 3 Uhr nachts arbeiten für euch."
Schließlich einigten wir uns auf 20 000 CFA. Ich fand den Betrag aber immer noch etwas hoch.

„Ja", gab er zu, „aber mein Fetisch ist auch stark. Und ich werde die

---

38  Die Zahl 7 (*wolonwula*) bedeutet bei den Bambara Perfektion, Ganzheit und Vollendung (Hielscher 1992:237; Touré 1990:161). Die weiße Kola (*worogbè*) ist ein Zeichen von Wohlergehen, Frieden und Ruhe (Touré:139).

ganze Nacht hart arbeiten. Du wirst viel Geld haben. Ich hatte auch schon andere Weiße als Kunden, Libanesen, Marokkaner, einmal sogar einen Japaner und einen Amerikaner, daneben reiche Afrikaner und Politiker. Die Reichen müssen und können auch mehr opfern, das sagen die Geister."
Er fertigte drei Papiere an, für mich, für Nadja und ihre Schwester. Auf jedes war ein Kreis gezeichnet, darin geschrieben: *„Nafolo"* (mit seitenverkehrtem „N").
*„Nafolo* steht für *Geld* auf Bambara."
„Warum Geld?"
Lachend: „Das ist mein Geheimnis!"
Dann mussten wir jedes unterschreiben.

Wir besuchten seinen *vieux*, den „Adoptivvater", das heißt den Chef der Malier in Abengourou, der schon lange in dieser Stadt war und der Coulibaly nach seiner Ankunft erst in seinem Hof beherbergt hatte: Traoré. Ihm hatte Coulibaly jeweils auch die Briefe an uns diktiert. Er war der Ansprechpartner für vielfältige Probleme, lieh in Notfällen auch einmal Geld, vertrat die Malier gegenüber der Stadtverwaltung und trat ihr gegenüber auch gewissermaßen als Garant der inneren Sicherheit innerhalb der Malier-Kolonie auf; bei Problemen konnte er haftbar gemacht werden. Er musste über alles auf dem Laufenden gehalten werden, auch über unsere Anwesenheit, denn passierte uns etwas, wäre er verantwortlich. Er war, mit anderen Worten, ein *Patron*.

Am Abend gingen wir mit Coulibaly in einem Maquis gegrilltes Schaffleisch essen und hatten ausführlich Gelegenheit, ihm mit unseren Fragen Löcher in den Bauch zu bohren.
„Mein Vater hatte auch zwei Frauen, wie ich", erzählte er. „Dreizehn Kinder. Ich bin der zweitälteste. Meine Geschwister sind ebenfalls Heiler, wie unser Vater. Ich esse alles, außer Löwenfleisch. Denn der Löwe ist mein Totem. Deshalb habe ich, wie er auch, Scheu vor dem Wasser. Ich komme jetzt gerade aus Abidjan zurück. Ich war drei Wochen bei einem Mann mit schweren Magenproblemen. Ich habe ihn jetzt geheilt. Ich war auch schon in Liberia, Burkina Faso, Guinea, Gambia, Sierra Leone. Immer arbeitshalber, als Heiler und um neue Kenntnisse zu erwerben. Es ist ein Geist, der mir sagt, was die Kauris bedeuten. Oft kaufe ich meine Medikamente auf dem Markt, aber manchmal gehe ich sie auch selber suchen, im Busch, mit der Machete. Ich habe vier Schüler, sie machen ihr Diplom bei mir."

Ich war glücklich und stolz. Ich war nicht mehr nur ein *Kunde* des geheimnisvollen Féticheurs; ich war zu einem geworden, mit dem er im Maquis Fleisch essen und Guinness trinken ging!

Am nächsten Tag trafen wir Balenfon. Er hatte seit dem Besuch in Sandégué Durchfall. Er war auf dem Weg in ein Dorf in der Nähe, wo er sich drei Tage lang in Behandlung begeben wollte.

Dann gingen wir wieder zu Coulibaly.

„Ich habe bis vier Uhr morgens gearbeitet."

Wie zum Beweis zeigte er auf die abgebrannte, rote Kerze auf dem Boden.

Er hatte den roten Hahn geopfert, der Fetisch war beschmiert mit Blut und Federn. Sand lag auf dem Boden, in den er wahrscheinlich gezeichnet hatte. Von der Decke hing eine Kalebasse, gefüllt mit den Überresten der Opfer.

Coulibaly zog sein Arbeitshemd an. Er zog das weiße Huhn aus einer Ecke, schnitt die Schnur durch, mit der seine Beine zusammengebunden waren und gab es mir. Ich musste es am Boden halten und meine Wünsche darüber sagen; dann schnitt er ihm den Hals durch, drückte ihn auf das Horn, das vor seinem Fetisch lag und ließ das Blut darüber fließen. Darauf riss er ihm den Schnabel auseinander, und es kam noch mehr Blut. Anschließend legte er das Huhn vor seinen Fetisch, wo es noch eine Weile zuckte.

Ich fragte ihn nach diesem Fetisch.

„Ich habe noch andere, aber das ist mein Hauptfetisch. Er ist aus Mali. *C'est un garçon.*"

Zum Beweis rückt er die Federn zwischen seinen Beinen zur Seite.

Da Nadja etwas enttäuscht war über ihre nichts sagende Konsultation, fragte sie, ob er die Kauris nochmals werfen könnte für sie, aber ohne all diese Opfer noch einmal bringen zu müssen.

„Man muss schon ein wenig Opfer bringen."

Aus den beschriebenen Zetteln hatte er Gris-Gris gemacht, mit Blut und andern Ingredienzien, zusammengefaltet und mit verschiedenfarbigen Fäden verschnürt. Wir würden sie nachher zum Schuster bringen, um sie in Leder einzunähen. Zwei waren für mich (eins an den Hosenbund, das andere in die Schublade meines Büros, für die Arbeit), eins für Nadja, eins für ihre Schwester.

Ich fragte ihn, ob das Gris-Gris vom letzten Mal noch wirksam sei.

Er bejahte.

Er selber trug, wie ich beim Umziehen bemerkte, ein Gris-Gris um den Bauch und zwei am Oberarm.
 Abschließend aßen wir zusammen vom geopferten Zicklein, das seine Frau gegrillt hatte, unter anderem die Leber. (Als Klient oder Heiler ein aufgetragenes Opfer selber zu essen, gilt als verwerflich. Aber fast immer isst Coulibaly *einen Teil* des Opfers zusammen mit dem Klienten, meist Leber, Niere oder Herz.)[39]

**Potenz und Grenzen**

Dann trafen wir uns für ein paar Stunden mit jemand anderem in Abengourou, bis wir am Nachmittag wieder, wie verabredet, bei Coulibaly hereinschauten. Inzwischen hatte er die Gris-Gris anfertigen lassen. Das kostete jetzt 5000 statt 2500 CFA, „denn sie müssen besonders robust vernäht werden, damit sie die starke Medizin aushalten. Der Schuster hat den halben Nachmittag gearbeitet, ohne mit jemandem zu reden."
 Die Honig/Zitteraal-Salbe hatte er in eine Glasflasche abfüllen lassen.
 „Die Plastikflasche, die ihr mitgebracht habt, ist zu schwach. Die starke Medizin könnte sie zerstören."
 Nadja sagte ihm nochmals, dass sie die Wahrsagungen des Vortages nichts sagend gefunden habe.
 „Warum sind sie manchmal falsch?"
 „Die Geister waren nicht zufrieden gestern", antwortete er. „Jetzt sind sie zufrieden, weil sie viel zu essen bekommen haben."
 Wie man sieht, kann er durchaus attestieren, dass seine Orakel manchmal falsch sind. Aber das stellt das System nicht in Frage, weil es immer eine Erklärung *innerhalb* des Systems gibt. Mit Luhmann[40] könnte man sagen: Das System arbeitet geschlossen, unabhängig. Gerade durch diesen Autismus kann es sich in gewisser Weise intern ausdifferenzieren. Es kann von andern Systemen nicht modifiziert, höchstens irritiert werden. Das gilt wohlgemerkt nicht für die konkreten Elemente (hier erweist es sich als sehr flexibel und modernisierbar), son-

---

39   Das kann – vor allem bei der Behandlung von Hexereiopfern – den Charakter der symbolischen Umkehrung der Hexermahlzeit haben (de Rosny 1981:64).
40   Zum Beispiel 1995 passim.

dern für seine Funktionsweise, seine Logik und Struktur. Ersteres ist wahrscheinlich sogar eine Bedingung für Letzteres. Es sei denn, es geriete in totalen Widerspruch zu einem andern System, wodurch ihm die Lebensgrundlage entzogen würde; aber selbst dann, wenn die Kunden plötzlich gänzlich ausblieben oder die Christen sein Haus anzündeten, würde er wahrscheinlich eher weiterziehen, als sich in grundsätzlichen Zweifeln ergehen. Dieser doktrinäre Zug ist skandalös, wenn man das afrikanische Heilsystem mit der westlichen Medizin vergleicht (obwohl sich auch Ärzte schwer tun, einen Kunstfehler zuzugeben und es in allen Wissenschaften heilige Kühe gibt), bedauerlich, aber nicht völlig erstaunlich, wenn man es an unseren Psycho- und alternativen Therapien misst, und selbstverständlich, wenn man es als Religion betrachtet.

Er warf ihr die Kauris nochmals.

„Du hast manchmal Träume und manchmal nicht. Du vergisst sie."

„Du hast einen Unfall gehabt beim Wasser. Du hast dir etwas gebrochen. Jetzt ist es wieder gut?"

(Sie hatte einen Skiunfall gehabt und sich das Kreuzband gerissen.)

„Die Arbeit ist gut, viele Klienten. Sie warten auf dich, bis du wiederkommst. Du verdienst Geld, aber dann verlierst du es auch wieder. Aber du wirst viel Geld verdienen. Es ist alles klar."

Hier zeigte er auf die Kauris, die offen und weit verteilt einzeln da lagen. Er zeigte auf zwei, die aufeinander lagen:

„Du wirst gute Geschäfte machen."

„Du arbeitest in einem Haus."

„Ein Sohn."

„Eine ältere Frau in deiner Verwandtschaft ist krank."

„Stimmt", sagte sie zu mir. „Aber wo nicht?"

„Du wirst in die Richtung gehen, wo die Sonne untergeht. Du musst ein rohes Ei auf die Straße fallen lassen."

(Wir hatten eine Reise nach Sassandra, an der westlichen Küste des Landes, vor.)

„Vor der Rückkehr musst du deine alten Schuhe einer Frau mit einem Baby geben."[41]

---

41 Touré zur Symbolik des Eis: „Keim des Universums in vielen Mythen über die Schöpfung der Welt, symbolisiert das Ei im Allgemeinen die Gebärmutter der Welt und des Menschen. Bei den Bambara ist es der erste Geist und die Manifestation der ursprünglichen Vibration, die die Welt geschaffen hat. Das Zerbrechen des Eis befrei-

Schon am Vortag hatte Coulibaly einen Fetisch gesucht, den er mir zeigen wollte. Jetzt fand er ihn. Es war ein kleiner „Manneken Pis", wie man ihn in den Touristenläden von Brüssel findet. Er sagte mir: „Mein Vater hat ihn im Großformat, in Gold. Er wird ihn dir zeigen, wenn du nach Bamako kommst. Den kleinen da habe ich selber bearbeitet (magisch aufgeladen). Er heißt *tchamatigi*, das heißt grosser Chef oder Präsident. Du musst ihm jeweils am Morgen deine Probleme sagen, und er wird sie lösen. Freitags wäschst du ihn, indem du ihn mit Milch übergießt. Aber nicht jeden Freitag. Stelle ihn dort auf, wo du arbeitest, auf dem Tisch zum Beispiel. Du kannst ihn auch mitnehmen, wenn du reist. Er ist wie der kleine Bruder meines Hauptfetischs."

Es war klar, dass er ein Geschenk erwartete. Ich gab ihm 5000 CFA (8 EUR.).

Dann zeigte er mir seinen Hauptfetisch.

„Er verändert sich. Manchmal ist er groß, manchmal klein, dick, dünn usw. Ich habe viele Fetische. Ich habe für A. D. Ouattara gearbeitet, der Premierminister war unter Houphouët-Boigny und jetzt stellvertretender Weltbank-Präsident[42] ist. Auch für Manadou Sanogo, den Bürgermeister von Guiglio und Professor." Er zeigte auf sein Wahlplakat, das an der Wand hing. „Auch für den Bürgermeister von Gagnoa habe ich gearbeitet. Er musste ein Rind opfern. Große Wünsche – große Opfer. Ich habe seine *pièce d'identité*."[43]

Wir gingen auf den Markt, wo wir den *beurre de carité* und ein Töpfchen für meine Nichte kauften. Dann gingen wir ein Guinness trinken.

„Das ist wie Medizin. Gut für den Mann, wenn er nachher zur Frau geht. *Kudugu* (der afrikanische Gin) ist nicht gut, das macht den Magen kaputt. Aber Kaffee, Guinness und Zigaretten – schwarze, bittere, starke Medizin!"

---

te die fundamentalen Elemente des Universums. Das Zerschlagen eines Opfereis beinhaltet also immer eine Befreiung: Es interveniert, wenn der Betroffene ein Komplott oder eine Verhexung unschädlich machen will" (1990:157). Zusammen mit dem Auftrag bezüglich der alten Schuhe und der Frau mit Baby passt das recht gut zur Stimmung von Öffnung, Loslassen und Befreiung, die Nadja mit dieser Reise ans Meer verband.

42 In Wirklichkeit: nicht Präsident der Weltbank, sondern des Internationalen Währungsfonds.

43 Seine Personalausweis. Aber die wörtliche Übersetzung („Stück der Identität") gibt gut wieder, dass es dabei um ein magisches *pars pro toto* geht. Die ID ist, wie die Haare beispielsweise, ein Teil des Menschen und kann ihn vertreten. Es ist dies eine

Etwas später (nach dem zweiten Guinness): „Ich wurde nicht im Spital geboren, sondern im Busch. Bis ich sieben Jahre alt war, war ich gelähmt. Dann gaben sie mir eine Medizin; ich wurde geheilt, und von da an sah ich Geister. Sie haben mir spezielle Narben gemacht, neben dem rechten Auge. Ich habe viel gelitten, das ist so bei den Heilern. Meine Söhne werden nicht Heiler werden, sie werden zur Schule gehen. Jeder hat ein anderes Schicksal. Sie sehen die Geister nicht. Vielleicht ein Sohn, der noch geboren wird. Die Geister sieht man schon als Kind."

„Könnte ich noch lernen, ein Heiler zu werden?"

„Nein, du bist schon zu alt. Ich könnte dich höchstens ein paar kleinere Dinge lehren."

Dann erzählte er von Totem und Tabu:

„Ich kann nicht ans Meer gehen oder in einen Fluss. In Abidjan zum Beispiel kann ich nur bestimmte Quartiere besuchen, die nicht an der Lagune liegen. Im Wasser hat es viele Geister. Es gibt zwei Geister, die sich nicht vertragen. Mein Totem, der Löwe, liebt das Wasser nicht. Ich kann mich auch nicht mit normalem Wasser waschen; ich muss es erst im *canari* (Tontopf) kochen und behandeln. Mein Vater hatte auch das Löwentotem, mein Sohn wird es auch haben. Das geht nicht über die Mutter. Könnte ich in der Schweiz nicht auch die Politiker beraten?"

„Sie haben keine Fetische. Sie sind Christen."

„Hier gibt es auch christliche Politiker. Aber sie haben trotzdem Fetische."

„Bei uns nicht."

„Gibt es viele Afrikaner bei euch? Sie könnten mich konsultieren. Ich kann den Fetisch mitnehmen, er verliert die Kraft nicht, und auch die Geister könnten mit mir reisen."[44]

---

moderne Form der alten Metonymie der sympathetischen Magie, oder, wie Frazer präzisieren würde, sie folgt dem Gesetz der Kontiguität (Mauss/Hubert 1989a:45f.; 97ff.). Coulibaly zeigt, und ist hierin typisch für das afrikanische Denken, eine große Faszination für (oder fast schon: einen Glauben an) Verdoppelung, Kopie, Stellvertretung, Repräsentation, Spiegelung, Wiederholung. Diese „Fixierung" zeigt sich in tragikomischer Weise am verbreiteten Glauben, dass es *Geldverdoppler* gebe: Marabouts, die das Geld des Kunden verzweifachen (siehe dazu auch: Mbiti 1974:257).
44   Das ist nicht selbstverständlich. Die Geister von Clémentine und ihren Verwandten reisen meist nicht. Die Afrikaner in Zürich lassen für ihre Probleme normalerweise (durch ihre Verwandten) einen Heiler in ihrem afrikanischen Heimatort konsultieren. Es gibt wenige Praktizierende in der Schweiz, und wenn, dann wird ihnen nicht vertraut. Das gilt natürlich nicht für die großen Afrikanergemeinschaften, wie etwa *Château Rouge* in Paris.

Er schwieg eine Weile, und dann fragte er plötzlich:
„Aber gibt es bei euch in der Schweiz eigentlich Kerzen?"

Wieder bei ihm zu Hause aßen wir etwas vom geopferten Huhn und tranken die verschriebene Kuhmilch. Dann holte er eine Pfanne mit der Medizin gegen den Diabetes und füllte sie in eine Flasche ab.

„Morgens, mittags und abends nimmst du ein kleines Glas davon", sagte er zu Nadja. „Nächstes Jahr, wenn du kommst, wirst du Zucker essen."

Er nahm demonstrativ einen Löffel voll davon (was er oft macht, um zu zeigen, dass es nicht giftig ist). Nadja probierte ebenfalls davon.

„Es schmeckt anders als die Medizin, die du mir vor anderthalb Jahren gemacht hast", bemerkte sie.

„Ja, es ist etwas anderes."

(Die Medizin wirkte nicht. Was Coulibaly allerdings nicht daran hinderte herumzuerzählen, er hätte meine Frau von der Zuckerkrankheit geheilt.)

**Eine Zeichnung, die dich reich macht**

Ich fragte Coulibaly nach der Skizze mit all den geheimnisvollen Zeichen, die an der Wand hing.

„Das ist eine Magie, um viel Geld zu verdienen. Man muss drei Eier opfern, dann schützt es auch gegen Krankheit."

Am nächsten Tag erzählte ich ihm, dass ich eine Projekteingabe beim Nationalfonds machen würde, um mir einen längeren Forschungsaufenthalt in der Elfenbeinküste zu finanzieren. Da kam er auf diese Zeichnung zurück und sagte:

„Ich werde das für dich machen."

Er nahm sie von der Wand, und wir gingen in eine *Boutique*, um sie zu kopieren.

Wieder zu Hause angekommen, musste ich in das Feld, wo „1 000 000 F 1 500 000 F" stand, meinen Namen hineinschreiben, ebenso in das Mittelfeld, neben „170 000 000 000 F 1 500 000 F". Im Mittelfeld waren weiter viele Bs zu finden.

„Sie verkörpern alle verschiedenen Namen. Es bewirkt, dass dich alle lieben werden. Die hohen Zahlen beschwören die Summen, die du gewinnen wirst. Der Text oben ist Bambara und vertreibt die bösen Geister."

Weiter war dort zu finden „*Ssefa"* (= CFA), „*Nafolo"* (Bambara für „Geld") und „3" für die drei zu opfernden Eier. Der größte Teil des Blattes wurde jedoch von den Strichcodes bedeckt, die auch für die Divination mit Sandzeichen benutzt werden, sowie von einer Art Schrift aus „I" und „o", „die Namen von Fetischen", nach Coulibaly. Der Strichcode war immer derselbe und wurde etwa hundertmal wiederholt:

I
I
II
II

Er trägt den Namen *alahou tane*, das bedeutet „Gott und Reisen".[45]

Coulibaly gab mir das Blatt und sagte: „Du wirst es rahmen lassen und zu Hause aufhängen. Es beschützt dich. Du wirst das gewünschte Geld sehen."

Zwei Jahre später waren wir in Guinea, in Siguiri, als Coulibaly auf diese Zeichnung zurückkam. Ich hatte inzwischen das gewünschte Geld erhalten, natürlich dank seiner Arbeit, davon war Coulibaly überzeugt. Eines Abends zog er das zusammengefaltete Blatt aus seiner Tasche und gab mir noch weitere Erklärungen zum Schriftzug über der Zeichnung.

Am Ende sagte er: „Das akzeptieren die Muslime nicht. Sie sagen, wenn man solche Sachen macht, kommt man in die Hölle. Ich glaube das nicht. Wenn du tot bist, dann bist du tot, dann gibt es kein Morgen mehr."

Diese über lange Zeitabschnitte gestaffelten Erklärungen sind übrigens typisch für die Art, wie mir Coulibaly, aber auch andere, Wissen übermittelten. Allzu viele Fragen zu stellen erwies sich oft als sinnlos. Sie ließen mich etwas wissen, wenn sie den Zeitpunkt für gekommen hielten. Manchmal vergingen zwei Jahre, bis mir auf eine Frage geantwortet wurde.

Zurück nach Abengourou. Es war Abend geworden, Coulibaly begleitete uns durch den Regen ins Hotel. Als wir sein Haus verließen, bemerkte ich, dass seine Frau die Erdnüsschen, die wir für Nadjas

---

45  Gemäß Hielscher 1992:87.

Schwester opfern mussten, in kleine Portionen aufgeteilt hatte und in Papier eingewickelt zum Verkauf anbot, zusammen mit ihren Orangen und Eiern.
Ich fragte Coulibaly nach dem „kleinen Dicken."
„Ist das Hexerei?"
„Ja. Er kommt in der Nacht. Er kann sich in einen Vogel oder Hund verwandeln und dich beißen und dein Fleisch essen. Hexerei gibt es auch in Europa und nicht nur in der Familie."[46]
Nach einer Pause: „Ich habe keine Angst in der Nacht. Mit meinen Gris-Gris kann mich niemand angreifen. Einmal hat mich nachts in Adjamé (gefährliches Quartier in Abidjan rund um die *gare routière*) eine Gruppe angegriffen. Sie wollten mein Geld. Ich schlug den ersten k.o., da ergriffen die andern die Flucht."
Überall wurde er von Leuten begrüßt.
„Siehst du, man kennt mich überall. *Je suis populaire.* Heiler zu sein ist gut, dann ist man bekannt. Wenn man etwas macht, und niemand kennt einen, das ist nicht gut."
Wir kamen am Gebäude des größten libanesischen Kaffee- und Kakaohändlers der Stadt vorbei.
„Er ist reich", kommentierte Coulibaly. „Jeden Morgen stehen die Lastwagen vor seinem Haus. Er raucht ein Päckchen Zigaretten pro Tag. Er hat einen Mercedes und noch ein anderes großes Auto. *Il est fort. C'est bon.*"[47]

---

46   Ein Hexer wird auf Bambara oder Dioula als *su cè* bezeichnet (wörtlich: „Nacht-Mann") oder *cè ba* („großer Mann"), eine Hexe als *su muso* („Nacht-Frau") oder *muso jugu* („böse Frau"), oder, um darauf hinzuweisen, daß Hexerei meist eine familiäre Angelegenheit ist, als *fa den jugu* („Vater-Kind-böse", das heißt: Hexerei aus der väterlichen Verwandtschaft) oder *ba den jugu* („Mutter-Kind-böse", also Hexerei aus der Matrilinie). Siehe zu diesen Ausdrücken auch: Jonckers 1993:86. Auch auf Wolof (Senegal) ist der Hexer oder die Hexe primär ein Wesen der Dunkelheit: *nitu guddi* – „Mensch der Nacht".
47   Man könnte sich hier in Erinnerung rufen, was weiter oben über die Ungetrenntheit von politischer (materieller, diesseitiger) und moralischer (ideeller, spiritueller, metaphysischer) Macht gesagt wurde. Ich habe darauf hingewiesen, dass im englischen *power* und im französischen *force, pouvoir* oder *puissance* diese Totalität noch eher erhalten ist als im deutschen *gut* oder *Güte*, das christlicher klingt, oder im negativer besetzten *Macht*. Am ehesten würde die Vorstellung vielleicht von *Potenz* gedeckt, aber das ist wiederum zu sexuell besetzt, so wie auch *Kraft* und *kräftig* heute vor allem körperliche Assoziationen wecken. Das entsprechende Bambara-Wort *fanga* bezeichnet (natürlich) das ganze Spektrum: „(Physische) Kraft, Macht und Autorität" (Hielscher 1996:65).

**Im Netz. Die Textur des Analphabeten**

Am nächsten Morgen waren wir erneut bei Coulibaly. Er gab uns eine kleine Plastikflasche mit Medizin. Wieder nahm er zuerst selber einen Schluck, dann gab er uns je ein Gläschen davon. Er trug uns auf, eine Flasche *Sam*-Parfum zu kaufen (dasselbe, mit dem auch er sich jeweils besprüht, da er sich ja nicht waschen darf), die Medizin damit zu vermischen und uns jeweils morgens damit den ganzen Körper einzureiben. Zum Schutz.
 Weiter gab er mir die behandelte Caritébutter für meine Nichte.
 Er zeigte uns Fotos, unter anderem von einer Ärztin, die er behandelt hatte, weil sie keine Kinder bekommen konnte. Jetzt hatte sie ihm ein Foto geschickt mit ihrem Neugeborenen.
 Er schenkte mir seine Ausweis. Zum zweiten Mal, nachdem ich ihn das erste Mal bei ihm liegen gelassen hatte, wohl, weil mir dieser „Identitätstransfer" doch etwas unheimlich war.
 „Ich habe ihn verloren und bekam einen neuen. Und dann ist der erste wieder aufgetaucht. Unter Beruf steht *cultivateur*. Sie haben es falsch geschrieben. Ich bin *guérisseur*."
 Dann gingen wir auf den Markt und kauften Rindfleisch, das seine Frauen nachher für uns grillten. Ich zeigte ihm die Medizin, die uns der alte Lobi gegeben hatte und die die Hexer töten sollte. Coulibaly kramte eine eigene Holz-Medizin hervor:
 „Die da heisst auf Bambara *fako*. Sie ist auch gegen Hexer, aber sie tötet sie nicht, sondern vertreibt sie nur. Ich schenke sie dir. Du musst sie mit lauwarmem Wasser übergießen und ohne den Bodensatz trinken."
 Er untersuchte aufmerksam die Lobi-Medizin, die man uns in Papier eingewickelt hatte.
 „So ist sie nicht gut vor Feuchtigkeit geschützt", sagte er. Und schickte ein Kind, um eine Plastiktüte zu kaufen, in das er sie dann gut verschnürte.
 Dann erzählte er von Mathurin, der mich seinerzeit mit ihm bekannt gemacht hatte. Sie waren inzwischen zerstritten.
 „Mathurin wollte, dass ich ihm Geld zurückgebe, das ich ihm schulde. 50 000. Er sagte, er brauche es für das Abitur seines Sohnes. Ich sagte, ich müsse es erst auftreiben, er wollte es sofort. Er ist ein Funktionär, er kriegt jeden Monat seinen Lohn. *Mais moi, je connais pas papier.* Und ich verdiene nichts, wenn ich keine Kunden habe. Das versteht er nicht. Er ist zu geldgierig (*Il aime trop bouffer l'argent*)."

Wir verließen das Haus. Er sagte, ich solle das Haus verabschieden, auf der Schwelle. Erst jetzt, als ich ihn berührte, bemerkte ich all die Gris-Gris im Türrahmen.

Vor der Abfahrt ging ich noch ein Bier mit ihm trinken im Maquis. Plötzlich sprach er über seinen Namen: „Coulibaly heißt *keine Piroge.*" Ich sagte ihm, dass ich den Mythos kenne (von den Brüdern, denen die Fische mangels Piroge über den Fluss halfen).

Er sagte: „Ich esse den Fisch. Die Coulibalys sind Könige. Gbon Coulibaly war in Korhogo ein mächtiger König und Heiler." Und dann, laut lachend: „Wie ich!"

Ich hatte Coulibaly anlässlich seiner Wahrsagung, ich träumte von Wasser, von jenem Traum mit den Blauen Katzenfischen in meinem Zimmer erzählt, aber nichts von all den Assoziationen, an die er jetzt wie selbstverständlich anschloss. Baba hatte mir den Coulibaly-Mythos vor dem „Musée Gbon Coulibaly" in Korhogo erzählt, ausgehend von diesem berühmten Senoufo-Chef, der 1962 gestorben war.

Ich habe oft über diese Fähigkeit von Coulibaly, aber auch andern Féticheurs gestaunt, sich gleichsam in die Innenwelt des Gegenübers einzuklinken. Fast immer spielten in diesem Prozess Mythen, Träume, Namen, Briefe, im weitesten Sinne Textuelles eine Rolle. Ob man diesen Vorgang Telepathie oder Gedanken*lesen* nennen will, ihn mit der hochgradigen symbolischen Normierung der Kultur in Verbindung bringt, die Assoziationen ziemlich voraussehbar macht[48], mit der *Kultur als Text* bei Geertz[49] oder der *Schrift* bei Derrida, dem *Unbewussten als Sprache* bei Lacan und Lévi-Strauss, mit einer Art Gruppen-

---

48 In diesem Zusammenhang sind zu erwähnen: Mythen, die ritualisierte Kommunikation (Begrüßung, Höflichkeitsfloskeln, Glückwünsche), Kalender (mit den programmierten Festen, Ritualen, Arbeitsrhythmen), Initiationen, die ganze zeitliche, vorhersehbare Organisation und Interpunktion des öffentlichen Lebens (wobei fast alles öffentlich ist), aber auch die Verwandtschafts- und Heiratsregeln, die Namensgebung, die Hellseher und Wahrsager, denen angeblich nichts verborgen bleibt und die für jedes Problem eine Antwort kennen. Mit andern Worten: Der ganze „allwissende", „totalitäre", „kalte" (im Sinne Lévi-Strauss'), kollektive und repressive Charakter der traditionalen Gesellschaften leugnet tendenziell jedes unvorhersehbare Ereignis bzw. würgt es interpretatorisch oder real ab, noch bevor es vielleicht überhaupt wahrgenommen werden kann (Augé 1977). *Maktoub* (arabisch: „es steht geschrieben"), wie die Marabouts oft im Verweis auf den Koran und die Vorherbestimmtheit sagen. Diese abwehrende Haltung gegenüber Neuem zeigt sich symptomatisch auch im Umgang mit Aids: bei all den Heilern (und Patienten) nämlich, die das Unbekannte und das Nichtwissen angesichts dieser Krankheit dadurch verleugnen, dass sie entweder behaupten, Aids (und Medikamente dagegen) schon seit vielen Generationen

Ich à la Parin[50] oder mit der „Totalität" des „archaischen" Menschen, der infolge seiner Verletzlichkeit und Durchlässigkeit in viel größerem Masse vom Äußeren durchdrungen werde[51] – auf jeden Fall stellte ich an mir selber erstaunt fest, wie ich im Laufe der Forschung zunehmend in eine Art unterirdisches Netz von Verweisen, Kommunikationen und Echos verwickelt wurde, ein rhizom- oder myzelartiges Geflecht von unterschwelligen, halb bewussten Verbindungen, die vielleicht auch Augé im Sinn hat, wenn er vom Primat des Anderen in der „heidnischen Logik" spricht, oder Mauss, wenn er sagt, dass es unmöglich sei, die Magie ohne die magische Gruppe zu begreifen[52], und dass unter solchen Bedingungen die universelle Übereinstimmung Realitäten zu schaffen vermöge[53]. Oder Lévi-Strauss, der im Anschluss an Mauss' Magietheorie eine Identifikation von Unbewusstem und Kollektivem postuliert: „Das Unbewusste wäre so der vermittelnde Begriff zwischen Ich und anderem."[54] In unserem Innersten stoßen wir nicht auf unser Eigenstes, sondern auf den anderen.

In diesem Sinne glaube ich auch, dass der fast magische Wert, der in Afrika dem Wort beigemessen wird (vor allem auch in Bezug auf den Wunsch: Glückwunsch, Segnung, Verwünschung, Verfluchung) durchaus ernst zu nehmen ist.[55] Lévi-Strauss sagt: „In Wirklichkeit handelt es sich nicht darum, eine äußerliche Gegebenheit in Symbole zu übersetzen, sondern Sachverhalte auf ihre Natur eines symbolischen Systems zurückzuführen, dem sie sich einzig entziehen, um sich unkommunizierbar zu machen. Wie die Sprache *ist* das Soziale eine (und zwar dieselbe) autonome Realität; die Symbole sind realer als das, was sie symbolisieren, der Signifikant geht dem Signifikat voraus und bestimmt es."[56] Vielleicht kann man das auch in Hinblick auf Hexerei, Magie, gute und schlechte Wünsche gegenüber dem andern, Gegenübertragung und allgemein auf die Wirkung von Gesprochenem und

---

zu kennen, oder dass es ein Konglomerat von verschiedenen bekannten Krankheiten sei oder dass es von woanders komme – vor allem von den „Weißen". Das heißt, das Neue ist nur denkbar als Fremdes, Importiertes; auf dem eigenen Boden gibt es *per definitionem* nichts Neues (Bourdarias 1996:51; Le Palec 1996:47).
49  1987b:253ff.
50  1985:537ff.
51  Mauss 1989d:169.
52  Mauss/Hubert 1989a:171.
53  A.a.O.,165.
54  Lévi-Strauss 1989:25.
55  Mbiti 1974:251.
56  A.a.O.,25f.

Unausgesprochenem in Kollektiven anwenden – und vor allem in engen (traditionalen) Kollektiven, wo die Leute in hohem Maße ökonomisch, sozial und psychisch voneinander *abhängen*.

Über diese Dinge dachte ich nach, als Coulibaly mir beim Bezahlen sagte, ich solle mit der linken Hand bezahlen, dann komme das Geld zu mir zurück.

Wir gingen zum Bus, und er gab mir zum Abschied die Hand. Die Linke...

### Immer wieder: Kauris, Geister, Opfer und Gris-Gris

Im August 1997 kehrte ich nach Abengourou zurück.

Ich ging ins Bamkom-Quartier, wo Coulibaly seit seiner Ankunft in der Elfenbeinküste wohnte. Er kam gerade an, auf seinem Mobylette. Ich war mit Michael angereist, einem Freund aus der Schweiz. Coulibaly sagte uns, er müsse noch rasch ein kleines Problem regeln. Dann kam er zurück und führte uns gleich in sein Konsultationszimmer. Er spuckte in seine Kappe, zog sie an und gab mir ohne weitere Kommentare oder Konversation die Kauris.

Während ich in der Schweiz weilte, waren wir weiter brieflich in Kontakt geblieben und hatten unter anderem die Idee einer Mali-Reise diskutiert. Offenbar war dieser Plan für ihn verbindlicher, als ich zu hoffen gewagt hatte. Auf jeden Fall sah er in den Kauris, dass die Reise gut würde:

„Gute Geschäfte, viel Geld, wir werden viel Interessantes sehen und erleben. Aber es gibt auch böse Leute dort und böse Geister. Ich werde eine Medizin zubereiten."

Und wieder:

„Du träumst vom Wasser."

Ich habe oft beobachtet, dass die erste Äußerung bei einer Konsultation die treffendste ist. Das widerspricht – wie schon anhand der Agni-Heilerin in Tengouélan bemerkt – diametral der Ansicht, dass der Féticheur einfach ein aufmerksamer Psychologe sei, der sich durch Fragen, suggestive Äußerungen, Beobachtung der Reaktionen des Klienten usw. langsam an die wichtigen Themen herantaste. Bei Michael war das besonders frappant. Coulibaly hatte ihn noch nie gesehen, und das Gespräch hatte sich bis zu diesem Punkt auf die Begrüßung beschränkt.

Beim ersten Wurf sagte er ihm:

98

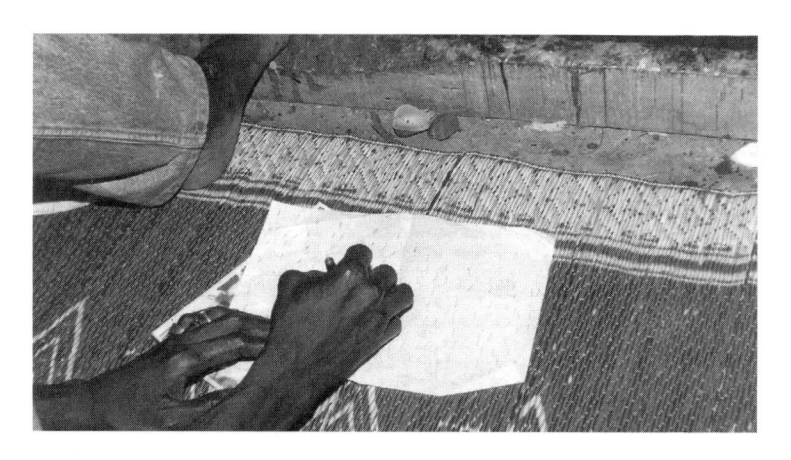

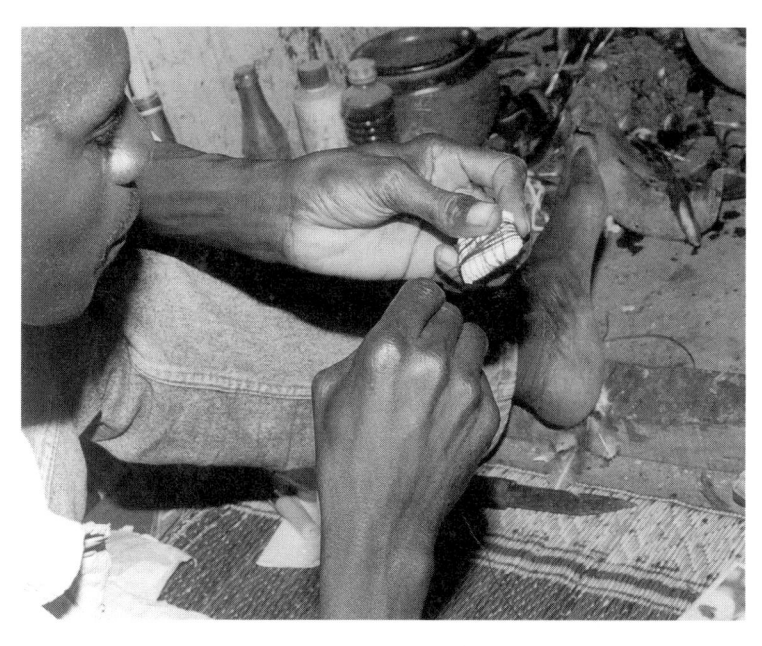

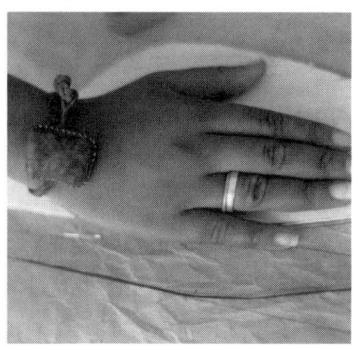

*Coulibaly stellt ein Gris-Gris für eine Patientin her (Abengourou 1998): Geheimschrift (magische Formeln) – bestimmte Ingredienzen hinzugeben – zusammenfalten – mit Bindfaden umwickeln – in Leder einnähen – tragen.*

„Du bist mit einer Frau, die einen Namen trägt, der eigentlich wie ein Männername ist."

Michael war ziemlich perplex. Seine Freundin hieß *Marcelle*![57]

„Du hattest einen Unfall, mit Wasser, in Zürich, mit einem Camion oder Auto. Die Geister sind gegen dich. Man muss etwas mit Löwenfell machen. Mit einem Ring aus Weißsilber und Erdnussöl."
Er wirkte etwas nervös, sagte, er müsse noch etwas erledigen, wir sollten bei ihm warten. Und verließ das Haus unvermittelt.

Wir spielten mit den Kindern; inzwischen hatte er einen dritten Sohn. Nach einigen Stunden, am Abend, kam ein Telefonanruf aus dem Polizeikommissariat. Coulibaly werde erst später kommen. Später stieß er dann im Hotel zu uns. Wir luden ihn ein, mit uns zu essen. Wie er so die Fleischstücke mit dem Messer aufspießte und sie mit den Zähnen von der Klinge zog und die Pommes Frites mit den Fingern aß, sagte der Kellner:

„Das ist kein Maquis, das ist ein Restaurant!"

Worauf Coulibaly konterte: „Und ich bin ein Bambara, kein Weißer!"

Und fuhr lachend fort, auf seine Art zu essen.

Als Michael irgendeine Bemerkung über ein hübsches Mädchen machte, meinte Coulibaly ernst:

„Viele Mädchen zu haben ist nicht gut. Du schläfst mit einer, die du kaum kennst; aber vielleicht ist sie gar kein Mensch, sondern ein Geist. Das ist gefährlich, kann dich aus dem Gleichgewicht bringen. Wenn man verheiratet ist, sollte man mit seiner Frau schlafen."

Seine beiden Frauen sind beide Bambara wie er und stammen aus demselben Dorf. Sie gehören zum Clan der Diarra; er selber als Coulibaly darf keine Coulibaly heiraten (sein Vater ist Coulibaly, die Mutter Traoré).

Am nächsten Morgen gingen wir auf den Markt, zu einem Schmied, um den Ring für Michael anfertigen zu lassen.

Coulibaly sagte zu mir: „Siehst du, dein eigener Ring ist noch da, dein Geist ist jetzt beruhigt. Bei Michael handelt es sich um einen an-

---

[57] Den einzigen Reim, den ich mir auf diesen erstaunlichen Treffer machen kann, ist, dass wir Michael französisiert *Michel* nannten, was, rein lautlich, auch androgyn ist.

dern Geist. Michael träumt viel, sein Herz schlägt manchmal schnell, er ist heiß, sieht viele Sachen voraus. Wie ein Amerikaner, *chaud-chaud*. Der Ring wird ihn beruhigen. Die Geister sind *malins*. Sie stoßen ihn zu den Mädchen, weil er ein *grand type* werden wird, und so wird er sein Geld wieder vergeuden. Ich habe nachts noch einmal konsultiert. Michael verdient jetzt nicht viel Geld beim Theater. Aber er wird zum Film gehen und dort viel Geld verdienen. Doch er muss sich schützen. Fotografiertwerden kann gefährlich sein. Es gibt Leute, die können sich schützen. Man fotografiert sie, aber nachher sieht man nichts auf dem Film; wo der Mann war, ist bloß ein schwarzes Loch. Michael muss ein weißes Schaf opfern, dann wird er Geld sehen."

„Aber", sagte Michael, „wie das? Ich bin arm und muss ein großes Opfer bringen, damit ich reich werde?"

„Ja. Es ist das Geld, das Geld gibt. *C'est l'argent qui appelle l'argent*. Man muss Geld verlieren, um Geld zu gewinnen. 1998 gehst du nach Mali; dann musst du nur noch ein Zicklein opfern."

Wir gingen auf dem Markt ein Schaf aussuchen. Es wurde vor das Haus gebracht. Michael teilte ihm seine Wünsche mit, dann wurde dem Tier die Kehle durchgeschnitten. Das Blut floss in ein Loch, das Coulibaly gegraben hatte; von dort schöpfte er es nachher in eine Kalebasse.

Coulibaly fabrizierte die Papiere für die Gris-Gris. Mit Kugelschreiber die Einteilung des Blattes, dann „Nafolo" und die achtstelligen Summen. Unsere Unterschriften. Dann holte er ein Fläschchen mit Blut und zeichnete mithilfe eines Zündholzes die Strichmuster. Schüttete Sand darüber. Aus der Kalebasse mit dem Blut vom weißen Schaf gab er auch noch ein paar Spritzer drauf, nachdem er zuerst dem Fetisch davon gegeben hatte. Bei Michael kam noch ein Stückchen Löwenfell dazu und bei mir etwas Goldstaub. Dann wurde das Ganze eingerollt, mit rotem Faden verschnürt, und später gaben wir es, wie immer, dem malischen *cordonnier* und Griot Youssoufou Niangon, unserem Vertrauensmann, zum Einnähen in Leder. (Mit dem offenen Gris-Gris von jemandem zu tun zu haben ist eine sehr verantwortungsvolle Angelegenheit).

Anschließend machten wir uns über die Innereien des geopferten Schafes her. (Das restliche Fleisch wurde in der Nachbarschaft verteilt, den Kopf bekam Youssoufou.)

## Das Geheimnis des Fetischs

Bereits im letzten Brief hatte mir Coulibaly mitgeteilt, dass er von seiner kürzlichen Reise in sein Heimatdorf einen Fetisch für mich mitgebracht habe. Als ich jetzt mit ihm allein war, zeigte er ihn mir: Eine weibliche Holzfigur, etwa 50 cm hoch, fast unkenntlich unter dem verkrusteten Blut all der Opfer, die ihr schon dargebracht worden waren. Er wollte 200 000 CFA dafür (330 EUR). Ich wäre eigentlich nie auf die Idee gekommen, mir einen Fetisch zuzulegen. Aber ich hatte den Eindruck, ich könne nicht ablehnen. Einen Fetisch sucht man nicht, genau so, wie man nicht aus eigenem Willen Féticheur werden kann. Es kommt, von außen. Aber wenn ich akzeptierte, wie viel war er mir wert? Wie viel Wert maß ich ihm bei? Schließlich einigten wir uns auf 80 000 CFA.[58]

Coulibaly wollte, dass ich das Folgende aufschrieb:

„Der Fetisch heisst *tchamatigi*; das bedeutet Dorfchef oder König.[59]

Mein Großvater (der Vater des Vaters) hat ihn 1955 gefunden; man weiß nicht, woher oder von wem er kommt. Der Großvater war auch Heiler, im selben Dorf. Ich selber habe *tchamatigi* 1987 von meinem Vater bekommen.

Jemand, der gegen dich ist, kann jetzt nichts mehr machen.

Er trinkt Kuhmilch am Freitagmorgen. Du musst ihm das geben, noch bevor du jemandem *Guten Tag* gesagt hast. Du kannst ihm auch

---

58   Manchmal reagieren (weiße) Leute auf die Nennung dieser Summe mit Misstrauen. Sie haben den Eindruck, Coulibaly sei ein Scharlatan, es gehe ihm nur ums Geld. Ginge es ihm um die Sache, würde er kein oder nicht so viel Geld verlangen. Manchmal erscheint diese Skepsis auch in nostalgischem Gewand, im Sinne von: *Heute gibt es keine wahren Heiler mit tiefem Wissen mehr, nur noch Profiteure* (Hielscher 1992:55 und – leider – *passim*). Diese Niedergangsperspektive ist m. E. illusorisch. Im traditionellen Afrika gibt es diese abendländische Trennung von Ideellem und Materiellem *nicht*. Gerade Opfer sind das Paradebeispiel, dass auch für etwas Spirituelles oder Psychisches immer etwas Materielles investiert werden muss. Man sagt: „Wenn es dir ernst ist, dann lässt du es dir auch etwas kosten, dann bist du bereit, eben ein *Opfer* zu bringen." Dieses selbe Muster lässt sich auch gut an Zweierbeziehungen ablesen, wo für die angebliche Liebe des Mannes immer handfeste Tatbeweise, d. h. Geschenke, gefordert werden (s. Roth 1997). Belege bezüglich der Heiler finden sich zum Beispiel für die Zande der Zwanzigerjahre bei Evans-Pritchard: Der Novize wird „daran erinnert, dass die Magie selten und teuer ist und dass sein Lehrer häufige und reichliche Geschenke verlangen wird" (1988:147).

59   Der zusammengesetzte Bambara-Ausdruck bedeutet wörtlich „die Welt ist für mich/gehört mir".

*Der Autor mit Coulibaly in dessen Behandlungszimmer
(Abengourou, Elfenbeinküste 1998).*

das Blut eines weißen Schafes geben, freitags um 10 Uhr. Nach dem Sex musst du dich waschen, bevor du ihn berührst."

Und dann erklärte er mir – aber unter dem Vorbehalt, dass dies ein Geheimnis sei, das ich hiermit also auch nicht preisgebe – wie Kopfweh, Knieweh, Asthma, Brüche, Diabetes und Lähmungen mit dem Fetisch zu behandeln seien, aber auch, wie ich jemandem, der mich nicht liebte, Schaden zufügen könne.

Anschließend setzten wir – auf seine Veranlassung – eine Quittung auf, worin er mir bestätigte, dass ich den Fetisch rechtmäßig erworben hätte, mitsamt der Unterschrift von Michael als Zeuge. Obwohl ich ihm sagte, ich könne erst in Abidjan bezahlen.

„Das macht nichts", meinte er, „das ist Freundschaft, Vertrauen. Aber so kann niemand sagen, du wollest etwas Böses damit."

Darauf schickte er mich hinter das Haus, um mich mit dem Medikament, das er mir mit warmem Wasser, Blättern und Hühnerfedern in einem *canari* zubereitet hatte, zu waschen.

Anschließend fischte er den Silberring aus der Kalebasse mit dem schon etwas geronnenen Blut. Er forderte Michael auf, ihn so – ungereinigt – anzuziehen.

„Das Totem des Rings ist der Friedhof. In der Nähe von Toten musst du ihn ausziehen."

Am nächsten Tag kamen wir an einem Stand mit chinesischen Medikamenten vorbei. Coulibaly schwor darauf, vor allem auf Ginseng:

„Als Kind hatte ich einen Traum. Ich ging nach China. Dort sah ich Baobabs und andere Bäume, aus denen man starke Medikamente machen konnte. Diesen Traum habe ich nicht vergessen. Ich dachte, eines Tages werde ich einen Chinesen kennen lernen und er nimmt mich mit dorthin."

Wir statteten Traoré, dem alten Patron der Malier, einen Besuch ab. Diesmal wurde er mir als *grand-frère* von Coulibalys Mutter vorgestellt. Er hatte während des 2. Weltkriegs für die Franzosen in Nordafrika gekämpft. Zwanzig Jahre hatte er um seine Rente gestritten, aber nie einen *Sou* gesehen. Er zeigte uns vergilbte Fotos seiner Kinder und Banknoten aus den Zwanzigerjahren, der Zeit der Kolonialregierung in Dakar.

„Nach dem Krieg gab es hier praktisch keine richtigen Grenzen mit Zöllen und Polizisten. Ich war Händler. Es war wunderbar. Man kaufte, reiste, verkaufte, reiste, alles war leicht. Heute wird alles gebremst."

Wieder bei Coulibaly zu Hause sprachen wir über die Reise in sein Dorf. Coulibaly wollte möglichst rasch reisen. Jetzt war noch Regenzeit, aber bald würde es heiß werden. Er wollte am folgenden Tag mit mir nach Abidjan kommen, um die Papiere zu organisieren. Wir gingen in sein Behandlungszimmer. Dort bespuckte er meinen neuen Fetisch mit dem Saft einer halben roten Kolanuss und sprach darüber. Dann rieb er ihm damit die Füße, das Gesicht und die drei Gris-Gris um den Hals ein.[60]

„Hast du alles aufgeschrieben mit deinem Computer gestern Abend?" (Ich hatte immer mein Notebook dabei, das ihn beeindruckte und das er manchmal „deinen Fetisch" nannte).

„Ja."

„Aber hoffentlich nicht das, was ich dir über den Fetisch gesagt habe?! *C'est un secret.*"

Man könnte sagen, hier komme etwas Widersinniges in die Ethnologie: „Gerade dann, wenn es am Interessantesten wird, muss man es für sich behalten!" Sicher. Aber es gibt Gründe, vor bestimmtes Wissen Hürden aufzustellen, und sei es nur, um Missverständnisse und Banalisierungen zu vermeiden. Aber auf der anderen Seite überschätzt man das „esoterische" Wissen oft; nicht immer ist das Geheime das Interessanteste. Oder anders gesagt: der Ethnologe beurteilt den Wert von Informationen nicht unbedingt wie der Heiler. Für ihn ist oft das Gewöhnliche, Normale, Naheliegende und Verbreitete relevanter als das absichtlich Versteckte. Abgesehen davon, dass das Wegschließen von Wissen manchmal auch einfach nur eine Köderfunktion hat; es ist nicht gesagt, dass sich in der schillernden Verpackung etwas Interessanteres verbirgt als außerhalb. Manchmal liegt das Geheimnis sogar darin, dass *nichts* drin ist (wenn beispielsweise in einem Maskenbund einem Novizen eröffnet wird, dass sich hinter den Masken normale Männer befinden).

### Bei der Polizei und am Wasser

Ich fuhr mit Michael nach Abidjan zurück. Zwei Tage später traf ich Coulibaly wie verabredet vor der *Direction de la Police,* wo wir uns um die Reisepapiere kümmern mussten. Wir sprachen über den Heiler Keita, den ich in Abengourou kennen gelernt hatte.

---

60 Speichel erleichtert das Sprechen, ebenso die Kolanuss (dank ihrer anregenden Wirkung). Beides zusammen ist also ein idealer Verstärker für Gebete oder Segnungen (Zahan 1974:11).

"Er weiß nicht, dass ich auch Heiler bin", sagte Coulibaly. "Ich ließ ihn immer im Glauben, ich sei *commerçant*. Wenn er dich einmal fragt, sagst du ihm dasselbe. So kann ich gut kontrollieren, ob er alles richtig macht; denn er glaubt, ich sehe nichts."

Das sollte sich übrigens bei all unseren Reisen und Begegnungen mit andern Féticheurs wiederholen: Coulibaly ließ die andern immer im Ungewissen über seine wahre Identität (vor allem in Bezug auf seinen Beruf, aber auch in anderer Hinsicht führte er die Gesprächspartner oft in die Irre). Was dieses Misstrauen und Sich-Verdeckthalten betrifft, verkörpert Coulibaly in etwas extremer Weise einen Zug, der mir allerdings typisch für die Mehrheit der AfrikanerInnen erscheint, im Gegensatz zu dem, was von oberflächlichen Beobachtern oft über ihre Offenheit, Zugänglichkeit, Extravertiertheit usw. gesagt wird. Diese Vorsicht wird (von ihnen selbst) oft mit der Furcht vor Hexerei in Verbindung gebracht oder, allgemeiner, mit der Feststellung, man müsse sich in Acht nehmen, es gebe zu viele, die einem übel wollten usw.

Coulibaly zeigte mir seine kleine Tasche, in der sich das Gepäck für unsere Reise befand.

"Was hast du mitgenommen?" fragte ich ihn.

"Vor allem meinen Fetisch.."

Ich blickte ihn wahrscheinlich etwas erstaunt an, denn er fügte gleich hinzu:

"Niemand kann die Tasche klauen. Der Wächter ist *drin*. Er macht sie unsichtbar, wenn sie jemand stehlen will. *C'est très bon*."

Was ihn allerdings nicht hinderte, die Tasche sicherheitshalber am Eingang einem uniformierten *gardien* anzuvertrauen.

Als wir das Büro der Polizeidirektion, wo man mir die Fingerabdrücke für die *carte de séjour* genommen hatte, verließen, sagte Coulibaly:

"Hast du die Frau an der Schreibmaschine im Fischkleid gesehen?"

"Jene, die in einem Journal blätterte?"

"Ja. Sie lebt nicht mehr lange."

"Aber sie sah gesund aus."

"Sie ist nicht krank ..."

"Kann man ihr nicht helfen?"

"Man könnte sie retten, wenn man ihr Kleid im Wald unter einen bestimmten Baum legte. Der Baum würde verdorren und sie leben."

Am Abend gingen wir ins *Centre suisse de recherches scientifiques*, wo ich mein Zimmer hatte, gleich am Ufer der Lagune. Coulibaly schaute auf das Wasser hinaus und sagte:

"Da hat es viele Geister."

„Siehst du sie?"

„Nein", sagte er lachend. „Aber in der Nacht werden sie wach sein. Man wird die Lichter sehen."

„Hast du Angst?"

„Nein."

Beim Abendessen kam Coulibaly auf die Frau im Büro und das Thema der Verhexung zurück.

„Es gibt Hexer, die fragen dich nach deinem Namen. Dann gehen sie in den Wald und sprechen deinen Namen abends um sechs über ein Blatt. Das Blatt verdorrt, und innerhalb einer Stunde bist du tot. Es gibt auch Marabouts, die stellen einen Fetisch in einen Bananenhain. Das Opfer geht vorbei und wird plötzlich steif. Dann bleibt es dort stehen, bis es verhungert."

Coulibaly hatte am Nachmittag einen der Beamten bei der „Arbeit" gestört, indem er ihn etwas fragte. Er hatte ihm nicht geantwortet, und Coulibaly wiederholte ziemlich bestimmt seine Frage; worauf er vom Beamten als *imbécile* tituliert und herrisch des Büros verwiesen wurde.

Coulibaly meinte jetzt dazu: „Er hat keine Abenteuer erlebt, er ist nie gereist, immer nur gesessen. Er kennt die Menschen nicht. Wenn die Beine nicht gehen, sehen die Augen nichts. Wenn die Augen nichts sehen, wie kann der Kopf dann verstehen? Man wird ihn in den Busch versetzen."[61]

Zu Michael meinte er: „Ich habe gestern nochmals die Kauris konsultiert. Der Unfall mit dem Wasser, von dem ich geprochen habe und zu dem dir nichts eingefallen ist, hat vor langer Zeit stattgefunden. Vielleicht war es im Schnee."

Worauf Michael von einem Skiunfall erzählte, bei dem er als Jugendlicher von ziemlicher Höhe auf einen Fels gestürzt war, sich das Steißbein verletzt und die schlimmsten Schmerzen seines Lebens erlebt hatte.

Michael fragte, ob bei ihm auch Hexerei im Spiel sei.

„Nein. Die Geister sind gegen dich, weil du nicht reich bist, aber reich sein solltest, reich sein willst. Das ist etwas anderes als Hexerei."

Am Nachmittag hatten wir in einem Geschäft Fotos zum Entwickeln gegeben. Die Frau war auffallend freundlich gewesen, nachdem wir einige Tage vorher wegen eines Fehlers mit früheren Fotos reklamiert hatten.

---

61 Bei solchen Bemerkungen fragte ich mich immer, ob sie jetzt konstatierend oder performativ, hellseherisch oder verfluchend gemeint seien.

„Sie hatte Angst vor uns", sagte Coulibaly.
„Aber wir waren ja nicht böse, sondern ganz höflich."
„Eben. Sie dachte, wir sagen nichts, aber zu Hause machen wir vielleicht *maraboutage* gegen sie. Wenn man jemanden gegen sich aufgebracht hat, weiß man nie ... Sie hat uns das letzte Mal betrogen und ein paar *Sous* gewonnen. Aber jetzt hat sie Angst gekriegt. Geld ist nichts. Ein Menschenleben ist alles. Siehst du, ihr habt die Opfer gemacht; ich habe das ganze Fleisch verteilt, an die Alten vor der Moschee, den Nachbarn, den Chef der Malier, und dem Griot-Cordonnier, der euch die Gris-Gris eingenäht hat, habe ich den Kopf gegeben. Hast du gesehen? Gerade als ihr dem Schaf die Wünsche mitgeteilt habt, ist der Alte in den Hof gekommen. Seine Gegenwart hat das Opfer gesegnet. Ich habe das Fleisch nicht verkauft, das wäre schlecht. Ich habe es verteilt, und alle waren zufrieden. Sie sagen: Die beiden Weißen da, sie sind gut. *Bouffer tout ton argent, c'est pas bon*. Wie kann Geld das Leben eines Menschen aufwiegen?"

Am frühen Morgen wurde ich vom knarrenden Öffnen der Schranktüre geweckt. Im Halbschlaf sah ich, wie Coulibaly die Whiskyflasche, die wir am Vorabend geöffnet hatten, herausnahm und damit das Zimmer verließ. Ich schaute auf die Uhr.

„Der muss ihm aber geschmeckt haben, dass er schon morgens um sechs Uhr darauf zurückkommt", dachte ich.

Dann schlief ich wieder ein. Beim Aufstehen bemerkte ich, dass die Flasche wieder im Schrank stand. Ich sagte nichts.

Beim Frühstück ergriff Coulibaly das Wort:
„Ich habe schlecht geschlafen und heftig geträumt. Das war wegen der Nähe des Wassers, das meine Geister nicht mögen. Ich könnte nicht hier wohnen. Aber weil wir noch eine Nacht hier verbringen werden, bin ich am frühen Morgen mit meinem Fetisch ans Ufer hinuntergegangen und habe ihm etwas von dem guten Whisky gegeben. Das hat ihn besänftigt."

Bevor wir wieder zur Polizei gingen, fragte er, ob er mein *Eau de toilette* benutzen könne.

„Das mögen meine Geister lieber als die Dusche. Die Frauen sollten sich jeden Tag waschen; aber Männer so wenig wie möglich."

Wir fuhren mit einem Weißen in die Stadt, der während der Fahrt von seiner afrikanischen Frau erzählte.

Coulibaly meinte nachher: „Das ist nicht gut, dass er mit einer Schwarzen verheiratet ist. Die Geister sind zu verschieden und vertragen sich nicht. Am besten ist es, im selben Stamm zu heiraten."

Am folgenden Morgen gingen wir auf die malische Botschaft, wo wir etwa zwei Stunden warten mussten, was mir – wie so oft – Gelegenheit gab, allerhand Fragen zu stellen, dieses Mal über seine Familie.

„Ich bin der mittlere der vier Brüder. Die andern sind auch Heiler, aber ich bin am stärksten. Ich habe viel gelitten. Ich habe dir schon gesagt, dass ich bis sieben gelähmt war. Dann entführten mich die Geister in den Busch, wo ich drei Jahre verbrachte. Die Eltern dachten, ich sei tot. Sie führten ein Begräbnis durch. Ich ernährte mich währenddessen von den Früchten des Waldes und die Geister zeigten mir die Medikamente. Dann kehrte ich – am Tag des Todes meiner Großmutter – geheilt zurück.[62] Langsam wurde ich selber Féticheur. Wir besuchen keine Schule. Die drei Schwestern sind verheiratet, die Brüder auch, aber ich bin der Einzige, der zwei Frauen hat. Die andern sind in Mali geblieben und sie sprechen kein Französisch."

Zwischendurch schaute er etwas unruhig auf die Lagune bei der Houphouët-Boigny-Brücke.

„Es gibt viele Geister dort. Diese Nacht möchte ich den Ventilator lieber abstellen. Er macht ein bizarres Geräusch, wie ein Geist. Aber es war jetzt besser. Heute morgen musste ich dem Fetisch keinen Whisky geben. Ich habe gut geschlafen. Ich werde mir heute die Haare schneiden lassen. Lange Haare sind nicht gut, es sind zu viele Geister drin, wie bei Michael."

Am Nachmittag gingen wir auf den Markt. Coulibaly wollte 25 kg Kolas für seinen Vater, die andern Alten im Dorf und die Heiler in Mali kaufen. In Mali sind sie teurer, aber auch hier war uns der Preis zu hoch.

Am Nachmittag nahmen wir den Bus nach Yamoussoukro, wo wir Michael nochmals sahen und in einem Maquis zu Abend aßen. Wir plauderten etwas mit der Kellnerin, einer jungen Baule. Anschließend sagte Coulibaly:

„Die Baule-Frauen sind gut. Aber Bete, Kru etc. sind gefährlich. Du bist mit ihnen zusammen, sie sagen drei Tage nichts, dann geben sie dir ein Gift in das Getränk, du stirbst und sie nehmen dein Geld."

---

62 Es ist nicht nur Coulibaly selber, der diese Geschichte in Variationen immer wieder erzählte, sondern sie findet sich auch bei verschiedensten Heilern in sehr ähnlicher Form (eine schwere Krankheit als Kind, Entführung in den Busch, Begegnung mit den Geistern, eine Art Tod und Heilung/Wiederauferstehung) und hat in dem Sinne fast den Charakter eines Mythos. Ähnliche Hinweise finden sich u. a. bei Hielscher bezüglich der Bambara (1996:119), bei Duchesne (1996:244) bezüglich der Agni, bei Evans-Pritchard (1988:147) bezüglich der Zande, bei Mauss/Hubert (1989:75) und vor allem bei Eliade (1961).

## Die Reise nach Tiengolo

Am nächsten Morgen aßen wir an einem *kiosque* Nieren und Zwiebeln mit Kaffee. Ich war gerade in Gedanken versunken über Frauen, Liebe, Beziehungen und Sex, als Coulibaly sagte:

„Jemand hier hat Liebe gemacht und sich nachher die Hände nicht gewaschen. Das zieht die Geister an. Siehst du diese Frau dort, die große mit der hellen Haut? Sie ist ein Geist."

Ich erinnerte mich verschwommen, so jemanden aus den Augenwinkeln wahrgenommen zu haben. Ich schaute auf und sagte:

„Ich glaube, eben war sie noch da, aber jetzt ist sie nirgendwo mehr zu sehen."

„Eben. Sie ist verschwunden. So sind die Geister."

Und dann rief mir diese Episode den Traum der letzten Nacht in Erinnerung, wo es auch um eine seltsame Frau gegangen war.

Wir fuhren weiter nach Bouaké. Als wir die *Basilique de Notre Dame de la Paix*[63] passierten, meinte Coulibaly:

„In der Elfenbeinküste gibt es keinen Krieg, weil sie die *Basilique de la Paix* gebaut haben."

Er interpretierte den Bau also als eine Art gigantisches Opfer. (Er kostete 300 Millionen $, die jährlichen Unterhaltskosten betragen 1,5 Millionen $.)

In Bouaké nutzten wir die Zeit, um auf dem Markt 15 Kilogramm Kolanüsse zu kaufen.

Michael blieb in Bouaké, und ich fuhr mit Coulibaly in einem *Mille Kilo* (Kleinbus) weiter nach Sikasso. Spät abends machten wir einen Zwischenhalt in Taféré, wo wir in einem Maquis etwas aßen. Ich hörte, wie jemand Coulibaly ansprach, aber war zu müde und zu hungrig, um von meinem Teller aufzuschauen. Der junge Mann fragte Coulibaly, ob sein Begleiter Schweizer sei. Coulibaly verneinte. Mir war es manchmal ganz recht, wenn er mir etwas die Leute vom Hals hielt, also schaute ich weiter in meinen Reis. Aber als der andere sagte, er kenne jemanden, der mir gleiche, er heiße David, und Coulibaly sagte, ich hieße nicht David, blickte ich doch hoch und erkannte im Halbdunkel Issa, den Neffen des Griots Baba. Ich hatte ihn vor anderthalb Jahren das letzte

---

63   Eine gigantische Kirche, mehr oder weniger eine Doublette des Petersdoms in Rom. Der erste Präsident der Elfenbeinküste, Félix Houphouët-Boigny, ließ sie Ende der Achtzigerjahre in Yamoussoukro erbauen, seinem Heimatstädtchen, das er in wenigen Jahren zur neuen Hauptstadt aufgedonnert hatte.

Mal getroffen und freute mich ungemein über dieses unverhoffte Wiedersehen. Sie spielten an diesem Abend bei einer Hochzeit und nutzten gerade eine Pause für eine Erfrischung. Coulibaly war der Vorfall etwas peinlich. Er gab Issa 25 CFA und sagte: „*Pardon, mais il y a trop de voyous ici.*" – „Entschuldigung, aber es gibt so viele Schlingel hier..."

Am nächsten Mittag kamen wir in Bamako an. Wir nahmen eine Dusche, tranken etwas, aber trotz der Erschöpfung konnten wir es nicht lassen, uns noch etwas die Stadt und den Fluss anzuschauen.

An der Brücke über den Niger angekommen, sagte Coulibaly: „Leider kann ich nicht heilen hier. Es hat zu viel Wasser. Das ist auch der Grund, warum ich von hier weggegangen bin."

Obwohl wir uns bloß einen kurzen Spaziergang vorgenommen hatten, streiften wir schließlich mehrere Stunden kreuz und quer durch die Quartiere.

„*Comme guérisseur il faut se déplacer toujours*", erklärte er. „Man muss Leute kennen lernen, die verschiedenen Städte sehen, Abenteuer erleben. So kann man seine Heilkunst immer mehr vervollkommnen. Hätte ich Geld, würde ich auch nach Europa, den USA und Kanada reisen. Es würde mir nichts ausmachen, meine Frauen und meine Familie hier zu lassen. Im Stuhl vor dem Haus sitzen kann man, wenn man alt ist."

Dieses Nicht-Traditionalistische, diese Neugier, dieser Wissensdurst ist eher etwas Untypisches. Es sind (für uns) Tugenden, die für viele Afrikaner als Untugenden gelten, etwas, das Angst macht, das sich rächen könnte.[64] Aber es ist ein Zug, den ich bei einigen Féticheurs angetroffen habe und auch bei den Griots, die ebenfalls aus beruflichen Gründen viel reisen und mit vielen Leuten in Kontakt kommen (müs-

---

64   „Afrika hasst Forscher", heißt es lapidar bei Kabou (1993:115). Aber in der Art, wie zum Beispiel Zahan die Initiationsgesellschaften bei den Bambara beschreibt, scheint – wie bei Coulibaly – etwas von einem fast „faustischen" Verhältnis zum Wissen auf. So fasst er die Bambara-Religion zusammen als „Bestimmung des Menschen, über sich selber hinauszuwachsen – bis zu kosmischen Dimensionen" (1974:23). Erstaunlich „modern" klingt auch, was über die notwendige Bruchstückhaftigkeit des Wissens gesagt wird: Eine bestimmte Etappe des Initiationsweges bringt Unglück und Leiden, denn Wissen wird gesehen als „Qual für diejenigen, die suchen", und die Suche ist endlos (a.a.O.:18). Ich glaube allerdings, dass damit eher die Haltung einer minoritären, initiatorischen Elite umrissen ist als der „Geist" der breiten Volksreligion. Zahan selbst bedauert, dass die Bambara-Religion, wie so viele andere traditionale Kulturen, nur an der Basis studiert wurde, „und nicht in ihren höchsten Formen des Ausdrucks" (a.a.O.,1). Das ist sicher richtig; aber man sollte umgekehrt auch nicht idealisieren und aus jedem frommen Bauern einen Theologieprofessor machen wollen. Die Kehrseite dieser Stilisierung ist dann nämlich die Enttäuschung, bei den

sen). Wenn meine Forschung zu einem großen Teil aus Reisen mit Heilern und Griots bestand, so hat das sicher zum einen mit einer Seelenverwandtschaft zu tun (individuell, aber auch professionell: es bestehen zahlreiche Parallelen zwischen Ethnologen und Heilern bzw. Griots), aber auch damit, dass „teilnehmende Beobachtung" in diesem Falle zwangsläufig Teilnahme an beruflichem Reisen ist, die natürlich infolge der vielen Zeit, die man notgedrungen miteinander verbringt, und all der Alltagsdetails, die man zusammen erlebt, sieht, diskutiert, wobei man das Verhalten des andern in verschiedensten Situationen beobachten kann, ungemein fruchtbar ist.

Da es in Bélédougou[65] kaum Verkehrsmittel gab, und gar keine Straße, die bis Tiengolo reichte, heuerten wir in Bamako für drei Tage Mohamed Keita mit seinem Taxi an. Wir fuhren nach Nossombougou, einem größeren Ort in der Nähe, wo wir Wein, Schnaps, Reis, Zucker, Kaffee, Seife und Batterien für die Familie einkauften. Man sagte uns, am Abend gebe es ein Fest, und verpflichtete uns, dabei zu sein.

Schließlich erreichten wir Coulibalys Dorf. Wir gingen zur Hütte seines Vaters. Der lag sturzbetrunken mit seinem Cousin unter dem Vordach und alberte herum. Coulibaly begrüßte ihn und stellte mich vor. Er wollte sich erheben, um mich zu begrüßen, schlug sich aber bloß den Kopf am Dachpfosten an und fiel wieder rücklings zurück in die Arme seines Cousins.

„*Ça vaut pas la peine*" („zwecklos"), sagte Coulibaly, und wir machten uns daran, die Geschenke zu verteilen. Das war ein wichtiger, aber äußerst heikler Moment, denn man musste aufpassen, niemanden zu kurz kommen zu lassen oder zu übervorteilen und damit Missgunst und Palaver zu provozieren. Vor allem die Aufteilung der Kolas nahm

---

realen Bambara fast nichts mehr von Dieterlen und Zahan zu finden, Trauer über den „Niedergang" und vielleicht eine Verachtung für das Halbwissen, die „Scharlatanerie", „mangelnde Tiefe" und materialistische Oberflächlichkeit der Leute (und der Heiler, die die Initiationsgesellschaften oft auch nur noch aus Erzählungen kennen). Als Ethnologe interessiert mich, wie ein Heiler in der Stadt *heute*, 1998, die Welt wahrnimmt, und dazu gehören Fetische, Opfer, Gris-Gris, aber auch Autos, die Basilika, TV, Guinness, Stromrechnung, Kaffeehandel, Aids und Präservative, während die Initiationsgesellschaft oder die Schöpfungsmythologie nur noch am Rand relevant sind. Und das hat vorerst überhaupt nichts mit kultureller Verarmung zu tun, sondern einfach mit Wandel.

65   Bélédougou ist der alte Name der Region im westlichen Mali, in der sich auch Nossombougou und Tiengolo befinden. Sie bildete im letzten Jahrhundert ein kleines, unabhängiges Reich. Sie hat in Mali den Ruf, besonders „rückständig" und „abergläubisch" zu sein, aber auch über die gefährlichsten Féticheure des Landes zu verfügen (Imperato 1977:13).

er mit mathematischer Genauigkeit vor. Kaum hatten wir das hinter uns („*Le triage s'est bien passé*", sagte er erleichtert), rief er zu meiner Überraschung Keita, und wir fuhren bereits wieder nach Nossombougou zurück, wo wir in der Bar ein Bier tranken, und zum ersten Mal seit Tagen so etwas wie Entspannung und Erleichterung sich ausbreiteten.

Großes Gesprächsthema war die *soirée dansante*.

„Wir werden dir eine *cavalière* suchen", sagte man mir immer wieder. „Aber dann musst du auch wirklich tanzen!" Das klang wie eine Drohung.

So war es dann auch. Ich wurde bei der Ansage des Veranstalters auf die Bühne gebeten und vorgestellt, mit dem Wunsch „inbesondere an die Mädchen, ihn freundlich zu behandeln". Dann, als die Musik begann, wurde ich von allen Seiten gedrängt, eine auszuwählen und mit ihr zu tanzen, dann, sie zu umarmen.

„Du bist träge", sagte man mir. Ich hätte mich gerne davongeschlichen, aber das wäre ein Affront gewesen. Und abgesehen davon: Wo kann man sich in einem *Nossombougou* schon zurückziehen oder sogar verstecken? Wenig später bot uns schon jemand ein Zimmer für 1000 CFA an. Ich erlebte also in etwa am eigenen Leib, was ich im ersten Teil über den Agronomiestudenten und die „andere Liebesmoral" erzählt habe.

## In den Dörfern Bélédougous: Zwillinge, Schlangen und der blinde Peul

Am nächsten Morgen unternahm ich mit Coulibaly einen Spaziergang entlang überwachsener Teiche und Reisfelder nach Gessebougou, zum alten Heiler Djana Kamarà. Während wir im Vorraum seiner Hütte auf ihn warteten, zeigte mir Coulibaly einen Fetisch, der im Gebälk des Daches hing und *sinsin* genannt wird: der Altar der Zwillinge.

Der Alte erschien. Nach ausführlichen Begrüßungen schaute er sich die Linien meiner beiden Hände an, spuckte ein paarmal leise murmelnd hinein, dann musste ich mir das Gesicht damit einreiben. Darauf bespuckte er ebenso ein Messer und legte es in meine rechte Hand.[66]

---

[66] Dieses rituelle Murmeln von segnenden oder magischen Formeln, verbunden mit einem leichten Spucken, wird *kilisi* genannt. Coulibaly nennt es auf Französisch *parler au-dessus*. Es wird bei der Herstellung von Medikamenten praktiziert, beim

Ich schaute Coulibaly fragend an.
„Wir haben Glück gehabt", sagte er. „Er lebt noch, er ist da, und er wird uns segnen. Er ist sehr stark. Er wird uns Geheimnisse zeigen. Alles wird gut."
Dann machte uns der Kollege und Nachbar des Alten, Mamadou Koné aus Mopti, eine Kauri-Konsultation. Er arbeitete mit 14 Kauris, wobei ich vier davon „besprechen" musste.

Er sagte mir unter anderem, dass ich manchmal wütend sei (was ich vor allem auf meine Gefühle gegenüber Coulibaly bezog, der einen sehr großzügigen Umgang mit – meinem – Geld an den Tag legte, wenn auch nicht so sehr für sich selber, als für Geschenke, Entschädigungen, Opfer etc. Ich habe diese „Gegenübertragungen" im ersten Teil etwas beschrieben).

„Du wirst in sieben Jahren einen Unfall haben."

---

Opfern (wenn dem Tier die Wünsche mitgeteilt werden, wenn irgendwo ein Objekt deponiert wird, wenn dem Fetisch das Blut dargebracht wird), bei der Herstellung von Gris-Gris, beim Werfen der Kauris usw. (Ganz analog zu den Zande, die ihre Medizinen „anreden"; cf. Evans-Pritchard 1988:247ff.).
„*Kilisi* sind Inkantationen, machtvolle Worte, die nicht nur die spirituellen Kräfte, sondern in Krankheitsfällen auch den Patienten beeinflussen können. *Kilisi* bestehen aus Versen, die immer einen Bezug zur Aktion haben, die sie begleiten, zum Beispiel bei der Behandlung einer Erkrankung. Die Verse sind kurz und beinhalten zahlreiche Wiederholungen. Die einzelnen Zeilen sind einfach und einprägsam, häufig mit sich reimenden Endungen. *Kilisi* sind untrennbar mit rituellem Spucken verbunden, d.h. es werden nur winzige Tröpfchen Speichel versprüht. Bei allen *kilisi*, die ich gesammelt habe, besteht die erste Phrase aus den Worten: *tu bisimila*. *Tu* kennzeichnet den Anfang eines *kilisi*. *Bisimila* ist die bambarisierte Form des arabischen ‚Im Namen Gottes'... *Kilisi* werden als der wahre Schatz der traditionellen Medizin gewertet und daher gut behütet" (Hielscher 1992:111. Siehe auch Imperato 1977:73 und Mbiti 1974:253,259).
Hier zum Beispiel in deutscher Übersetzung ein unmittelbar einleuchtendes *Kilisi* gegen eine Augenkrankheit (*mara jalan*):
„Tu bisimila,
wenn der Penis die Vagina sieht,
nimmt der Streit ein Ende,
nimmt der Streit ein Ende.
Wenn die Vagina den Penis sieht,
nimmt der Streit ein Ende,
nimmt der Streit ein Ende." (A.a.O.;114).
Zum Speichel: In der Bambara-Religion wird Speichel in Verbindung gebracht mit Pemba, dem höchsten Gott, der sich seine Frau Mouso Koroni erschuf und ihr durch seinen Speichel Leben und Atem gab. „Diese lebensspendende Kraft des Speichels begründet seine Ausnahmestellung unter den Körperflüssigkeiten. Speichel ist die einzige reine, Kraft spendende Körperflüssigkeit und wird aus diesem Grund nur für gute Zwecke verwendet, beispielsweise um Kranken Kraft zu geben. Heilern ist der Speichel ein unerlässliches Arbeitsmittel, das bei allen *Kilisi*-Inkantationen eingesetzt wird und somit ein wesentliches Element der Behandlung darstellt" (Hielscher 1992:60; s. a. Zahan 1974:11).

Und nach einem weiteren Wurf: „Es kann sich auch um den Verlust eines Familienmitglieds oder von viel Geld handeln."

Coulibaly flüsterte mir zu: „Das ist wie das, was ich dir über deinen Vater gesagt habe" (dass er ohne mein Opfer in zehn Jahren sterben würde).

„Du wirst im Mittelpunkt stehen, bei der Erwähnung deines Namens gibt es Applaus."

(Coulibaly zeigte auf die große Kauri in der Mitte, „umringt" von den andern).

Bei der Konsultation für Coulibaly kam Folgendes heraus: „Du bist verheiratet. Manchmal denkst du zu viel nach, über das Geld und die Familie."

Coulibaly: „Stimmt. Ist man verheiratet, hat man viel Kopfweh."

„Du musst acht rote Kolas[67] für deinen Vater opfern, unter einem Baobab. Falls du das nicht tust, bekommt er Ende des Jahres eine Kopfkrankheit und stirbt. Manchmal hast du viel Geld, manchmal nicht. *Il faut adorer le fétiche sinsin, comme ça les méchants vont avoir honte,* die Bösen werden die Köpfe einziehen, und es wird viel Geld von den Kunden kommen. Du wirst mit einem Freund in ein anderes Land gehen, für Arbeit, aber es ist noch nicht sicher. Gab es einen Todesfall?"

„Ja, die Frau meines *grand-frère* hatte Zwillinge, aber einer ist gestorben."

„Damit alle Geschäfte gut gehen, musst du ein weißes Schaf opfern. Ich werde ein Medikament im *canari* machen, mit der Rinde des Holzes *engaba dé*; damit musst du dich waschen.

Du arbeitest mit Geistern. Eine Frau wird an einem Freitagmorgen zu dir kommen, als Kundin. Vielleicht ist sie ein Geist. Sie wird dir etwas sagen, das dir Glück und ein gutes Geschäft bringen wird.

Die Reise wird gut. Manchmal läuft es, manchmal ist es ruhig in Abidjan." (Er meinte, Coulibaly wohne in Abidjan.)

---

67 „Acht" (*segin*) versinnbildlicht das vollendete Wort. Bei den Bambara repräsentiert „8" zugleich die zwei ursprünglichen Zwillinge, aus denen die Menschheit hervorging (Touré/Konaté 1990:162). Aber auch: „Gefahr eines Exzesses der Sprache durch die Frauen; die acht Ahnen und ihre Sprache, Symbol weiblicher Zwillinge" (Hielscher 1992:237). Die rote Kola (*worowoulé*) beschützt gegen Ungemach und weckt das Glück. Das Rot ist zwar gefährlich, weil es Glück und Kraft austrocknen kann. Aber es kann auch im letzten Moment ein nahes Unglück abwenden (Touré/Konate 1990:139).

„Eine weiße, lächelnde Kola[68], damit die Rückreise nach Abidjan gut wird. Du musst sie vor der Abfahrt essen.

Dank dieser Frau wird jeder sagen: Du hast Geister, du wirst zu Reisen aufbrechen, *tu vas gagner le secret* (du wirst das Geheimnis finden)."

Mamadou Koné gab mir einen Schlossfetisch – auf Bambara *gogoro*, auf Französisch einfach *cadenas* genannt – zum „Einschließen" (Fixieren, Verstärken) meiner Wünsche. Er bestand aus einem normalen, alten, offenen Vorhängeschloss, mit verschiedenen Fäden umwickelt, und den dazugehörigen Schlüsseln, um den Wunsch wieder zu „lösen". (Aber das Schloss war natürlich „besprochen", das war das Wichtige daran, denn wie gesagt ist es diese unsichtbare Qualität, die ein normales Objekt zu einem magischen Objekt macht).

Er gab mir auch den Zauberspruch dazu:

„Alles, was du willst,

wird der Fetisch machen.

Der Fetisch wird retten.

Alle werden kommen

und ich werde alle ihre Probleme lösen."

Der Fetisch heißt *gogoro massa* („König oder Chef des Dorfes").

Dazu gab er mir ein Holz, das ich in Wasser legen und mich damit waschen sollte, als Schutz gegen Vergiftung: „Das ist auf Reisen wichtig, man weiß ja nicht, mit wem man es zu tun hat."

Dann machte Djana Kamarà die *sinsin*-Zeremonie[69] vor dem Haus.

Er hatte den *sinsin* (zu deutsch wörtlich: „Unterstützung") von der Decke heruntergenommen und auf den Boden vor dem Haus gelegt. Er bestand aus der Kalebasse mit einem sanduhrförmig geschnitzten Holz drin. Er nahm den roten Hahn, den wir gekauft hatten, schnitt ihm die Kehle durch und ließ das Blut – Inkantationen brummelnd – zweimal über den Fetisch tropfen. Der Fetisch war rechts und links flankiert von zwei kleineren Kalebassen mit dem ebenfalls darzubringenden Wasser, sowie von einem Fetisch in Form eines schwarz-weißen Rinderschwanzes. Der *sinsin* ruhte auf zwei langen, gekreuzten Halmen. Der Hahn rannte noch längere Zeit mit durchtrennter Kehle auf dem Platz

---

68  Die lächelnde Kola (*yèlèworo*) erinnert in ihrem Aussehen an einen hochgezogenen Mund. Weiß oder rot bekräftigt sie Wünsche nach Glück (a.a.O.;138).
69  Wie andere Völker Westafrikas auch, empfinden die Bambara großen Respekt vor Zwillingen. Eine Familie mit Zwillingen widmete ihnen traditionellerweise einen Altar (eben: *sinsin*), auf dem ihnen jährlich und bei besonderen Gelegenheiten geopfert wurde.

umher, legte sich auf den Bauch (ein schlechtes Zeichen), erhob sich noch einmal und fiel zu guter Letzt auf den Rücken (ein günstiges Zeichen, wie der gen Himmel steigende Rauch im Alten Testament: das Opfer wurde angenommen). Alle Anwesenden lachten erleichtert.[70]
Auch der Alte übergab mir zu Pulver zerriebenes *Baru*-Holz, mit dem ich mich waschen sollte. „Gegen eventuelle Bedrohungen durch *korotè* auf der Reise."
Dann begleitete er uns ein Stück weit auf dem Nachhauseweg und machte noch ein kleines Ritual für uns. Er nahm drei Kieselsteine; den ersten warf er nach hinten, den zweiten nach vorn, den dritten gab er mir zum Aufbewahren. Dazu sagte er ein *kilisi*.
Coulibaly sagte: „Das habe ich auch einmal gekannt, aber ich habe es vergessen."
Kamarà wiederholte es für ihn.[71]
Die Zwillingszeremonie war übrigens ziemlich wirksam. Vier Jahre später gebar meine Frau ein Mädchen und einen Jungen ...

Schon in Abengourou hatte mir Coulibaly von einem Marabout in Mali erzählt, der immer zu viel Schnaps getrunken hatte. Eines Tages schickten ihm die Geister eine Viper, die von seinem Dach ins Zimmer fiel. Sie sagten ihm, wenn er aufhöre zu trinken und Muslim werde, könne er mit der Schlange weissagen. Seither hielt er sie in einem Käfig in seinem Haus und verstand ihre Sprache.

Wir fuhren also nach Oualogo und fanden den berühmten Schlangenbeschwörer namens Mussa Diarra dort tatsächlich vor. Er ließ uns, lange warten, gewährte uns aber schließlich eine Audienz. Er thronte allein auf einem immensen Sofa, während er uns auf kleinen Schemeln

---

70  Zwillinge werden bei den Bambara als Repliken des androgynen, mythischen Ahnen Faro betrachtet, der selber auch Zwillinge gebar. Sie „doubeln" einander. Das geht so weit, dass einer auch mit der Frau des andern schlafen darf. Früher wurden männliche Zwillinge sogar mit derselben Frau verheiratet (Imperato 1977:123). Man könnte sich überlegen, inwiefern die afrikanische Faszination für Zwillinge kulturelle Brennpunkte widerspiegelt (Vorrang des andern, Gruppen-Ich, Identifikation, Gleichheit, Gemeinschaftlichkeit, Verwandtschaftlichkeit).
71  Hielscher erwähnt diese Praktik auch, die besonders gegen Schlaflosigkeit geeignet sei, besonders solche, die ungeschützte Reisende unterwegs quält und von der man annimmt, dass sie von Hexen verursacht wird: „Rituelles Spucken in die Hände und damit Kopf und Gesicht einreiben. Bei Reisen drei Kiesel nehmen und einen in die Richtung, aus der man kommt und einen in die Richtung, in die man reist, werfen, sowie den dritten in die Tasche stecken. Wenn man so einen Spruch gesagt hat, kann einem nichts mehr geschehen. Selbst wenn eine Hexe kommt, bleibt sie wie festgenagelt stehen. Wenn man sie gehen lassen will, sagt man: ‚Was bist du hier suchen gekommen?'" (Hielscher 1992:114f.).

zu seinen Füßen Platz nehmen ließ. Neben ihm kauerte eine Art Faktotum, das immer nickte, wenn Mussa Diarra etwas gesagt hatte. Wir brachten unser Anliegen vor: die geheimnisvolle Schlange zu sehen. Er wollte 50 000 CFA (80 EUR) dafür. Erst nach und nach gab er aber zu verstehen, dass wir für diesen Betrag zwar eine Konsultation machen könnten, die Schlange dabei aber nicht zu Gesicht bekämen. Er zeige sie nämlich nicht mehr, weil ihretwegen dermaßen viele Leute sein Dorf und sein Anwesen überflutet, die Maisfelder zertreten, seine Türe eingedrückt und die Leute belästigt hätten. Dann sprach er wieder ausführlich von seiner Konvertierung zum Islam und davon, dass die Schlange auch ihre Farbe ändere wie ein Chamäleon, was ihm zusätzlich Aufschluss gebe über das Schicksal der Hilfesuchenden.

Ich fand den Preis übertrieben. Er ließ jedoch gar nicht erst mit sich diskutieren. Coulibaly und Keita, der Chauffeur, drängten mich: „Du wirst es nicht bereuen, er ist sehr stark, er ist in ganz Mali berühmt, Direktoren und Minister gehen bei ihm ein und aus und lassen ein Vermögen bei ihm zurück ..."

Es brauchte einige Überwindung, aber ich sagte deutlich und entschieden, dass ich nicht bereit sei, den Preis zu zahlen und ihm einen guten Tag wünsche. Dann erhob ich mich, und die andern folgten mir hinaus. Ich erwartete, sie würden mich mit Vorwürfen überschütten. Aber ganz im Gegenteil.

Sie sagten, geradezu fröhlich: „Du hast völlig Recht gehabt. Er ist ein Betrüger. Das mit den vielen Besuchern war ein fauler Trick. Ganz offensichtlich hat er die Schlange gar nicht mehr. Sie ist weggegangen, weil er zu viel Geld verlangte. Er vergaß, dass die Leute wegen der Schlange kamen, und nicht wegen ihm. Jetzt kommt niemand mehr, die Kraft hat ihn verlassen. Sogar 20 000 wäre zu viel gewesen."

Aber offensichtlich hatten sie doch nicht den Mut gehabt, ihrer Missbilligung *in seiner Gegenwart* Ausdruck zu geben.

Wir fuhren weiter zu Bala Balu, dem Féticheur und Schmied, der abgeschieden am Rand von Nossombougou lebte mit seiner Familie. Mamadou Konaré, der Wahrsager, der uns in Gessebougou die Kauris geworfen hatte, führte uns zu ihm. Er hinkte. Es hieß, die Geister hätten ihm das angetan, weil er sein Haus bei ihrer Quelle baute und dann niemandem mehr erlaubte, dort Wasser zu schöpfen. Er selber erzählte, dass er sich zweimal hintereinander das Bein gebrochen habe und später noch auf den Rücken gefallen sei. Aber das eine schließt ja das andere nicht aus.

Aufgrund der vielen Geschenke, Opfer und Honorare war meine Geldbörse rapid geschrumpft. Ich sagte also Coulibaly, dass wir dieses Mal bloß etwas diskutieren würden, ohne Konsultation, die ja – so viel hatte ich inzwischen verstanden – immer Opfer nach sich zog. Aber ehe ich mich versah, lag schon der erste Orakelwurf der Kauris im Sand. Ich habe diese Begebenheit schon im Kapitel zur Übertragung geschildert: wie sich die Konsultation nicht abwenden ließ, wie Bala Balu in den Kauris Coulibaly sah, der den Abend meiner Ankunft in Abengourou im Revier verbracht hatte und fast ins Gefängnis gekommen wäre, wie wir die erforderliche Ziege nicht opferten und uns schmählich davonschlichen.

Mamadou Konaré hatte offenbar meinen Ärger über die Feigheit Coulibalys bemerkt, der mir in gewisser Hinsicht sowohl bei Mussa Diarra wie bei Bala Balu in den Rücken gefallen war, und mich drängte, gegen meinen Willen zu zahlen.

Auf jeden Fall kam er plötzlich, als ich abends missmutig mit den andern im Maquis saß, und sagte, er wolle uns zum Marabout Ibrahim Ba führen, einem alten Peul aus Djenné.

Zu mir sagte er: „Du musst nichts bezahlen. Es geht mir darum, die Ehre Malis zu retten."

Wir gelangten zu einem Steinhaus; in einem kahlen, weißgestrichenen Zimmer saß ein Mann in einem abgetragenen, weißen Bubu, mit einem weißen Bart und fast blind beim Schein einer Petrollampe auf seiner Matte. Wir zogen die Schuhe aus und setzten uns daneben. Als Muslim arbeitete Ibrahim Ba mit der Gebetskette und mit einem Stapel alter Blätter voller rätselhafter Sprüche und Zeichnungen.

Es war Coulibaly, der als Erster in die Kette sprach. Er wünschte sich – was er mir später mitteilte – Geld für seine Familie und dass sein Geist ihn schütze.

Ba sagte ihm, nachdem er sehr lange in seinen vergilbten Papieren geblättert und sie sich ganz nahe an seine Augen gehalten hatte:

„Du musst Hose, Hemd und Schuhe drei Tage lang tragen und sie am vierten Tag einem Bettler geben. Du musst 600 Kauris in eine Kasse oder kleine Truhe legen, und diese auf einem Gestell in deinem Zimmer deponieren. Dann reibst du dir jeweils die Hände damit.

Rückenschmerzen. Operation."

Coulibaly hatte drei Wochen zuvor mit seinem Motorrad an der Grenze zu Ghana einen Unfall gehabt. Er hatte sich die Kopfhaut nähen lassen müssen.

„Du hast eine hellhäutige Frau mit einem Sohn."

Die eine seiner beiden Frauen, Sita, die Mutter von Daud, ist relativ hell; er nennt sie manchmal auch „*la claire*".
„Das Geld bleibt nicht bei dir. Vielleicht später."
Zu mir sagte er Folgendes:
„Jemand möchte dir schaden. Er ist mager, größer als du. Er hat rote Augen und wohnt östlich von dir. Es ist einer deiner Mitarbeiter. Er ist unruhig und krank. Die Leute haben mehr Vertrauen in dich als in ihn. Er wird deinen Platz nicht einnehmen können. Du wirst sogar bald einen neuen, besseren Vertrag bekommen."
Ich konnte nichts damit anfangen. Aber trotzdem gibt es natürlich immer Personen, die dem entworfenen Phantombild mehr oder weniger entsprechen. Man könnte sich vorstellen, dass ich einer solchen Person von nun an mit Misstrauen begegnen würde, was bei ihr ebenfalls zu negativen Gefühlen Anlass gäbe. Nach und nach würde sich so die Voraussage des Marabouts von selbst „bewahrheiten".[72]
Er fragte: „Bist du Christ?"
„Ja."
„Dann musst du jemandem (aber keinem Blinden) ein rotes Opfer darbringen. Rohes Fleisch, einen roten Hahn, ein rotes Kleidungsstück oder 26 rote Kolas.

Du wirst eine dünne Frau heiraten. Du kannst ihr die Heirat vorschlagen, und sie wird sofort akzeptieren. Diese Frau ist ein Einzelkind oder hat zumindest nur wenige Geschwister. *Elle est une chanceuse.* Am Anfang deiner Arbeit gibt es ein *handicap*. Aber das rote Opfer wird es beheben. Mittwoch ist dein Glückstag."[73]

---

72  Zu diesem Mechanismus: Signer 1997:146–152. Den (islamisch orientierten) Marabouts haftet oft, mehr noch als den („animistischen") Féticheurs, ein aufstachelnder, intriganter Zug an. Bei Ortigues gibt es – lacanianisch gewendet – die Gegenüberstellung des Hexers, dessen Imago durch die duale Mutterbeziehung (oral, Anthropophagie, imaginär) charakterisiert ist, und des Marabouts, der auf einer triangulären Vaterebene verortet wird (ödipal, Rivalität, Aggression, Besitzergreifung, Kastration, symbolisch). Die Unterscheidung scheint mir etwas allzu systematisch, und in der Praxis wird von den Westafrikanern ja oft nicht so deutlich zwischen *sorcellerie* (bzw. *witchcraft*, Schadenzufügung durch eine Hexe) und *maraboutage* (bzw. *sorcery*, Schadenzufügung unter Zuhilfenahme eines „professionellen" Dritten) unterschieden. Aber dass es einen Unterschied in der Optik und auch in der Atmosphäre bei den Konsultationen zwischen Marabouts und Féticheuren gibt (der vermutlich mit einem Unterschied zwischen der traditionell-afrikanischen Religion und dem Islam zusammenhängt), scheint mir offensichtlich. Siehe M.-C. und E. Ortigues 1984:191–237 („Les interprétations persécutives") und Fichte 1990:19–36.
73  Hielscher schreibt u. a. zur Bedeutung der roten Farbe (was gut zum Vorstehenden passt): „Außerdem ist rot erregend und weckt die Wut und das Bedürfnis nach Gerechtigkeit. Aus diesen Gründen ist rot die Farbe der Führung, der Elite, der Rechtsprechung, der Strafen und Wunden." (1992:238).

Dann machte er eine Konsultation für Mohamed Keita, unsern Chauffeur. Damit seine Aussagen Sinn machen, muss ich zuerst einiges von Keitas Lebensgeschichte und seinen Problemen, so weit er zu uns davon sprach, wiedergeben.

**Größenwahn und Liebe**

Keita war nach seinen eigenen Angaben 55 Jahre alt und Malinké aus Mali. Auf der Fahrt von Bamako nach Kati hatte er uns erzählt, dass er Pilot gewesen sei, und dass er zwei Frauen sowie zwei Häuser habe. Das zweite Haus, eine Villa, vermiete er. Vor ein paar Wochen hätte er eine 19jährige Französin in Bamako herumgefahren. Sie sei so begeistert von ihm gewesen, dass sie ihm 500 000 CFA (800 EUR) angeboten habe, wenn er die Nacht mit ihr verbringe. Einmal war er als Pilot nach Paris geflogen und mit dem Präsidenten von Mali im *Hilton* abgestiegen. Im Hotelzimmer gab es einen Kühlschrank, prall gefüllt. Man konnte sich einfach bedienen, gratis. Und dann am Abend die Rue St. Denis...

„Als Pilot habe ich die ganze Welt gesehen. Ich war zuerst bei *Aëroflot*. Moskau, Kaviar, Wodka ... Ich kannte eine hübsche Russin, sie wollte mich unbedingt heiraten, nachdem wir ein paar Nächte miteinander verbracht hatten. Sie ging sogar nach meiner Abreise auf die malische Botschaft, verlangte den Konsul zu sprechen und weinte ... Nachher war ich bei *Yougoslavian Airlines* und schließlich bei *Air Afrique*. Dann gab es diesen Absturz in Burkina Faso. Ich war Navigator. Wir mussten auf einer Straße notlanden. Die Flügel streiften die Häuser und brachen ab. Dann krachte der hintere Teil mit der Personalkabine weg, alle Angestellten starben. Als das Flugzeug noch 300 km/h schnell war und wir im Cockpit wussten, dass es jetzt Feuer fangen würde, sprangen wir aus dem Kabinenfenster. Aber etwas stürzte auf mein Bein. Seither habe ich pausenlos Schmerzen. Die meisten Passagiere waren gestorben. Dann verlor ich meine Stelle. Es gab die Verstaatlichung, Streik, lange Gerichtsverfahren, politische Wechsel. Schließlich wurde ich vorzeitig in Pension geschickt. Mit der Abfindung kaufte ich das Taxi."

Bei einer späteren Gelegenheit erzählte er: „Als ich ein halbes Jahr alt war, starb mein Vater. Ich kam zu einem Verwandten, wo ich gequält wurde. Ich habe viel erlitten. Später entführten mich die Geister für drei Jahre in den Wald. Sie zeigten mir Geheimnisse. Am Ende war ich stark.

Sie gaben mir Medikamente, sodass ich mich für die Flugprüfung anmelden konnte. Sie war schwierig. Aber ich bestand. Ich habe zwei Frauen. Die erste wählte meine Mutter aus, die zweite ich selbst. Sie ist Ärztin. Ich war beliebt und bewundert. Aber wenn man mich jetzt sieht, würde man nicht denken, was ich einmal war."

Er zeigte uns sein Fotoalbum: Bilder von ihm als junger Mann in Uniform, vor einem Flugzeug, mit Stewardessen im Minirock. Er erzählte jedem seine Geschichte. Coulibaly fand das dumm und gefährlich.

„Er redet zu viel."

Der Marabout Ibrahim Ba nun – um darauf zurückzukommen – riet Monsieur Keita Folgendes bezüglich seiner Beinprobleme:

„Du musst zu Hause Hühner züchten. Mit den Küken werden die Teufel weggehen. Du musst getragene Kleider weggeben. Verantwortlich für deine Probleme ist eine Frau, die dich heiraten wollte; aber du wolltest nicht."

„Das ist gut möglich."

„Du musst zehn weiße Kolas und ein weißes Huhn opfern."

Keita meinte zu mir, dass er Ba nicht sehr überzeugend fand:

„Er sagte mir noch, ich hätte kein Geld, weil ich nicht sparen könne. Ich würde erst Geld zusammen mit meinen weißen Haaren haben."

Das ärgerte ihn ganz besonders. Denn er legte viel Wert darauf, dass man ihn nicht als normalen Taxichauffeur, sondern als *aviateur* betrachtete und seine finanziellen Möglichkeiten nicht unterschätzte. Und dann betonte er einerseits sein Alter, sein Wissen und seine reiche Lebenserfahrung (öfters, wenn ich etwas fragte, sagte er: „Ihr seid wie Kinder, ihr wisst nichts"), andererseits war es ihm wichtig, kein Greis zu sein; angesichts von Coulibalys Vater, der etwa gleich alt war wie er, wiederholte er immer wieder: „Er sieht sehr alt aus für sein Alter; normalerweise ist man mit 55 noch auf der Höhe seiner Möglichkeiten."

Am ersten Abend, nachdem wir in Tiengolo angekommen waren, verschwand Keita einmal etwa für eine Stunde. Er sagte mir nachher, er hätte einen von Coulibalys Brüdern (auch ein Heiler) wegen seiner Beinprobleme gesprochen.

„Ich habe dir erzählt, dass die Schmerzen nach dem Flugunfall begannen. Aber als die Probleme nicht aufhörten, merkte ich, dass da noch etwas anderes sein musste. Coulibalys Bruder war sehr klar: jemand hatte mich offenbar verhext, jemand aus meiner Umgebung. Er sagte mir nicht wer, aber er gab mir ein Medikament, um mich damit zu waschen."

Keita erzählte immer wieder die Geschichte von Malis Nationalhelden, Sun Jata Keita, auch ein Malinké, dessen Loblieder die Griots singen und der sogar in der Nationalhymne vorkommt. Dieser Namensvetter war als Kind gelähmt; aber dann wurde er von seiner Mutter mithilfe eines Holzstocks geheilt, bestieg zum Erstaunen aller ein großes, wildes Pferd und wurde König des alten, ruhmvollen Großreiches Mali (Mitte des 13. Jahrhunderts).

Coulibaly hingegen vermutete, Keita sei gar nicht Malier, sondern Guineer. (Coulibaly hatte selber zwei Jahre in Guinea verbracht).

„Keita lügt. Er erzählt die Geschichten immer wieder anders, er ist ein Bluffer. Ich bin nicht einmal sicher, ob er wirklich Pilot war und verheiratet ist." (Das sagte Coulibaly nach unserer Rückkehr nach Bamako. Keita hatte uns im Hotel abgesetzt und ging nach Hause. Nach einer Viertelstunde kam er zurück, weil er einen Kunden getroffen hatte und ihn noch herumführen sollte. Es war acht Uhr abends. Keita sagte, seine Frau hätte etwas für ihn gekocht, aber er sei gleich wieder weggegangen. „Hätte er wirklich eine Frau", meinte Coulibaly, „würde er sich nach drei solch strapaziösen Tagen zu Hause ausruhen.")

Am folgenden Tag gingen wir nach Bougoula, wo wir den Féticheur Diarra Sidi besuchten, Coulibalys Schwiegervater (den Vater von Sita, „*la claire*"). Mit Sandzeichen machte er Coulibaly, Keita und mir eine Konsultation.

Keita gab er Blätter, die er im Wasser eines *canari* aufbrühen und sich damit das Bein waschen sollte. Weiter sagte er ihm, er solle ein weißes Schaf mit schwarzem Rücken opfern, wobei die eine Hälfte in der Nachbarschaft zu verteilen, die andere Hälfte für seine Familie bestimmt sei. Und dann solle er drei Teller mit *galettes* (kleinen, frittierten Kuchen) an die Kinder der Nachbarschaft verteilen. Dieser Auftrag berührte mich irgendwie. Es schien mir sinnreich, dass ein so ichbezogener, geltungssüchtiger und rivalisierender Mensch versuchen sollte, den Kindern eine einfache Freude zu machen. Aber er konnte das Machtspiel nicht einmal hier ganz bleiben lassen. Er sagte mir:

„Ich werde die Kinder rufen, gerade wenn sie am Spielen sind. Ich werde sagen, sie sollen nach Hause kommen. Dann sind sie enttäuscht, einige werden weinen. Aber dann gebe ich ihnen die *galettes* und sie haben Freude."

Er sagte mir, er hätte 2500 CFA für die Konsultation bezahlt. Coulibaly hingegen beklagte sich später: Keita hätte Diarra überhaupt nichts bezahlt. An diesem Tag erzählte er mir eine weitere Version seiner Lebensgeschichte:

„Als ich sechs Monate alt war, ist mein Vater ertrunken. Er war auf dem Weg, um den Brautpreis für eine zweite Frau zu bezahlen und wurde von meiner Schwester begleitet. Sie begleitete ihn immer auf seinen Reisen, ich nie. Sie kamen an einen Fluss; es gab einen schmalen Steg darüber, aber er war unter Wasser. Die Schwester sagte: Wir warten hier, bis das Wasser gesunken ist. Aber mein Vater wollte weiter. Die Schwester ging als Erste hinüber. Kurz vor dem andern Ufer rutschte sie auf dem glitschigen Holz aus und fiel in den Fluss. Mein Vater wollte sie retten, aber weder er noch das Mädchen konnten schwimmen, und so ertranken beide. Ich kam zu einem Verwandten. Meine Mutter verheiratete sich mit einem Marabout und zog zu ihm ins Dorf. Mein Verwandter fand, ich sollte Schulbildung erhalten. Bei einem Kind merkt man gleich, ob es schlau ist oder nicht. Sie sahen, dass ich Chancen hatte. Aber daneben musste ich immer arbeiten. Es gab einen Vetter, der bediente den Projektor in einem Kino. Ich half ihm; ich musste schauen, dass der Film immer schön in der Mitte der Leinwand lief. Ich schickte meiner Mutter Geld, sie war sehr stolz auf ihren Sohn, der ‚ein Kino führte'. Dann machte ich die Prüfung als Pilot. Ich bestand, ging aber zuerst nach Guinea, wo ich den Laden eines Onkels liquidieren musste. Ich machte das, anschließend arbeitete ich noch etwas weiter in dem Ort, aber als ich sah, dass sich die Sache nicht entwickelte, ging ich zurück und zur Fluggesellschaft."

Im Laufe der verregneten Rückreise, auf überschwemmten, löchrigen Pisten, wurde das Verhältnis zwischen uns zunehmend gespannter, weil er uns mit seiner Großmannssucht immer mehr nervte, während *er* offenbar fand, dass wir ihm zu wenig Respekt entgegenbrächten. Häufiger und häufiger sagte er Dinge zu uns, bei denen nicht klar war, ob es allgemeine Aussagen, Beispiele waren oder persönliche Spitzen mit einem drohenden Unterton:

„Du hast Erfolg, bist beliebt, kennst keine Probleme, hast Geld, eine gute Gesundheit, aber dann gibt es Leute, die dir das nicht gönnen. Sie fragen sich: Hast du das verdient?"

Missgünstige Leute, die glauben, nicht zu haben, was ihnen eigentlich zustände, gelten in Afrika als gefährlich. Sie wollen nehmen ohne zu geben. Man muss sich vor ihrem gierigen Sog schützen. Während der der letzten Etappe der Reise sprach Coulibaly nicht mehr mit ihm. Er *verschloss* sich.

**In den Brei schreiben**

Als Diarra Sidi mir selbst das Sandorakel machte, kam Folgendes heraus:
„Du denkst an deine Frau. Du denkst daran, ob du Geld haben wirst oder nicht. Du wirst ein *grand type* werden, dank Arbeit und Wissen. Ich werde dir einen *canari* zubereiten mit dem Holz des Baumes, der die Carité-Früchte trägt; aber von einem, der im Wind umfiel und doch wieder wuchs. Du musst ein Opfer darbringen aus Hirse, Mais, Fonio und vier Kilo Rindsdarm. Du machst eine *bouillie* (Brei) damit. Coulibaly wird etwas hineinschreiben, dann verteilst du sie."
Er schrieb ihm folgende Zeichen auf ein Papier:

I
II
II
I

Dieses Zeichen heißt *zan* (König) und bedeutet „Wut".[74]

I
I
II
II

Dieses Zeichen heißt *alahou tane* (Haus) und bedeutet „Gott und Reisen".[75]

Dann sagte er ihm noch, am Ende müsse er „3" hinzufügen, weil ich ein Weißer sei.
„Du warst vorher wütend. Im Dorf gab es Streit. Du hast nicht mehr gesprochen. Nachher hast du dann wieder gesprochen." (Was ich natürlich auf unsere Auseinandersetzung bei Bala Balu bezog).

---

74  Hielscher 1992:86. Das Bambara- (und Djoula-)Wort *zan* bedeutet wörtlich „Gold".
75  Hielscher 1992:87. (Dasselbe, das sich auch auf der Zeichnung fand, die mich reich machen sollte).

*Coulibalys Schwiegervater Diarra Sidi versucht in den Sandzeichen die Zukunft eines Patienten zu entziffern. Anschließend bereitet er ihm ein Medikament zu (Oualogo, Mali, 1997).*

Jetzt erst musste ich eine Hand voll Sand besprechen. Dann rief er seinen Geist.

„Schlechtes kommt. Aber ich werde dem Medikament im *canari* das Blut eines weißen Hahns hinzufügen. *On va adorer ça avec le fétiche.* Das Unglück wird abgewendet. Eine weiße Kola. Die Konsultation ist gut. Hundert Datteln."

Dann notierte er wieder ein Zeichen für Coulibaly, *„pour travailler sur les dattes"* – um die Datteln zu bearbeiten.

II
I
II
I

Dieses Zeichen heisst *soumana* und steht für „Gesundheit".[76]
Ich gab ihm das Geld für das Medikament.
Dann machte er eine Konsultation für Coulibaly. Er sagte:
„Da ist etwas auf der Reise; aber es ist noch nicht klar deklariert. Es ist auf jeden Fall kein Unfall. Du musst ein Kohlenfeuer machen und Wasser darüber leeren."[77]

Dass ein Wahrsager anlässlich des Orakels sagt, etwas sei nicht „klar" (*„pas bien déclaré"*), kommt übrigens öfters vor. Er kann also durchaus auch Grenzen seiner Hellsichtigkeit einräumen. Bala Balu beispielsweise begann seine Konsultation – die ich ja wohlgemerkt gar nicht machen wollte – zuerst ohne Hilfsmittel und machte ein paar ziemlich treffende Feststellungen.[78] Dann gab er mir die Kauris zum „draufsprechen". Ich sprach etwas hinein bezüglich meiner Liebesbeziehung.

---

76 Hielscher 1992:87. Das Bambara- (und Djoula-)Wort *soumana* bedeutet „abgekühlt" (für Nahrung, aber auch für Schmerzen; man kann beispielsweise von Kopfschmerzen sagen, sie seien „abgekühlt").
77 Dem Wasser wird ganz generell eine beruhigende Wirkung zugeschrieben (Touré 1990:151f.). Im Speziellen wird es aber auch als Gegenspieler des Feuers angesehen, das mit dem Hass, dem Bösen, den Dämonen, der Hexerei in Verbindung gebracht wird (Guerry 1970:120).
78 Diese „freihändige" Art zu weissagen ist allerdings ungewöhnlich. Deshalb war ich ja auch überrumpelt. Hätte er mich gleich aufgefordert, in die Kauris oder den Sand zu sprechen, hätte ich ablehnen können. Warum werden, ich vermute weltweit, eigentlich fast immer Hilfsmittel benützt? (In Ferkessédougou besuchte ich einmal einen Nafara-Heiler, der blind war, aber zum Wahrsagen eine Banknote verlangte, auf die er dann aufmerksam seine Augen richtete, bis ihm die Wahrheit dort erschien.) Man könnte sich ja auch eine direkte Intuition ohne Umwege vorstellen. Ich

Er fragte: „Du hast die Kauris etwas wegen dem Opfer gefragt?"
„Nein."
Er warf noch einmal, war verwirrt.
*„Rien n'est déclaré. Tout est obscur."*
Er sagte, ich solle die Kauris noch einmal besprechen.
Nach einem neuerlichen Wurf sagte er: „Es geht um Probleme in der Familie, bei der Arbeit?"
„Um die Arbeit handelt es sich nicht."
„Es geht um eine Frau. Ich sehe, dass Coulibaly schon Arbeiten für dich gemacht hat in dieser Angelegenheit."
Dann sagte er einiges zu diesem Thema, das völlig daneben lag, bis er dann mit dem Thema von Coulibalys Problemen bei der Polizei wieder festen Boden unter den Füßen gewann.

Am nächsten Tag gingen wir noch einmal zu Diarra.
Er hatte drei weiße Kolas vor sich. Er teilte eine davon in zwei Hälften und warf die beiden Teile in die Luft. Sie kamen beide auf die Innenseite zu liegen.
„Das ist gut. Es ist klar."
Dann schnitt er dem weißen Hahn die Kehle durch und tropfte das Blut (mit dem das vorausgesehene „Schlechte" abgewendet werden sollte) über das Carité-Holz im Tontopf. Er ließ das Tier los und es rannte noch lange kopflos durch die Hütte. Schließlich legte es sich auf den Bauch.
„Liegt es auf der Seite oder auf dem Bauch, ist es gut – für den Mann", kommentierte Coulibaly. „Ist das Opfer für eine Frau, ist es anders."[79]

---

vermute, es geht darum zu verhindern, dass der Wahrsager einfach „persönliche Ansichten" äußert, indem etwas Drittes („Symbolisches") zwischen sich und seine Aussagen schiebt. Lacan (1990:27) sagte, die größte Gefahr für den Analytiker lauere darin, statt ein Medium für die Wahrheit des Unbewussten zu sein, einfach vernünftige, ich-psychologische Meinungen zu äußern. Die Kunst besteht für den Analytiker also darin, das eigene Ich zu umgehen, um auf einem anderen Kanal empfangen zu können. Wie Meditation beruht wahrscheinlich auch jedes „Setting" (bestehe es aus Abstinenzregeln oder Regeln für den Ablauf einer Sandzeichenbefragung) vor allem auf dieser Konzentration auf etwas Unbekanntes (Unwahrscheinliches) mittels „künstlicher" Ausschließung des Bekannten (des Wahrscheinlichen, des Alltäglichen, Normalen).
79  Neben dieser sexuellen Symbolik wird manchmal auch gerade umgekehrt gesagt: Zeigt der Bauch gegen den Himmel, heißt das, es bietet sich an (als Opfer); liegt es auf dem Bauch, verweigert es sich (wendet es sich ab). Im Allgemeinen wird es als positives Omen gewertet, wenn das Huhn noch lange kopflos herumrennt; ein sofortiges Hinlegen verheißt nichts Gutes (Hielscher 1992:109).

Dann holte er eine mit Wasser gefüllte Kalebasse. Er halbierte eine rote Kola und legte die eine Hälfte ins Wasser. Auf die zweite Hälfte schüttete er einen kleinen Kegel zerriebenes Holz und legte sie ebenfalls sorgsam ins Wasser. Sie kippte nicht, sondern blieb wie ein Schiffchen in der Balance, und das Häufchen Medikament blieb trocken. Er nahm sie wieder heraus und schüttete das Holzpulver zurück in das Säckchen, dem er es entnommen hatte.

„Damit musst du dich waschen. Es ist für die Arbeit und gegen die Hexerei."

(Später, als ich mit Coulibaly bei Mopti in einer Piroge saß, kam er – wie so oft – unvermittelt auf diese kleine Zeremonie zurück. Er sagte: „Das Medikament blieb unversehrt; das heißt, niemand kann dir etwas antun, du bleibst, wie du bist.")

Dann gab er mir den *canari*.

„Du kochst das Holz im Wasser am Sonntagabend auf, bis es siedet. Dann wäschst du dich auch damit. Deine Frau und du, ihr werdet im Einverständnis miteinander sein, und es ergibt sich die Chance für eine neue Arbeit."

Auf der Heimfahrt kamen wir an einer Gruppe *Chapalo*-Trinkern vorbei. Coulibaly fand, ich sollte ihnen eine Runde spendieren; ich wollte nicht. (Bei Diarra Sidi hatte es am Ende noch etwas Probleme gegeben, weil er nochmals Geld für seine Arbeit wollte, ich aber kaum noch welches hatte, außer den Schecks, die ich hoffte in Bamako wechseln zu können. Schließlich wurde ich gedrängt, ihm einen Schuldschein auszustellen.)

Coulibaly sagte: „Wenn wir ihnen kein Bier zahlen, werden sie uns Schlechtes antun."

Ich weigerte mich. Er schien echt Angst zu haben. Schließlich war es der Fahrer und er selbst, die etwas springen ließen. Ich war für einmal zufrieden mit mir, hart geblieben zu sein. Die andern nicht.

**Träume in Mopti**

Ein paar Tage später fuhren Coulibaly und ich nach Mopti. Wir kamen spät in der Nacht an und wurden in ein billiges, lärmiges, schmutziges Hotel geführt, das eigentlich vor allem ein Bordell war. Aber wir waren zu müde, um noch etwas anderes zu suchen. Wir aßen ein Huhn, das nach Fisch schmeckte, und wimmelten Prostituierte ab. Schließlich sagte Coulibaly:

„*Tout ça m'énerve trop.* Ich werde mich schlafen legen."

Ich folgte ihm fünf Minuten später. Da ich noch etwas in seinem Zimmer vergessen hatte, klopfte ich an.

Er rief: „*Oui?*"

Ich öffnete die Türe einen Spalt, da sah ich ihn auf dem Bett mit einer der dicken Frauen von vorhin.

Er sagte verlegen lachend: „Sie ist einfach reingekommen. Ich habe ihr gesagt, ich habe kein Geld!"

Am nächsten Morgen nahm ich ihn etwas hoch wegen dieser Geschichte.

Er sagte: „Mamadou Koné hat mir doch vorausgesagt, dass eine Frau oder ein Geist kommen wird."

„Aber er hat gesagt, an einem Freitagmorgen!"

„Nein, an irgendeinem Morgen oder Abend."

„Und er hat gesagt, sie wird dir Glück und Geld bringen. Hat sie dir Geld gebracht?"

Er lachte. „Nein, aber ich habe auch die Opfer noch nicht gemacht ... Ich habe übrigens schlecht geschlafen. Ich träumte, mein Bruder stirbt im Dorf. Ich habe sein Grab gesehen und geweint. *La femme m'a fait mal.* Aber Weinen im Traum ist gut, Lachen nicht."[80]

Nach einer Pirogenfahrt auf dem Niger in ein Bozo-Dorf machte Coulibaly, zurück im Hotelzimmer, ein kleine Kauri-Divination, zuerst für sich selber, dann für mich. Im Gegensatz zu sonst hatte das Orakel jetzt etwas ganz Pragmatisches und Nüchternes, etwa so, wie man sich den Wetterbericht anschaut oder einen Kompass konsultiert.

„Die Reise wird gut beendet. In Abidjan wartet ein Brief von Nadja auf dich. Deine Eltern haben sich damals getrennt, weil die Mutter aus einer reicheren Familie stammte als der Vater. Deine berufliche Situation wird sich verändern. Hast du schon einen Sohn? Du wirst einen haben, als erstes Kind. Du musst eine Gans opfern."

In der folgenden Nacht träumte ich, ich hätte lange geweint.

Manchmal hatte ich das Gefühl, Coulibaly klinke sich in meine Träume ein ... Ich erzählte ihm davon.

---

80 Bemerkenswert bei diesen Interpretationen scheint mir, dass die Elemente des Traums wirklich als Zeichen einer Sprache (mit dem Kriterium der Arbitrarität: „Weinen ist gut") behandelt werden und nicht als natürliche Symbole („Weinen ist schlecht"). Dasselbe gilt auch für die „Sprache" der Kauris, der Hühneropfer oder die Art, wie natürliche Begebenheiten (z.B. Niesen von rechts oder links) gedeutet werden. Das zeigt sich schon daran, dass es verschiedene Codes gibt (siehe die divergierenden Erklärungen zu den geworfenen Kolas).

„Wie gesagt: Lachen im Traum ist nicht gut; es bedeutet, du verlierst jemanden", sagte er. „Aber du hast geweint. Du wirst das Glück sehen."

Wir blieben einige Tage in Mopti, wo Coulibaly bereits 1984 einmal zusammen mit seiner ersten Frau drei Monate verbracht hatte. Überhaupt erzählte er jetzt viel von seinen Reisen. Er war in Guinea, Sierra Leone, Kamerun, Zaire, Gabun, Liberia, Ghana, Togo, Benin und Burkina Faso gewesen, oft einige Wochen oder Monate, weil er von jemandem als Heiler gerufen wurde, dann vielleicht noch andere Klienten fand und so am Ort blieb, bis er alle Aufträge erfüllt hatte (ein Hausarzt mit internationalem Wirkungsbereich, gewissermaßen).

Ich las zu dieser Zeit das Buch von Dominique Zahan über die Bambara und war fasziniert von der jahrelangen Ausbildung in den Initiationsgruppen *n'domo, komo, nama, kono, tyiwara und korè*.[81] Ich sprach Coulibaly darauf an. Er war überrascht, dass ich davon wusste.

„Ich habe dir doch nie etwas davon gesagt. Erzählte man dir davon im Dorf?"

Die Möglichkeit, Wissen aus Büchern zu erwerben, zog er nicht in Betracht, und wenn, dann war es ihm immer etwas unheimlich. Verglichen mit den komplexen, detaillierten Schilderungen in der ethnographischen Literatur war seine Auskunft dann jedoch ernüchternd:

„In jenem Jahr war ich der Einzige meiner Altersgruppe; deshalb machten sie es kurz. Es dauerte dreißig Minuten. Im *bois sacré* wurde ein schwarzes Huhn geopfert. Du hast das Wäldchen gesehen beim Dorf, wir sind daran vorbeigegangen."

„Aber früher war das etwas Ausführliches, Kompliziertes, wie eine jahrelange Schulbildung, nicht wahr?"

„Ja, die Alten haben mir das auch gesagt. In der Zeit, als es im Dorf noch Löwen und Krokodile gab, und mein Vater aus den Krokodilszähnen starke Medizin herstellte. Aber jetzt ist alles erjagt."[82]

---

81  Zahan 1974:15–25.
82  Offensichtlich sind in der ganzen Region die Geheimgesellschaften und Initiationsgruppen im Verschwinden begriffen: „Einer Umfrage zufolge, die Dominique Zahan 1956–1958 in den Kreisen Bamako und Bougouni durchführte, hatten von 744 Dörfern, die früher *tyiwara* praktizierten, lediglich 133 (18%) diese Initiationsgruppe beibehalten (1960:153). In Bezug auf 132 Dörfer in der Ostregion schrieb Pascal Imperato (1970:73–74), dass früher 25%, d.h. 33 Dörfer *tyiwara* praktizierten. 1970 führten lediglich vier Dörfer diese Tradition fort. 28 Dörfer hatten ihre Kultobjekte verkauft, ein Dorf hatte sie weggeworfen" (Hielscher 1992:54). In zehn Dörfern, in denen zur Zeit Zahans noch die Initiationsgruppe *n'domo* existiert hatte, gab es zur Zeit Hielschers kein *n'domo* mehr (a.a.O.;54).

## Warum muss man bis zu den Dogon reisen, um zu erfahren, wie viele Kinder man hat?

Wir fuhren ins Land der Dogon (oder *Kado*, wie sie von den Afrikanern genannt werden), wo auch Coulibaly noch nie gewesen war. Mich interessierten die Dogon unter anderem deshalb, weil bei ihnen offenbar kaum ein Hexereiproblem existierte.[83]

Schon in Mopti hatten wir allerdings die Bekanntschaft eines jungen Dogon-Mannes gemacht, der uns anvertraute, er könne nicht mehr in den Dörfern an den Klippen leben, weil dort zu viel gehext werde. Er hob sein T-Shirt und zeigte uns eine Narbe an seinem Bauch.

„*Corté*", sagte er.

In Bandiagara lernten wir den Griot Sekou kennen. Er führte uns durch den Ort und erzählte allerhand Wundersames.

„Hier gibt es einen Zauberer. Er hält eine Kalebasse mit Wasser in der Hand. Dann saugt er an seinem Oberarm das Wasser raus, bis die Kalebasse leer ist. Ein anderer hängt einem Huhn ein Gris-Gris um; dann gibt er dir ein Messer, um ihm die Kehle durchzuschneiden. Aber du kannst es nicht, die Gurgel ist zu hart."

Später sagte mir Coulibaly: „Ich bin gegen die *magiciens*. Sie täuschen die Leute. Unsereins sucht die Wahrheit."

Im Dorf Kani-Kombolé, unter den Felsklippen, konsultierte Coulibaly einen etwa 45jährigen Marabout, Sekena Togola. Er arbeitete mit „Papieren", wie Ibrahim Ba. Als mir Coulibaly nachher davon erzählte, war er ganz begeistert:

„Er hat gesehen, dass ich Geister habe, und dass ich mit zwei Frauen verheiratet bin und drei Kinder habe! Es ist unglaublich!"

Plötzlich fragte ich mich, warum man eigentlich zu einem Seher gehen muss, um zu erfahren, was man sowieso schon weiß. Man hat dann die Bestätigung, dass der Seher ein Seher ist, dass es Hellsichtigkeit oder Telepathie gibt. Ist das dermaßen beglückend, dass man Geld ausgibt und weite Reisen auf sich nimmt? Möglicherweise spielt dabei die

---

83   Diesen Eindruck gewinnt man zumindest bei der Lektüre von Parin (1985). Man könnte das mit dem elaborierten Symbolsystem (Masken, Kosmologie, Mythologie, Architektur usw.) in dieser Kultur in Verbindung bringen, das es vielleicht ermöglichte, Ängste weniger projektiv (sublimierter) zu verarbeiten; die Kultur stellt andere kollektive (Konflikt-)Verarbeitungs-, Symbolisierungs- und Kommunizierungsmöglichkeiten zur Verfügung (anders gesagt: weniger regressive Abwehrmechanismen als jene der Hexereiphantasie). Nadel (1967:216) formuliert diese Thesen anhand der Korongo, die auch praktisch keine Hexereifurcht kennen.

Lust an Spiegelung und Vermitteltheit eine Rolle. Oft macht es mehr Spaß, etwas als Film oder Foto zu sehen als live und original. Ganz unabhängig vom Inhalt scheint die bloße Tatsache der Wiedergabe etwas (narzisstisch?) Befriedigendes an sich zu haben. Darüber hinaus ist es vielleicht auch so, dass die Festellung, dass es Menschen gibt, die in mein Inneres schauen können, eine Bestätigung von Nähe, Intimität, Verständnis, Einheit verschafft. „Es gibt jemanden, der mich versteht, ohne dass ich viel sagen muss." Möglicherweise ist das Gefühl dieser Verbundenheit für Afrikaner sogar noch wichtiger als für Europäer. Aber auch beängstigender. Denn es ist ja dieses selbe unsichtbare Eindringen, das dem Wahrsager, aber auch dem Hexer nachgesagt wird. Und ich nehme an, es handelt sich nicht nur um ein „Nachsagen", nicht nur um eine Vorstellung, sondern die Afrikaner sind tatsächlich dem andern Menschen ausgesetzter, dem „Nächsten" (und in Afrika gibt es mehr „Nahe" und „Nächste", mehr *frères* und *sœurs* als bei uns). Es gibt weniger (innere und äußere) Schutz-, Abgrenzungs- und Fluchtmöglichkeiten. Eine der häufigsten Aussagen von Coulibaly ist: „*Il est piégé*" – er ist in der Falle. (Ein in der Elfenbeinküste omnipräsenter Aufkleber auf Mofas offenbart: „*J'ai peur de mes amis, même de toi*" – Ich habe Angst vor meinen Freunden, selbst vor dir").

Es ist noch eine andere Erklärung denkbar. In Afrika zeigt sich das Göttliche oder Übersinnliche in der Übertretung von Naturgesetzen (Wunder, Magie, Vorzeichen, Telepathie usw.), während bei uns, zumindest ab einem gewissen Zeitpunkt in der Geschichte des Christentums, Gott sich gerade in der wunderbaren, unumstößlichen *Ordnung* der Welt zeigte, und Wissenschaft also dazu dienen konnte, Gottes großartige Werke zu studieren und zu staunen über die universale, harmonische Gesetzhaftigkeit (und nicht über ihre Außerkraftsetzung). Es geht dabei auch um ein Gefühl von Sinn, mithin um einen Lustgewinn (dass das Leben lebenswert, interessant oder sogar faszinierend sei), das sich im einen Fall bei der Regel, im andern bei der Abweichung einstellt. Es ist klar, dass eine solch unterschiedliche Konzeption von Physik und Metaphysik Konsequenzen auf die Entwicklung des rationalen Denkens und besonders der Naturwissenschaft haben muss. Zweifellos war der asketische Protestantismus (im Sinne Webers) der Entwicklung der modernen mathematisch-naturwissenschaftlichen *Disziplin*

---

84 „Die ausgeprägte Vorliebe der protestantischen Askese für den durch mathematische Fundamentierung rationalisierten Empirismus ist bekannt ... Der für die Stellungnahme der protestantischen Askese entscheidende *Gesichtspunkt* ... war ja:

förderlich[84]. Inwieweit die Welt (oder das Leben) objektiv berechen- und voraussehbar ist, bleibe dahingestellt. Möglicherweise überschätzen wir die kalkulierbaren Aspekte, während die Afrikaner das Unberechenbare überschätzen. Bei jemandem wie Coulibaly gewann ich auf jeden Fall den Eindruck, dass er einerseits immer die Bestätigung sucht, dass das Leben nicht planbar ist, dass es von Brüchen, Überraschungen, Geheimnissen und Wundern wimmelt und dass dieser Agnostizismus ihn in seiner (für uns) irrationalen Lebensökonomie bestätigt oder entlastet (es habe zum Beispiel keinen Zweck zu sparen); dass er aber andererseits auf einer metaphysischen Ebene in viel größerem Maße als wir an die Vorhersehbarkeit und Determiniertheit des Geschehens glaubt (Wahrsager, Orakel, Zeichen, Schicksal).

Später teilte mir Coulibaly noch mehr über die Konsultation mit: „Er sagte, die Reise werde gut. Ich muss ein Perlhuhn opfern, dann ein Huhn, egal welcher Farbe, und getragene Kleider, was mir schon Ba gesagt hat. Schließlich ein weißes Tuch und 15 CFA. All das muss ich einem Bettler geben."

Am Abend vor dem Einschlafen fügte Coulibaly dann noch etwas hinzu. (Man sieht an diesen gestaffelten Mitteilungen auch, wie wenig direkte Befragungen oft hergeben. Alle meine InformanInnen gaben ihre Informationen sehr situativ, kontext- und beziehungsbedingt; „häppchenweise". Deshalb ist es übrigens auch angebracht, die Aussagen innerhalb des Kontexts, in dem sie mitgeteilt wurden, wiederzugeben.)

„*Je gagne de l'argent, mais ça gâte*. Ich verdiene Geld, aber es verdirbt. Er hat gesehen, dass ich einen Geist habe. Es ist eine Frau. Das stimmt. Ich träume immer von einer weißen Frau, die kommt, und mit der ich schlafe. Nachts im Traum sehe ich sie, und auch wenn ich konsultiere."

---

dass, wie man den Christen an den *Früchten* seines Glaubens erkennt, so auch die Erkenntnis Gottes und seiner Absichten nur aus der Erkenntnis seiner *Werke* heraus gefördert werden könne. Die bevorzugte Disziplin alles puritanischen, täuferischen und pietistischen Christentums war demgemäß die *Physik* und waren demnächst andere, mit gleichartiger Methode arbeitende mathematisch-naturwissenschaftliche Disziplinen. Man glaubte eben, aus der *empirischen* Erfassung der göttlichen Gesetze in der Natur zur Kenntnis des *Sinnes* der Welt emporsteigen zu können ...Der Empirismus des 17. Jahrhunderts war der Askese das Mittel, *Gott in der Natur* zu suchen. *Er* schien zu Gott *hin*-, die philosophische Spekulation von Gott abzuführen" (Max Weber 1991:232f.). Das bedeutet aber auch, dass etwas ganz „Rationales" (Naturwissenschaft) ganz „irrational" (die Sprache Gottes zu verstehen) motiviert sein kann, während ein ganz ähnliches Motiv (den Willen eines Geistes zu entschlüsseln) bei den Bambara zum Werfen von Kauris oder Kolas führt.

Ein paar Tage später fragte ich ihn nochmals nach dem *n'domo*. Da sagte er auf einmal:

„Ja, ich habe den *n'domo* auch gemacht! Ein Jahr Vorbereitung, dann ein Jahr Abgeschiedenheit, während der ich von der Familie getrennt wurde. Dort habe ich viel gelernt und gesehen: Medikamente, Geheimnisse, Tänze. Dann gab es ein viertägiges Fest im Heiligen Wald. Jungen und Mädchen wurden getrennt, wie beim *poro* in Korhogo" (der Senufo-Initiation).[85]

## Rückkehr an die blaue Lagune

Als wir vom Dogon-Dorf zu Fuß, per Pferdekarren und schließlich per Moped nach Bandiagara zurückkehrten, erschöpft und durstig, hielt Coulibaly plötzlich an, leerte zu meinem Schreck (Bandiagara war noch etwa zwei Stunden entfernt) das letzte bisschen Wasser aus der Plastikflasche, um sie mit dem Sand eines Ameisenhaufens neben dem Weg füllen zu können.

„Der ist ideal zum Weissagen", meinte er. „Andere zahlen viel dafür."

Mangels Fahrzeug saßen wir noch einen Tag in Bandiagara fest. Als wir vor unserer Herberge saßen, bat mich Coulibaly, ich solle in meinem Carnet (*„da hat es viele Geheimnisse drin"*) nachschauen, was wir noch alles opfern müssten und es ihm aufschreiben. Er wollte auch noch zusätzlich ein Huhn opfern für die Rückreise. Da wir knapp bei Kasse waren und ich das restliche Geld immer noch nicht hatte wechseln können, fand ich eher, wir sollten jetzt nicht noch zusätzliche Ausgaben tätigen. Er hingegen war überzeugt, die vielen Probleme, die wir die letzten Tage mit den Fahrzeugen hatten, rührten daher, dass wir noch nicht alle Opfer gemacht hätten.

Zur Aufmunterung sagte er: „Es ist nicht gut, wenn man Geld hat und sein Geld nicht mit andern teilt und in Erfahrungen, Abenteuer und Wissen umsetzt. Man muss viel sehen."

Einige Tage später kamen wir frühmorgens in Sikasso an. Es fuhren jedoch keine Busse mehr aus Sikasso hinaus, weil an der Grenze ge-

---

85 Als Coulibaly zuerst sagte, der *n'domo* habe nur dreißig Minuten gedauert, meinte er vielleicht die Beschneidungszeremonie, die den Abschluss des *n'domo* bildet, der übrigens traditionellerweise *fünf Jahre* dauerte (Zahan 1974:17).

streikt werde. Schließlich fuhren wir mit einem Peugeot bis Zegoua, wo wir kurz vor dem malischen Grenzübertritt von einer aufgebrachten Menge gestoppt wurden. Es waren die Chauffeure, die jeweils zwischen Mali und Elfenbeinküste hin- und herfuhren, die mit diesem Streik gegen die 65 Kontrollposten protestierten, die ihnen das Leben sauer machten, indem sie ihnen jedes Mal unter irgendeinem Vorwand Geld abknöpften. (Ich habe die Geschiche früher schon mal angeschnitten.) Beim Versuch, in einer Nebenstraße ein Mofa zu organisieren, wurden wir von zwei *supporteurs* ertappt, die uns 200 CFA Buße abnahmen, zugleich sich aber anerboten, uns für je 2000 CFA (3 EUR) auf Schleichwegen über die Grenze zu fahren, allerdings erst nach 14 Uhr, weil dann weniger kontrolliert würde. Das Problem war bloß die Geldknappheit. Coulibaly holte also demonstrativ erst mal seine Kanne aus dem Gepäcksack und begann Tee zu kochen. Wenn sie sähen, dass wir es nicht eilig hatten, würden sie mit dem Preis schon heruntergehen.

Solche Situationen waren immerhin eine gute Gelegenheit für Gespräche.

Coulibaly erzählte, dass er letzte Nacht ein Medikament geträumt hatte. Man nehme *kribi* (ein gelbes Gewürz), vermische es mit getrocknetem, zerstoßenem Hühnerfleisch und löse es in Wasser auf. Man nehme morgens und abends je einen Löffel voll. Es helfe bei Blut im Urin (bei Männern und Frauen) und der *maladie des garçons* (Prostataleiden). Er habe das selber noch nie ausprobiert, aber zu Hause angekommen werde er es versuchen.

„Übrigens, hast du gewusst, dass Knoblauch die Geister verscheucht, die sich an die Frauen heranmachen? Bevor eine Frau mit einem Mann schläft, sollte sie sich mit Weihrauch einräuchern, der mit Knoblauch versetzt ist. Ist der Mann ein Geist, löst er sich auf, aber auch die Geister, die versuchen, von der Situation zu profitieren, wenn sie mit einem wirklichen Mann schläft" (die „Trittbrettfahrer"!).

Schliesslich kam Coulibaly wieder auf die Probleme mit der Polizei in Abengourou zu sprechen.

„Du hast mich in den letzten Tagen oft bedrückt und in Gedanken versunken gesehen. Warum? Diese Geschichte mit der Polizei. Eine Frau hat uns 50 000 CFA geliehen, als Sita mit Issa schwanger war, für eine Operation und ein Radio. Ich konnte das Geld bis zur vereinbarten Frist nicht zurückzahlen; da ging die Frau zur Polizei. Der alte Malier Traoré bürgte für mich, dass ich das Geld bis zum 15. September zurückzahle. Wenn nicht, muss ich ins Gefängnis oder 250 000 CFA (400 EUR) Buße zahlen. Frauen sind wie Babys: Sie können nichts für sich behalten oder zu zweit mit dir besprechen, sie müssen immer alles öffentlich machen. Warum musste sie mich dermaßen beschämen, indem sie mich bei der Polizei verklagte? Ich werde sie später töten oder verrückt machen. Aber jetzt bin ich freundlich, ich sage nichts, kein Palaver. Sonst heißt es nachher: Das war bestimmt dieser Coulibaly aus Bélédougou mit seinem Fetisch.."

Es war der 8. September. Er fragte mich, ob ich ihm das Geld leihe. Ich stimmte zu. Wir setzten einen Schuldschein auf, worin er sich verpflichtete, das Geld bis Ende des Monats zurückzuzahlen. (Was er übrigens tat.)

Inzwischen hatte sich eine andere Gelegenheit für den Grenzübertritt ergeben. Zwei Männer fuhren uns für je 1000 CFA mit ihren Mopeds in einem weiten Bogen um die Stadt, durch Busch und Bäche, nach Pogo. So hatten wir sowohl die malische, wie auch die ivorische Grenze schwarz überschritten und auch noch das Schmiergeld gespart für Coulibalys fehlenden Impfausweis und seine fast unleserlich gewordene Identitätskarte.

Am nächsten Morgen um fünf Uhr erreichten wir endlich mit dem letzten Geld Abidjan. Wir fuhren ins *Centre Suisse de Recherches Scientifiques*, dann gingen wir zur Bank. Ich gab ihm die 50 000 CFA (80 EUR), er wollte zusätzlich 20 000, um gleich vor Ort noch einige der fehlenden Opfer zu machen. Ich gab ihm 5000 CFA. Dann rannte ich regelrecht davon, sprang in ein Taxi und flüchtete in mein Zimmer an der Lagune, das ich verschloss und, erschöpft und in leicht verwirrtem Zustand, für zwei Tage kaum mehr verließ.

Es war, als hätte ich eine Überdosis „Coulibaly und seine Welt" erwischt.

**Rechnungen begleichen**

Eine Woche später rief mich Coulibaly an. Er sei in Abidjan und fahre morgen mit einem Klienten wieder ins Dorf nach Mali. Es gehe um eine Konsultation und eine „Arbeit", die er selber nicht machen könne. Sie würden mit dem Auto des Mannes fahren, einem *grand type*. Ich traf mich, in Begleitung meiner Freundin Solange, in einem Café in Abidjan mit ihm. Er erzählte, die ganze letzte Woche habe er arbeitshalber in Guiglio verbracht. Nach fünf Tagen werde er zurückkommen. Ich gab ihm die Fotos für die Leute im Dorf und die 5000 CFA für seinen Schwiegervater mit.

Zwei Wochen später war ich wieder in Abengourou, aber Coulibaly war gerade in Abidjan. Ich rief ihn an, wir verabredeten uns für den folgenden Tag. Dann wurde er jedoch noch aufgehalten, ich wartete einen weiteren Tag, es hieß, er komme am nächsten Morgen, dann doch nicht, und so weiter. Schließlich reiste ich ab. Da ich vorerst eine längere Reise nach Burkina Faso unternahm, sahen wir uns erst im November wieder.

Coulibaly hatte eine turbulente Zeit hinter sich.

„Ich hatte wieder Ärger mit dieser Frau hier in Abengourou. Plötzlich behauptete sie, ich schulde ihr nicht nur 50 000 (80 EUR), sondern 370 000 CFA (600 EUR). Sie ging auch wieder zur Polizei. Das letzte Mal, als du nach Abengourou kamst, war ich in Abidjan bei meinem Freund von AMT (ein Busunternehmen), um mir das Geld auszuleihen. Ich habe der Frau das Geld bezahlt, sie kann mir nichts mehr anhaben."

Er zeigte mir die Quittung.

„Wäre ich nicht verheiratet, wäre ich schon lange verschwunden. Aber ich habe mich selber angebunden. Hat man zwei Frauen und drei Kinder, kann man die Heirat nicht so leicht auflösen. Aber nach einiger Zeit, wenn's nicht mehr so auffällt, werde ich eine *Arbeit* gegen die Frau machen. Sie wird stürzen und sich beide Füße brechen. Sie ist alt und kinderlos. Frauen ohne Kinder kennen keine *pitié*. Wenn du keine Kinder hinterlässt, dann bist du wirklich hoffnungslos tot wenn du stirbst."

Wir gingen in einen Maquis Gans essen. Unser Tischnachbar erzählte von einer Begegnung mit einer Geisterfrau.

„Zwei Uhr nachts kam ich nach Hause, da steht diese wunderschöne Frau vor meiner Türe. Als ich sie anschauen wollte, wandte sie den Blick ab. Sie trug ein langes weißes Kleid bis über die Füße, die man nicht sah. Als ich mich ihr näherte, bekam ich Hühnerhaut. Da wusste ich, dass sie ein Geist war. Ich nahm meine Sandalen in die Hand und rannte davon, so schnell ich konnte. Sie hatte kein Wort gesagt. Ein paar Tage später sah ich eine andere Frau. Ich wusste, dass es derselbe Geist in einer anderen Verkleidung war. Wieder sprach sie kein Wort."

Wir verbrachten zwei Tage damit, alle Opfer, die uns in Mali aufgetragen worden waren, darzubringen.

Ich hatte Coulibaly von einer Nacht in Abidjan erzählt, als Regen und Wind an meine Türe polterten und ich Angst und Albträume hatte. Er fabrizierte mir ein Gris-Gris, das ich über den Eingang hängen sollte.

„Es hatte zu viele Geister dort, ich habe das bemerkt."

Der Inhalt des magischen Päckchens bestand unter anderem aus einem Papier mit fünfzackigen Sternen: „Wenn dich nachts im Wald ein wildes Tier angreift, kannst du dieses Zeichen auf den Boden zeichnen, dich hineinsetzen, und es wird dich nicht angreifen. Ein sehr altes Zeichen."

Weiter war ein Stückchen Löwenfell drin („*pour la force*"), ein Stückchen Hyänenfell („*ça bouffe l'homme*") und etwas Chamäleonhaut („du wirst dich im Aussehen verändern wie das Chamäleon, und der Hexer oder der Geist wird dich nicht erkennen").

Er erzählte mir von seiner Reise im schwarzen Mercedes nach Mali. Er behauptete, er könne sich mit geschlossenen Augen innert drei Stunden nach Bamako versetzen.

„Warum habt ihr dann den Wagen genommen?", fragte ich.

„Es geht nur, wenn wirklich Not am Mann ist. Aber würde beispielsweise ein Krieg ausbrechen, könnte ich es tun."

Zwischendurch kam eine Kundin vorbei.

„Sie kann kein Kind bekommen", sagte er. „Ich werde ihr ein Medikament zubereiten. Sie hat meinen Namen von ihrer Freundin bekommen, die auch bei mir war. Ich habe das für drei Frauen in Abengourou gemacht. Jede zahlte mir 50 000 CFA; aber erst, nachdem sie schwanger waren."

Ich sprach mit seinen drei Lehrlingen, die vor kurzem abgeschlossen hatten. Nach einem Test wurde ihnen ein Diplom ausgestellt, von der *Mairie* und der *Justice* bestätigt: „Es ist wichtig, dass vor allem ihre Kenntnis der Medikamente anerkannt wird. So kann nachher niemand sagen, er sei von ihnen vergiftet worden."

Wir gingen auch zum andern Bambara-Heiler in Abengourou, Suluman Keita, der aber die Medikamente für mich noch nicht zubereitet hatte, was Coulibaly ärgerte. Immerhin war es jetzt mehr als zwei Monate her seit unserem letzten Besuch. Er bestellte uns für den folgenden Abend. Als wir dann am nächsten Tag auf dem Weg zu ihm waren, fand Coulibaly plötzlich, wir könnten zuerst etwas essen gehen. Nach dem Essen meinte er, es sei vielleicht besser, wenn ich die Medizin, die mir Suluman gebe, nicht nehme. Sie sei nämlich möglicherweise vergiftet. Es stellte sich dann heraus, dass Suluman ein entfernter Verwandter der Frau war, mit der Coulibaly die Geldprobleme hatte.

„Er ist jetzt ebenfalls wütend auf mich, ich weiß nicht, warum."

„Also gehen wir vielleicht besser gar nicht erst hin?"

„*Voilà!*"

Wir gingen zurück und setzten uns noch etwas vor sein Haus. Wir sprachen davon, im Januar vielleicht noch einmal eine Reise zu unternehmen, nach Guinea, vor allem nach Siguiri, wo er einmal zwei Jahre bei einem alten Féticheur verbracht hatte, um seine Kenntnisse aus Mali zu vertiefen und zu erweitern.

Dann begleitete er mich zum Hotel. Dort wurde mir gesagt, ein „Monsieur Assemia" habe mich angerufen. Der Name sagte mir nichts. Coulibaly sagte, wie aus dem Rohr geschossen: „Das war das Mädchen, das dich damals vor zwei Monaten begleitete, als wir uns in Abidjan getroffen haben."

„Solange?"

„Ja." Er wirkte sehr aufgeregt, ja alarmiert.

„Aber sie weiß gar nicht, wo ich bin. Wir haben uns getrennt."

„Sie hat sich erkundigt. Und an der Rezeption hat sie einen falschen Namen angegeben."

Ich habe nie herausgefunden, wer es war. Aber auch wenn es nicht Solange war, und sich Coulibaly auf der „physischen" Ebene getäuscht hatte, so hatte er doch auf einer tieferen, „psychischen" Ebene ins Schwarze getroffen. Ich hatte ihm nichts davon sagen wollen, aber ich war in dieser Zeit tatsächlich nahe daran gewesen, vom Rachefeldzug dieser jungen Frau um den Verstand gebracht zu werden. Und wenn ich ein einziges Mal in Afrika am eigenen Leib das Gefühl empfunden haben sollte, möglicherweise „verhext" worden zu sein, dann war es im Zuammenhang mit dieser Solange gewesen.[86] Aber ich werde später auf diese Geschichte zurückkommen.

---

86 Die Tatsache, dass es für die meisten Ethnologen ausgemacht ist, dass es nicht wirklich Hexen gibt, hat viel mit Evans-Pritchards (1988) Unterscheidung von *sorcerers* (Zauberern mit ihrer schwarzen Magie) und *witches* (Hexen mit ihrer rein psychischen Wirkung) zu tun (von denen natürlich nur Erstere existieren sollen). Wird diese Zweiteilung relativiert, nuanciert sich auch die Frage der realen Existenz (Geschiere 1995:29). Die Versuche, sich gegen andere zu schützen oder zu wehren (auch nach dem Motto „Angriff ist die beste Verteidigung", was die Unterscheidung von Hexerei und Antihexerei zu einer Frage der Perspektive macht), reichen dann mehr oder weniger kontinuierlich von rein psychischen über magische bis zu handgreiflichen Mitteln.

# Baba, die Familie und das Wort
*Die Griots aus Burkina Faso*

Im März 1996 lernte ich in Ferkessédougou, im Norden der Elfenbeinküste, einen jungen Mann namens Issa kennen. Er stellte sich als Griot heraus, also als traditioneller Sänger und Musiker. Er lud mich für den Abend zu einer Hochzeit ein, wo er mit seinen Brüdern und seinem Vater trommeln würde.

Es war der letzte Abend einer Hochzeit, die mehrere Tage gedauert hatte. Es waren viele Leute da, fast ausschließlich Frauen. Einzeln traten sie aus der Reihe vor, tanzten kurz und heftig zu den Rhythmen, mit denen Issa und seine Brüder sie anfeuerten, und machten der nächsten Platz. Später am Abend erschien die Braut, die vorher die ganze Zeit im Haus gewesen war, mit einem Tuch über dem Gesicht, und kniete sich hin. Die alten Frauen gaben ihr vehement Ermahnungen mit auf den Weg, wie sie sich ihrem Bräutigam gegenüber zu verhalten hätte. Dann verschwand sie wieder. Später diese Nacht würde sie zum Haus ihres neuen Mannes gehen. Als es dunkelte, wurden Reis und Fleisch gebracht. Wir aßen und Issa begleitete uns nach Hause.

### Jäger, Schmiede und Griots

Ich war auf der Durchreise. Aber ein paar Tage später kehrte ich nach Ferké zurück und sah Issa wieder. Es war der Vortag der Begräbnisfeierlichkeiten eines Ex-Bürgermeisters. Es wimmelte von *dozos*, den traditionellen Jägern, die bei solchen Gelegenheiten oft als Wächter und Aufseher eingesetzt werden.

Sie sahen etwas furchteinflößend aus in ihren Kappen, ihren braunen, schmutzigen Gewändern, über und über bedeckt mit magischen Amuletten, und dem umgehängten Gewehr.

„Sie sind stark und hart", sagte Issa. „Sie verbringen Monate im Busch, ohne einen andern Menschen zu sehen, und ernähren sich nur von dem, was sie in der Wildnis finden. Durch ihre Zaubermittel können sie sich in Bäume oder Tiere verwandeln, sodass weder Menschen noch andere Tiere sie erkennen. Manchmal machen sie sich auch unsichtbar und nähern sich so unbemerkt den Tieren. Einige beherrschen sogar die Sprache der Tiere. Sie tragen ‚Medikamente' bei sich, sodass keine Kugel sie durchdringen kann. Morgen werden viele hohe Gäste kommen. Die Zauberjäger wurden als eine Art magische Leibwächter angeheuert. Wenn sich jemand mit bösen Absichten nähern sollte, erkennen sie das sofort. Sie haben Röntgenaugen, wie die Geräte am Flughafen, die das Gepäck nach Bomben durchleuchten. Sie sehen aus wie Krieger, nicht wahr? Ihr Gewand wird nie gewaschen. Eine Frau darf sie nicht berühren; sie hat vielleicht die Regel, und dann würde sie die Kräfte zerstören. Nachdem die *dozos* ihr Gewand angezogen haben, dürfen sie ihre Frau nicht mehr begrüßen, ja manchmal nicht einmal mehr sehen."

Issas Bruder fügte hinzu: „Einmal sah ich einen *dozo*, der mit seinem Gewehr auf die Straße schoss, obwohl sich da gar nichts befand. Aber nachdem der Schuss abgefeuert war, lag dort, wo die Kugel den Asphalt getroffen hatte, ein toter Hase."[87]

Wir kamen auch an einem *fou* vorbei, einem dieser nackten, zerlumpten Verrückten mit verfilzten Haaren, die sich in ganz Afrika merkwürdigerweise so ähnlich sehen.

Issa kommentierte: „Dieser Verrückte war einer der erfolgreichsten Bauern in seinem Dorf. Sehr wohlhabend. Aber dann wurde er verhext. Der Neid. Das passiert überall in den Dörfern. Jetzt muss er um jedes 100-France-Stück betteln. Die Heiler können nichts machen. Die können Malaria und solche Sachen heilen. Aber Verrücktheit, das ist zu kompliziert. Und die Marabouts, die wissen nur, wie man dich wahnsinnig macht, aber nicht, wie man dich wieder heilen könnte. Nein, ihm kann niemand helfen."

Die stereotypen *fous* mit den stereotypen Erklärungen, die sich an sie heften, haben etwas von einem warnenden, einschüchternden Exempel an sich: „Siehst du, das kann dir passieren, wenn du zu schnell aufsteigst."

Am Abend gingen wir wieder zu einer Hochzeit. Die Jungen spielten Djembé und andere Trommeln, nachher erschien Issas Vater, Suleyman („Solo"), mit seinem Megaphon, und verkündete die besten Wünsche an das Brautpaar, die Verwandten und alle Anwesenden. Dieses Mal wurde die Feier bei Anbruch der Dunkelheit nicht beendet, im Gegenteil. Da es sich bei der Familie um Angehörige der Schmiede-

---

[87] Die Griots bilden, wie auch die Schmiede, die Weber, die Holzarbeiter und die Lederarbeiter, eine traditionelle Berufskaste in Afrika. Die Jäger bilden nicht eine eigentliche Kaste, aber sie gehören ebenfalls einer eigenen Initiationsschule an.

kaste handelte, wurden wir Zeuge allerhand eindrücklicher Demonstrationen ihrer Macht.

Vor einem Jahr war der Vater des Bräutigams gestorben, „einer der stärksten Schmiede und Zauberer der Gegend". Kurz vor seinem Tod hatte er seine Kraft seltsamerweise seiner Frau übergeben. Diese Alte tanzte nun vor Issa, indem sie die verschiedenen Gesten des Schmiedehandwerks imitierte. Dann knüpfte sie während des Tanzes einen Faden.

„Sie gibt ihm nicht Geld dafür, dass er für sie gespielt hat, sondern etwas Magisches", erklärte mir sein Bruder. „Der Knopf in der Mitte, das ist der Nabel. Dort ist das Gris-Gris drin."

Dann gab uns der Sohn einige Kostproben seiner Kräfte. Er zog zuerst mit einer Hacke eine Linie in die Erde, die ihn von den Zuschauern trennte. Dann verbrannte er eine Banknote vor den Anwesenden, zerstreute die Asche im Sand, um anschließend die Note mit der andern Hand neu und unversehrt wieder aus dem Staub zu ziehen. Dasselbe wiederholte er, indem er eine weitere Note verbrannte, dieses Mal aber ihren Gegenwert in Münzen aus dem Sand zauberte. Darauf steckte er mit Hölzchen einen Kreis um sich ab. Dann ließ er ein Papier in seinem offenen Mund verbrennen, während er sich zugleich den nackten Oberkörper mit einer Fackel einrieb. Am Ende gab er einem der Griots ein Gris-Gris gegen das Feuer; dieser nahm nun selber das glühende Scheit und leckte seelenruhig daran wie an einem Erdbeereis.

Als Issa wieder spielte, trat ein anderer junger Mann vor, klebte ihm eine Banknote auf die Stirn, ließ sie plötzlich verschwinden, nahm Sand vom Boden in die Hand, blies hinein, streute den Sand wieder auf den Boden und nahm das Geld in Form von Münzen heraus. Obwohl die Vorführung den bisherigen in nichts nachstand, schien das Publikum irgendwie nicht zufrieden. Ein paar Tage später sollte ich erfahren, warum.

Auf dem Nachhauseweg erzählte mir Issa: „Der junge Schmied ist *trop fort*. Einmal nahm er meine Uhr, wickelte sie in ein Taschentuch und zerstampfte das Bündel. Er öffnete das Tuch, die Uhr war in hundert Stücke zerbrochen. Er verschnürte es von neuem, sprach darüber, öffnete es, die Uhr war wieder intakt."

Er zeigte mir die Uhr: „Siehst du, kein Kratzer ist übrig geblieben."

„Dasselbe hat er einmal mit der Brille meines Onkels Baba gemacht. Ein anderes Mal ist Baba mit ihm in einem Auto gefahren. Da geht ihnen das Benzin aus. Kurzerhand leert er magisch den Tank des Autos vor ihnen, ohne Rohr, ohne auszusteigen! Dieses bleibt stehen, und sie selber fahren weiter. Er hat auch einmal einen Kieselstein fabriziert, den man vor ein Auto auf die Straße werfen konnte. Das Auto musste abrupt bremsen, der Fahrer wusste selbst nicht weshalb, und du konntest ruhig vor ihm die Straße überqueren. Als sein Bruder geheiratet hat, haben wir auch gespielt. Da riss das Fell meiner Djembé. Der junge Schmied warf ein Tuch darüber, machte einen Zauber, zog es wieder weg, und die Bespannung war wieder ganz."

Wieder verreiste ich für ein paar Tage. Als ich das nächste Mal in Ferké ankam, verlas Solo, Issas Vater, gerade am Rand des Marktes einen Text der Stadtverwaltung über die Notwendigkeit, gutes Trinkwasser durch die staatlichen Stellen zu beziehen. Er zeigte mir den entsprechenden Brief, der vom Büro des Bürgermeisters an alle *animateurs et griots* verschickt worden war mit der Bitte, die Verlautbarung zu verkünden.

Der *petit-frère* von Solo, Baba Diarrasouba, hatte uns – mich und meine Freundin Nadja – zu sich in den Hof eingeladen.

Er begrüsste uns in seinem „Salon".

Er war mit seinem größeren Bruder etwa vor fünfzehn Jahren aus Burkina Faso in die Elfenbeinküste gekommen. Geboren und aufgewachsen war er in einem Dorf namens Koumbara, in der Nähe von Nouna, im Norden Burkinas. Sie gehörten zur Ethnie der Bwaba. Zur Schule gegangen war er nie. In seinem Hof lebten auch die Kinder seines *grand-frère*, also zum Beispiel Issa. Solos Hof selbst war unweit entfernt.

„*Je connais pas papier*", sagte Baba. „Ich arbeite nicht. Aber man kennt mich überall. Ich bin Griot."[88]

Wir tranken Cola, er zeigte uns Fotos und Kassetten, und wir sprachen über Griots, Heiler und Hexerei. Unter dem Tisch hatte er eine Pfanne stehen mit Wasser und Holzstückchen drin. Er nahm einen Schluck davon.

---

88 Hampaté Bâ (1993:51): „Da die afrikanische Gesellschaft grundsätzlich auf dem Dialog zwischen den Individuen und dem Palaver zwischen Gemeinschaften oder Ethnien begründet ist, sind die *diéli* oder Griots die aktiven und natürlichen Mittler dieser Palaver. Da es ihnen gestattet ist, ‚zwei Zungen' im Mund zu haben, können sie gegebenenfalls das Gesagte zurücknehmen, ohne dass man es ihnen übel nimmt ... Sie sind darin geübt, sich selbst und andere zu informieren und sind somit die großen Vektoren von Neuigkeiten, oft aber verbreiten sie auch Klatsch. Ihr Name auf Bambara, *diéli*, bedeutet ‚Blut'. Und wie Blut zirkulieren sie im Körper der Gesellschaft, den sie heilen oder krank machen können, je nachdem, ob sie durch ihre Worte und Gesänge Konflikte abschwächen oder beleben ..."

„Das trinke ich jeden Abend und manchmal auch tagsüber. Das hat mir ein Alter gegeben. Gegen die Hexerei. Die Hexen kommen nachts, wenn du schläfst und nichts merkst.[89] Dann müssen sie an diesem Topf vorbei, wo sie sich selber drin sehen und erschrecken. Auch Issa, alle hier im Hof nehmen davon."

„Wenn man nachts draußen ist, ist es nicht gefährlich?"

„Nein, vor allem zu Hause, wenn du schläfst, nach Mitternacht. Das Problem mit der Hexerei ist, dass man sie nicht sieht. Wir sprechen jetzt freundlich miteinander, aber man weiß nie, ob du im Herzen nicht böse Gedanken gegen mich hegst."[90]

Von Marabouts hielt er nicht viel: „Erst nehmen sie wenig Geld, und wenn man einmal abhängig ist, immer mehr."

Er führte uns am nächsten Tag zu einem alten, blinden Wahrsager, einem Nafara-Senoufo namens Ouattara Butemi.

Auch er war etwas in Sorge um uns, da wir hier in der Fremde so vielen Unbekannten begegnen (und ihnen die Hand geben!) würden, von denen wir nicht wüssten, was sie gegen uns im Schilde führten. Er schlug vor, uns einen Pflanzenguss als Schutz zu präparieren.

Er segnete ein Messer mit unseren Namen und gab es einem Mann, der damit auf seinem Mofa losfuhr, um die Pflanzen zu suchen. Wir sollten in zwei Stunden mit einem Korb vom Markt wiederkommen.

Ich sagte zu Baba, falls er keine Zeit hätte, könnte ja vielleicht sein Neffe Issa mit uns kommen.

„Nein", widersprach er. „Die Jungen gehen zu einem andern Wahrsager, ich weiß nicht, zu welchem, und sie wissen nicht, zu welchem ich gehe. Es ist besser, wenn das getrennt ist. Du solltest ihnen auch nicht erzählen, was wir heute gemacht und geredet haben. Wenn man das zu sehr vermischt, verlieren sie den Respekt. Wenn du mit ihnen ausgehen willst, gehst du mit ihnen, wenn wir etwas besprechen, tun wir das un-

---

89  Le Moal (1975:79) macht die etwas seltsame Feststellung, Hexen im engeren Sinne *(witches)* gebe es bei den Bobo nicht, nur *sorcerer*, die mit Gift arbeiteten *(kyente; kyen* = Gift, *te* = Träger, Meister von ...), sowie Kulte *gegen* die Hexerei ...
90  „Na, und wenn schon?" könnte man fragen. Aber fatalerweise wird eben der negative *Gedanke* allein schon als gesundheitsgefährdend betrachtet, vor allem der neidische. Die Griots gehören zu den wenigen in Afrika, die sich hemmungslos produzieren, gewissermaßen ungestraft exhibitionistisch sein können. Sie teilen diese Möglichkeit mit den Musikern im Allgemeinen und den Sportlern. Das hängt wahrscheinlich damit zusammen, dass Musik- und Sportstars in gewisser Weise die Gemeinschaft vertreten und den Zuschauern so ermöglichen, psychisch an ihrem Erfolg zu partizipieren, indem sie sich mit ihnen identifizieren (anstatt sie zu beneiden). Vielleicht ist das *ein* Grund, warum so viele Junge in Afrika von einer Sport- oder Musikkarriere träumen: hier kann man angstlos seinen Ehrgeiz ausleben.

ter uns. Aber wir können nicht alle zusammen ausgehen; in Afrika geht das nicht."

Wir kamen mit dem Korb zurück. Der Alte ging mit uns in die Dusche, einem Bretterverschlag mit einem Loch im Boden. Er goss Wasser in den Korb und zerrieb die Pflanzen darin, bis es grünlich wurde, während er unaufhörlich „darübersprach". Nadja musste sich als Erste damit waschen, und zwar viermal, dann ich, dreimal, und zwar so, dass das Wasser zwischendurch immer wieder auf der Haut eintrocknete.[91] Es werde uns schützen und sieben Tage Glück bringen. Dann musste Nadja den Korb an die nächste Kreuzung tragen und dort das Wasser und die ausgelaugten Stängel und Blätter ausschütten.

„Die Leute werden darübergehen."

Baba sagte von dem Blinden, er hätte sein Augenlicht im Laufe seiner Recherchen verloren, gewissermaßen als Preis. Später erklärte er einmal: weil er eine Maske gesehen habe, die er nicht hätte sehen sollen.

„Die Nafara sind bekannt für ihre mächtigen Masken. Es gibt böse Masken, die nur in der Nacht herauskommen und Feuer speien. Wenn eine schwangere Frau sie sieht, verliert sie ihr Kind. Wusstet ihr, dass die afrikanische Magie ursprünglich gegen die Weißen, die *colons*, erfunden wurde? Gegen diese afrikanische Kraft konnten sie nichts ausrichten."[92]

---

91  Drei ist die Zahl des Mannes (das Glied und die zwei Hoden), vier die Zahl der Frau (die vier Schamlippen) (Touré/Konaté 1990:160). Waschungen und Medikamente in flüssiger Form werden generell verabreicht bei einem Mangel des Elements Wasser; was natürlich nicht bloß in einem rein chemischen Sinn zu verstehen ist (Hielscher 1992:81). So fragte der Heiler zum Beispiel: „Träumst du von Wasser? Auch wenn nicht, so sollst du es doch im Kopf und im Herzen behalten; du wirst vielleicht später davon träumen." Ein anderes Mal stellte ein Peul-Heiler im Senegal einen „Eisenmangel" fest. Er fabrizierte ein Gris-Gris mit einem Nagel drin und „schickte" dem Patienten Träume von Autos, Maschinen und Wellblech.

92  Das ist historisch natürlich Unsinn, aber es gibt eine verbreitete, gewissermaßen kompensatorische Ansicht wieder. Ein anderer junger Ivorianer sagte mir einmal: „Ihr habt Flugzeuge erfunden. Aber wozu brauchen wir das, wenn wir uns mit Zauberkraft in einigen Sekunden von Abidjan nach Paris bewegen können?" Diese phantasmatische Ersatzbefriedigung, diese Gegenüberstellung von „materialistischem Westen" und „spirituellem Afrika", wie sie von afrikanischen Négritude-Anhängern und europäischen *tiers-mondistes* zelebriert wird, zementiert natürlich den technischen Rückstand (Kabou 1993). Man kann in solchen Fällen übrigens die Diagnose einer narzisstischen, imaginierten Allmacht der Gedanken (Freud 1982b) auch stellen, wenn man daran glaubt, dass es tatsächlich Féticheure mit parapsychologischen Fähigkeiten gebe. Es geht auch nicht darum, wie der Glaube an Magie oder Hexerei *absolut* zu bewerten sei; bloß um gewisse Konsequenzen, die eine Kultur zu tragen hat, die eben mit diesen und nicht andern „Hypothesen" arbeitet.

Ein paar Tage später fuhren wir mit Baba nach Korhogo. Er hatte sich offensichtlich entschieden, uns an seiner Welt teilhaben zu lassen (und umgekehrt). Er hatte uns in Beschlag genommen, hatte uns seinem großen Bruder Solo und dessen Sohn Issa (der uns „aufgegabelt" hatte) „ausgespannt". Das sollte das Verhältnis zwischen mir und der Familie Diarrasouba auf lange Zeit hinaus komplizieren.

Baba hatte gehört, im Dorf Waraniéné gebe es einen Heiler, der ein Medikament besitze, um einem das Rauchen abzugewöhnen. Wir suchten ihn auf, aber es hieß, er sei gerade bei einem Begräbnis. Sein Sohn beteuerte allerdings, dass er dieses Medikament habe und es hoch wirksam sei. Baba hingegen war nach dem Besuch überzeugt, dass sowohl der Vater wie der Sohn Bluffer seien. Er entschloss sich jedoch, die Gelegenheit trotzdem zu nutzen und nahm den Ausflug zum Anlass, vor der Rückreise feierlich seine letzten Zigaretten im Dorf zurückzulassen und bei Allah, dem Taxifahrer und mir zu schwören, nie, nie mehr damit anzufangen. (Er raucht wie eh und je.)

Ein paar Tage später wurde in Ferkessédougou die Taufe eines Malinké-Mädchens gefeiert, und die Familie Diarrasouba spielte auch wieder auf. Zahlreiche Marabouts saßen vorne auf den Matten, um den Imam. Kolas wurden verteilt. Eine Griotte machte die Runde, pries jeden Anwesenden einzeln und ließ sich zahlen. Ein Schaf wurde geschlachtet und verteilt. Die Mutter ging mit dem Mädchen in einer Decke an uns vorbei, wir legten auch eine Münze rein. Einer der Marabouts war blind. Baba sagte, ich solle ihm die sieben Kolas geben, die mir Ouattara Butemi als Opfer aufgetragen hatte.

„Heute ist Samstag", sagte ich.[93]

„Das macht nichts", sagte Baba, „denn ich habe gesehen, dass du gestern schon jemanden gesucht hast, dem du sie geben könntest, und dir überlegt hast, was du hineinsprechen willst. Also war Freitag der maßgebende Tag."

Wir begrüßten ihn, Baba erklärte den Anlass, ich übergab die (weißen und „lächelnden") Kolas und der Blinde segnete uns.[94]

---

93 Als ideale Tage für das Darbringen von Opfern gelten Montag, Donnerstag und Freitag. Samstag gilt als unheilvoll (Touré/Konaté 1990:165f.).
94 Im (mehrheitlich muslimischen) Norden der Elfenbeinküste müssen Opfer sehr oft Bettlern dargebracht werden. Das hängt damit zusammen, dass auch der Islam als einziges „Opfer" (abgesehen vom zu opfernden Schaf an Tabaski) das Almosen *(zakkat)* kennt. Die beiden Konzepte können so zur Deckung gebracht werden. Der Blinde hat darüber hinaus den Ruf, auf einer anderen Ebene – wie Ouattara Butemi – umso „sehender" zu sein (Touré/Konaté 1990:166f.).

Baba zeigte uns diverse Zwillinge. Einmal forderte er uns auf, Zwillingsschwestern auf den Arm zu nehmen. Er beglückwünschte die Mutter und gab ihr eine Münze.

„Gehe am Montag vor die Moschee in Adjamé", sagte er. „Dort sind immer Mütter mit Zwillingen, die warten. Begrüße sie, berühre sie, nimm sie auf den Arm. Das bringt Glück."

Am Mittag erzählten die Griots ausführliche Geschichten zur Erheiterung der Anwesenden und die Jungen trommelten wieder. Einmal berührte eines der tanzenden Mädchen Issa. Alle waren empört. Die Tänze sind zwar durchgehend höchst erotisiert, aber es muss auf einer symbolischen Ebene bleiben.

„Eine Frau darf traditionellerweise die Trommel des Griots nicht berühren", erklärte Issa später. „Sie könnte die Regel haben, und die Trommel wäre nachher verdorben, beziehungsweise ihre Magie (wenn sie ein Gris-Gris drin hat). Die Trommel ist wie eine Person, eine Frau. Wenn der Trommler mit einer Frau geschlafen hat und nachher gleich trommelt, wird sie eifersüchtig. Sie bleibt immer die erste Frau."[95]

Auf dem Rückweg begegneten wir dem Jungen, der an der Hochzeits des Schmieds auch einen Feuertrick vorgeführt hatte, der aber zu meinem Erstaunen auf geringeres Echo gestoßen war als die Darbietungen des jungen Schmieds selbst. Er hatte eine seltsame Verletzung am Arm, die aussah wie eine entzündete, geschwollene Verbrennung, aber von einer unwirklichen Farbe war. Baba sprach mit ihm darüber. Nachher erklärte er mir:

„Er sagt, er weiß nicht, wie es dazu gekommen ist. Vorgestern morgen ist er mit dieser Wunde aufgewacht. Diese Verletzung hat er sich zugezogen, weil er den andern mit etwas imponieren wollte, das ihm gar nicht zusteht, beziehungsweise wofür er nicht wirklich die Kenntnisse besitzt. Jetzt wollte ein anderer, der neidisch war, testen, wie viel er wirklich kann, und hat ihm diese Verletzung zugefügt, beispielsweise, indem er ihn einfach berührt hat, vielleicht in einer Menschenmenge auf dem Markt, ohne dass er etwas gemerkt hat, oder indem er ihn durch einen andern, einen Übermittler, berühren ließ. Wenn es ihm nicht gelingt, das Mal durch eigene Mittel zu heilen, wenn er zu schwach dafür ist, wird sie der, der sie ihm zugefügt hat, nach einer Woche wieder wegnehmen, in der gleichen Weise, wie er sie ihm angewor-

---

95 Mein Trommellehrer Eric Asante (aus Ghana) sagte, wenn jemand den Raum betrete, während er am Spielen sei, teile ihm die Trommel mit, was das für eine Person sei.

fen hat.[96] Dann wird man wissen, dass er schwach ist, und dass es einen andern gibt, der stärker ist."

Später trafen wir einen komischen Kauz, der uns die Hand gab. Baba sagte nachher über ihn: „Das war der größte Féticheur der Stadt. Jetzt ist er etwas *toc-toc*. Er ist nicht verrückt. Zwischen verrückt und nichtverrückt. Aber so kann er niemanden mehr heilen. Sein Problem ist, dass er versuchte, ‚2' zu erreichen, ohne zuerst ‚1' zu passieren. Es gibt keine Abkürzungen. Er hatte keine Geduld, er war zu *pressé* und zu ambitiös. Er hat auch *maraboutage* in Anspruch genommen, um zu seinem Ziel zu gelangen. Das ist immer riskant."

Zu Hause angekommen, zeigte er mir ein Gris-Gris, das er immer mit sich trage. Es bestand aus einem Horn mit einer Kugel drin. Wenn man es bewegte, hörte man, wie die Kugel hin und her rollte.

„Das hat mir ein Alter in meinem Dorf gemacht. Man kann auch jemandem schaden damit. Aber ich trage es nur zum Schutz und um Gutes zu tun."

Später am Abend holte er ein zweites Gris-Gris aus dem Hinterzimmer. Ein längliches Ding, das er aus einem Schlauch aus Katzenfell zog. Nadeln waren darangebunden und lange, vielfarbige Fäden. Er legte es vor uns auf den Tisch, zog an den Fäden, und es bewegte sich wie eine Marionette.

„Ein *sirina*. Man kann jemandem den Mund verschließen damit. Er kann dann nicht mehr sprechen." „Der Mund ist wie zugenäht."

„Ich habe es von meinem Vater persönlich erhalten, der in der *Colon*-Armee diente. Diese Gris-Gris haben sie gegen die Weißen entwickelt. Die Waffen der Afrikaner. Mein Vater ist auch Griot; er kennt viele Sachen. Ich benütze es nur im Notfall."

Er verstaute es im Sack und versteckte es wieder im Hinterzimmer.[97]

---

96 *Jeter* verweist auf *jeter un sort* („verhexen"). Sagen wir auf Deutsch nicht auch: „Ich wurde *wie angeworfen* krank"?
97 Einige Monate später, nach unserer Burkina-Reise, holte er eines Abends den *sirina* wieder hervor, zog ihn aus dem Katzenfell, und öffnete nun auch die innere Verpackung, die sich als blutverkrustetes Leinensäckchen entpuppte. Drin befanden sich unter anderem eine vertrocknete Kolanuss, durch die ein Drahtstück gezogen war, eine Kauri und ein kleines, in Leder eingenähtes Gris-Gris. Stellte sich natürlich die Frage, was sich denn in Letzterem befand ... Vielleicht wird es sich, im Rahmen der Entfaltung unserer Freundschaft, auch eines Tages entfalten. So haben die afrikanischen Geheimnisse oft den Charakter von Babuschkas: Hinter jedem Rätsel, das gelöst wird, tut sich ein anderes auf. So wird die endgültige „Enthüllung der Wahrheit" immer vertagt, das Geheimnis aufgeschoben, aber nicht aufgehoben.

„Wir Griots sind immer auch ein bisschen Féticheure", sagte er. „Sandzeichen kann ich nicht lesen. Aber ich verstehe mich ein bisschen auf die Fabrikation von Gris-Gris. Wir kennen die Geheimnisse und die Kräfte des Wortes. Aber manchmal reicht das nicht. Wenn ich zum Beispiel einschreite, um für jemanden beim Vater seiner Angebeteten zu werben, dann arbeite ich mit dem Wort, aber helfe oft auch magisch etwas nach. So kenne ich die Formel, um ein Wasser zu präparieren, mit dem sich der Mann sieben Tage waschen muss, bevor er zur Frau geht. Dieses Rezept habe ich auch von meinem Vater. Ich wende es aber nur an, wenn es um die Anbahnung einer Heirat geht. Für ein Abenteuer ist das Medikament zu stark. Denn vielleicht wirst du die Frau dann nicht mehr los..."

Am Abend waren wir – mit den „Jungen" – wieder zu einem Fest eingeladen. Um 23 Uhr hörte es plötzlich abrupt auf.

„Warum so plötzlich?", fragte ich.

„Die Feste hören immer um elf auf", sagte mir Issa. „Damit die Leute noch vor Mitternacht zu Hause ankommen. Denn wenn du nach Mitternacht noch unterwegs bist, dann kommen die Jäger. Und wenn sie dich fangen, musst du auf ihren unsichtbaren Wiesen Gras für sie mähen, bis du tot umfällst."

### Als ob die Zeit stehen bliebe

Im September 1997 sah ich die Griots von Ferké wieder. Baba saß in seinem Wohnzimmer, trank Tee und rauchte Cannabis. Wir schauten die alten Fotos an. Baba hatte Sita, die Frau, mit der er schon mehrere Jahre zusammen war und mit der er drei Kinder hatte, jetzt endlich nach traditionellem Brauch geheiratet. Nach einiger Zeit kam der junge Schmied, der bei meinem letzten Besuch geheiratet hatte, vorbei, um mich zu begrüßen. Wir ließen die Erinnerung an seine Zauberkunststücke Revue passieren. Einige Anwesende äußerten die Ansicht, dass magisch fabriziertes Geld sich beim Ausgeben in Luft auflöse.

„*On peut pas bouffer l'argent du magicien.*"

Allerdings kannte Issa einen Trick, um es zu „fixieren": man müsse draufpissen. Deshalb pissten auch viele Leute, wenn sie einen Hund überfahren hätten, nachher auf den Kadaver. Einen Hund überfahren ist gefährlich; aber durch den Urin wird die Gefahr neutralisiert.[98]

„Siehst du", meinte ein angetrunkener Gast in angriffslustigem Ton, „die Amerikaner fabrizieren Autos, die Schweizer Uhren; aber wer von ihnen kann sich wie ein afrikanischer Zauberer in eine Antilope verwandeln?"

Derselbe stellte später anlässlich eines Stücks von Alpha Blondy im Radio die Theorie auf, dass entweder verrückt oder kriminell werde, wer zu reich, gebildet oder mächtig sei. Alpha Blondy, der ivorianische Reggae-Star, war ihm ein typisches Beispiel für einen, der am Erfolg wahnsinnig geworden sei. Ein anderes, warnendes Exempel war für ihn der allzu intelligente Albert Einstein:

„Jeder weiß, dass er durchgedreht ist, nachdem er die Atombombe über Japan abgeworfen hat."

Eine anwesende Frau erzählte eine Anekdote, die in eine ähnliche Richtung zielte (Entwertung der westlichen Technologie zugunsten der okkulten afrikanischen Kräfte):

„Einmal war ich mit einem Franzosen, der Forschungen über Aids machte, bei einem traditionellen Heiler in der Gegend von Lakota. Der Heiler sagte ihm aufgrund eines Orakels: In deiner Forschergruppe sind Leute, die selber mit Aids infiziert sind; ich werde sie dir im Traum zeigen. Die folgende Nacht erschienen ihm tatsächlich zwei seiner Kollegen im Traum. Er erzählte ihnen davon, sie machten einen Aids-Test, und sie erwiesen sie als seropositiv."

Wie als Kommentar zu den früheren Ausführungen pinkelte mir Babas Kleinster auf die Hose, als ich ihn mir auf die Knie setzte. Allen war klar, dass das ein gutes Zeichen sei, Glück und Erfolg verspreche, und zwar an ebendiesem Ort des Geschehens.

So war ich nach kurzer Zeit wieder eingewickelt in vertrautes afrikanisches Seemannsgarn, in phantastische Geschichten, die man als Illusionen oder Fata Morganas abtun könnte, würden sie sich nicht oft als viel langlebiger und widerstandsfähiger erweisen als die realsten, härtesten Eisenmaschinen und Betonbauten, die sich in Afrika doch so oft bald wieder auflösen, als wären *sie* bloß ein Spuk gewesen.

Später am Abend gingen wir in einen Maquis, wo es zu Handgreiflichkeiten unter einigen Gästen kam. Der junge Issa, Babas Neffe, erfüllte seine Griot-Rolle als Streitschlichter. Er nahm einen der Streithähne beiseite und beruhigte ihn. Baba erklärte, dass, wenn ein Griot für jemanden um Entschuldigung bitte, es nicht ausgeschlagen werden dürfe. Er erzählte das Beispiel eines Verwandten, der im Gefängnis ge-

---

98  Die Bobo glauben, dass sich Hexen manchmal in Hunde oder Katzen verwandeln. Tötet man ein solches Tier, findet man die Hexe am nächsten Morgen tot in ihrem Bett (Parrinder 1976:136).

landet war. Baba hatte daraufhin am Abend den Kommissar zu Hause aufgesucht und ihn um Verzeihung für seinen Cousin gebeten. „Ich brachte ihn damit wahrscheinlich etwas in Konflikt zwischen seiner Rolle als Kommissar und seinen Pflichten als traditioneller Afrikaner. Aber am nächsten Tag ließ er ihn unter irgendeinem Vorwand frei."

Am folgenden Abend fand die regelmäßige Versammlung der Griots statt, an der ich auch teilnahm. Die Familie war im Begriff, ein neues, etwas modernisiertes Programm auszuarbeiten und zu proben (mit Kostümen, Tänzerinnen und westlichen Instrumenten wie einer Gitarre), das auch im Rahmen eines Konzerts aufgeführt wurden konnte (und nicht nur an traditionellen Anlässen wie Taufe, Hochzeit etc.). Im Anschluss an Reklamationen der Nachbarn wegen des häufigen Übens im Hof hatten sie einen Brief mit der Bitte an den Bürgermeister geschrieben, die *salle polyvalente* jeweils tagsüber als Übungslokal benützen zu dürfen. Er hatte das für einen Monat bewilligt. Der war jetzt um, und nun mussten sie eine andere Möglichkeit suchen. Das zweite Traktandum betraf ein Filmteam, das demnächst aus der Schweiz für ein Porträt von mir anreisen sollte. Wie konnte man die Griots in den Film integrieren? Mitten in diese Diskussionen platzte Babas Bruder Solo herein, angetrunken und sehr schlecht gelaunt. Er beschimpfte David King, den Rasta aus Ferké, der oft mit der Gruppe spielte, und selber kein Griot, aber ein guter Freund Babas war. Man hatte Solo nicht zur *réunion* eingeladen (er kam sowieso nie, mit oder ohne Einladung), und nun war er offensichtlich eifersüchtig, dass ich und David King – als Außenseiter – da waren, er als formelles Oberhaupt hingegen übergangen worden war. Kam hinzu, dass er all diesen Modernisierungsversuchen, die da verhandelt wurden, eher feindlich gegenüberstand. Als er seinem Ärger Luft gemacht hatte, verschwand er wieder, und die Diskussion ging weiter.

Baba hatte nächstens eine Reise in sein Dorf in Burkina geplant, und wir kamen überein, dass ich ihn begleiten würde (unter Übernahme unser beider Reiseunkosten).

Zwei Wochen später war es so weit. Wir hatten die Abreise eigentlich für den frühen Morgen geplant. Aber dann hatte sein älterer Bruder das Geld noch nicht aufgetrieben, das er ihm für den Vater mitgeben wollte. Am Nachmittag war es dann beisammen, und wir bestiegen den Minibus nach Bobo-Dioulasso.

## Die Reise nach Koumbara (Baba, Bobo, Bwaba, Bubu)

In Bobo besuchten wir die berühmte Lehmbau-Moschee und das alte Quartier Dioulassoba, durch das ein kleiner Bach fließt. „Dort am Wasser darf nicht gebaut werden", erklärte Baba. „Wegen der heiligen Fische. Wenn eine Frau keine Kinder bekommt, bittet sie die Fische um eines. Erwartet sie dann tatsächlich ein Kind, muss sie den Fischen danken. Falls sie das unterlässt, ist es möglich, dass das Kind, ist es eines Tages in der Nähe des Wassers, von seinen Bewohnern zurückgeholt wird."

Baba kannte die Stadt gut. Er hatte, als er in jungen Jahren sein Dorf verlassen hatte, zuerst vier Jahre in Bobo verbracht, in der Schneiderwerkstatt eines Onkels. Von dort war er dann für fünf Jahre nach Abidjan gegangen. Er verheiratete sich mit einer Frau aus seinem Dorf, und dann kam noch Sita hinzu. Aber die Erste erwies sich als „sehr böse" und er schickte sie wieder nach Hause.

Er erzählte mir von einem Féticheur in der Nähe seines Dorfes. „Wenn du ankommst, kennt er bereits deinen Namen und weiß, woher du kommst. Vielleicht spricht er sogar Schweizerdeutsch. Er arbeitet mit Geistern. Jemand wird uns zu ihm führen. Ich werde mich ihm aber nicht präsentieren. Wenn man sieht, dass ich mit einem Weißen bin, dann denken sie, du gibst mir viel Geld, und dann ist immer einer da, der dich anscheißen will. Bei uns ist das so. *La jalousie. C'est ça qui met l'Afrique toujours en derrière*" – „Der Neid. Das ist es, was Afrika immer wieder zurückwirft."

Später erzählte er auch, dass es vor der Abreise mit seinem *grandfrère* Solo Probleme gegeben hätte. Dieser war überzeugt, dass Baba ganz viel Geld von mir bezogen hatte. Eigentlich wäre es ja an ihm als Ältestem gewesen, diese Reise zu unternehmen. Er hatte sich seit längerem rar gemacht im Dorf. Denn er wusste, dass er nicht mit leeren Händen kommen könnte. So musste er aber Baba auf jeden Fall eine Summe mitgeben, wenn möglich eine größere als der Jüngere. Zugleich tat er sich schwer, dieses Geld in Ferké zusammenzukriegen, und dachte wohl, es wäre an Baba mit seinem reichen Begleiter, ihm auszuhelfen, was aber gerade nicht möglich war, weil er ja Baba übertrumpfen musste. Zudem war vor einem Jahr ihre Mutter gestorben. Mangels Geld hatte man die Trauerfeierlichkeiten[99] noch nicht vollzogen. Solo wusste

---

99 Bei den Bwaba wird wie bei den meisten afrikanischen Völkern zwischen dem kleinen Begräbnisritual *(enterrement)* und der großen Trauerfeier *(funérailles)*

genau, dass man bei seinem Besuch großen Druck auf ihn ausüben würde diesbezüglich. Deshalb zog er es vor, in sicherer Distanz zu bleiben. Damit zog er aber erst recht den Ruch des schlechten Sohnes auf sich, im Gegensatz zu Baba, der es allerdings auch einfacher hatte, weil er sich in dieser Angelegenheit hinter Solo verschanzen konnte.
Eines Abends, im Maquis „La Sirène", erzählte ich Baba von meinem Kummer mit meiner Ex-Freundin Solange. Er riet mir, ich solle doch etwas bei einem Marabout machen lassen. Ich sagte ihm, ich wolle weder jemandem Schadenzauber zufügen, noch würde mir eine Frau, die nur infolge der Tricks eines Marabouts bei mir bliebe, so recht Freude machen. Aber ich glaube, dieser Vorbehalt leuchtete ihm nicht ein. Er erzählte mir dafür seine eigene Liebesbiografie (im Austausch gegen meine Schilderungen; man beachte die abwechselnde Gegenseitigkeit der Informanten- und Forscherrolle!):
„Eines Tages sah ich eine Frau. Ich kannte sie nicht, ich hatte nie mit ihr gesprochen, aber ich wusste, ich will sie heiraten. Sie war jedoch bereits verlobt; der Mann hatte ihrem Vater die ersten Kolas schicken lassen, die zweiten, die dritten, und jetzt stand die Hochzeit bevor.[100] Ich ging vier Monate lang immer wieder zu ihrem Haus, aber sie weigerte sich, mit mir zu sprechen. Ihr Vater jagte mich aus dem Haus, auch weil ich ein Griot bin.[101] Das war 1984. Da ging ich zu einem Marabout aus Djenné, einem Freund von mir, und schilderte ihm die Situation. Er nahm einen Kieselstein, sprach darauf und sagte mir, ich solle bei der

---

unterschieden. Ersteres betrifft die Verabschiedung des Körpers und muss – schon wegen der raschen Verwesung in Afrika – sehr rasch vollzogen werden; Letzteres betrifft die Seele und wird oft – auch aus finanziellen Gründen – erst lange nach dem Tod vollzogen. Diese Unterscheidung hat oft ihr Gegenstück in einer doppelten Geburtsfeier, einer ersten, die die Geburt des Menschen als biologisch-körperliches Wesen betrifft, und einer zweiten, bei der die Geburt symbolisch wiederholt wird, und die Ankunft des Menschen als mit einem Namen versehenen, sozial-kulturellen Wesen betrifft. Manchmal reicht die kulturelle Staffelung der Geburt bis ins Pubertätsalter (Initiationsrituale). (Eschlimann 1982, 1995). Allzu lange mit den Trauerriten zu warten birgt gewisse Risiken, weil die Seele des Verstorbenen dann eventuell immer noch ruhelos unter den Lebenden umherirrt (Parrinder 1976:90).
100 Man bekundet das Interesse an einer Frau, indem man ihrem Vater durch einen Griot Kolanüsse schicken lässt, die in der Familie verteilt werden. Gibt der Vater seinen Segen, ist das Paar gewissermaßen verlobt. Hält das Interesse an, schickt der Anwärter etwas später eine zweite Portion Kolas, die in der weiteren Verwandtschaft verteilt werden. Mit der dritten Gabe, die man nun auch an die Nachbarn ausgibt, wird das Hochzeitsdatum bekannt gegeben. Ist der Abstand zwischen den einzelnen Kolalieferungen zu groß, und zeigt sich vielleicht zudem noch ein anderer Interessent, kann der Vater die Verbindung mit dem Zauderer auflösen.
101 Griots heiraten traditionellerweise nur unter sich.

nächsten Begegnung ebenfalls drei Kieselsteine nehmen, einen nach vorne gegen sie werfen, einen nach hinten, einen nach rechts – und sie werde mir bis nach Hause folgen. Ich wartete lange, bis ich sie eines Tages wiedersah. Ich warf ihr von hinten einen Kieselstein nach, einen nach hinten, einen nach rechts. Sie fragte: Warum wirfst du mir das Steinchen nach? Ich antwortete: Hör zu, vier Monate bin ich dir nachgelaufen, das geht nicht so, ich will dich heiraten. Wieder fragte sie mich: Warum machst du das? und so weiter, bis wir bei mir zu Hause waren. Wir setzten uns, *et j'ai fait ce qu'on pouvait faire*. Ich ging wieder zu ihrem Vater, er jagte mich vom Hof, aber diesmal kam sie mit. Wir hatten ein Kind, zwei Kinder, und nach sieben Jahren willigte der Vater in die Heirat ein. Er sagte: Gut, ihr habt zwei Kinder, es ist nicht gut, wenn sie jetzt noch ein Kind mit einem andern hätte.

Aber der Mann, dessen Hochzeit ich verdorben hatte, ging seinerseits zu einem Féticheur und machte Sachen gegen mich. Ich fühlte mich wirklich schlecht zu der Zeit. Da ging ich in mein Dorf und erzählte alles meinem Vater. Er sagte, ich solle eine Woche bleiben. Dann ging ich zurück, und es ging besser."

„Er hatte etwas gemacht, um dich zu schützen?"

„Ja, er gab mir Medikamente zu trinken und welche, um mich damit zu waschen, ich weiß nicht, was genau. Etwas später begegnete ich dem Mann in der Moschee, er saß vor mir. Auf dem Nachhauseweg fuhr er vor mir (er hatte auch ein Mobylette, wie ich). Er hatte Angst und schaute immer wieder zurück. Ich wollte ihn nicht überholen, denn wer weiß, was er hinter meinem Rücken gemacht hätte. Weil er nicht nach vorn auf die Straße schaute, fuhr er in ein Loch, stürzte und brach sich den Fuß. Von da an hatte ich Ruhe.

Sita weiß nicht, was der Marabout gemacht hat. Manchmal kam er zu Besuch. Sie mochte ihn nicht. Aber jetzt ist er verschwunden. Ich weiß nicht, wo er ist, er hat nie geschrieben.

Sita ist Ivorianerin; ihre Mutter ist Baule und hat Geister. Deren Mutter war eine große Féticheuse. Bevor sie starb, übertrug sie die Geister auf Sitas Mutter, ohne dass diese etwas davon wusste. Denn sie wäre nicht einverstanden gewesen. Ich habe nicht zu viel mit ihr zu tun; sie ist immer im Busch, mit dem Kaolin und dem Kostüm, in Trance ... Oft weiß man zwei Wochen nicht, wo sie ist.

Ich hatte eine Freundin, ich habe sie dir einmal gezeigt in Ferké. Ich musste ihr immer Geschenke machen. Das ist normal. Aber irgendwann hatte sie eine Affäre mit einem andern Mann, den ich nicht mochte. Ich wollte sie für mich allein haben. Ich verließ sie. Sie kommt immer noch von Zeit zu Zeit und möchte wieder mit mir. Ich möchte aber lieber noch eine Frau aus meinem Dorf heiraten."

Ich steuerte meinerseits ein paar Erzählungen bei, die er wiederum mit der folgenden Geschichte „kommentierte":

„Ein Mann war krank. Er wusste, dass er bald stirbt. Er sagte seinem besten Freund, dass dieser seine Frau und sein Kind übernehmen solle nach seinem Tod. Er willigte ein. Der Mann starb. Da lehnte es der Freund aber ab, die ihm anvertraute Frau zu übernehmen. Die Frau war verzweifelt. Sie wollte zu ihrem Mann im Jenseits. Sie hatte von einem Féticheur und König gehört, der seinem Fetisch jeden Tag eine Frau opferte. Sie ging zu seinem Palast. Die Wachen wollten sie zurückhalten. Sie sagten: Weißt du nicht, was passiert, wenn du zum König gehst? Aber sie ließ sich nicht aufhalten. Schließlich beim König angekommen, erzählte sie ihre Geschichte und sagte: Opfere mich und mein Kind deinem Fetisch. Da nahm der König seinen Fetisch und zerschmetterte ihn. Denn er sah, dass es etwas gab, das stärker war als sein Fetisch und die Todesfurcht."

„Die Liebe."

Baba lachte.

Ein Cousin führte uns zu einem Marabout namens Amadou, einem Djoula in einem Außenquartier von Bobo-Dioulasso. Er trug Bubu und Fes, und arbeitete sowohl mit dem Koran, als auch mit einem Fetisch, der sich in einem schwarzen, kleinen Sack befand. Nach unserem Eintritt sprach er ihn an:

„Mein Fetisch, hier sind Fremde gekommen aus Ferkessédougou, hilf mir, ihnen die Wahrheit zu sagen."

Ich musste ihm 200 CFA (30 Cent) gegeben, und er warf die Münzen mit den Kauris und zwei glatt geschliffenen Kieseln aus einem Bach.

Er sagte unter anderem: „Mit deinen Recherchen geht es bis jetzt noch nicht richtig voran. Ein Féticheur hat eine Arbeit für dich gemacht, damit sich alles gut für dich realisiert. Aber die Arbeit ist noch nicht richtig zu Ende geführt. Nachts erhältst du in den Träumen viele *nouvelles*, aber am Morgen fühlst du dich ein bisschen bizarr. Jemand hat dir einen Fetisch gegeben, aber nicht mit offenem Herzen. Er hat dir nicht alles gesagt. So dient der Fetisch zu nichts. Aber du bist korrekt, du hast ein offenes Herz, und so hilft dir der Fetisch doch ein bisschen. Jemand sagte dir, du sollst ein Schaf opfern. Hast du es getan? Bei deiner Arbeit gibt es einen Weißen, der mit dir einverstanden ist. Er ist klein und ein bisschen dick. *Pour ouvrir les recherches* musst du Pferdefleisch kaufen, in Papier einwickeln und es jemandem geben. Denn bis jetzt war deine Arbeit *comme ci, comme ça*. Das Pferd ist das Zeichen des Königs. Du hast Kontakt mit vielen Leuten, dadurch werden die Dinge manchmal etwas kompliziert. Das Opfer wird es vereinfachen."

Er verlangte kein Geld. Ich gab ihm trotzdem 2000 CFA (3 EUR). Baba meinte, wäre sein Cousin nicht da gewesen, der ihn regelmäßig konsultierte, hätte er sicher 10 000 verlangt.

„Er hat immerhin zwei Frauen und macht nichts anderes neben der *maraboutage*."

Als ich die Konsultation nachher mit Baba besprach, zeigte er sich vor allem erstaunt über das aufgetragene Pferdeopfer:

„Das ist das erste Mal, dass ich das höre. Das ist speziell. Das Pferd ist ein seltenes Tier, Pferdefleisch nicht leicht zu finden auf dem Markt. Es deutet auf hohes Prestige. Es ist das Tier der Weißen und der Könige. Vielleicht wirst du etwas sehr Wichtiges machen."

Er ermahnte mich, es sei wichtig, hie und da ein Schaf zu opfern. Ziegenopfer seien nicht gut. Andererseits mache er selber auch nicht allzu oft Konsultationen, eben wegen der verlangten Opfer:

„Jeden Monat ein Schaf, und irgendwann ist es dann ein Rind."

Übrigens sei es nicht schlecht, jeweils eine Zitrone in der Tasche zu tragen – „*pour détruire le fétiche.*"

Nach dem Mittagessen rauchte er wieder sein Cannabis und meinte fröhlich paffend:

„Das mit dem kleinen, dicken Weißen war interessant. Vielleicht ist es der Direktor des *Centre Suisse de Recherches Scientifiques*. Andererseits gibt es natürlich viele, die etwas klein und dick sind."

Ein Polizist ging vor dem Hotel vorbei. Baba wies verträumt mit der Hand auf ihn und meinte:

„Uniformen sind auch Fetische – sehr starke!"

Am Abend durchstreiften wir Bobo, und Baba gab die haarsträubendsten Geschichten zum besten.

„Einmal habe ich einen Zauberer aus Benin gesehen. Der konnte sich in eine Flasche hineinzaubern. Man konnte die Flasche nehmen und ihn da drin anschauen. Nachher kam er wieder raus, und jemand schnitt ihm die Kehle durch. Das Blut floss auf den Boden, eine Frau wischte es später weg. Er wurde in vier Teile zerschnitten. Später tauchte er von woanders auf und verließ den Raum.

Einmal gebar eine Frau eine Kröte. Sie war aus dem Dorf. Sie war schwanger gewesen, aber nicht zum Arzt gegangen. Nach etwa zehn

Monaten ging sie doch ins Spital. Sie röntgten sie jedoch nicht, und auch den Hebammen fiel nichts auf. Nach 11 Monaten gebar sie die Kröte. Das Fernsehen kam und filmte es. Wahrscheinlich war es Hexerei gewesen.

Mein Sohn, der nicht richtig gehen kann – vielleicht ist es auch Hexerei. Ein Marabout sagte es. Aber ich weiß es nicht.

Hast du gewusst, dass es Kinder gibt, die eigentlich Schlangen sind? Sie gehen nicht, sie reden nicht, sie sitzen nur den ganzen Tag da und schauen dich so komisch von der Seite an. Wenn du ihnen sagst: Du siehst aus wie ein Kind, aber ich weiß, dass du eine Schlange bist, dann sind sie einen Moment erstaunt. Es gibt Marabouts, die können sie in den Busch mitnehmen, einen Zauber machen, und dann kriechen sie als Schlange davon. Die Mutter sieht noch die Spur im Sand, und wenn es eine Woche wirklich nicht mehr nach Hause kommt, ist sie traurig und erleichtert.

Ich kannte einen Mann, der machte vierzig Jahre lang Forschungen über die Frauen. Er kannte alle ihre Geheimnisse. Er hatte ein dickes Buch darüber geschrieben. Er war bei uns in Ferké. Eines Tages hatte er Durst. Er ging zu einer Frau, die da saß und Wasser auf ihrem Schoß verkaufte. Er ging zu ihr hin, zeigte ihr sein Buch und sagte, dass er alle Geheimnisse der Frau kenne. Sie nahm das Buch und warf es in den Dreck.

‚Steht dieses Geheimnis auch in deinem Buch?', fragte sie. Da war er sehr entmutigt und sagte, er werde jetzt mit seinen Forschungen aufhören. Es gibt Dinge, wie zum Beispiel die Masken, die die Frauen nicht sehen dürfen. Es gibt aber auch Dinge, die dir eine Frau nie sagen wird, selbst nach vierzig Jahren Ehe. Deshalb muss man sich immer ein bisschen misstrauen."

Als unser Gespräch auf die Themen Neid und Hexerei kam, erinnerte er sich an folgenden unheimlichen Vorfall:

„Ein Mann wollte heiraten. Er hatte vorher eine andere Freundin gehabt, eine Pharmazeutin. Die war jetzt eifersüchtig. Sie zog einen Arzt auf ihre Seite. Der ging zum Vater der Braut und sagte ihm, der Bräutigam komme jeden Tag zu ihm und verlange Medikamente gegen Aids. Für den nächsten Tag ist die Hochzeit anberaumt. Alle Gäste sind schon da, da verkündet der Vater, die Hochzeit werde abgeblasen, weil der Bräutigam Aids habe. Die Gäste gehen alle wieder nach Hause. Im Auftrag des Bräutigams ging ich als Griot die nächsten zwei Wochen täglich zum Vater der Braut und schließlich konnte ich ihn überzeugen: Wir gingen mit dem Mann und noch einem Zeugen ins Spital, wo er einen Aidstest machte. Es zeigte sich, dass er nicht infiziert, und das Ganze eine Intrige gewesen war. Die Hochzeit wurde nachgeholt. Aber drei Wochen später starb der gesunde Bräutigam."

Nach einigen Tagen in Bobo fuhren wir per Minibus weiter nach Nouna, im Norden. Uns selber unerklärlich, verpassten wir den ersten Minibus und mussten einen halben Tag warten. Und als wir dann endlich abfuhren, realisierte Baba, dass wir das ganze Bündel Kolanüsse, für die Alten im Dorf bestimmt, im Schrank des Hotelzimmers liegen gelassen hatten (zusammen mit einem neuen, weißen Bubu), was ihn sehr in Aufregung versetzte, weil sie in Nouna teuer und selten waren. Spät abends erreichten wir das Städtchen. Wir gingen in eine *Chapalo*-Bar Hirsebier trinken. Als eine Frau hereinkam, forderte er mich auf, mit ihm das Lokal zu verlassen. Mit gesenktem Gesicht schlich er sich hinaus.

„Sie ist eine entfernte Verwandte. Ich wollte nicht, dass sie mich sieht. Sonst spricht es sich sofort herum, dass wir hier sind, und dann müssen wir alle begrüßen gehen und jedem etwas geben."

Aber am nächsten Tag wurde er doch erwischt. Obwohl wir die Quartiere der Verwandten mieden, wurde er plötzlich energisch von einer Alten in einem Hof gerufen. Es war eine Tante. Sie war sehr aufgebracht, dass er sie nicht gleich besucht hatte. Sie hatte ihrem Mann keine Kinder geschenkt, ganz im Gegensatz zu seiner zweiten Frau. Dadurch hatte sie wenig Verwandte, die sie besuchen kamen, mit allem Prestige, das damit verbunden ist. Leicht erpresserisch forderte sie 500 CFA für eine Matte.

„Ich möchte nicht, dass die Geschichte unserer Unhöflichkeit meinen Vater erreicht", sagte Baba verärgert und zahlte das „Schweigegeld". Triumphierend zeigte die Alte die Note im ganzen Hof herum, wie eine Kriegsbeute.

Wir suchten *Mama* auf, eine schwerhörige Heilerin und Bekannte von Baba. Er wollte, dass sie für seinen ältesten Sohn Yaya eine Medikament herstellte, weil er immer noch nicht gehen konnte und so seltsam die Brust rausstreckte. Sie erzählte, dass sie in jungen Jahren von den Geistern zwei Wochen in den Busch entführt worden sei. Nachher konnte sie nicht mehr richtig hören und sprechen.

Sie bot an, ihm das Medikament am nächsten Tag zu geben. Aber Baba war wie auf heißen Kohlen wegen all der lauernden Verwandten, und wollte nicht noch eine weitere Nacht bleiben. So fuhren wir nach dem Mittag los, mit seinem Mofa, das wir von Ferké bis hierher auf dem

Dach der Busse hatten mittransportieren lassen. Denn nach Koumbara, seinem Dorf inmitten des Bwaba-Landes[102], gab es keine Straße und also auch keine öffentlichen Transportmittel.

Nachdem wir uns ein paarmal verfahren hatten, erreichten wir den Ort schließlich erst nach Einbruch der Dunkelheit. Der Lehrer Sanou Moussa, ein kürzlich Zugezogener aus Bobo-Dioulasso, anerbot sich, dass wir bei ihm übernachten konnten. Dass wir im Hof von Verwandten übernachten würden, stand schon gar nicht zur Debatte. Ich wusste inzwischen warum.

**Auf dem Dorf: Begrüßung, Schenkung, Segnung (oder Verhexung)**

Am nächsten Morgen gingen wir Babas Vater begrüßen, einen würdigen, grauhaarigen Mann im himmelblauen Bubu. Wie schon bei Coulibaly beschränkte sich die Kommunikation jedoch mehr oder weniger auf den Austausch von Höflichkeitsfloskeln und Geschenken. Nach wenigen Minuten gingen wir weiter zur *case fétiche*, wo wir die Gemeinschaft der sechs Féticheure von Koumbara begrüßten, die zugleich als *chefs coutumiers* des Dorfes amteten. Daneben gab es noch den *délégué*, den politischen, von der Präfektur eingesetzten Chef, der für *l'avancement du village* verantwortlich war. Aus dieser Konstellation ist schon die ganze Spannung und Widersprüchlichkeit des sozialen Lebens ersichtlich: Während die traditionellen Führer dafür sorgen, dass das Althergebrachte respektiert wird, ist der moderne Delegierte für Veränderung und Fortschritt zuständig.

---

102 Die Bwaba (auch Bwa oder Bobo-Ule genannt), eine patrilineare, mehrheitlich animistische ethnische Minderheit von Hackbauern und Viehzüchtern, stellen etwa 8 % der Bevölkerung von Burkina Faso. Ihr Gebiet reicht im Westen bis nach Mali hinein. Die meisten Autoren stimmen darin überein, dass die Bwaba wahrscheinlich die älteste Bevölkerung in Burkina Faso sind (ca. seit 800 n. Chr.). Die Bwaba-Griots werden *kagara* (umherziehende Sänger und Magier) genannt. „Sie spielen eine wichtige Rolle als Zwischenhändler und Vermittler bei Konflikten und Eheschließungen. Es sind hauptsächlich Musiker und Weber. Sie werden von den Landwirten in Dienst genommen, damit sie ihre Feste, Beerdigungen, großen Landarbeiten und vor allem Maskenauszüge führen. Jede Zeremonie steht in Verbindung mit entsprechenden musikalischen Rhythmen ... Die Maskenkunst steht im Dienst der animistischen Religion. Im Bwaland existiert der Begriff eines einzigen Gottes: Sein Name ist Dombéni oder Dofini. Er wird nie dargestellt, denn seine Bedeutung geht weit über die menschliche Vorstellung hinaus." (Coulibaly 1999:9ff.). Siehe auch Coulibaly 1996, Trost 1990, Capron 1973 und 1988, Kan 1986, Traoré 1986, Voltz 1976.

*Der Bwaba-Griot Baba Diarrasouba zu Besuch
bei seinem Vater im Dorf Koumbara, Burkina Faso (1998).*

Wir begaben uns in die Fetischhütte, wo ein Ritual für uns abgehalten werden sollte. Baba und ich hatten je zwei Opferhühner mitgenommen.[103] Wir sprachen unsere Wünsche darüber; der Chef der Féticheure tat dasselbe. Dann wurde der Fetisch selbst, *nanfon* genannt, geholt, bestehend aus einer etwa anderthalb Meter langen, zusammengerollten Matte aus Bambusrohren, worin sich der eigentliche Fetisch befand, versteckt in vier Päckchen. Zwei Männer trugen ihn in die Mitte der Hütte und hoben ihn über ihre Köpfe hoch. Dann rief der Zeremonienmeister den Geist an, wobei der Fetisch jeweils antwortete, indem er sich in bejahender Absicht auf den Oberpriester zubewegte, als Zeichen der Verneinung hingegen zur Seite und nach unten zum Boden neigte. Der Clou dabei war, dass suggeriert wurde, es seien nicht etwa die beiden Träger, die den Fetisch bewegten, sondern im Gegenteil dirigiere der Fetisch eigenmächtig die Männer in die gewünschte Richtung. Auf jeden Fall drängte sich mir als Zuschauer auch dieser Eindruck auf. Baba erzählte mir später, es gebe Leute, die nicht wirklich glaubten, dass die Féticheure vom Fetisch geführt, gesteuert oder kommandiert würden. Ihnen biete man dann jeweils an, es selbst auszuprobieren. Dann mache sich der Fetisch manchmal einen Spaß daraus, diese Skeptiker richtig schön durchzuschütteln oder sogar, zum Gespött der Leute, sie wie berittene Pferde durch das ganze Dorf zu treiben. (Ich hätte natürlich Lust gehabt, das Phänomen auszutesten, aber diese Schilderung erreichte ihren wohl abschreckenden Zweck.)[104]

Der Zeremonienmeister stellte also seine Fragen, und der Fetisch antwortete. Bei mir signalisierte er Erfolg in meinen Forschungen und eine gute Gesundheit, indem er ziemlich temperamentvoll auf den Priester zusteuerte und erst im letzten Moment vor seinem Gesicht Halt machte. Dann wurden die Hühner geopfert und das Blut über einen andern Fetisch aus Stein getropft. Darauf musste ich noch ein drittes

---

103  Das häufigste Bobo-Wort für „Opfer" ist *tyere* („im Begriff sein, etwas zu tun"); daneben gibt es *yare* („töten") und *ka* oder *pere* („gegeben"). Meist werden Hühner, Hähne und Küken geopfert. Auch bei größeren Opfern gehört immer ein Huhn dazu (Le Moal 1981:112f.).
104  Im Bwaba-Gebiet gab es bis etwa 1920 die Institution der Leichenbefragung *(sasara to dâga)*: Zwei Männer trugen den Leichnam eines Verstorbenen. Ein Priester stellte ihm verschiedene Fragen zur Ursache seines Todes. Lautete die Antwort ja, wurden die Träger vom Verstorbenen nach vorne gedrängt, bei einer Verneinung nach hinten. Falls herauskam, dass ein Dorfbewohner für den Tod verantwortlich war (im Besonderen ein Vergifter-Hexer: *kyente*), mussten alle vor dem Verstorbenen Revue passieren und ihn fragen: „War ich es?" und er antwortete in der beschriebenen Weise (Le Moal 1975:83f.).

Huhn darbringen. Auf mein Zögern hin wurde ich aufgeklärt, dass die ersten beiden für die Konsultation gedacht seien, das dritte hingegen, um mich dem Fetisch „anzuvertrauen". Das war im Sinne einer Anzahlung zu verstehen; denn ich wurde gefragt, was ich opfern würde, falls meine Wünsche in Erfüllung gingen. Ich versprach vier Hähnchen in drei Jahren, was man wohl als eher mickrig auffasste. Weil kein Huhn mehr da war, gab ich die entsprechenden 900 CFA, die der Féticheur stellvertretend für das reale Tier segnete und sie dem Fetisch darbrachte. Baba wurden im Falle einer Erhörung seiner Bitten sieben Kauris aufgetragen. Bei seiner letzten Konsultation waren es Datteln gewesen, die er dem Fetisch immer noch schuldig war; er wurde bei dieser Gelegenheit vor allen Anwesenden an die Fälligkeit erinnert.

Baba erklärte, der Fetisch gewähre einem gewissermaßen einen Vorschuss oder Kredit, den man erst im Falle von Erfolg zurückzahlen müsse. Bei Nichterfüllung des Versprechens müsse man nichts zurückzahlen. Falls der Wunsch aber erfüllt werde und man seine Verpflichtung nicht einhalte, werde einen der Fetisch attackieren; in der Art eines rabiaten Schuldeneintreibers etwa oder eines Mafia-Schutzgelderpressers (der einen vor Gefahren zu schützen vorgibt, für die er allein zeichnet).[105]

Später erfuhren wir, dass sich die sechs Féticheure bei Sabéré, Babas Vater, beklagten, weil wir ihnen kein „Trinkgeld" gegeben hatten. In unserer Anwesenheit sagten sie nichts davon, weil sie dachten, Baba kenne schließlich den Brauch. Baba wiederum wartete auf eine Aufforderung ihrerseits. Es gab etwas *palabres*, aber vor allem die Drohung eines großen Palavers. Wir gaben Sabéré 3000 CFA (5 EUR), die er ihnen dann mit den wohlabgestimmten Worten des Griots überreichte.

Die folgenden zwei Tage erschöpften sich mehr oder weniger in *saluer les gens*. Man musste alle Verwandten aufsuchen, die endlosen Begrüßungsformalitäten austauschen, ein kleines Geschenk übergeben und dafür wurde man dann zu warmem Hirsebier und säuerlichem *nyoto* genötigt. Dann ging man mit Durchfall, Kopfweh, übersättigt,

---

[105] Traditionellerweise gab es bei den Bobo vor dem eigentlichen Opfer eine Art Vorspiel, das *yibe tege dâga* genannt wurde („Depot der Asche"). Dabei brachte man etwas Asche auf dem Altar dar und formulierte die Wünsche. Erst wenn von den Geistern zumindest ein Teil dieser Anliegen befriedigt worden war, vollführte man das wirkliche Opfer (Le Moal 1981:104). Obwohl ich diesen Ablauf in Koumbara nie beobachtete, war seine geradezu buchhalterische Logik doch bei allen Opferungen manifest.

schwitzend, gelangweilt, müde und auf eine stumpfsinnige Art betrunken zum nächsten Kreuzvetter. Lehnte man schließlich gegen Mittag und dem Erbrechen nahe den zehnten Teller Hirse flehend ab, ging bestimmt wenige Minuten später ein eifersüchtiges Gezeter los zwischen der verschmähten Gastgeberin und einer andern Cousine, die man eben noch mit einem Besuch beehrt und die Früchte ihrer Kochkunst gebührlich gekostet und gelobt hatte. Da half dann nur ein weiterer kleiner Griff in die Geldbörse, wollte man nicht eine auf Jahre hinaus angelegte Minifehde riskieren.

Diese Mühsal wurde lediglich aufgelockert durch kleine Geschichten im Sinne von Durchhalteparolen, mit denen Baba illustrierte, was passieren kann, wenn man sich nicht an die Sitten hält:

„Mit den alten Féticheuren muss man vorsichtig sein. Sind sie nicht zufrieden, können sie über das Wasser sprechen, das sie dir zum Trinken geben, und nachher wirst du krank.

Eigentlich wäre es ja an meinem älteren Bruder, diese Besuche zu machen und vor allem, sich um das Begräbnis unserer Mutter zu kümmern. Hast du gesehen? Man hat sich nicht einmal erkundigt, wie es ihm geht. Er hatte merkwürdigerweise gerade vor kurzem einen Unfall mit einer Hirnverletzung. Vielleicht ist er auch deshalb etwas seltsam geworden. Auf dem Rückweg werde ich eine Pflanze für ihn suchen gegen die chronischen Kopfschmerzen.

Wenn man um etwas gebeten wird, muss man es immer geben. Stell dir vor, jemand bittet dich um 1000 CFA. Du lehnst ab. Er wird sich sagen: Was glaubt der eigentlich, wer er ist, nur weil er es jetzt in der Stadt zu etwas gebracht hat? Dem werden wir's schon zeigen, hier sind wir immer noch auf dem Dorf!

Ich weiß, bei euch ist es anders. Dort schickt man den Bruder weg, wenn er um etwas Essen bittet. Bei euch sagt man: Jeder für sich und Gott für alle."

So zeigten sich unter der Oberfläche einer geradezu zwangsneurotischen Höflichkeit beständig bedrohliche Risse und Abgründe. Ja, die Etikette hatte geradezu den Charakter einer Bannung, eines rituellen Exorzismus, einer Beschwörung von *good-will*, gerade weil er offensichtlich so brüchig, um nicht zu sagen: bloß ein dünner Firniss war, der Neid, Gier und Missgunst nur notdürftig übertünchte. Oder: Die Höflichkeit, die drohende Gewalt unterdrücken sollte, hatte selbst einen gewalttätigen Charakter angenommen. Es war, als ob jede echte Kommunikation (die ja auch die Gefahr mit sich gebracht hätte, dass latente Konflikte plötzlich explizit würden oder sich zumindest Dissens manifestierte) im Keim erstickte durch einen lähmenden Sirup von halbstündigen Begrüßungsritualen.

Eines Nachmittags saß ich im Hof und wartete wie so oft auf irgendetwas. Praktisch alle Anwohner lagen seit Stunden auf ihren Matten und irgendwer klagte über die Armut ihres Dorfes.

Entnervt notierte ich in mein Notizheft: „Die universalen Dörfler. Der gleiche unerträgliche Mief wie in einem Dorf in der Innerschweiz. Der engstirnige Provinzler, der es nicht erträgt, wenn der andere schlauer oder initiativer als er selbst ist. Zwang zur Blödheit. Diese Angst, von der Norm (der Mittelmäßigkeit) abzuweichen. Sie halten sich selber gegenseitig im Elend. Immer lamentieren, aber wer es besser machen oder ausbrechen will, wird ‚heruntergeholt'. Wie ich plötzlich Kapitalismus, Liberalismus, protestantische Ethik, Anonymität, Egoismus und Gleichgültigkeit der Großstadt zu schätzen weiß! Hier würde ich wahnsinnig. Terror der Gastfreundschaft, Maul stopfen mit Hirse und Bier, orale Vergewaltigung, Zwang zur Nettigkeit, zur Heuchelei, zum Konformismus, zur Vorhersehbarkeit, zum Teilen, zum Geschenk, Sabotieren jeglicher unerwarteter Initiative durch ein Korsett von Anforderungen, Erwartungen, Höflichkeiten, ein Gefängnis aus Gefälligkeiten und Rücksichtnahmen, und im Hintergrund immer die angedeutete, brutale Konsequenz im Falle von Nichtbefolgung. Der Mehltau von tausend Rücksichtsnahmen paralysiert alles. Paranoia, Klaustrophobie, Vergiftungsangst und Verhexungspanik hinter dem lächelnden Gesicht der Dorfidylle."

Man könnte versuchen, diesen extremen Konformismus, die Angst vor Abweichung und Vergeltung und die Wichtigkeit von Opferungen in solchen Gesellschaften zueinander in Beziehung zu setzen. Der springende Punkt wäre dann, dass in solchen Gemeinschaften, wo sich Staatlichkeit und Gerichtswesen noch kaum durchgesetzt haben (der allseits belächelte, aber zugleich ausgenützte *Delegierte* war dafür ein sprechendes Beispiel), ein Gewaltmonopol fehlt, ein „Drittes", das sich zwischen die Leute stellen könnte, und dass somit die Gefahr von Gewalt und Vergeltung allgegenwärtig wäre. Durch die ungeschützte Nähe bekommt einerseits die Gewalt*prävention* ein viel größeres Gewicht als bei uns, andererseits muss Gewalteskalation durch *andere* Mittel als bei uns verhindert werden, nämlich durch zu opfernde Sündenböcke, die die ausufernde Gewalt auf sich konzentrieren und die Gemeinschaft so wieder „reinigen". Sowohl die Opferung eines Tiers als auch die „Opferung" einer angeblichen Hexe kann möglicherweise diesen restrukturierenden Zweck erfüllen.[106]

Am folgenden Tag fuhren wir nach Dieni, dem Geburtsdorf von Babas Vater. Dieser wollte für uns dort ein Opfer darbringen. Wir gingen zu einem Verwandten, dem wir die nötigen Hühner abkaufen wollten. Dieser behauptete aber, er könne sie jetzt nicht einfangen, sie würden ihm in die Maisfelder entwischen; er müsse auf die Dämmerung warten, dann kämen sie in den Hof. Offenbar wollte er die Zeremonie aus irgendeinem Grund sabotieren. Wir wussten allerdings auch nicht wieso.

Wir fuhren weiter nach Boroui, wo Babas Mutter begraben lag. Ihr Grab befand sich im Haus ihres Bruder, eines Féticheurs. Einige Tage vor unserer Abreise war Babas Sohn an einer Lungenentzündung erkrankt. Aus diesem Anlass hatte er mir vom Tod der Mutter erzählt:

„Als meine Mutter etwa siebzig Jahre alt war, verabschiedete sie sich eines Tages von ihrem Mann und sagte, sie werde ihn nicht mehr sehen. Sie reiste zu ihrem Bruder. Dort bekam sie kurz darauf eine Lungenentzündung und verstarb. Auch mein Vater ist hellsichtig. Er weiß bereits, dass einer seiner Söhne auf Besuch kommt – allerdings nicht, welcher."[107]

Der Bruder und seine Frau waren zu Hause. Die Mutter war seltsamerweise mitten im Hauptraum der Hütte, unter dem Fußboden, begraben worden. Die Alten räumten das Bett heraus, damit wir den Ort besser betrachten konnten. Man sah allerdings rein nichts, das auf eine Grabstätte hingewiesen hätte. Neben dem „Grab" befand sich eine Umrandung aus einem niedrigen Lehmmäuerchen, worin die guten Kleider aufbewahrt wurden.

„So kann man sie nicht stehlen, da sich gleich daneben das Grab befindet."

---

106 Girard 1992:29–35.
107 Auch Baba hatte übrigens manchmal gleichsam unwillkürliche „Anfälle" von Hellsichtigkeit. Einmal saßen wir in einem Maquis in Korhogo, als er unvermittelt sagte: „Deine Großmutter bedeutet dir viel. Sie hat dich früher sehr forciert in der Schule. Sie wird dir etwas geben, was sie dir noch nicht gegeben hat. In ihrem Namen, auf deinen Namen. Nadja und du, ihr habt euch an einem Montag an einem Ort mit vielen Leuten kennen gelernt. Sie ist dir sofort aufgefallen, aber du ihr nicht. Sie ist eine Glücksfrau." Das berührte und erstaunte mich. Allerdings könnte man sagen, dass ein Griot auch ein professioneller Menschenkenner, Empathiker und Kommunikator ist und dass vielleicht ein fließender Übergang von Sensibilität zu Telepathie besteht. Für eine adäquate Reaktion auf ein Gegenüber, eine Umwelt oder eine Situation braucht es neben der bewussten immer auch eine unbewusste, intuitive, automatische, reflexartige Wahrnehmung, die in diesem Fall wohl von Generation zu Generation „übertragen" wird.

Wir hockten uns daneben, und Babas Onkel machte lange Segnungen.

Auf Babas Wunsch machte ich ein Foto des Platzes, aber als einzige Aufnahme dieser Reise war sie verpfuscht: eine einzige dunkle Fläche, ein Schwarzes Loch.

Für Baba ein klarer Fall: „Sie wollte nicht fotografiert werden."

Wir fuhren zurück nach Dieni. Die Hühner für das morgige Ritual waren noch nicht eingefangen. Babas Vater entschied, in Dieni zu bleiben, um sich am Morgen gleich um die Vorbereitungen für das Opfer kümmern zu können; wir fuhren zur Übernachtung nach Koumbara zurück.

Am nächsten Morgen besuchte und fotografierte ich die schöne, unerwartet großzügige Moschee des Dorfes. Sie war etwa fünfzig Jahre alt und gänzlich aus dem rötlichen Lateritlehm der Gegend erbaut, im weichen, sudanesischen Stil, mit den aus der Mauer ragenden Holzverstrebungen (wie ihre berühmten „großen Schwestern" in Djenné, Mopti oder Bobo-Dioulasso). Sie war vor drei Jahren renoviert worden, Baba hatte dabei den Waschplatz finanziert.

Nachher fuhren wir wieder nach Dieni. Wir gingen zum Haus der Fetische, in dem Babas Vater auch wohnte, wenn er in Dieni war (häufiger war er jetzt in Koumbara, wo er die beiden Frauen seines verstorbenen Bruders hatte übernehmen müssen). Auf dem Vorplatz, der Opferstätte, befand sich ein Stein voll eingetrockneten Blutes, der Fetisch. Am Baum daneben hingen Schnüre; sie bezeichneten Opfer, die versprochen worden waren. Daneben ein Hirsestab; er erinnerte daran, dass nach der Ernte immer zuerst ein Teil geopfert werden musste, bevor man selber die erste Hirse essen konnte. Wir opferten zuerst die beiden weißen Hühner, die wir am Vortag für Baba bestimmt hatten. Der junge Opferer nahm zuerst eine Münze von Baba entgegen und „schnitt" sie symbolisch mit einem Messer auf dem Opferstein, bevor er den Hühnern den Hals durchtrennte. Die für mich bestimmten zwei Hühner wurden im Innern der Hütte dargebracht, denn sie waren rot. Ich musste wie immer meine Wünsche über sie sprechen, aber im Gegensatz zu den Gebräuchen der Bambara machte man hier seine Wünsche publik. Baba übersetzte sie für das Plenum auf Bwamu. Das genierte mich etwas, aber ich dachte mir, dass diese Öffentlichkeit ihnen vielleicht auch mehr Gewicht verleihe und das vielleicht sogar einen gewissen (auto-)suggestiven, therapeutischen Wert haben könnte („geteiltes Leid ist halbes Leid"). Anderseits adaptierte ich natürlich meine Wünsche auch sogleich, sie verwandelten sich in eine Art Höflichkeitsbekundungen (ähnlich wie es kurz vorher Baba auf dem Vorplatz gemacht hatte): Wünsche nach Gesundheit und langem Leben für mich und alle um mich herum, gute Beziehungen, Freundschaft, kein Streit usw.

„Sogar die Wünsche werden zwangskollektiviert", dachte ich.

Das Blut wurde auf den Fetisch geleert, ein bizarres, undefinierbares, in ein Hundefell gewickeltes Objekt (es wurden hier auch Hunde geopfert). Es gab keine Konsultation, sondern ich musste wie am Vortag ein Versprechen für ein zweites Opfer abgeben, falls meine Wünsche in Erfüllung gehen sollten. Ich stellte zwei weitere rote Hühner in Aussicht.

Kurz nachher fragte mich Baba nach Geld. (Ich wusste bereits, dass, kaum hatte ich mich über ein interessantes Erlebnis gefreut, die jemand bemerkte und einen Preis dafür einforderte.)

Das Problem war folgendes: Sabéré, Babas Vater, hatte von einem der Dörfler einen Kredit von 5000 CFA bekommen. Man hatte ihm den Kredit gewährt, weil man bereits wusste, dass demnächst Baba aus der „Stadt" mit einem Sack voll Geld anreisen würde. Baba hatte aber bereits kein Geld mehr. Er hatte mir schon kurz nach unserer Ankunft von diesem Kredit erzählt; ich hatte mich, wie es auch Afrikaner in solchen Situationen tun, blöd gestellt und so getan, als ob ich den Aufforderungscharakter der Erzählung nicht bemerkt hätte. So fragte er mich hier jetzt in einer Direktheit, die auch einen Volldebilen entwaffnet hätte, ob ich ihm die 5000 geben könne, plus „etwas für die nächste Zeit". Da ich mir selber schon ziemlich ausgelaugt vorkam, antwortete ich, ich würde ihm 10 000 geben, aber ebenfalls als Kredit.

Verdutzt fragte er: „Kredit?"

Ich sagte: „Du musst es mir nicht sofort zurückzahlen; aber es ist nicht geschenkt, sondern geliehen."

Diesmal war er es, der den Begriffsstutzigen mimte. Als ob er zum erstenmal Französisch höre, fragte er ein paar Mal:

„*Prêté? Prêté??*" („Geliehen?")

Dann folgte ein längerer Exkurs darüber, dass er nur mir zuliebe diese beschwerliche Reise ins Dorf auf sich genommen habe.

„Ich hatte eigentlich gar keine Zeit dafür. Es bedeutet für mich, dass ich mehrere Wochen nicht arbeiten kann. Du hast meiner Frau zwar Geld dagelassen für die Zeit meiner Abwesenheit, aber sie hat jetzt bestimmt schon alles aufgebraucht für Yayas Medikamente. Überhaupt, weißt du, wie schlecht man jetzt über mich reden wird, da ich gerade abgereist bin, als mein Sohn krank wurde? Und dann ist jetzt auch noch Schulanfang. Eigentlich wollte ich nach Abidjan reisen, um Schultaschen zu kaufen. Damit kann man in Ferké und Umgebung ein gutes Geschäft machen. Dafür bräuchte ich aber einen Kredit, ich habe dir davon erzählt. Du hast nicht darauf reagiert. Das ist dein gutes Recht, du bist zu nichts verpflichtet. Aber wenn du mir etwas gäbst, damit ich Schultaschen, eine Nähmaschine oder ein Taxi kaufen könnte, da würde ich besser verdienen und müsste dich nicht immer um Geld anbetteln. All das habe ich jetzt wegen dieser Reise verpasst. Gut, es stimmt, du übernimmst alle Unkosten. Aber es ist peinlich für mich, so unvorbereitet und ohne Geld ins Dorf zu kommen. Du hast gesehen, dass mein Bruder nichts für unsern Vater unternimmt. Du bist jetzt wie mein *grand-frère*..."

Ich fragte scheinheilig: „Aber sag mal – du bist doch nicht etwa wütend auf mich?"

Er tat, als falle er aus allen Wolken und beteuerte: „Ich? Wütend? Wie kannst du...?! Wie könnte ich jemals wütend sein gegen dich, einen Freund, einen Bruder? Auf keinen Fall!"

Damit hatte ich ihn für den Moment schachmatt gesetzt. Denn man kann in Afrika zwar einen „Nächsten" (vor allem die Nächsten!) bis zum Geht-nicht-mehr unter Druck setzen, aber nie darf der aggressive Aspekt dieser Aktionen manifest werden.

Als wir den Vater das nächste Mal sahen, meinte Baba, es wäre nett, wenn ich dem Vater vor unserer Abreise ein Geschenk machen würde, und dann sei da auch noch der Sack Fonio, den er nach Ferké mitnehmen wolle für die Familie ... Ich gab ihm eine Fünftausendernote („für den Fonio und der Rest für Papa") sowie die versprochene Zehntausendernote, wobei ich abermals präzisierte, dass es sich bei Letzterer um eine Leihgabe handle.

Natürlich fragte er wieder ungläubig, als ob er das Wort zum ersten Mal höre: „Geliehen?"

Ich blieb dabei.

Er verteilte einen Teil des Geldes unter den Frauen, und kurz darauf ging ein Palaver los, weil eine Frau uns frische Milch offeriert und eine andere den übrig gelassenen Rest getrunken hatte. Es war, als ob sie stellvertretend Babas Ärger über mich Luft machten.

Nach unserer Rückkehr lieh ich Baba übrigens nochmals einen Betrag für besagte Schultaschen aus Abidjan. Ich habe das Geld bis heute nicht wiedergesehen. Aber ich treibe gewissermaßen Zinsen ein, indem ich jeweils, bevor ich Baba um eine Gefälligkeit bitte, ganz nebenbei eine Anspielung auf seine Schuld fallen lasse. In Afrika erhalten nicht nur kleine Geschenke, sondern auch kleine Schulden die Freundschaft.

### Ist der Vater immer noch nicht zufrieden?

Baba hatte mir schon öfters von einem Fetisch names *sru* erzählt, der durch bloße Berührung seinen Besitzer gewissermaßen unter Strom setze. Wir machten uns mit dem Mofa auf, Monsieur Zee aufzusuchen, einen Bwaba-Heiler und Besitzer des *Sru*-Fetischs, in einem Dorf namens Senkamire. Der Mann war zu Hause, aber er war sehr misstrauisch mir gegenüber. Es war noch nie ein Weißer zu ihm gekommen, und er hatte – wie mir Baba nachher erklärte – Angst, ich würde den Fetisch klauen. Hinzu kam, dass er normalerweise gar keine Konsultationen mehr machte, weil er gesundheitlich etwas angeschlagen war (er hatte drei Bauchoperationen hinter sich) und die *Sru*-Besessenheit ihn jeweils sehr erschöpfte. Gelegentlich übernahm das jetzt sein Sohn, aber der war heute im Busch. Er verschwand, um seinen Fetisch zu fragen, was der zu diesem unerwarteten Besuch meinte. Nach einer Weile kam er zurück ... Der Fetisch war einverstanden, uns zu empfangen. Wir gaben ihm drei rote Kolas (wir hatten in Nouna dann doch noch – viel zu wenige, mickrige und teure – Kolas erstanden, und natürlich alle Alten in Koumbara durch unsere Schäbigkeit beschämt und schockiert); dazu 1000 CFA für ein Hühneropfer, sowie 500 für seine Arbeit.

Der *Sru*-Fetisch (der übrigens in ganz Burkina – wenn auch relativ spärlich – verbreitet ist) bestand aus zwei Säckchen mit Glöckchen und anderem metallenem Gehänge dran. Der Alte nahm eines davon, rief es an und schüttelte es rhythmisch. Nach etwa fünf Minuten begann er schwerer zu atmen, dann röchelte er, rülpste unaufhörlich, seine Sprache kam nur noch stotternd, er schwitzte, zuckte – eine Mischung aus epileptischem Anfall, Stromschlag, Orgasmus, Parkinson und Agonie.

Er (Monsieur Zee bzw. der Geist) sprach auf Dioula; sein junger Helfer übersetzte ins Bwamu, das Baba wiederum auf Französisch wiedergab. Die Übersetzung ins Bwamu wäre eigentlich unnötig gewesen, aber gehörte offenbar zum Ritual. (Auch unter Einheimischen wird bei Trance-Konsultationen oft zwischen Féticheur und Klient ein Interpret/Sprecher/*porte-parole*/Medium/Transformator/Puffer/Filter dazwischengeschaltet, auch wenn das aus sprachlichen Gründen nicht nötig wäre; wie übrigens auch traditionellerweise beim Gespräch zwischen Noblen und Gewöhnlichen und ganz generell bei Konflikten[108]).

---

[108] Siehe dazu das Kapitel „La nécessité de passer par un intermédiaire pour communiquer en cas de conflit" („Die Notwendigkeit, in Konfliktfällen einen Vermittler einzuschalten") in Delacroix 1994:93f.

Er sagte mir unter anderem:

„Du musst ein weißes Huhn im Busch opfern. Du kannst ihm die Kehle durchschneiden oder es auch einfach laufen lassen, nachdem du ihm deine Wünsche mitgeteilt hast. Machst du Geschenke? Gib einem Blinden Milch, an einem Freitag. Um klar zu sehen. Du bist wie ein Blinder; vieles, was du siehst, verstehst du nicht. Möchtest du, dass ich Medikamente oder Gris-Gris für dich herstelle? Nein? Du hast viele Féticheurs und Marabouts aufgesucht; vieles, was sie gesagt haben, hat sich nicht realisiert. Deshalb möchtest du keine Gris-Gris mehr. Ist das wahr? Sag es, wenn es nicht wahr ist; ich möchte immer diskutieren. Du suchst unaufhörlich dein Glück, mit viel Schweiß."

Dann sagte er längere Zeit nichts mehr, schließlich:

„Du kommst von weit her, das ermüdet den Fetisch" (weil der Geist jeweils dorthin reisen muss, um zu sehen).

Dann warf er dreimal die in zwei Hälften geteilten Kolas; sie kamen gut zu liegen.[109]

Für Baba wollte er erst keine Konsultation mehr machen; er war zu erschöpft. Nach einer viertelstündigen Pause begab er sich dann aber doch nochmals in Trance.

„Wenn du eine rennende Alte siehst – ist nichts vor ihr, ist etwas hinter ihr.

Dein Körper ist oft heiß." (Was Baba bestätigte.)

„Das ist, weil du einem toten Geist begegnet bist. Aber du bist gut beschützt. Du musst sieben Kauris in ein Tuch wickeln, darauf schlafen, am Morgen – noch bevor du ein Wort gesagt hast – den Körper damit bestreichen, dann bei Tagesanbruch damit an den Stadtrand gehen und das Bündel dort an einem Baum anbinden. Dann bleibt die Krankheit dort.

Du wolltest schon einmal zu mir kommen, aber es ging nicht; durch Neid und Hexerei wurdest du daran gehindert."

„Ja, das stimmt. Vor zwei Jahren. Irgendwie kam ich vom Weg ab und verirrte mich."

---

[109] Beim Bobo-Kult *vyetôgo*, der im Anschluss an einen außergewöhnlichen Todesfall durchgeführt wird, fällt einer der Beteiligten in Trance, um den Schuldigen zu finden. Dabei wird der Besessene, wegen des Schaums vor dem Mund und der Geräusche, die er von sich gibt, mit einem Pferd verglichen, und es heißt, er werde vom Buschgeist *sogo* „geritten". Er wird zum Haus des „Täters" getrieben, der gewöhnlich sogleich gesteht und innerhalb weniger Tage, ohne äußere Gewalteinwirkung, stirbt (Le Moal 1975:90f.). *Sogo* verkörpert die Wildnis außerhalb des Dorfes. Es ist mittels seiner Gunst, dass ein Hexer wirksam werden kann, aber zugleich nimmt man seine Hilfe im Kampf gegen die Hexerei in Anspruch. (Le Moal 1975:84).

„Deine eigenen Geister sind jetzt in den Fetisch gekommen. Sie sagen: Du musst dem Gebetsausrufer ein Huhn geben, wenn er vom Minarett herunterkommt, und du wirst eine Veränderung in deinem Leben sehen."

Er wandte sich nochmals an mich:

„Der Fetisch möchte dir noch etwas sagen; wenn ich es nicht mitteile, ist er nicht zufrieden. Du hast Geld verloren."

Dann drehte er sich wieder zu Baba.

„Du hast dem Vater einen Hut geschenkt."

„Ja." (Er hatte ihm aus Ferké einen gestickten Fes mitgebracht.)

„Du kennst die tiefere Bedeutung *(le fond)* davon nicht; er und der Fetisch hingegen sehr wohl. Dein Vater ist wütend, weil du sechs Monate nicht gekommen bist."

(Hier hatte er einen besonders unheimlichen Anfall von Rülpsen, Sabbern, Schüttelfrost und Schweißausbruch zugleich. Ich meinte tatsächlich, er würde jeden Moment sterben.)

„Er hat nichts gesagt", antwortete Baba.

Auf dem ganzen Rückweg war er verstimmt. Er fühlte sich wie ein ertappter Dieb, weil auch Zee ihm die sieben Kauris auftrug, wie die sechs Féticheure von Koumbara vor einem Jahr, woran sie ihn bei unserem jetzigen Besuch mahnend erinnert hatten. Aber vor allem kränkte ihn, was über seinen Vater gesagt worden war: Dass gerade der schöne Hut, den er ihm gekauft hatte, ein Zeichen seiner Unzufriedenheit sein sollte. Er zählte mir auf, was er dem Vater sonst noch alles gegeben hatte beziehungsweise noch geben wollte: ein Hemd, die eigene Hose, die teuren Kolas aus Nouna, eine Taschenlampe, eine Decke, den teuren, in Bobo liegen gelassenen Bubu, das Geld …

Er meinte bitter: „Vielleicht hätten wir doch Gris-Gris in Auftrag geben sollen. Sie schützen dich gegen deine Freunde."

(Ich hatte Baba einmal gefragt, ob *er* eigentlich keine Angst habe, in seinem Dorf verhext zu werden. Er sagte: „Nein. Hast du nicht gesehen, wie *respecté, considéré et populaire* ich bin? Das ist, weil ich immer zu allen nett bin und die Sitten respektiere. Aber vor allem bin ich auch durch meinen Vater, der sowohl als Griot wie auch als Féticheur unheimlich stark ist, geschützt." Er spielte in diesem Zusammenhang auch immer ein bisschen seinen großen Bruder Solo aus, der eben weniger vorbildlich und infolgedessen beim Vater weniger beliebt sei. Aber diese ganze Abwehr wurde durch die Aussage des Geistes jetzt brüchig, ja konnte sich sogar – als *böse* Kraft des Vaters – gegen ihn wenden.)

Wir fuhren nach Dieni zurück, wo wir mit Babas Vater vereinbart hatten, die ganze Verwandtschaft zusammenzurufen, um ein paar Familienfotos zu schießen. Nun stellte sich aber heraus, dass er stattdessen ins *Chapalodrome* Hirsebier trinken gegangen war. So verschoben wir die Fotosession auf den folgenden Tag.

Zurück in Koumbara, wollte mir der Lehrer unbedingt noch „seine" Schule zeigen. Da er zugleich unser Gastgeber war, konnte ich seinen Wunsch nicht ausschlagen, trotz Müdigkeit und Durchfall. *(„Tout ça te fait chier"*, hatte Baba gemeint.)

Bei der Besichtigung war vor allem die Rede davon, dass letztes Jahr Japaner dagewesen seien und Geld versprochen hätten für ein zweites Gebäude (für eine zweite Klasse).

„Jetzt haben sie ein ganzes Jahr einfach nichts mehr von sich hören lassen", meinten sie beleidigt. „Aber vielleicht gibt es in der Schweiz Leute, die helfen wollen?"

Ich war versucht zu sagen: „In Koumbara kann man das Leben lang den *grand-frère* oder den *patron* für die eigene Armut verantwortlich machen und ihm, falls er nicht hilft, mit Hexerei drohen. Aber die Welt ist nicht Koumbara und Japan nicht euer großer Bruder."

Erst am nächsten Abend schafften wir es schließlich wegzukommen. Dann sprang der Motor des Mofas nicht an und wir mussten noch einen Mechaniker aufsuchen. Und endlich mussten wir auf halbem Wege umkehren, weil Baba merkte, dass er seine Gris-Gris im Dorf vergessen hatte.

„Deshalb hat auch der Motor gestreikt", meinte er.

Die Rückreise im Dunkeln auf den bloß angedeuteten Sandwegen war schwierig, zu zweit auf dem klapprigen Mobylette, mit einem Riesensack Fonio, dem ganzen Gepäck und einem lebenden Huhn, das man uns noch freundlicherweise aufgedrängt hatte. Schließlich platzte auch noch der hintere Reifen, und wir mussten den letzten Kilometer zu Fuß gehen. In Nouna angekommen, hatte ich keine Lust mehr, wie beim ersten Mal bei der Verwandten auf einer Strohmatte auf dem Fußboden zu schlafen, ohne WC und Dusche. Aber für Baba war es fast unmöglich, der Frau beizubringen, dass wir (denn alleine wollte er mich auch nicht gehen lassen) die Nacht im Hotel verbringen würden: „Sie wird annehmen, wir fänden es nicht sauber bei ihr, wir vertrauten ihr nicht, wir suchten Mädchen im Hotel. Das nächste Mal, wenn ich bei ihr anklopfe, wird sie sagen: Geh doch mit deinem Weißen ins Hotel!"

Am nächsten Tag bemerkte Baba, er hätte den Vater noch auf seine „Wut" angesprochen.

„Er sagte, es sei wahr, was der Féticheur gesagt hat. Er sei wirklich wütend. Aber nicht wegen mir, sondern wegen einer Tochter (eine meiner Halbschwestern), die ihn seit zwanzig Jahren nicht besucht hat."

In Nouna bemerkte er, dass er aus Versehen die Hose seines Vaters eingepackt hatte (nachdem er ihm seine eigene geschenkt hatte).

„Das ist passiert, weil ich mich so beeilt habe. Du warst so ungeduldig und wütend, dass ich dachte, ich muss schnell machen."

„Ja, ja, ich weiß", sagte ich lachend. „Ein Afrikaner macht nie einen Fehler. Es ist immer der andere."

Auf dem Weg nach Bobo nützten wir einen kurzen Halt in einem Dorf, um Babas Schwester aufzusuchen. Sie war jedoch nicht zu Hause, bloß ihr Mann, dem gerade vor kurzem die zweite Frau gestorben war, was Baba nicht gewusst hatte.

Nachher sagte er: „Wir haben Glück gehabt. So konnte ich ihm kondolieren. Denn hätte man erfahren, dass ich hier vorbeigefahren bin, ohne ihn aufzusuchen, hätte man gesagt: Wäre die andere Frau gestorben, seine Schwester, wäre er sicher kondolieren gekommen. Aber ihre *Rivalin* ... Vielleicht hat er sogar etwas mit ihrem Tod zu tun."

Am Abend in Bobo sprach ihn eine Prostituierte an. Sie wurden handelseinig, aber sie bestand auf der Benützung eines Präservativs. Da zog er sich zurück.

„Der Pariser macht dich krank", erklärte er ernst. „Beim Sex atmet der Penis schwer. Wenn du einen Pariser anziehst, bekommt er keine Luft mehr."

Am Freitagmittag waren wir eigentlich bereit für die Weiterfahrt nach Banfora. Aber Baba war der Ansicht, nach dem Großen Gebet in der Moschee zu reisen bringe Unglück. So verbrachten wir noch einige Zeit in Bobo und Banfora, bis wir schließlich nach Ferké zurückfuhren.

### Big Brother is watching you

Ich verbrachte zwei Wochen in Abidjan und kehrte dann nach Ferké zurück, mit der vergrößerten und gerahmten Fotografie von Baba mit seinem Vater als Geschenk. Als ich das Hotel betrat, wo ich jeweils abstieg, nahm mir eine der Angestellten den Reisesack sowie die Plastiktüte ab, in dem sich das Bild befand. Die Reisetasche war wohl schwerer, als sie erwartet hatte; sie glitt ihr aus der Hand und mit ihr das Bild. Das Glas zerbrach.

Am selben Nachmittag ließ ich es bei einem Fotografen ersetzen. Auf dem Rückweg begegnete ich Baba und seinem großen Bruder Solo am Stand, wo sie Taschen nähten und verkauften. Solo fragte mich gleich, was ich ihm von der Reise nach Burkina mitgebracht hätte. Ich versuchte abzulenken. Dann fragte Baba, was in der großen Plastiktüte sei. Es war mir peinlich, das Foto vor dem Bruder auszupacken. Aber Baba drängte mich; er wusste bereits, worum es sich handelte. Ich übergab ihm das Bild; es wurde herumgereicht.

Solo rief: „Das ist mein Vater!"

Jeder der Anwesenden gab seinen Kommentar ab. Baba selbst schaute sich das Bild lange an und meinte dann sehr zufrieden: „Man sagt, dass ich meinem Vater gleiche."

Wir gingen zu Baba nach Hause. Er holte das Bild des Präsidenten Bédié von der Wand herunter und ersetzte es durch die Aufnahme von sich selber und seinem Vater.[110]

Zurück im Zentrum kamen wir wieder am Stand vorbei; Solo war immer noch dort und fragte mich diesmal, ob ich ihm etwas von Abidjan mitgebracht hätte. Dann ließ er ein Radio bringen.

„Der Mann, der den Stand da neben mir hat, möchte es verkaufen, weil er Geld braucht. Das wäre sehr praktisch für mich. Kannst du es mir kaufen?"

Ich lehnte ab.

Später am Abend trafen wir Issa, den ältesten Sohn von Solo, zu dem ich immer ein sehr herzliches Verhältnis hatte. (Durch ihn hatte ich die Familie ja kennengelernt). Finster dreinblickend schlug er mir vor, ihn in zwei Monaten nach Ouagadougou zu begleiten.

Ich hatte Baba ja Geld geliehen, um in Abidjan Schultaschen einzukaufen, die er dann zum Ferienende in Ferké und Umgebung anbieten

---

110 Gemäß Kluckhohn (1960:52) ist der Bruderzwist und insbesondere der Zwist zwischen unmittelbar einander folgenden Brüdern, inklusive Zwillingen, in Afrika das häufigste Mythenmotiv überhaupt. Die ganze Geschichte um Baba und Solo und das afrikanische Mythologem des Bruderkonflikts illustriert auch gut die Theorie von Ortigues (1984:80-116), wonach in Afrika der Ödipuskomplex vom Vater auf den Bruder verschoben sei. Der Vater bleibt eine idealisierte, recht ferne und abstrakte Figur, mit dem jede offene Rivalität undenkbar ist. Die eigentliche Rivalität spielt sich zwischen den Brüdern ab, wobei der Wunsch und das Verbot, den Vater zu besiegen, ersetzt wird durch die gefährliche Aussicht, den größeren Bruder zu überrunden. Die Kastrationsdrohung im Falle eines tatsächlich errungenen Sieges wird in Afrika im Idiom der Hexereifurcht formuliert. Unerwähnt bleibt in diesem ganzen Theater die Figur, um deren Aufmerksamkeit es wohl letztlich geht: die – im Falle von Baba und Solo bereits tote – Mutter.

konnte. Ich befürchtete schon, das würde wohl noch zu weiteren Eifersuchtsszenen Anlass geben. Aber am nächsten Tag begrüßte mich Solo höflich und dankte mir für die Schultaschen. Ich glaubte erst an ein Missverständnis oder dass Baba ihm die Taschen überlassen hatte. Aber dann realisierte ich, dass Solo einen Weg gefunden hatte, die Situation zu entlasten, indem er sich sagte, dass ein Geschenk an seinen Bruder ja eigentlich sowieso auch ein Geschenk an ihn selbst sei.

Etwa ein halbes Jahr später fanden dann die *funérailles* für die Mutter doch noch statt.

Ich war im Mai 1998 gerade in Ferké, als Baba mit der ganzen Familie aus Burkina zurückkehrte. Er zählte mir auf, was sie alles hatten kaufen müssen:

„Acht Säcke Hirse à 100 Kilo (vor allem für Hirsebier), vierzig Hähnchen, acht Schafe, ein Rind. Das Fest dauerte vier Tage und Nächte. Mein grosser Bruder spielte Balafon, daneben gab es viele Trommler. Für die Beleuchtung in der Nacht mieteten wir einen Generator, da es im Dorf keinen Strom gibt. Es kamen Leute aus vierzig Dörfern angereist. Niemand musste hungrig oder durstig nach Hause gehen."

„Wie viele Lungenentzündungen könnten mit diesem Geld geheilt werden?" dachte ich. „Aber ob Solo seiner Mutter ein Medikament gekauft hat oder nicht, danach kräht kein Hahn. Am Pomp der *funérailles* zeigt sich, ob einer ein guter Sohn war oder nicht."

Baba war völlig erschöpft.

„Seit einer Woche leide ich unter Malaria", sagte er. „Mein Vater vermutete, es steckten Hexen dahinter. Ich glaube eher, es war einfach die Anstrengung. Und dann habe ich auch seit einem Monat nicht mehr mit meiner Frau geschlafen. *Si tu penses toujours aux funérailles, la pine n'est plus trop intéressée.* – Wenn du dauernd an Begräbnisse denkst, ist der Schwanz am Ende nicht mehr allzu interessiert. Aber sag mal ... Mein Mofa ist auch kaputt; könntest du mir nicht 20 000 für die Reparatur geben?"

# Clémentines Geister
## Trance und Besessenheit in Abidjan

Eines Nachmittags im März 1996 erzählte mir die Basler Pharmazeutin Claudia Weiss im „Centre Suisse de Recherches Scientifiques" von der Heilerin Clémentine Roger. Für ihre Studien über die Verwendung bestimmter Pflanzen in der traditionellen afrikanischen Medizin[111] hatte sie einige Interviews mit ihr geführt. Aufgrund der Fragebogen und ihrer Schilderungen ergab sich folgendes erstes Bild:

„Clémentine ist 32 Jahre alt und wohnt im Quartier *Koumassi Sud* in Abidjan. Sie wurde geboren und ist aufgewachsen in Bonoua, im Südosten des Landes.

Sie hat keine Kinder, ist aber verheiratet mit einem Mann, einem Techniker, der vor kurzem pensioniert wurde. Wenn sie ihre Regel hat, zieht sie jeweils zu ihm, weil die Geister, die in ihrem Haus wohnen, nicht gerne Menstruationsblut haben. Auch andere Frauen, die die Regel haben, dürfen ihr Haus nicht betreten. Vor 23 Uhr muss sie sich immer waschen und ebenso vor dem Essen am Morgen. Denn die Geister essen jeweils mit ihnen, und dafür muss man sauber sein. (Das gilt auch für ihren Mann und für alle andern Leute im Haus). ‚Schlafen ist ein bisschen wie sterben', erklärt sie. ‚Am Morgen muss man diesen Tod abwaschen, vor allem die Frauen (Nachtschweiß, aufgeschwollenes Gesicht, Absonderungen in der Scheide).' Sie bezeichnet die Dioula als schmutzig, weil sie sich drei Tage nicht waschen würden. Wenn Clémentine diese Tabus nicht beachtet, hört ihre Regel auf. Dann muss sie ein Huhn opfern und die Geister um Vergebung bitten.

Sie arbeitet als Heilerin bei sich zu Hause. Manchmal bleiben Patienten auch mehrere Tage bei ihr. Sie arbeitet allein. Wenn sie krank ist, fragt sie ihre Schwestern um Hilfe. Diese bereiten die Medizinen nach ihrer Anleitung zu. Wenn sie die Regel hat, macht sie die Behandlungen im Haus ihres Mannes. Sie übt diese Tätigkeit seit zwölf Jahren aus, aber nur teilzeitlich. Sie heilt im Prinzip alles, sofern ihr der Geist sagt, er könne es. Sie hat ihre Kenntnisse von den Geistern, die zu ihr entweder in den Träumen sprechen oder wenn sie in Trance ist. Sie sagen ihr zum Beispiel, welches Kraut welche Krankheit heilt. Am häufigsten be-

---

111 Weiss 1997.

handelt sie Malaria, Magengeschwüre, Hautkrankheiten und Bluthochdruck.

Sie erkennt die Krankheiten durch Befragung des Patienten. Aber sie sagt, sie stelle nicht zu viele Fragen, weil die Leute lieber von *ihr* wissen wollten, weshalb sie hier seien. Auch antworteten die meisten auf Fragen sowieso nicht wahrheitsgemäß. Sie beobachtet die Leute allgemein, untersucht sie aber auch spezifisch: Urin, Kot, Fieber, Fragen nach Appetit etc. Sie macht erst selbst eine Diagnose und fragt dann die Geister; früher oft mittels Trance, jetzt seltener.

Die Geister sagen ihr, ob es sich um eine natürliche Krankheit handelt, um eine, die von jemandem *gegeben* wurde, oder um ein Vergehen. Sie zeigen, was man braucht, wie lange es dauert, was man opfern muss und das Totem, das die Person beachten muss. Manchmal muss der Patient für die Behandlung bei ihr bleiben, sonst gibt sie ihm einfach etwas mit.

Sie fragt den Patienten jeweils, ob er das Medikament lieber als Getränk nimmt oder als Bad, Einlauf etc. Sie gibt auch Ratschläge bezüglich der Ernährung. Ist nach einer Woche keine Besserung eingetreten, wechselt sie das Medikament.

Ihre Medikamente hätten keine Nebenwirkungen, weil sie mit Geistern arbeite, die wüssten, was man geben darf und was nicht. Nach drei Tagen bestellt sie die Patienten jeweils zur Nachkontrolle. Der Patient ist gesund, wenn er selbst es sagt und die Geister es bestätigen.

Die Pflanzen pflückt sie selbst, manchmal auch ihr Vater, ihr Mann oder ihre Schwester. Sie arbeitet mit anderen Heilerinnen zusammen. Ihr Wissen gibt sie teilweise an ihre jüngere Schwester weiter, aber nur bezüglich kleinerer Krankheiten.

Sie verfügt unter anderem über ein Pflanzenmedikament, das je nach Dosierung als *Pille danach* wirkt oder als Einleitung für die Geburt *(Monodora myristica)*.

Bei den Opfern muss immer ein Hühnerkopf dabei sein, sonst essen die Geister nicht, werden unzufrieden und könnten sie sehr krank machen. Unter Trance sprechen die Geister durch sie, das heißt, sie spricht dann plötzlich eine andere Sprache. Sie hat mehrere Geister, sie weiß nicht genau, wie viele. Jeder Geist hat sein Totem, auf das sie Rücksicht nehmen muss. Sie erfährt davon im Traum oder merkt es bei Aktivitäten, die ihr nicht gut tun. Dann hört sie damit auf. Übertretungen können bis zu Krankheit und Tod führen. Sie muss den Geistern einmal jährlich ein Huhn opfern. Zu ihren Totems gehören: Rind, Schwein, Schnecke, Gombo, Pistazie."

Am nächsten Tag wollten wir Clémentine einen Besuch abstatten. Es war jedoch nur ihre Schwester da, die sagte, sie sei in Bonoua. Wir kündigten unsern Besuch für den folgenden Tag an. Durchs Gitterfenster schaute eine Frau, das Gesicht mit Kaolin bestrichen; wahrscheinlich eine Patientin.

Als wir am folgenden Tag wieder in Koumassi erschienen, trafen wir Clémentines Mann Roger an. Es stellte sich heraus, dass sie inzwischen zu ihm in sein Haus gezogen war, mitsamt den Geistern.[112]

„*Elle a sacrifié ma maison*", sagte er lächelnd und doppeldeutig. „Sie hat mein Haus geopfert."

Sie selber war immer noch Bonoua. Aber er bat uns auf eine Cola herein.

Das Wohnzimmer strahlte Bürgerlichkeit aus: Die große Wohnwand enthielt Nippfiguren, golden gerahmte Fotos, eine Sammlung von kleinen Whisky- und Rumflaschen, afrikanische Schnitzereien, Porzellantierchen, die Nachbildung eines alten Entdeckerschiffs, sowie diverse Souvenirs aus Europa. Die Wand wurde von zwei Hirschköpfen aus Plastik geschmückt. Auf einem Gestell stand eine Chivas-Regal-Flasche, zur Leselampe umfunktioniert. An der Decke drehte sich ein barock verzierter Ventilator. Die Fauteuils waren groß, sauber und mit Schondecken überzogen. Eine Hauskatze strich mir ums Bein. Im Fernsehen lief ein Abenteuerfilm; man war auf *Canal Horizons* abonniert.

Roger hatte offenbar gut verdient, bezog jetzt eine Rente, und auch Clémentine verdiente sich durch Stoffhandel etwas dazu.

„Sie hat das Heilen finanziell nicht nötig", sagte Claudia. „Das macht sie seriös."

Ich ließ ausrichten, ich würde nach meiner Rückkehr aus dem Norden, Ende des Monats, noch mal vorbeischauen.

---

112 Roger ist wie sie selbst Abouré. Mit dem Umzug folgten sie der Tradition: Die Abouré sind – wie die Agni – matrilinear, aber viri- und patrilokal; das heißt, die Kinder gehören im Prinzip nur zur Verwandtschaftsgruppe der Mutter, wohnen aber meist, wie die Mutter selbst, beim Vater, was – vor allem in den Dörfern – auch heißt: bei der Verwandtschaftsgruppe des Vaters (Mabille 1987:195). Clémentine folgte allerdings insofern nicht der Tradition, als sie zwar einen Abouré, allerdings einen aus einer andern Untergruppe und einem andern Ort (Moossou) heiratete.

## Ein aufmüpfiger Fahrer und eine rachsüchtige Schlange

Wir gingen mit Sam Mittagessen. Sam war ein Syrer, der seit seiner Kindheit in der Elfenbeinküste wohnte. Er war Besitzer einer kleinen Ananasplantage in der Nähe von Bonoua, Ananaszwischenhändler und ein Geschäftspartner von Clémentines Vater.

Als er hörte, dass ich mich für Hexerei interessiere, erzählte er folgende Begebenheit:

„Kürzlich kaufte ich jemandem einen Traktor ab. Bedingung war, dass ich den Fahrer mitübernehmen musste. Der stellte sich aber schon sehr bald als unfähig heraus, sodass ich ihm einen alten Traktor übergab, um den es nicht schade war, und für die Neuanschaffung einen besseren Chauffeur einsetzte. Der erste Fahrer wurde darüber sehr böse und erzählte überall herum, dass ich schon noch sehen würde, denn er hätte Mittel, mich zu töten – magische Mittel. Kurz darauf hatte ich einen gefährlichen Unfall; ein schwerer Lastwagen, dessen Bremsen versagt hatten, fuhr voll in mich hinein. Mein Auto überschlug sich mehrmals, bis es zum Stillstand kam. Wie durch ein Wunder passierte mir jedoch nichts. Alle Angestellten sagten mir, das sei der Zauber dieses Fahrers gewesen, und ich solle ihn anklagen. Ich habe jedoch nichts unternommen. Man darf diese Hexereigeschichten nicht ernst nehmen, sonst kann man überhaupt nichts mehr machen. Man muss aufpassen, dass man nicht in dieses System hineingezogen wird."

Er räumte allerdings ein, sehr oft handle es sich bei solchen Vorfällen gar nicht um Magie, sondern um simple Vergiftung, und vor dieser müsse man sich sehr wohl in Acht nehmen.

„Da war zum Beispiel jemand, der stahl das Hemd seines Feindes. Er steckte es zusammen mit einer Giftschlange in einen Korb. Dann quälte er sie mit Nadeln, die er durch den Korb in ihren Körper stach, währenddem sie immer den Geruch des Hemdinhabers in der Nase hatte. Dies eine Woche lang. Dann brachte dieser Zauberer das Hemd dem Besitzer zurück und ging anschließend mit dem Schlangenkorb zu dessen Haus, öffnete den Deckel, und die Schlange schoss direkt in das Haus, auf den Besitzer zu, dessen Geruch sie so gut kannte und mit den erlittenen Torturen in Verbindung brachte, und biss ihn zu Tode. Dem Zauberer konnte natürlich nichts nachgewiesen werden."

Claudia erzählte mir, dass Clémentine ihr vor zwei Jahren einmal die Kauris geworfen habe. Sie hatte ihr unter anderem vorausgesagt, noch vor Beendigung ihrer Doktorarbeit würden sie und ihr Freund sich trennen, was dann – zu ihrem großen Erstaunen – auch eintrat. In punkto Gesundheit hatte sie ihr nichts besonderes vorausgesagt; Claudia wurde dann aber schwer krank. Die Konsultation – ohne Trance – hatte nichts gekostet, außer der Flasche Gin, die sie mitbringen musste. Es war auch nichts zu opfern gewesen.

## Vielschichtiger Lebenslauf

Ende März saß ich – mit meiner Freundin Nadja – wieder unter den Hirschköpfen. Dieses Mal war Clémentine da. Sie arbeitete noch in ihrem Behandlungszimmer. Im Innenhof saßen mehrere Patientinnen. Der halbwüchsige Sohn von Roger (aus erster Ehe) legte ein Video für mich ein. Auf dem Glastischchen stand eine Vase mit Stoffblumen, die so frisch aussahen wie echte. Alles war sauber, aufgeräumt, sorgfältig arrangiert.

Schließlich erschien sie. Ich richtete Grüße von Claudia aus und stellte mich vor. Sie entschuldigte ihre Aufmachung; sie komme von der Arbeit. (Sie hatte ein *pagne* umgebunden und war etwas verschwitzt. Sie trug eine Brille, darunter waren noch Kaolinspuren zu sehen.)

Nachdem ich mich vorgestellt hatte, erzählte sie sehr ausführlich von sich selber. Ich gebe unser Gespräch hier in der komprimierten Form eines Monologs wieder.

Aufgewachsen bin ich in Bonua, aber geboren wurde ich im Spital von Bassam, weil es in Bonoua kein Spital gab. Mein Großvater väterlicherseits kam aus Ghana, von ihm kenne ich das Aschanti. Eine Großmutter mütterlicherseits war Agni, der Großvater Apollonien. Ich selber bin Abouré. Ich spreche auch Baule. Ich verstehe alle diese Sprachen, aber die andern verstehen Abouré nicht. Die Großmutter mütterlicherseits war auch Féticheuse, aber sie ist verstorben. Dann habe ich noch eine Tante, die auch die *Gabe* hat, aber sie ist in Frankreich, und ihre Geister sind hier geblieben; man hat mit der Nahrung und allem vorgesorgt, sodass sie gut hier bleiben können, wenn sie fort ist. Ohne die Geister kann sie nicht praktizieren in Frankreich. Aber wenn sie zurückkommt, fällt sie jeweils in Trance. Eine Cousine hat auch die Gabe, aber sie praktiziert nicht, sondern arbeitet in einem Büro in Abidjan. Meine Mutter konnte keine Kinder bekommen. Jemand hatte sie verhext. Sie hatte zwei Fehlgeburten. Aber dann schenkte der Fluss, der selber nur ein einziges Kind hatte, dieses meiner Mutter. Das war ich. Damit war der Fluch gebrochen. Sie hatte – auf normale Weise – danach noch neun weitere Kinder. Später gingen wir nach Abidjan.

Als Kind war ich etwas seltsam. Ich war eine brillante Schülerin, aber mit zehn, elf Jahren hatte ich plötzlich Probleme. Ich bestand die Aufnahmeprüfung nicht. Wir gingen zu einem Wahrsager, der feststellte, dass ich von einem Geist besessen war. Mein Vater glaubte das nicht. In einer Vollmondnacht war ein Fest bei meiner Großmutter auf dem Dorf. Man schlug die Hölzchen und sang Lieder, um die Geister anzulocken. Ich hatte meinen kleinen Bruder auf dem Schoß. Auch ich schlug die Hölzchen. Plötzlich glaubte ich, mein Bruder zittere. Aber in Wirklichkeit war ich es, die zitterte. Jemand tippte mich von hinten an. Ich drehte mich um, aber niemand war da. Etwas stach meinen Hintern. Es war, als ob ich aufgefüllt würde. Damals ist der Geist in mich gefahren. Dann zog mich etwas in die Dunkelheit hinaus, in den Wald, obwohl ich mich dagegen sträubte. Als ich wieder im Dorf ankam, sagte man, man wolle am nächsten Morgen herausfinden, woher die Geister gekommen seien. Ich ging schlafen. Aber ich hatte solche Angst, dass ich morgens um fünf Uhr aufstand und mit meinem Bruder nach Hause ging. Als ich zu Hause ankam, war ich schwarz und verändert. Meine Mutter glaubte, ich sei krank. Ich hatte Visionen. Ich sah voraus, wenn jemand einen Unfall hatte. Ich sah zum Beispiel seinen Sarg vorbeigehen. Zu dieser Zeit wurden auch meine Augen schlechter, und ich war andauernd krank. Es war beunruhigend. Die Realität war zwar da wie immer, aber es war noch zusätzlich etwas anderes da. Ich verstand es nicht, konnte nicht damit umgehen. Die Geister erlaubten mir immerhin, die Schule zu beenden. Ich machte die Sekretariatsausbildung und arbeitete dann noch einige Monate in einem Büro. Die „Arbeit der Weißen". Aber dann sagten die Geister, ich solle aufhören. Und seither praktiziere ich. Ich bestreite meinen Lebensunterhalt damit. Ich habe viele Kunden. Es ist wie bei einem Arzt: Ein schlechter hat wenige, ein guter viele Kunden. Männer und Frauen. Hier in Abidjan empfange ich Einzelpersonen, in Bonoua mache ich die großen Zeremonien, in der Gruppe. Ich gehe regelmäßig dorthin, treffe mich mit andern Féticheusen, tanze mit ihnen, amüsiere mich ...!
Es gibt zwei Arten von Konsultationen.
Es gibt die Geistbesessenheit. Ich streiche mich mit Kaolin ein. Sie lieben das; sie kommen und ich falle in Trance. Dann sprechen sie durch mich. Es gibt viele verschiedene Geister. Sie kommen aus verschiedenen Landesteilen und sprechen verschiedene Sprachen. Es gibt allerdings keine, die Französisch sprechen! In deinem Falle müsste meine Schwester kommen und übersetzen. Sie kennt die Geister. Man muss sie kennen, denn sonst ist es manchmal schwierig, sie zu verstehen; sie haben alle ihre eigene Art zu reden, wie die Menschen: Manche reden ganz schnell, manche schleppend, manche gebrochen, manche fast unverständlich. Manchmal füge ich dem Kaolin auch ein Medikament

bei, um mich zu schützen. Denn wenn ich auf die Straße gehe, ist es möglich, dass mir jemand „etwas nachwirft"; dieses Medikament macht dann, dass es nicht eindringen kann. Als Féticheuse bist du oft besonders exponiert.

Die zweite Art von Konsultation ist die mit Kauris. Bei dieser Methode bin ich nicht besessen. Die Geister sind daneben, dirigieren die Kauris und sagen mir, was sie bedeuten. Wenn mehrere Leute im Raum sind, ist das Problem manchmal, zu wissen, wem die Kauris nun gelten. Das ist eine Frage der Konzentration. Manche Wahrsager müssen die unbeteiligten Leute deshalb rausschicken. Es ist, wie wenn der Magnetismus einer Person den Wurf und die Konstellation bestimmen würde. Man kann das auch mit einer ganzen Familie machen; dann geht es um Probleme und Konstellationen, die die ganze Familie betreffen.

Mein Fetisch kommt aus Maféré bei Aboisso. Er ist weder ein Fetisch der mütterlichen noch der väterlichen Verwandtschaft. Er ist kein Verwandter. Er ist ein Freund.

Unter anderem überall dort, wo das Wasser fließt, hat es Geister. Weil sie sie nicht sehen, glauben die Weißen, dass sie nicht existieren. Aber die Luft ist auch unsichtbar. Existiert sie deshalb etwa nicht? Man erkennt den Wind an den Spuren, die er hinterlässt. All die Katastrophen bei euch, Überschwemmungen, Tornados, Schneestürme, Flugzeugabstürze, Tankerunglücke, all das rührt daher, weil ihr die Geister der Luft, des Meeres und der Winde nicht anbetet und keine Opfer darbringt. Dann haben die Wassergeister Hunger, und ein ganzes Schiff mit hundert Menschen geht unter. Das gibt es bei uns nicht. Es stimmt, auch hier hat sich das Klima verändert, die Hitze, die Regenzeiten, alles ist etwas durcheinander. Es gab auch hier Personen, die beispielsweise Kindern die Kehle durchgeschnitten haben, um Minister zu werden. Aber bei euch passiert alles im größeren Maßstab. Gerechtigkeit. Alles rächt sich. Ihr müsst das den Leuten in Europa sagen. Was man sieht, ist nur ein Ausschnitt. Es gibt auch die unsichtbare Seite, das Leben nach dem Tod und vor der Geburt. Und irgendwann kommt die Wahrheit immer zum Vorschein.

Ich kann euch heute keine Konsultation machen; es ist schon Mittag. Man muss das am Morgen oder am Abend machen, wenn es kühl und schattig ist. Denn es geht um die Seele. Am Mittag ist die Seele müde und nicht präsent.

Clémentines *Bonne* hatte inzwischen gekocht und wir wurden zu Tisch gebeten. Es gab Foutou aus Yams und Bananen, dazu eine Sauce mit Schaffleisch und einer Krabbe.

### Eine Beziehung etablieren

Nach dem Essen führten wir unser Gespräch noch etwas weiter. Ihre etwa zweijährige Tochter Mimi tauchte jetzt auch auf, sowie die etwas ältere Tochter von Clémentines Schwester, die ebenfalls bei ihr wohnte.

Wir vereinbarten, für eine Konsultation wiederzukommen. Sie holte ihre große Agenda und legte Wert auf eine genaue Abmachung: 8. April, 8.30 Uhr.

„Ich werde zuerst in Trance sprechen und nachher mit den Kauris, was die Geister wieder vertreibt. Es ist wichtig, dass nach der Trance die Geister wieder gehen und man wieder man selber wird. Sonst kann man nicht mehr richtig funktionieren."

Irgendwann kam das Gespräch auf die Kirche und sie meinte, es gebe die Geister, aber es gebe durchaus auch einen höchsten Gott.

Ich fragte sie, ob nur Leute aus bestimmten Ethnien ihre Hilfe suchten, was sie verneinte. Sie kenne zwar naturgemäß viele Leute aus ihrer Region, die auch zu den Akan (Agni, Baule, Abouré etc.) gehörten, aber im Prinzip spiele das für die Heilungen keine Rolle. Manche gingen sogar bewusst zu einem Heiler, der nicht aus der eigenen Region stamme. Auch sie selber sei ja nicht mehr in einer einzigen Tradition verwurzelt, sondern ein „Mischling".

„Es kamen auch schon Senegalesen, Burkinabé, einmal sogar ein Schwede von der Botschaft und ein anderer Weißer, der nicht persönlich hier war, aber sich ein Medikament machen ließ. Die Probleme sind überall gleich, in der Tiefe; nur die Haut ist anders."[113]

Sie spielte oft die afrikanische Medizin und Kultur gegen die westliche aus. So meinte sie etwa, dass es in Europa mehr Wahnsinnige gebe als bei ihnen, liege an der Einsamkeit bei uns. „Die Leute sind misstrauisch und sprechen nicht miteinander."

Ich fragte, ob wir für die Konsultation etwas mitbringen sollten, Gin zum Beispiel?

---

113 Meines Erachtens werden die ethnischen Unterschiede zwischen den afrikanischen Heilern und Heilmethoden oft überbewertet, und zwar sowohl, was die Ethnografie betrifft (schon angelegt in der formalen Engführung der *Monografie*), als auch hinsichtlichlich der Schlüsse, die dann aus diesen Beschreibungen gezogen werden. So hat man etwa bei der ethnospezifischen Betreuung, die am „Centre Georges Devereux" rund um Tobie Nathan (1986, 1994) den afrikanischen Immigranten geboten wird, oft den Eindruck, die Therapeuten seien „ethnischer" als der Patient selbst: Als ob beispielsweise ein Senufo idealerweise nur von einem Senufo behandelt werden sollte, weil nur er die Finessen dieser Kultur (und Sprache) kennt. In der Elfenbeinküste gibt es zahlreiche Senufo, die mit Djioula und Französisch aufgewachsen sind

„Nein", sagte sie und lachte.

Dann kam das Gespräch auf Claudia.

„Claudia sagte mir einmal, dass ein anderer kommen und sie ersetzen würde. Was genau machst du denn?"

„Ich bin nicht wie Claudia primär am Pharmazeutischen interessiert", antwortete ich. „Ich bin Ethnologe. Das heißt, ich interessiere mich mehr für die kulturelle, soziale und religiöse Seite der Heilungen."

„Ich habe einige Male mit Claudia gesprochen, aber dann wurde ich schwanger, dann kam die Geburt und ich hatte nicht mehr so viel Zeit."

(Claudia war tatsächlich etwas frustriert gewesen über die vielen geplatzten Termine, aber auch über das unentwirrbare Gemisch von Pharmazeutischem und „Geisterhaftem").

Plötzlich fragte sie: „Bist du eigentlich verheiratet?"

„Nein, verlobt."

„Wo ist deine Verlobte?"

Etwas verdutzt wies ich auf Nadja, die immerhin schon den ganzen Tag dabei gewesen war.

Clémentine blickte sie an, als ob sie sie zum ersten Mal wahrnähme, und meinte dann: „Sie ist nicht schlecht."

Nach einer längeren Pause sagte sie: „Wenn Nadja zu mir kommt und klagt, dass du immer mit anderen Frauen ausgehst, dann kann ich ihr ein Medikament geben und mit dir einen Zauber machen, sodass du nur noch sie siehst. Die andern Frauen werden förmlich unsichtbar für dich. Oder wenn du immer mit schlechten Freunden ausgehst, die trinken und Unsinn machen, dann kann ich machen, dass das aufhört. Aber alle diese Dinge sind nicht nur gut; Gut und Böse sind nahe beieinander oder ineinander verwickelt. Ich versuche trotzdem, nur das Gute zu tun."

Dann musterte sie auch mich lange von oben bis unten und sagte schließlich nachdenklich und müde:

„Auch du bist nicht schlecht."

---

und „ihre" Sprache praktisch nicht mehr beherrschen. Es wird also in Paris einem angeblich „indigenen", angepassten Modell nachgeeifert, das in Afrika selbst gar nicht existiert. Diese Irrelevanz des Ethnischen in der Heilkunst scheint übrigens nicht erst ein Effekt der Moderne zu sein. Turner (1964:232) stellte bei den – als „konservativ" geltenden – Ndembu in Sambia schon in den Fünfzigerjahren fest, dass man von fremden Wahrsagern oft annahm, dass sie verlässlichere Informationen lieferten als einheimische. Clémentine und Coulibaly behandeln jedenfalls oft Patienten aus Ethnien, über deren ethnische Besonderheiten sie keine besonderen Kenntnisse haben.

Am 8. April tauchten wir wie abgemacht bei Clémentine auf. Es war Ostermontag. Sie war überrascht.

„Haben wir nicht für Freitag abgemacht? Ich muss heute zum *campement* meines Vaters in Assinie. Wenn der *vieux* ruft, kann man nicht Nein sagen. Er war gestern hier, wir sind zusammen in die Ostermesse in der Kirche gegangen.[114] Ich bin schon im Begriff zu gehen und werde erst am Abend zurückkehren. Morgen reise ich mit ein paar Frauen nach Benin, für eine Woche oder zehn Tage. Wir kaufen Stoff ein, er ist dort billiger, und verkaufen ihn hier weiter. Nächsten Sonntag ist *Popo* in Bonoua. Wäre ich hier gewesen, hätten wir zusammen hingehen können. Es ist wie Karneval, alle verkleiden sich, die Männer als Frauen, vorne sieht man nur ihren *cache-sexe* und hinten ihren Po – *très joli à voir*."

Sie holte wieder ihren Terminkalender.

„Also, Freitag, 19. April, acht Uhr früh. Dieses Mal muss es wirklich klappen, schon wegen Claudia. Ich werde Foutou kochen. Ihr dürft nichts zum Frühstück essen. Etwa um 14 Uhr wird alles fertig sein. Ich werde alle andern Termine absagen."

Am vereinbarten Tag erschien ich also gegen neun Uhr wieder in Koumassi. Nadja war wegen Ohrenschmerzen noch bei einem Arzt und hatte vor, etwas später hinzuzukommen. Clémentine war eben im Begriff, im Innenhof eine Patientin zu behandeln; sie massierte ihre Brust mit einer schwarzen Paste ein. Ich wartete etwa eine Stunde im Salon und schaute fern. Dann kam sie.

„Ich bin nur fünf Tage in Benin geblieben", sagte sie. „Das Essen ist schlecht dort."

Dann rief sie mich in ihr Behandlungszimmer.

---

114  Clémentine bemerkte oft, dass für sie zwischen christlichem und Geisterglaube kein Widerspruch bestehe, was einen europäischen Christen erstaunen oder sogar empören mag. Aber sie könnte sich leicht auf Jesus selbst berufen: Das Neue Testament ist voller Schilderungen, wie Jesus Verrückte heilt, wobei Verrücktheit durchgehend mit Geisterbesessenheit erklärt wird. Die Existenz von Geistern scheint, wie wohl für die meisten Leute jener Zeit in jener Region, für Jesus völlig selbstverständlich gewesen zu sein. Siehe zum Beispiel die Erzählung von jenem Verrückten, der sich „Legion" nennt, weil seine Geister so zahlreich sind; Jesus jagt sie dann in die Säue, die sich in den Abgrund stürzen und ertrinken (Matth. 8,28–32; Markus 5,1–20; Luk. 8,27–37). Weitere Beispiele für Heilungen im Sinne von Geisteraustreibungen: Markus 1;23–28; Markus 7,25–30; Markus 9,17–29; Luk. 9,38–43; Luk. 11,14–26; Apg. 8,7–13. Interessanterweise – und in gewisser Analogie zur Theorie von Clémentine, dass man als Heilerin eine Affinität zum Bösen haben müsse („wie die Polizisten, die in die Mafia eingeschmuggelt werden") – ist dabei oft die Rede davon, dass Jesus und die (bösen) Geister sich kennen; deshalb fürchten sie ihn auch.

**Die Stimme der Geister**

Der Raum war ausgesprochen schön. Alles in Weiß und Gelb gehalten, die Wände, die Decke, die Tücher. Am Boden stand eine Figur aus weißem Porzellan, asiatisch angehaucht, in einem weißen Umhang. Daneben eine weiße Schlange aus Holz. Alles leicht mit Kaolin bestäubt. Vor ihr auf dem Boden lagen Eier und eine Fünfhundertnote. Sie wies mir einen Schemel zu. Als ich einen Moment zögerte, fragte sie: „Hast du Angst?"

Ihre Schwester saß zum Übersetzen neben ihr. Clémentine selbst hatte sich vor eine Schüssel mit Kaolin gesetzt, in der wiederum eine Kalebasse mit Kaolin stand. Sie leerte Gin in und über die Kalebasse, nahm ein paar Schlucke und sprühte ihn prustend über die Fetische. Dann schmierte sie sich die Mischung aus Kaolin und Gin ins Gesicht und auf den Nacken. Die Brille legte sie ab für das Hellsehen. Die Schwester bat mich, 500 CFA (80 Cent) zu übergeben. Sie legte den Schein neben die Eier auf den Boden. Eine Weile passierte nichts, dann begann Clémentine zu husten und eigenartige Geräusche von sich zu geben.

Sie fragte: „Da du schon mehrere Féticheure im ganzen Land konsultiert hast – möchtest du Fragen stellen?"

„Nein. Vielleicht nachher."

„Die Geister begrüßen dich und fragen nach den Neuigkeiten."

In diesem Moment erschien Nadja. Ich fragte, ob sie eintreten könne.

„*Elle n'est pas indisposée?*" („Hat sie die Regel?")

Sie wurde hereingelassen.

Clémentine wiegte die Kalebasse in der Hand und schaute in die Flüssigkeit. Ich musste den Namen meiner Mutter und meines Vaters nennen.

Die Schwester sagte: „Der Geist, der gekommen ist, spricht Abouré."

Ich wurde gefragt: „Kommst du zur Konsultation wegen deiner Forschung oder wegen dir selber?"

„Wegen beidem."

„Das ist gut."

Clémentine – beziehungsweise der Geist – sprach gepresst, wie unter starken Schmerzen.

„Nadja war beim Doktor wegen Ohrenschmerzen. Das ist das Wasser, das hineingeraten ist und die Hitze. Sie ist viel geschwommen. Jetzt hat es Pilze drin.

Ihr müsst bald heiraten. Sonst wird ein anderer kommen oder sie findet einen anderen. Nadja ist sehr freundlich und bringt dir Glück. Du selbst bist ruhig und gelassen, kein Hitzkopf. Nehmt je ein Ei, sprecht darüber und legt es nachts – sorgfältig, ohne es zu zerbrechen – auf eine Kreuzung. Dann werdet ihr euch nicht trennen, wenn es einmal eine Unzufriedenheit gibt."

Sie zeigte auf die Eier am Boden. Ich meinte, ich solle zwei davon nehmen.

„Nein", sagte sie, „die sind für die Geister."

Dann fuhr sie fort:

„Die Arbeit, die du machst, ist gut, aber wirft nicht so viel Geld ab. Später wirst du dir einen Namen machen. Es ist Gott, der das Geld gibt. Du wirst Geld haben; nicht so viel, aber genügend.

Du wirst lange leben, weil du ein ruhiger Mensch bist. Ein hitziger Mensch stirbt früher.

Dein Vater lebt. Deine Mutter lebt.

Der Vater wird Rückenschmerzen haben. Kaufe zwei weiße Kolanüsse, sprich darüber und wirf sie weg. *Du* musst es für ihn machen, weil er jetzt nicht hier ist.

Wenn du etwas machen willst, musst du keine Angst haben. Du musst auf Gott vertrauen und auf die Geister, die auch von Gott kommen. In einer Woche wirst du krank werden, die kleine Malaria. Jetzt merkst du noch nichts, aber es ist schon in dir drin. Du wirst fast nicht mehr aufstehen können. Du musst die Medikamente nehmen."

Dann wandte sie sich an Nadja:

„Du arbeitest mit anderen zusammen, als Angestellte. In zwei bis drei Jahren wirst du selbständig arbeiten. Kaufe eine Dose Milch, sprich darüber bezüglich deiner Arbeit und gib sie einem Alten, der noch in Form ist, vor der Moschee. Wenn du alles kennen gelernt hast dort wo du jetzt arbeitest, dann musst du weggehen und selber Leute anstellen. Du musst ein Kind haben, bevor du 30 bist, sonst wird es schwierig."

Und wieder zu mir gewandt:

„Du lebst lange. Aber für eine lange Reise braucht man auch viel Proviant. Du musst dich wappnen. Um nicht zu viel zu leiden, musst du auf beiden Füßen stehen und mutig sein. *Il faut se méfier*, man muss misstrauisch sein. Du musst dich vorbereiten, dich vorsehen und dich schützen gegen schlechte Wünsche von andern. In Afrika gibt es viel Hexerei, aber auch bei den Weißen. Du arbeitest mit vielen Leuten. Bei der Arbeit gibt es vielleicht jemanden, der dich bei deinen Vorgesetzten anschwärzt. Du musst zusammenhalten mit der Person, mit der du arbeitest und Streit vermeiden."

„Werde ich nach diesem Aufenthalt wieder zu Forschungen nach Afrika zurückkommen?"
„Im Moment gibt es Leute, die dir wohlgesinnt sind. Aber es könnten auch andere kommen. Wenn du die Opfer machst, bleibt das Böse fern von dir. Du wirst zurückkommen."
„Wie geht es meiner Großmutter?"
„Sie war etwas krank, aber nicht ernstlich. Rheuma, das Alter. Man muss sie mit etwas massieren, das ein bisschen sticht. Sie wird sterben, aber nicht sofort."
Wir standen auf und gingen hinaus.
Die Schwester rapportierte ihr die Séance. Clémentine selber konnte sich an nichts mehr erinnern. (Sie stellte später manchmal Fragen, die man ihr schon während der Sitzung beantwortet hatte). Sie verstand offensichtlich auch kein Französisch in Trance.[115]

**Abermals: Wie sie Féticheuse wurde**

Ich fragte Clémentine nach der weißen Schlange aus Holz.
„Sie kommt aus dem Fluss in Maféré. Sie ist mein Hauptfetisch."
„Was ist ein Fetisch?"
„Eine Fetischfigur ist wie ein Haus, das man einem Geist zur Verfügung stellt. Die Geister sind unsichtbar für Nichteingeweihte. Aber in den Fetischen sind sie materialisiert. Ich habe die – männliche – Schlange und dann habe ich noch drei Frauen."
„Dieser Fluss, von dem du des Öfteren sprichst – was hat es mit ihm auf sich?"
Diese Frage löste nun wieder Erzählungen und Gespräche aus, die bis zum Abend dauerten. Ich gebe sie hier der Einfachheit halber wieder in Monologform wieder.

Wie ich dir schon sagte, erlitt meine Mutter zwei Fehlgeburten. Drei ihrer „Großmütter" waren Hexen. Eine von ihnen hatte sehr helle Haut. Sie hatten sie verhext; deshalb konnte sie zwar schwanger werden, aber keine Kinder bekommen. Mein Vater war Chauffeur und Straßenarbeiter. Sie wohnten in Aboisso; er arbeitete in Maféré und übernachtete je-

---

115 Die Voraussagen trafen – zum Teil muss ich sagen: leider – mehr oder weniger zu. Es gab kein Kind und keine Hochzeit, dafür tauchte ein „Heißerer" auf. Ich kam – alleine – nach Afrika zurück. Die Großmutter erholte sich nochmals, starb dann aber anderthalb Jahre später. Und mein Vater leidet immer mal wieder an Hexenschuss …

*Clementine mit ihrer Tochter Mimi in der Wohnung in Koumassi (Abidjan, Elfenbeinküste 1996)*

*Clementine bei der Initiationszeremonie ihrer Tante Toko (Bonoua, Elfenbeinküste, 1999)*

weils in Aboisso. Aber dann musste er wegen der Arbeit auch die Nächte in Maféré verbringen, und meine Mutter zog auch dort hin. Als sie ihre zweite Fehlgeburt hatte, konsultierte sie einen Féticheur, der ihr sagte, dass ihre Großmütter Hexen seien, aber dass der Fluss ein Kind habe und ihr diese einzige Tochter schenken wolle. Sie sei zwar stumm, aber vielleicht würde sie unter den Menschen sprechen lernen. Und vielleicht würde ihr Gott dann weitere Kinder schenken. Wichtig sei bloß, dass sie sich nachher beim Geist des Flusses bedanke.

Ich wurde in Grand Bassam geboren. Dann zogen die Eltern nach Abidjan. Ich wog fünf Kilo und kam mit den Füßen voran zur Welt. Ich brachte meine Mutter fast um. Noch heute gibt es Leute, die das miterlebt haben und mich beschimpfen deswegen. Bei der Geburt hatte ich schon viele Haare, wie ihr Weißen. Meine Mutter war nachher lange Zeit krank und lahm. Sie konnte mich nicht versorgen; ich wurde von meiner Tante gestillt. Mit drei Jahren konnte ich noch nicht sprechen. Ich hatte zwar viel im Kopf, aber sprach nur bei seltenen Gelegenheiten. Zur Schule ging ich erst mit sieben Jahren. Meine Mutter hatte dann tatsächlich alle zwei Jahre ein Kind, nachdem sie sich wieder erholt hatte.

Ich verlor bald zunehmend das Interesse an der Schule. Ich war absent. Ich hatte auch Sehstörungen und sah nicht mehr an die Wandtafel. Meine Mutter konsultierte einen Féticheur, und wir machten ein Opfer. Als ich meine erste Regel hatte, verstärkten sich die Probleme. Einmal tauchte ein Weißer an der Schule auf und sagte mir: „Geh nach Hause!" Er spazierte mit mir herum. Das war ein Geist, in Gestalt eines Weißen. Dann besuchte ich einmal meine Großtante, die eine Féticheuse war, in ihrem Dorf. Sie sangen die Lieder der Geister und lockten sie mit den Schlaghölzchen an. Plötzlich zitterte ich am ganzen Körper. Meine Großtante fragte, ob das schon früher passiert sei. Ich sagte nein, und man informierte meine Eltern auf den Feldern. Dann wurde ich schwer krank. Die nächste Zeit musste ich immer wieder ins Spital. Ich hatte Schmerzen, die wanderten. Wir konsultierten einen Féticheur. Er sah, dass sich meine Mutter damals beim Flussgeist nicht für mich bedankt hatte. *Elle avait rejeté d'où l'enfant était venu.* Sie hatte zurückgewiesen, woher das Kind gekommen war.

Nun gab es eine große Versammlung am Fluss mit dem Féticheur und der ganzen Verwandtschaft. Der Geist wurde dreimal angerufen und es wurde ihm ein Trankopfer gereicht. Ich fiel in Trance und sprach Agni, das ich eigentlich nicht beherrschte. Denn der Geist, der mich in Besitz nahm, war ein Agni-Geist. Alle waren Zeuge. Es wurde ein Huhn geopfert. Mein Vater wollte nicht, dass ich Féticheuse werde; aber die Geister wollten es so. Sie willigten ein, dass ich erst die Schule beendete und nachher sechs Monate als Sekretärin, an der Schreibmaschine arbeitete, bei einem Europäer. Aber dann wurde ich wieder krank, und die Geister forderten, dass ich nun Féticheuse werde. So begann ich, zu Hause zu sitzen und mit den Geistern zu arbeiten. Niemand lehrte mich das. Die Geister selbst unterrichteten mich im Traum. Sie sagten mir zum Beispiel die Namen von Heilpflanzen, die ich am nächsten Morgen bei meinem Vater, der sich auskannte, verifizierte. Ich kannte mich nicht aus, ich war in der Stadt aufgewachsen.

Nach und nach kamen mehr Geister zu mir. Die Geister sind wie Männer, sie werden von schönen Frauen angezogen! Es gibt viele, denen ich zu essen gebe. Sie sind auch wie meine Kinder.

Wenn der Geist in einen kommt, ist das, als ob etwas Fremdes in dich eindringt; ein bisschen wie Malaria: unkontrollierbare Schauer, warm, kalt, diffuse Wahrnehmungen ... Die eigene Morphologie passt sich dem Geist an, innerlich. Man transformiert sich. Wenn beispielsweise ein männlicher Geist von mir Besitz ergreift, dann fühle ich mich wie ein Mann, habe auch eine männliche Sexualität. Wenn dann eine schöne Frau da sitzt, fühle ich mich von ihr angezogen, was sonst nicht so wäre. Dasselbe bei einem weiblichen Geist; dann interessiert mich ein Mann, der für diesen Geist interessant ist. So kann es geschehen, dass ich in Trance plötzlich Männer oder Frauen anmache. Oder ein anderer Geist, ein Alter, der mich oft besucht, verursachte mir Rheuma. Ich wollte mich deswegen sogar einmal am Knie operieren lassen.

Am Anfang konnte ich die Trance nicht kontrollieren. Wenn ich zum Beispiel wütend wurde, konnte es passieren, dass ich wegen der Erregung plötzlich unwillkürlich in Trance fiel. Das war peinlich, weil ich dann zitterte, schrie und so weiter. Meine Eltern waren oft beunruhigt, sie dachten, ich sei vielleicht krank. In der Schule kam es vor, dass ein Mädchen sich neben mich setzte, das die Regel hatte oder mit einem Jungen geschlafen hatte, ohne sich nachher zu waschen. Dann wurden meine Geister böse wegen der Störung. Die Geister sind sehr besitzergreifend. Es dauerte etwa vier Jahre, bis ich lernte, mich mit ihnen zu arrangieren, sie zu domestizieren, *les rendre plus humain*. Heute wissen die Geister, dass sie willkommen sind, Essen bekommen und so weiter. Sie müssen nicht mehr unvermittelt in meinen Körper fahren.

Früher war ich manchmal neidisch auf meine ehemaligen Schulkolleginnen, die es weit gebracht haben, die Ärztin oder Lehrerin wurden, weil sie nicht wie ich von Geistern heimgesucht worden waren. Heute ist es eher umgekehrt, dass *sie* mich beneiden. Dank der Geister habe ich mehr Freiheit und Weisheit; ich habe einen Platz neben Gott, ich bin in Berührung mit Gott. Ich liebe die ganze Welt und jeden Menschen wie mich selber, so wie es auch Jesus gesagt hat. Gott hat den Fluss geschaffen, aus dem auch die Geister kommen; also hat er auch die Geister akkreditiert und ebenso die spirituellen Pflanzen. Meine Arbeit hat mir auch eine gewisse Objektivität verliehen. All die Probleme, Situationen und Konflikte, die ich von den Leuten zu hören bekomme ..., das ist wie ein Zahnarzt, der selber keinen Zucker mehr isst, weil er die Kariesprobleme kennt, die der Zucker bei seinen Patienten verursacht hat. Der Weg der Geister und der Weg Gottes verlaufen parallel. Das sieht man schon daran, dass ich in die Kirche gehe und die Geister durch das Weihwasser nicht vertrieben werden. Ein böser Dämon würde verscheucht werden. Im August werde ich kirchlich heiraten, nachdem ich letztes Jahr standesamtlich geheiratet habe (nach der Geburt von Murianne, „Mimi", die jetzt anderthalb Jahre alt ist). Ich habe Mimi taufen lassen und werde mich selber auch taufen lassen.

Die Geister sind verschieden. Es gibt zum Beispiel die Buschgeister. Ich habe auch einen Buschgeist. Das sind weiße Riesen mit langen Haaren. Man muss nicht hellsichtig sein, um sie zu sehen. Wenn man nachts in den Busch geht, sieht man sie an den Wassern, wie sie mit dem Gewehr und einem Hund umherstreifen. Sie waschen sich nicht gerne und sind nervös und unruhig.

Ganz im Gegensatz zu den Flussgeistern. Sie haben viel Schmuck: Um den Hals, das Handgelenk, die Beine, die Nieren. Sie brauchen viel Zeit, um ihren Schmuck im Fluss zu reinigen. Sie haben auch gerne Kaolin und gute Parfüms. Sie lieben die Buschgeister nicht. Sie werfen ihnen immer vor zu stinken. Wenn man bei einem Fest das Holz schlägt, ist es immer der Buschgeist, der zuerst kommt, mit allen tanzt und in Form ist. Bei der Konsultation heute morgen – das war ein Flussgeist. Als das anfing mit den Geistern, da war ich arrogant und verletzend. Ich benahm mich wie der Präsident der Republik. Es war unbewusst. Ich war getrieben, zwanghaft. Ich war wie ein Heranwachsender. Jetzt bin ich reifer, ich kann besser mit dieser Gabe umgehen. Ich kann mich verdoppeln, verdoppeln, verdoppeln ... Heute bin ich bescheiden. Ich streite mich nie mit anderen; denn wenn ich jemandem einen Schlag versetze, liegt er am Boden. Alle Féticheure sind so: Sie vermeiden jedes Palaver. Denn Verrücktheit und Trance liegen nahe beieinander. In einem Anfall von Wut könnte ich jemanden töten. Ich könnte die Kontrolle verlieren, mich in etwas begeben, woraus ich nicht mehr zurückfinde; den Schlüssel verlieren.

Die Féticheure sind in einer Organisation vereinigt. Wir treffen uns jeweils in Bonoua. Es sind Männer und Frauen, aus verschiedenen Ethnien. Es gibt eine Hierarchie. Leute, die schon mehr Prüfungen abgelegt haben, werden von den andern auf den Knien begrüßt. Das ist ein geschlossener Zirkel. Diese Zusammenkünfte ziehen immer auch Hexer an. Deshalb wäre es für Unvorbereitete und Außenstehende gefährlich dort. Wir tauschen Wissen aus, es gibt Initiationen, Feste, Tänze.

(Sie zeigte Fotos von einem solchen Fest in Abidjan: Sie tanzte, mit Kaolin bemalt, in Trance; in der Mitte des Platzes war eine Machete in den Boden gerammt, um die Hexer fern zu halten. Die Geister wurden geehrt, es wurde geopfert. Familienmitglieder und Freunde waren anwesend.)

Hexerei, das ist wie die *Mairie*, wo die Neugeborenen und die Toten jeder Gemeinde registriert werden. Es wird Buch geführt. In Bonoua zum Beispiel gibt es 7 Großfamilien (Clans) und 49 Unterfamilien mit je einem Chef. Aber das sind nicht Familien mit Vater/Mutter/Kindern. Die Abouré haben das Matriarchat, mein Mann zum Beispiel gehört zur Familie seiner Schwester, er ist für jene Familie verantwortlich. Mein Bruder ist für meine Kinder verantwortlich. Die Hexerei kommt immer aus der mütterlichen Linie. Jeder Todesfall wird registriert. Es gibt einen Hexermarkt für Fleisch. Dort wird *viande vivante* verkauft, so wie man sagt *volaille vivante,* nicht tot wie beim Metzger. Dieses Fleisch bekommt man gegen *argent de sorcellerie* – Hexengeld. Eine zweite Art, das Fleisch von jemandem zu verkaufen, ist der Austausch unter mehreren. Das läuft oft auf Abzahlung. Ich gebe dir zum Beispiel Eier im Tausch gegen Salz. Du hast aber kein Salz. Nach drei Wochen sage ich: Du schuldest mir noch Salz; da du keines hast – gib mir dafür das Fleisch deiner Nichte (der Tochter der Schwester, nicht des Bruders! Dort hast du keinen Zugriff). Dann stirbt das Kind. Den Körper begräbt man, die Seele geht zu Gott, aber das „Fleisch", das *double* ist gegessen, *gaté*. Hexerei spielt sich in der Nacht ab, im Schlaf, im Traum (*en songe*). Obwohl Hexerei eine Angelegenheit der mütterlichen Verwandtschaft ist, überschreitet manchmal auch jemand von der Vaterseite die Familiengrenze; dann muss er sich aber des Körpers eines Familienmitglieds (der mütterlichen Seite) bedienen.

Wenn ich bei einer Konsultation sehe, dass es einen Fall von Hexerei gibt, dann beschreibe ich die Person, bis der Klient merkt, wer es ist. Dann gebe ich ihm Medizin zum Schutz und verschreibe ein Opfer. Nur im selteneren Fall wird der Hexer selbst mit der Wahrheit konfrontiert. Dann gibt es eine große Versammlung mit allen beteiligten Familien und alle müssen etwas trinken, das für den Hexer Gift ist.

Ich kann im Prinzip auch hexen. Es gibt auch gute Hexen. Um etwas gegen die Hexen machen zu können, muss man ihre Methoden kennen. Man braucht gewissermaßen den Passport, um in ihre Mitte eintreten zu können. Da ist wie bei der Mafia, wenn sich ein Polizist einschmuggelt. Um etwas dagegen unternehmen zu können, muss man wissen, wie es geht. Man kann nicht wirken und draußen stehen bleiben; man muss mitten hineingehen.[116]

---

116 Der Hexer bzw. die Hexe wird bei den Abouré und Agni *bayefo* genannt. Das Wort ist zusammengesetzt aus *baye* („eine aggressive Kraft, die sich auf unsichtbare Weise äußert") und *fo(* („derjenige, der", „die Person").

Das nächste Mal, wenn du kommst, musst du drei Wochen mit mir nach Bonoua kommen und dich richtig *imprägnieren* mit diesen Sachen. Das ist kompliziert, man muss sich lange damit beschäftigen. Die meisten verstehen nichts davon, auch meine Eltern zum Beispiel nicht.

Gerade als Clémentine von ihren Eltern sprach, kam die Mutter vorbei.

Ich bemerkte, dass sie mit ihren fünfzig Jahren noch jung und hübsch aussehe.

„Kinder halten jung", bemerkte Clémentine. „Hat man keine Kinder, gibt es eine Art Stau und man wird alt und hässlich."

Sie bot an, Nadja eine Medizin zu machen mit Palmöl, um es in die Ohren zu träufeln. Das würde sich mit dem Wasser im Ohrinnern mischen.

„Der Mann muss hineinblasen, den Kopf der Frau kippen, und dann fließt alles raus."

Ich machte ein paar Fotos von ihr im Wohnzimmer. Dann fragte ich sie, ob ich das Konsultationszimmer fotografieren dürfe. Aber sie wollte nicht.

„Die Geister lieben den Blitz nicht. Zu viel Licht. Die Weißen sind neugierig. Ihr wollt immer das Unbekannte sehen. Aber das ist nicht schlecht. Die Schwarzen sind zu träge. Sie haben am liebsten das Bekannte."

Sie ging Fotos von der Hochzeit holen und gab uns auch ein paar.

„Hätte mir Roger das Jawort nicht gegeben, hätte ich ihm den Kopf eingeschlagen. Wir wohnten zuerst getrennt; erst seit kurzem zusammen. Wir mussten umbauen; eine separate Dusche beim Schlafzimmer installieren. Denn wenn ich die Mens habe oder nach dem Sex kann ich nicht ungewaschen in den andern Teil des Hauses gehen, wo eigentlich das Bad ist. Dann müsste ich ja am Zimmer der Geister vorbei. Weil ich lange keine Kinder hatte, adoptierte ich die Tochter meiner Schwester. Sie bleibt jetzt hier. Auch die *Bonne* wohnt hier, sofern sie nicht ihre Regel hat. Und dann ist da noch der Sohn meines Mannes, aber er taugt nichts. Ein Bandit. Mein Mann arbeitete bei der Bahn. Gerüste, Kräne, Unfälle. Er hat auch in Paris und Düsseldorf gearbeitet.

Es ist gut, wenn ihr wieder ein bisschen in euer Land zurückkehrt, damit ihr euch nicht zu sehr afrikanisiert. Claudia wird übrigens zurückkommen und einen Afrikaner heiraten. Ich hätte auch gerne einen Fotoapparat. Ich bedaure, euch nicht hinausbegleiten zu können, aber freitags darf ich vor 18 Uhr nicht aus dem Haus."[117]

## Liebesübersetzer, Bluttrommel, Gris-Gris-Kraft

Ich reiste dann zurück in die Schweiz und sah Clémentine erst im Herbst 1997 wieder. Sie war inzwischen zum ersten Mal in Europa gewesen. Ihr Bruder, mit einer Belgierin verheiratet, wohnte in Brüssel und Clémentine hatte ihn besucht.

„So konnte *ich* jetzt mal ein bisschen studieren, wie die *Weißen* leben."

Ihr Mann war krank. Er hatte eine Operation hinter sich und sie musste jeden zweiten Tag mit ihm ins Spital. So hatte sie wenig Zeit; und da auch ich die meiste Zeit in Burkina Faso und Mali war, wurde es schließlich Januar 1998, bis wir uns das nächste Mal trafen.

Ihr Mann war inzwischen wieder wohlauf. Ich erzählte ihr von den Heilern, die ich im Norden getroffen hatte.

„Sie sind stärker als die Weißen", meinte sie. Aber sie war gegen die aufwendigen Opfer. „Das füllt bloß den Kühlschrank des Heilers. *Si on peut le faire avec un bœuf, on peut aussi le faire avec un œuf.*" – „Geht's mit einem Rind, geht's auch mit einem Ei."

Ich sprach sie auf ein Filmprojekt an. Ruth Pierce vom Schweizer Fernsehen wollte im Mai in die Elfenbeinküste kommen, um einen Film über die hiesigen Heilpraktiken zu drehen, im Rahmen einer vom

---

117 Clémentines Werdegang als Féticheuse weist einige Elemente auf, die typisch sind: zum Beispiel, dass sie es gegen ihren Willen wurde, dass die „Gabe" schon früher in der Familie auftauchte, dass sie als Kind Störungen erlitt, die man als psychosomatisch bezeichnen könnte, dass sie von einer gewissen „Einsamkeit" umgeben ist, dass die „Zeichen" vor allem bei beginnender Pubertät manifest wurden, dass sie vom Geist – wie ja übrigens schon Coulibaly – in den Busch verschleppt wurde. Man könnte mit Devereux sagen, dass es in jeder Gesellschaft nebst den idiosynkratischen und den ethnischen (das heißt typischen, standardisierten) Störungen solche gibt, die religiös interpretiert werden und die er sakrale (schamanistische) Störungen nennt (1982:24–48). Interessant ist dabei vor allem, dass die Symptome eben nicht „außerhalb" der Kultur liegen, sondern im Gegenteil zentrale (aber manchmal verdrängte) Züge des Kollektivs besonders krass zum Ausdruck bringen. Man könnte sagen, der solcherart „normiert Anormale" erlebt in einer ganz direkten, intensiven, realen, sinnlichen, „wörtlichen" Art Aspekte seiner Kultur, die den andern Mitgliedern nur symbolisch zugänglich sind: Gott „sehen", den Teufel „berühren", mit Engeln „reden" oder eben: die Geister körperlich erfahren (Devereux 1982:111ff.; Nathan 1986:87ff.). Besonders auffällig ist das auch im Bereich der Totems und der damit verbundenen Tabus. Was bei andern AfrikanerInnen (zumindest in der Stadt) nur noch marginale Bedeutung hat, hat sich bei Clémentine zu einem komplizierten System von Vermeidungen ausgewachsen, das in alle Lebensbereiche reicht (Nahrungsmittelverbote, Reinigungsvorschriften, räumliche Normen im Haus, Kontaktrestriktionen etc.). Aber was bei uns möglicherweise als Zwangsneurose etikettiert würde, wird in Afrika nicht pathologisiert, sondern als religiöser Dienst entindividualisiert. (Siehe dazu Freud 1982a: Zwangshandlungen und Religionsübungen).

Nationalfonds in Auftrag gegebenen Portraitserie über Schweizer Forscher und Forscherinnen. Ich fragte sie, ob sie bereit wäre, daran mitzuwirken. Sie war im Prinzip einverstanden, sogar etwas stolz *("on va me filmer!")*, aber die Frage beschäftigte sie, ob sie nicht ausgebeutet werde. Sie meinte, sie müsse auf jeden Fall zuerst die Geister und ihre Familie fragen.

Als ich drei Wochen später erneut in ihrem Salon saß, war Clémentine bereits wieder im Begriff, sich für die folgende Woche für eine Reise nach Burkina vorzubereiten. Nachher wollte sie nochmals nach Brüssel zu ihrem Bruder fahren und auch eine Freundin in London besuchen.

„Dort gibt es auch Afrikaner, die ich heilen kann. Wenn sie zu einem englischen Arzt gehen, braucht es immer einen Dolmetscher dazwischen. Bei mir nicht. Die Patienten haben es lieber direkt. Man macht auch nicht Liebe mit einem *interprète* dazwischen..."

Sie hatte sich entschieden, doch nicht beim Film mitzumachen.

„Weißt du, manchmal arbeite ich tagelang mit Patienten. Ich bin bei ihnen zu Hause, mit ihnen unterwegs, gehe in ihr Dorf. Es gibt Patienten darunter, die nicht möchten, dass man sieht, wen sie da bei sich haben. Leute aus den Ministerien, die nicht in den Ruf des Fetischismus kommen möchten. Das Gute bei mir ist, dass man mir nicht gleich ansieht, dass ich eine Heilerin bin. Ich könnte auch eine Sekretärin oder eine Intellektuelle sein. Ich arbeite gerne anonym, inkognito, diskret. Aber wenn man mich im Fernsehen sieht, dann weiß nachher jeder, wer das ist."

Ich schlug ihr eine Vereinbarung vor, dass der Film nicht übersetzt werde.

„Man kann den Weißen nicht trauen", meinte sie. *„Ils sont pas des gens de la parole.* – Das Wort zählt bei ihnen nicht."

Ich zeigte mich etwas gekränkt. Aber sie sagte:

„Die Schwarzen sind noch schlimmer. Und jetzt sind die Weißen wie die Schwarzen geworden. Sie haben von ihnen gelernt."

Ich erzählte ausführlich von den Heilern, die ich die vergangenen Monate kennen gelernt hatte. Ich sagte ihr, dass ich noch bis zum Sommer bezahlt werde, dass ich aber hoffe, dass man die Finanzierung noch ein oder zwei Jahre verlängere.

„Ja, das wäre gut. Man sieht, dass du dich hier wohl fühlst. Du brauchst Zeit um zu verstehen, was in der Tiefe die Heiler verbindet. Es geht nicht um Magie, Zauberei, *amusement*. Ich habe einmal einen Film im Fernsehen gesehen über einen Indianerheiler, ich glaube in Peru. Der hat sehr ähnlich gearbeitet wie ich. Aber heute wissen viele nicht mehr, um was es geht. Einmal kam einer nach Bonoua, der wollte Kunstobjekte kaufen. Durch einen Vermittler konnte er eine Trommel erwerben, die früher für den Krieg benutzt wurde. Man opferte Sklaven für sie und bestrich sie mit ihrem Blut. Es gibt nicht nur heilende Objekte, weißt du. Es gibt auch solche, die die eigene Gemeinschaft verteidigen, und das heißt auch, den andern schaden. Diese Trommel machte die Männer heiß, sie weckte den Blutrausch. Sie wurde nur bei diesen besonderen Gelegenheiten gespielt. Der Besucher nahm die Trommel, stellte sie im Hotel in den Schrank und legte sich schlafen. Am Morgen öffnete er die Türe; der ganze Fußboden des Schranks war mit Blut angefüllt, darin die Trommel. All das Blut, das im Laufe der Jahrzehnte geopfert worden war, kam diese Nacht heraus. Er brachte sie zurück. Viele waren schockiert, konnten es sich nicht erklären. Nur der König kannte die Vergangenheit. Er wusste, worum es ging."

Ich erzählte von den Peul, die ich im Norden von Burkina Faso getroffen hatte und die auch Gris-Gris für ihre Kühe herstellten.

„Bei den Gris-Gris kommt es nicht drauf an, was für Materialien drin sind", sagte sie. „Das Wichtige ist die Kraft. Die ist einem Heiler angeboren, die ist im Blut."

Ich hatte schon wiederholt den Wunsch geäußert, nochmals eine Konsultation bei ihr zu machen. Sie hatte mich immer hingehalten. Auch jetzt meinte sie, ich solle sie nach ihrer Rückkehr kontaktieren. Nach einer längeren Diskussion sagte sie schließlich:

„Übermorgen abend mache ich eine Konsultation. Es werden ein paar Klienten kommen. Ich behandle sie alle nacheinander. Denn wenn ich einmal in Trance bin, muss man davon profitieren. Um 20 Uhr kommst du. Du wartest mit den andern im Salon. Mein Mann wird dich dann hineinführen, wenn es so weit ist."

„Was muss ich mitnehmen?"

„Geld und Gin. Du weißt, welchen."

**Eine afrikanische Kassandra**

Am Donnerstagabend erschien ich wie verabredet. Aber einer der Klienten war verhindert; er hatte seinen Chauffeur geschickt, um auszurichten, er könne erst um 22 Uhr kommen. Weil es für Clémentine zu anstrengend war, zweimal am selben Abend in Trance zu fallen, wartete sie mit dem Beginn der Konsultationen, bis er eintraf.

Ich nutzte die Zeit, um nochmals über das Filmprojekt mit ihr zu diskutieren. Da ich ihr erklärt hatte, ich suche unter anderem eine Vertreterin der Akan-Kultur, schlug sie mir vor, ich solle doch Ahissia fragen, die Agni-Féticheuse von Tangouélan, von der sie wusste, dass ich sie einmal aufgesucht hatte, und die auch bereits einmal im Fernsehen und in diversen Zeitungsartikeln präsentiert worden war. Aber wir waren uns eigentlich einig, dass sie gerade *zu* telegen sei.

„Hast du schon gegessen?" fragte sie mich.

„Ja."

„Claudia hat immer bei mir gegessen. Du nicht. Hast du Angst?"

Lachend sagte ich, ich hätte keine Angst, dass sie mich vergifte.

„Wenn ich dich vergiften wollte", sagte sie, „müsste ich dir nicht erst etwas zubereiten. Ich könnte dich schon beim Händeschütteln töten."

Schließlich traf der erwartete Klient ein. Er erhielt seine Konsultation und nachher war ich an der Reihe. Dieses Mal war es Clémentines Mann, der ihr assistierte. Wir zwei saßen auf Holzschemeln, sie selbst am Boden, der von crèmefarbenen Fellen bedeckt war. Vor ihr lag die weiße Schlange, daneben eine Kalebasse mit Eierschalen drin, Gebetsketten, eine brennende Kerze. Ich überreichte dem Mann die Flasche Gin, er legte sie vor ihr auf den Boden, wo schon ein „Fanta" lag. Sie nahm einen Becher voll Rum; sie musste ihn ganz nahe vor die Augen halten, weil sie ihre Brille abgelegt hatte. Dieses Mal war sie von Kopf bis Fuß mit Kaolin eingestrichen. Sie wirkte vollständig „verladen". Sie leerte den Rum in die Kalebasse mit dem Kaolin, schmierte sich das Gesicht damit ein, dann schwenkte sie die Schale vor ihrem Gesicht, schaute hinein und gab zischende Geräusche von sich.

„Die Alte ist jetzt da.[118] Sie grüßt dich und fragt nach den Neuigkeiten."

Ich erklärte, warum ich gekommen war.

Clémentine lallte, ihr Mann übersetzte:

„Deine Arbeit ist noch nicht fertig. Manchmal bist du unsicher, hast kein Vertrauen. Du hast die Arbeit unterbrochen, jetzt wiederaufgenommen. Du hast Kopfweh, bist schlaflos, grübelst zu viel. Du musst dich ausruhen, sonst wirst du krank. Etwas hat dich gestochen."

„Ja. Ein Nagel war durch meine Schuhsohle gedrungen."

„Es war im Dorf."

---

118 Ich fragte Clémentine später, was mit der „Alten" gemeint gewesen sei. „Das ist ein alter, weiblicher Abouré-Geist", antwortete sie.

„Ja."

„Tut es noch weh?"

„Nein."

„Du bekommst von einer Organisation Geld. Du hast das Geld für ein ganzes Jahr auf einmal gekriegt. Aber jetzt geben sie dir kein Geld mehr. Du musst dein eigenes Geld nehmen, denn es dauert ihnen zu lange. Geht das?"

„Eher nicht."

„Du musst die Arbeit rasch fertig stellen, denn das Geld reicht nicht mehr lange."

„Ich bin noch bis August bezahlt. Ist nachher damit Schluss?"

„Das zweite Jahr ist schwierig. Du musst ein *doussoussouma sissè*[119] opfern. Du sagst ihm, dass du auch für 1999 noch Geld willst und gibst es einem Alten vor der Moschee. Du kannst jetzt Fragen stellen."

„Wie steht es mit der Liebe?"

„Du bist jetzt von der Weißen getrennt, nicht wahr?"

„Ja."

„Die Afrikanerin, mit der du jetzt zusammen bist, sucht einfach einen mit Geld. Wenn du sie heiratest, wird es eine Scheidung geben, und sie sucht einen andern mit Geld. Du liebst sie, aber sie liebt das Geld. Wenn du es nicht glaubst, heirate sie, gehe mit ihr nach Europa und nach kurzer Zeit wird es aus sein, und sie sucht sich einen andern. Spreche über zwei weiße Kolas, lege sie auf eine Kreuzung und du wirst die Wahrheit sehen.

Du bist müde, warum? Du schreibst und denkst immer. Du gehst ins Dorf, dort machst du dir Notizen, dann kommst du nach Hause, aber alles kommt dir chaotisch vor. Du verstehst nicht mehr, was du geschrieben hast. Manchmal musst du sogar noch einmal hinfahren, um nachzufragen. *Quel gaspillage*, was für eine Verschwendung!

Diese Arbeit ist sehr wichtig für dich. Nimm sie ernst, gib dir Mühe, dann wirst du dir einen Namen machen.

Bei den Heilern sagen alle etwa das Gleiche. Du suchst viele Verschiedene auf, aber alle heilen zum Beispiel Malaria etwa in derselben Art. Es ist, als ob sie dasselbe einfach in verschiedenen Dialekten sagen

---

[119] „Huhn mit weißer Brust" *(doussoussouma sissè)*. Es hilft, einen sozialen Aufstieg nicht zu verpassen. Und entfernt eventuelle Hindernisse der Feinde (Touré/Konaté 1990:129). *Doussou* heißt übrigens „Zorn".

würden. Das macht dein Buch langweilig. Es wird voller Wiederholungen sein. *Fais attention.*

Beim Schreiben hast du Angst. Herzklopfen. Du weißt nicht, ob es gut ist oder nicht.

Willst du ein Kind? Heiraten ist schwierig für dich. Ein Geist verfolgt dich und verhindert die Hochzeit. Er macht, dass dir immer wieder eine andere gefällt.

Deine Frau hat dich genervt.

Wenn du diese Hindernisse ausräumen willst, können wir eine Zeremonie machen. Du musst zwei Hühner bringen, ein Huhn und einen Hahn. Dann mache ich ein Medikament, mit dem du dich waschen musst. Es kostet 15 000 CFA (25 EUR).

Das Geld zerfließt dir zwischen den Fingern.[120] Du weißt gar nicht, was du damit gekauft hast. Am Ende wirst du barfuß nach Europa zurückkehren."

Ich sagte ihr, ich wolle die Zeremonie machen. Sie hieß mich am 17. Februar mit den Hühnern wiederkommen. Ich gab ihr die 15 000 CFA, für die Konsultation wollte sie nichts.

Es war Mitternacht. Ich fuhr niedergeschlagen nach Hause. Es war die Konsultation, an der mir persönlich am meisten von all den Konsultationen, die ich in Afrika schon gemacht hatte, gelegen war. Denn kein anderer Wahrsager hatte so ins Schwarze getroffen wie sie mit ihrem ersten Orakel. Und gerade die Weissagung, auf die ich jetzt so viel gegeben hatte, fiel dermaßen vernichtend aus. Ich hatte insgeheim gehofft, in Clémentine jemanden zu finden, der wirklich hellsehen konnte. Aber jetzt hoffte ich, dass sie sich geirrt hatte. Es war eine paradoxe Situation: Hätte ich in ihr wirklich jemanden gefunden, der die Zukunft voraussah, wäre das für meine Forschung zwar hoch spannend gewesen, zugleich hätte es aber das Ende ebendieser Forschung bedeutet, weil sie ja vorausgesagt hatte, dass die Finanzierung zu Ende war!

Zu Hause angekommen zwang ich mich, all das noch niederzuschreiben, obwohl ich todmüde war und überhaupt keine Lust hatte, all die düsteren Prophezeiungen abermals Revue passieren zu lassen.

---

120 Die Hexer fressen bekanntlich das unsichtbare Doppel ihres Opfers. Aber da auch Tiere, Pflanzen und sogar unbelebte Dinge wie Geldnoten ein Doppel besitzen, kann der Hexer auch dort ansetzen, um die Person zu schwächen. Das entspricht der häufigen Orakel-Aussage von Coulibaly bezüglich Geld: „*Ça gâte.*" Es veranschaulicht generell ein Denken, das Finanzielles kaum in unserem ökonomischen Sinne mit Arbeit oder rationalem Gewinn in Verbindung bringt.

Am nächsten Tag machte ich mich auf die Suche nach dem Huhn *doussoussouma*. Es war eine Odyssee durch die Märkte verschiedener Quartiere Abidjans. Erst am folgenden Nachmittag hielt ich das schöne Tier in der Hand und übergab es einem Bettler vor der Moschee von Yopougon. Er betete, segnete mich und hielt mir lange die Hand.[121]

Ich rief beim „Nationalfonds" an. Um mich „der Realität zu versichern". Man bestätigte mir, mein Gesuch für das Folgejahr sei eingetroffen, aber ich müsse mich vier Monate gedulden bis zum Bescheid.

Ich kaufte die zwei Kolas und deponierte sie auf einer Kreuzung. Am nächsten Morgen ging ich nachschauen. Sie lagen immer noch unverändert dort.

Eine Woche später fuhr ich mit Coulibaly nach Guinea. Clémentine ließ ich telefonisch mitteilen, dass ich zum vereinbarten Termin nicht kommen könne. In Guinea legte ich diversen Wahrsagern dieselbe Frage nach der Weiterführung und -finanzierung meiner Forschung vor. Es wurde mir übereinstimmend gesagt, es bestehe diesbezüglich überhaupt kein Problem.

Was sich bewahrheitete; es wurden mir zwei weitere Jahre bezahlt.

Ich habe mir oft überlegt, warum mich Clémentine (beziehungsweise ihr Geist) bei dieser Konsultation mit dermaßen vernichtenden Aussagen konfrontierte. Die interessanteste Interpretation gab mir mein Freund Michael Hürsch: Clémentine wollte mich provozieren, alarmieren, aufrütteln, indem sie mich an meinen empfindlichsten Stellen traf. Sie wollte mich aus der Position des halb beteiligten Beobachters herausreißen, mich gewaltsam involvieren. Sie wollte mich zwin-

---

121 Aus psychologischer Sicht nehme ich an, dass es für die therapeutische Wirkung weniger eine Rolle spielt, welches Huhn (oder welche Kola) genau geopfert wird, als dass das Opfer hochspezifiziert ist. Die Suche nach dem Opfer und manchmal auch die Opferung selbst *muss* etwas schwierig und mit einem gewissen Aufwand für den Patienten verbunden sein. Das wirkt als Wunschverstärker: Der Patient „kämpft" – auf symbolischer Ebene – für die Erfüllung seiner Wünsche und er wird sich im Laufe dieses – realen, sinnlichen – Prozesses vielleicht der Relevanz, die diese Wünsche für ihn haben, bewusster. Auch das „Besprechen" der Kauris wirkt wahrscheinlich ähnlich wie Autosuggestion oder Gebete: Vage, halb bewusste Sehnsüchte und Träume müssen gebündelt und explizit gemacht werden, es findet eine Fokussierung statt und Wünsche verwandeln sich in Willen, in zielgerichtete Intentionen. Das setzt zweifellos Energien frei. Dieser Prozess von innen nach außen ist paradigmatisch für „Magie". Ganz allgemein ermutigen wahrscheinlich gute Voraussagen, während schlechte Voraussagen wie eine Impfung Gegenkräfte mobilisieren können (in meinem konkreten Fall zum Beispiel die telefonische Nachfrage beim Nationalfonds; außerdem kam mir verstärkt zu Bewusstsein, wie unwillig ich war, Afrika schon zu verlassen, bzw. wie entschieden, diese Forschung weiterzuführen.)

gen, ihre Welt ernst zu nehmen; mich als Mensch mit meinen persönlichsten Wünschen und Ängsten dieser Welt auszuliefern. *„C'est pas pour l'amusement."* Kein Spaß. Und sie hatte in gewisser Hinsicht Recht. Denn die Angelegenheiten der Geister sind existentielle Angelegenheiten. Für die beginnende Féticheuse, für die das Arrangement mit den Geistern eine Frage von Wahnsinn, Tod oder Rettung ist, und für die Patienten, die von Krankheit oder Hexerei geheilt werden wollen. Ich hatte Clémentine am Anfang unserer Bekanntschaft einmal mehr scherzhaft gefragt, ob ich mich auch initiieren lassen könnte.

„Nein", hatte sie geantwortet. „Denn wenn du ein *komien*[122] wärst, hätte sich das schon lange bemerkbar gemacht. Du hättest nicht ohne Initiation weiterleben können. Die Geister hätten dich wahnsinnig gemacht oder getötet."

Aber ich glaube, ungefähr um die Zeit dieser Konsultation änderte sie ihre Ansicht. Es wurde ernst. Sie hatte sich entschieden, mich auf den Weg des *komien* zu schicken.

Am 2. März, eben zurück aus Guinea, rief ich sie an.

„Warst du in Guinea auch wieder bei den Féticheuren?", fragte sie mich.

„Ja."

„Pass auf", sagte sie, „du wirst einer von uns. Es ist ansteckend."

Sie bestellte mich für den 9. März. Aber dann sagte mir dort ihr Mann, sie sei kurzfristig wegen einer Begräbniszeremonie nach Bonoua gerufen worden. Am Abend rief ich sie an.

„Wir treffen uns Mittwoch", sagte sie. „Morgen ist Dienstag; das ist nicht gut für das, was ich mit dir machen will. Du musst die Hühner nicht mitbringen."

### Eine Waschung mit Rum und Hölzern

Als ich am Mittwochmorgen eintraf, rief sie mich gleich in ihr Konsultationszimmer.

---

122  *Komien* (auf Agni *komian*) ist das Abouré-Wort für Geisterpriester(in) oder Féticheur/Féticheuse. Es hängt etymologisch zusammen mit dem Abouré-Wort *owousomin* (auf Agni *boson*) für Geist. Der *komien* ist „derjenige, der den Geistern einen Kult weiht", zwischen ihnen und den Menschen vermittelt und zwar vor allem, indem er – im Zustand der Besessenheit – zu ihrem Medium wird (Duchesne 1996:20-27).

Sie sagte: „Ich bin noch nicht nach Brüssel gefahren. Ich muss zuerst eine Arbeit für jemanden beenden. Und dann hatten wir einen Todesfall im Dorf. Bis zu den *funérailles* darf ich keine Opfer darbringen. Darum machen wir es jetzt folgendermaßen: Ich führe heute einen kleinen Ritus mit dir durch; dann wäschst du dich eine Woche mit dem Medikament, das ich dir gebe; dann wartest du drei Tage, und dann machen wir das Hühneropfer."

„Ich fahre morgen für drei Tage nach Abengourou. Soll ich das Medikament mitnehmen?"

„Nein. Es ist nicht gut, wenn du das während der Reise machst. Auf der Reise bist du abgelenkt, in der Waschung geht es darum, dich zu sammeln. Ich gebe dir das Medikament ohne *canari*, sonst zerbricht er, das wäre nicht gut. Hast du einen zu Hause? Es macht nichts, wenn er schon benutzt wurde, wenn er bloß nicht zu alt ist. Du beginnst am 15. März in Bouaké (wo ich inzwischen wohnte), dann wäschst du dich damit sieben Tage, jeweils morgens und abends. Du gießt zuerst kaltes Wasser in den *canari* mit dem Medikament. Du leerst etwas davon in einen Eimer. Damit wäschst du dich. Den *canari* füllst du danach wieder mit frischem Wasser auf. Ende der Woche sprichst du deine Wünsche darüber. Dass das, was dich bremst, weggeräumt wird, damit du dein Leben leben kannst; dass, falls dich jemand verhext hat, es auf ihn selbst zurückfalle; dass sich der Wille Gottes erfülle; dass du viel Geld erhältst; eine Frau, Kinder, alles was du willst. Dann wirfst du den *canari* mit dem restlichen Inhalt auf den Abfall, aber nicht im eigenen Haus, sondern auf einen öffentlichen Abfallhaufen. Dann wird alles Negative damit weggeworfen."

Sie gab mir ein weißes Tuch, führte mich in eine Art Gästezimmer und sagte: „Zieh die Uhr aus, die Brille, den Ring, alle Kleider, binde dir das Tuch um, dann findest du mich draußen."

Ich tat, wie geheißen, dann wartete ich in dem kleinen Innenhof auf sie. Sie holte einen Hocker, auf den ich mich setzen musste, nachdem sie ihn auch mit einem weißen Tuch bedeckt hatte. Sie hantierte mit einem weißen Eimer, in dem sich Hölzer, Kräuter und Wasser befanden. Sie füllte ein kleines Glas mit Rum und träufelte von Zeit zu Zeite einige Tropfen davon in den Eimer, während sie Beschwörungen murmelte.

Dann spuckte sie mir plötzlich davon ins Gesicht. Ich erschrak etwas. Sie wiederholte das von hinten, dann besprühte sie meinen Kopf von allen Seiten. Sie nahm eine Wurzel aus dem Eimer, legte sie vor mir auf den Boden und sagte, ich müsse die Füße geschlossen darauf behalten. Worauf sie mir den Inhalt des Eimers über Kopf, Rücken, Bauch,

Beine und Füße leerte und mich aufforderte, mich gut mit dem Wasser einzureiben. Dann holte sie einen andern Eimer mit sauberem Wasser und goss es mir über den Körper. Sie zog das Holzstück unter meinen Fußsohlen hervor, beschrieb einen Kreis damit über meinem Kopf, murmelte etwas und warf es in die Luft. Es landete scheppernd auf dem Blechdach neben dem Innenhof. Sie sagte, ich solle mich nicht abtrocknen, sondern sitzen bleiben, bis ich von selbst trocken sei.

„Du wirst dich den ganzen Tag lang wohlfühlen und in der Nacht schlafen wie ein Baby."

Nach etwa einer halben Stunde forderte sie mich auf, in das Zimmer zurückzugehen, das Tuch dort fallen zu lassen („ich werde es dann holen") und mich anzuziehen.

Nachher rief sie mich in den Salon und sagte lachend, indem sie mir eine Flasche reichte: „Jetzt eine Cola, zum Neutralisieren! Was würden wir machen, wenn die Weißen das Coca-Cola nicht erfunden hätten!?"

Ich erzählte ihr von meiner Suche nach den sprechenden Fetischen in Guinea.

„Die Heiler in Guinea und Mali taugen nichts", meinte sie. „Die haben nichts zu verlieren. Am Ende hauen sie dich immer übers Ohr. Am besten sind die in Burkina und Benin. Die Schwester meines Vaters ist auch Féticheuse. Bei uns vererbt sich die Hellsichtigkeit in der väterlichen Linie.[123] Ein Mann aus Benin verliebte sich in sie. Sie warnte ihn, dass mit all den Geistern das Zusammenleben mit ihr nicht einfach sei. Aber er war verrückt nach ihr. Er war Koch bei einem Ehepaar aus Bordeaux. Die Frau, die Weiße, las ihr aus der Hand. Sie sagte ihr, sie werde noch ein Kind bekommen. Später gingen sie nach Benin zu seinen Eltern. Dort gab es einen sprechenden Fetisch. Als sie ankam, begrüßte der Fetisch sie auf Abouré, mit ihrem Namen, den er bereits kannte! Er sagte ihr ebenfalls, sie werde noch ein Kind bekommen. Sie war bereits fünfzig, ihr Jüngster achtzehn! Er sagte ihr auch, sie werde lange ins Ausland gehen. Dann hatte sie ein paar Monate die Regel nicht. Sie dachte, die Menopause beginne jetzt, und ging zum Arzt. Der machte

---

123 Es gilt allgemein bei den *Lagunaires*, den Lagunenanwohnern, dass die „böse mystische Kraft" (Hexerei) aus der mütterlichen Verwandtschaft, die „gute" (Heilfähigkeiten) hingegen aus der väterlichen kommt. In Kombination mit der Matrilinearität (vor allem in Erbangelegenheiten), der Patrilokalität (Clémentine wohnte zwar im Hof ihres Vaters, wird ihn aber nicht erben) und den Vorstellungen, welche Anteile der Psyche woher kommen, führt das zu ziemlich komplizierten Verhältnissen (siehe das *schéma complexe* bei Augé 1975:220).

eine Echografie und stellte fest, dass sie tatsächlich nochmals schwanger geworden war. Sie fiel vor Schreck in Trance. Es gab dann eine Tochter, sehr schön, mit etwas europäischen Zügen. Später ging sie mit dem Beniner nach Frankreich, für 18 Jahre. Sie ließ die Fetische hier und fiel in Frankreich nie in Trance. Aber kaum war sie hier, kehrten die Geister in sie zurück. Vielleicht können wir einmal zu den Verwandten nach Ouidah gehen, zum Schlangenfetisch."

Ich sprach sie nochmals auf den Film an.

Sie fragte: „Hast du schon viele Kunden bei mir gesehen?"

„Nein."

„Eben. Ich richte es immer so ein, dass sich niemand sieht. Wie Sprechstunden beim Arzt. Sie laufen sich nie über den Weg. Diskretion, Anonymität.[124] Deshalb möchte ich nicht in einem Film erscheinen. Ich werde mich nach einer andern Frau umschauen. Bei mir ist es nicht wie auf dem Dorf, wo jeder alles weiß von jedem. Ich bin eine städtische, intellektuelle Féticheuse, ich war auf dem *Collège*, habe die Bücher studiert. Die Fetische sind etwas Archaisches, das stimmt. Aber trotzdem muss man sich auch als Féticheuse ein wenig der Moderne anpassen. Die Geister sind wie Kinder; sie sind zwar starrköpfig, aber man kann, ja muss sie trotzdem etwas erziehen. Am Anfang sind sie erstaunt über die modernen Fragestellungen. Eine Frau kommt zum Beispiel und möchte ihren Mann zurück. Aber wenn du einem Geist immer wieder dieselbe Frage stellst, wird er dir mit der Zeit antworten. Meine Kolleginnen auf dem Dorf machen solche Sachen nicht. Sie heilen nur Krankheiten. Aber ich bin anders als sie. Ich bin ein bisschen wie eine Psychologin. Ich studiere den Fall genau. Oft sind es die Sorgen, die auf den Körper schlagen. Diese verlassene Frau; sie war vor einem Monat bei mir. Jetzt lebt sie wieder glücklich mit ihrem Gatten zusammen. Oder ich berate einen Mann, dessen Gesellschaft finanziell nicht gut läuft. Ich bin ja selbst wie die Verwalterin einer Gesellschaft, einer Geister-Gesellschaft!

Deine Haut ist dunkler geworden. *Tu es trop à l'aise ici. A la fin tu vas rester.* Dir ist es allzu wohl hier. Am Ende wirst du noch bleiben.

---

[124] Dasselbe stellte ich auch bei Coulibaly fest. Ich begegnete praktisch nie Patienten. Diese Art Arztgeheimnis machte es schwierig, Krankengeschichten aufzunehmen. Eine Ausnahme bildeten die Konsultationen, die ich *gemeinsam* mit jemandem bei einem Heiler machte (zum Beispiel mit Baba in Burkina, mit Coulibaly in Mali und Guinea und andere, die ich weiter unten beschreiben werde), bzw. Erzählungen von Leuten, die Konsultationen beschrieben, wobei mir dann aber die Sicht des Heilers fehlte.

Sag mal, warum bist du eigentlich auf diesen Weg, den Weg der Fetische, gegangen?"

Ich antwortete etwas von wegen Forschung, Ethnologie etc.

Aber sie insistierte: „Ich möchte wissen, was es ist, das dir persönlich Vergnügen daran bereitet."

„Ich weiß es selbst nicht genau. Aber ich glaube, es ist für mich ein Weg darüber nachzudenken, was eigentlich die so genannte *Realität* ist."

Sie gab mir die Hölzer für die Waschung mit auf den Nachhauseweg.[125] Nach meiner Rückkehr aus Abengourou begann ich mit der Behandlung zur Verscheuchung der Geister. Dann erschien ich wie abgemacht nach einer Woche wieder bei ihr, für das Hühneropfer.

### Das Opfer: Hühnerblut, Rum, Kaolin und Hirse

Clémentine hatte ein *allocodrome*, einen Stand mit fritierten Bananen, an der Straße eröffnet. Sie kam eben von einem Händler in Port-Bouet zurück, wo sie für 100 000 CFA (165 EUR) Bananen gekauft hatte. Dann rief eine Frau aus Frankreich an. Clémentine erklärte mir nachher, das sei eine Kundin von ihr, die sie manchmal telefonisch berate. Im Gespräch ging es um die Tochter, die seit einigen Tagen verschwunden war. Clémentine beruhigte sie, sagte ihr, bei einer Zwanzigjährigen sei das ganz normal, sie müsse sich keine Sorgen machen, sie gehen lassen etc. Man fühlte sich ins Behandlungszimmer eines Gesprächspsychologen versetzt (à la Rogers: spiegelnd, ich-stärkend, motivierend, bestätigend).

„Sie war früher hier in Abidjan. Ich machte ein paar Behandlungen für sie. Jetzt ist sie nach Europa zurückgekehrt, sucht aber immer noch manchmal Hilfe bei mir. Im Moment geht es ihr schlecht. Manchmal

---

125  Ich zeigte die Ingredienzien Henri Téré, dem Botaniker des *Centre Suisse de Recherches Scientifiques*. Er bestimmte sie folgendermaßen:
Rinde: Erythrophleum ivorensis (fôret), Mimosaceae, oder eventuell Erythrophleum guinensis (savane). Umgangssprachlich *tali* genannt, wird oft gegen Hexerei verwendet.
Rinde: Spondias Mombin, Anacardiaceae, Mombin.
Rinde: Combretodendron africanum, Lethycydaceae. Umgangssprachlich *Abalé* genannt.
Holzstück: Piper guineense, Piperaceae. Umgangssprachlich *(liane de) poivrier* genannt (Ersatz für Piment).
Die dünnen Äste eines hellen Holzes konnten nicht bestimmt werden.

ruft sie fast jeden Tag an. Ich mache dann von hier aus Opfer für sie, eine Art Fernbehandlung, und berate sie, so gut ich es kann, telefonisch."

Dann rief sie mich in ihr Behandlungszimmer und übergab mir einen Hahn und ein Huhn. Ich wusste nicht recht, was mit ihnen machen.

Spöttisch sagte sie: „Jetzt warst du so oft bei Féticheuren und hast immer noch Angst?"

Sie leerte Rum in ein Glas und goss davon in die Kalebasse mit dem Kaolin, die wiederum in der größeren Kalebasse stand. Dazu sprach sie gute Wünsche für mich: Geld, Erfolg, Frau, Kinder ... Sie legte die Hühner nebeneinander vor die Kalebasse und sprach weiter; spuckte Rum darüber. Dieses Mal fiel sie nicht in Trance. Sie nahm vom Rum-Lehm, strich sich davon über Stirn und Schläfen, dann nahm sie mir die Brille ab und strich mir die Mischung dreimal kreuzweise über die Stirn. Dann kauerte sie sich nieder und bestrich meine Füße damit. Sie nahm die Hühner, legte sie auf meinen Kopf, murmelte dazu, dann fuhr sie mit ihnen meinem Körper entlang bis zu den Füßen.

Sie gab mir ein Zeichen, in den Innenhof zu kommen.

„Schneidest *du* ihnen die Kehle durch?", fragte sie.

Ich lehnte dankend ab.

„Du willst Féticheur werden und kannst noch nicht mal einem Huhn die Kehle durchschneiden?!"

„Will ich Féticheur werden?"

Der Hahn sprang noch lange mit herunterhängendem Kopf herum und verspritzte sein Blut.

„Das Opfer wurde angenommen", sagte sie. „Hast du schon Nachrichten aus der Schweiz bekommen wegen des Geldes?"

„Nein."

„Der Bericht wird positiv ausfallen. Trotzdem musst du noch ein Opfer machen. Kauf zwei Kilo Hirse. Du füllst sie in drei Säckchen ab, indem du in jedes drei Hand voll gibst. Du sprichst deine Wünsche während des Verteilens darüber. Dann verschenkst du sie je an einen Afrikaner mit heller, mittlerer und dunkler Haut. Den Rest der Hirse mahlst du, und dann soll deine Frau eine *bouillie* (Brühe mit Wasser und Zucker) zubereiten. Das esst ihr dann."

Sie übersetzte mir noch genau die Benediktionen, die sie für mich ausgesprochen hatte, dann begaben wir uns in den Salon.

Wir tauschten Geschichten über Féticheure in Burkina Faso aus.

Sie war vor kurzem in einem Dorf namens Kamina gewesen, in der Nähe von Koumbara.

„Da gibt es eine Moschee, die eines Nachts einfach vom Himmel herabgekommen ist. Die Geister haben sie gebaut. Den Eingang kannst du nur betreten, wenn dein Herz rein ist. Sonst wird der Eingang ganz eng. Ich selber war nicht drin ... Es gibt zwei Fetische dort, die sprechen. Sie können dich auch zwingen, die Wahrheit zu sagen. Wenn du mit deiner Frau gehst, kann sie zum Beispiel fragen: Hast du mich betrogen? Wenn du lügst, schlägt dich der Fetisch. Der Féticheur ist jetzt gestorben. Man durfte ihn nicht berühren; sonst hättest du eine Art elektrischen Schlag gekriegt. Seine Witwe kann keinen normalen Mann mehr heiraten. Der junge Marabout, sein Nachfolger, wird sie übernehmen. Er hat jetzt noch ein Jahr Zeit, um sich vorzubereiten. Solange spricht der Fetisch nicht. Ich bin dem Mann einmal begegnet, ohne dass ich wusste, dass er der Nachfolger des Alten ist. Er sah mich zum ersten Mal und sagte gleich, er wolle mich heiraten. Als er mir die Hand gab, spürte ich, dass er sehend ist.

Ich sagte ihm: Du willst mich also heiraten. Hast du denn Geld?

Er bejahte.

Ich fragte ihn, wie alt er sei.

36.

Zu jung, sagte ich. Ich habe lieber Alte. Abgesehen davon bin ich schon verheiratet.

Man kann sich scheiden lassen, meinte er.

Du sagst also, du hast Geld, sagte ich. Was hast du denn genau?

Bett, Stuhl, Tisch ..., antwortete er.

Na hör mal, sagte ich ihm. Ich muss jeden Tag Brot essen zum Frühstück und Cola trinken. Seit ich hier bin, hast du mir noch nicht mal Wasser angeboten. Ich wäre nicht glücklich mit dir.

Das war's dann. Nachher sagten alle, die unserer Konversation zugehört hatten, er würde einen Zauber machen, um mich zu fesseln. Ich sei leichtsinnig gewesen, ob ich seine vielen Zauberringe nicht gesehen hätte ... Was glauben die eigentlich? Ringe! Die können nichts gegen mich. Ich brauche nicht mal Ringe für so was, ich hab's im Blut."

Sie kündete mir an, im Mai werde sie nochmals nach Europa gehen. Im April müsse sie noch hier sein, weil dann die alljährlichen Opfer für die Flussgeister bei Bonoua dargebracht würden.

„Übrigens, für den Film werde ich meine Cousine in Bonoua anfragen. Ich nehme an, sie hat Interesse. Sie wird sich sagen: Wenn ein Weißer mich filmen will, dann heißt das, ich bin wichtig ... Ich frage vielleicht auch die *vieille* in Bonoua, die mich initiiert hat. Hast du übrigens gemerkt, dass du zugenommen hast? Am Anfang warst du wenig selbstsicher, etwas in deiner Persönlichkeit hat gefehlt. Jetzt ist es besser. Du könntest dich initiieren lassen; man wird dich in Bonoua mit Medikamenten waschen, und du wirst sehend werden. Aber von Geistern besessen zu sein ist schrecklich."

„Sogar, wenn es kontrolliert ist, wie bei einer Konsultation?"

„Ja. Du bist ganz leer nachher. Sogar bei einer Wahrsagung mit den Kauris, wo ich gar nicht in Trance falle. Aber du musst ein Kraftfeld aufbauen, das ist anstrengend. Die meisten Féticheure sind deshalb auch nicht ganz gesund. Ich selber bin nicht richtig krank, aber ich bin dauernd müde und schlafe viel. Früher kochte ich häufig; jetzt nicht mehr. Ich habe einen Geist, der es nicht will. Er möchte immer, dass ich mich bedienen lasse, wie eine Prinzessin. Aber wenn man sich kein Personal leisten kann ...?"

„Wie verwöhnte Kinder."

„Schlimmer. Ein verwöhntes Kind kannst du wenigstens schlagen. Aber wie möchtest du einem Geist einen Schlag geben? Eher schlägt er dich."

„Aber sag mal – du sprichst von der Waschung mit Medikamenten. Muss man nicht als Seher geboren sein oder es wenigstens schon früh lernen?"

„Nein, es gibt auch solche, die sich spät initiieren lassen. Meine Cousine in Bonoua ist auch so eine."

Sie hatte zwei orangene Bällchen aus Foufou und Eiern gemacht.

„Das isst man sonst nicht, nur nach einem Opfer. Ich habe den Geistern auch davon gegeben, und wir essen es jetzt, damit sie sehen, dass es nicht giftig ist."

Zum Mittagessen gab es Huhn mit Eiern und Jams. Rotes Öl in einem separaten, weißen Teller. Spaghetti. Ingwersaft.

Ich bemerkte, dass das Essen in den selben Farbtönen gehalten sei wie ihr Behandlungszimmer.

„Ja. Weiß und Gelb. Die Geister lieben helle Farben."

Ihre inzwischen dreijährige Tochter Murianne kam aus dem Kindergarten nach Hause, mit zerkratztem Gesicht.

*„Je m'ai pas battu"*, sagte sie.

„Man sagt: *Je me suis pas battu*", korrigierte Clémentine. Dann kümmerte sie sich um Desinfizierung und Pflaster.

Beim Abschied gab ich Clémentine 10 000 CFA (16 EUR). Sie hatte – im Gegensatz zu Coulibaly – bisher noch kein einziges Mal Geld von mir verlangt.

„Du schuldest mir nichts", sagte sie.

„Ich weiß. Es ist ein Geschenk."
„Du bist also reich geworden?"
„Nicht eigentlich."
„Das mit dem Geld für die Forschung wird gut gehen. *Ich* sage es."

## Die jährliche Opferzeremonie für die Geister

Ein paar Wochen später rief mich Clémentine an. Ich solle am Freitag, dem 15. Mai kommen. Sie würden die jährliche Opferzeremonie, von der sie mir erzählt hatte, dieses Jahr nicht in Bonoua, sondern bei ihr zu Hause durchführen. Ich sei auch eingeladen.

Ich kam um acht Uhr morgens bei ihr an. Es waren etwa zehn Leute dort, unter anderem Clémentines Mutter. Die Cousine aus Bonoua war nicht da; man wusste nicht, weshalb. Sie hatte kein Telefon, man konnte sie nicht anrufen. Aber man entschied, die Zeremonie trotzdem durchzuführen, da nun schon einmal alle andern da waren. Man konnte sie auch nicht ohne weiteres verschieben. Sie musste an einem Freitag vor der Regenzeit stattfinden. Hatte die Regenzeit einmal eingesetzt, durfte man nicht mehr opfern.

Clémentine war sehr beschäftigt mit den Vorbereitungen für das Ritual. Sie servierte mir eine Omelette mit Baguette und Milchkaffee. Dauernd huschte sie mit irgendwelchen Sachen zwischen Konsultationszimmer und Innenhof hin und her.

Gegen zehn Uhr begaben sich dann alle Anwesenden in den Innenhof. Am Boden lag ein Korb mit weißen Kolas, einem Säckchen Hirse, einem Säckchen Bohnen, Bananen, Bonbons, Biskuits, Münzen. Daneben lagen zwei große Säcke Reis, Jamsknollen, viele Eier, etwa sieben Hähne, drei Perlhühner, Brötchen, Kaolin, eine Flasche Mangoustan-Rum und eine Flasche Stork-Gin. Dann erschien Clémentine aus dem Behandlungszimmer. Sie hatte sich umgezogen. Sie trug eine weiße Bluse, ein weißes Kopftuch und eine blaue *Pagne* um die Hüfte. Sie sagte mir, ich solle 50 CFA dazulegen. Dann erschien als Letzter Clémentines Mann mit einem prächtigen, schneeweißen Schafbock an einem Strick.

Clémentine nahm die bereitstehende Kalebasse, die mit Rum und diversen Ingredienzen gefüllt war und besprühte uns mithilfe eines Grasbüschels. Dann stellte sie sich in die Mitte des Hofes und murmelte lange Inkantationen, währenddessen sie immer wieder ein wenig von dem Rum auf den Boden leerte. Alle mussten sich erheben. Dann spuckte sie vom Rum auf die Hühner, die mit zusammengebundenen Füßen auf dem Boden lagen. Dazu schlug Clémentines Mutter mit einem Stöckchen rhythmisch eine Glocke mit einem Stiel, der in einen geschnitzten, kaolinweißen Kopf auslief.

Als Nächster inkantierte Clémentines Mann, und Clémentine schlug die Glocke. Clémentine foppte ihn, weil er irgendeinen Fehler machte, und alle lachten. Dann wiederholte Clémentines Mutter das Prozedere.

Schließlich nahm Clémentine den ersten Hahn, strich damit über ihren ganzen Körper, besprühte ihn mit Rum. Dann zerbröselte sie ein Stück Kaolin und streute ihm davon ins Gesicht. Sie schnitt ihm die Kehle durch und ging mit ihm um den Tisch herum, durch den Flur zur Haustür, eine Blutspur hinter sich lassend. Eine der Frauen verlangte einen Schwamm, um den gepolsterten Stuhl zu reinigen, der auch einen Flecken abbekommen hatte. Clémentine kehrte zurück, kniete sich hin und rieb ein paarmal ihre Lippen auf dem Kachelboden, der voll Blut, Hühnerkot, Federn und sonstigem Schmutz war.

Dann wurde ein Huhn nach dem andern geopfert. Die meisten kamen auf den Rücken zu liegen, was mit einem allgemeinen Hochheben der Arme und Jubelrufen quittiert wurde. Eines warf sich etwa ein Dutzend Mal hin und her, wälzte sich wie ein Schlafloser, was alle zum Lachen brachte. Einmal während einer Inkantation riss Mimi ihrer Puppe aus Versehen auch den Kopf ab und weinte. Ihr Vater schraubte ihn wieder rein.

Als Letztes wurden zwei große, blütenweiße Hähne hereingebracht. Clémentine strich allen Anwesenden etwas Kaolin unters Kinn. Der erste Hahn kam auf den Rücken zu liegen, aber der zweite stolzierte seelenruhig mit durchgeschnittener Kehle und stark blutend herum, als ob nichts wäre. Sie musste nochmals zum Messer greifen, und er legte sich auf den Bauch. Das sei gut, war die allgemeine Ansicht. Der Erste wurde angenommen, der Zweite sei wie der Deckel drauf. Bloß auf der Seite sterben sei nicht gut. Jede Gabe wurde vor der eigentlichen Opferung ins Behandlungszimmer getragen, den Fetischen präsentiert und dann im Innenhof dargebracht.

Als schließlich alle Hühner geköpft waren, schnitt Clémentine zweien von ihnen den Hintern auf und prüfte die Eingeweide. Hätte sie schwarze Tupfen gefunden, wäre das ein Zeichen für die Ablehnung des Opfers gewesen. Aber es fand sich bloß eine Art Stachel, also war es gut. Am Ende wurde auch das Schaf zu den Fetischen hineingeführt, und ein Junge schnitt ihm die Halsschlagader durch (einzig beim Schaf war es nicht Clémentine selbst, die Hand anlegte).

Als alles vorüber war, fragte mich Clémentine, ob ich nicht allzu sehr vom Blut bespritzt worden sei.

„Nur ein bisschen", sagte ich.

„Wenn nicht – wie willst du dann je Féticheur werden?"

Der Mann neben mir, Clémentines Onkel, wischte mit einem feuchten Lappen sorgsam das Blut von den restlichen Opfergaben (den Biskuittüten zum Beispiel).

Ich ging auf die Toilette, um all die roten Spritzer von meiner weißen Hose abzuwaschen. (Ich hatte mir gesagt, dass den Geistern das Weiß sicher gefallen würde). Beim Hinausgehen gab ich Clémentines Onkel die Klinke in die Hand, dem es in seinem hellgrünen Anzug nicht viel besser ergangen war.

Ich schaute noch etwas zu im Hof, wie man dem Schaf die Haut abzog, die Hühner gewaschen und gerupft wurden, die Frauen mit dem Kochen begannen, aber dann wurde ich diskret in den Salon geschickt, wo der Onkel im jetzt grün-roten Anzug bereits zu Boden gegangen war und ein Nickerchen abhielt.

Zwei offensichtlich wohlsituierte Damen, ebenfalls ganz in Weiß, erschienen. Es waren jene, die die beiden Hähne zum Schluss spendiert hatten. Weil das Essen aber noch nicht bereit war, und sie schon bald wieder zurück ins Büro mussten, wurde an einem Straßenstand grillierter Fisch für sie geholt.

Nach etwa drei Stunden wurde aufgetischt: Jams, Huhn, Schaffleisch, auf einem zweiten Teller das orange-gelbe Foufou.

„Weil es für die Geister ist, habe ich weder Salz noch Piment drangetan", sagte Clémentine. „Aber für dich habe ich doch ein bisschen beigefügt."

Später saß ich mit Roger, Clémentines Mann, und dem etwa vierzigjährigen Onkel vor dem Haus. Letzterer wurde von Roger als *„Beau"* angeredet, nicht so sehr wegen seines ehemals schicken Anzugs, als vielmehr, weil er in dieser Zeremonie Clémentines Vater ersetzte, was nahe liegend war, insofern er mit dessen Schwester verheiratet und demzufolge Clémentine (wie) seine Tochter und Roger also – obwohl älter – sein Schwiegersohn war.

Sie erzählten mir, dass Clémentine gestern abend die Geister befragt habe, ob man heute die Zeremonie durchführen könne. Aber sie waren nicht zufrieden gewesen mit Roger und seinem *Beau*, weil sie die Geister zu wenig respektierten: Sie kamen einfach jeweils vorbei, setzten sich und aßen, ohne ihnen etwas abzugeben.

„Sie hatten Recht", sagte Roger. „Wir entschuldigten uns und sie willigten ein."

Ich verabredete mit Clémentine, morgen früh wiederzukommen. Dann würden wir nach Bonoua zur Cousine fahren. Um zu sehen, warum sie nicht nach Abidjan gekommen war und um sie wegen des Films zu fragen.

### Die Geister um Erlaubnis für Filmaufnahmen fragen

Am Vormittag des nächsten Tages kamen wir in Bonoua an, im Quartier *Mimbi Residentiel*, etwas am Rande der Ortschaft. Hier hatte Clémentines Cousine einen Hof gemietet, um in Ruhe praktizieren zu können, ohne dass die Patienten sich geniert fühlen müssten. Inzwischen wohnte sie auch da, mit Mann, Kind und einigen Verwandten. Die Cousine (ihr Vater war der Bruder von Clémentines Vater) hiess Abodjo Mossou, war klein und zierlich; ich hätte sie etwa auf Dreißig geschätzt, später erfuhr ich jedoch, dass sie bereits 45 war. Sie sprach kaum Französisch und konnte weder lesen noch schreiben. Zahlreiche Patienten waren da. Ihr Mann lud mich ein, mit ihm und andern Männern zu essen. Foutou mit Fisch, dazu *Koudougou*-Schnaps (mit eingelegten „Medikamenten") zur besseren Verdauung. Clémentine aß mit den Frauen. Dann gingen wir nach draußen, um unser Anliegen vorzubringen. Es gab eine längere Diskussion, dann gingen wir wir wieder hinein, um das Ganze mit Abodjos Mann und seiner Gruppe zu besprechen. Es stellte sich ein kleines Problem. Abodjo war *indisposée* (darum war sie auch am Vortag nicht zur Zeremonie erschienen). So konnte sie ihr Konsultationszimmer nicht betreten und also die Geister auch nicht um ihre Erlaubnis bitten. Ihr Mann entschied, die Angelegenheit zuerst unter Ausschluss der Geister zu besprechen. Am Donnerstag sollten wir dann wiederkommen und für die Geister folgendes mitbringen, um unsere Bitte gebührend zu unterstützen:

Eine Flasche Gin Royal (Stork), eine Flasche Rum Mangoustan, einen Hahn, ein Huhn (Farbe egal, bloß kein Schwarz, das die Geister überhaupt nicht mögen), vier Eier, zwei Meter Perkal, vier Schachteln Kerzen, 15 000 CFA (25 EUR), ein weißes Schaf.

Einen Termin zu finden war nicht ganz einfach aufgrund der vielen Faktoren, die für eine Heilzeremonie berücksichtigt werden müssen (und für ein ausgebuchtes Filmteam). Wir einigten uns auf das Wochenende 30./31. Mai.

Dann zog ich mich mit Clémentine zurück, um das Honorar zu diskutieren. Wir einigten uns auf 70 000 CFA (115 EUR) für die zwei Tage.
Ich gab Clémentine 16 000 CFA (28 EUR) und sie versprach, alle nötigen Zutaten bis Donnerstag zu kaufen (außer dem Schaf, das dann gleich vor Ort gekauft würde).
Gegen Abend fuhren wir zurück. Clémentine las die ganze Zeit im Bus. Ich fragte sie, was.
„*Un roman.* ‚*L'enfant du crépuscule*'. *C'est* très *sentimentale.*"

Am Donnerstag erschien ich wie verabredet morgens um 9 Uhr bei Clémentine, zusammen mit meiner Freundin Fatou. Dieses Mal war es jedoch ihre *Bonne*, die die Regel hatte und also das Haus nicht betreten durfte. Deshalb musste Clémentine selbst den Haushalt machen und das Mittagessen kochen. Wir blieben also zum Essen und fuhren nachher los, mit einer großen Schachtel voller Opfer.
Wieder wurde zur Begrüßung zuerst Koudougou getrunken (auch Abodjos zweijährige Tochter ließ sich nicht zweimal bitten). Dann übergaben wir die rituellen Mitbringsel. Abodjo verschwand damit in ihr Behandlungszimmer und befragte die Geister. Einige Zeit später wurde ich hineingerufen.
(Fatou fragte neugierig, ob sie auch kommen könne. „Nein", sagte Clémentine. „Das ist eine Sache, die dich nicht betrifft.")
Der Raum war wie eine etwas rustikalere Version von Clémentines Zauberzimmer. Dieselben vorherrschenden Farben, Stapel heller Stoffe, gelbliche Vorhänge, am Boden Eier und die Glocken mit dem geschnitzten Stiel. Abodjo legte die Gaben zwischen uns und sagte, die Geister hätten eingewilligt.
Vor der Abfahrt bat ich, noch einige Fotos machen zu dürfen. Clémentine, die notorisch fotoscheu war, war dagegen, aber sie wurde von den andern überstimmt.
Erst jetzt bemerkte ich, dass Abodjos Mann, Dominique Bohi, von der Hüfte an abwärts gelähmt war. Für die Fotoaufnahmen wurde er von zwei Männern ans andere Ende des Hofes getragen.
„Aber trotz seines Handikaps ist er sehr stark", sagte mir Clémentine. „Als Féticheur ist er sogar noch mächtiger als sie. Er war es auch, der sie für diesen Film motiviert hat. Trotz seiner Lähmung ist er der Stützpfeiler seiner Frau."
Wir fuhren zurück nach Abidjan. Clémentine sagte, sie werde am Montag nach Europa fliegen und erst Ende Juni wieder zurückkommen.

Ich bedankte mich für alles bei ihr und wünschte ihr eine gute Reise.
„Eines Tages", sagte sie, „wirst du mir alles zurückzahlen."

**Die Heilzeremonie in Bonoua**

Am Samstagmorgen um sieben Uhr, als wir bei Abodjo ankamen, waren die Vorbereitungen zur Zeremonie schon in vollem Gange. Im Innenhof wurde aus Zweigen und Blättern ein Häuschen für die Geister errichtet. Darauf legte man ein Ei, einen Kaolinfladen und den Kieferknochen eines geopferten Schafes. Auch der Boden unter der Hütte wurde mit Blättern ausgelegt, davor platzierte man eine Jamsknolle und Kerzen. Dann wurde das Häuschen und auch das Geäst des Baumes darüber sorgsam mit weißen und roten Bändern dekoriert.

Martin Mossoun, Abodjos Bruder, erklärte: „Rot ist die Farbe der Fetischlehrlinge und Weiß jene der Féticheusen. Aber heute hat es nur Initiierte hier. Weiß und Rot mögen die Geister, bloß Schwarz nicht."

Ruth Pierce, die Regisseurin, ganz in Schwarz, fragte verlegen, ob sie sich umziehen gehen solle.

Martin beruhigte sie: „Die Geister wollen hier niemandem Böses. Schwarz wird verwendet, um böse Geister, Dämonen, allgemein Schlechtes zu vertreiben."

Abodjo selbst war noch nicht da.

Dann wurde bei der Geisterhütte Rum dargebracht, zwei Hühner, die unter Jubel auf dem Rücken verendeten, und ein Karton Eier.

„*C'est pour invoquer les génies*", sagte Martin. „*Pour qu'ils se manifestent.*"

Er erklärte Bedeutung und Funktion der andern Requisiten rund um das Hüttchen:

„Wenn Abodjo das Ei vom Dach nimmt, dann kommen die Geister zu ihr. Der Knochen mit den Zähnen des Schafes dient der Behandlung von besonders schwer Erkrankten. Mit dem Fliegenwedel werden böse Geister vertrieben. Mit dem Besen, der Gebetskette, sowie der weißen und der roten Kerze werden die Geister gesucht. Das Parfüm *Ouatta* ist jenes, das die Wassergeister besonders lieben."

Ein älterer Herr in rotem Bubu, mit schwarzem Filzhut und verziertem Gehstock betrat die Szene. Er wurde als „der Priester" vorgestellt. Unter Beschwörungen goss er kleine Mengen Rum auf den Erdboden in der Mitte des Innenhofes; mit zittriger Hand, die sein Sohn jeweils festhielt, um ihn daran zu hindern, das ganze Glas zu verschütten.

Dann tauchte ein anderer Mann auf, nur mit einem ockerfarbenen Lendenschurz bekleidet, den ganzen Körper mit Kaolin eingestrichen. Er gehörte zur Altersklasse von Dominique, Abodjos Mann.

„Er ist selber nicht Féticheur", wurde gesagt. „Er ist eine Art Gesandter der Féticheure und steht zu ihnen wie der Premierminister zum Präsidenten. Er ist ausgestattet mit der Energie seiner ganzen Altersklasse."

Er trug ein kleines, kaolinweißes Holzschwert, das er vor dem Hüttchen in einer Blechschüssel niederlegte und zwei Eier darauf deponierte.

„Mit diesem Schwert wird er vor der Heilerin hergehen, um die Plagegeister zu verscheuchen."

Dominique selbst wurde hereingetragen. Er war unscheinbar gekleidet und platzierte sich am Rande des Innenhofs hinter seinen zahlreichen Medizinen wie ein Schlagzeuger hinter seinen Trommeln. Er wurde als Drahtzieher im Hintergrund, als *superviseur,* charakterisiert.

Dann erschien die „Königin der Féticheusen"[126], die Einweiherin, die Zeremonienmeisterin, eine würdige Alte mit einem weißen Kopftuch, flankiert von ihrer Stellvertreterin; wie die andern Féticheusen, die sie begleiteten, war die *vieille* reich mit Perlenschmuck behangen, aber als Einzige trug sie einen Reisbesen in der Hand, mit dem sie, in der Art einer Dirigentin, von Zeit zu Zeit aufstand, um gleichsam die Cho-

---

126 Als ich später einmal mit Clémentine den Film anschaute, hierarchisierte sie die beteiligten Féticheusen, indem sie beispielsweise sagte: „Die da hat einen höheren Grad als jene." Zuoberst in dieser Ordnung figurierte die Königin. Clémentine sagte bemerkenswerterweise: „Sie ist die Königin der Hexen ..., der Féticheusen." Die in gewisser Hinsicht dialektische Auffassung des Verhältnisses von Heilerin und Hexe, von Gut und Böse, wurde von ihr immer wieder durch das Beispiel des „mimetischen" *undercover agent* veranschaulicht. Man könnte auch den Ethnologen, als eine Art sympathisierenden Spions, anführen (die paradoxe „teilnehmende Beobachtung").
Eric de Rosny fordert uns immer wieder auf, sorgsam zwischen Hexern *(sorciers)* und Heilern *(guérisseurs, féticheurs, anti-sorciers)* zu unterscheiden. Das ist sicher richtig, um die kruden, dämonisierenden Vermischungen zu vermeiden, die frühere europäische Besucher machten, für die die ganze afrikanische Religion einfach dunkles Teufelszeug war. „Die Heiler widmen sich ausschließlich dem Wohle ihrer Patienten" (1985:40). Das aber oft das Übel eines andern ist! Diese Relativität von Gut und Böse wird von Heilern wie Coulibaly oder Clémentine ohne Beschönigung anerkannt. Gerade, wenn Krankheiten mit Hexerei erklärt werden, ist der Schutz des einen oft der Schaden des andern, geht die Wiederherstellung eines Verhexten buchstäblich auf Kosten eines andern, einer angeblichen Hexe, die im besten Fall etwas opfern muss, will sie nicht selber zum Opfer werden. Dieser Mechanismus trifft für Kamerun ebenso zu wie für die Elfenbeinküste.

reografie zu interpunktieren. Bemerkenswerterweise trug sie ein *Pagne* mit einem Kelch, um den herum stand: *„Le Seigneur est ma lumière et mon salut."*

Und schließlich betrat Abodjo selbst, die Protagonistin, die Szene. Über dem orange-grünen Wickelrock trug sie ein weißes Hüfttuch; sie war reich geschmückt mit schwerem Perlen- und Goldschmuck um Hals, Handgelenk, Oberarm, Fesseln, Finger und Ohren. Gesicht, Arme und Beine waren mit Kaolin bemalt, vor allem mit parallelen Wellenlinien und einem doppelten Rechteckmuster. Ihr Oberkörper war von einem weißen BH bedeckt. Vor ihr ging der „Gesandte" mit dem weißen Schwert und streute Kaolin vor ihren Füßen aus. Sie sah prächtig aus, und mir schien, bei ihrem Auftritt hielten alle einen Moment den Atem an. Sie trat an den Hüttenaltar und brachte den Geistern persönlich ein Ei und Rum dar. Die „Alte" goss inzwischen etwas vom Rum auf den Boden in der Mitte des Platzes, begleitet von Segnungen und Anrufungen. Der „Priester" tat es ihr nach. Abodjo kauerte sich nieder und machte eine Art Bekreuzigung, indem sie abwechslungsweise den Rumfleck im Sand und ihre Stirn, Brust und Schultern berührte; anschließend nahm sie selber einen Schluck aus dem Gläschen der Königin und fiel sogleich wimmernd in Trance.[127] Darauf legte die Königin ein weißes Huhn vor ihr nieder, das eine ganze Weile bewegungslos dort liegen blieb, während die Féticheusen im Crescendo ihre Hölzchen schlugen und die Königin es ebenfalls segnete. Dann wurden dem Huhn einige Federn ausgerissen, in alle Himmelsrichtungen zerstreut, darauf schnitt man ihm den Hals durch. Der Gehilfe trug es einmal um den Hüttchenaltar mit all den Opfergaben und Requisiten, sodass dieser für den Rest der Zeremonie von einem Blutkreis eingerahmt war, dann flatterte das Tier mit dem lose herunterbaumelnden Kopf davon und verschied wunschgemäß und unter Applaus auf dem Rücken.

Die drei Perkussionisten, die sich neben die Würdenträger des Dorfes platziert hatten, begannen jetzt zu trommeln. Unterstützt von Dominique, der eine kleine Rundtrommel bearbeitete, mit Stöcken im

---

[127] Im Phänomen der Trance wird immer besonders augenfällig, wie der Fetisch einerseits alles, was er ist, dem Menschen verdankt, der seine ganze Seele in ihn hineinlegt, andererseits sich aber dann selbständig macht und Macht über seinen Erzeuger gewinnt. Die Analogien zum Begriff des Fetischismus bei Marx sind frappant. Aber aus eben diesem Grunde greift es zu kurz, den Fetischismus (wie jede Religion) einfach auf Illusion, Projektion und Psychologie zu reduzieren. Das Irreale „realisiert" sich im Religiösen, wird zu einer (sozialen) Realität sui generis und existiert fort und übt auf den Einzelnen seinen Zwang aus, auch wenn er nicht mehr daran „glaubt".

*Die Abouré-Heilerin Abodjo eröffnet die Heilzeremonie in Bonoua (Elfenbeinküste), indem sie den Geistern ein Opfer darbringt (1998).*

Gegensatz zu den Jungen. Die meisten Féticheusen schlugen Hölzchen, einige Metallglocken.

Der Innenhof hatte sich jetzt recht gefüllt. Auch die Familien der Patienten waren gekommen. Insgesamt waren etwa vierzig Personen anwesend. Abodjo war im Zentrum und zugleich schien sie weit weg. Sie schwang ihren Besen, ihr „Leibwächter" stand schützend mit dem magischen Schwert hinter ihr. Ruhelos hüpfte sie von einem Fuß auf den andern und stieß rhythmische Rufe aus. Die Augen hatte sie geschlossen.

Nun wurde die erste Kranke hereingetragen: ein etwa sechsjähriges, erschöpft aussehendes Mädchen. Es wurde auf den Boden gelegt und bis auf den Slip ausgezogen. Schwach wehrte es sich. Mit Kaolin hatte man ihm Muster auf Stirn und Wangen gemalt.

Martin erklärte mir: „Das Problem mit dem Mädchen war, dass es plötzlich immer wieder in Ohnmacht fiel, am hellheiteren Tag das Bewusstsein verlor, ohne ersichtlichen Grund. Manchmal bekam sie auch plötzlich hohes Fieber. Sie wurde hier schon mehrmals behandelt. Man hat festgestellt, dass es Hexen waren, die sie töten wollten. Die Geister haben nicht direkt den Namen der Hexe angegeben, aber sie haben gesagt, von welcher Seite der Verwandtschaft das Böse kommt: von der mütterlichen Seite. Das Mädchen stammt nicht aus unserer Familie, aber es wird jetzt hier im Hof wohnen bleiben."

„Wird sie adoptiert und selber Féticheuse werden?"

„Nein, sie wird später normal heiraten und Kinder haben. Sie wohnt bloß bei uns, weil sie hier vor der Hexe geschützt ist; sie bleibt jedoch das Kind ihrer Eltern, zu denen sie auch immer wieder hingehen wird. Nur die Nächte muss sie hier verbringen. Sie ist schon fast geheilt. Jetzt geht es darum, sie in Sicherheit zu bringen."

Das Mädchen machte mir allerdings immer noch einen leidenden Eindruck. Ich fragte:

„Ist man auch mal zu einem Doktor mit ihr gegangen?"

„Nein."

„Warum nicht? Aus Geldmangel, oder mangels Vertrauen in die Ärzte?"

„Der Ursprung der Krankheit war bekannt."

Das Mädchen lag immer noch teilnahmslos auf dem Boden, zwischen dem Geisterhaus, den singenden und hölzchenschlagenden Féticheusen und der zuckend tanzenden Abodjo. Der „Gesandte" fungierte jetzt als Assistent von Abodjo. Nach ihren Anweisungen strich er das Mädchen mit Medikamenten ein, besprühte sie mit Rum, massierte sie, hob sie auf den Rücken, legte sie wieder hin, wirbelte sie herum ... Die Perkussion wurde intensiviert. Alle begannen im Chor mitzusingen. Abodjo war jetzt voll in Trance, tanzte, wirbelte herum, buchstäblich wie eine Besessene und schrie zitternd und schlotternd ihre von den Geistern übermittelten Befehle. Zwischendurch schlug sie das Mädchen leicht mit ihrem kaurisbesetzten Reisbesen, während der Gesandte von Zeit zu Zeit den Rücken der kleinen Patientin mit der weißen Machete berührte. Die andern Féticheusen bestäubten das Kind unaufhörlich mit Kaolin. Ohne einmal innezuhalten wurde es von einem Dutzend Händen berührt, gehalten, gestreichelt, gepackt, hochgehoben, hochgeworfen und geknetet wie ein Teig. Die Behandlung war intensiv, ein dramatisches Wechselbad, an der Grenze zur Unerträglichkeit, stellte ich mir vor. Therapie als Traumatisierung, Retraumatisierung, Gegentraumatisierung. Jemand neben mir meinte, das Kind sei selber in Trance versetzt. Tatsächlich schien es, dem Gesichtsausdruck nach, zumindest in eine Art Schockzustand verfallen, in eine Überwältigung oder Überreizung. Von Zeit zu Zeit öffneten ihm Finger gewaltsam die Augenlider. Das Spektakel hatte etwas Ansteckendes. Einen Moment fürchtete ich, selber infolge von Übererregung in Trance zu fallen. Es berührte mich, was für ein emotionaler, sozialer, optischer, ästhetischer, akustischer, finanzieller, energetischer Aufwand da kollektiv betrieben wurde für ein krankes Kind, und ich stellte mir vor, etwas davon müsse auch für das Mädchen mobilisierend wirken. Wie mager, ärmlich, eindimensional und geizig wirkten demgegenüber unsere Therapien, sowohl die medizinischen wie die psychologischen![128] War es nicht, als ob hier die ganze Gemeinschaft dem gefährdeten Kind zurief: „Wir lassen dich nicht gehen, wir lassen dich nicht sterben"? Plötzlich war ich so berührt und bewegt, dass ich fast in Tränen ausbrach.

---

128 Im Westen wird heute den psychischen und sozialen Aspekten von Krankheit großes Gewicht beigemessen, wobei man sich dabei gelegentlich auch auf die „ganzheitlichen" nicht-westlichen Behandlungsmethoden beruft. Hat es unsere Gesundheitsversorgung dann mit AusländerInnen zu tun, passiert manchmal etwas Paradoxes: Der Arzt oder die Psychiaterin ist erstaunt, dass zum Beispiel ein Türke mit seinem angeblich ganzheitlichen Gesundheitsverständnis ganz versessen darauf ist, eine Spritze zu bekommen oder sogar operiert zu werden, um seine Bauchschmerzen loszuwerden, die unser Schulmediziner nach einem langen Umweg heute vielleicht wieder mit seelischen und sozialen Problemen in Verbindung bringt und darüber mit dem Patienten ins Gespräch zu kommen versucht. Dieser äußert dann enttäuscht, dass der Arzt „gar nichts gemacht", „nur zugehört" oder „nur geredet" habe. Die traditionellen HeilerInnen „machen" immer auch etwas mit dem Kranken, und zwar auf einer konkreten, sinnlichen, körperlichen Ebene.

Erschöpft, beinahe schlafend wurde das Mädchen zu Dominique gebracht. Der nahm es auf seinen Schoß, klemmte die Hüften zwischen seine Beine und hielt ihren Kopf wie in einem Schraubstock mit seinen Handinnenflächen. Solcherart fixiert wurde sie nun mit verschiedenen Arzneien aus seiner Apotheke eingerieben, bespuckt und besprüht, während die andern Gehilfen und Gehilfinnen daneben unaufhörlich damit beschäftigt waren, weitere Wurzeln zu mörsern, Rinden zu zerstampfen, Körner zu mahlen, Blätter zu mazerieren und Pasten, Salben, Tinkturen, Bäder und Einläufe zu präparieren.

Nach diesem eher pharmazeutischen Behandlungsteil wurde das Mädchen schließlich wieder angezogen, man gab ihm ein Ei in die Hand, und über und über mit der Kräuterpaste und Kaolinstaub bedeckt, setzte es sich wie betäubt auf einen Schemel an den Rand der Szenerie, von wo schon das nächste Mädchen geholt wurde.

Die etwa Dreijährige wurde auch erst ausgezogen und wie ihre Vorgängerin Dominique auf die Knie gesetzt. In einem Plastikeimer mit Wasser wurden Blätter verrieben. Dann wurde ihr ganzer Körper vom „Gesandten" damit frottiert. Jemand hielt ihr einen der verwendeten Zweige auf den Kopf, während der andere den Sud darüberprustete. Eine weiße Kerze brannte am Boden. Man gab ihr einen Saft ein. Die Kleine weinte, als sie einer der Gehilfen plötzlich in einem einzigen Schwung auf seine Schultern hob und ziemlich wild mit ihr herumtanzte. Sie wurde in die Mitte des Platzes gestellt und die „Königin" tanzte höchstpersönlich ein paar Schritte mit ihr, während sie von Abodjo von Zeit zu Zeit leicht mit dem Ritualbesen berührt wurde, und eine der jüngeren Féticheusen ihr mit einer Paste Muster auf Rücken und Beine schmierte. Anschließend wurde sie wieder Dominique übergeben und die „Einreibung" wurde fortgesetzt, während zugleich der Rücken des Mädchens von Dominique mit einer zerkauten und eingespeichelten Paste bespuckt wurde und ein weiterer Assistent seinen Fuß gegen ihren Bauch presste und sie schließlich mit seinen Zehen ebenda ein paarmal kräftig kniff. Dazu trommelten, klopften, klatschten und sangen wieder alle, was das Zeug hielt, und Abodjo beschwor die Geister. Erneut frappierte mich vor allem diese offenbar konzertierte Überreizung, ja Überflutung aller Sinne: Schocktherapie.

Martin sagte über das Mädchen: „Seit der Geburt war sie krank. Im Netz der Hexer. Bereits einjährig, redete sie immer noch kein Wort. Sie war sehr scheu und schwächlich. Abodjo hat nun die Geister gebeten, sie zu befreien. Schon im Vorfeld wurden Opfer für sie dargebracht, und sie wurde mit geweihten Medikamenten behandelt. Sie ist jetzt geheilt."

Nach der Behandlung sah sie aus, als wäre sie gerade aus einem Algenteich aufgetaucht. Und genau so wurde sie auch wieder in ihr sonntäglich weißes Rüschenkleidchen gesteckt.

Als Nächstes wurde eine sehr magere Frau hereingeführt, die sich seit Wochen kaum auf den Beinen halten konnte. Sie sah ausgepumpt und hoffnungslos aus.

Martin erklärte, sie sei Hebamme und sei zuerst auch zu einer Konsultation ins Spital gegangen. Dort hatte man ihr Malaria diagnostiziert; aber die Medikamente halfen nichts. Als sie sich dann an Abodjo wandte, taten ihr die Geister in der Trance kund, dass die Frau von Hexen in ihrer Familie an eine andere Frau verkauft worden war. Ihr Kopfweh rührte daher, dass die Hexen jeweils mit ihrem Kopf Fußball spielten und ihn als Trommel benützten. Das Bauchweh war dadurch verursacht, dass sie sich einen Spaß daraus machten, auf ihrem Bauch herumzustampfen.

Genau so gewaltsam wurde sie jetzt auch behandelt. Erst musste sie ein Kraut schlucken. Dann kratzte ihr einer der Assistenten mit seinen Zehen den Rücken, bis sie sich aufbäumte. Dann presste er seinen Fuß gegen ihr Rückgrat, während sein Kollege ihm mit seinem Fuß von der Bauchseite her Gegendruck gab. So massierten sie sie gleichzeitig von vorne und von hinten. Diese Behandlung wirkte ziemlich brachial, und auch ihr Gesichtsausdruck ließ nicht gerade auf wohlige Empfindungen schliessen. Zudem wurde ihr noch unaufhörlich Grünzeug ins Gesicht geschmissen. Ein anderer besprühte sie mit Rum, während ihm von der Seite mit dem Fliegenwedel gegen allfällige Plaggeister Geleitschutz gegeben wurde. Dominique zerkaute ein Ei und spuckte es am Ende der Behandlung gegen sie aus. Man band ihr magisch behandelte Schnüre um die Fesseln, die Handgelenke und ins Haar. Dann musste sie an einer Nuss lutschen, die ihr vorher die ganze Zeit über auf den Kopf gedrückt worden war, während sie mit einem eben bereiteten Sud, den man vorher über ihrem Kopf hatte kreisen lassen, bespuckt wurde. Hatte sie bis jetzt vor Dominique auf einem niederen Schemel gehockt, so wurde sie jetzt aufgerichtet, zwei Männer hoben ihr die Arme in die Höhe, und in dieser exponierten Stellung, die Scham nur notdürftig von einer *Pagne* bedeckt, besprengte sie Dominique mit einem in eine Kalebasse getauchten Laubzweig. Der Gesandte hatte eine Art Palette präpariert, von der er jeweils verschiedene Ingredienzen leckte, mit denen er sie dann, vom Gesicht an abwärts, anprustete. Zu allem andern Erschöpfenden war es inzwischen auch noch sehr heiß geworden, und der Schweiß rann allen in Strömen herunter. Sichtlich am Ende ihrer Kräfte wurde sie schließlich dem älteren Bruder von Abodjo auf die Knie gesetzt. Dort gab man ihr abermals eine Flüssigkeit zu trinken, tupfte sie damit ab, tränkte einen Grasbüschel in Kaolin, mit dem man ihr Muster auf Gesicht, Brust und Beine zeichnete, und rieb sie ein letztes Mal mit einem Schwämmchen aus Grünzeug ab. Dann überließ man sie einem Taumel von Tanz und Trommeln.

Nun erschien eine junge, eher beleibte Frau. Es hieß, sie leide unter Schmerzen im Brustbereich, vor allem bei bestimmten Bewegungen. Eine Art Rheuma. Sie kniete vor Abodjos Kollegin nieder, die sie mit Kaolin bewarf und ihren Körper mit weißen, roten und schwarzen Punkten bemalte. Man setzte ihr orange gefärbten *attiéké* mit Ei und Fisch vor. Den Rest überließ man den Kindern, die es am Boden unter den Blicken aller Anwesenden aßen.[129] Dann tanzten die Frauen und Kinder mit der Frau im Kreis herum, wobei sie sich abwechselnd mit den Händen an Kopf, Schultern, Brust und Bauch griffen.

Vor den Augen der Anwesenden wurde aus der Rinde des Baumes *ôwô* (auch *ôfron*) eine Art Schwamm hergestellt, mit dem sich die Patientin wusch. Man sagte ihr, sie dürfe sich nachher nie mehr mit warmem Wasser waschen und keine schweren Arbeiten verrichten, auch nicht solche, die viel Konzentration erforderten. Die Rinde desselben Baumes wurde zerstampft, und man gab ihr davon mit der Aufforderung, das Pulver jeweils morgens und abends mit Rum vermischt zu trinken. Sie solle sich auch damit waschen, wobei der Körper gut eingerieben werden müsse. Einen Monat solle sie sich nicht mehr mit parfümierter Seife waschen. Als Opfer müsse sie ein schwarzes und ein rotes Huhn darbringen und dazu den Namen der Krankheit anrufen.

Martin erklärte: „Ihre Krankheit ist wie ein Geist. Die Hühner sind nicht für die Geister, sondern für die Geist-Krankheit. Aus Kokospalmblättern muss sie hinter ihrem Haus ein kleines Haus bauen, mit zwei Statuetten drin (einer männlichen und einer weiblichen) aus dem Holz des *Abi*-Baumes. Das Haus ist für die Krankheit. Das Ritual muss jedes Jahresende wiederholt werden. Die Krankheit ist sehr gefährlich."

---

129 Als ich später einmal Clémentine Fotos von dieser Szene zeigte, fragte sie mich, ob ich auch davon gegessen hätte. Ich verneinte. Sie sagte: „Du hättest auch davon essen können. Aber nur, wenn du am Vortag keinen Sex gemacht hast."

Dann gab es noch eine kurze Behandlung für eine Frau, die keine Kinder bekommen konnte. Auf Anweisung von Dominique, der immer noch hinter seinen Kübeln, Kalebassen und Eimern mit all den Hölzern, Blättern, Gräsern, Pulvern und Flüssigkeiten saß, wurden ihr bestimmte Blätter aus seiner Pharmazie wie ein Collier um den Hals gehängt und auf Gesicht, Arme und Brust malte man ihr mit einer hellen Paste Muster. So ausgestattet setzte sie sich den Rest der Zeremonie neben die „Königin".

Dann fuhr der Geist plötzlich aus Abodjo aus und sie kam wieder zu sich.

Aber schon nach kurzer Zeit fiel sie erneut in Trance, von einem anderen Geist heimgesucht. Eine Dioula-Frau hatte sich an Abodjo gewandt wegen ihres kranken Kindes. Und Abodjo war jetzt prompt von einem Dioula-Geist besessen. Sie ging herum und begrüßte alle Anwesenden entsprechend: *„Ani sogoma, ani sogoma ..."*

Auf ihre Anweisung wurde eine Matte ausgelegt. Da setzte sie sich nun drauf und warf in Dioula-Manier Kauris mit Münzen für die Frau.

Sie sagte: „Du musst ein Rind opfern."

Die Frau: „Ich habe das Geld nicht."

„Du musst. Sonst wird das Kind sterben."

Die Leute kugelten sich vor Lachen.

Martin: „Sie macht sich über die Marabouts lustig."

Die Frau tat, als sie ob sie weggehen wollte, um sich Geld zu leihen.

Als sie zurückkehrte, bestimmte Abodjo nochmals die nötigen Opfer für sie, dieses Mal mithilfe einer Gebetskette.

„Drei Kolas (eine weiße, zwei rote), 15 CFA, drei Kauris, ein schwarz-weißes Huhn, damit sich die Geister zeigen, um die Krankheit genau zu bestimmen und zu heilen."

Sie fand heraus, dass die Frau auch wiederholt Neugeborene verloren hatte. Man gab ihr eine Medizin zu trinken, die Dominique vor den Augen der Leute in seiner „Küche" zubereitete.

Dann ging Abodjo im Kreis herum, um allen die Hand zu geben. Als sie bei mir anlangte, zog sie die bereits ausgestreckte Hand zurück, als ich ihr die meine geben wollte.

Martin erklärte: „Der Geist sagt, er habe noch nie einem Weißen die Hand gegeben."

Er machte es ihm vor und gab mir demonstrativ die Hand.

Zögernd gab auch sie mir die Hand und schaute sie nachher ungläubig an.

Unserem Fahrer Ablé sagte sie auf Dioula, die Reise werde gut gehen, wir würden sicher zu Hause ankommen. Er gab ihr 500 CFA (80 Cent).

Dann wurde sie noch von einem Agni-Geist heimgesucht, wegen der sterilen Frau mit den Blättern um den Hals. Aber plötzlich waren alle etwas müde von der Hitze und der Aufregung. Es gab eine Pause, und ich ging mit den Filmleuten mittagessen.[130]

Am Nachmittag erschien Abodjo feierlich und prunkvoll mit einem Gefolge von herrlich geschmückten Kindern, eine Art Ministranten. In einem königlich anmutenden Zug betraten sie den Innenhof und setzten sich in der Mitte auf vorbereitete Sessel: Abodjo selbst in der Mitte, in den traditionellen, gewobenen, orange-rot-blau-grünen Akangewändern und dem weißen Kopftuch, flankiert von der Königin und dem alten Würdenträger, und ihnen zu Füßen die kleinen Mädchen mit ihren um die Hüften geknoteten und über die Schultern geworfenen *Pagnes* und glänzenden Stoffen, ihren Turbanen, ihrem Goldschmuck und ihren weißen Kringeln auf dem ganzen Körper. Abodjo hielt Hof, Audienz. Sie gewährte uns eine Art Pressekonferenz.

Ich stellte ihr folgende Fragen (die ich ihr, wie das bei Interviews mit wichtigen Persönlichkeiten so üblich ist, vorher durch ihren Bruder hatte unterbreiten lassen), während alle ehrfürchtig zuhörten.

„Wie sind Sie Féticheuse geworden?"

„Als Kind hatte ich keine Geister. Mit dreißig Jahren, nach meiner Heirat, wurde ich einmal ohne äußeren Anlass ohnmächtig. Ich fiel hin und hatte starke Bauchschmerzen. Das waren die Geister. Sie suchten mich heim, gegen meinen Willen."

„Wurden Sie ausgebildet?"

„Nein. Ich bekomme die Anweisungen direkt von den Geistern. Ich träume von ihnen, im Schlaf sprechen sie mit mir. So lernte ich nach und nach."

„Bei uns spricht man kaum von Geistern. Was sind Geister?"

„Das sind von Gott geschickte Wesen. Es gibt Fluss- und Waldgeister. Wenn du zu essen hast, musst du ihnen davon geben. Wenn ich nicht regelmäßig für die Geister tanzen würde, stürbe ich."

---

130 Man muss sich übrigens hüten anzunehmen, das zeitweise Kippen der Zeremonie in eine Art *soap-opera* oder Zirkusnummer habe etwas mit Verfall, Verwässerung, Verwestlichung, mit der Anwesenheit von Weißen usw. zu tun. Das Theatralische, ja Komödiantische ist essenzieller Bestandteil der afrikanischen Heiltechnik, darauf haben für andere Ethnien Autoren wie John Beattie, Victor Turner oder Michel Leiris hingewiesen.

„Was ist Hexerei?"

„Auch die Hexe ist von Gott geschaffen, der Mensch allein kann nichts gegen sie. Die Hexerei ist ererbt, aber nur einige benützen die Kraft, um Schlechtes zu tun. Wenn jemand krank ist, geht er zur Heilerin. Diese lässt ihn fallen, und an der Art des Falles sieht sie, ob Hexerei dahintersteckt. Mithilfe der Geister sieht sie dann, welche Opfer man darbringen muss."

„Was macht man gegen eine Hexe?"

„*Demander pardon.* Man muss die Hexe oder den Geist bitten, die betreffende Person freizulassen. Man muss herausfinden, was sie im Gegenzug will, zum Beispiel ein Hühneropfer. Es handelt sich um eine Art Lösegeld, eine Geiselbefreiung."

„Wie ist das Verhältnis von Heilern und Ärzten, zum Beispiel hier in Bonoua?"

„Man konsultiert oft beide. Es gibt Krankheiten, die entweder dieser oder jener nicht heilen kann."

Dann zeigte sie verschiedene Medikamente vor. Als Erstes natürlich Kaolin, das sie *poudre de génies*, Geisterstaub, nannte: „Es dient unter anderem einer schmerzlosen Geburt, gegen Schmerzen nach der Geburt, gegen schmerzhafte Menstruationen, gegen Malaria ..."

Am Ende präsentierte sie einige Ritualrequisiten, dann war die Audienz zu Ende. Der Hofstaat zog sich diskret zurück. Auf die Bitte der Anwesenden machte ich Fotos von fast jedem mit jedem.

Als wir später bei einem Tetrapack Rotwein zusammensaßen, erzählte Blaise Kadjo, der ältere Bruder von Abodjo: „Eines Tages wurde ich im *campement* von einem hohen Fieber attackiert. Es war nicht Malaria. Es war so stark, ich konnte mich nicht mal mehr nach Bonoua begeben. Abodjo schickte ihren kleinen Bruder nach mir und er holte mich nach Bonoua. Ich blieb zwei, drei Monate hier bei meiner Schwester. Sie behandelte mich mit einem Gras. Jetzt geht es wieder gut."

Abodjo meinte dazu: „In jener Nacht machte ich nicht mal eine Konsultation. Die Geister kamen direkt zu mir, um mich wegen meines Bruders zu alarmieren."

Ich aß mit den Brüdern von Abodjo *foutou banane* mit Reh. Dann ging ich mich ausruhen. Wir wurden für den folgenden Tag um sieben Uhr eingeladen.

Morgengrauen. Da die Zeremonie noch nicht begonnen hatte, nutzte Martin die Zeit, um mir einige Medikamente zu zeigen. Die Rinde des

*Êla*-Baumes: „Sie wird gegen die *folie naturelle* verwendet, also solche, die nicht durch Hexerei verursacht ist. Man muss die Rinde zerstampfen, und dann stellt man einen Sud her, den der Patient durch die Nase ziehen muss. Er schläft lange. Darauf muss er drei Tage davon trinken und ist geheilt."

Als Nächstes zeigte er mir eine Flasche mit einer schwarzen Paste drin. „Ein Medikament gegen Impotenz. Es wird aus dem Holz eines Baumes gewonnen, der auf einem andern Baum wächst. Seine Bestandteile werden gemischt mit der Haut von Chamäleon und Zitteral. Dann wird das Ganze mit Honig verrührt."[131]

Er nahm ungeniert einen Löffel davon.

Eine Frau neben uns kicherte.

„Ist man nicht impotent", sagte sie, „wirkt es als Aphrodisiakum."

Ein anderer Bruder von Abodjo nutzte die Wartezeit, um an diesem Sonntagmorgen Psalmen aus einem zerfledderten Traktat in ein Schulheft abzuschreiben.

Dann begannen die Heilungen von neuem. Ein kleines Mädchen, das gestern noch nicht erschienen war, wurde hereingeführt. Es wurde Abodjo auf den Schoß gesetzt. Erst massierte sie seinen ganzen Körper mit einer Salbe ein und betupfte Kopf und Stirn ausgiebig mit einer Art Schwamm. Dann steckte sie ihm ein paarmal den Finger in den Mund und zog einen grünen Schleim heraus.

„Das Mädchen kann nicht schlafen", erklärte Martin. „Und es weint immer. Etwas hinter seiner Zunge (das Gaumenzäpfchen?) ist nicht am richtigen Ort. Deshalb konnte es nicht richtig trinken und essen und deshalb hat es auch immer geweint. Aber das wusste man nicht. Abodjo verschiebt es jetzt ein wenig."

Ich war erstaunt, dass das Kind bei der ganzen Prozedur weder weinte noch erbrach.

Während der Prozedur schlugen die andern Frauen wieder unermüdlich ihre Stöckchen, Glöckchen und sangen unermüdlich. Andere Kinder zermalmten währenddessen mit einer Art steinernem Wallholz Ingredienzen für frische Medikamente.

Dann kam die ausgemergelte Hebamme vom Vortag zur „Nach-

---

[131] Das erinnert an das Medikament, das Coulibaly einmal für Nadjas Schwester herstellte, um ihren Mann „anzubinden" und das ebenfalls sprechenderweise aus Honig und Zitteraal bestand, allerdings *innerlich* anzuwenden war. (Im Kapitel „Coulibaly sagt wahr".)

untersuchung". Sie sagte, es gehe ihr schon etwas besser. Abodjo war jetzt wieder in völlige Trance verfallen. Sie zeichnete der Patientin Kaolinmuster auf den ganzen Körper. Dann wurde eine rote Paste hinzugefügt, von der gesagt wurde, sie senke das Fieber.

Martin meinte, falls sich ihr Zustand nicht besserte, würde man eine große Zeremonie wie diese durchführen, aber nur für sie allein. Manchmal mache man das, in besonders schweren Fällen.

Die Dicke mit ihren rheumatischen Beschwerden hatte ihrer Krankheit inzwischen ein Häuschen zur Verfügung gestellt. Es wurden noch einmal die Geister gerufen. Man hielt ihr ein schwarzes Huhn über den Kopf, strich dann damit über ihren ganzen Körper, dann wurde ihm der Hals durchgeschnitten. Ohne große Umstände legte es sich gleich auf den Rücken und verschied.

„Ein Zeichen, dass sie auf dem Weg der Besserung ist. So muss man nicht einmal mehr die Därme des Huhns anschauen."

Auch Blaise, Abodjos *grand-frère*, wurde den Geistern noch einmal vorgeführt. Zum Abschluss seiner Behandlung wurde sein Körper ebenfalls ein letztes Mal vollständig mit Medikamenten eingerieben.

Eine der andern Féticheusen, die die ganze Zeit die Hölzchen geschlagen hatte, fiel plötzlich unwillkürlich in Trance. Sie wurde von den andern beruhigt.

Ein kleines Mädchen, das schon den ganzen Morgen mit von Pasten verkrusteten Haaren allein und stumm da gesessen hatte, wurde von Abodjo in die Mitte geholt. Wie das Mädchen vom Vortag litt es an Ohnmachtsanfällen und „Krisen". Abodjo machte sich auf eine unsichtbare Reise, um ihre von den Hexen geraubte Seele zurückzuholen.

Kaum zurückgekehrt, fiel ein betrunkener Geist in sie ein. Sie lallte und torkelte. Er schickte sie, Schnaps zu holen. Sie verschwand und kam mit einer Schüssel auf dem Kopf zurück, mit Rum-, Gin- und Whiskyflaschen drin. Sie deponierte sie für den Geist auf dem Boden, und nach einigen Minuten verließ er sie wieder, befriedigt.

Jetzt wurden die Geister offenbar immer übermütiger. Einer befahl, dass ihr eine Art Tirolerhut aufgesetzt werde. Dann verlangte er herrisch nach einer Armbanduhr. Die Helfer hatten alle Hände voll zu tun. Wie in einem Theater, wo ein überdrehter Regisseur zufrieden gestellt werden muss, rannten sie unermüdlich mit Kostümen und Requisiten hin und her und kleideten Abodjo alle paar Minuten wieder anders ein. Ein neuer Geist – „ein notorischer Festbruder" – verlangte Spielkarten. Sie wurden sogleich gesucht und gebracht. Kinder wurden gerufen. Sie setzten sich im Kreis hin und die Karten wurden verteilt. Aber nach kurzer Zeit war ihm das Vergnügen schon wieder verleidet. Jetzt wollte er *awalé* spielen. Es wurde gebracht. Inzwischen hatte sie jedoch völlig die Kontrolle verloren. Sie schmiss die Steinchen einfach haufenweise in die Löcher. Alle lachten, klatschten, johlten.

Dann betrat eine Frau den Plan, die sagte, ihr seien 7000 CFA gestohlen worden. Die Stimmung wurde wieder ernster. Mit Hilfe von Schnüren auf einem Blatt konnte Abodjo den Kreis der möglichen Täter immer mehr einschränken.

„Es war kein Fremder, sondern jemand aus der Familie", sagte sie erst. Dann: „Es war jemand von den Kindern. Und zwar ein Sohn."

Schließlich wurden zwei ihrer Söhne vorgeführt.

„Der mit der Kappe war's!" rief sie triumphal. „Seine Mutter soll ihm eine Weile kein Essen mehr geben. Sein Vater muss der Mutter das Geld zurückzahlen. Er soll nicht geschlagen werden. Man muss ihm Ratschläge geben."

Der Junge rannte halb beschämt, halb lachend davon. Er wurde verspottet und ausgebuht.

Schließlich erschien noch eine Agni-Frau, die man mit der weißen Machete wie mit einem magischen Röntgengerät abtastete, um das Problem genau lokalisieren zu können. Aber irgendwie war plötzlich Aufbruchstimmung, und dem Fall wurde nicht mehr große Aufmerksamkeit zuteil.

Abodjo ließ sich erschöpft in einen Sessel fallen. Sie war wieder nüchtern, versuchte normal zu sprechen, aber von Zeit zu Zeit fiel sie immer wieder – gegen ihren Willen – in Trance, wie jemand, der gegen den Schlaf kämpft.

Sie ging hinein, um sich umzuziehen, aber auch nachher war sie immer noch wie weggetreten. Offensichtlich ausgepumpt, ausgelaugt und kaum ansprechbar.

Wir verabschiedeten uns.[132]

---

[132] Die hier beschriebene zweitägige Heilzeremonie wurde, wie gesagt, von der Regisseurin Ruth Pierce im Auftrag des Schweizer Fernsehens SF-DRS gefilmt (nebst einer Behandlung beim Bambara-Féticheur Coulibaly) und am 3. und 29. März 1999 unter dem Titel „Die unheimliche Macht der Hexen und Fetischpriester" gesendet.

## Die Lackmusprobe der Trance

Ende Juli 1998 besuchte ich Clémentine wieder in Abidjan. Wir hatten beide inzwischen ein paar Wochen in Europa verbracht. Ich brachte ihr einen Fotoapparat aus der Schweiz mit und die Fotos von der Zeremonie in Bonoua. Sie war noch nicht dort gewesen in der Zwischenzeit, hatte aber gehört, dass unsere Filmaufnahmen etwas Eifersucht unter einigen Féticheusen gestiftet hatten. Als sie die Fotos sah, fragte sie, ob ich auch getanzt hätte. Ich verneinte.

„Eines Tages wirst du auch in Trance fallen", sagte sie. „Die Geister werden durch dich sprechen. *Parce qu'il y a là une certaine ouverture.* Da werden die andern staunen. Ein weißer Féticheur..."

Als sie ein Foto von Coulibaly sah, wie er an einem Fluss, den sie kannte, ein Hühneropfer darbrachte, sagte sie: „Er hatte kein Recht, dort zu opfern."

Und zu einer Aufnahme seines Behandlungszimmers mit all den Fetischen, Töpfen, Gris-Gris, Fläschchen, Kräutern, Wurzeln, bekritzelten Zetteln, Kauris und Kerzen meinte sie:

„Er hat viele Sachen da. Wen möchte er mit all dem beeindrucken?"

Sie erzählte vom Besuch bei ihrem Bruder in Brüssel, seiner belgischen Frau, ihrem Kind. Sie hatte auch Leute dort geheilt. Im August wollte sie noch einmal nach Europa fahren. Sie fragte mich, ob sie in die Schweiz kommen könne, zum Beispiel zu meinen Eltern.

Ich fragte sie: „Was möchtest du tun in der Schweiz?"

„Die Geister dort sehen."

„Hat es dort Geister? Die Leute dort sagen, es gebe keine."

„Wie hättest du sonst zur Welt kommen können?"

Ende Oktober lud sie mich zu einem Mittagessen ein. Da sie gerade die Regel hatte, war sie vorübergehend von ihrer Wohnung in jene der Mutter umgezogen. Sie erzählte von ihrem neuerlichen Aufenthalt in Brüssel, aber auch in Paris und Bordeaux. In der Metro stellte sie fest, dass die Weißen oft eher stehen blieben als sich neben sie als Schwarze zu setzen. „Die Weißen sind Heuchler", meinte sie. „Hier versucht man dich als Weißen zu integrieren, in Europa wirst du als Schwarze ausgeschlossen."

Sie erkundigte sich nach dem Fortgang meiner Forschungen. Insbesondere wollte sie genau wissen, wie es mir bei Zeremonien ergehe, wo jemand in Trance fällt.

„Hast du manchmal das Gefühl, du fällst in Trance?"

„Manchmal steckt mich die Erregung schon etwas an."

„Das ist nicht wegen dem, was außen vorgeht. Dein Inneres ist entscheidend. Du hast eine Disposition; vielleicht wirst du mit Geistern in die Schweiz zurückkehren. Aber weil du weiß bist, wirst du nichts damit machen können."

Clémentines Mutter servierte *foutou banane* mit Kutteln. Anschließend sprachen wir wieder von meinem Traumziel Benin und von ihrem Onkel in Ouidah mit dem sprechenden Fetisch. Aber sie warnte mich: „Du weißt, dass man den Fetischen dort oft Menschenblut opfern muss?"

„Muss man sich einfach einen Schnitt zufügen und etwas eigenes Blut darbringen oder wird jemand getötet?"

„*Souvent il faut tuer quelqu'un. C'est ça, le problème.*"

Auf dem Nachhauseweg machte ich in Yopougon Halt vor einem Haus mit dem Schild:

„*Dr. Yoboué Edmond, Tradi-Practicien*".

Jedes Mal, wenn ich daran vorbeigefahren war, hatte ich mir vorgenommen, den „Docteur" einmal aufzusuchen. Dieses Mal hatte mich der Mut nicht verlassen. Der Heiler ließ mich eine Weile im Vorzimmer warten, dann nahm er sich etwa eine Stunde Zeit für ein Gespräch. Er war etwa 40jährig, Baule, und stammte aus einem Dorf bei Beoumi. Unter anderem resümierte er folgenden Fall aus seiner Praxis, der in seiner Gewalttätigkeit nicht schlecht zu Clémentines letztem Satz vor meiner Verabschiedung passte.

„Einer Frau ist kürzlich die Tochter krank geworden", erzählte er. „Ich habe herausgefunden, dass die Mutter eine Hexe ist. Alle sprachen von einem giftigen Holz, an dem das Mädchen erkrankt sei. Aber ein Holz allein kann nicht töten. Es muss jemand dahinterstecken. Ich sah in den Kauris, dass die Mutter und ihre Kollegin vor einigen Wochen die Tochter der Letzteren gegessen hatten. Jetzt war sie dran. Ich schlug sie, aber sie gab es nicht zu. Da merkte ich, dass sie gar nicht mehr in ihrem Körper war, sondern in einem Baum. Ich schlug den Baum, und jetzt begann sie zu schreien und zu schluchzen und gab es zu. Aber die Leber der Tochter war schon gegessen, man konnte nichts mehr machen. Einen Fuß, eine Nase, sogar das Auge kann man ersetzen, aber innere Organe nicht. Das Mädchen starb. Ich versteckte einen *canari* im Haus der Mutter mit Blättern und Wasser drin. Nach drei Tagen wirkte es. Die Frau wurde etwas *toc-toc*, sie redete wild drauflos und erzählte allen, dass sie die Tochter getötet und gegessen habe. Sie wurde ins Dorf zurückgeschickt, es gab ein traditionelles Gerichtsverfahren mit dem Dorfchef, und sie musste eine Buße bezahlen."

### Die Ankündigung einer zweiten Initiation

Etwa einen Monat später, als ich auch wieder bei Clémentine zu Besuch war, teilte sie mir mit, in zwei Wochen finde in Bonoua die Initiation ihrer Tante Toko statt.

„*Je veux que tu assistes*", sagte sie. „Zwischen November und Mai, also während der Trockenzeit, finden viele Zeremonien statt. Wenn dann der Regen kommt, gehen die Geister. Am 19. Dezember macht die Schwester meiner Mutter ihre zweite Initiation. Ich selber habe das noch nicht gemacht. Ich machte die erste Initiation vor etwa zehn Jahren. Die zweite möchte ich nächstes Jahr machen. Ich ging mit meinem Mann und meiner Familie zur *reine* und brachte ihr das Anliegen vor. Es kostet etwa zwei Millionen CFA (3300 EUR.). Es kommen an die hundert Féticheusen. Man muss ihnen jeden Wunsch erfüllen, ohne das Gesicht zu verziehen, und viele Opfer darbringen. Zuerst gibt es eine Ausbildung, eine Art Schule während eines halben Jahres. Man lernt unter anderem die Gesänge. Nachher wird man Prüfungen unterzogen. Man muss seine Geister suchen, die Gesänge fehlerfrei vortragen, mit der Hand etwas aus siedendem Öl fischen.[133] Dann zeigt man sich der Öffentlichkeit, und darauf wird etwa zwei Wochen lang gefeiert und getanzt. Diese zweite Initiation macht man oft erst, nachdem man bereits mehrere Jahre lang Leute geheilt hat. Manche sind auch ohne die Initiation eigentlich weiter als die Initiierten, aber trotzdem gilt man gegenüber einem Eingeweihten als Kind, auch wenn man älter ist. Mit der zweiten Initiation kommen die Geister gewissermaßen in die Pubertät, sind domestiziert und keine Kinder mehr."

„Kann jeder die zweite Initiation machen? Wer entscheidet darüber?"

„Du könntest es nicht machen; weil dich die Geister nicht heimsuchen und du noch nie in Trance gefallen bist. Ich selber entscheide bei

---

[133] Das ist offenbar nicht einfach so dahergesagt. Bei den Abouré dürfen nur Initiierte diesen Prüfungen beiwohnen, ich kann also nichts bezeugen; aber Duchesne war bei einer analogen Initiationsfeier bei den Agni Zeugin eines solchen Tests, wo die Novizin mit der bloßen Hand drei Stücke Hühnerfleisch aus dem siedenden Öl holte (1996:262f.).

mir, ob ich psychisch und moralisch reif genug bin. Abodjo hat auch erst die erste Initiation gemacht. Es ist teurer als eine Hochzeit. Du musst auch der Familie desjenigen, der dich aufnimmt und einweiht, eine Gabe darbringen. Aber ohne all das kannst du gewisse heilige Orte nicht betreten. Ruf mich nächste Woche nochmals an, wenn ich in Bonoua bin. Dann sage ich dir, ob es definitiv ist."

Der Termin wurde bestätigt. Clémentine bestellte mich für den Vorabend der Feier nach Bonoua, ins Hotel „Aliekro", das ihrem Onkel gehörte.

An besagtem Tag verließ ich gerade das „Aliekro", als mich ein Junge abfangen kam und mich zu Clémentines Schwägerin führte. Wegen eines Malaria-Anfalls war sie auch erst heute morgen eingetroffen. Abodjo befand sich im Wald, für ein Opfer.

Wir fuhren zu Clémentines Schwester, um den Videofilm über die Heilzeremonien anzuschauen. Bei der Szene, wo die abgemagerte Hebamme behandelt wird, der im Spital Malaria diagnostiziert worden war, ohne dass man ihr helfen konnte, und bei der Abodjo dann das Wirken einer Hexe entdeckt hatte, bemerkte Clémentine:

„Einen Monat später ist sie gestorben. Sie war noch ins Spital in Abidjan gebracht worden, wo man feststellte, dass das Blut schon ganz zerstört war. Man gab ihr Serum, aber es half nichts mehr."

Bei einer Szene mit Coulibaly meinte sie seltsamerweise, sie kenne ihn von irgendwoher, aber konnte die Umstände nicht mehr erinnern.

Nach all den Heilungen erzählte sie mir zum ersten Mal von ihren chronischen Gelenkschmerzen.

„Wenn ich lange gesessen bin, zum Beispiel bei Konsultationen oder in einem Bus, kann ich manchmal fast nicht mehr aufstehen. Alles tut weh. Ich habe viele Heiler aufgesucht deswegen, auch den Marabout in Burkina, den ich mit meiner Mutter besuchte. Sie verschafften mir oft etwas Linderung, aber keine Heilung. Nun ging ich in Brüssel zu einem Spezialisten. Erst meinte man, es handle sich um multiple Sklerose, aber dann diagnostizierte man Arthrose. Der Arzt sagte mir, ich müsse abnehmen, wegen der Rückenbelastung. Sonst riskierte ich, gelähmt zu werden. Ich habe jetzt von 78 auf 63 kg abgenommen. Aber abgesehen von diesen Ratschlägen konnte man mir auch nicht groß helfen. Dabei bin ich erst vierunddreißig, wie du. Dafür hast du schon etwas graue Haare…"

## Eine geisterhafte Besucherin von weit her

Am folgenden Tag, Samstag, 19. Dezember, aßen wir erst zu Mittag im Hof von Clémentines Mutter, dann gingen wir zum Hof, wo die Zeremonie stattfinden sollte, gleich neben der *cour royale* des Königs der Abouré-Ehivê. Während der Platz noch von den Féticheusen hergerichtet wurde, saß ich mit den Trommlern und einigen Gästen draußen und trank *Koudougou*. Halb vier Uhr nachmittags wurden wir dann hereingeführt. Es waren etwa achtzig Leute anwesend, davon rund die Hälfte Féticheusen, erkennbar am weißen Kopftuch. Sie schlugen die Hölzchen und Glocken, um die Leute einzustimmen. Ich wurde beim Eingang platziert, in der Nähe des Altars, der aus einem Holzstrunk bestand, in dem zwei Eier lagen, und einem verwachsenen Stamm, der wie gedrechselt aussah, mit ebenfalls einem Ei obendrauf. Das Ganze war mit Kaolin bepudert, und eine halb leere Rumflasche stand daneben. Gegenüber des Eingangs waren all die Priesterinnen platziert, unter anderem drei besonders prunkvoll Gewandete, Geschmückte und Bemalte, ganz in leuchtendem Gelb und Weiß. Sie waren vor einer Woche initiiert worden. Linkerhand saßen ein Alter, der die große Glocke schlug, und die wenigen anderen (männlichen) Féticheure. Rechts hatten sich die beiden Trommler niedergelassen, und auf meiner Seite die andern „Laien": Zuschauer, Zuschauerinnen, Verwandte der Initiierten, Repräsentanten. Gleich rechts von mir befand sich der Eingang in die improvisierte *case*, wo sich die Initiierte nachher vier Tage zurückziehen würde. Normalerweise eine Art Unterstand, war die Vorderseite jetzt durch eine Palisade aus Palmblättern abgeschirmt worden. Der Eingang wurde durch einen blauen Vorhang markiert, vor dem man eine Schwelle oder kleine Übergangszone signalisiert hatte: Ein Karree aus auf den Boden gelegten Palmblättern und Kaolin, das kein Unbefugter (das heißt Nichtinitiierter) betreten durfte. (Einmal wurde ein kleines Mädchen heftig gescholten, das aus Versehen einen Fuß in diesen abgezirkelten Bereich gesetzt hatte).

Jeder musste am Eingang die Schuhe auszuziehen. Alle waren hell gekleidet. Als ich mich auf meinen Stuhl setzte und die Beine übereinander schlug, wurde ich zurechtgewiesen: das gehörte sich bei diesem Anlass nicht.

Nun trat Abodjo, die ich bisher noch nicht gesehen hatte, von der Straße her auf den Platz. Sie begrüßte mich freudig überrascht, als sie mich sah. Im hinteren Teil angekommen, wurde ein Kaolinkreis um sie herum gezogen. Langsam fiel sie in Trance und begann zu singen. Sie wurde von verschiedenen Geistern besucht, von denen ich einige wiedererkannte, so zum Beispiel den „Säufer", der energisch nach Schnaps verlangte. In ihrem Delirium warf sie die obere *Pagne* von sich, so dass ihre Brust entblößt war, wankte unkoordiniert und lallend im Zickzack über den Platz, und hätte auch noch das Lendentuch abgeworfen, wäre sie von den andern nicht daran gehindert worden. Schließlich schlief sie fast im Stehen ein und drohte, vornüber zu kippen. Aber plötzlich war der Spuk wieder vorbei, und sie wurde von einem andern Geist geritten, der sie drei Kinder in die Mitte holen ließ. Sie mussten sich dort hinsetzen. Offensichtlich hatten sie Angst; ich weiß nicht, was sie mit ihnen vorhatte. Als sie sich einen Moment abwandte, rannten sie davon und versteckten sich hinter ihren Müttern. Sie machte die Runde und gab den Leuten die Hand, die linke. Mir gab sie die Hand nicht; sie erkannte mich offenbar unter Trance nicht wieder. Dann wurde wieder eine gerade Linie aus Kaolin gezogen. Sie kniete sich davor nieder und brachte sie mit einem Frottiertuch durcheinander.

Ein schlaksiger Akolyth in rotem T-Shirt, vielleicht zwanzig, aber mit einem finsteren Gesicht wie ein verbitterter Großvater, einer sonderbaren Ausbuchtung am Hinterkopf und zottigem Haar, goss einen Kreis aus Wasser um den ganzen Platz und den Altar.

Ein junger Mann, nur mit einem weißem Lendentuch sowie Kettchen um Hals, Fesseln und Knie bekleidet, Oberkörper und Gesicht mit Kaolin eingeschmiert, tanzte in Trance, allein und mit andern Féticheusen, in einer leicht tuntigen Art.

Eine sehr beleibte Féticheuse, die nur am Rand beteiligt gewesen war, erhob sich plötzlich in Trance, steuerte auf einen Zuschauer zu, der bei den Trommlern auf einem aufklappbaren Holzstuhl saß, und ließ sich ärschlings auf seinen Schoß plumpsen. Der Mann stieß einen hilflosen Schrei aus, dann krachte der Stuhl zusammen, und die beiden lagen auf dem Boden.

Währenddessen fuhr der schlanke Jüngling ungerührt und entrückt mit seinem verführerischen, sanft fließenden Ballett fort.

Nun wurde noch ein *talking drummer* auf den Plan gerufen. Er spielte seine Botschaften vor dem alten Féticheur, der alsbald ebenfalls in Verzückung fiel, sich schüttelte, sein Brusttuch abwarf, schwitzte und stöhnte, ein paarmal so tat, als wollte er seine große Glocke wegschmeißen, aber schließlich auf seinem *tabouret* sitzen blieb und sich nicht zu einem Tanz verführen ließ.

*Die zweite Initiation der Abouré-Heilerin Toko. Nachdem sie mehrere Wochen in der Wildnis mit den Geistern verbracht hat, kehrt sie nun zu ihren Kolleginnen zurück, um ihnen in Trance zu zeigen, was sie in der „anderen Welt" gelernt hat (Bonoua, Elfenbeinküste, 1999).*

Ich wurde darauf aufmerksam gemacht, dass nun demnächst die Neuinitiierte auf den Platz hinaustreten werde und ich unbedingt ein paar Fotos von ihr machen solle. Der Rhythmus (drei kurze Schläge, zwei lange) wurde lauter und schneller, der geheiligte, weiße Schemel (*bia* auf Agni, *bie* auf Abouré) wurde auf dem Sandboden platziert, und dann kam der Zug aus dem Haus. Zuerst sah man die Protagonistin gar nicht, weil sie von den andern hochrangigen Féticheusen wie von Leibwächtern umringt war. Schließlich wurde aber der Blick freigegeben und man sah eine abgemagerte, ausgezehrte Frau unbestimmten Alters auftauchen, nur notdürftig mit einem rohen Tuch um die Hüfte bekleidet, mit struppigem, langem Haar, unaufhörlich von andern mit Kaolin beworfen. Als sie näher kam, sah ich ihren völlig weggetretenen Gesichtsausdruck, die leeren und meist geschlossenen Augen, die nichts wahrzunehmen schienen von all dem, was um sie herum vorging. Eine Mischung aus voll gepumpter Fixerin, Akutpsychotikerin auf einer geschlossenen Station und Furcht einflößendem Geist aus einer anderen Welt. Auch ihre eckigen, abgehackten Bewegungen waren offensichtlich nicht von ihr selber dirigiert, sondern von einer fremden Macht ferngesteuert. Clémentine meinte später zu mir: „Hast du nicht in diesem Moment gespürt, dass es wirklich Geister gibt?" Auf jeden Fall spürte man die Präsenz von etwas sehr Seltsamem, Andersartigem, und die Novizin selber schien so besessen und von so weit her zu kommen, dass sie fast nicht mehr menschlich war. Unheimlich wie eine Puppe, die sich plötzlich bewegt. Sie wurde kiloweise mit Kaolin überschüttet, während sie ihren ungelenken Tanz vorführte und schien unwirklich wie ein weißes Gespenst. Mehrere Leute traten zu ihr hin und umarmten sie. Sie näherte sich andern Féticheusen, hielt ihnen die offenen Handflächen hin, sie spuckten leicht hinein, und sie verrieb den Speichel im Gesicht, jeweils dreimal. Auch die alte „Königin", auf einen Holzstock gestützt, tanzte ihr zu Ehren ein paar Schritte. Dann wurde sie zur „Schwelle" geleitet, die sie als Erste überschritt, gefolgt vom singenden Féticheusengeleit. Als alle Beteiligten in der Hütte verschwunden waren, begann der Alte nochmals zu tanzen. Am Ende wurde der weiße Schemel für ihn bereitgestellt und erneut weiß überpudert. Er setzte sich ganz langsam und vorsichtig hin, aber jedes Mal kurz bevor sein Gesäß das Holz berührte, schreckte er wieder zurück. Schließlich hockte er sich zögernd hin, begann aber augenblicklich zu zucken und zu zittern, als ob der *bia* unter Strom stünde. Ein zugleich heiliger und elektrischer Stuhl.

Die Leute gaben ihm Geldnoten. Palmweinschnaps wurde verteilt. Unter den Männern beim Eingang brach Streit aus. Alle schwitzten, waren durstig, hungrig und sowohl übererregt wie auch erschöpft, ja entnervt. Die Zeremonie löste sich auf.

Ich ging mit Clémentine und einigen Verwandten in den Hof ihrer Mutter. Wir saßen etwa eine halbe Stunde wie weggetreten da, taten nichts, sagten nichts und – wenn ich von mir auf die andern schließen kann – dachten auch nichts mehr.

Dann nahmen wir alle verbliebene Energie zusammen und fuhren nach Abidjan zurück.

Am Dienstagmorgen früh holte ich Clémentine ab, und wir fuhren wieder nach Bonoua für den zweiten Teil der Zeremonie, die *sortie*.

### Die neu geweihte Féticheuse zeigt sich

Auf der Fahrt erklärte mir Clémentine, dass am Vortag eine andere Féticheuse ihre Prüfungen abgelegt und sich der Öffentlichkeit gezeigt hatte. Heute war Tanti Toko an der Reihe. Sie hatte ihre Geister „eingefangen" und den andern Féticheusen präsentiert, gezeigt, dass sie mit ihrer Besessenheit umgehen und sie in den Dienst von Patienten stellen konnte, dann hatte sie während vier Tagen in der Hütte die diversen Prüfungen abgelegt.

„Ein Jahr lang durfte sie sich die Haare nicht schneiden und kämmen. Wie ein Rasta. Während ihrer viertägigen Abgeschiedenheit durfte sie sich auch nicht waschen. Aber heute früh, noch vor Sonnenaufgang, hat man sie am Fluss unten gewaschen und ihr den Kopf rasiert, mit Ausnahme einer kleinen Stelle am Hinterkopf, dort wo die Vertiefung ist. Ich hatte auch so ein Zöpfchen, aber dann habe ich es abgeschnitten, wegen der blöden Blicke der Leute."

Ich fragte sie nach dem weißen Schemel.

„Diesen Stuhl bekommt man bei der ersten Initiation vom Vater", erklärte sie. „Er wird mit Opfern heilig gemacht, gesegnet. Bei den Konsultationen setzt man sich immer drauf. Diese erste Initiation kostet etwa eine halbe Million (800 EUR). Es ist schon lange her, dass ich das gemacht habe. Weißt du, früher, wenn ich in Trance fiel, habe ich nachher oft tagelang geweint. Und wenn man mich nach den Gründen fragte, konnte ich gar nichts antworten. Ich wollte doch Sekretärin werden. Ich wollte gar nichts mit dieser Welt des Dorfes und der Geister zu tun haben. Schon meine Eltern nicht. Es war mir peinlich; ich schämte

*Nachdem Toko alle Prüfungen bestanden hat, zeigt sie sich, reich geschmückt, an der Spitze eines Umzugs durch Bonoua (Elfenbeinküste, 1999).*

mich für all das vor meinen Freundinnen aus der Stadt. Und das mit dem Zöpfchen war eben so eine typische Sache; eigentlich wollte ich gar nicht auf das angesprochen werden."

Wir gingen wieder zum selben Hof. Beim Eingang standen die herausgeputzten Geisterpriesterinnen Spalier. Um hineinzukommen, musste man sie alle passieren und begrüßen. Ich wurde zur Altergruppe der etwa 30 – 40jährigen gesetzt, die unter dem Dach saßen, wo sich die vergangenen Tage die Einweihungshütte befunden hatte. Aber man hatte die Palmwedel jetzt wieder weggeräumt. Neben uns saß die vorangehende und höchste Altersgruppe, die aber demnnächst der folgenden Platz machen würde und sie bereits auf ihre Aufgaben vorbereitete. Es wurde mir *Koudougou* serviert. Vor mir trug einer ein T-Shirt zu Ehren des kürzlich verstorbenen Königs der Abouré-Untergruppe Ehivê. Unter seinem Bildnis stand:

„Roi des Abouré EHIVE
16. 10. 1968 – 6. 2. 1998
Mlimgbi ESILI Osun
1930 – 1998."


Es wurde mir ein Prospekt gezeigt mit Fotos vom *Popo*, einem Abouré-Karneval, der seit fünfzehn Jahren in Bonoua im Frühling stattfand, und wo unter anderem, in Neubelebung einer alten Tradition, die schönste Frau und der schönste Mann gewählt wird.

Einer von den „Ältesten" träufelte jedem der folgenden Altersguppe Tropfen in die Augen, die er aus einem Blatt gewann, das er in einer Wasserschüssel schwenkte und dann auspresste. Clémentine erklärte mir später, das erhöhe die Wachsamkeit. „Damit du alles siehst."

Im Hof wurden inzwischen Hühner und ein Schaf in einem Kaolinkreis geopfert. Wie immer wurde das Verenden eines Huhnes auf dem Rücken mit Johlen und Hochreißen der Arme quittiert.

Es gab noch einmal Koudougou mit Fisch und *attiéké*, dann zogen sich die Älteren zurück, um sich umzuziehen. Nach zwölf Uhr wurde dann mit dem Schlagen der Hölzchen begonnen, zum Zeichen, dass sich der große Auftritt der frisch gebackenen Féticheuse, *la sortie,* näherte. Alle zogen die Schuhe aus und drängten sich vor der Türe zu dem Raum, in dem sie wie eine Braut zurechtgemacht wurde.[134] Die Féti-

---

134 Es gibt zahlreiche Parallelen zwischen einer Initiations- und einer Hochzeitsfeier (siehe vor allem zum „Renommiercharakter" beider Anlässe, der Teil ist einer allgemeinen *économie ostentatoire* der *lagunaires*, wenn nicht der Akan überhaupt:

cheusen bildeten jetzt wie am Morgen ein Spalier, aber am entgegengesetzten Ausgang.

Schließlich trat, als Erste, die „Königin" aus dem Raum, dicht gefolgt von den andern hochrangigen Féticheusen. Dann kam Toko, die Hauptdarstellerin der ganzen Zeremonie. Sie war nicht wiederzuerkennen. Sie war wunderbar gekleidet und geschmückt. Alles an ihr war strahlend: weiß, gelb und golden. Sie war überreich mit Perlen- und Goldschmuck behängt, sogar an den Füßen, Beinen, Armen, auf dem Kopf und am Rücken. Als Rock trug sie eine *Pagne* mit einem Schaf, die Brüste waren mit einem weißen Tuch bedeckt. Wie vorausgesagt war ihr Schädel kahl rasiert, nur am Hinterkopf prangten zwei Zöpfchen mit eingeflochtenen Schmuckstücken. Beine, Oberkörper, Arme, Rücken, Gesicht und Kopf waren über und über mit Kaolinzeichnungen verziert. In der rechten Hand trug sie einen Reisbesen, links einen Fliegenwedel (aus einem Tierschwanz). Der Zug verließ den Hof und ging die Straße hinunter, zu beiden Seiten von Neugierigen flankiert. Die prunkvolle Kolonne wurde von einem jüngeren Féticheur angeführt, der am Vortag auch schon kurz getanzt hatte und der die Straße gewissermaßen rituell freimachte und reinigte, indem er aus einem lila Plastikeimer Kaolin nach rechts und links ausstreute wie ein Sämann. Dann folgte der „Alte", der wieder die Glocke schlug, sowie eine Dicke, die der Neueingeweihten das Kaolin direkt vor die Füße warf, um ihr damit, wie beim Bowling, das Gehen zu erleichtern. Sie selber schritt langsam und feierlich, in einer leichten Trance einher, die Augen wieder meist halb geschlossen. Aber ihr Gesichtsausdruck war völlig anders als vier Tage vorher. Sie wirkte nun stolz und gelassen, nicht mehr so aufgelöst und erschöpft wie zuvor. Flankiert wurde sie von den Trommlern und den Féticheusen, die die Hölzchen schlugen. Dazu wurden im Chor Gesänge rezitiert. Nach einem etwa halbstündigen Umzug durch das Quartier kam man in einem eigens errichteten, großen Zelt an. In der Mitte stand auch wieder ein Altar, eine Mischung aus vielteiligem Kerzenständer und fragil-balancierendem Drahtmobile mit integriertem Eierbecher. Auch im Gestänge des Zelts oben hing ein Holzfetisch, mit einer roten Schleife dran.

Die Trommler installierten sich, Schnaps, Bier und Limonade wurden verteilt, und dann tanzten die Féticheusen, mit der Neuen in ihrer Mitte, den ganzen Nachmittag lang. Wie bei einer Hochzeit wurden ihr

---

Duchesne 1996:265). Oft wird auch davon gesprochen, dass die Priesterin die Gattin eines Geistes sei.

Geldnoten auf die schweißnasse Stirn geklebt. Dazwischen wurde sie immer mal wieder zurechtgezupft und frisch geschminkt, und dann ging's wieder los. Häufig fielen sich die Féticheusen euphorisch und erschöpft in die Arme. Wenn die Trommler aussetzten, machten die Priesterinnen die Runde, schüttelten (linke) Hände oder ließen sich die Innenflächen leicht bespucken.

Gegen Abend löste sich die Versammlung ziemlich plötzlich auf, und alle wurden im andern Hof zu *Foutou* und Fleisch eingeladen.

Ich hatte bereits die Fotos vom ersten Tag der Zeremonie entwickelt und mitgenommen. Ich zeigte sie Clémentine und den andern. Es waren einige Nahaufnahmen des verzückten und verzerrten Gesichts darunter, die uns faszinierten und erschreckten, denn der zeitweise fast unmenschliche Ausdruck wirkte in der Fixierung noch unheimlicher. Als die Tante, um die es ging, sich näherte, reichte mir Clémentine die Bilder rasch und hieß mich, sie verschwinden zu lassen. Nachher fragte ich sie, ob sie ihr die Fotos nicht zeigen würde.

„Später", meinte sie, „wenn sie sich wieder etwas beruhigt hat. Jetzt ist sie noch zu sehr aufgewühlt, und es würde sie verwirren, sich so zu sehen."

Am nächsten Tag gönnte man der frisch geweihten Priesterin eine Ruhepause. Nachher ging das Tanzen noch zwei Wochen weiter. Dann galt sie offiziell als befähigt, ihrerseits andere zu initiieren.

### Die jährliche Opferzeremonie auf dem Dorf

Die Trockenperiode näherte sich ihrem Ende, es war wieder Zeit, den Geistern die jährlichen Opfer darzubringen. Üblicherweise wurde die Zeremonie zuerst im Dorf abgehalten, und dann einige Zeit später noch bei Clémentine zu Hause in der Stadt. Im Jahr vorher war das Ritual im Dorf ja ausgefallen, aber dieses Mal wurde es bereits für den Februar angesetzt, dann aber infolge zahlreicher Begräbnisfeierlichkeiten immer wieder verschoben, bis es schließlich am 21. März 1999 so weit war.

Soumalé war ein winziges Dorf östlich von Bonoua; es bestand höchstens aus zehn Häusern. Es gab weder Strom, noch Telefon, noch fließendes Wasser. Dafür einen Bach, nach dem das Dorf benannt war. Als wir ankamen, planschten gerade die Dorfkinder drin. In diesem *campement* war Clémentines Vater 1935 geboren worden; es war dessen Vater gewesen, der es seinerzeit gegründet hatte. Im Laufe des

Sonntagsmorgens fand sich hier nach und nach die ganze Verwandtschaft ein, insbesondere Clémentines Eltern, ihre acht Geschwister, deren Kinder, ihr Mann Roger mit Tochter Mimi, Abodjo aus Bonoua, sowie Lucette, Clémentines beste Freundin, eine sehr hübsche, gepflegte, atemberaubend gekleidete Mulattin, die früher als Fotomodell gearbeitet hatte und jetzt selbst eine Agentur führte. Ein Cousin von Clémentine sollte später am Nachmittag eine vier Jahre alte, ganz zerfledderte Ausgabe von „Amina" bringen, der afrikanischen Frauenzeitschrift, und sie fragen, ob dieses Mannequin auf dem Laufsteg im Artikel über eine Modeschau nicht sie sei. Sie war es.

Auf dem Dorfplatz unter dem Mangobaum wurden all die Opfertiere, Esswaren und Getränke ausgebreitet, die man mitgenommen hatte, sowie die Kühlboxen und die Butangasflaschen.

Wir tranken *Bangui* und *Koudougou*, aßen etwas geräucherten Fisch mit *attiéké*, dann, gegen elf Uhr, begaben sie alle zum Bach hinunter, in dessen Nähe bereits zwei Häuschen für die Geister hergerichtet worden waren, wie damals für die Heilzeremonie in Bonoua, aus in die Erde gesteckten Ästchen, Blattwerk, und zugedeckt mit einem weißen Tuch. Auch in den Bäumen dahinter flatterten weiße Stoffbänder. Jeder brachte seine Opfergaben mit und platzierte sie vor den Hüttchen.

Clémentine stellte mich den andern vor mit den Worten: „*Ça c'est mon mari-féticheur.*" – Das ist mein Féticheur-Gemahl.

Dann forderte sie alle auf, ihre Schuhe auszuziehen, „um das Haus zu betreten".

Abodjo eröffnete die Zeremonie, indem sie sich eine Blechschale voll Wasser aus dem Bach bringen ließ und alle Anwesenden mit einem Zweig damit benetzte. Dann stellte sich Clémentines Vater vor das kleine, liebevoll hergerichtete Bauwerk, das alte Bilder von Puppenhaus und Unterschlupf für Zwerge oder Heinzelmännchen in mir wachrief. Er bat die Geister des Wassers um ihre Gunst, indem er kleine Mengen Rums aus einem Gläschen auf den Boden vor dem improvisierten Altar goss. Abodjo schlug dazu die Glocke mit dem geschnitzten Kopf. Dann wurde jeder einzelne Spender mit Namen aufgerufen, man dankte ihm und zeigte auf seine Gaben: Eier, Jamsknollen, Rumflaschen, Reis, Kaolin oder auch Bares.

Darauf übernahm Abodjo die Dankesworte und dann Clémentine, während ihre Mutter die Glocke schlug.

Antonio, Clémentines jüngerer Bruder, der damals in Bonoua auch schon assistiert hatte, brachte die vier Schafe, die gespendet worden waren. Sie wurden am Opferplatz hingelegt; man zupfte ihnen etwas vom Fell aus und streute es über das Dach der Geisterhäuschen. Sie wurden wieder weggebracht, und Antonio holte die Hühner. Eins ums andere wurde von Abodjo geköpft, etwa zwanzig. Sie rannten jeweils kopflos den Abhang hinunter Richtung Bach, wo Clémentines *petite-sœur* sie erwartete und durch Hochreißen der Arme signalisierte, dass sie auf den Rücken zu liegen gekommen waren; was die andern dann jeweils ebenfalls durch Johlen und Heben der Arme quittierten. Das erste Huhn allerdings, das solcherart zu allgemeiner Freude Anlass gegeben hatte, animierte die etwa Zwanzigjährige zu folgender Aktion: Sie drehte uns den Rücken zu, und, Gesicht Richtung Wasser, lockerte sie ihre *Pagne*, die sie um die Hüfte trug, und rieb das Huhn mit dem blutigen Rumpf zwischen ihren Beinen, auf und ab, während sie mit dem herausgestreckten Hintern *à la danse mapuka* wackelte, vom Jauchzen der Anwesenden begleitet. Schließlich sammelte sie, ihre Beine ganz blutverschmiert, die toten Hühner ein, kam wieder herauf und warf sie vor die Hüttchen. Sie kniete sich davor nieder, drückte das Gesicht in den Sand und rieb ihre Lippen im Dreck.

Dann merkte man, dass eines der Hühner fehlte. Antonio suchte es und trieb es schließlich im Gestrüpp auf. Als er es fangen wollte, rannte es jedoch ins Unterholz davon.

Clémentine rief: „Lass es."

Man wartete eine Minute, und das Huhn kam von selbst und begab sich sogar ganz alleine ins Geisterhäuschen hinein. Es wurde ihm ebenfalls die Gurgel durchgeschnitten. Dieses Mal öffnete ihm Abodjo mit einem Küchenmesser den Hintern und zog den Darm heraus, um dort zu überprüfen, ob das Opfer angenommen war. Es war.

Dann schlachtete man die Schafe. Man zog sie wieder vor den Altar, träufelte ihnen etwas vom Bachwasser ins Maul, dann öffnete ihnen Antonio die Halsschlagader und ließ sie verbluten. Die Köpfe wurden vor den Häuschen ausgestellt. Abschließend wurde das weiße Stoffdach noch mit Strohkringeln, Reiskörnern, abgeschnittenen Hühnerflügeln und Kaolinstaub dekoriert; dann gaben sich alle die Hände und strahlten.

Die Opfer wurden zur Kochstelle im Dorf zurückgetragen; dann machten sich die Frauen an die Arbeit, während die Männer sich wieder um den Schnaps kümmerten.

Die schöne Lucette hatte nicht an der Opferung teilgenommen, sie war die ganze Zeit unter dem Mangobaum sitzen geblieben.

„Wolltest du nicht kommen?", fragte ich sie.

„Ich durfte nicht", sagte sie. *„Feu rouge."*

Eines der Schafe wurde dem Nachbardorf geschenkt. Das hatte man bisher noch nie gemacht, weil die Leute dort nichts mit den Flussgeistern zu tun hatten. „Sie werden es einfach so essen", sagte jemand, *„sans totem et sans tabou."*

Eine Stunde später gab es Streit zwischen zwei jungen Männern. Der eine, vom andern Dorf, hatte seinem Kontrahenten eine Ohrfeige verpasst, und dieser forderte ihn nun zu einem Zweikampf am Dorfrand heraus. Ein Alter versuchte zu schlichten, aber der Geschlagene war so aufgebracht, dass er rief:

„Du brauchst mir gar nichts zu sagen, du bist bloß ein *faux vieux.*"

Offensichtlich ging es um das Schaf und Neid. Der aus Soumalé hatte befunden, die andern hätten gar kein Recht auf dieses Schaf. Und dann war offenbar auch die Verteilung des Schafes selber im andern Dorf strittig, weil es Leute gab, von denen nicht klar war, ob sie noch dazugehörten und auch Anrecht auf Fleisch hatten.

Der Vater von Clémentine versuchte gar nicht erst zu vermitteln.

„Ja, geht euch schlagen", rief er. „Ich werde euch bestimmt nie mehr ein Schaf schenken. Man kann so viel schenken wie man will, es gibt immer einen, der nicht zufrieden ist. Ich werd' euch was sagen: Ich war in Paris; in Europa, wenn euch da ein Onkel nicht zum Essen eingeladen hat, dann braucht ihr da gar nicht aufzukreuzen; er wird euch nämlich nichts geben." Er blickte mich fragend an. Zögernd nickte ich.

„Da würden euch die Augen aufgehen. Ihr habt euch nicht mal bedankt für das Schaf; ihr glaubt, das ist selbstverständlich; aber ein *Anrecht* habt ihr auf überhaupt nichts, ihr verwöhnten Bengel."

Das Opfer, das als Gabe, als Ausgleich, als Harmonisierung dienen sollte, hatte Neid und Gewalt ausgelöst.

Lucette hatte um 18 Uhr einen Termin im Hotel „Ivoire" in Abidjan, um die Modeschau für die *„Nuit de Prestige",* die Oster-Gala, vorzubereiten. Sie fragte mich, ob ich sie hinfahren könnte.

So aß ich also mit ihr, etwas vorzeitig (wegen ihrer Periode durfte sie nicht mit den andern essen), nachdem wir den ersten Löffel Reis der Tradition gemäß auf den Boden gestreut hatten, und verließ mit ihr Soumalé. Eine gute Stunde später fuhren wir vor dem Fünfsterne-Hotel im Edel-Viertel Cocody vor.

# Wahn-, Warn- und Wahrträume
## Vorahnungen und Wunder in Guinea und Senegal

Im Dezember 1997 kam ich an einem Sonntagnachmittag vom Schwimmen ins *„Centre Suisse de Recherches Scientifiques"* zurück, als Coulibaly vor meinem Zimmer saß. Wir hatten uns schon eine ganze Weile nicht mehr gesehen, tauschten Neuigkeiten und Geschenke aus, als ein Wächter erschien und mir sagte, unten an der Schranke frage jemand nach mir. Ich ging rasch hinunter und begegnete dem jüngeren Bruder von Solange. Mit Solange hatte ich eine Liason gehabt, die bereits geraume Zeit beendet war, aber sie ließ mir keine Ruhe. Sie selbst saß etwas versteckt hinter dem Wärterhäuschen und sprach kaum mit mir. Ihr Bruder übergab mir einen Brief, den sie geschrieben hatte. Ich öffnete ihn und las den Anfang:
„*Dans la vie, il faut toujours pardonner…*"

Ich unterhielt mich noch etwas mit dem Bruder, dann erklärte ich, ich müsste mich um meinen Besucher kümmern und machte mich davon. Wieder bei mir angekommen, zeigte ich den Brief Coulibaly und erklärte ihm, von wem er stamme. Er erinnerte sich gleich an den dubiosen Telefonanruf, damals im Hotel in Abengourou.

„Du solltest den Brief zerreißen", sagte er bestimmt. „Er könnte einen Fetisch drin haben."

Ich war dagegen.

Er nahm den Brief vorsichtig an sich, hielt eine minimale Ecke des Papiers zwischen Daumen und Zeigefinger, und schüttelte ihn – mit ausgestrecktem Arm – in der Wiese aus, um eventuelles Gift wenigstens so zu entfernen.

„Du darfst auf keinen Fall mehr mit ihr essen", schärfte er mir ein. „Sie war vielleicht bei einem Marabout, für ein *Medikament*[135]. Ich selber habe viele Kundinnen, die mit solchen Wünschen zu mir kommen."

---

[135] Das Wort *médicament* wird in solchen Zusammenhängen sowohl für „Heilmittel" wie auch für (normales oder magisches) „Gift" verwendet. Das deckt sich insofern genau mit der doppelten Bedeutung des griechischen Wortes *pharmakon* (siehe Girard 1994:435f.). Dieselbe Dualität findet sich im griechischen Wort *pharmakos*, das einerseits eine Art Dorftrottel bezeichnet, einen Sündenbock, eine fast institutionalisierte Zielscheibe von Verachtung, Spott und Gewalttätigkeit, die aber andererseits im Kult das Objekt einer fast religiösen Verehrung wird (a.a.O.,142f.). Auch hier

„Und, kommst du ihnen nach?"
Er lachte. „Ja, aber man muss vorsichtig sein."
Er erzählte von einem *grand type*, einem *député*, der sogar via Telefon von einer sitzen gelassenen Geliebten vergiftet worden war.
„Wenn dich jemand anruft, musst du immer gleich nach dem Namen fragen. Wenn *sie* es ist, redest du gar nicht erst mit ihr."
In diesem Moment erinnerte ich mich, dass Solanges Bruder während unseres Gesprächs mir etwas vom Hemd gezupft hatte (bei den offenen Knöpfen an der Brust). Ich hatte hingesehen, jedoch nichts bemerkt und mir gedacht: Es wird wohl eine Ameise oder etwas gewesen sein. Jetzt erschreckte mich plötzlich der Verdacht, er könnte dort etwas auf meiner Haut platziert haben. Und wiederholt kontrollierte ich nach, ob sich nicht ein Ausschlag oder Schlimmeres dort ausbreite.

### Kribi und verkohltes Küken gegen Aids

Drei Wochen später rief mich Coulibaly in Abidjan an und fragte, ob wir uns treffen könnten. Es war ein Freitag, der Tag, an dem ich jeweils die Opfer für den Fetisch machen sollte, den mir Coulibaly gegeben hatte. Ich hatte es bis jetzt nicht über mich gebracht. Aber diesen Morgen kaufte ich mir eine Flasche Milch, schloss die Türe ab, stellte *tchamatigi* in die Dusche und leerte den grössten Teil der Milch über ihren Kopf,

---

gibt es Parallelen in Afrika. Girard weist auf den königlichen Inzest hin, der eine Mischung von Abscheu und Bewunderung hervorruft (a.a.O., 155ff.). Ganz generell könnte man auf den „starken Hexer" verweisen, der zu erfolgreich ist, als dass er offiziell angeklagt werden könnte. Von so jemandem wird in der Elfenbeinküste manchmal *bewundernd* gesagt, er sei „*très méchant*". Eine Weiterführung des Vergleichs der afrikanischen und der antiken „heidnischen Logik" wäre äußerst fruchtbar, sprengte jedoch den Rahmen dieser Darstellung. Vielleicht könnte man allerdings noch auf die Wichtigkeit in der afrikanischen Gesellschaft, *listig* zu sein, hinweisen. Coulibaly sagt oft stolz von seinem Sohn Daud: „*C'est un voyou, comme moi.*" Ein durchtriebener Lausbub, Schlingel, Schlitzohr, Schlawiner; mit der ganzen Ambivalenz, die in diesen Wörtern mitschwingt. Der starke, gute Mann, das ist jener, der schlau ist, *malin, rusé, voyou, filou; sai-sai*, wie der entsprechende Ausdruck im Senegal lautet. Das steht offensichtlich der griechischen Bewunderung eines Odysseus näher als dem Neuen Testament. Aus unserer christlichen Sicht könnte ein Coulibaly als *voyou* im Sinne eines Betrügers gelten. Aber aus afrikanischer Sicht ist er eben listenreich (und „stark") nicht im unmoralischen, sondern außermoralischen Sinne. Im Prinzip seien List und Kraft in Afrika gleichbedeutend, schreibt Augé (1975:123). Vielleicht sind alle aufgezählten Beispiele in gewisser Hinsicht analoge Repräsentationen einer Denkweise, die unsere (sowohl logische wie ethische) Binarität durchkreuzt.

den Rest träufelte ich in ihren Mund, wie eine Mutter (oder ein Vater) dem Kind oder wie ein Kind seiner Puppe.

Coulibaly war schlecht gelaunt. Er hatte Mathurin (dem Ministerialangestellten, der mich mit Coulibaly seinerzeit bekannt gemacht hatte) 100 000 CFA (165 EUR) gegeben, um sie zur Bank zu bringen. Mathurin gab ihm stattdessen einige Tage später 50 000 CFA zurück und schuldete ihm nun den Rest.

Ich erzählte Coulibaly von einem guineischen Biologen namens Fode Daraba Kantigui, der in Korhogo in einem Labor arbeitete und mir anvertraut hatte, er hätte von einem Heiler ein Kraut gegen Aids bekommen. Er fürchtete sich jedoch, damit an die Öffentlichkeit zu treten. Er hatte Angst vor Druckversuchen und Erpressung. Wir kamen auf Drobo II. zu sprechen, den bekannten Heiler aus Ghana, der angeblich auch ein Mittel gegen Aids gefunden hatte und dann auf ungeklärte Art ums Leben kam.[136]

Ganz selbstverständlich bemerkte Coulibaly, er kenne auch ein Rezept gegen Aids:

„Du verbrennst ein Küken bis es ganz verkohlt ist. Du vermischst es mit *kribi* (ein gelbes Gewürz) und Salz, und isst es ganz. Wenn du es in einem Tag nicht schaffst, isst du den Rest am folgenden Tag. Dann scheißt du das ganze Gift raus.[137] Aber oft steckt auch Hexerei hinter Aids. Der Mann vergisst sich, und dann machen ihn die Frauen fertig. Manchmal handelt es sich um Vergiftung. Du darfst zum Beispiel die Frau nicht lecken; vor allem, wenn sie schwanger ist. Der Saft ist dann giftig und kann auch Aids geben. Die Frau kann den Mann lecken, das macht nichts. Bei Aids wird der Urin zuerst blutig, dann milchig. Wir kennen die Krankheit seit langem."[138]

---

136 Siehe Dozon 1993:242. Wir luden den Guineer übrigens ein, Labortests im CSRS zu machen. Er schlug die Einladung aus. Jakob Zinsstag, der damalige Direktor, sagte ihm: „Wenn Sie wirklich ein Aids-Medikament haben und es für sich behalten, sind Sie für mich kriminell." Auch das ivorianische Fernsehen stellt sich manchmal Heilern, die behaupten, Aids heilen zu können, als Plattform zur Verfügung, ohne irgendeinen Beweis zu verlangen.
137 *Verkohltes Hühnchen* wird auch zum Reichwerden verwendet. Fatou erzählte mir im Januar 1998 in Ferkessédougou: „Hast du schon einmal vom *argent noir* gehört? Das ist magisches Geld. Ein Féticheur spricht über ein schwarzes Huhn; dann läuft es von selbst, wie hypnotisiert, ins Feuer und bleibt dort, bis es verbrannt ist. Man nimmt etwas von seinen verkohlten Innereien, Leber oder Niere. Damit wirst du reich. Es heißt, du kannst nachher sogar deinen Kot für Geld verkaufen. Und du musst keine Geschenke mehr machen. (Alles ist für dich selbst.) Es gibt einen auf dem Markt in Ferké, der sich das machen ließ; er ist sehr wohlhabend geworden. Ich kann ihn dir einmal zeigen."

**Ein neuer Fetisch**

Mit meinem Fetisch *tchamatigi* war etwas Seltsames passiert. Während einer Reise hatte ich mein Zimmer im *„Centre Suisse de Recherches Scientifiques"* jemand anderem überlassen. Den Fetisch hatte ich sicherheitshalber – bis zur Unkenntlichkeit in Packpapier eingewickelt – im Büro des Direktors gelassen. Als ich zurückkam und ihn auspackte, erschrak ich. Der Fetisch war ja aus *einem* Stück Holz geschnitzt, wobei die Füße in eine Art Sockel übergingen. Coulibaly hatte die Füße zusätzlich mit Schnur umwickelt, wie um sie anzubinden. „Am Anfang wird sie Heimweh haben", erklärte er mir. „Aber so angebunden kann sie nicht fliehen."

Und nun entdeckte ich im Büro des Direktors, dass ein Spalt durch das Holz ging, und zwar gerade zwischen Fußsohle und Sockel. Als ob sie abhauen wollte!

Der Direktor meinte, wahrscheinlich sei ihr die Klimaanlage nicht gut bekommen.

Im Februar 1998 kam mich Coulibaly in meiner neuen Wohnung in Bouaké besuchen. Wir hatten eine Reise nach Guinea vereinbart. Coulibaly hatte vor ein paar Jahren einige Zeit in der Kleinstadt Siguiri verbracht, bei einem alten Malinké-Heiler. Den wollten wir besuchen. Ich hatte Coulibaly gleich nach meiner Entdeckung vom „verletzten" Fetisch berichtet. Nach einer Konsultation war er zum Schluss gekommen, dass es besser sei, *tchamatigi* kehre nach Mali zurück und er besorge mir einen Ersatz. Den brachte er jetzt mit. Es handelte sich auch wieder um eine Frau, „kleiner, aber stärker als die erste".

Ich gab ihm *tchamatigi* zurück.

„Ich nehme an, du hast sie einmal an einem Morgen, nachdem du mit einer Frau geschlafen hast, berührt, ohne dir zuerst die Hände zu waschen. Deshalb wollte sie fort."

„Nein, nie."

„Aber vielleicht Solange. *Elle est trop chaud-chaud.* Du warst im Bad, und da hat sie aus Neugier in den Schrank geguckt und den Fetisch berührt. Vielleicht sogar unabsichtlich. Aber *tchamatigi* liebt das nicht. Das ist ihr Totem."

---

138 Da die Biomedizin mehr oder weniger zugibt, dass sie Aids (noch) nicht heilen kann, stellt die Krankheit natürlich eine ideale „Leerstelle" für Heiler dar, die sich profilieren wollen.

Ich verstand das so, dass *tchamatigi* zu meiner Frau geworden und eifersüchtig auf ihre Nebenbuhlerinnen war.

Meine „neue Frau" hieß *dougou massatche* („président de la ville") oder *tchamantigi* („président de tout le monde"). Coulibaly hatte sie von einem Féticheur in seinem Heimatdorf Tiengolo erhalten. Ich musste ihm noch etwas hinzuzahlen, weil die Neue ja stärker als die Alte war.

*Tchamantigi* hatte etwas exzentrische Ernährungsgewohnheiten. Jeden Freitag sollte ich ihr mit einer Hühnerfeder eine Mischung aus Quecksilber, Whisky und Parfüm in den Mund träufeln. Hie und da konnte es auch einfach Milch sein. Einmal pro Jahr verlangte sie – an einem Freitag – das Blut eines roten, eines schwarzen und eines weißen Huhns[139] sowie eines weißen Schafes.

„Wenn du das regelmäßig machst, wird sie nach sieben Monaten zu sprechen beginnen. Du kannst sie auch an einen Lautsprecher oder an deinen Computer anschließen. Mit dieser Methode kannst du Konsultationen für Patienten machen, wenn du willst."

Dann zählte er mir auf, welche Probleme ich alle mit ihr angehen könne und wie:

Schwangerschafts- und Geburtsprobleme, Rheuma, Vergiftungen, Streit mit dem Chef im Büro, Probleme mit Untergebenen, einen Hexer töten, *Corté* schicken, Anämie, eine unbekannte Krankheit, eine Frau wird nicht schwanger, Impotenz, Nachtblindheit, feindselige Geister vertreiben (Albträume), Schülervergesslichkeit, eine bestimmte Frau erobern, Stellenbewerbung, Diplomprüfung, Ohnmachtsanfälle, Schutz gegen Diebe.

Er schärfte mir ein, die Rezepte, Behandlungstechniken und Sprüche geheim zu halten.

Er übergab mir ein Fläschchen mit Quecksilber, wollte mir aber nicht verraten, woher er es hatte. Ich solle es gut verstecken.

Dann gingen wir auf den Markt, um Whisky zu kaufen. Wieder zuhause, schlossen wir die Türe ab, mischten Whisky und Quecksilber mit „Hugo Boss" und machten das Einweihungsritual in meinem Schlafzimmer. Anschließend sammelten wir die verschütteten Queck-

---

[139] Der weiße Hahn (auf Bambara: *shiè ou sissè gbè*) zieht Glück und Erfolg an. Der rote Hahn (*sissè oulé'n*) wendet ein nahendes Unglück ab und zieht das Glück in einer unsicheren Siuation an. Der schwarze Hahn (*sissè fi'n*) wirkt gegen alle Arten von Unglück, vor allem den Tod (Touré/Konaté 1990:129).

silberkügelchen mit Schaufel und Besen zusammen und leerten sie in das Fläschchen zurück (mit der Etikette: „Penicillin").[140]

Er meinte, ich solle auch *tchamantigi* gut verstecken, was ich machte.

Gegen Abend fuhren wir los, nach Man an die Grenze. Im Bus faltete ich einen Landkarte von Nord- und Westafrika auseinander. Mein Sitznachbar wollte sie sich anschauen.

Coulibaly tippte mit Kennermiene auf Spanien am Kartenrand und bedeutete dem Passagier:

„Hier hat es viele Peul."


### Ein erster Eindruck von Guinea

Am nächsten Morgen früh fuhren wir mit einem Kleinbus bis nach Sipilou, dem Grenzübergang, wechselten das Fahrzeug und setzten die Reise fort nach Lola und Nzérékoré. Im Grenzgebiet wurden wir andauernd von Uniformierten angehalten, die noch unverfrorener als jene der Elfenbeinküste waren. Sie machten sich nicht mal die Mühe, Papiere, Wagen oder Waren zu kontrollieren und dann irgendetwas zu bemängeln, sondern riefen lediglich zur Türe herein:

„Wir machen es rasch und unkompliziert. Ihr müsst weder Ausweise noch Gepäck zeigen, wenn einfach jeder 500 zahlt."

Staatlich gedeckte Straßenräuber, uniformierte Wegelagerer. Institutionalisierte Maut.

Einer von ihnen konnte einfach nicht verstehen, warum ich ausgerechnet nach Siguiri wollte, und nicht wenigstens in die Hauptstadt Conakry. Schließlich versteifte er sich darauf, ich hätte es auf Gold und Diamanten abgesehen. Dieser fixen Idee sollte ich noch oft begegnen in Guinea: Dass das Land voll von (ungehobenen) Schätzen sei und dass es die ganze Welt – insbesondere die Weißen – bloß darauf abgesehen hätte, alles zu plündern. Die Realität präsentierte sich einem Besucher allerdings etwa wie folgt: In ganz Guinea gab es Strom nur nachts von 18 Uhr bis 6 Uhr, oft wurde er auch erst um 20 Uhr eingeschaltet und um Mitternacht schon wieder abgestellt. Manche öffentlichen Gebäude

---

140 Später begleitete ich Coulibaly einmal in Abengourou auf den „Schwarzmarkt", als er bei einem Togolesen ein Fläschchen Quecksilber erstand, zu einem horrenden Preis. Der Handel mit Quecksilber war nicht nur wegen dessen Giftigkeit heikel, sondern weil es offenbar auch zur Falschgeldherstellung benötigt wurde.

verfügten über einen Generator, aber der setzte – mangels Treibstoff – ebenfalls oft aus. Hatte es Strom, waren darüber hinaus meist die Steckdosen und Glühbirnen kaputt oder es gab keine Sicherungen mehr. Auch in den größeren Städten gab es praktisch keine Möglichkeit, sich öffentlich zu verpflegen und nur ganz wenige Läden. Gekühlte Getränke gab es mangels Kühlschränken und Strom natürlich nicht. Die Hotels waren fast immer zugleich Bordelle und oft floss mangels Druck kein Wasser. Post (inklusive Telefone) und Bank waren praktisch – wohl ebenfalls vor allem wegen Strommangels – lahm gelegt. Die geteerten Straßen im Land ließen sich an einer Hand abzählen. Die meisten Leute waren arbeitslos und wer eine Stelle hatte, arbeitete für einen Hungerlohn. Und so weiter. Und trotzdem hatten die meisten Guineer das Gefühl, die ganze Welt blicke neidisch und begehrlich auf das reiche Guinea und die fremden Besucher würden sich wie im Schlaraffenland gütlich tun. Sekou Tourés Verbindung von politischer/ökonomischer Verelendung und ideologischer Überhöhung wirkte offenbar nachhaltig fort (es war übrigens überraschend, wie positiv seine Regierungszeit nach wie vor von vielen Guineern eingeschätzt wurde).

Aus dem allseits empfohlenen Hotel „Glass" in Nzérékoré wurden wir wieder hinausgeworfen, als klar wurde, dass wir keines der angestellten Mädchen beanspruchen würden. Der Taxifahrer führte uns eine Stunde lang an der Nase herum, bis wir in der „Case idéale" landeten, wo er horrende Geldforderungen stellte. Wir stritten lange, und am Ende war sogar Coulibaly dermassen entnervt, dass er ihm die verlangte Note vor die Füsse schmiss und drohend rief:

„Bon, d'accord, on te laisse. A côté de mon fétiche…!" – „Gut, wir lassen dich. Bei meinem Fetisch…!"

Es war das einzige Mal, dass ich ihn so etwas sagen hörte. Der Taxifahrer bat um Entschuldigung, sagte, er hätte nur einen Witz gemacht und gab ihm das ganze Geld zurück.

Im Hotel schauten wir uns nach dem Abendessen mit dem Koch ein Fußballmatch am Fernsehen an und Coulibaly erzählte, er hätte auch mal für einen Fußballer gearbeitet.

„Ich machte, dass er sich jeweils verdoppelte, wenn er mit dem Ball vor dem Tor ankam. Dann wusste der gegnerische Torwart nicht mehr, welcher von beiden jetzt wirklich schießen würde…"

## Falsche Frauen und zwei weise Marabouts

Die folgende Nacht passierte etwas Peinliches. Ich teilte das Doppelbett im Hotel mit Coulibaly, und im Halbschlaf meinte ich, meine Freundin liege neben mir, griff nach Coulibaly und wollte ihn umarmen. Er drehte sich ab, ich realisierte den Missgriff und sagte:
*„Oh pardon, ich habe geträumt."*
Am nächsten Morgen sagte keiner von uns etwas zu diesem Vorfall.
„Ich habe viel geträumt", erzählte er stattdessen. „Ich war in Abengourou, zahlreiche Leute waren bei mir im Salon. Ich erzählte von unserer Guinea-Reise. Dann hatte ich einen anderen Traum: Ich gab der jüngeren Schwester eines Freundes in Abengourou Bananen. Meine Frau sagte: Warum gibst du ihr Bananen? Ich antwortete: Sie ist die jüngere Schwester meines Freundes. Sie sagte wütend: Nein, sie ist deine Freundin. Aber die Frau, die das sagte, war gar nicht meine Frau; es war ein Geist. Hier gibt es viele weibliche Geister."
Vielleicht war das ein Kommentar zu meinem „Übergriff". Ich erinnerte mich, dass ich ebenfalls von Frauen geträumt hatte.
Am nächsten Tag führte mich Coulibaly zu dem Peul-Marabout Amadou Diallo, einem etwa 80jährigen Mann aus Fouta, in der Nähe von Conakry. 1955 war er nach Nzérékoré gekommen und geblieben. Sein Steinhaus war hell- und dunkelblau gestrichen. Er selber erschien in einem leuchtend hellgrünen Bubu. Er begrüßte uns und bat uns, noch etwas unter dem überdachten Eingang zu warten, bis er mit einer Behandlung fertig war. Auf einer verschlossenen Nebentüre stand:
*„Avant d'entrer tapez la porte. Cassa d'or. Amende 500 F.G."*
Coulibaly hatte den Alten einmal konsultiert, als er 1986/87 in Guinea war.
„Er prophezeite mir damals, dass ich – nicht in zwei, drei Jahren, etwas später – einem Weißen begegnen und mit ihm reisen würde. 1994 sind wir uns über den Weg gelaufen."
Schließlich bat er uns herein. Die Einrichtung seines Zimmers bestand aus einem Bett mit einem Vorhang davor, einem Gestell mit einigen arabischen Büchern und einer Flasche „Vita Malt" auf dem Boden.
Wir mussten ihm den Grund für unser Kommen geben.
Ich wollte vor allem Informationen bezüglich meines Stipendiums (drei Wochen vorher hatte mir ja Clémentine vorausgesagt, ich würde kein Geld mehr für meine Forschung erhalten). Coulibaly wollte wissen, ob es mit unserem Filmprojekt (der angekündigten Equipe vom Schweizer Fernsehen) gut gehen würde.

Ich gab dem Marabout eine Tausendernote, und er sprach darüber. Dann schlug er ein Heft mit arabischen Texten auf. Er fragte mich nach meinem und dem Namen meines „Patrons".

Ich gab ihm „*Fonds national*" an. Vor ihm lag ein gezeichnetes Gitter mit 4 x 4 Feldern mit verschiedenen Arabesken drin.

Lange blickte er darauf. Murmelmurmel, murmelmurmel. Schließlich griff er mit der Hand an seinen Kopf, dann ließ er sie in eins der Felder fallen. Sie fiel zweimal in dasselbe (jenes, das sowieso schon am abgegriffensten aussah).

„*Beaucoup de chances*. Du bekommst eine gute Antwort. Du kannst zehn, hundert Jahre in Afrika bleiben. Ich werde eine Arbeit für dich machen. Du musst 17 weiße Kolas opfern, 4 m weißen Perkals und einen weißen Hahn. Den kannst du mir oder sonst jemandem schenken. Du musst nicht in die Schweiz zurück. Jemand zeigt dir etwas, wie Gold. Es läuft gut. Du triffst viele Leute, alle sind zufrieden. Du kannst frei leben, musst nicht zweifeln. Du musst nicht hin- und herdenken. Du denkst an Krankheit; das ist nicht nötig. Nicht zu viele schlechte Dinge denken. Das mit dem Film geht gut. Keine Angst."

(Ich war beunruhigt gewesen wegen des Films. Einige Heilerinnen, die ich angefragt hatte, wollten nicht mitmachen, zum Beispiel Clémentine).

Er drückte mir zweimal lange die Hand beim Weggehen, lächelte uns ganz freundlich ins Gesicht, segnete uns und sang unter dem Vordach, als wir uns entfernten.

Ich war richtig glücklich und beruhigt, wie nach einem Besuch beim gütigen, lieben und weisen Großvater. Ich schlug Coulibaly vor, dass wir die Opfergaben kaufen gingen. Aber er meinte, wir sollten erst zum andern Heiler gehen, den er vorgesehen hatte.

„Wenn der dasselbe sagt, machen wir die Opfer. *Il faut toujours vérifier*. Wenn es darum geht, ob man eine bestimmte Frau heiraten soll oder nicht, konsultiert man sicherheitshalber sogar immer drei."

Wir suchten den Malinké-Heiler Diarra Keita auf. Wir mussten in die Kauris sprechen, von denen er dann jeweils vier warf. Coulibaly kannte dieses System nicht.

Er sah viel Geld auf mich zukommen. Ich musste bloß ein Huhn „mit einzelnen Federn auf dem Kopf" opfern. Er sprach aber auch von einem Unfall im Zusammenhang mit Wasser. Uns würde jedoch nichts passieren dabei.

Coulibaly trug er auf, 500 guineische Francs an Zwillinge zu geben; dann würde auch er viel Geld verdienen.

Am Ende warf er alle Kauris zusammen. Coulibaly fragte, was der Wurf bedeute. „Das ist ein Geheimnis, ich kann es euch nicht sagen. Aber ich werde eine Arbeit machen, *pour pardonner les génies* (um ihre Gunst zu erbitten)."

Gegen Abend fuhren wir nach Macenta weiter. Es gab nirgends Strom. Wir saßen in der Hotelbar, tranken warmes Bier und unterhielten uns im Dunkeln. Um zehn Uhr gingen wir schlafen. Ich legte mich mit dem Rücken zu Coulibaly, ganz an den Rand des Bettes und schärfte mir vor dem Einschlafen nochmals ein, dass Coulibaly neben mir lag und niemand sonst.

### Die Malinké-Wahrsager: Tote Frau, erfreulicher Brief

Am nächsten Morgen erzählte mir Coulibaly wieder, ohne dass ich ihn danach gefragt hätte, seinen Traum, mitsamt einer Interpretation:

„Ich habe von einem Geist geträumt. Er war krank; aber ich merkte, dass er in Wirklichkeit schon tot war. Bei uns heißt es: Wenn du von einem Mann träumst, ist eine Frau gemeint. In Abengourou ist eine Alte, die ging mit dem *petit-frère* ihres Mannes und er schwängerte sie. Der Féticheur riet ihnen, ein Schaf zu opfern, sowie ein weißes und ein rotes Huhn. Ihr Mann sagte jedoch, er zahle nichts, wenn schon liege es an ihr, dafür aufzukommen. Sie machten die Opfer nicht. Eigentlich dürfte der Bruder erst mit ihr schlafen, wenn der Ehemann tot ist. Sie sind *façon-façon* (seltsam). Muslime aus Mali, Ahmadya, immer in schwarze *Pagnes* gehüllt. Sie hat dann das Kind zur Welt gebracht, vor drei Jahren. Jetzt ist sie gelähmt. Meine Frau geht sie manchmal waschen. Sie sind unsere Nachbarn. Vielleicht hast du den Ehemann schon gesehen, er sitzt immer vor der Treppe. Er hat weiße Haare, er ist wahrscheinlich *émologué* (impotent). Vielleicht ist es diese Frau, die gemäß dem Traum sterben wird."

Wir suchten den Malinké-Marabout Amara Keita auf. Mit Federkiel und Tinte schrieb er meinen Namen auf ein Blatt Papier, fügte einen arabischen Satz hinzu und machte dann Strichzeichnungen, die denen Coulibalys ähnelten. Aber Coulibaly konnte sie nicht lesen.

„Es ist eine andere Sprache", sagte er.

Ich kramte abermals eine Tausendernote hervor und vertraute ihr meine Geldsorgen an.

„Welche Arbeit hast du vorher gemacht?", fragte mich der Marabout.

„Ich habe mit Flüchtlingen gearbeitet."

Er schaute in seine Papiere.

„Du wirst lange in der Elfenbeinküste bleiben. Kommt dich manchmal jemand aus der Schweiz kontrollieren?"

„Nein, ich schreibe jeweils Berichte."

„Die Arbeit läuft gut. Die Vorgesetzten lieben dich. Der große Patron in der Schweiz wird dir helfen. Aber man muss den Patron beherrschen, mit Opfern. Gib zwei weiße Hähne und drei Meter Perkalstoff, um das Böse zu verscheuchen. Habe Mut und schütze dich."

Dann gab Coulibaly seinen Namen an. Als Wohnort nannte er immer Abidjan. Er sagte nichts von seinem wahren Beruf. Er sprach vom *„laboratoire"*.

„Manchmal geht die Arbeit, manchmal nicht", sagte der Marabout. „Deiner Frau geht es gut. Du verdienst Geld, aber du kannst nicht einteilen. Du musst drei weiße Hüte opfern."

Ich blickte Coulibaly erstaunt an. Er erklärte mir:

„Das heißt: Ich verliere alles Geld, und dann ist es nur noch da oben." Er zeigte auf seinen Kopf. „Dann ist das Geld nur noch im Kopf und nicht mehr in den Händen. Aber es bedeutet auch: Es ist dann zu viel im Kopf: Gedanken, Probleme, zwei Frauen, Kinder, Strom- und Telefonrechnung, Jams, Sauce..."

Der Marabout fuhr weiter: „Du musst an einem Montag ein Tuch und 2 Kilos Reis einer Frau geben, der man gut ansieht, dass sie schwanger ist. *Après tu sais économiser sur l'argent.*"

Was wohl zu verstehen war als: Dann würden seine Investitionen Früchte tragen und gedeihen.

Ich fragte Coulibaly, ob der Marabout keine Gris-Gris mache.

„Als Muslim macht er keine Gris-Gris. Sie nennen das *isilim*; eigentlich ist es das Gleiche. Aber es ist schwächer und empfindlicher als das Gris-Gris des Féticheurs. *Parce que ça gâte souvent son totem.* Es verliert die Kraft, wenn man es zum Beispiel auf dem WC trägt, jemand Unreinen im Bus berührt oder es nach dem Sex in die Hand nimmt. *Ça vaut pas la peine, ils sont trop compliqués!* Das hat keinen Zweck, sie sind viel zu kompliziert."

Und er lachte laut heraus. Sein schallendes, heidnisches, vielleicht homerisches Gelächter.

Im Laufe des Tages erfuhren wir von einem anderen Féticheur, den Coulibaly auch noch nie aufgesucht hatte. Er hieß Laye Koraben Traoré und war ebenfall Malinké. Es war bereits dunkel, als wir sein Haus endlich gefunden hatten. Mangels Strom und Öllampe schickten wir ein Kind, um eine Kerze zu kaufen. Er verfügte über drei Wahrsagetechniken: mit einem Spiegel, mit den Kauris oder mit seinem Fetisch. Wir entschieden uns für den Fetisch, einen Fliegenwedel aus einem Tierschwanz mit Kauris und Glöckchen dran.

Traoré sagte: „Damit kann man auch Diebe fangen. Der Besitzer nimmt ihn in die Hand, und der Fetisch führt ihn zum Dieb. Er könnte dich auch zwingen, in der dunklen Nacht zum Wasser hinunter zu gehen und dort einen Fisch herauszuholen. Er ist stärker als der Weiße …"

Traoré geriet in eine leichte Trance, als er den Fetisch in die Hand nahm. Er schlug unwillkürlich mit der Hand aus, die den Fetisch hielt, wie mit einer Wünschelrute, dann wurde er plötzlich wie von einem Schüttelfrost erfasst, er sprach erregt, rhythmisch und seine Rede verfiel in eine Art Rap. Eine etwas moderatere Form des *sru*-Fetischs in Burkina.

Er sagte mir: „Ein Papier wird aus der Schweiz kommen, nachdem es durch die Hände einer Frau gegangen ist. Es enthält eine gute Nachricht. Du solltest einen weißen Schafsbock opfern, noch hier in Guinea. Wenn du es nicht machst, wird es lange dauern mit dem Papier."

Zu Coulibaly sagte er: „Eine alte Frau ist gestorben. Deine Großmutter. Du musst vier weiße Kolas opfern."

„Meine Großmutter ist schon lange tot", sagte Coulibaly.

„Ich mache dir ein Medikament zum Waschen", fuhr Traoré an Coulibaly gewandt weiter. „Ihr könnt euch beide waschen damit. Dann bleibt das Geld bei dir. Du hast zwei Frauen. Eine hat dir vor kurzem einen Sohn geschenkt. Du musst auch Kuhmilch opfern. Dann bekommst du ein Verkehrsmittel, ein Auto oder Motorrad. Ihr werdet noch ein zweites Mal aus der Elfenbeinküste zu mir kommen."

Wir mussten uns das Gesicht mit den Kauris einreiben.

Er warf die Kauris auch noch für den Hotelmanager, der uns begleitet hatte.

Er trug ihm auf, ein *Etoile*-Huhn (mit einem schwarzen Stern im Nacken) zu opfern.

„Das habe ich schon öfters gemacht", sagte er. „Man empfiehlt es mir immer wieder, um das Übel abzuwehren."

„Es gibt viele Frauen dort, wo du arbeitest", fügte der Marabout hinzu. „Eine folgt dir. *Son corps est ouvert envers toi.*"

Beim Hinausgehen zog Coulibaly Bilanz, indem er gewissermaßen die Schnittmenge der aufgetragenen Opfer bestimmte: „Ein Schaf und zwei Hühner genügen. Bald ist Tabaski, da sind die Schafe teuer. Eines reicht, weil das alle gesagt haben. Wir werden das Schaf unter dreißig Leute verteilen, damit alle essen können und uns segnen. So wird sich die Kraft vervielfachen."

Ich konstatierte, dass mir alle vier Heiler – ohne dass ich sie direkt danach gefragt hätte – prophezeiten, ich würde positiven Bericht aus der Schweiz erhalten, Geld, um meine Studien fortzusetzen, um noch lange in Afrika zu bleiben etc. Im Gegensatz zur Wahrsagung von Clémentine!

„*C'est tout à fait clair*", sagte er. „*Elle a parlé hasardement.*" („Klarer Fall – sie hat bloß so dahergeredet").

Die folgende Nacht schlief ich unruhig. Einmal erwachte ich verwirrt und fand mich auf der Bettkante sitzend, desorientiert.

### Wenn die Féticheure ihr Netz auswerfen

Am nächsten Morgen erzählte Coulibaly: „Ich habe von *Pagnes* geträumt und von einer Frau. Ihr Mann war gestorben, und sie wollte mich heiraten; obwohl da noch der jüngere Bruder ihres Mannes war, der sie eigentlich nehmen wollte. Ich sagte: Ich bin bereits verheiratet. Sie war dick und sehr dunkel."

Später am Nachmittag ergänzte er noch: „Die Frau hatte ein Kind, einen Knaben, und sagte, es sei von mir. Ich war sehr erstaunt. Sie wollte mich also heiraten. Ich sagte ihr, ich sei nicht von derselben Familie (wie ihr Mann)."

Wie man sieht, ist der Traum voller Bezüge zu seinen anderen Träumen, zu den Konsultationen, zu Ereignissen des Tages: Die jüngere Schwester seines Freundes, der er Bananen gab, und die Eifersucht seiner Frau; der gestorbene Geist; die Frau in Abengourou, die mit dem jüngeren Bruder ihres Mannes ein Kind hatte; ihre schwarzen *Pagnes* (wie die *Pagnes*, von denen er träumte, und schwarz wie die „sehr dunkle Frau"); das Tuch, das er als Opfer einer schwangeren Frau geben muss; die alte Frau (Großmutter), die angeblich gestorben sein soll; die jungen Frauen, die immer um die Hotels herumschwirrten (einmal sagte er von einer: „Sie ist zu wenig *dick*".)[141]

Es fiel mir immer wieder auch an mir selber auf, dass die Besuche bei Heilern oft intensive Träume auslösten, Träume, die weniger durch eine Bedeutung imponierten, als durch einen faszinierenden Reichtum an Bezügen und Verweisen – und zwar unterschiedslos auf Erlebtes, Gesagtes, Gedachtes, Geträumtes und oft auch Eigenes und Fremdes (zum Beispiel von Coulibaly) vermischend. „*Différance* statt Bedeutung", könnte man mit Derrida sagen (tendenziell endloses Verweisen auf andere Signifikanten, Aufschub jedes endgültigen Sinns anstatt eindeutige Fixierung auf ein Signifikat; Andeutung statt Deutung) oder abermals mit Augé: Semiologie, Lektüreprobleme und Additionen anstatt Transzendenz und Entweder-Oder-Denken und: keine Trennung von Materiellem (Realem) und Ideellem (Symbolischem). Die Konsultationen haben selber etwas von Träumen, sie sind – um Lacan zu paraphrasieren – wie das Unbewusste (und die Sprache) strukturiert: Sie arbeiten mit Differenzen und Verweisen, und „Sinn" ist gewissermaßen nur ein Effekt dieser Distinktionen und Evokationen. Und sie teilen den Charakter der Träume und des Unbewussten auch insofern, als es weniger darum geht, was wirklich passiert, als vielmehr darum, was etwas auslöst, was berührt, wie etwas wahrgenommen wird. Wenn Freud feststellte, dass es im Unbewussten ein Realitätszeichen nicht gebe, sodass man die Wahrheit und die mit Affekt besetzte Fiktion nicht unterscheiden könne[142], so gilt das nicht nur für den Raum des Unbewussten und der Träume, sondern auch für den mit magischen Gegenständen voll gestopften Raum des Féticheurs und seine Worte und Zeichen. Deshalb ist es auch nicht erstaunlich, dass Träume für Leute wie Coulibaly einen so wichtigen Stellenwert einnehmen: Die Welt stellt sich ihm buchstäblich als zu entziffernder Traum dar; die Träume werden nicht mithilfe der Wirklichkeit entschleiert, sondern die Welt erklärt sich und wird sinnreich erst im Licht der Träume (der *surrealité*, des Unsichtbaren, des Verborgenen, vielleicht auch Latenten, Verdrängten, Unannehmbaren).

---

141 Wenn der vorliegende Bericht manchmal gar zu detailvernarrt erscheinen mag, so hat das nicht (nur) mit Erzählwut als Selbstzweck zu tun, sondern die Funktion, das Umfeld zu markieren, in dem Ansichten und Interventionen von Coulibaly und andern erst sinnhaft werden (weil eingebettet in einen Alltagskontext). Werden diese (situativen und praxisorientierten) Vorstellungen allzu isoliert und systematisiert, entsteht leicht der falsche Eindruck einer „Philosophie" (als Selbstzweck). Siehe dazu Douglas 1985:117ff.
142 Freud 1986:284.

**Die Vorahnung des ausgehobenen Loches**

Wir fuhren per Überlandtaxi nach Kissidougou weiter. Unterwegs wurden wir wieder von Zöllnern angehalten. Mit uns reiste eine japanische Studentin, deren Gepäck besonders sorgfältig inspiziert wurde. Nachdem der Uniformierte genüsslich ihre Binden und Präservative vor den andern Fahrgästen ausgebreitet hatte, stieß er auf kleine Bronze-Gewichte, die sie in der Elfenbeinküste als Souvenir erstanden hatte. Der Zöllner unterschob ihr, sie wolle Gold damit wiegen und beschlagnahmte sie. Nach einem längeren Hin und Her ließ er großzügig verlauten, er gebe sie ihr zurück, wenn sie bereit sei, es im Schuppen da hinten rasch mit ihm zu treiben. Sie flehte ihn mit Tränen in den Augen an, ihr die Dinger zurückzugeben; es handle sich dabei um ein Geschenk für ihre Schwester in Tokio.

„Tokio?", sagte der Zöllner. „Du musst mir ein Paket mit Elektronik schicken: Taschenrechner, Uhr, Fotoapparat, Handy." Und er gab ihr seine Adresse.

Sie fragte: „Ist das nicht etwas schwierig mit dem Zoll?"

„Nein", sagte er, „wenn du es per Post schickst, merkt es niemand."

Die neue Teerstraße, auf der wir weiterfuhren, bauten die Franzosen. Aber sie hatte schon wieder Löcher, noch bevor sie fertig gestellt war.

„Die Leute aus den Dörfern hacken sie nachts auf", erklärte der Fahrer. „Sie können den Teer und Kies gut gebrauchen."

Am nächsten Morgen wachten wir um Viertel nach sieben auf. Wir waren nicht wie verabredet um sechs Uhr vom Hotelmanager geweckt worden, das Frühstück war auch nicht – wie versprochen – gemacht und der angeheuerte Taxifahrer war ebenfalls nirgends zu sehen.

„So sind die Afrikaner", sagte Coulibaly.

Als wir zu Fuß zum Busbahnhof gingen, erzählte er: „Ich habe wieder *bizarrément* geträumt. Sie bauten einen Brunnen und hoben den Sand aus. Das ist nicht gut." Er sagte *„puits"*, aber sprach es wie *„pute"* aus, zumindest verstand ich es zuerst so.

„Warum nicht gut?", fragte ich.

„Das ist wie ein Grab ausheben."

Wieder die Todesahnungen. Vor der Abfahrt kaufte er vier rote Kolas. „Um sie jemandem zu geben, das ist gut."

Als wir mit dem Peugeot aus der Stadt hinausfuhren, warf er die Kolas auf der Kreuzung zum Fenster hinaus.

„Buchstäblich zum Fenster rausgeworfenes Geld", dachte ich.

Trotz des Opfers mussten wir zweimal wegen eines platten Reifens anhalten. Gegen Mittag kamen wir in Kankan an. Im Hotel wurden wir von einem Mann mit einem seltsam deformierten Gesicht bedient.
„Ob er wohl einen Unfall hatte?", sagte ich.
„Nein", meinte Coulibaly. „*Corté.*"
Am Nachmittag machten wir einen Spaziergang zum Fluss, wo Autos gewaschen und Sand gehoben wurde.

### Hatte Coulibaly von Siguiri und dem Alten auch bloß geträumt?

Ich schlief schlecht. Um 1 Uhr nachts meinte ich, es sei Morgen, und wollte aufstehen. Nachher sperrte ich für den Rest der Nacht eine Mücke in mein Moskitonetz.

Coulibaly war es offenbar ähnlich ergangen. Beim Aufwachen sagte er: „Hier sind überall Geister." Und dabei schaute er verstört umher, etwa so wie ich, wenn ich mit meinen Augen den Moskito verfolgte. Sein Blick war so intensiv, dass ich meinte, die Geister demnächst selbst erspähen zu müssen.

„Ich habe geträumt", sagte er, „jemand gäbe mir ein schwarzes Medikament. Ich nahm es, konnte es aber nicht schlucken. Ich aß Zucker, ich trank Wasser, aber es blieb im Hals stecken. Nicht gut. Vielleicht wird mir ein Heiler ein solches Medikament geben, aber ich werde es nicht nehmen. Hier gibt es wirklich zu viele Geister."

Nach einem weiteren Reisetag kamen wir schließlich in Siguiri an, einer Kleinstadt im Norden des Landes am Ufer des Nigers. Hier hatte Coulibaly zwei Jahre bei einem Féticheur verbracht, gewissermaßen zur Weiterbildung. Seither war er die ganze Zeit über mit ihm in brieflichem Kontakt geblieben. Im letzten Brief hatte er unseren Besuch angekündigt, aber keine Antwort erhalten. Coulibaly wollte ihn erst am folgenden Tag aufsuchen, einem Donnerstag.

„Donnerstag ist ein guter Tag, Mittwoch nicht. Und am Freitag können wir sowieso nicht weiterreisen, weil dann zu viele Geister promenieren, vor allem in der Umgebung von Brücken, Wäldern und *basfonds*. Man meint dann zum Beispiel, es sei ein Tier, das die Straße überquert. Es gibt eine Kollision und man merkt, dass es ein Geist war."

Ich fragte ihn, ob wir die Opfer hier in Siguiri machen sollten.

Er empfahl, die Tiere entgegen dem Rat des Féticheurs nicht hier, sondern erst in der Elfenbeinküste zu opfern. „Denn das Territorium deiner Arbeit ist dort. Wir werden bei mir in Abengourou ein Schaf und zwei Hühner darbringen, das macht acht Beine, gleich viele wie zwei Schafe."

Da der Ventilator mangels Strom um Mitternacht abgestellt wurde, schliefen wir schlecht. Ich meinte, Coulibaly esse mitten in der Nacht eine Knoblauchzehe und rülpse mir ins Gesicht. Am Morgen sprach ich ihn verärgert darauf an und merkte, dass ich bloß geträumt hatte.

Er selbst erzählte mir: „Mir träumte, jemand habe am Radio gehört, mein Vater sei gestorben. *Ils l'ont communiqué.* Er kam und teilte es mir mit. Ich telefonierte nach Nossombougou, wo es mir bestätigt wurde. Viele kamen zu mir nach Abengourou, für die Totenwacht. Ich frage mich, ob in den letzten zwei Tagen eine Frau in meinem Dorf gestorben ist."

Wir suchten den Hof des alten Féticheurs auf, aber dort hieß es, er sei umgezogen. Man konnte uns jedoch keine neue Adresse angeben. Coulibaly hatte den Eindruck, es hätte *palabres* gegeben. „Vielleicht ist er in sein Dorf zurückgegangen."

Die Geschichte kam mir auf einmal verdächtig vor. Vielleicht gab es den Alten gar nicht? Vielleicht war Coulibaly überhaupt nie in Siguiri gewesen? Vielleicht war Coulibaly gar nicht Coulibaly, sondern Pinocchio. Oder Rumpelstilzchen. Und ich? Rotkäppchen?

### Sand in die Augen gestreut

Am Nachmittag lernten wir jemanden kennen, der vorschlug, uns zu einem bestimmten Féticheur zu bringen. Er ging zuerst alleine hin, um nachzuschauen, ob er wirklich zu Hause war, während ich mit Coulibaly in einer Bar wartete. Nach einer Weile kam er mit einem andern Mann zurück und sagte, es gehe in Ordnung. Der Heiler wohne in der Nähe des Hotels „De la Paix" am Ortsrand, wir könnten zwei, drei Liter Benzin für das Auto seines Kollegen kaufen und hinfahren.

„Komm", sagte Coulibaly zu mir und zog mich am Arm, „wir gehen ins Hotel zurück. *Ils sont trop façon-façon. Je connais les africains.* Ich kenne die Afrikaner. Ich vertraue ihm nicht. *C'est un coup monté*, ein abgekartetes Spiel, um uns in den Busch zu fahren und auszurauben. Warum ist er mit dem andern gekommen? *Ce sont des petits bandits.*"

Der andere rief uns nach: „Was ist los? Kommt ihr nicht?"

Ohne sich noch umzudrehen, rief Coulibaly: „*C'est bon. Il y a pas de problème.* An be sini, *à demain!*"[143]

Später lernten wir jemanden mit einer zerrissenen Krawatte kennen. Er hieß Bah Lanciné Fofana und stellte sich als *Commerçant* vor, präzisierte dann jedoch auf konkretere Nachfragen hin, dass sein letzter Handel – mangels Geld und Kundschaft – auch schon wieder einige Jahre zurückliege.

Er führte uns zu einem andern Féticheur, einem Malinké wie er selbst, namens Sori Siribé.

Er charakterisierte ihn – wie das oft gemacht wird – mit den Worten: *„Il ne ment pas."*

Was ich an dieser Sichtweise immer wieder frappant fand, war, dass gewissermaßen aus einer epistemologischen eine moralische Frage gemacht wird. Ob man die Wahrheit durch magische Mittel tatsächlich herausfinden kann oder nicht, steht gar nicht mehr zur Debatte. Es wird in dieser Aussage implizit schon vorausgesetzt. Die Frage ist nur noch, ob der Betreffende die Wahrheit auch mitteilt oder absichtlich verdreht, eben lügt. Mit anderen Worten: Hell-Seher sind sie auf jeden Fall, die Frage bleibt bloß, ob sie Wahr-Sager sind. Eine kritische Überprüfung des „Hellsichtigkeitsaxioms" ist damit von vornherein verunmöglicht.

Coulibaly ließ sich als Erster die Zukunft voraussagen. Er musste in eine Fünfhunderternote sprechen. Dann zeichnete Sori Siribé sehr lange mit dem Finger in den Sand, wischte die Zeichen wieder aus, notierte sich eine Art Zwischenresultat auf sein Zettelchen und begann von neuem. Damit verlieh er dem, was kommen würde, natürlich ein besonderes Gewicht. Schließlich ließ er die Katze aus dem Sack:

„Letzten Freitag ist ein Camion umgestürzt. Alle waren tot."

Bewundernd und erschreckt stieß unser handelsunfähiger Händler die Luft durch die Lippen und raunte: „Ja, wirklich, 25 km von hier; er ist in einen PKW gefahren. Kein Einziger hat überlebt."

Coulibaly flüsterte mir zu: *„Et alors? Tout le monde le sait. Il est trop banal."*

---

143 Dieses *Misstrauen* ist natürlich das notwendige Gegenstück zur *List*. Und der besonders Listige – wie Coulibaly, ein professioneller Spezialist für Listen und Gegenlisten – ist natürlich auch besonders misstrauisch. „Er kennt seine Pappenheimer." Mit Devereux (1982:24–48) könnte man auf die „sakralen (schamanistischen) Störungen" hinweisen, eine spezielle Art von ethnischen Störungen oder Neurosen, das heißt solchen, die nicht idiosynkratisch sind, sondern kulturell vorgeformt und insofern gewisse Züge einer Kultur wie unter dem Vergrößerungsglas hervortreten lassen. Der Schamane kennt die Abgründe und Verrücktheiten seiner Gesellschaft und kann sie – in vorprogrammierten Bahnen und im Schutze des Heiligen – ungestraft ausagieren. Er ist gleichsam die Karikatur seiner Gruppe.

„Du bist nicht zufrieden", fuhr Sori fort, an Coulibaly gewandt, seinen *Undercover*-Fachkollegen. „Warum?"

(Es war nicht klar, ob sich diese Aussage auf die aktuelle Konsultationssituation oder allgemein auf Coulibalys Leben bezog.)

Coulibaly sagte nichts.

„Du verdienst Geld, *mais il gâte*. Du bist verheiratet. Die Frau ist schwanger. *Mais grossesse va pas durer.*"

(„Ja, er hatte Recht", spottete Coulibaly später, „die Schwangerschaft wird nicht dauern, weil es gar keine Schwangerschaft gibt.")

„Die Ehe mit deiner Frau wird nicht halten. Am Abend bist du mit einer Frau zusammen, zu Hause oder draußen."

Coulibaly sagte mir ins Ohr: „Natürlich werde ich in Abengourou abends mit meiner Frau zu Hause sein, was sonst und wer nicht?"

„Dein Vater ist wütend auf dich. *Faut donner une cola blessée*[144] *à un handicapé, pour la chance.*"

Dann begann er seine „Sandkastenspiele" von neuem mit mir. Er gab mir eine Hand voll Sand zum Hineinsprechen. Ich erkundigte mich wieder nach der Sache mit dem Stipendium.

„Du musst dich in Acht nehmen vor den Frauen", sagte er leise und warnend, wobei er mich verschwörerisch anblickte. „Sei misstrauisch. Sie wollen immer nur Geld."

„Geht es um eine bestimmte?"

„Nein, generell. Wenn du heiratest – *faut faire attention*."

„Soll ich nicht heiraten?"

Aber er wich immer ins Vage aus, wenn ich nachfragte. Er sagte: „Vielleicht wirst du mit einer Frau leben. Du bist mit einer Frau zusammen (?)."

Er verwendete diesen Trick, den Tonfall der Sätze so in der Schwebe zu lassen, dass man sie je nachdem als Aussage oder Frage auffassen konnte. Ich bejahte, und der *commerçant* stieß ein triumphierendes „*voilààà!*" aus. Hätte ich verneint, hätte Sori so getan, als sei es eine unverbindliche Frage gewesen, aber jetzt buchte er einen Erfolg für sich, indem er es so hinstellte, als hätte er mit seiner Aussage wunderbarerweise genau ins Schwarze getroffen.

Ich fragte: „Ist das gut oder nicht?"

Keine klare Antwort.

---

[144] Die „verletzte Kola" *(mouroudalaworo)* schützt gegen unerwartete Attacken und wendet Krankheit und Verwünschungen ab (Touré/Konaté 1990:138).

Coulibaly fragte: „Lebt er mit einer Weißen oder Schwarzen zusammen?"

„Das kann ich nicht sagen."

Coulibaly sagte, zu mir gewandt: „Ich könnte das in so einem Fall. Ich könnte sogar den Namen der Betreffenden herausfinden."

Als Opfer verschrieb er mir den *Bamba*-Fisch. Ich sollte ihn hier in Siguiri essen, sowie Rindskutteln. Sie kannten das französische Wort dafür nicht. Coulibaly erklärte:

„*Là où il y a kaka là-dedans.*"

Eigentlich wäre die Séance jetzt zu Ende gewesen, aber da er merkte, dass wir nichts von ihm hielten, unternahm er noch eine letzte Anstrengung.

„Die Frau, mit der du zusammen bist –, eine andere Frau hat euch bekannt gemacht."

„Nein."

„Aber es war eine andere dabei, als ihr euch getroffen habt (?)."

„Nein."

„Du musst einer Frau zwei rosa Kolas *marassa*[145] geben."

Nach einer Pause fügte er hinzu: „Die Frau wird dich später betrügen. Nicht jetzt, aber später."

„*Souvent c'est comme ça*", sagte Coulibaly trocken.

Ich erwiderte Sori: „Du hast jetzt die ganze Zeit von Frauen geredet. Ich habe den Sand aber nach Informationen punkto Arbeit und Geld gefragt."

Er konsultierte abermals.

„Neben den zwei rosa Kolas für das Glück in der Liebe musst du nochmals vier rosa Kolas einer andern Frau geben. Dann wird ein Brief kommen von jemandem, der dir wohlgesinnt ist. Sonst wirst du es bereuen, wenn die Antwort kommt."

Wir gaben ihm nichts.

Beim Hinausgehen fragte ich Coulibaly, was er über ihn denke.

„Schade", antwortete er bloß.

Monsieur Bah hatte nichts von unserem Spott mitgekriegt.

„Auf hundert Féticheure findest du nur zehn, die die Wahrheit sagen", sagte er ernst. „Sori ist einer davon. Hast du verstanden, Coulibaly, wie er gesehen hat, dass dein Vater wütend ist? Das ist, weil du das Geld nicht behalten kannst. Das ist sehr wichtig. Aber mit den Opfern

---

145 Die „geheimnisvolle Kola" *(marassaworo)*: „Das Glück steht im Schatten, der Feind lauert. Diese Kola hilft, ihn zu demaskieren" (Touré/Konaté 1990:139).

wird es gehen. Ich habe schon oft Konsultationen bei ihm gemacht. Er hat nie gelogen. Manchmal hat er so viele Kunden, dass man eine Woche warten muss."

Wir gingen müde ins Hotel zurück und machten eine Siesta.

**Ein Fetisch, der (nicht) spricht**

Als wir aufwachten, schien Coulibaly nachgedacht zu haben. Er sagte: „Weißt du, es gibt drei wichtige Dinge im Leben: 1. Heiraten, 2. Kinder, 3. Geld. Aber es ist nicht gut, wenn du alles hast; eines muss fehlen, sonst stirbst du früh. Nimm zum Beispiel meinen Freund, den Guineer, der all die Busse der ANM-Gesellschaft hat; er hat zwei Frauen geheiratet, er hat Geld und viele Kinder. Aber eines seiner Kinder ist blind. Es ist wie ein Féticheur. Manchmal träumt es in der Nacht von einem Busunglück. Dann opfert sein Vater gleich am nächsten Tag ein Rind. Er glaubt an die Träume seines Sohnes; aber er ist traurig, weil er nichts sieht."

Nach dem Frühstück trafen wir wieder Monsieur Bah. Er sah aus, als hätte er seine Krawatte sogar im Bett getragen.

Was ich am Vortag verpasst hatte: Sori hatte Coulibaly offenbar auch noch gesagt, er hätte eine Freundin (was Coulibaly verneinte) und ihm aufgetragen, eine rosa Kola zu essen, und zwar „in der Höhe". Sonst würde er noch am selben Tag Palaver mit einer Frau haben. Bah löcherte ihn nun dauernd, ob er das wirklich gemacht habe. Coulibaly sagte ja, im oberen Stock des Hotels (das allerdings nur ebenerdig war).

Zu mir sagte er: „Diese Nacht hatte ich keine bizarren Träume mehr. Ich träumte bloß noch von einem braunen Vogel, ein bisschen wie ein Perlhuhn, das ich opfern musste. Ich werde das zu Hause machen."

Etwas später überquerten wir mit Bah in einer Piroge den Fluss. Wir unterhielten uns über sprechende Fetische und überlegten uns, ob wir in ein bestimmtes Dorf gehen sollten, wo diese angeblich existierten. Als wir am andern Ufer über die endlosen Sandbänke stapften, kamen uns fünf wild aussehende Kerle entgegen, die sich als Féticheure herausstellten. Einer von ihnen kehrte eben aus einem sieben Kilometer entfernten Dorf zurück, wohin er gerufen worden war, um den Dieb eines Maschinenkopfes ausfindig zu machen. Er hatte ihn tatsächlich entlarvt; es war der Bewacher der Maschine gewesen. Nun wanderte er via Siguiri in sein nochmals 25 Kilometer weiter gelegenes Dorf Danka Kouranin zurück. Er sagte, er hätte am Morgen schon vorausgesehen, dass er zwei Schwarze und einen Weißen treffen würde. Und auch, dass ich eine Maschine hätte, in der alles, was ich tagsüber gesehen hätte, in Bild und Schrift festgehalten würde (das Notebook wohl).

„Er heißt Damoun Magassouba", flüsterte mir Bah zu. „Man kann durch ihn jemanden verhexen lassen."

So sah er auch aus. Rötliche Haut, bartstopplig, mit schwarzem Schlapphut, tiefen Augenhöhlen und stechendem Blick. Wie eine Mischung aus Gangster, Dämon und Irrem. Und ganz nebenbei sagte er, er hätte einen sprechenden Fetisch.

Nach langer Diskussion bei Reis, Bier und einheimischem Schnaps wurden wir handelseinig. Wir mussten drei rote Kolas kaufen. Da kein Huhn aufzutreiben war, gaben wir ihm das Geld, das er anstelle des Tiers dem Fetisch offerieren wollte.

Wir installierten uns im Wohnzimmer von Bah. Damoun zog sein Hemd aus, dann packte er den Fetisch aus. Er sah aus wie eine komplizierte Maschine und bestand aus mehreren Teilen, die Damoun verschiedenen Stoffsäcken entnahm und dann zusammensetzte: gefüllte Hörner, seltsam geformte oder geschnitzte Holzstücke, zum Teil bemalt, mit Federn und Stachelschweinstacheln dran, ledereingefasste Gris-Gris, alles schwarz von verkrustetem Blut. Wir mussten in die Kolas sprechen und sie in den Fetisch legen. Dann klemmte er den Geldschein hinter eine getüpfelte Feder. Er zweiteilte die Kolas und warf sie in die Luft. Dann nahm er einen Bissen davon, zerkaute ihn und spuckte den Saft in das Vehikel. Er sprach lange, aber es kam keine Reaktion. Da fragte er mich, ob ich auf Malinké in die Kolas gesprochen hätte.

Nein. (Die Wahl der Sprache hatte bei all den Konsultationen noch nie eine Rolle gespielt).

Er forderte mich auf, mich nochmals vor den Fetisch zu hocken und ihn auf Malinké zu begrüssen. Was ich tat, etwa zwanzigmal. Aber es kam keine Antwort.

Bah fragte: „Hörst du kein Geräusch?"

Ich strengte mich an, spitzte die Ohren. Aber es waren nur ein paar hustende Autos von draußen zu hören.

Ich sagte: „Vielleicht liegt es an meinem Malinké. Sollen es doch Coulibaly oder Bah mal versuchen."

Aber Damoun sagte, die geworfenen Kolas hätten *mich* bestimmt. Jedoch würde ich offenbar die Sprache des Fetischs nicht *verstehen*.

Da wurde ich halb wütend, halb hatte ich Mitleid mit ihm, weil er sich blamiert hatte und jetzt Ausflüchte suchte. Ich beendete das Theater, gab ihm ein Trinkgeld und verabschiedete mich. Er sagte noch: „In der Nacht wirst du träumen. Der Fetisch wird dir antworten. Du wirst die Wahrheit finden, die du schon so lange suchst."

Auf dem ganzen Nachhauseweg nervte uns Bah mit den haarsträubendsten Erklärungen, warum ich nichts gehört hätte.

Als ich sagte, er solle doch einfach zur Kenntnis nehmen, dass der Fetisch nicht reden könne, meinte er: „Du verstehst nichts."

Coulibaly meinte bloß: „*Il vaut rien.* – Er taugt nichts."

Am nächsten Morgen beim Aufwachen schauten wir uns fragend an. Keinem von uns war der Fetisch erschienen.

### Wasser und Feuer

Wir verließen Siguiri und fuhren nach Kankan zurück. Beim Abendessen sagte Coulibaly:

„Damoun Magassouba behauptete, er hätte Sory, meinen alten Meister, gekannt. Er sei gestorben. Ich ließ mir nicht anmerken, dass ich ihn kannte. Keiner von all den Féticheuren hat gemerkt, dass ich selber einer bin. Ausser Amadou Diallo, der alte Peul, bei dem wir als Erstem waren, der hat es in seinen Papieren gesehen. Aber ich stritt es ab."

„Warum?"

„Wenn man weiß, dass ich Féticheur bin, und jemandem passiert etwas, könnte man mir die Schuld geben. Sogar den Tod des alten Sory könnte man mir anlasten. Wenn ich jemanden verhexen will mit meinem Fetisch, dann kann ich mich in etwas verwandeln, das sich dem Verhexten im Traum zeigt. Es ist kein Tier. Es ist kleiner als ein Mensch, wie ein Geist. Der Betroffene wird Angst haben und schreien. Die andern sehen es nicht. Sie werden sagen, er ist verrückt geworden. Aber er ist nicht verrückt; er wird gefressen."

Er lachte dreckig.

„Ja, und so weiß niemand, wer ich bin. Und wenn ich jemandem schade, erfährt nie jemand, dass ich es war. Ich bewege mich im Geheimen."

Auf der Rückreise blieben wir kurz vor der Grenze, mitten in der Nacht, mit dem Peugeot in einem Flüsschen stecken. Bis im Morgengrauen stießen und zerrten wir im kalten Wasser. Schließlich erreichten wir das andere Ufer, entfachten ein Feuer, wärmten uns auf, trockneten die Kleider und kochten Tee. Vielleicht war das der vorausgesagte Unfall im Zusammenhang mit Wasser?

Zwei Tage später fuhren wir morgens um vier Uhr in Bouaké ein. Der ganze Himmel war rot, man sah es schon von weitem. Aber niemand wusste, was los war. Schließlich stiegen wir im Zentrum aus, wo man uns sagte, der Markt brenne. Meine Wohnung lag gleich daneben!

Wir fuhren hin und tatsächlich: ein Inferno. Das ganze Terrain des Marktes, etwa ein Quadratkilometer, stand in Flammen. Rundherum standen die Feuerwehrautos, offenbar waren die Löschtrupps seit Stunden im Einsatz, aber es brannte immer noch lichterloh, und von den Ständen war außer Wellblech nicht mehr viel zu sehen. Heulende und schreiende Marktfrauen wurden von Uniformierten zurückgehalten, damit sie nicht außer sich ins Feuer rannten, um ihr Hab und Gut zu retten. Noch aus hundert Metern Distanz herrschte eine fast unerträgliche Hitze. Zwischen meiner Wohnung und dem flackernden Markt lagen ausgerechnet die Lagerräume der Holzhändler, die Werkstätten der Schreiner und Läden für Farben und Lacke. Aber das Feuer hatte glücklicherweise am Rande des Marktplatzes Halt gemacht.

Wir gingen in meine Wohnung. Der Strom war im ganzen Quartier ausgefallen. Ich rief nach meiner Freundin Fatou. Nichts. Sie war nicht in ihrem Zimmer. Dann entdeckte ich, dass mein eigenes Zimmer geschlossen war. Ich rief. Sie öffnete die Türe einen Spalt breit, mit verstörtem Gesicht.

„*J'étais paniquée*", sagte sie.

Coulibaly nahm eine Dusche, mit der Taschenlampe.

Dann klopfte es an die Türe. Ich verlangte die Taschenlampe von Coulibaly, um nachzuschauen.

„Nicht öffnen!", warnte er.

Aber es war bloß die verängstigte Nachbarin, die alleine zu Hause war.

Am nächsten Tag schauten wir uns die Verheerung an. Die Marktfrauen stapften händeringend, mit verweinten Gesichtern über verkohltes Holz und ausgeglühtes Wellblech. Im Laufe des Tages verdichtete sich das Gerücht, der Brand sei vom Bürgermeister in Auftrag gegeben worden. Denn seltsamerweise war er an drei Orten gleichzeitig ausgebrochen, was es der Feuerwehr unmöglich gemacht hatte, den Brand rechtzeitig unter Kontrolle zu bekommen. Vor einer Woche hatten die Marktfrauen gegen die Erhöhung der Gebühren protestiert. Es war nicht der erste solche Fall in der Elfenbeinküste.

Offenbar gab es keinen Hellseher, der das Unglück durch eine Warnung hätte verhindern können.

## Coulibaly auf der Fährte eines unheimlichen Großvaters

Im März besuchte ich Coulibaly mit meiner Freundin Fatou, die sich wegen eines gesundheitlichen Problems (Ausfluss), für das sie bereits – erfolglos – einen Arzt aufgesucht hatte, eine Konsultation und ein Medikament machen lassen wollte.

Kaum waren wir angekommen, sagte er mir: „Du erinnerst dich doch, dass ich geträumt habe, eine Frau sterbe. Es ist wirklich eine junge Nachbarin gestorben. Sie hatte Kinder, war aber nicht verheiratet. Eine Muslimin. Sie hatte eine seltsame Krankheit, etwas mit ‚S', ich habe den Namen vergessen. Ich habe übrigens auch von dir geträumt. Deine Augen waren mit einem weißen Stoff verbunden. Du hattest eine (weibliche) Ziege an einem weißen Strick. Fatou und Mathurin waren auch da."

„Ich sah nichts und ließ mich von der Ziege führen?"

„Ja."

„Was heißt das?"

„Bei uns ist die Ziege ein schlechtes Zeichen. Ein Féticheur wird dir sagen, du sollst eine Ziege opfern."[146]

Dann warf er die Kauris für Fatou.

„Bei euch wird jedes Jahr das Wasser oder ein Stein angebetet. Dein Vater hat zwei Frauen geheiratet. Eine mit ganz schwarzer und eine mit eher heller Haut."

„Nein."

„Aber es gibt Palaver wegen einer zweiten Frau."

Das war allerdings wahr. Fatous Vater hatte vor kurzem die *Bonne* geschwängert ... Aber Fatou sagte nichts.

„Eine große Schwester von dir hat ein Kind verloren (während der Schwangerschaft). Sie ist groß und hell."

Das traf zu. Fatou war zwar die älteste Tochter, aber ihre Cousine war bei ihnen aufgewachsen und wie eine Schwester für sie. Sie war tatsächlich groß und hell und hatte ein Kind verloren. Es war ihre große Befürchtung, dass sie kein Kind mehr bekommen könnte.

„Ein Mann wollte sie heiraten, aber sie heirateten nicht. Er hat ein Auto, das ihm aber nicht gehört."

---

146 Bei Touré/Konaté (1990:77) äußert ein Heiler: „Wenn ein Wahrsager sieht, dass jemand stirbt, sagt er das nicht direkt. Er wird sagen: opfere eine Ziege. Die Ziege ist immer eine schlechte Nachricht." Vier Monate später verschrieb uns im Senegal tatsächlich ein Féticheur ein Ziegenopfer, im Zusammenhang mit einem Hexereiverdacht.

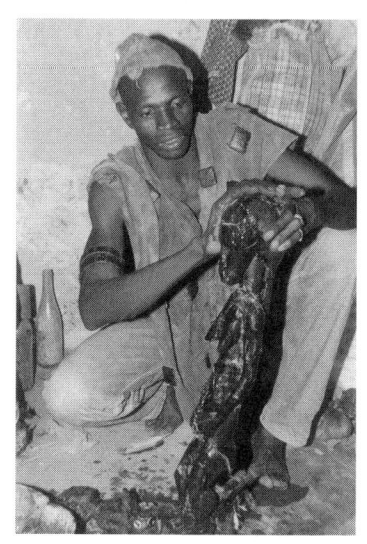

*Coulibaly opfert seinem Fetisch ein Huhn.*
*Er reibt den Fetisch mit dem Blut des Huhns ein und gibt ihm die Federn*
*(Abengourou 1998).*

Ihr Großvater wollte sie mit einem Mann verheiraten, einem Chauffeur. Aber sie hatte sich geweigert. Dass sie jetzt mit ihrem neuen Freund noch kein Kind hatte und er sie möglicherweise auch nicht heiraten wollte, wurde dem düpierten Großvater angelastet, der im Ruf eines Hexers stand.

„Dein Vater hat in einer großen Gesellschaft gearbeitet, mit vielen Maschinen. Eine Fabrik. Aber er hat die Arbeit verloren."

Auch das traf zu. Die Zuckerfabrik, in der der als Techniker angestellt war, hatte vor zwei Monaten die Tore geschlossen.

Ich hatte Coulibaly nie von diesen Dingen erzählt und er hatte keinerlei Verbindung zu Fatous Familie, die am andern Ende des Landes wohnte.

„Manchmal bist du zufrieden, manchmal wütend. Du denkst zu viel. Wärst du ein Mann, würdest du ein *grand type* werden. So wird dein Mann ein *grand type*."

„Er nimmt all mein Glück für sich?"

„Du musst jemandem vor der Moschee acht Pferdekopf-Kolas[147] geben. Weiter musst du zwei weiße Hühner opfern und Kuhmilch. Für deine Krankheit: Du musst einer Frau eine Kalebasse geben. Weiter musst du montags und freitags (die im Bambara-Kalender bereits am Vorabend beginnen) zu Hause ein *pagne africain* um die Hüfte tragen. Ich werde dir ein Medikament zubereiten und einen Silberring bearbeiten, *contre mauvaise chose*.

In deiner Schule gibt es ein Mädchen, *un peu claire, qui aime pas ton affaire*. Du verlierst das Geld dauernd, das du hast. Ich werde einem Bettler an Krücken ein Stückchen Chamäleonhaut geben. Er wird es weiterverkaufen."

Für das Gris-Gris verwendete er unter anderem Löwen- und Hyänenfell, sowie die Haut eines Zitteraals.

Am Abend gingen wir zusammen Gans vom Grill essen. Ich sagte Coulibaly, dass meine Mutter zu Besuch kommen werde. Das beunruhigte ihn.

---

147 Die „Pferdekopf-Kola" *(sokounworo)* steht für Noblesse, Reichtum, Kraft, Macht (Touré/Konaté 1990:137). Das Opfer passt also, mit anderen Worten, zur Aussage über den *grand type*. Sori Siribé sagte mir in Siguiri anlässlich einer Konsultation: „*Tu as du pouvoir*" und verschrieb mir darauf ebenfalls eine *sokounworo*. Durch die Symbolik des Pferdes wird man auch an das Pferdefleischopfer in Bobo-Dioulasso sowie an Babas Kommentare dazu erinnert.

„Wir werden eine Konsultation machen, um zu sehen, ob sie kommt, um deinen Namen zu schädigen."

Ich versuchte, ihn zu beschwichtigen. Aber er sagte:

„Bei uns kommt alles Schlechte von der Familie." Und er erzählte mir irgendeine Schauergeschichte von einer Bete-Familie mit drei Toten.

Ich gab Coulibaly das Geld für den Schafsbock, der aufgrund unserer guineischen Konsultationen noch zu opfern blieb. Coulibaly fand, den Rest könnten wir weglassen, außer dem Perkalstoff. Anstelle der verschriebenen drei Meter sollten wir jedoch vier nehmen.

„Drei ist nicht gut. Dann geht etwas verloren. Drei Leute zusammen ist auch nicht gut, dann fällt immer einer heraus."

Am folgenden Tag, Freitag, dem 13. März, ging ich morgens zu Coulibaly, wo schon der Schafsbock vor dem Haus angepflockt war. Ein prächtiges Tier mit schön geschwungenen Hörnern. Der alte Malier war auch schon da.

Wir banden den Bock los, ich hielt ihn zusammen mit dem Alten an den Hörnern und sprach meine Wünsche darüber. Dann gruben wir ein kleines Loch, der Schlächter schliff sein langes Messer und band dem Tier die Füße zusammen. Coulibaly bog den Kopf zurück, und die Kehle wurde durchgeschnitten. Coulibaly hielt ihm das Maul zu, das Blut floss – mit einem schlürfenden und gurgelnden Geräusch – in das vorbereitete Loch. Die Kinder aus der Nachbarschaft schauten zu. Coulibaly holte einige Schachteln, die auseinander genommen wurden. Man bereitete die Kartons aus, der Schlächter schärfte ein anderes Messer, legte das Tier auf die Kartons und begann, ihm das Fell abzuziehen und das Fleisch zu zerteilen. Einmal sah ich Coulibaly mit einer Wasserkanne kommen. Ich schaute noch etwas zu, dann ging ich ins Haus hinein. Ich wollte Coulibaly sagen, dass wir doch dem Fetisch vom Blut geben müssten (ich hatte meinen eigenen, neuen Fetisch mitgebracht, um ihm bei dieser Gelegenheit auch vom Schafsblut zu geben, das er ja einmal pro Jahr verlangte). In diesem Moment guckte jedoch Coulibaly verschmitzt hinter dem Vorhang seines Kabinetts hervor und winkte mich herein. Er hatte eine Kalebasse voll Blut vor sich und lachte.

„Niemand hat bemerkt, wie ich das Blut gesammelt habe."

Tatsächlich. Er gab den Fetischen davon und bat sie um ihren Beistand. Beim Hinausgehen wischte er sich die blutigen Hände an seinem amulettbehängten Wams ab, wie schon so oft.

Dann zeichnete er die magischen Strichcodes auf das Blatt Papier, das Fatou bereits unterschrieben hatte, fügte die Ingredienzen hinzu, auch etwas vom blutdurchtränkten Sand auf dem Fußboden, und verschnürte das Ganze, um es später zu einem Gris-Gris für Fatou vernähen zu lassen.

Coulibalys Frau hatte mir den verschriebenen *Bamba*-Fisch gekauft und zubereitet. Beim Essen stellte ich fest, dass viele kleine Gräten drin waren.

„Das ist gut für die Kraft des Mannes", meinte Coulibaly.

Später kam Fatou. Coulibaly zeigte ihr den Schafskopf und die Hoden, die er für uns in der Küche zurückbehalten hatte.

„Was ist das?", fragte Fatou.

„Das kennt die Frau besser als der Mann", sagte Coulibaly.

„Warum?"

„Sie kennt den Wert."

Ich sagte: „Das werden wir essen."

„Ich nicht", meinte Fatou.

„Richtig", sagte Coulibaly. „Sonst wirst du *plus puissante* als der Mann."

Beim Hinausgehen musste Fatou niesen.

„Vor dem Essen niesen", bemerkte Coulibaly, „das ist ein gutes Zeichen."

Beim Mittagessen erzählte Fatou: „Ich träumte, ich leitete mit einem Rohr Benzin ins Innere eines Hauses und zündete es an. Es war das Haus meiner Tante in Ferké. Ich träumte auch, ich tötete jemanden mit einem Gewehr."

„Warst *du* es, die geschossen hat?", fragte Coulibaly.

„Es war eine Frau, die zielte, aber dann sagte ich, sie solle mir das Gewehr geben."

„Wir werden einen bestimmten Apfel kaufen", meine Coulibaly, „darüber sprechen und ihn wegwerfen."

Am Abend saßen wir zu dritt in einem Maquis. Fatou war verstimmt.

Coulibaly bemerkte: „Wie ich gesagt habe, geht es ihr manchmal schlecht. Das ist wegen der Verwandten im Dorf. Nicht direkt wegen der Eltern, aber es sind andere Verwandte, die neidisch sind, weil sie mit einem Weißen geht. Sie denken, sie habe jetzt ganz viel Geld, erwarten alles Mögliche von ihr und sind dann enttäuscht. Auch die Freundinnen machen ihr deswegen das Leben schwer. Sie hat mir gesagt, sie wolle schon gar nicht mehr ins Dorf gehen deswegen. Ich sagte ihr, sie solle ihre Familie anrufen, um sich zu erkundigen, ob nicht etwas passiert sei. Aber sie wollte nicht."

Am nächsten Tag fragte Coulibaly sie wieder nach ihren Träumen.

„Ich habe geträumt, ich hätte jemandem, den ich verrückt liebte, in einem Boot einen Schlag auf die Nase versetzt, sodass die Augen heraussprangen."

Coulibaly antwortete darauf, sie müsse jetzt unbedingt ihre Familie anrufen.

Schließlich rief sie ihren Bruder an. Dieser teilte ihr mit, ihr Onkel liege mit einer schweren Malaria im Spital. Es handelte sich um den jüngeren Bruder ihres Vaters, einen Mann von Anfang dreißig. Alle seine Kinder waren gestorben. Er selber war immer kränklich. Man sagte, es liege am Großvater. Schon zwei von dessen Söhnen waren „unter merkwürdigen Umständen" (Unfall, Aids) ums Leben gekommen (unter anderem der Vater der erwähnten Cousine, die keine Kinder bekam, weil sie das Heiratsarrangement ebendieses Großvaters abgelehnt hatte). Wurde jetzt der Nächste „gefressen"?

Fatou wollte nun eine Tante in Ferké anrufen, um sich genauer zu erkundigen. Aber Coulibaly war absolut dagegen.

„*Peut-être il s'agit d'une affaire…*"

Fatou erzählte, dass ihr Vater kürzlich den Anruf einer entfernten Verwandten empfangen habe, die ihm mitteilte, sein älterer Bruder sei ums Leben gekommen. Es stellte sich dann als Falschinformation heraus; aber es ließ sich nicht eruieren, woher die Nachricht (oder Warnung oder Drohung?) letztlich gekommen war.

Es wurde ein gespenstisches Gespräch, zwischen Fatou und Coulibaly, die Andeutungen austauschten über einen Ungenannten, der offenbar etwas plante, was man nicht direkt beim Namen nennen wollte.

„*Peut-être il y a une chose…*"

„*Oui, on a dit ça.*"

„*En tout cas, on a vu que c'est pas la première fois.*"

„*Moi-même j'ai pensé à ça…*"

Der Onkel starb übrigens tatsächlich ein paar Monate später. Drei Söhne waren tot, es blieben nur noch Fatous Vater und sein älterer Bruder. Aber ich werde später darauf zurückkommen.

Am nächsten Morgen aßen wir den Schafskopf, und als Getränk dazu ein Gemisch aus Dosenmilch und Tonic. Das sei gut gegen Bauchweh, an dem Coulibaly und Fatou seit dem Vortag litten.

Dann fuhr ich mit Fatou und meinem Fetisch nach Bouaké zurück. Beim Stadteingang wurde unser Kleinbus zwecks einer Gepäckkontrolle angehalten. Der Uniformierte war etwas erstaunt, als er meinen in Tücher eingewickelten Fetisch entdeckte, ganz rot und feucht von dem noch frischen Schafs- und Hühnerblut (Coulibaly hatte am Morgen noch rasch ein Hühnchen dargebracht) und mit all den angeklebten Hühnerfedern. Ich erklärte ihm, ich sei *Forscher*... Dummerweise hatte ich jedoch weder Coulibalys Quittung für den Fetisch noch die Forschungsgenehmigung vom Ministerium bei mir. Der Mann wollte *tchamantigi* bei sich behalten, bis ich ihm die Papiere präsentierte. Nach einer langen Diskussion ließ er mich schließlich mit Fatou und ihrer „Nebenfrau", wie sie sie nannte, ziehen.

Letztlich sei es ihm wahrscheinlich doch zu unheimlich gewesen, den Fetisch bei sich in der Hütte zu behalten, meinte Fatou.

### Der Elefantenfetisch gibt etwas von sich

Coulibaly telefonierte, er habe jetzt – nach dem Fehlschlag in Siguiri – wirklich einen Fetisch gefunden, der spreche. Beim Féticheur handelte es sich um einen Bambara aus Grango, einem Dorf in der Nähe von Ouahigouya, im Norden von Burkina Faso. Er hieß Kango Sonka. Er war auf Geheiß von Akan Yao nach Abengourou gekommen. Das war der Bürgermeister von Abengourou und zugleich Handelsminister der Elfenbeinküste; eben jener, dem Coulibaly seinerzeit zum Wahlsieg verholfen hatte. Es war Coulibaly, der ihm Kango empfohlen hatte.

„*Mon type-là, il est très riche*", sagte Coulibaly. „Er importiert Autos aus Togo. Er gibt auch dem Féticheur einen Toyota. Für alles, was du in Abengourou machst, musst du ihm etwas zahlen. *Et lui, il bouffe tout.* – Und er, er frisst alles."

Coulibaly war vor ein paar Tagen zu einer Konsultation bei Kango gewesen.

„Ich musste ihm 30 000 bezahlen, sowie ein Huhn und ein paar Kolas opfern. Und dann sprach der Fetisch wirklich. Es ist ein zweiteiliger Elefantenschwanz in einem *canari*: ein Mann und eine Frau. Er sprach Bambara. Er sagte, ich sei Heiler, habe zwei Frauen, und mein Bruder werde übermorgen einen Unfall haben."

Coulibaly hatte Tränen in den Augen, denn es stimmte: Seine beiden jüngeren Brüder waren auf dem Gepäck eines überladenen Lastwagens mitgereist, der in einer Kurve umkippte. Es war Nacht, es dauerte lange, bis Hilfe kam. Sie waren beide verletzt. Einer wurde schließlich mit der Ambulanz nach Abidjan gebracht, wo ihm ein Fuß amputiert werden musste. Die Kosten von 600 000 CFA (990 EUR) musste Coulibaly übernehmen. Er hatte sein Mofa und seinen Fernseher ins Pfandleihhaus gegeben.

Inzwischen war 1. April. Wir schauten beim Féticheur vorbei, aber er war nicht da. Wir ließen ihm ausrichten, er solle bei Coulibaly vorbeikommen, was er später am Abend tat. Es handelte sich um einen Mann gegen die Vierzig mit Bart, in einem auberginefarbenen Bubu. Er bestellte uns für den nächsten Morgen zu sich.

Coulibaly wollte vor der Konsultation unbedingt zuerst ein Bier trinken gehen. Er leerte zuerst einen Schluck auf den Boden, für die Geister. Fatou hatte mir gesagt, Coulibalys Frauen fänden, dass Coulibaly und ich uns glichen. Ich sprach Coulibaly darauf an. Er meinte, ja, seine Frauen hätten ihm auch schon gesagt, unser Verhalten ähnle sich. Sie hätten ihm ebenfalls gesagt, dass wir vor unserer Abreise nach Guinea denselben Traum hatten.

„Welchen?"

„Dass es viele Geister dort gibt."

„Und was finden sie denn, haben wir gemeinsam?"

*„La profession."*

Solcherart durch eine große Flasche „Super-Bock" (Werbung: *„La bière de l'homme fort"*) gestärkt, gingen wir bei Kango vorbei. Es gab eine lange Honorardiskussion. Schließlich kamen wir überein, eine zwar erkleckliche Summe zu bezahlen, aber nur für den Fall, dass *er* wirklich sprechen würde. Er hieß uns, um zwölf Uhr wiederzukommen. Denn um elf Uhr sollte der Bürgermeister hier sein, und er wollte nicht gesehen werden.

Wir gingen mittagessen und kehrten dann mit zwei Hühnern zu Kango zurück. Dieses Mal erzählte Coulibaly, bei seiner eigenen Konsultation hätten sie dem Elefantenfetisch erst ein Schaf geopfert und dann die 30 000 hingelegt.

Wir gingen zu dritt ins Hinterzimmer und setzten uns auf die Matten am Boden. Zwischen uns stand eine Kalebasse, halb eingewickelt in ein rotschwarzes Tuch, und darin lag der Elefantenschwanz sowie verschiedenfarbene Federn. Ich nahm das eine der beiden Hühner und sprach meine Wünsche darüber. Der Féticheur nahm es und legte es auf dem Rücken neben die Kalebasse. Er sagte, es werde demnächst von selbst verenden. Tatsächlich legte es müde den Kopf hin, als ob es gleich sterben würde; aber es lebte und gackerte weiter.

„Seine Geister sind stark", sagte Coulibaly.

Schließlich wurde ihm doch routinemäßig die Kehle durchgeschnitten und das Blut über den Fetisch getropft.

Ich musste ein paar Münzen geben, zusammen mit Kaurimuscheln wurden sie in das rote Tuch gelegt. Dann schüttelte er ein Glöckchen, wie damals der Lobi in Sandégué. Aber nichts passierte. Der Nachbar im weißen Bubu kam herein, setzte sich wortlos daneben, dann ging er wieder raus. Kango war über sein respektloses Auftauchen verärgert. Schließlich sagte er:

„Es geht nicht, weil kein Geld daliegt. Das Geld ist zwar versprochen, aber noch nicht da. Die Geister akzeptieren kein zukünftiges Geld."

Er verschwand ins Hinterzimmer, kam mit zwei real existierenden Fünftausenderscheinen zurück und legte sie neben das Huhn. Er läutete wieder das Glöckchen. Wir warteten. Dann schickte er Coulibaly eine Kerze kaufen.

„Die Geister lieben das Kerzenlicht", meinte Coulibaly. „Du hast gesehen, dass ich in meinem *cabinet* auch keine Glühbirne habe."

Wieder erklang das Glöckchen, und dann, ich hatte die Hoffnung schon lange aufgegeben, ertönte tatsächlich eine Stimme aus der Kalebasse. Wie das Wimmern eines kleinen Kindes. Ich erinnerte mich daran, dass die Geister oft mit Kindern verglichen wurden. Ich wurde aufgefordert, mich ganz nahe hinzusetzen und das Ohr daran zuhalten. Es gab keinen Zweifel, die Stimme kam offensichtlich aus der Kalebasse, es steckte keine Bauchrednerei dahinter. Auch war die Stimme zu deutlich, zu klar, als dass es bloße Einbildung hätte sein können. Es war sehr irritierend, eine Stimme ohne optisches Gegenstück wahrzunehmen, eine Stimme ohne Körper; wie ein akustisches Hologramm. Es war zwar eine Stimme und nicht einfach ein Geräusch, aber trotzdem handelte es sich nicht um ein Sprechen. Es waren keine Worte, eher die Laute eines Babys.

Kango meinte, das sei, weil wir nicht – hier und jetzt – ein größeres Tier oder mehr Geld geopfert hätten. Ob wir nicht etwas dazulegen könnten? Ich hatte nichts mehr dabei.

Er klingelte wieder und die Stimme erschien nochmals.

Ich fragte mich, ob es sich um ein Tierchen am Boden der Kalebasse handeln könnte. Aber dazu war die Stimme wirklich zu menschenähnlich. Oder ein Tonband? Aber es gab keinen Platz, wo man es hätte verstecken können. Es blieb der Eindruck einer losgelösten, entkörperlichten, frei schwebenden Geisterstimme. Nicht nur anonym, sondern sogar ohne Aussage, ohne Inhalt. Eine nackte Stimme, sonst nichts. Ich dachte an das „Stimmen-Hören" in der Psychose oder unter Drogen. Oder auch an die biblische Stimme Gottes aus dem Dornbusch. Die Empfindung: Etwas ist da, ein Wesen, „es" spricht.

Selbst wenn ein Betrug dahintersteckte, schien mir das Erlebnis faszinierend. Und offenbar erging es den Afrikanern ebenso, die von dieser Idee eines „sprechenden Fetischs" geradezu besessen schienen.

Und dann stellte ich mir zum ersten Mal in meiner Forschung eine einfache Frage, die mich dennoch frappierte und in gewisser Hinsicht sogar erregte:

„Und wenn es nun tatsächlich Geister gäbe?"

Am nächsten Tag ging ich mit Coulibaly noch einer alten Bambara-Heilerin einen Besuch abstatten. Sie hieß Fatoumata Doumbia, war klein, dick, zahnlos, etwa fünfzig Jahre alt und fast blind. Sie erinnerte sich nicht mehr an Coulibaly, obwohl er sagte, er sei vor kurzem bei ihr gewesen. Sie warf die Kauris für uns, bloß vier, deren Lage sie nach dem Wurf jeweils mit der Hand abtastete. Sie sagte zu Coulibaly:

„Jetzt geht es dir nicht gut. Aber in den nächsten zwei Tagen wirst du Geld bekommen."

Tatsächlich hatte gerade eine Stunde zuvor ein Freund von Coulibaly angerufen (der Mann mit den Bussen und dem blinden, hellsichtigen Sohn). Er versprach, Coulibaly 500 000 CFA (820 EUR) zu geben, für die Spitalschulden seines *petit-frère*. Coulibaly hatte nun vor, am folgenden Tag zu ihm nach Abidjan zu fahren. Am selben Abend trafen wir im Maquis einen Mann, der ihm für den nächsten Tag 50 000 CFA in Aussicht stellte, für ein Medikament, damit er im Bett mit seiner Frau den alten Schwung wiederfinde.

Mir selbst trug die Alte auf, zwei *Fana*-Fische und zwei weiße Kolas zu kaufen. Einen Fisch und eine Kola solle ich ihr geben, den Rest selber essen.

„Warum gerade ein *Fana*-Fisch?", fragte ich.

„Dieser Fisch ist ein Allesfresser", antwortete sie mit ihrem zahnlosen Lächeln. „Wie du."

### Geht der Tod der Großmutter auch auf das Konto des Großvaters?

Einige Tage nachdem wir in Abengourou von der Erkrankung von Fatous Onkel gehört hatten, erreichte uns die Nachricht, ihre Großmutter sei ins Krankenhaus gekommen (also die Frau des als Hexer verdächtigten Großvaters). Es hieß, sie hätte die Erkrankung ihres Sohnes nicht verkraftet, nachdem schon zwei ihrer Söhne kurz nacheinander gestorben waren.

Wir besuchten sie im Krankenhaus, sie sah sehr schlecht aus. Fatous Vater meinte: „Sie ist selber schuld an ihrem Zustand. Nach dem Tod ihrer zwei Söhne ließ sie sich gehen, und nachdem jetzt der dritte krank geworden ist, hat sie nicht mehr getrunken und nicht mehr gegessen. Sie führt sich auf wie ein verwöhntes Baby. Wenn sie sich etwas zusammenreißt, wird es gehen."

Ein paar Tage später hieß es, es gehe ihr wieder besser, sie sei aus dem Spital entlassen worden.

Weitere zwei Wochen später erfuhren wir per Telefon, sie sei gestorben. Sie war etwa sechzig Jahre alt gewesen.

Abou, der Mann in der Telefonkabine, teilte es uns lachend mit.

„Wenn die Großmutter stirbt, ist das ein Freudenfest", meinte er.

Als Senufo unterhielten Fatou und ihre Großmutter eine Scherzbeziehung. Sie waren „Rivalinnen", wie Nebenfrauen desselben Mannes. Großmutter flirtete immer gerne ein bisschen mit mir, während ihr Mann mir seine Eifersucht zeigte, da ich ihm Fatou „weggeschnappt" hatte.

„Meine Nebenbuhlerin ist gestorben", sagte Fatou also. „Was hältst du davon? Sie haut dir einfach so ab, ohne dich zu fragen. Ich habe dir immer gesagt, dass sie dich nicht wirklich liebt."

Doch sie sagte auch: „Ich wusste, dass sie sterben wird. Für Behandlungen hat man hier nie Geld. Aber pass auf, was sie alles für das Begräbnis ausgeben werden. Wahrscheinlich, weil man froh ist, dass sie tot ist."

Zwei Wochen später fand die „Zeremonie des siebten Tages" statt.

Diese Anlässe sind eigentlich in erster Linie ökonomischer Natur, Redistributionsanlässe. Beim Hof des Großvaters war ein Zelt aufgestellt, das etwa hundert Leuten Platz bot, vor allem den Männern. Die Frauen hatten sich im Innenhof versammelt, wo auch für alle gekocht wurde. Zwischen Haus und Zelt waren Matten ausgerollt worden, auf denen die würdigen Alten in ihren weißen Bubus Platz genommen hatten, Kolas kauten und beteten. Dann begann der Gabenteil. Ein Gast nach dem andern übergab dem Griot in der Mitte Geld. Dieser verkündete lauthals den Namen des Spenders samt Wünschen, Segnungen, Spezialkommentaren und Dankesbezeugungen, sowie den genauen Betrag der geschenkten Summe, worauf er die Scheine dem Großvater weitergab. Andere hatten Naturalien gespendet. Ich zum Beispiel hatte einen 50-Kilo-Sack Reis gekauft, den ich mit Baba (als „Zeuge") zu Fatous Vater in den Hof bringen ließ. Dort übergab ihn Baba offiziell in seiner Rolle als Griot, samt 7000 CFA. Baba selbst hatte mir dieses Vorgehen empfohlen, denn bei der letzten Gelegenheit (zu Ende des Ramadans) hatte ich persönlich dem Großvater einen Sack Zucker gebracht. Dieser hatte alles selber konsumiert, anstatt ihn zu verteilen. Nachher hieß es, ich hätte nichts gegeben. Also bekam erstens nicht mehr er etwas von mir, sondern Fatous Vater, zweitens gab es keinen Zucker mehr, sondern Reis, den man eher verteilen muss, drittens war dieses Mal ein Zeuge dabei. Auch solche Naturalspenden wurden vom Griot vor den Trauergästen verdankt. Die diversen Waren wurden vor der Hausmauer unter dem Vordach ausgebreitet. Nach dem Geben kam das Nehmen. Bettler, Arme, Blinde, Krüppel, Alte, Kinder, alle Habenichtse konnten sich jetzt bei den deponierten Waren bedienen. Daneben gingen die Enkel mit Blechtellern herum und sammelten Geld. Auf den Tellern lag Kies, und mit dem Rasseln konnte man schön auf sich aufmerksam machen. Einige von den Enkelinnen imitierten die verstorbene Großmutter, ihre Kurzsichtigkeit, ihren tapsenden Gang oder wie sie mit einem Holzstock die Kinder verscheuchte. Das war üblich bei diesen Feiern; aber niemand mochte sich so recht amüsieren.

Denn nicht nur die Begräbniszeremonie kreiste um das Thema von Geben, Nehmen und Verteilen, sondern auch die Theorien, die über den Tod der Großmutter in Umlauf waren. Sie war nämlich seinerzeit aus dem Hof des Großvaters ausgezogen und hatte sich mit dem Geld, das sie sich durch ihre rege Handelstätigkeit verdient hatte, einen eigenen Hof am andern Ende von Ferké gekauft. Dort hatte sie mit den fünf Söhnen gewohnt, von denen zwei bereits gestorben und der dritte nun krank war. Der Alte hatte diesen Affront offenbar nie verwunden. Und nun hieß es, er töte einen nach dem andern dort, bis der Hof ihm zufalle.

Er selber saß ungerührt am Rande der Trauerversammlung, groß, mager, meist ironisch lächelnd, unnahbar; der typische Vertreter des Hexers, der (noch) zu stark ist, als dass er direkt angeklagt werden könnte. Fatou fragte ihn, ob sie ein Foto von ihm machen könne. Er sagte kokett:

„Leider kann ich als Witwer jetzt nicht den schönen weißen Bubu anziehen."

Aber dann sagte er mir, ich solle mich neben ihn setzen und nahm meine Hand.

„Ich nehme seine Hand, weil ich Angst vor ihm habe", sagte er spöttisch, und das Foto wurde gemacht.

Der daneben stehende Griot verlangte Geld.

„Warum?", fragte ich.

„Weil ein Foto geschossen wurde."
Eine Art Quellensteuer für „alles".

**Aufstieg auf unbestimmte Zeit verschoben**

Während dieser Zeit, als wir natürlich oft über Hexerei diskutierten, schilderte mir Fatou zahlreiche Begebenheiten zu diesem Thema. Einmal erzählte sie zum Beispiel von einem Mann, der in Borotou (einer Kleinstadt im Westen des Landes), wo sie aufgewachsen war, in ihrer Nachbarschaft gewohnt hatte. Er war dann weggangen, um in Abidjan die Ausbildung und Prüfung zum Piloten zumachen.

„In zwei Wochen sollte er mit der Arbeit beginnen. Er nutzte die Zeit, um einen Besuch in seinem Dorf zu machen. Dort drehte er durch. Er breitete die Papiere und Karten vor sich auf dem Tisch aus und rief:

‚Treppen einziehen, anschnallen, klar zum Abflug, volle Kraft voraus!'

Nach zwei Wochen, als er nicht zur Arbeit auf dem Flughafen erschienen war, ließ man seinem Chef ausrichten, er sei verrückt geworden. Aber der glaubte es nicht und suchte den frisch gebackenen Piloten in seinem Dorf auf. Er fand ihn und stellte ihn zur Rede:

‚Warum bist du nicht zur Arbeit erschienen?'

Der Mann antwortete: ‚Kein Problem, Chef. Wir beginnen sofort mit der Arbeit. Anschnallen bitte, wir starten in wenigen Minuten. Bitte das Rauchen einstellen und die Sitzlehnen senkrecht stellen …'

Der Chef kehrte nach Abidjan zurück, der Mann blieb im Dorf bis heute, wo er sein Essen in den Abfällen zusammensucht. Du würdest nicht denken, dass er wirklich Pilot war, wenn du ihn so siehst."

Eine andere Erzählung betraf einen Mann, ebenfalls in Borotou, der ein Lastwagenunternehmen besaß:

„Einer seiner Söhne war im Begriff zu heiraten. Er hatte schon alles Geld beisammen, da beging er eine Dummheit. Bei einem Zuckertransport zweigte er einen Teil der Ware für sich selbst ab. Er wurde erwischt und kam ins Gefängnis. Er musste sein ganzes Geld, das er für die Heirat gespart hatte, einsetzen, um die Kaution für sich zu zahlen und den Lastwagen wieder freizukriegen. Drei Wochen später kam der andere Sohn bei einem Unfall mit dem Lastwagen ums Leben. Kurz darauf kaufte der Vater einen neuen Lastwagen. Man sagt, er hat ihn mit dem Blut des Sohnes gekauft."

Ein Motiv, das immer wieder auftauchte, war jenes der Hexe, die das geforderte „Fleisch" nicht auftreiben und deshalb am Ende eines ihrer Kinder oder sogar sich selber darbieten musste:

„Ein junges, hübsches Mädchen wurde gegen ihren Willen von den Hexen in ihren Verein aufgenommen. Das ging so: Eines Tages sagte ihr die Tante, sie solle einen Kübel mit Abfall an einem bestimmten Ort ausleeren. Sie nahm den Eimer auf den Kopf, trug ihn an den Ort, aber dort konnte sie ihn nicht mehr herunternehmen. Da wusste sie, dass man sie zur Hexe gemacht hatte. Aber weiter passierte vorläufig noch nichts, denn die andern Hexen wollten warten, bis sie ein Kind hatte, um es dann zu essen. Schließlich hatte sie eine Tochter. Aber sie war schlau. Als eine der andern Hexen Fleisch ausgab, aß sie es nicht, sondern bewahrte es auf. Als die Reihe dann an ihr war, ein Kind zu offerieren, wollte sie stattdessen das reservierte Fleisch anbieten. Aber ihre kleine Tochter hatte es gegessen! Damit hatte sie ihr eigenes Todesurteil unterschrieben. Der Mutter blieb nichts anderes übrig, als das Kind zu opfern. Sonst hätte sie nur noch sich selbst anbieten können."

Aber zum Glück gab es die traditionellen Transzendentalinspektoren, die auch noch dem verrücktesten Spuk ein Ende bereiten konnten:

„Zwei Frauen – Hexen – ermüdeten ihren Mann, indem sie ihn nachts jeweils in ein Pferd verwandelten und auf ihm ritten. Am Morgen war er immer müde und hatte Rückenweh, ohne zu wissen, weshalb. Aber die beiden Frauen wurden von einem Féticheur entlarvt und der Mann befreit."

### Die Traumungeheuer sind in Wirklichkeit die Hexer

Drei Monate später war ich mit Fatou im Senegal, als uns die Geschichte mit dem Großvater einholte.

In N'Gor-Village, unweit von Dakar, machten wir die Bekanntschaft des Traumdeuters Arrona Barry, eines Peul aus der Casamance.

Als wir ihn um eine Konsultation baten, fragte er zuerst nach unseren Namen. Er schrieb sie auf einen Zettel, mit dem er daraufhin für eine halbe Stunde verschwand. Er gehe beten, sagte er.

Als er zurückkam, bot er an, uns eine Traumbotschaft zu schicken. Zu diesem Zweck mussten wir ihm von unseren Haaren geben. Dann würde er nachts damit am Meer arbeiten und sich in unsere Träume einklinken.

Am Nachmittag des folgenden Tages fuhren wir wieder zum ihm hinaus. Er sagte:

„Ich habe von drei bis sechs Uhr gearbeitet letzte Nacht und fast nicht geschlafen. Habt ihr von Eisen geträumt?"

„Nein", sagte ich.

Und Fatou meinte etwas spöttisch: „Eisen gibt es ja fast überall. David hat von einem Telefon geträumt, ich von einem Bus."

„Dass ihr von Eisen träumt, habe *ich* gemacht", sagte Barry. „Eisen ist wichtig für euch."

Mir kam in den Sinn, dass Fatous Familie zur Kaste der Schmiede gehörte. Ich erzählte zuerst von meinen (zahlreichen und intensiven) Träumen und er machte einige interessante Kommentare dazu. Er sagte zum Beispiel: „Du bist vergesslich. Das ist eine Schwäche, aber auch eine Fähigkeit. Gleichzeitig kannst du dich sehr konzentrieren. Das sind zwei Seiten derselben Medaille." Aber ich möchte jetzt hier vor allem die Interpretationen wiedergeben, die Fatous Familie betreffen. Sie wollte erst ihre Träume nicht erzählen, weil sie einerseits generell nicht viel von all diesen magischen Künsten hielt, andererseits aber wohl doch etwas Angst davor hatte. Schließlich berichtete sie trotzdem:

„Ich träumte, mein Vater liege im Krankenhaus. Meine Mutter war bei ihm. Dann ging sie für eine halbe Stunde weg. Inzwischen wurde er in ein anderes Zimmer verlegt. Als sie zurückkam, sagte man ihr, er sei tot. Die Beerdigung wurde für den nächsten Tag angesetzt. Aber dann erschien er zu Hause. Man hatte die Mutter angelogen. Man hatte ‚tot' gesagt anstelle von ‚in ein anderes Zimmer verlegt'. Mein Vater war wirklich krank vor ein paar Wochen. Er war auch tatsächlich im Krankenhaus."

„Dein Vater wurde krank wegen eines *mauvais sort*", sagte Barry.

„Nein", entgegnete Fatou. „Er war überarbeitet. Normalerweise ist er nicht krank."

„Ich glaube nicht an diese Erklärung", meinte Barry. „Ich bin an der spirituellen Seite interessiert. Verhexung, Geister, Doubles, Gesichte, geistige und unsichtbare Kräfte. Gab es nicht andere solche Krankheitsfälle in seiner Familie?"

Fatou erzählte von den beiden Brüdern ihres Vaters. Der eine war vor zwei Jahren bei einem Unfall ums Leben gekommen, der andere starb vor einem halben Jahr; an Aids, sagte man.

Sie erzählte einen anderen Traum: „Ich ging zu einem Tanzfest an der Schule. David sagte, er komme später nach, weil er noch Arbeit hatte. Inmitten all der Leute fragte ich mich, wie er mich hier bloß finden würde. Später war er aber da. Ein Car kam an. Man schickte uns weg, weil viele Leute aussteigen würden. Dann stiegen aber nur drei aus."

„Es wird Probleme zwischen euch geben. Der Schatten einer Unsicherheit schwebt über eurer Beziehung."

Er hatte mit unseren Haaren zwei Gris-Gris fabriziert. Sie waren von rotem Faden umwickelt. Er holte eine Nadel und sagte, wir sollten etwas von unserem Blut darübertropfen. Fatou war dagegen. Also stach er sich selber in den Finger und gab von seinem eigenen Blut.

„Eines werde ich vergraben", sagte er zu mir. „Das andere musst du unter deinem Fenster platzieren. Wenn du es nicht mehr willst, solltest du es nicht einfach rumliegen lassen, sondern einen Stein dranbinden und es im Wasser versenken."

Er ging ans Wasser hinunter beten. Als er zurückkam, sagte er: „Ihr müsst eine Ziege opfern."

Ich erinnerte mich an Coulibalys Warntraum: „Ein Féticheur wird dir sagen, du sollst eine Ziege opfern. Das ist ein schlechtes Zeichen."

Dann spazierten wir zu einem unbebauten Grundstück, wo er das Gris-Gris unter einem Busch vergrub.

„Ich werde machen, dass ihr drei bis sieben Nächte intensiv träumt", sagte er. „Dann werden wir klarer sehen."

Eine Woche lang konzentrierten wir uns auf unsere Träume, dann suchten wir ihn wieder auf.

Ich erzählte ihm: „Im Traum waren wir auf der Flucht vor Autos. Wir waren bloß zu Fuß. Schließlich fanden wir einen kleinen Einstieg in eine Autobahnröhre, der nur genug Platz für Fußgänger bot. Für die Autos war er zu klein. So konnten wir die Verfolger abhängen." Ich wollte gerade hinzufügen: „Wir trugen seltsame hohe Helme, wie eine phantastische Ritterrüstung", als er mich fragte: „Kam kein Eisen vor, oder Polizisten oder Soldaten?"

Nach meiner Erzählung meinte er: „Angst und Flucht sind wichtig in deinem Leben. Wie die Vergesslichkeit ist auch die Angst nicht bloß eine Schwäche, sondern auch eine Fähigkeit."

Ich erzählte einen weiteren Traum: „Mir träumte, eine Frau wolle mich verführen. Sie lächelte mich an. Und gerade als ich mir überlegte, ob ich mich darauf einlassen soll, berührte mich – in der Realität – die schlafende Fatou und weckte mich so auf. Später wachte sie ebenfalls auf und sagte mir, sie hätte von mir geträumt und einem Baby auf ihrem Rücken." Ich war sehr fasziniert von dieser Koordination unserer Träume, unserer „Unbewusstseine".[148]

---

[148] In Bandiagara erzählte mir einmal jemand von einer ähnlichen Traumkooperation, die sogar eine ganze Gruppe betraf: „Wenn es in einem Dorf Streit gegeben hat,

Barry sagte: „Ihr kommuniziert im Traum. Das ist gut. Du bist sehr offen, aber auch leicht verführbar. Du musst aufpassen, dass du nicht ausgenützt wirst."

Fatou gab sich demonstrativ desinteressiert. Sie erzählte widerwillig und bloß andeutungsweise ein paar Träume, auf die Barry dann auch kaum einging.

Der wesentliche Traum für ihn (und auch für mich) war der folgende; einer meiner schlimmsten Alpträume überhaupt:

„Ein Wurm von der Größe eines Menschen kam oben rechts zum Fenster herein. Man sah seine Adern leuchten, sie pulsierten rot in dem schwarzen Körper. Sein Kopf löste sich ab und flog auf Fatou zu. Ich fragte mich erschreckt, was mit ihr passieren würde. Ich glaube, ich schlief gar nicht; irgendwie war ich hellwach. Ich hatte das starke Gefühl, das ist gar kein Traum, das ist real. Es war eher wie eine Halluzination, eine Wahnvorstellung oder eine Vision. Dann erschienen andere Monster: geisterhafte Strichmännchen, mit doppelt gezogenen Umrisslinien, die ständig changierten. Sie sahen sehr eklig aus, wie die Seeigel, die wir am Vortag gesehen hatten, die in einer unheimlichen Art all ihre schwarzen Stacheln durcheinander bewegten. Mein Herz stand fast still vor Schreck."

„Ja, du hattest Recht mit deinem Gefühl", sagte Barry. „Das war *real,* was du gesehen hast. Das ist die Hexerei in Fatous Familie, von der ich schon gesprochen habe. Sie nimmt das nicht ernst, sie verschließt sich davor. Sie will die Gefahr nicht sehen, dafür siehst du sie umso klarer. Aber zum Glück ist der Kopf im letzten Moment abgefallen, er konnte ihr nichts mehr tun. Das war ich, der das veranlasst hat, durch meinen Schutz. Der Angriff richtete sich erst gegen ihre zwei Onkel, dann gegen ihren Vater und jetzt auch gegen sie. War sie krank in letzter Zeit?"

„Ein wenig. *La fatigue générale.*"

„Wenn ihr zurückkommt, werdet ihr sehen, dass es weitere Opfer in der Familie gibt."

---

dann verabreden sich die Involvierten in der Nacht am Dorfbrunnen, aber im Traum. Und dann träumt wirklich jeder, er gehe dorthin, und im Traum diskutieren sie das ganze Problem noch mal. Und meistens können sie es auch lösen und sich versöhnen. Du kannst es überprüfen, indem du am nächsten Morgen jeden Einzelnen fragst, wer bei dieser Traumversammlung was gesagt hat. Jeder wird dir die gleiche Version liefern. Ich selber habe einmal an so einem unsichtbaren Treffen teilgenommen. Einer der Beteiligten fehlte. Am nächsten Morgen trafen wir uns und jeder hatte dasselbe erlebt, jeder hatte sich über das Fehlen des betreffenden Mannes gewundert. Er selber erzählte, er hätte umsonst auf uns gewartet. Es stellte sich dann heraus, dass er sich an einem andern Ort als wir eingefunden hatte."

## Der Tod des Onkels

Zwei Wochen später waren wir wieder in Ferké. Fatous Onkel (der jüngere Bruder ihres Vaters, eben jener, der kürzlich erkrankt war, was die Großmutter so hergenommen hatte) ließ sie zu sich rufen. Es ging um Folgendes: Er war schon immer gegen unsere Verbindung eingestellt gewesen. Er war gekränkt, dass ich ihn nie um Erlaubnis gefragt hatte (als wir uns kennen lernten, wohnte Fatou im Hof ihrer Großmutter und eben dieses Onkels). Als wir uns verlobt hatten, informierten wir bloß Fatous Eltern und den Großvater direkt. Der Onkel hatte die Neuigkeit nur indirekt, über seinen Bruder, erfahren. Ich war ihm tatsächlich, auch auf Anraten Fatous, immer etwas aus dem Weg gegangen. Aber bei den paar Gelegenheiten, wo wir uns trafen, hatte auch er immer einen Bogen um mich gemacht. Am kürzlichen Begräbnis der Großmutter hatte sich nun sein „Patron" (der Besitzer der Minibusse, die der Onkel chauffierte) in Fatou verguckt und ihm mitgeteilt, er wolle sie heiraten. Der Onkel selber war einverstanden und befahl nun Fatou, diesen seinen Chef am folgenden Tag um zehn Uhr aufzusuchen. Wir waren natürlich empört, und es stand für sie fest, dass sie den Mann unter keinen Umständen besuchen wollte. Der Onkel selber sollte seinerzeit von seinem Vater zwangsverheiratet werden; er hatte sich geweigert. Später war ihm von der Mutter eine Frau aufgeschwatzt worden, die er akzeptierte. Es gab zwei Kinder, aber sie starben jung. Er versuchte mit Freundinnen Kinder zu haben, aber es ging nicht. All das war natürlich auch mit dem „Hexer"-Großvater in Verbindung gebracht worden.

In der folgenden Nacht hatte ich äußerst wütende, aggressive Träume, in denen ich den Onkel, der mir Fatou für seinen Chef wegnehmen wollte, „fertig machte". Ich erzählte auch Fatou davon, die mich zu beruhigen versuchte.

Zwei Wochen später war er tot. Der jüngere Bruder von Fatou war auf Besuch gekommen, um es uns mitzuteilen.

„Nun hat unser Vater nur noch einen einzigen Bruder. Alle andern sind gestorben. Zuerst der Chauffeur, der einen Unfall hatte, dann der Lehrer, von dem man annimmt, dass es Aids war (seine Frau hatte ihn verlassen, und dann begann er sich wie toll in den Nachtclubs und kleinen Hotels rumzutreiben), und jetzt der jüngste, der ebenfalls Chauffeur war und von dem es hieß, er sei an Malaria gestorben. Es stimmt, er war seit seit längerem kränklich, doch in letzter Zeit ging es ihm nicht schlecht, abgesehen von dieser Attacke, die ihn ins Krankenhaus brachte. Aber nach der Entlassung war es ihm gut gegangen. Auch jetzt war er gar nicht richtig krank gewesen. Alle drei waren keine vierzig geworden. Das eigentliche Problem ist der Großvater, der unbedingt den Hof der verstorbenen Großmutter will, um ihn zu verkaufen. Jedes Mal starb derjenige Sohn, der jeweils die Besitzurkunde hatte. Es ist gefährlich, dieses Papier zu haben. Man sollte dem Großvater den Hof einfach geben. Der Großvater hatte noch drei andere Ehefrauen. Und auch mit deren Söhnen trieb er seine Spielchen. Einem verkaufte er zum Beispiel einen seiner Höfe, damit er mit seiner Familie drin wohnen könnte. Sie machten keinen richtigen Vertrag, weil es ja in der Familie blieb. Aber dann verkaufte der Großvater den Hof noch einmal, richtig, legal, mit Vertrag und allem, einem andern Käufer. Und der Sohn wurde rausgeworfen. Er konnte nichts tun, er hatte ja nichts in der Hand. Und der Alte hatte das Geld so zweimal eingesackt. Oder der Chauffeur, der als Erster starb, vor zwei Jahren: Die Versicherung zahlte seiner Frau eine hohe Summe, weil es ja ein Betriebsunfall war. Aber am Ende war das Geld beim Großvater; frag' mich nicht, wie er das gemacht hat. Er müsste immens reich sein; aber wo ist all das Geld? Geld, das man sich auf solche Arten angeeignet hat, bleibt nicht bei einem. Immer, wenn ich bei ihm bin, fragt er mich: Was macht dein Vater, hat er nicht etwas Geld für mich? Und dann verflucht er dich. Darum meiden ihn alle. Am Ende wird er den eigenen Hof, auf dem er wohnt, ebenfalls verkaufen, *bouffer l'argent*, das Geld fressen und zurück in sein Dorf gehen. Das wäre dann das Ende der Familie. Dann gibt es nichts mehr für uns in Ferké. *Et tout ça pour nuire les autres seulement.* All das bloß, um die andern zu zerstören. Außer meinem Vater gibt es jetzt nur noch den Ältesten, in Gagnoa. Er ist Schuldirektor, verdient gut, aber das Geld zerfließt ihm zwischen den Fingern. *Malédiction.* Der Fluch. Er hat zehn Kinder, steht kurz vor der Pensionierung, hat aber keinen Pfennig auf der Seite. Im Gegenteil, er pumpt immer meinen Vater an. Aber er kommt nie auf Besuch, er hat den Kontakt mit seiner Familie ganz abgebrochen. Auch der Onkel, der jetzt gestorben ist, lebte zurückgezogen. Er ging am Morgen alleine aus dem Haus und am Abend kehrte er alleine zurück. Er hatte keine Freunde, sprach fast nichts, und sogar nachts lag er wach. Er war immer besorgt."

Der *petit-frère* wusste nichts von der Heiratsvermittlertätigkeit des Onkels in Sachen Fatou. Aber für Fatou selbst war der Fall klar, als sie von seinem Tod hörte. Nur halbwegs ironisch sagte sie zu mir: „Jeder, der ein bisschen auf dem Laufenden ist, weiß, dass du dahintersteckst."

Ich war es bereits gewohnt, im Scherz als *sorcier* angesprochen zu werden. Für die Leute bestand im großen Ganzen kein Unterschied zwischen „Hexerei erforschen" und „Hexerei praktizieren". Und im vorliegenden Fall kam noch erschwerend hinzu, dass einige Tage zuvor auch noch der Vater des „Patrons" des Onkels gestorben war, also eben jenes Chefs, der es seit dem letzten Begräbnis auf Fatou abgesehen hatte. Und der neben dem Onkel natürlich die zweite Zielscheibe meiner Wut gewesen war.

Wir gingen nach Ferké zu den *funérailles*. Es kamen beschämend wenig Trauergäste. „Die Leute sind es leid", sagte Baba. „Die ganze Stadt spricht jetzt vom Großvater. Vielleicht will er das Geld der Kinder, vielleicht die Lebenskraft. *Il est trop riche et trop fort.* Es bleiben nur noch zwei seiner Söhne. Auch Fatous Vater hat jetzt Angst. Am Ende bleibt der Alte allein übrig. Dann kann er sich selbst begraben."

Der *grand-frère* des Verstorbenen, der Schuldirektor aus Gagnoa, war nicht gekommen, und auch Fatous ältester Bruder nicht.

Am Nachmittag aßen wir im Hof der Großmutter *kabato* mit *Gombo*-Sauce. Es heißt, dass Hexer keine *Gombo*-Sauce essen; also war es wie ein Test. Aber es wird auch *régime Bédié* genannt, weil es billig ist und daher vor allem nach der Wahl des Präsidenten Bédié und der darauf folgenden Devaluation des CFA gegessen wurde. Das Sparen begann also bereits. Auf Fatous Vater kamen schwierige Zeiten zu: Neben den Hinterbliebenen der bereits verstorbenen Brüder musste er sich jetzt auch noch um die Neuverwitwete kümmern. Der „Schuldirektor" machte sich ja rar.

Am folgenden Tag gingen wir mit Fatous Vettern und Kusinen auf den Friedhof, um die Gräber der drei Onkel und der Großmutter zu besuchen. Ich machte überall Fotos mit den entsprechenden Verwandten. Keines der Fotos wurde etwas; ich hatte den Film falsch eingelegt, was mir seit etwa zwölf Jahren nicht mehr passiert war.

„*En tout cas, ça signifie quelque chose*", meinte Fatous *petit-frère* dazu. Es bedeutet irgendwas. „*Mais quoi?*"

**Magischer Geleitschutz**

Um auf Coulibaly zurückzukommen: Im Mai 1998 traf ich ihn wieder in Abidjan. Er hatte einen interessanten Auftrag erhalten:

Im Gefolge der Beendigung des Krieges in Liberia und des Sieges von Charles Taylor wurden die Flüchtlinge zurückgebracht. Das Busunternehmen „Aicha ni Mory" (AMT) war von der Regierung mit dem Transport beauftragt worden. Dessen Besitzer war Mamadou Kébé, ein Freund und guter Kunde von Coulibaly (der mit dem blinden, hellsichtigen Sohn). Er erzählte mir:

„Vor einem Monat wurde ich zum ersten Mal nach Monrovia geschickt und jetzt bin ich gerade von der zweiten Reise zurückgekommen. Ich begleite die Busse als Wächter. Es gibt normale Wächter, ivorianische Polizisten, mit ihren Waffen, und es gibt Coulibaly mit seinen Spezialwaffen! Ich nehme meinen Fetisch mit, aber sie haben mir auch ein Gewehr gegeben. Das ist wie die *dozo* (die traditionellen Jäger), die in den Wäldern rund um Korhogo die Straßen bewachen gegen die Räuber. Sie haben auch Medikamente, die sie unverwundbar machen, wie ich. Mamadou hat mich für sechs Monate engagiert. Alle drei Wochen gibt es eine Fahrt von Tabou nach Monrovia. Man muss aufpassen, es sind immer noch viele Banditen auf der Strecke. Oder auch einfach Leute, die Hunger haben. Wenn man irgendwo anhält, kommen sie von überall aus dem Busch. Es gibt nirgends Maquis, wir nehmen immer alles mit. Auch übernachtet wird nur im Bus. Monrovia ist ganz zerstört; ich bin überhaupt nicht ausgestiegen. Es gibt keine Arbeit in Liberia. Ich glaube, die Flüchtlinge kommen alle wieder zurück."

„Wie hast du eigentlich Mamadou kennen gelernt?"

„1992 lernte ich in Tabou Drissa Kébé kennen, seinen jüngeren Bruder. Er hatte dort eine Boutique und fragte mich eines Tages nach einem Medikament für Mamadou, der immer Nierenschmerzen hatte und nur zu Hause arbeiten konnte. Das Medikament half, und so wollte mich Mamadou persönlich kennen lernen. Seine Mutter kam aus Guinea, der Vater war ein schwarzer Mauretanier, auch ein Händler. Er war vor kurzem gestorben; ein Fall von Hexerei. Wir entschieden, etwas gegen die Feinde der Familie zu unternehmen. Mamadou kam mit mir in mein Dorf in Mali, und Diarra Sidi, der Vater von Sita, machte ein Medikament für ihn. Wir opferten auch ein Rind. Innerhalb weniger Monate änderte sich alles. Mamadou wurde reich. Nach und nach kaufte er immer mehr Busse. Vor zwei Monaten kaufte er 16 Autos mit Vierradantrieb. Er wählte sie mit mir zusammen aus. Ich berate ihn bei allem. Denn wenn du reich bist, brauchst du starke Fetische gegen die Hexerei. Jeder will dich ausnehmen. Vor zwei Jahren nahm sich Mamadou eine zweite Frau, eine Malierin. Sie gebar ihm Zwillinge. Alles geht gut. Außer dass sein Erstgeborener blind ist; ich habe dir davon erzählt, nicht? Aber die ganze Familie ist sehr freundlich; wenn ich ein Problem habe, helfen sie mir immer."

Das stimmte. Ich hatte schon öfters beobachtet, dass Coulibaly nur anrufen musste, wenn er mal in der Klemme war, und am nächsten Tag traf das Geld ein.

„Mamadous *petit-frère*, Drissa, war in Frankreich, Holland, Kanada und in den USA. Sein Bruder hatte ihm etwas Geld gegeben. Dann kehrte er aber nach Afrika zurück und arbeitet jetzt auch bei AMT."

Wir statteten ihm einen Besuch ab.

Trotz des Wohlstands, in dem er lebte, wollte er um jeden Preis wieder weg. Er bekniete mich, ob ich ihm nicht ein Visum für die Schweiz besorgen könnte. Er war nicht einer dieser jungen Träumer; er wusste sehr wohl, dass ihn in Europa nicht das Paradies erwartete, dass er in gewisser Hinsicht ärmer leben musste als hier. Und trotzdem:

„Hier gibt es keine Freiheit. Immer stößt du gleich mit dem Kopf an die Decke", sagte er. „Hier bleibe ich auf immer und ewig der *petit-frère* von Mamadou."

Gegen abend bestieg Coulibaly den AMT-Bus nach San Pedro, wo er jemandem einen Medikament aushändigen wollte (Medikamente sollte man nach Möglichkeit nicht schicken, sondern persönlich übergeben). Von dort wollte er dann noch weiter nach Gagnoa, Giuglio, Daloa und Korhogo.

„Was machst du da?", fragte ich.

„*Gagner des connaissances et des secrets*", sagte er lachend. Kenntnisse und Geheimnisse erwerben. Die Fahrten mit dem AMT-Car musste er natürlich nie bezahlen.

### Regen rufen und Kopf abbeißen

Einen Monat später machte Ablé, der Fahrer vom „*Centre Suisse de Recherches Scientifiques*", eine Konsultation bei Coulibaly. Er war ein Burkinabé von etwa fünfzig Jahren und arbeitete seit rund dreißig Jahren als Chauffeur, die meiste Zeit davon beim CSRS.

Coulibaly warf die Kauris.[149]

„Deine Frau ist eher hellhäutig", sagte er.

Ablé bestätigte.

„Du hast eine Tochter, deren Mutter nicht bei dir ist."

Wieder Nicken.

---

149 Die Séance wurde gefilmt. Sie erscheint auch in dem bereits erwähnten Dokumentarfilm von Ruth Pierce.

„Du verdienst viel Geld, aber es zerrinnt dir zwischen den Fingern."
Ablé pflichtete wieder bei, aber meinte: „Das geht allen so. Geld *ist* zum Ausgeben da."
„Du wirst viel Geld verdienen und ein großer Typ werden."
Ablé lachte. „Ich stehe jetzt drei Jahre vor der Pensionierung. Wenn ich es bis jetzt nicht geschafft habe, schaffe ich es in diesen drei Jahren auch nicht mehr!"
„Dein linkes Bein schmerzt, weil du über Gift oder einen Fetisch gelaufen bist."
„Das Bein schmerzt, aber es ist das rechte, nicht das linke. Ich hatte einen Motorradunfall."
„Du musst hundert Kauris opfern. Ich werde ein Medikament in einem *canari* zubereiten, am Wasser. Du musst dich Freitag und Samstag um drei Uhr morgens damit waschen, für das Glück. Es wird dich unsichtbar machen, wenn du willst."
Es gab eine Verwirrung und eine längere Diskussion bezüglich der Zeit der Einnahme. Später sagte mir Ablé: „Das ist typisch. Oft sind die Anweisungen kompliziert und etwas unklar. Wenn die Prophezeiung dann nicht eintrifft, kann er sagen: Du hast es nicht richtig gemacht oder nicht richtig verstanden. Oft werden auch schwierige oder unmögliche Sachen verlangt. Er weiß, dass ich arbeite und am Morgen aufstehen muss. Trotzdem müsste ich mich jetzt mitten in der Nacht mit diesem Medikament waschen. Er kann fast damit rechnen, dass ich es zumindest *einmal* unterlasse, und wenn es dann nicht klappt, kann er *mir* die Schuld geben."
„Du hast Probleme mit den Eltern im Dorf gehabt", fuhr Coulibaly fort.
„Nein."
„Ein Bruder ist neidisch auf dich."
„Nein."
„Du musst einen Hahn am Wasser opfern."[150]
Noch vor der Konsultation hatten wir früh am Morgen ein Schaf geopfert für die Dreharbeiten, um die Geister zu beschwichtigen, dem Film Erfolg zu wünschen, aber auch um den Regen herbeizurufen, der dieses Jahr auf sich warten ließ. (Im tropischen Süden des Landes, nahe des Äquators, dauert die lange Regenzeit normalerweise von Mai bis

---

150 Wenige Wochen später wurde Ablé beim CSRS entlassen. *Davon* hatte Coulibaly nichts gesagt.

Juli. Es war jetzt Anfang Juni und es hatte seit sechs Monaten nicht mehr geregnet, was die Situation für die Bauern prekär machte.)

Coulibaly murmelte, während er unsere beiden Fetische mit dem Schafsblut einschmierte:

„Dass diejenigen das Geld verdienen mögen, die es auch verdient haben; dass die Geister unseren Projekten wohlgesinnt seien; und dass es bald regnen möge!"

Wir kauften die Zutaten für das Opfer und das Medikament und suchten einen geeigneten Opferplatz. Wir gingen zuerst zu dem Überschwemmungsgebiet, wo Coulibaly meist seine Opfer darbrachte; aber aus irgendeinem Grund befand er, heute sei der Ort nicht angebracht.

Dann fuhren wir zu einem Teich etwas außerhalb von Abengourou, wo die Rinder getränkt wurden. Nach einer kurzen Inspektion befand jedoch der Zeremonienmeister, die Hirten könnten Einwände haben, dass wir das Wasser mit Blut vermischten.

Wir standen noch etwas unschlüssig und müde herum, als plötzlich der Regen einsetzte.

„Es ist unglaublich", sagte Coulibaly. „Das sind meine Geister, die das gemacht haben!"

Wir fuhren schließlich zum Dorf Aniassué am Comoé-Fluss. Es bestand aus einer Agni- und einer Attié-Hälfte. Wir fragten den Dorfchef um Erlaubnis. Er rief uns unter den Mangobaum in der Dorfmitte und wollte 30 000 CFA in bar. Es gab ein längeres Palaver. Sogar seine Berater fanden, er übertreibe ein bisschen. Schließlich waren es vermutlich die ministerialen Forschungs- und Drehbewilligungen aus Abidjan mit den vielen Stempeln und Unterschriften, die ihn unsicher werden ließen. Er verlangte, dass wir den „Herren der Erde und des Wassers" eine Flasche ghanesischen *Frontier*-Gin darbrächten. Als keiner aufzutreiben war, einigten wir uns auf einen billigen *Valpierre*-Rotwein.

Auf dem Dorfplatz leerte der Alte einen Schluck aus einem Blechbecher auf den Boden und entschuldigte sich bei den Geistern für die Störung. Er wünschte auch seiner Exzellenz, dem Präsidenten Henri Konan Bédié und seinen Ministern langes Leben, Gesundheit und viele Kinder und dann stand unserm Vorhaben nichts mehr im Weg.

Wir kletterten die Böschung ans Flussufer hinunter und in einer schattigen, baumüberwachsenen Bucht neben der Brücke krempelte Coulibaly seine Hosen hoch und stieg mit seinen ganzen Utensilien ins Wasser. An einer seichten Stelle platzierte er seinen Fetisch. Das Wasser stand fast still, der *canari* mit den getrockneten Blättern und Rinden blieb schwimmend am Ort. Er holte die kleine Kalebasse aus seinem

Ledersack, schöpfte damit etwas Wasser aus dem Fluss, leerte es zu den Ingredienzen im Tontopf, streute ein paar Federn, die er dem Hahn ausgerupft hatte, darüber, setzte auch die Kalebasse wie ein Schiffchen auf die unbewegte Oberfläche und schaute gespannt, ob alles im Gleichgewicht blieb. Darauf sprach er leise über den Fetisch, wobei nur Ablés Name zu hören war. Schließlich nahm er den Hahn, suchte – glaube ich – einen Moment sein Messer, und als er es nicht fand, biss er dem Opfertier kurzerhand den Hals durch und ließ das Blut über die vorbereiteten Medikamente tropfen. Dann setzte er das Federtier, das sein Leben in die Medizinen ausgehaucht hatte, aufs Wasser, einen Moment waren nur die Kreise zu sehen, die sich ausbreiteten, bis es – erst zögerlich, dann entschiedener – den Fluss hinunter zu treiben begann.

Wir schauten ihm lange schweigend nach.

### Odysseus, Eulenspiegel und Baron von Münchhausen in Afrika

Einige Monate nach unserer Guineareise, als immer noch das Thema des sprechenden Fetischs herumgeisterte, machte mich Coulibaly in Abengourou mit dem Guineer Keita Francoman Koné bekannt. Er hatte sich sein *cabinet* mitten im Markt eingerichtet, in einem Bretterverschlag, der an ein großes Steinhaus angebaut war. Er lachte, als er uns kommen sah, und seine listigen Äuglein blitzten. Er war schon grauhaarig, aber er hatte immer noch einen jungenhaften Schalk hinter den Ohren. Ein Trickster, ein Joker; der Rattenfänger von Hameln. Er bat uns herein. Es war schummrig; Räucherstäbchen brannten. Er erzählte, dass er seinen sprechenden Fetisch seinerzeit von seiner Großmutter gekauft hatte, für ein Rind, zwei Schweine, zwei Hühner und 200 000 CFA. Wie immer gab es also erst Tarifverhandlungen, wobei mir wie immer nicht klar war, ob Coulibaly mit seinen Vermittlungsdiensten den Preis eigentlich hinauf- oder herunterdrückte. Als wir uns schließlich handelseinig geworden waren, fragte Keita nach meinem Namen. Er stellte sich in die Ecke, mit dem Gesicht zur Wand. Ein weißes, an die Bretter geheftetes Tuch, das vom Boden bis Hüfthöhe reichte, verdeckte den Fetisch. Keita rief den Geist. Er kündigte ihm an, ich sei von ferne gekommen, um ihn zu hören, präsentierte ihm meinen Namen, zählte ihm die Opfer auf, bat ihn, sich zu zeigen – in einem Gemisch aus Malinké und Arabisch. Dann plötzlich ein lautes Geräusch, wie von einer Fahrradhupe oder einem krähenden Hahn. So hatte ich mir eine Geisterstimme nicht vorgestellt. Im ersten Moment war ich nicht mal allzusehr erstaunt, so selbstverständlich nahm ich an, es müsse irgendwo etwas dahinterstecken, das dieses Geräusch verursachte. Die Verwunderung stellte sich erst verzögert ein, als ich Keitas Hände beobachtete, die gleichsam die Wand abtasteten, um den Geist zu finden, aufzuscheuchen oder zu jagen. Er hatte aber offensichtlich nichts versteckt, das er betätigen oder manipulieren konnte. Mein Erstaunen hatte also fast etwas *Gedachtes*: Ich *sagte* mir, das sei merkwürdig, weil dem (fast lächerlichen) Geräusch nichts – auffindbar – Materielles entsprach. Das Gefühl: „das ist nicht normal" setzte erst nachträglich ein. Im ersten Moment ersetzt das Gehirn die Lücke, so wie man beim Lesen oft einen fehlenden Buchstaben überliest oder wie die Kognition den blinden Fleck vertuscht. Vielleicht hat in dieser Hinsicht der rationalistische Einwand, da müsse ein „Trick" dahinterstecken, sogar ein biologisches Fundament: Was nicht sein darf, kann nicht sein; Leerstellen werden gedanklich und sogar wahrnehmend gefüllt, das Außergewöhnliche wird retuschiert. Andererseits scheint es da doch kulturelle Unterschiede zu geben. Vielleicht könnte man sagen: „Wir" ignorieren das Unberechenbare und Seltsame, weil wir auf Rationalität fixiert sind. „Die Afrikaner" suchen umgekehrt dauernd diese Ausnahmen und das Unwahrscheinliche, um sich zu bestätigen, dass die Welt – auf rationale Weise – nicht vorhersehbar ist (auf magisch-hellseherische Weise dann hingegen wieder sehr wohl!).

Die Pantomime, die Keita vorführte, suggerierte, dass dieser Geist etwas von einem unsichtbaren Tier hatte, das da kreischend und piepsend über die Wände huschte und dem er mit seinen Händen nachsetzte.

Ich sagte zu Coulibaly: „Hat er nicht irgendwo etwas versteckt?"

Er forderte mich auf näher zu treten. Ich stand auf und schaute, aber sah nichts. Kein optisches Pendant zur Akustik, ein körperloses Geräusch, ein Laut im Nichts, ein Phänomen ohne Ursprung, eine unsichtbare Quelle, ein Phantomsender.

Als ich mich wieder etwas gefasst hatte, fragte ich:

„Was sagt denn der Geist eigentlich? Dieses Quietschen, ist das eine Sprache? Kann man das übersetzen?"

Coulibaly meinte: „Es ist eine Sprache, die ich auch nicht verstehe. Keita erklärte, du seist hinter einer Frau her. Zuerst hattest du eine andere; du wolltest sie heiraten, aber dann gab es Diskussionen und du hast sie verlassen. Du wirst lange in Afrika bleiben. Du hast viele Länder besucht. Du warst in Dakar, wo du eine Ziege geopfert hast. Du hast selber einen Fetisch. Damit deine Beziehung mit dieser Frau gut wird, musst du 97 weiße Kolas opfern." (Er sagte: „Hundert, von denen du drei wegnimmst.")

Ich fragte, was hinter dem weißen Vorhang sei.

Keita hob ihn etwas und der Fetisch auf dem Fußboden wurde sichtbar: ein gefülltes Horn, mit einem schwarzen Löwenschwanz und Kauris behangen.

Er meinte, wir sollten am Abend nochmals vorbeikommen. Jetzt seien zu viele Leute um das Haus, er wolle kein Aufsehen erregen. Er habe sich diese Hütte im Markt ausgesucht, weil es hier abends so menschenleer sei. Dann könne man ungestört arbeiten.

Nach dem Abschied inspizierten Coulibaly und ich das Haus. Ich fragte mich, ob jemand von der andern Seite des Bretterverhaus die Geräusche machte. Aber die Laute waren eindeutig drinnen lokalisiert gewesen; und der Geist gab nur etwas von sich, wenn Keita die Hand bewegte.

Nach dem Einbruch der Dämmerung suchten wir ihn wieder auf. Er hatte jetzt, wie abgemacht, zwei von uns bezahlte Hühner geköpft und dem unsichtbaren Schreihals dargebracht. Wie zum Zeichen dafür war noch ein zweites Tuch mit Blutspuren aufgehängt. Auf dem Boden brannte eine Kerze.

Keita kauerte sich wieder in die Ecke vor seinen Fetisch und praktizierte seinen an- und abhebenden Singsang und streckte dazu beschwörend die Hände unter seinem weißen Umhang in die Luft. Und dann plötzlich wieder dieses grelle Quietschen im Raum. Ich fragte abermals, ob ich näher treten könne. Das Geräusch verstummte. Er sagte, ich solle einen Moment warten und sitzen bleiben, bis es wiederkomme. Als es wieder losging, trat ich hinzu. Die linke Hand hatte er an der Wand aufgestützt, die rechte wanderte nervös über die Bretter, als ob er eine Fliege totschlagen wollte, oder sonst ein aufgeregtes, durchsichtiges Tier. Die Laute, die es von sich gab, waren ganz anders als jene, die damals, ebenfalls in Abengourou, aus dem *canari* gedrungen kamen. Jene hatten mich durch ihre Menschenähnlichkeit berührt. Klagende, Hilfe suchende Babystimmen. Das hier klang nach Plastik, Spielzeug, Hongkong. Aber ich kam ihm nicht auf die Schliche.

Er war ein sympathischer Schlawiner, ganz klar, ein Schaubudenkünstler, mehr *voyou* als *voyant*.

Es gab natürlich auch wieder Unstimmigkeiten mit dem Honorar. Ich beharrte auf dem Preis, den wir abgemacht hatten.

Er sagte: „Die Afrikaner sind nicht wie die Weißen."

Ich sagte: „Vielleicht bringe ich dir später andere Kunden."

So ließen wir die Frage der Bezahlung wie die Frage der „Sache selbst" vorläufig in der Schwebe.

Etwa einen Monat später waren der Journalist Eugen Sorg und der Fotograf Nathan Beck für eine Reportage in der Elfenbeinküste.[151] Ich führte sie zu Keita. Der erzählte uns dieses Mal zuerst seine „Lebensgeschichte":

„Der Großvater meines Großvaters war Jäger. Eines Tages begegnete er einem Geist. Der verlangte Schnupftabak von ihm. Er gab ihm welchen. Am nächsten Tag tauchte er wieder auf. Dieses Mal verlangte er seine drei Kinder. Er gab sie ihm ebenfalls. Nun erhielt er im Gegenzug die Kenntnis von allem, was lebt, von den Tieren, den Pflanzen, von allem, was Geister hat. Er lernte, damit zu heilen. Später ritt sein Sklave eines Morgens mit Esel und Pferd aus und als er am Abend zurückkam, waren Gold und Diamanten an den Sohlen. Der Fetisch hat zwei Stimmen, zwei Geister. Ein Mann, der San Mory heißt, und eine Frau. Sie haben die Größe von Menschen. Die Frau will immer Milch, und der Mann Schnupftabak."

Er lud uns für den folgenden Tag ein, um uns das Wunder vorzuführen. Bedingung war allerdings, dem Fetisch ein Schaf darzubringen. Nach einigem Hin und Her willigte Eugen ein.

Als wir andertags zurückkamen, sagte Keita, er habe geträumt, Eugen müsse am Wasser unten ein Schaf mit einem Stern über dem Auge opfern, sieben Meter Perkalstoff, sowie hundert Kauris.

Eugen war etwas verärgert, dass immer noch mehr hinzukam. Aber Coulibaly sagte:

„Schau, als ich Lehrling war in Soubré (einer Goldgräberstadt), träumte ich einmal von einer seltsamen Schrift und Ziegenkaka. Ich erzählte es dem Patron. Der hatte dieselbe Nacht geträumt, er hätte Gold gefunden. Ich beschriftete einen Zettel mit diesen Zeichen, die mir im Traum erschienen waren, und wir opferten eine Ziege darüber. Am folgenden Tag fand der Patron Gold. Man muss den Träumen folgen."

Das überzeugte sogar den skeptischen Eugen. Er versprach, am Abend mit dem Geld vorbeizukommen, um das Opfer vorzubereiten.

Nun stand der Vorführung nichts mehr im Weg. Es ging so vor sich wie das erste Mal. Bloß dass Eugen etwas frecher war als ich, unange-

---

151 Ihr Bericht – über Coulibaly, Professor N'Goran Amani und Keita – erschien unter dem Titel „Verhext". Siehe: Sorg 1999.

meldet aufstand und, als der Alte den Kopf wandte, ein kleines, weißes Ding in seiner Zahnlücke bemerkte, offenbar eine Art Trillerpfeife.

„Was mich stutzig machte", erklärte Eugen, „war, dass Keita und der Geist nie gleichzeitig sprachen."

Aber, *the show must go on*, sagte sich der pfiffige Keita offenbar, und peitschte den männlichen Geist mit der rechten Hand über alle vier Wände seiner Bude, dass es nur so kreischte und jaulte, während er in der rechten das Schnupftabakdöschen hielt, wie ein Zuckerbrot.

„Du wirst zwei Kinder haben", sagte er zwischendurch etwas atemlos zu Eugen, „und du wirst ein großer Politiker werden."

Als er am Abend Keita mit dem Geld in der Hand aufsuchen wollte, war dieser nicht da.

Am nächsten Morgen fanden wir ihn. Er behauptete, er hätte das Schaf schon geopfert. Das war eine fadenscheinige Lüge, aber Eugen gab ihm das versprochene Geld trotzdem.

Wir kauften zwei Hühner, gingen zu den *parages* vor Abengourou hinaus, fanden einen Bozo, einen malischen Fischer, der Keita aufs Wasser hinausfuhr, dort schnitt er den Hühnern den Hals ab, tunkte sie ein paarmal ins Wasser, bis sie ausgeblutet waren, dann verabschiedeten wir uns.

„Von dem Perkalstoff und den Kauris, für die ihm Eugen ebenfalls Geld gegeben hat, sagte er schon gar nichts mehr", bemerkte ich zu Coulibaly.

„*Oui, c'est vrai*", sagte Coulibaly. „*C'est pas bon.*"

Am Abend saßen wir mit einigen jungen Agni in einem Maquis.

Juliette, eine etwa 20jährige Schülerin, erzählte Folgendes:

„Ich komme aus einem Dorf in der Nähe der ghanesischen Grenze. Mein ältester Bruder starb bei einem „Unfall", wie es hieß. Aber als man schauen ging, sah man, dass der Wagen zwischen zwei Bäumen stecken geblieben war. Und sein Herz war herausgerissen! Mein anderer Bruder hat in Kanada studiert. In den Ferien kehrte er ins Dorf zurück, wo er von den Hexen angebunden wurde. Bis heute ist er nicht nach Kanada zurückgekehrt, immer ist er krank. Der König selber stellte fest, dass es Hexerei war. Alle andern fünf Brüder sind im Ausland. Sie kommen nicht zurück, sonst würden sie auch verhext.

Ich selber hatte nach dem Examen plötzlich eine Sehstörung. Ich ging zum Arzt, aber er sagte, medizinisch sei alles in Ordnung. Um eine Brille zu kaufen ging ich nach Accra, weil sie dort billiger sind. Und siehe da: Kaum war ich von meiner Familie weg, sah ich wieder klar. Da entschied ich mich, aus dem Dorf weg und nach Abengourou zu ziehen."

Eugen schilderte die Episode mit unserem guineischen Halsabschneider. Die Jungen reagierten nachsichtig.

„Vielleicht ist er trotzdem ein guter Heiler", meinte Juliette. „Heute muss man sich halt allerhand einfallen lassen, um seine Rechnungen bezahlen zu können. In allen Branchen."

Norbert, ein Biologiestudent, meinte, das sei nicht einmal unbedingt Betrug. Man könne es auch als Kunstgriff sehen: eine Art, die Geisterstimme zu materialisieren, ihr Gehör zu verschaffen; ein Medium, ein Instrument: wie ein Lautsprecher, ein Tonband, ein Telefon, die auch etwas Unhörbares transformieren, sodass es für uns zugänglich wird.

Jean-Valère, ein etwa Zwanzigjähriger, der sein Studium abgebrochen hatte und jetzt manchmal aushilfsweise im Maquis jobbte, warf plötzlich verschwörerisch ein:

„Ich kenne da noch Kniffs, von denen ihr alle gar keine Ahnung habt."

„Was zum Beispiel?"

„Ich kenne Mittel, um dich vor Verhexung zu beschützen."

„Wie das?"

„Ich zerstoße ein Stück Kohle und mische es in einem Topf mit Wasser. Das Ganze stelle ich dann unters Bett. Wenn du ganz auf Nummer sicher gehen willst, kaufst du dir noch einen Meter weißen Perkalstoff und vier weiße Kolanüsse. In jede Ecke verknotest du eine der Nüsse. Dann legst du dir nachts, wenn du schlafen gehst, das Tuch über den Kopf, wie eine Frau. Das wirkt hundertprozentig."

„Und tagsüber?", fragte Juliette.

Während ihm die Nachtrezeptur als eine Art Vision zugekommen sei, hatte er die folgende Strategie direkt von seiner Großmutter:

„Neue Sandalen trage ich immer 29 Tage lang, ohne sie zu waschen. Auch beim Duschen ziehe ich sie aus. Am dreißigsten Tag lege ich sie in einen Eimer mit Wasser. Dort lasse ich sie genau 48 Stunden. Dann ziehe ich sie wieder an. Nun können dir im Boden vergrabene Medikamente nichts mehr anhaben, wenn du darübergehst. Der Geist, der mich stören könnte, müsste erst noch geboren werden. Bloß Gott wäre vielleicht stärker als dieser Schutz. Ach, was ich euch alles erzählen könnte! *Sorcellerie est petite*. Früher träumte ich manchmal von einem Medikament und wenn ich aufwachte, lag es neben mir auf dem Leintuch. Übrigens", und hier wandte er sich deutlich an uns Weiße, „Echografie, das gibt's bei uns in Afrika schon lange. Ist die werdende Mutter im siebten Monat, nimmt sie einen Milchtropfen in die Hand und eine Laus. Bleibt die Laus am Ort, wird es ein Junge; geht sie vom Milchtropfen weg, gibt's ein Mädchen."

Als Jean-Valère zu Beginn des Abends erzählt hatte, dass seine Eltern sein Studium nicht mehr finanzieren konnten und er deshalb jetzt zu einem *petit vagabond* geworden sei, wirkte er verständlicherweise entmutigt und geknickt. Aber jetzt, nach all seinen Schilderungen, hatte er sich offenbar wieder recht aufgebaut. Er meinte:

„Ich war jetzt zwar seit einem Jahr nicht mehr in der Schule. Aber wenn man bedenkt, was ich in dieser Zeit alles gesehen und gelernt habe und wie viele Kranke ich geheilt und wie vielen unglücklichen Frauen zu Kindern verholfen habe ..."

Und als wir etwas später über das Christentum diskutierten und die Frage, ob man eigentlich Gott, Jesus oder Maria anbeten solle, meinte er kurz und bündig:

„*Je n'adore que moi-même.* – Ich bete nur mich selbst an."

### Die Rivalen pulverisiert

Ich hatte in Abengourou zwei Männer kennen gelernt, die bei Coulibaly in Behandlung gewesen und bereit waren, mir darüber zu berichten.[152]

Der erste hieß Moussa: ein Griot, Schmied und Spiegelverkäufer, ein Bambara, aus Koulikoro in Mali stammend. Coulibaly hatte mir einmal gesagt, sein Problem sei gewesen, dass er eine Frau heiraten wollte, die bereits verheiratet gewesen sei. Ich traf ihn an einem Fleischstand: ein korpulenter Mann anfang dreißig, rotes T-Shirt, Sonnenbrille, Typ „Draufgänger". Er erzählte:

„Ende der Achtzigerjahre habe ich zum ersten Mal geheiratet. Vor drei Jahren schickte ich dem Vater einer andern Frau Kolas. Sie ist eine Malinké aus Mali. Ich wollte sie zur zweiten Frau nehmen; aber mangels Geld schickte ich keine zweiten Kolas (um die Hochzeit einzuleiten). Nach fast drei Jahren fühlte sich ihr Vater hingehalten. Ein anderer Anwärter tauchte auf, der beim Vater um ihre Hand anhielt. Er woll-

---

152 Der folgende Text erschien in modifizierter Form bereits in: Signer 2000c.

te unsere Verbindung auflösen und seine Tochter dem andern geben, der eher fähig schien, sie gleich zu heiraten. Aber ich wollte sie nicht verlieren. Dann wurde ich plötzlich lahm in den Beinen und konnte nur noch schleppend gehen. Ich hatte einen Juckreiz am ganzen Körper, der mich nachts nicht schlafen ließ. Und wenn ich mal eine halbe Stunde eindöste, hatte ich Albträume.

Coulibaly warf die Kauris für mich. Er sah *compétition*: mein Rivale hatte ein *médicament* vergraben, und ich war darüber gegangen! Coulibaly gab mir eine Medizin, ein Wasser, in dem ich meine Füße baden musste. Dann trug er mir ein Opfer auf, unter anderem Kolas. Er fertigte mir ein Gris-Gris an, um mich vor dem andern zu schützen. Da ging es plötzlich wieder gut. Ich konnte auf einmal wieder normal gehen und arbeiten. Auch das Geld war plötzlich da. Vor drei Monaten habe ich die Frau geheiratet."

Der zweite Patient war ein Mann namens Abdoulaye, ein Händler, der offensichtlich sehr erfreut war, als Coulibaly mit mir in seinem Laden auftauchte. Er bewirtete uns sogleich großzügig. Coulibaly hatte ihn von seiner Impotenz geheilt. Der Mann erzählte uns und den andern Anwesenden freimütig seine Geschichte:

„Ich ging zu Coulibaly, der mir von einem Kollegen empfohlen worden war. Ich sagte ihm: *Ma pine ne travaille plus.* Er gab mir ein Pulver. Er sagte mir, ich müsse es über gebratenes Fleisch streuen und so essen. Aber ich machte drei Portionen und aß die erste sofort, ohne Fleisch. Es wirkte trotzdem und zwar sofort!"

„Es gab weder Konsultation noch Opfer?"

„Nein."

„Es war die Hoffnung, die ihm geholfen hat", bemerkte einer der Anwesenden.

Coulibaly selbst erklärte mir nachher: „Das Pulver bestand aus verschiedenen Substanzen, die ich teils von meinem Vater kannte, teils als gelähmtes Kind im Busch von den Geistern erfahren hatte. Abdoulaye glaubt nicht an Geister, Hexerei, Konsultationen und Opfer. Er wollte nur das Pulver. Ich befragte aber hinter seinem Rücken doch die Kauris und sah, dass er eine zweite Frau geheiratet hatte und die erste ihm diese Schwierigkeiten aus Eifersucht geschickt hatte. Ich schnitt von einem bestimmten Baum eine Rinde ab, nachdem ich ihm ein Tieropfer dargebracht hatte. Ich machte auch noch andere Sachen für ihn, an die er nicht glaubt. Aber es wirkte trotzdem. Einmal einnehmen hilft für immer. *Il peut faire son affaire, il pompe sa femme.* Es kostete 5005 CFA."

Ich erzählte ihm von Viagra. Er meinte dazu:
„Ja, das ist gut, aber es gibt Sachen, die man mit bloßen Medikamenten nicht beheben kann. Impotenz kann von einer Frau verursacht sein, die du im Stich gelassen hast und die nicht will, dass du's mit einer andern treibst, oder von einem Mann, der dir deine Frau abspenstig machen will."

Folgende Punkte scheinen mir wichtig und typisch: Körperliche Leiden werden in beiden Fällen durch Hexerei erklärt (das Wort selbst erscheint zwar nicht, aber in beiden Fällen wurde die Krankheit durch eine eifersüchtige Person verursacht). Diese Erkenntnis bezieht Coulibaly aus einer „anderen Dimension" (Orakel), das heißt, er verfügt über einen Zugang zu Wissen, der dem Patienten verschlossen und auch nicht einfach mitteilbar ist. Er behandelt den Patienten auf körperlicher, sozialer, religiöser und psychischer Ebene zugleich. Aber als wesentlich wird der Schutz vor Hexerei erachtet, und zwar unabhängig davon, ob der Patient an diese Ursache und deren Therapie glaubt (denn es handelt sich für Coulibaly nicht um ein psychisches, sondern um ein „objektives" Phänomen). Die Patienten sind nach der geglückten Behandlung erleichtert. Aber sie sind dem Glauben an die krank machende oder gar tödliche Kraft von Neid/Eifersucht/Hexerei nicht entkommen, im Gegenteil. Gerade wegen des Erfolges werden sie in Zukunft umso abhängiger von Coulibalys angstlösenden „Drogen" sein. Die Autonomie wird nicht gestärkt, sondern wird an den „Zauberer" delegiert, der – wie der Patron – mit der ganzen Omnipotenz ausgestattet wird, die bei einem selber so gefährlich wäre.

### „Es soll dir nicht besser ergehen als mir"

Ich möchte eine Begebenheit schildern, die veranschaulicht, wie sich nach und nach ein Hexereiverdacht gegen eine Frau erhärtete. Der Frau – nennen wir sie Georgette – wurde vorgeworfen, sie sei geizig und eifersüchtig. Tatsächlich war sie eifersüchtig auf eine Freundin, Sophie, die eine Beziehung aufgenommen hatte zu einem Mann, dessen Freund ein paar Nächte mit ihr, Georgette, zusammen gewesen, dann aber weggegangen war. Das hatte sie erst nicht besonders hergenommen, aber vom Moment an, wo sich die Liaison ihrer Freundin Sophie mit dem andern verfestigte, entwickelte sie plötzlich eine unerträgliche Sehnsucht nach dem Mann, der sie verlassen hatte. Sie war eifersüchtig auf Sophie, die es „geschafft" hatte. Man könnte sagen, ihr Begehren nach ihrem flüchtigen Liebhaber entzündete sich erst so richtig angesichts des beständigeren Glücks ihrer Freundin, ihrer „Rivalin". Sie wollte daran teilhaben, indem sie erst versuchte, den Mann irgendwie „zurückzuholen", dann den Mann ihrer Freundin zu erobern und, als das nicht ging, das Glück von Sophie zu zerstören.

Die beiden Männer, die am Anfang des Dramas standen, waren Europäer. Der eine, Pierre, wohnte in Abidjan, der andere, Martin, war auf Ferien zu Besuch. Pierre erzählte die Begebenheit, die sich in Grand-Béréby, im Westen der Elfenbeinküste zugetragen hatte, anlässlich eines Mittagessen bei mir zu Hause in Bouaké:

> Eines Abends in Grand-Béréby, in einem Maquis, war mein Kollege Martin mit Georgette ins Gespräch gekommen. Später stieß ihre Freundin Sophie hinzu. An diesem Abend war ein Fest im Ort. Wir gingen also anschließend zusammen aus, aßen irgendwo etwas, tranken, tanzten, hörten einer Band zu, gingen am Strand spazieren, amüsierten uns. Georgette hatte sich dabei von Anfang an an Martin gehalten, sodass ich mich mehr mit Sophie abgab. Irgendwann im nächtlichen Trubel verloren Sophie und ich die anderen beiden aus den Augen. Am nächsten Morgen fand man sich jedoch im selben Hotel wieder; beide Pärchen waren am Ende der Nacht dort gelandet.
> Wir verbrachten zwei, drei Tage mit Georgette und Sophie, dann reisten wir wieder ab. Zum Abschied hatten wir unseren *chéries* je ein Elfenbeincollier geschenkt, Georgette hatte darüber hinaus von Martin 25 000 CFA (40 EUR) erhalten, Sophie 5000 von mir.
> Von einem Wiedersehen war nicht die Rede gewesen. Es hatte sich um ein Abenteuer gehandelt, nicht mehr, das war allen klar gewesen. Nun kehrte ich aber einige Wochen später nach Grand-Béréby zurück. (Martin war inzwischen nach Hause zurückgekehrt). Zufällig war gerade Georgette da, als ich aus dem Bus stieg. Sie sagte mir, Sophie hätte die ganze Zeit nur von mir gesprochen, sich nach mir gesehnt usw. Wir gingen zum Hotel und tranken etwas an der Bar, während Georgette eine etwas wirre Geschichte erzählte, wie Sophie kurz nach unserer Abreise von Leuten aus Grand-Béréby verprügelt worden sei – aus Eifersucht wegen der beiden „Weißen", aber auch aufgrund von Provokationen seitens Sophie. Dann führte sie mich zum Hof von Sophie, die mir – erfreut über meine unerwartete Rückkehr – einen Teller Fisch auftischte. Am Abend bat mich Georgette um Geld für Medikamente, das ich ihr gab. Sie beteuerte, wie sehr sie Martin immer noch liebe. Sie meinte auch, sie hätte mit ihm zu einem Heiler gehen sollen, weil er doch immer so krank gewesen sei (sie hatte ihm das schon damals vorgeschlagen). Zugleich betonte sie, dass ich Sophie nur *dank ihr* kennen gelernt

hätte (weil sie es war, die an jenem Abend das Gespräch mit Martin gesucht hatte). Darüber hinaus hätte sie mir bei meiner neuerlichen Ankunft ja auch sagen können, Sophie sei gar nicht mehr in Grand-Béréby. Dann wäre ich stattdessen mit ihr ausgegangen. Später traf ich einen Kollegen von Sophie und Ex-Freund von Georgette, der sich bitter über Letztere beklagte. Sie hätte ihn damals mit seinem besten Freund betrogen. Wir gingen zusammen in einen Maquis, einige Frauen vom Hof, wo Sophie wohnte, kamen hinzu. Das Gespräch drehte sich weiter um Georgette, die selber nicht mehr aufzufinden war, obwohl man sich halbwegs verabredet hatte.

Es hieß: „Georgette hat Glück gehabt. Sie kriegte damals viel mehr von Martin als Sophie von Pierre. Aber sie gab ihr nichts von dem Geld ab. Schlimmer noch: Sie kochte sich etwas Feines, verschloss die Türe und aß alles selber auf. Sie dachte, sie hätte das große Los gezogen, aber jetzt ist es Sophie, deren *chéri* zurückgekommen ist, und nun ist sie eifersüchtig." Es war die Rede davon, dass sie mit ihm zu einem Heiler hatte gehen wollen. „Aber vielleicht war er ja *wegen ihr* krank", meinte jemand. „Vielleicht wollte sie ihn beim Féticheur endgültig vergiften." Hier fiel nun zum ersten Mal das Stichwort *sorcière*.

Später am Abend machte mir Sophie eine Szene. Sie war überzeugt, dass ich mit Georgette geschlafen hatte im Hotel, bevor ich ihren Hof aufsuchte. Sie bezeichnete Georgette als *„ta deuxième femme"* und *„la rivale"*.

Am nächsten Tag tauchte Georgette wieder auf. Sie beklagte sich darüber, dass man sie entgegen der Abmachung habe sitzen lassen am Vorabend. Ich vereinbarte mit Sophie, am übernächsten Tag via San Pedro nach Abidjan zu fahren. Georgette fragte, ob sie mitkommen könne. Ich lehnte ab, was sie mir sehr übel nahm.

Am Tag darauf ließ sich Sophie neue Zöpfe machen. Als ich alleine im Hotel war, tauchte Georgette auf. Sie beschimpfte mich, weil ich im Maquis Getränke für alle ausgegeben hatte (an jenem Abend, als über sie gesprochen wurde, was ihr wohl überbracht worden war, was sie aber nicht erwähnte). Sie sagte, wenn ich mit Sophie nach San Pedro ginge (wo sie beide vorher gewohnt hatten), würde ich schon sehen … (Die Wahrheit über sie erfahren). Dann führte sie wie zum Beweis eine andere Freundin herein, die ebenfalls etwas gegen Sophie hatte und ihre Beschwerden lauthals vorbrachte. Am Ende zeigte sie mir die Medikamente, die sie mit meinem Geld gekauft hatte und bat mich nochmals um 1000 CFA für Essen.

Später am Abend suchten die beiden Freundinnen von Sophie, die sie den ganzen Tag über frisiert hatten, das Gespräch mit mir. Sie warnten mich vor Georgette und fragten mich, warum sie da gewesen und ich sie hereingelassen habe. Sie meinten, es sei besser, nicht mit Sophie nach

San Pedro zu gehen, denn Georgette werde bereits dort sein. Sie werde alles tun, um Sophies neues Glück zu zerstören. Stattdessen wurde empfohlen, in Sophies Dorf zu gehen und ihre Verwandten dort zu besuchen.

Als ich am Abend wieder mit Sophie und ihren Freundinnen im Maquis saß, hatten sich offensichtlich zwei deutlich unterscheidbare Fraktionen gebildet. Es war niemand mehr aus der Gruppe von Georgette im Maquis. „Georgette hat keine Freundinnen außer Sophie und jener, mit der sie im Hotel aufgetaucht ist", hieß es. „Alle meiden sie, denn sie sucht immer Streit. Sie ist auch krank. Was für eine Krankheit es wohl ist? Seltsam, sie sieht viel älter aus, als sie ist ... Sie sieht schlecht aus; aber vielleicht auch, weil sie viel trinkt und raucht. Wer weiß, ob sie nicht sogar Drogen nimmt."

Jemand meinte zu mir: „Du hättest ihr das Geld für die Medikamente nicht geben sollen, dann wäre sie gestorben."

Schließlich behauptete sogar jemand: „Sie hat Martin getötet."

Wir fuhren dann tatsächlich nicht nach San Pedro – „um Georgette auszuweichen". Wir gingen in Sophies Dorf und verbrachten anschließend eine Woche in Abidjan. Dann trennten sich unsere Wege, bis ich ein paar Wochen später wieder in Grand-Béréby war.

Inzwischen hatte sich dort der Konflikt offenbar noch zugespitzt. Georgette hatte den Hof von Sophie aufgesucht während ihrer Abwesenheit und dort verlauten lassen, Sophie sei eine *Diebin* (was genau sie gestohlen haben sollte, ließ sie im Dunkeln). Am Abend tauchte Sophie im Maquis auf und stellte Georgette, die in Begleitung eines Mannes war, zur Rede. Sie stritt es ab. Aber ihr Begleiter sagte: „Du selbst hast doch den ganzen Abend rumerzählt, Sophie hätte dir etwas gestohlen!"

Das Ganze wurde – nebst anderen Gerüchten und Intrigen, die ich hier auslasse – noch verschärft durch die Tatsache, dass Georgette behauptet hatte (und zwar vor dem *vieux*, dem Vorsteher des Hofes, in dem Sophie wohnte), eine Freundin von Sophie hätte ihr anvertraut, ebenfalls mit mir geschlafen zu haben. Der Streit – der offensichtlich immer komplizierter wurde und in den immer mehr Leute verwickelt waren – endete in einem Handgemenge und einem Lokalverbot für Georgette.

Diese ging am folgenden Tag nach San Pedro und erstattete dort auf der Polizei Anzeige gegen Sophie, die sie tätlich angegriffen habe. Offenbar hatte sie den Polizeibeamten mit 3500 CFA geschmiert. Sophie ihrerseits wollte nun mit ihrer Mutter zur Polizei gehen, 10 000 CFA zahlen und Georgette so „ausstechen".

Am Anfang unserer Bekanntschaft hatte ich Sophie einmal einen Brief an eine Adresse in San Pedro geschickt. Da Sophie gar nicht mehr nach San Pedro zurückgegangen war, lag der Brief immer noch unabgeholt auf der Post. Georgette hatte nun angeblich versucht, an diesen Brief

heranzukommen, indem sie sich als Sophies Schwester ausgab. Es hieß nun, sie hätte etwas mit dem Brief „anstellen" wollen. Georgettes betrogener Ex-Freund ließ auch verlauten, sie hätte Haare von Martin genommen (vom Kamm im Bad). Er erzählte mir:
„Sie bat mich, sie zu einem Féticheur in meinem Dorf zu führen, der mit den Haaren einen Zauber machen sollte, um Martin zurückzuholen. Sie weiß, dass ich Senufo bin; die sind bekannt dafür, dass sie sowas machen können. Mein Großvater ist tatsächlich selber Féticheur. Aber was Georgette angeht würde ich mich nie für so etwas verwenden. Sie ging mit den Haaren auch zu meinem Cousin, aber der winkte ebenfalls ab. Ich spreche nicht einmal mehr mit ihr. Wenn ich sie sehe, wende ich den Kopf ab. Es ist besser, wenn du ebenfalls jeden Kontakt mit ihr vermeidest und mit Sophie von hier weggehst. Am besten grüßt du sie nicht einmal mehr. Sie ist eine Hündin, eine Hexe. Auf keinen Fall darfst du mehr mit ihr essen, trinken oder sogar schlafen. Man sagt, sie habe Aids. Deshalb hat sie auch San Pedro verlassen und ist hierher gekommen. Aber jetzt sät sie hier Unglück. Du musst weggehen, sonst wird sie euch kaputtmachen. Siehst du, wir in Afrika sind so. Wir sind sehr gut und sehr böse. Wir ertragen den Erfolg und das Glück des andern nicht."
Inzwischen erfuhr ich von Martin, dass Georgette ihm einen Brief geschrieben hatte. Nachdem sie also monatelang nichts mehr hatte von sich hören lassen, flammte ihre Liebe zu ihm parallel zur neidischen Auseinandersetzung mit Sophie wieder auf.
Einige Wochen später trennte ich mich von Sophie. Auf eine sehr gewalttätige Weise versuchte sie, mich unter Druck zu setzen und zurückzugewinnen. Sie behauptete, sie sei schwanger von mir und mobilisierte die ganze Verwandtschaft, um mich zu einer Anerkennung der Vaterschaft zu zwingen, noch bevor überhaupt irgendetwas zu sehen war. Rund um die Uhr war ich einem Sperrfeuer von Anrufen und unangekündigten Besuchen ausgesetzt, bis ich fast in eine Art klaustrophobischer Panik geriet (die sich in hypochondrischen Anfällen äußerte, unter anderem in der festen Überzeugung, ich habe Aids. Nachdem ein Test diesen Verdacht ausgeräumt hatte, fragte ich mich wirklich, ob ich verhext worden sei, dermaßen fühlte ich mich „außer mir"). Dann bekam ich einen Anruf aus einem Krankenhaus. Es hieß, sie hätte einen Selbstmordversuch unternommen, sie schwebe in Lebensgefahr; ich müsse sie besuchen und Geld zahlen, sonst würde man sie auf die Straße stellen. Das Ganze war wahrscheinlich eine abgekartete Sache zwischen einem Arzt und Sophies Schwester gewesen. Angeblich musste man ihren Magen auspumpen und so verlor sie das Baby.
Der Arzt beschimpfte mich und nachher gab er mir Sophie selbst, die schwach in den Hörer flüsterte: *„J'ai fait ça à cause de toi, tu le sais."*-

„Ich habe das bloß wegen dir getan, du weißt es."
Sie setzte die bösartigsten Gerüchte über mich in Umlauf, machte Schulden auf meinen Namen, klopfte mich nachts in Begleitung eines Polizisten aus dem Bett. Es war nicht mehr klar, ob es sich um eine wahnsinnige Liebe oder blanken Hass handelte. Wie Sophie seinerzeit aus Angst vor Georgette nicht mehr nach San Pedro gehen mochte, so wagte ich es nicht mehr, einen Fuß nach Grand-Béréby zu setzen. Sogar in Abidjan fürchtete ich dauernd, ihr zu begegnen, ja, von ihr zerstört zu werden.
Einige Monate später liefen wir uns zufällig über den Weg. Sophie teilte mir mit, sie hätte Georgette getroffen. Ich fragte: „Habt ihr immer noch gestritten?"
„Nein, warum?" fragte Sophie. „Wir haben normal geredet. Ich war ja ohne dich."

Die geschilderte Eskalation veranschaulicht meines Erachtens eindringlich die psychischen und sozialen Elemente, die am Entstehen eines Hexereiverdachts teilhaben. Die Wünsche unterliegen einer Art Entgrenzung; es ist nicht mehr klar, von wem ein Wunsch ausgeht und wem er gilt; die Begehren spiegeln und provozieren sich gegenseitig, breiten sich lauffeuer- und spaltpilzartig aus und ziehen alles und jedes in ihren Bann. Und dabei sind Gewalt und Wunsch, Verführung und Bezwingung untrennbar miteinander verquickt. Das Eigene und das Andere sind fast nicht mehr voneinander zu trennen. Die eigene Gier wird im neidischen und diebischen andern sichtbar *et vice versa*. Georgette gilt als neidisch; für sie ist Sophie eine Diebin. Georgettes Neid ist für sie selbst psychischer Ausdruck einer legitimen Wiederaneignung von etwas, das ihr „eigentlich" gehören würde (wobei dieses „etwas" sowohl von Pierre wie von Martin verkörpert werden kann). Wo die eine in der anderen einen Geizkragen oder sogar eine Diebin sieht, sieht Letztere in der anderen nur Neid.
*„On ne sait plus qui est qui"*, wie in der Côte d'Ivoire in einer solchen Situation dann oft gesagt wird. „Man weiß nicht mehr, wer wer ist."

### Ist Geld etwas Reales? (Die Geldverdoppler-Marabouts)

In Westafrika ist oft die Rede von Zauberern, denen man eine bestimmte Summe gibt und die dieses Geld dann auf magische Weise verdoppeln. Wenn man aber auf Französisch von den *marabouts qui doublent* spricht, hat das einen Doppelsinn. *Doubler* kann nämlich „verdoppeln" heißen, aber auch „übers Ohr hauen". Nun diskutierte ich im Sommer 1998 in der Elfenbeinküste über diese Verdoppelungen, und zwar ausgerechnet mit einem Freund namens David (das ist weder ein rhetorischer Trick noch geht es um Selbstgespräche; er heißt tatsächlich nicht nur David, sondern nennt sich sogar *David King*).

David ist ein etwa dreißigjähriger Rasta, Musiker, Maler und *aventurier*. Er kommt aus Burkina Faso, gehört zur Ethnie der Gouin, ist jetzt aber schon einige Jahre in der Elfenbeinküste. Einmal verbrachte er ein Wochenende in meiner Wohnung in Bouaké, und bei einigen Flaschen *Superbock* erzählte er mir aus seiner Biografie und insbesondere von seinen Begegnungen mit *charlatans* und *sorciers* (wie die Heiler dort ja seltsamerweise – ganz ohne abschätzigen Unterton – oft genannt werden).

„Seit fünf Jahren gehe ich nicht mehr zu Marabouts", sagte David. „Ich habe zu viele schlechte Erfahrungen gemacht. Ein Freund von mir, ein Garageninhaber, wurde ein Opfer von Hexerei. Jedes Mal, wenn er seine Garage betrat, bekam er einen Schwindelanfall. Autos seiner Kunden fingen ohne ersichtlichlichen Grund plötzlich Feuer. Er hob den Vorplatz aus und fand dort seltsame Objekte vergraben. Einem Heiler, einem Guineer, gelang es dann aber, diese Probleme zu beheben. Dadurch gewann er unser Vertrauen. Das war in Bobo Dioulasso, in Burkina. Ich arbeitete damals in einer Apotheke, und so hatte ich etwas Geld. Der Heiler sagte, er könne es vermehren. Der Garageninhaber und ich gaben ihm 150 000 CFA (245 EUR) und 50 000 CFA für Opfer: Es wurde ein Schaf und eine Gans dargebracht, und dann mussten wir auch noch eine Muschel mit etwas Goldstaub in einem Bach versenken. Der Heiler legte unsere Banknoten auf dem Boden seines Behandlungszimmers in einem Kreis aus und sagte, wir sollten in einigen Tagen wiederkommen. Wir präparierten eine Flasche mit zerhackten Zwiebeln und Knoblauch drin, in die wir reinpissten, denn man sagt, dass das die Geister, die angeblich solcherart gewonnenes Geld oft wieder zum Verschwinden bringen, nicht mögen. Beim *charlatan* angekommen, öffnete er einen kleinen Geldschrank aus Holz, mit einem ganzen Stapel Geldnoten drin. Wir nahmen einige Scheine raus und hielten sie gegen das Licht, um die Echtheit zu prüfen. Alles war normal. Wir verschlossen das Kästchen, gingen raus, zum Auto, und machten das Kästchen wieder auf, um den Flascheninhalt darüber zu gießen. Aber da waren nur noch einige Papier- und Stofffetzen drin. Man sagt, dass man solches Geistergeld anschauen und berühren kann, aber sobald man es ausgeben will, ist es wie eine Fata Morgana. Später gingen wir nochmals zu dem Mann und verlangten unser Geld zurück, mehrere Male. Am Ende drohte er uns, er würde uns verhexen. Wir hatten Angst, weil wir wussten, dass er stark war. Später verlor er seine Kunden und seine Frau lief ihm davon.

Im folgenden Jahr gingen wir zu einem Heiler auf dem Dorf. Wir blieben neun Monate. Um Kenntnisse, Geheimnisse, Glück und Geld zu erlangen. Es gab kein Salz, keinen Zucker, keinen Sex. Bloß Angeln, tagein, tagaus. Manchmal gab er uns *médicaments*. Doch er zeigte uns keine Geheimnisse. Wir mussten 50 000 CFA zahlen. Aber es brachte nichts. Der *sorcier* konnte in einen Hof kommen, ein *médicament* auf seine Schuhsohle streichen, damit über den Hof gehen, und dann zeigte es an. Er grub, und eine lebende Katze war unter der Erde. Er hatte einen Zaubersack, damit konnte er bis 200 Leute bewirten; er war nie leer. Es gab noch einen andern *sorcier* dort, der trank. Immer wenn er betrunken war, wurde er hellsichtig.

Einmal sagte er zu mir: ,Hast du dein Gesicht gewaschen?'

Ich verstand nicht. Dann zeigte er auf einen Reisbesen, den jemand an eine Mauer gelehnt hatte.

,Das ist eine Hexerei gegen dich. Kehre ihn um, mit dem Stiel auf den Boden.'

Das war die Bedeutung: ,Hast du dich gewaschen = siehst du klar?'

Ich bin auf dem Dorf aufgewachsen. Man gab mir ein Stipendium in die Stadt Touba, aber meine Mutter war dagegen."

„Wollte sie, dass du zu Hause bleibst?", fragte ich.

„Sie hatte keinen Grund. Sie liebt mich nicht. Sie ist sehr streng. Der Vater ist gestorben. Ich bin der Jüngste. Aber wenigstens muss ich so keine Angst haben, verhext zu werden. Denn meist wird das Lieblingskind verhext. In der Gemeinschaft der Hexen muss jede etwas Wertvolles geben, manchmal auch gegen ihren eigenen Willen. Sonst muss sie selber dran glauben."

„Die Mutter, das Dorf, die Herkunft wird man kaum los, nicht wahr? Sogar die Hexe ist eingebunden, auch sie handelt nicht aus freien Stücken."

„Weißt du, bei der Geburt, sofern du nicht im Krankenhaus auf die Welt kommst, wird deine Plazenta im Dorf vergraben. Bei mir auch. Das ist wichtig. Damit bleibt ein Teil von dir immer dort. Sie verlieren nie die Kontrolle über dich, auch wenn du ans andere Ende der Welt reist: Du kannst nie ganz weggehen. Einer aus unserem Dorf studierte in London und wurde verrückt. Er wurde zurück ins Dorf gebracht und normalisierte sich."

„Man muss entweder zu Hause bleiben oder man muss weg und den Kontakt total abbrechen. Aber wer kann das schon?"

„Heute gehen viele in eine dieser neuen christlichen Kirchen, um eine Kraft zu finden, die stärker ist als die Hexerei. Aber für mich gibt es nur eine Lösung: Um sich gegen einen Hexer zu schützen, muss man einen andern Hexer finden, der noch stärker ist."

„Aber so hört es nie auf oder? Das ist wie eine Blutfehde, jede Verteidigung ist auch wieder ein Angriff, der neue Maßnahmen provoziert. Endlos."

„Ja. Die Hexerei lähmt alles."

### Geld als (uneinnehmbares) Luftschloss

Es ist wahrscheinlich kein Zufall, dass die *charlatans* gerade beim Geld ansetzen. Geld ist in gewisser Hinsicht der wunde Punkt unserer Öko-Ontologie (oder Onto-Ökonomie). Die monetäre „Realität" oder Realitätsdeckung ist wie das unbeweisbare Axiom, eine *conditio sine qua non* an der Basis jeder Geldwirtschaft. Geld ist ein Signifikant par excellence: „eigentlich" ist es bloß der Papierfetzen, zu dem es der Marabout aus Guinée wieder gemacht hat; seine Bedeutung, sein Wert ist arbiträr, hat nichts mit der „Sache an sich" zu tun und beruht auf bloßer Konvention. Und trotzdem! Man sagt heute so leicht „bloße Übereinkunft", „diskursive", „soziale" oder „kulturelle Konstruktion", als ob es damit schon halb aus der Welt hinausdekonstruiert wäre. Konsequenterweise müsste man sagen: „Ja, die Wirklichkeit ist konstruiert; aber das heißt, dass das Konstruierte *wirklich* ist!" Die Finanzwirklichkeit ist das beste Beispiel dafür. Die Einsicht in seine hochgradige Künstlichkeit bringt das Geld nämlich keinen Millimeter von seinem Kurs ab. Es braucht nicht den kollektiven Glauben, den Respekt (wie zum Beispiel die Uniform als Signifikant), um bindend weiterzuexistieren. Und trotzdem überkommt einen, wenn man gewisse Banktransaktionen und Börsenbewegungen beobachtet, eine Art kapitales *Schwindelgefühl*. Durch einen Knopfdruck am Computer – im richtigen Moment – verdient einer Millionen. Eine Stunde später hätte er sie verloren. Rein optisch sieht es nach reiner Magie aus, nach afrikanischer „Scharlatanerie". Und trotzdem ist es – als Intervention in einem System – etwas ganz anderes.[153]

---

153 Als ein anderes Beispiel für eine gleichzeitige Anerkennung und Verkennung

Die Afrikaner tendieren häufig dazu, Geld nicht mit Arbeit (Verdienst) in Verbindung zu bringen, sondern entweder der Hexerei oder einem Wunder zuzuschreiben. Damit sind natürlich auch die Neider (das heißt in Afrika: potenzielle Hexen) legitimierter als bei uns: Wem sein Geld unverhofft zugeflogen ist, von dem kann der Missgünstige eher einen Geschenkanteil erwarten, als wer auf sein sauer verdientes Brot zeigt und sagen kann: „Wer nicht arbeitet, kriegt auch nichts!"

Was den Marabouts ebenfalls zuspielt, ist die bereits öfters diskutierte Opferlogik, die besagt: „Wer viel gibt, der bekommt viel" (im Gegensatz zur kapitalistisch-protestantischen Sparlosung: „Wer wenig gibt, hat viel"). In Afrika werden ja, gemessen am täglichen Lebensunterhalt, ohne viel Skrupel regelmäßig ruinöse Opfer dargebracht. Hat jemand nur noch hundert Franken und beklagt sich beim Marabout über seine Geldknappheit, kann man fast Gift darauf nehmen, dass dieser ihm empfehlen wird, das Geld in ein Schafopfer zu investieren: *„Et tu vas voir argent. Pour gagner, il faut donner. Dieu est grand.* »

Wenn ein Afrikaner also sagt: „Arbeiten bringt nichts. Meinst du, die Reichen seien durch Schuften zu ihren Villen und Limousinen gekommen? Das sind allesamt *sorciers*", so stimmt das und stimmt zugleich nicht. All die herausgeputzten Yuppies, die auf dem „Plateau", Abidjans Luxusmeile, herumstolzieren, sind zwar vielleicht nicht durch „Schuften" zu Geld gekommen, aber doch durch Arbeit in dem Sinne, als sie sich des herrschenden Wirtschaftssystems in einer Gewinn bringenden Weise bedient haben (der Tauschwert zählt, nicht der Gebrauchswert). Dieses kapitalistische „Wunder" wird vom Marabout nur in einer oberflächlichen Art imitiert oder simuliert, ohne dass er sich dem realen Geldmarktsystem anpasst. (Man muss eben das System studiert haben, um zu wissen, *wann* man diesen lächerlichen Knopf betätigen muss).[154]

---

der Geldrealität kann die neuchristliche Kirche der *Dehima* gelten. Im Frühjahr 1999 nahm ich an einer ihrer Messen in Bringakro (Elfenbeinküste) teil. Ein zentrales Moment des *Kultes* bestand darin, dass jeder Geld auf eine Art Altar am Fuße des Kreuzes niederlegen und seine Verehrung mit einem Kniefall zum Ausdruck bringen musste. Manche küssten die Münzen und Scheine sogar. Die Gemeinschaft, die diese geradezu *fetischistische* Beschwörung des Mammon zelebriert, versteht sich als fundamentalchristlich und wettert bei jeder Gelegenheit gegen afrikanischen Götzenkult und gegen die Hexen (nicht gegen den Hexerei*glauben*, den sie im Gegenteil, in einer Negativsynergie aus inquisitorischem Christentum und „Heidentum", perpetuiert.).
154 Ich spreche hier nicht von einzelnen Marabouts, die es mit ihrer Tätigkeit zu Wohlstand gebracht haben, und von denen man in diesem Sinne sagen könnte, sie seien sehr wohl „kapitalismuskonform". Ich spreche vielmehr von der kollektiven

Insofern – was die Spielregeln und nicht bloß die Effekte angeht – hat Börse eben nichts mit Magie zu tun, ganz im Gegenteil.

Aber es scheint in der afrikanischen Kultur etwas zu geben, was die Leute zutiefst an der „Realität" dieser modernen/monetären Realität zweifeln lässt.

Und insofern kann die Ungläubigkeit, die in Afrika oft der Realität des Geldes entgegengebracht wird, als Zeichen gesehen werden für eine viel weiter gehende Skepsis gegenüber dem, was wir als real, handfest, greifbar und evident betrachten.

Aber auch wenn wir im Westen – angesichts von Derivaten, Optionen und Devisenhandel – diesen Schwindel erregenden, bodenlosen, um nicht zu sagen magischen Aspekt der Geldwirtschaft nachempfinden können, so dürfte nichtsdestotrotz dem *Ex-nihilo*-Zauber des Geldverdopplers und seiner Gläubigen auf die Dauer weniger Erfolg beschieden sein als dem westlichen Finanzakrobaten, dessen Gesten in gewisser Weise simuliert werden (Geld auf Knopfdruck), ohne dass jedoch ein *Interface* zum tatsächlichen Währungssystem (zum tatsächlich, weil herrschend gewordenen System der Simulation) existierte.[155]

---

Überzeugung, dass Geld auf magische Weise verdoppelt werden kann (vom „kulturellen Phantasma", wenn man so will). Viele Marabouts sind in dem Sinne keine Betrüger, als sie sich selber auch betrügen; sie reden sich in einer Art Größenwahn ein, sie verfügten tatsächlich über diese übersinnlichen Fähigkeiten. Und solcherart täuschen sie sich über das Wesen des Geldes, auch wenn sie recht gut mit dieser Illusion verdienen. Sie benützen Taschenspielertricks und meinen, sie seien in jene Dunkelkammer vorgestoßen, wo *es* „entwickelt" wird, oder in jenes geheime Hinterzimmer eingedrungen, wo *es* seinen „Anfang" nimmt.

Coulibaly führte mich übrigens in Abengourou auch einmal zu einem „Geldvermehrer", der, wie so oft, Ausländer und bloß auf der „Durchreise" war. Coulibaly kannte nicht mal seinen Namen; er nannte ihn bloß *„le fou"* (wegen seiner langen Haare). Um etwas über seine Methoden zu erfahren, tat ich so, als sei ich interessiert, eine größere Summe aufs Spiel zu setzen. Er erklärte mir genau die Zahlungsmodalitäten, und ich sagte, ich würde am folgenden Tag mit dem Geld wiederkommen, *inschallah*. Auf dem Nachhauseweg riet mir Coulibaly lebhaft davon ab, dem Marabout Geld anzuvertrauen. Es handle sich eindeutig um einen Betrüger. Ich äußerte ein gewisses Erstaunen, weil es das einzige Mal war, dass Coulibaly sich so eindeutig negativ über einen „Berufskollegen" äußerte (bei Keita, dem Guineer, war er viel diplomatischer). Er erwiderte: „Es steht auch mein Ruf auf dem Spiel. Wenn du dein Geld verlierst, wird man sagen: Coulibaly hat ihn hingeführt, sicher sind sie Komplizen."

155 Man könnte einwenden, das sei eine Verallgemeinerung, und afrikanische Individuen oder Gruppen anführen, die einen ganz anderen Umgang mit Geld pflegen: Ein bekanntes Beispiel diesbezüglich sind die *Baol-Baol* bzw. *Modou-Modou* in Senegal oder die Bamiléké mit ihren *Tontines* in Kamerun, deren Ethos schon als afrikanische Version der „protestantischen Ethik" bezeichnet wurde. Aber bei genauerem Hinsehen zeigt es sich, dass deren Strategien der Akkumulation einen defensiven Charakter haben; es sind Schutzmauern gegen die allgegenwärtigen Tendenzen der Desakkumulation (Miaffo/Warnier 1993:47ff.). Diese kulturellen Formationen

## Das Dosenwunder von Ferkessédougou

An Sylvester 1998 erzählte mir Baba, der bekannte Heiler Daouda Diarra sei in der Stadt. Der Mann war in Mali ziemlich populär wegen seiner Radiosendung, die zweimal wöchentlich ausgestrahlt wurde, und in der er Höreranfragen beantwortete bezüglich gesundheitlicher, aber auch allgemeiner Lebensprobleme. Er war Bambara und stammte aus Koula Dieni, einem Dorf in der Nähe von Koulikoro. In diesem seinem Dorf unterhielt er eine Art Apotheke, wo seine Medikamente verkauft wurden, und die offenbar Klienten aus dem ganzen Land anzog („Ich selber reise nur, wenn es unbedingt nötig ist", sagte er. „Ich brauche Ruhe für meine Arbeit.") Baba hatte ihn seines Sohnes Yaya wegen kontaktiert, der immer etwas kränklich war.

„Er gab mir ein Medikament für 15 000 CFA", erzählte Baba. „Ich sagte: Das ist aber etwas teuer. Da gab er mir eine Demonstration seiner Kraft. Er zeigte mir eine Nescafé-Dose mit der Medizin drin. Er fragte mich nach meinem Geburtsort. Ich sagte: Dieni. Er sagte: Wenn es stimmt, was du sagst, verwandelt sich die Medizin in Reis; wenn nicht, bleibt es Medizin. Er verschloss die Dose, sprach darüber, dann öffnete er den Deckel wieder. Es war Reis drin. Da kaufte ich das Medikament. Am folgenden Tag ging ich noch einmal vorbei. Er bereitete mir etwas von der Medizin für Yaya zusammen mit einem Hühneropfer zu. Als alles fertig war, sagte er mir, ich solle den *canari* mit dem Sud drin aufheben. Ich schaffte es nicht. Es war, als sei er entweder eine Tonne schwer oder am Boden angeklebt. Da wusste ich, dass er wirklich mächtig ist."

Wir suchten Daouda Diarra am folgenden Tag auf.

Er war etwa fünfzig Jahre alt und hatte ein sympathisches, intelligentes Gesicht. Er sprach nur wenig Französisch, so dass Baba übersetzen musste. Wohl um mich von seiner Seriosität zu überzeugen, präsentierte er mir seine Identitätskarte, ein Diplom (Note: *„bon"*) von einem Symposium, das 1982 in Cotonou über traditionelle Medizin veranstaltet worden war, sein *carnet de famille*, mit allen Verwandten, sowie sei-

---

sind wie unwahrscheinliche Inseln in einem Meer von Egalisierung. Bayart sah im „*ethos de la munificence*", also in der maximalen Freigebigkeit, eines der Merkmale dessen, was er die afrikanische „Politik des Bauches" nannte (1989:128). Ein Ethos wie jenes der Bamiléké, wo der Status des Noblen (heute) vorwiegend durch Sparen erlangt werden kann, ist nur vor diesem Hintergrund erfassbar. Die Fälle, die man also als Gegenbeispiele aufführen könnte, wären eher *Ausnahmen, die die Regeln bestätigen*, weil sie allesamt nicht losgelöst vom Verteilgebot verstanden werden können, sondern besondere Strategien darstellen, mit diesem umzugehen.

ne *carte professionelle*, die ihn als anerkannten Therapeuten auswies, ausgestellt vom *Institut National de Recherche sur la Pharmacopée et la Medicine Traditionelle (I.N.R.P.M.T.)* mit der Nummer 003.

„Das heißt, dass es noch zwei vor mir gibt; aber beim Concours in Cotonou, mit Monsieur Naumann aus Deutschland, sagten sie, ich sei der Erste; vor allem wegen der Dose."

Er saß auf seiner geflochtenen Matte, und vor ihm auf dem Boden lagen Kolanüsse, Sand, Kauris, Glöckchen und Kautabak.

Seine Spezialität war Malariabehandlung. Aber es gab noch etwa zwanzig andere Krankheiten, die er heilen konnte. Er verarbeitete seine Medikamente auch zu Tabletten und sogar zu Spritzen.

Ich sagte ihm, dass ich gerne das berühmte Dosenwunder sehen würde.

Er lud uns ein, am Abend wiederzukommen.

Wir kamen mit Fatou, die eine Entzündung am Fuß hatte. Er schaute sich die Wunde kurz an, dann schickte er einen Jungen etwas holen. Nach ein paar Minuten kam der zurück mit einem Säckchen. Fatou solle das Pulver mit Carité-Butter vermischen und den Fuß täglich damit einreiben. (Sie war, nach der Konsultation bei Coulibaly, hiermit erst zum zweiten Mal bei einem *tradipraticien*. Und wahrscheinlich auch zum letzten Mal. Zuhause angekommen, schmiss sie das Säckchen in den Abfall und ging am folgenden Tag ins Krankenhaus, wo sie eine Antibiotikaspritze bekam.)

Dann holte er seine legendäre Kaffeebüchse hervor und öffnete sie. Es war ein Medikament aus gemahlenem Holz drin. Er fragte mich nach meinem Namen.

„*Ah, nous sommes des homos*", sagte er erfreut. (Namensvettern, da Daouda die arabische Form von David ist.) „Und wir betreiben beide unsere Forschungen."

Ich blickte ihn wohl etwas erstaunt an, denn er fügte gleich hinzu: „Ich habe vor eurer Ankunft den Sand konsultiert. Ich weiß, was du machst."

Ich sagte nichts, und er fuhr weiter:

„Wenn es stimmt, dass du Forschungen über die afrikanischen Heiler machst, dann wird sich das Medikament in Reis verwandeln, den Fatou für dich zubereiten muss."

Er gab jedem von uns etwas von dem zerstoßenen Holz in die rechte Hand. Wir mussten unser Gesicht damit einreiben. Dann verschloss er die Dose wieder, und ich musste die Hand darüber halten. Er murmelte etwas, dann öffnete er die Dose. Tatsächlich war anstelle des Pulvers jetzt Reis drin. Er gab uns davon in die Hand und schüttete auch ein wenig auf den Boden, sodass man sah, dass wirklich nicht nur obendrauf etwas Reis lag, sondern die Büchse damit gefüllt war.

Er wiederholte die Prozedur, wobei er beständig fast unhörbar Sprüche vor sich hin sagte. Der Reis verwandelte sich in das Medikament zurück.

Wir plauderten etwas. Er erzählte, dass er plane, sein Wissen über die Heilpflanzen in einem Buch festzuhalten. Ich fragte ihn, ob die Dose (die wie ein Gris-Gris mit bunten Fäden umwickelt war) ein Fetisch sei, das heißt, einen Geist beherberge.

„Ich wurde von den Geistern in den Wald geholt. Nach Ablauf von sieben Jahren gaben sie mir diese Büchse. Normalerweise sage ich einfach, der Vater hätte sie mir gegeben. Aber dir sage ich die Wahrheit."

Dann holte er sie nochmals hervor.

„Ich habe im Sand gesehen, dass du selbst einen Fetisch hast", sagte er mir. *„En vérité, toi-même tu es féticheur*. Wenn das stimmt, wird sich das Medikament in Wasser verwandeln."

Es verwandelte sich tatsächlich in Wasser. Wir nahmen die Büchse selber in die Hand, steckten den Finger hinein, beäugten sie von der Seite und von unten. Ich dachte, sie sei vielleicht zweigeteilt und er hätte sie im Laufe der Vorführung einfach umgekehrt. Aber sie besaß nur oben einen Deckel. Vielleicht hatte er sie irgendwann flink ausgewechselt; aber wenn, dann war es unseren sechs Augen auf jeden Fall entgangen.

Wohlgelaunt, ja geradezu angeheitert von seiner Demonstration gingen wir nach Hause. Warum wohl hat die Überlistung der Naturgesetze so etwas Lustvolles an sich? Vielleicht gibt uns der Zauberer eine Ahnung von Freiheit; er errettet uns für einen Moment aus dem Käfig der Determination und insgeheim hoffen wir, es sei nicht nur eine Illusion gewesen, sondern das Unmögliche sei möglich. Dann hätten vielleicht auch noch andere unserer gewagten Hoffnungen Aussicht auf eine wunderbare Verwirklichung.

# Initiation in die Kunst des Heilens und Krankmachens

Ende April 1999 verbrachte Coulibaly drei Wochen in Mali, in seinem Dorf Tiengolo. Auf dem Rückweg machte er einen Zwischenhalt in meiner Wohnung in Bouaké und zusammen fuhren wir nach Abengourou zurück. Kaum angekommen in seiner Wohnung, teilte man ihm mit, seine Frau Mame sei heute ins Krankenhaus gekommen. Sie war im vierten Monat schwanger und hatte im Laufe des Nachmittags plötzlich starke Schmerzen gehabt. Wir fuhren in die Klinik. Es stellte sich heraus, dass das Kind tot war und man eine Auskratzung hatte vornehmen müssen. Am Vortag hatte Coulibaly Mame noch angerufen, aber es war alles in Ordnung gewesen. Jetzt machte er sich Vorwürfe. „Vor einer Woche träumte mir in Mali, jemand grabe mit einer Hacke im Feld", sagte er. „Plötzlich schlug er mir die Hacke in den Rücken. Im selben Moment sah ich ein Kind mit blutigen Armen am Boden liegen. Ich wusste, das bedeutete, dass ich rote Kolas opfern sollte. Aber ich fand keine im Dorf. Jetzt weiß ich, worum es ging."

### Ich soll lernen, Hexen und die Zukunft zu sehen

Ich hatte Coulibaly angekündet, dass ich in einem Monat in die Schweiz zurückkehren würde und der Zeitpunkt einer eventuellen Rückkehr in die Elfenbeinküste noch unsicher sei. Am Tag nach unserer Ankunft in Abengourou, wir saßen gerade beim Mittagessen, sagte ich ihm, ich wolle Kauris kaufen. Ich wusste selber nicht genau wofür.
„Willst du lernen weiszusagen?", fragte er mich.
„Ja", antwortetete ich.
„Wir müssen den Geistern ein Huhn opfern und eine Art Foutou aus Hirse zubereiten", sagte Coulibaly. „Dann musst du ein Medikament einnehmen, und ich werde dir alles erklären."
Coulibaly kaufte die Kauris und ein weißes Huhn, und am nächsten Tag, einem Freitag, machten wir das erforderliche Opfer. Ich hatte meinen Fetisch *tchamantigi* mitgebracht; Coulibaly klemmte die Kauris unter dessen Arme und zwischen die Beine und tropfte das Hühnerblut darüber. Am Abend aßen wir das Huhn und Coulibaly zeigte mir die Kauris. Es waren zwölf. Ihre Rückseite hatte er mit einem Messer aufge-

knackt, sodass sie jetzt auf beiden Seiten offen waren. (Die aufgebrochene, normalerweise etwas gewölbte Seite wird als Bauch bezeichnet, die Seite mit dem natürlichen, gerippten Spalt als Rücken. Der „Bauch" entspricht der Frau und der weißen Kola, der „Rücken" dem Mann und der roten Kola. Die spitze Seite der Kauri wird „Mund" genannt, die stumpfe Seite entspricht dem Hintern.)

Am folgenden Tag rief er mich abends in sein Hinterzimmer mit den Fetischen. Er hatte ein Schulheft gekauft. Darin hatte er diverse Zeichnungen vorbereitet, die verschiedene Konstellationen von Kauriwürfen schematisierten. Er erklärte mir deren Bedeutungen und hieß mich, alles, was er sagte, genau aufzuschreiben. Die Lektion wurde am folgenden Abend fortgeführt. Dann sagte er, er werde mir „die Augen öffnen".

„Wir kaufen ein Schaf, bestimmte Hölzer, Hirse und einen seltenen Honig. Aus all dem werde ich ein Medikament zubereiten. Damit wäschst du dich. Dann siehst du, wenn jemand schlechte Absichten hat oder böse ist. Wie der *maniaque* gestern." (Wir hatten am Vortag dem Jahrestag des FPI, einer Oppositionspartei, beigewohnt. Ein fanatischer Anhänger hatte sich uns genähert und Coulibaly mir zugeflüstert, ich sollte nicht mit ihm reden. Er suchte erst ganz harmlos das Gespräch mit uns, dann wurde er plötzlich aggressiv. *Il cherchait palabre.* Als er ins Leere lief damit, verschaffte er seinem Ärger Luft, indem er sich vor ein heranfahrendes Auto warf. Der Lenker konnte im letzten Moment abbremsen und ausweichen.)

„Wir werden die Zeremonie am Montag oder am Freitag machen. Ende des Monats fahre ich nach Bobo Dioulasso, und nachher gehst du zurück in die Schweiz. Wir machen das alles also besser gleich die nächste Woche."[156]

---

156 Hans-Peter Müller machte mich einmal darauf aufmerksam, dass die wesentlichen Informationen oft erst kurz vor Ende einer Feldforschung mitgeteilt werden. So war es auch in diesem Fall. Auch Eric de Rosny (1981) wurde am Vorabend seiner Abreise aus Kamerun Richtung Elfenbeinküste (und kurz vor dem Tod seines Meisters) initiiert. Im Bereich der Féticheurs dürfte das mit Angst vor Konkurrenz zu tun haben, aber auch mit einer gelegentlich geäußerten Furcht, der „Neue" könnte den „Alten" (mithilfe der neu erworbenen Kräfte) dann umbringen, und sich so auch buchstäblich an seinen Platz setzen. Die Söhne von Heilern beklagen sich oft darüber, daß die Väter mit der Übertragung des Wissens bis zum letzten Moment warten (und diesen dann halt manchmal auch verpassen…). Es entsteht so eine gewisse Zweideutigkeit: Ist der Vater gleich nach der Beerbung des Sohnes gestorben, weil er mit Absicht so lange gewartet hat, oder hat ihn der Sohn (mithilfe des geerbten Wissens) umgebracht, nachdem er erhalten hatte, was er wollte (so auch bei Rosny 1981)? Er handelt sich hier offensichtlich auch um ödipale Konflikte in ziemlich ar-

Am Montagmorgen fand ich mich also im Behandlungszimmer ein. Coulibaly legte acht weiße Kolas *(bouche)*[157] in eine Pfanne und gab die Hirse sowie meine zwölf Kauris dazu. Dann stellte er einen Canari drauf. Er leerte das Fläschchen mit dem Honig hinein. Der Honig, den wir lange gesucht hatten auf dem Markt, war *première qualité* und bestand angeblich aus 180 verschiedenen Stoffen (kam von 180 verschiedenen Pflanzen), was so viel hieß wie: Es sind damit praktisch alle möglichen Begegnungen mit den verschiedensten Menschen abgedeckt. Dann gab er die Ästchen und Blätter des *Dioun*-Baumes und die Blätter des *mandin sounsoun* hinzu. Er präzisierte:

„Vom *mandin sounsoun* existieren zwei Sorten. Ich gebe dir von beiden: die eine, um die Weißen, die andere, um die Schwarzen zu sehen. Diese Pflanze gibt essbare Früchte, ein bisschen wie Mangos, aber mit Kernen drin. Die wirken gegen Hexerei und Lähmung. Sundjatta Keitas Mutter heilte ihn ebenfalls damit." (Aus dem Holz dieses Baumes wird übrigens auch der *Sinsin*-Fetisch der Zwillinge geschnitzt.)

Er lehnte meinen Fetisch an den *canari*, schnitt den beiden Hühnern den Hals durch und tropfte das Blut über den Fetisch und die Heilpflanzen. (Bei den Opfertieren kam wieder dasselbe Prinzip der „maximalen Abdeckung" zur Geltung wie beim Honig und den Pflanzen: Man musste entweder ein „rotes" männliches Schaf und zwei Hühner opfern oder ein „rotes" weibliches Schaf und zwei Hähne. Wie Coulibaly selber erklärte, ging es hier darum, das Sehen böser Menschen *beiderlei Geschlechts* einzubeziehen). Dann nahm er den *canari* herunter und legte die Kolas und die Hirse auf die Medizinen. Die Kauris wusch er.

Anschließend überreichte er mir den Tontopf. „Damit wäschst du dich drei Tage lang jeden Abend. Warm. Du trinkst auch jeweils ein

---

chaisch/-unverstellter Form. Es kommt aber auch hinzu, dass solches Wissen oft dann offenbart wird, wenn der Schüler besonders offen ist, und das heißt in diesen Kontexten auch: besonders fragil, sensibel, „aus der Bahn geworfen" (psychoanalytisch: mit einer geschwächten Abwehr). Was schon im Zusammenhang mit der Konsultation bei Clémentine festgestellt wurde (im Kap. „Eine afrikanische Kassandra" und in bezug auf Coulibaly in „Übertretungen des Ego"), nämlich, dass mich die HeilerInnen in den entscheidenden Momenten aus der Rolle des Beobachters herauszureißen und mich persönlich zu involvieren versuchten, gilt auch hier: Coulibaly schritt zur (Initiations-)Tat, als ich mich, was mein Privatleben betraf, in einer völlig desorientierten Situation befand.

157 Eine weiße Kola *(worogbè)* zusammen mit einem Huhn stärkt die Wachsamkeit und die Kraft (Touré/Konaté 1990:139). Die Zahl „acht" steht für das vollendete Wort (a.a.O.,162).

bisschen davon. Am Morgen darauf zerschlägst du den *canari* auf einer Kreuzung. Dann siehst du alle Leute (die quasi die Kreuzung passieren)."

Seit einigen Tagen juckte mich etwas am Fuß. Ich zeigte es Coulibaly. Er sagte: „Ja, das kenne ich." Er rieb mir eine schwarze Salbe ein.

Wir gingen auf den Markt, um ein Opferschaf zu suchen, fanden aber kein geeignetes. Beim Schneider ließ er mir ein bestimmtes Säckchen aus roher Baumwolle für meine zwölf Kauris fertigen.

Am Abend kochte mir Coulibalys Frau das Medikament auf. Ich wusch mich damit am ganzen Körper und nahm einen Schluck.

„Die Wirkung wird nach drei Tagen eintreten", sagte Coulibaly.

Etwas später rief mich Coulibaly erneut in sein Hinterzimmer. Er gab mir einen Fetisch der *dozo* (der traditionellen Jäger), mit dem Namen *tora febla* („an der Seite der Männer"). Er hatte etwa die Länge eines Hühnerschenkels, war mit zwei Glöckchen behangen und lief auf der einen Seite in einen Tierschwanz aus. Im Innern befand sich offenbar ein Knochen sowie Stacheln eines Stachelschweins. Er war mit Blut und Feder bekleckert, in dem aber auch ein wenig Gold- und Silberstaub glitzerte. Ebenfalls zum Fetisch gehörten zwei Schnüre.

Coulibaly erklärte mir deren Gebrauch (ich fragte ihn wie bei allen solchen Informationen, ob das geheim sei. Er verneinte. Vermutlich, weil die Informationen an den Besitz des Fetischs gebunden sind und losgelöst nicht verwendet werden können):

„Wenn eine Frau schwanger werden will, hilft *tora febla*. Du musst ihren Namen über eine rote Kola sprechen und diese ihr dann zum Essen geben. Du kannst auch eine Schwangerschaft damit abbrechen, wenn die Frau schon zu viele Kinder hat. Sogar im achten oder neunten Monat.

Du kannst mit ihm durch gefährliche Gegenden oder Quartiere gehen, wo es schlechte Menschen oder gefährliche Geister gibt. Er hilft auch, wenn du ein Auto anhalten willst, aber es fährt vorbei. Du kannst es mit dem Fetisch stoppen oder seinen Reifen zum Platzen bringen. Auch wenn der Fahrpreis 5000 beträgt, und du nur 4000 hast: Es wird akzeptiert.

Wenn jemand eine andere Arbeit sucht oder mehr Macht, dann musst du mit *eau de piment* arbeiten.

Wenn jemand einen Kredit nicht zurückbekommt, musst du den Namen des Schuldners auf einen Zettel schreiben, neben den Fetisch legen und seinen Schwanz zurückbinden. Dann lässt du ihn drei Tage so.

Generell musst du bei allen Problemen den Schwanz anbinden und darübersprechen. Besonders geeignet ist er auch für alle Reiseprobleme, besonders, wenn die Papiere nicht vollständig sind; also zum Beispiel für Schmuggler, Händler etc.

Wenn ein Handel nicht läuft, leerst du Parfüm darüber, von dem der Händler dann den Rest benützt.

Wenn jemand eine Arbeit in einer Firma sucht, musst du immer mit dem Namen des Direktors arbeiten.

Wenn eine Frau keinen Mann findet, musst du eine weiße Kola verwenden.

Bei Familienzwist unter Frauen musst du über eine weiße Kola spucken; vier Tage später werden sie sich wieder verstehen.

Wenn es um eine einzige Person geht, musst du *eine* Schnur anwenden, bei Problemen von Macht, Streit etc. zwei. Du kannst sechs Knoten machen. Für Frauen musst du die Schnur nach vier Tagen wieder losmachen, für Männer nach drei. Du kannst an allen Wochentagen damit arbeiten."

Am Abend fand mich Coulibaly am Schreibtisch, wo ich auf meinem Notebook die Gebrauchsanweisung für den Fetisch festhielt. Wie schon öfters, meinte er, indem er auf den Minicomputer zeigte: „Das ist *dein* Fetisch. Vielleicht gibst du mir auch einmal so einen."

Am folgenden Abend nahm ich die zweite Dosis des Medikaments. Anschließend empfand ich eine wohlige Müdigkeit, ohne jedoch das Bedürfnis zu haben, schlafen zu gehen. Tags darauf fuhr ich nach Abidjan, wo ich die dritte Dosis nahm, und am nächsten Morgen früh zerschlug ich wie vorgeschrieben den *canari* mit den ausgelaugten Pflanzen auf einer Kreuzung.

Henri Téré, der Botaniker vom „Centre Suisse de Recherches Scientifiques", bestimmte mir die für das Medikament verwendeten Pflanzen:

Was von Coulibaly *mandin sounsoun* genannt wurde und bei den Bambara oft einfach *sounsoun* heißt, ist *Dispyros mespiliformis*. Beim *dioun* handelt es sich um *Mitragyna inermis*, das das Alkaloid Mitrinermin enthält. Letzteres, zusammen mit dem Saft der ausgekochten Kolas, könnte das Wohlbefinden nach der Einnahme erklären.[158]

---

158 In den Dreißigerjahren gab es im westlichen Bambaragebiet einen Kult namens *Dyidé*. Nachdem die Anhänger in einer ersten Initiationsstufe mit ihrem Geist in Ver-

**Eine Vorahnung von Bösem**

In den folgenden zwei Wochen war ich mit der Trennung von meiner Verlobten Fatou beschäftigt, die sehr gewaltgeladen vor sich ging. Schließlich entschied ich mich, mit ihr ins Dorf ihrer Eltern zu gehen, um die Verbindung offiziell und traditionsgemäß aufzulösen. (Meine afrikanischen Freunde hatten mir eher geraten, mich eines Tages einfach aus dem Staub zu machen, aber mir lag etwas an einer gewissen Klarheit. Seltsamerweise empfanden aber viele Afrikaner das, was für mich Offenheit war, als Brutalität, als unmenschlicher als einfach abzuhauen). Wir hatten uns mit ihrem Vater morgens um sechs Uhr in unserer Wohnung verabredet, um dann zusammen zu fahren. Der Streit war am Vorabend wieder derart eskaliert, dass ich die Nacht sicherheitshalber in einem Hotel verbracht hatte. (Fast schlaflos übrigens, weil sich der erwähnte Juckreiz inzwischen von den Füßen auf den ganzen Körper ausgebreitet hatte). So spazierte ich also am besagten Morgen früh durch das noch schlafende Bouaké, als ich an einer alten Bettlerin vorbeikam, die am Straßenrand hockte. Ich sagte mir: Heute ist ein riskanter Tag, und gab ihr ein paar Münzen. Sie segnete mich mit ihrer heiseren Stimme, und in diesem Moment durchfuhr mich ein kalter Schauer, ich bekam Hühnerhaut, und die Härchen auf meinen Armen sträubten sich, genau so, wie mir Coulibaly die Begegnung mit einer Hexe unter den Bedingungen meiner neu verliehenen Sensibilität vorausgesagt hatte. Es verwirrte mich, dass ausgerechnet diese arme Alte, die mir an dieser einsamen Straße alles Gute wünschte und sich überschwänglich für das Kleingeld bedankte, eine Hexe sein sollte. Andererseits sagt man in Afrika genau das den Bettlern oft nach (weil sie arm und also neidisch sind).[159] Vielleicht waren die Benediktionen in Wirklichkeit Verfluchungen?

Diese Szene verstärkte noch die Befürchtungen, die ich sowieso mit der bevorstehenden Fahrt verband.

---

bindung getreten waren, folgte eine zweite Einweihung, „wo ihnen ein Getränk aus den Blättern der *Mitragyna africana*, bei den Bambara bekannt unter dem Namen *dyou* verabreicht wurde, bekannt für seine halluzinogenen Wirkungen." (Imperato 1977:61). Die Mitglieder waren oft Psychotiker, die durch die Einweihung zugleich geheilt wurden (a.a.O.,99).
159  Siehe zum Beispiel den Roman „Xala" des Senegalesen Ousmane Sembène, wo der impotent machende Fluch gegen den Protagonisten auch von einem Bettler ausgeht (nachdem das Opfer zuerst, nach der dritten Hochzeit, seine zwei ersten Frauen verdächtigt hat).

Tatsächlich übertraf der Besuch der Verwandtschaft meine schlimmsten Erwartungen ... Noch am selben Abend räumte ich endgültig meine Wohnung und verließ Bouaké fluchtartig.

Ich hatte mich mit Coulibaly in Abidjan verabredet. Infolge meiner komplizierten Privatangelegenheiten kam ich mit einem Tag Verspätung an. Coulibaly machte mir, zum ersten Mal seit unserer Bekanntschaft, eine veritable Szene. Ich hatte mehr oder weniger mein ganzes Hab und Gut in Bouaké zurücklassen müssen, war finanziell ruiniert, befürchtete, auch Coulibaly wolle nun nichts mehr von mir wissen und konnte infolge meines Hautausschlags kaum mehr schlafen (obwohl ich den Gedanken abzuwenden suchte, dachte ich doch immer wieder: Das hat mir Fatou nachgeworfen. Tatsächlich hatte ich unter meinem Nachttischchen eine Woche vorher ein Gris-Gris mit meinen eigenen Haaren drin entdeckt ...). Ich dachte an Moussa und Abdoulaye, die beiden Patienten von Coulibaly, die auch beide wegen Frauengeschichten krank geworden waren. Dem einen hatte man ebenfalls einen Juckreiz angehängt, der ihn nachts nicht mehr schlafen ließ, den andern hatte man zur Impotenz verdammt. Mit Letzterem schienen sich afrikanische Frauen überhaupt gerne an Männern zu rächen, nach dem Motto: Wenn schon ich nicht mehr, dann auch keine andere. Ich war äußerst beunruhigt.

Einige Tage später kam Coulibaly wieder. Ich gab ihm mehr oder weniger mein letztes Geld für die letzte Etappe der Initiation.

Ich dachte an Clémentines Prophezeiung vom Vorjahr zurück: „Die Frau, mit der du zusammen bist, sucht nur das Geld. Sie wird dich arm machen. Du wirst barfuß nach Europa zurückkehren."

Als ich Coulibaly von der Begegnung mit der Bettlerin erzählte und meinem Frösteln, meinte er:

„Es war verrückt von dir, alleine in dieses Dorf zu gehen, in dieser Situation. Sie hätten dich töten können. Dein Schauer an diesem Morgen war eine Warnung. Zum Glück hast du ihr etwas gegeben. So hat sie dich gesegnet anstatt verflucht. Ihre Wünsche haben dich vielleicht beschützt."

**Die Welt der Kauris**

Am folgenden Tag erschien Coulibaly wie vereinbart pünktlich im CSRS, ich holte das Schulheft, die Kauris und den Fetisch, und wir fuhren mit dem Unterricht fort.

Coulibaly hatte mir zwei Parfüms mitgebracht. Damit behandelten wir die Kauris und gaben auch *tchamantigi* etwas davon, neben einem morgendlichen Gläschen Koudougou. Eines hieß *Soraya* und war mit Möndchen und Sternchen verziert. Das andere hieß *Kiss (chérie)* und war mit Lippenabdrücken bedeckt. Das Ferne und das Nahe, das Kosmische und das Körperliche...

Er ermahnte mich, Konsultationen immer mithilfe des Fetischs zu machen und erst nach einem kleinen Opfer. Am besten geeignet dazu seien Freitag und Montag, idealerweise frühmorgens oder spätabends, auf keinen Fall zwischen elf und sechzehn Uhr, sonst komme nichts Korrektes dabei heraus. Für Männer solle ich, um ein bestimmtes Problem einzukreisen, dreimal werfen, für Frauen viermal.

Er fuhr mit seinem Kurs weiter. Er erklärte mir mögliche Konstellationen von Kauris, und zwar sowohl im Kleinen („zwei Kauris mit dem Bauch nach oben, wobei der Mund der einen die Seite der andern berührt, bedeutet Streit zwischen zwei Frauen"; „die ‚Bauch'-Kauri und die ‚Rücken'-Kauri berühren sich mit dem ‚Mund', auf dem Hintern der ‚Bauch'-Kauri liegt, halb aufgestellt, eine kleinere Kauri – das bedeutet, das Paar bekommt ein Baby"), wie im Großen (er machte mir Skizzen von Würfen, wobei Beziehungen aller zwölf Kauris zueinander sowie die Gestalt als Ganzes eine Rolle spielten). Er ermahnte mich, diese Informationen nicht zu veröffentlichen, sondern höchstens persönlich weiterzugeben.

„In diesem Fall müssen immer ein Schaf und zwei Hühner vom Schüler geopfert werden. Das ist für die Geister, aber du sollst auch etwas davon bekommen. Du sollst nie alles mitteilen, sonst ist der Schüler am Ende stärker als du. Einem Afrikaner würde ich nicht alles sagen, was ich dir jetzt sage, sonst macht er mir Konkurrenz. Bei dir weiß ich, dass du hier nicht praktizierst. Deshalb möchte ich überhaupt keine Lehrlinge mehr, das bringt nur Ärger. Den Einzigen, den ich noch ausbilden werde, ist Dauda (der erstgeborene Sohn), so wie ich selbst die Kenntnisse über die Kauris von meinem Vater habe."

Dieses Schweigegebot ist bedauerlich, weil die Analyse des Kauriorakels gewissermaßen zugleich eine Analyse der Beziehungsmodalitäten bei den Bambara erlaubt. Die möglichen Konstellationen der Kauris stellen gleichsam die möglichen Konstellationen zwischen Menschen dar, und bieten damit so etwas wie das Panoptikum der sozialen Welt. Aber, ohne in die Details zu gehen, können doch einige Schlussfolgerungen gezogen werden. Wie eben gesagt, geht es in diesem Orakel weniger um Innerpsychisches als praktisch durchweg um

Beziehungen. Und, was nach allem wohl nicht erstaunt, sehr oft um den *andern als Hindernis*. Vor allem wenn die Lage des Ensembles der zwölf Kauris interpretiert wird, geschieht das oft so, dass eine Kauri mit dem Hilfesuchenden identifiziert wird und eine andere mit dem Féticheur. Es erscheint dann eine Richtung und ein Weg, den der Klient eingeschlagen hat oder einschlagen möchte. In den meisten Fällen steht aber eine Kauri (eine Person) dazwischen und blockiert den Weg zum Féticheur (zur Erfüllung des Wunsches). Vor diesem muss man sich nun schützen, man muss ihn umgehen oder beseitigen. Was dabei auffällt, ist eine vernetzte oder systemische Sicht, wenn man so will. Es gibt die Zweier- und Dreierbeziehungen (die Kauris, die sich unmittelbar berühren), die aber wiederum eingebettet sind in eine komplexere Struktur. (Ich arbeitete mit zwölf Kauris, das ist das Elementarstadium. Nachher kommen 18, 24 und schließlich 60 Kauris. „Dann bist du *diplomé*", sagte Coulibaly. „Aber die wahren Meister haben es nicht nötig, die Kunden mit einer großen Zahl zu beeindrucken. Manche gehen dann wieder zurück und beschränken sich auf die zwölf.") Der Einzelne hat in diesem Mikrokosmos vor allem eine Bedeutung, insofern er Element in einem Beziehungsnetz ist, das aber nicht fix vorgestellt wird. Ein Kauriwurf ist immer die Momentaufnahme einer Situation, die man sich dynamisch vorstellt (wie gesagt spielt nicht nur die Position einer Kauri eine Rolle, sondern auch ihre [Geh-]Richtung, die mithilfe von „Mund" und „Hintern" bestimmt werden kann).

Ich hatte mir oft die Frage gestellt, inwieweit beim Kauriorakel die Intuition eine Rolle spiele oder umgekehrt: wie systematisiert die Interpretationen seien. Nun, es scheint mir eindeutig, dass ziemlich streng nach Vorgaben vorgegangen wird. Es gibt klare Regeln, nach denen Aussagen gemacht werden. Es gibt Leute, die sagen: „Diese ganzen Techniken sind nur da, um Eindruck zu schinden. In Wirklichkeit hat der Féticheur seine Informationen bereits gesammelt bzw. ist einfach ein guter Psychologe, der sich die Leute genau anschaut und sie mit vagen Aussagen und Informationen dazu bringt, sich zu verraten, und hier hakt er dann nach." Das ist meiner Ansicht nach falsch. Es mag solche Heiler geben, aber jemand wie Coulibaly vertraut im Zweifelsfall mehr den Kauris als dem „gesunden Menschenverstand". Mehr als einmal habe ich beobachtet, dass er auf einer Aussage beharrte, auch wenn der Patient verneinte (beispielsweise als er, bei unserer ersten Konsultation, als er noch nichts von uns wusste, gegenüber Nadja darauf beharrte, sie habe zwei Brüder, obwohl sie widersprach, bis sie sich an das verstorbene Baby erinnerte). Die Kauris bilden ein geschlossenes System, und in einer geradezu halsstarrigen Art ist der Wahrsager darauf konzentriert, was sich *dort* zeigt. Der Patient wird oft kaum beachtet. Fragen werden sowieso praktisch nicht gestellt.[160]

Natürlich lassen die Regeln immer einen Interpretationsspielraum zu. Aber die Fantasie ist den technischen Bestimmungen nicht entgegengesetzt. Die Intuition scheint gerade *erst* innerhalb dieses strengen Settings (das ja noch vieles andere beinhaltet: das Zimmer, die Arbeitskleidung, die einzuhaltenden Tabus, die Bezahlungsmodalitäten, die Rolle des Fetischs, den ritualhaft geregelten Ablauf usw.) ihre Funktion zu finden. Ganz so wie in der Psychoanalyse für den Analytiker seine Gegenübertragung auch erst *dank* des Settings, seiner Technik und seines Wissens fassbar wird: Tiefenblick dank Verengung.

**Der Heiler und das Unheil**

Was mich frappierte an Coulibalys Instruktionen, war ihre Amoralität (oder Außermoralität, eine Art heidnisches „Jenseits von Gut und Böse", mehr listiger Odysseus als „guter" Jesus). In dieser Hinsicht haben die magischen Tricks etwas sehr Technisches, Funktionales: Es geht darum, gewisse Interessen und Wünsche zu verwirklichen (und das heißt automatisch, sie gegen die Interessen anderer zu schützen bzw. Letztere „auszuschalten"). Die Haltung ist eine ganz Neutral-Professionelle, wenn man so will: Man befriedigt die Wünsche seiner Kundschaft (etwa so, wie ein berufsmäßiger Auftragskiller, ein Gerichtsverteidiger oder vielleicht auch ein Psychoanalytiker, der sich primär zum Anwalt der verstummten Wünsche seines Analysanden macht; nicht aus Gründen der persönlichen Vorliebe, sondern aus technischen).

Ich gebe ein paar Beispiele:

Um gegen einen Feind/Hexer vorzugehen, muss man unter anderem zwölf Kauris ins Feuer werfen. Kommmentar Coulibalys: „Er wird ihm heiß werden."

Er gab mir ein *kilisi* (einen Zauberspruch), das übersetzt bedeutet:

„Kann jemand sich weigern, begraben zu werden, der schon tot ist?"

---

160 Diese Ansicht vertritt auch Park (1967:238), wenn er die Eigengesetzlichkeit der Divination als Widerstand gegen Erwartungen beschreibt.

Dieses Abrakadabra muss man auf eine Pomade sprechen und sich damit einreiben. Es ist vor allem für die Arbeitswelt gedacht, wenn sich zum Beispiel ein Chef meinen Ambitionen widersetzt. Die Bedeutung ist dann: Dieser Patron kann sich meinen Wünschen so wenig in den Weg stellen wie ein Toter (er wird paralysiert, ausgeschaltet).

Coulibaly gab mir auch eine Zeichnung, die ich für verschiedene Zwecke (vor allem für Gris-Gris) kopieren könne.

„Es wirkt wie *Corté*", sagte er.

Es bestand einerseits aus Strichcodes, andererseits aus Kombinationen von „o" und „l", was dann etwa so aussah:

„olloolollolo..."

Die Erklärung war, dass „l" Muslim bedeute und „o" *kafri* (Animist, Féticheur). (Wahrscheinlich auch im Sinne von „die Zielgruppe optimal abdeckend".)

In der Mitte befanden sich zwei Rechtecke, oben jeweils noch etwas offen. Man musste den Namen des Feindes hineinschreiben und es dann *schließen*.

„Dann machst du damit ein Gris-Gris, steckst es in den Arsch eines schwarzen Huhns, bis zum Magen, und legst es in ein Frauengrab. Es wird ihm kalt werden."

„Wenn eine Frau einen bestimmten Mann will, schreibst du den Namen des Mannes ins Feld und schließt es auch wieder. Du steckst das damit hergestellte Gris-Gris in eine Pommade und die Frau reibt sich dreimal täglich – vaginal – damit ein."

Er gab mir eine Zeichnung, die schematisiert einen Mann und seine Innereien sowie sein Glied darstellte. Damit kann man jemanden erpressen:

„Diese Zeichnung ist vor allem nützlich, wenn es im Büro immer Streit gibt. Du legst sie auf den Boden und ordnest dreißig Kauris darum herum an. Der Gegner wird krank am Pimmel; Gonorrhöe, aber solche mit Flecken (es gibt auch eine ohne). Die mit Flecken ist unheilbar mit normalen Medikamenten. Du kannst den Fluch nur mit dem Fetisch wieder wegnehmen: Du musst ihn mit *beurre de carité* einreiben, und diese Salbe dem Betreffenden selber nachher zur Behandlung geben. Dann musst du die dreißig Kauris ins Wasser werfen."

Man könnte über die Skrupellosigkeit dieser Prozeduren schockiert sein. Der Féticheur interessiert sich ja nicht dafür, ob die Vorwürfe beispielsweise gegen den Gegner im Büro berechtigt sind. Die Frage der Legitimation oder der Ethik stellt sich nicht. Aber bösartig sind diese Prozeduren eigentlich nur unter der Voraussetzung, dass wir daran glauben; dass wir bezüglich der moralischen Beurteilung eine christliche Außensicht und bezüglich der Wirksamkeit eine fetischistische Innensicht annehmen. Das ist tatsächlich die Position vieler (modernisierter) Afrikaner: Sie glauben an die Wirksamkeit der fetischistischen Praktiken, billigen sie aber nicht. Deshalb nennen sie die Féticheure *sorciers*. Aber wenn wir eine radikalere Außensicht annehmen und davon ausgehen, dass diese Praktiken keine Wirksamkeit an sich haben, sondern nur unter gewissen psychisch-sozialen Bedingungen, dann könnte man sagen, dass jemand wie Coulibaly einfach dazu dient, wie jeder gute Psychotherapeut, der Aggression einen Ort, einen Behälter zu geben (einen „Container" im psychoanalytischen, aber auch wörtlichen Sinn: er macht die „Dreckarbeit"), wo sie in einer Übertragung deponiert werden kann. Der Féticheur stellt sich zur Verfügung, als Zeuge und Treuhänder, nimmt sie an und auf, und gibt sie in einer Gegenübertragung zurück, das heißt, agiert sie – stellvertretend – aus, wenn auch immer noch in einer symbolischen Art und Weise. Vielleicht ist es gerade in einer Gesellschaft wie der afrikanischen, wo der Dissens nur schwerlich direkt ausgedrückt werden kann (etwa einem Patron gegenüber), für die gesellschaftliche Homöostase unabdingbar, sich solche zwielichtigen Leute am Rand wie Coulibaly zu halten, die das Verpönte auf sich nehmen und die Dreckarbeit des (A-)Sozialen machen. So wird das Unakzeptable auf sie ausgelagert. Der betreffende Klient kann im Büro seinen Ärger weiterhin im Unartikulierten belassen, sich jedoch der hämischen Vorstellung hingeben, dass der Féticheur oder Marabout „es ihm schon besorgen würde". Der Unterschied zum Psychotherapeuten besteht wahrscheinlich einfach darin, dass der Féticheur die Aggressionen überhaupt nicht aufklärend aufzulösen oder auf etwas zurückzuführen versucht, sondern sie einfach als solche wahrnimmt , „festhält" und *anstelle* des Betroffenen dramatisiert (und sie vielleicht gerade durch dieses nicht-wertende Annehmen entspannt; auflöst, weil er nicht den Anspruch hat, sie aufzulösen). Der Féticheur, sein Klient und die krank gemachte Person (Täter oder Opfer, je nach Perspektive) dürften allerdings im Allgemeinen schon an die Wirksamkeit dieser Riten glauben. Bleibt einer christlich beerbten Außensicht bloß die Hoffnung einer List der Vernunft; dass Coulibaly & Co. ein Werkzeug des sozialen Gleichgewichts und Friedens seien, ohne es zu wissen; Sozialarbeiter der paranormalen Sphäre; Teil jener faustischen „Kraft, die stets das Böse will und doch das Gute schafft".

**Eine Konsultation in Abwesenheit des Betroffenen**

Coulibaly war nun seit einigen Tagen regelmäßig ins CSRS gekommen. Abou, der technische Mitarbeiter, hatte ihn gefragt, ob er ihm eine Konsultation mache. Dann hatten sie sich jedoch immer verpasst und schließlich meinte Abou, er könne die Kauris ja auch in seiner Abwesenheit befragen und ihm dann einfach die Resultate mitteilen.

Das tat nun Coulibaly und benützte das konkrete Orakel gerade als Anschauungsbeispiel für mich.

Er behandelte die Kauris zuerst mit dem „Soraya"-Parfüm, das er mitgebracht hatte (das auch in diversen anderen Riten, die er mir erklärte, Verwendung fand). Dann setzten wir uns auf den Boden (das Orakel sollte immer dort stattfinden). Er „sah" Folgendes (wobei er nach einem Wurf – hierin stellte er sich als echter Pädagoge heraus – oft mich zuerst fragte, was ich sagen würde, und mich dann korrigierte):

„1. Er war zuerst mit einer hellen, großen Frau zusammen. Sie ging. Die Jetzige ist eher schwarz. Ein Baby.

2. Auf dem Dorf betet man einen Stein und Wasser an. Man hat schon lange kein Opfer mehr dargebracht. Man muss zwei weiße Hühner opfern und Milch. Er kann das hier machen. Das Geld läuft ihm davon.

3. Er wird lange leben. Er hat einen Onkel auf dem Dorf, ein Kleiner, der ihm nicht wohlgesinnt ist. *Il aime pas son affaire. Gâte chance et travail.*

4. Eine Frau und ein Mann reden hinter seinem Rücken.

5. Opfer: Ein großer, weißer Schafsbock, dann wird alles gut. (Alle Kauris zeigten mit dem Bauch nach oben, außer einer einzigen, großen. Wenn alles „offen" ist, bedeutet das Glück. Es galt also, die einzige Ausnahme, die, mit dem Rücken nach oben, die die Vollkommenheit noch störte, zu eliminieren bzw. zu transformieren. Dieses Männliche (mit dem Rücken nach oben) war eben der Bock.) *Ses ennemis vont avoir honte.*

Er hat ein Terrain gekauft, aber es ging schief. *Gâté.*

Oft gibt es kleine Krankheiten in der Familie.

6. Zwei Frauen bewirkten, dass er eine frühere Arbeitsstelle verließ. Man muss ein Gris-Gris mit Löwen- und Hyänenfell machen.

Das Glück kommt und geht wieder.

Eventuell ist er hinter einer anderen Frau her, aber sie ist noch nicht „zu Hause" (vielleicht eine Freundin, die er noch nicht „zu sich locken" konnte).

7. Oft tut ihm der Körper und vor allem der Bauch weh.
Seltsame Träume.
Er hat jemandem einen Kredit gegeben, aber der zahlt nicht zurück.
8. Er ist der dritte Sohn, nachher kamen noch andere Kinder, auch Zwillinge. Er hat einen kleinen Bruder, der eine wichtige Rolle spielt.
9. Glück. (Zum dritten Mal waren alle Kauris „offen", außer einer.)
10. Er hat immer noch Streit mit der ersten Frau.
11. Er verdient Geld, aber das Geld bleibt nicht bei ihm.
*Le cœur de sa femme n'est pas la même chose.*
12. Die Kauris kamen in Form des (Sand-)Zeichens *meleju* zu liegen:

II
I
I
I

Er denkt zu viel.
13. Die Kauris formten das Zeichen *adama*:

I
II
II
II

Das bedeutet, dass sich etwas abzeichnet, was aber noch nicht eingetreten ist.
14. Eine Krankheit in der Familie.
15. Andeutung des Zeichens *diaffa*:

I
I
II
I

Er muss Schwarzpulver kaufen und es mir geben. Ich werde eine Arbeit damit machen."

Ich hatte alles schriftlich festgehalten. Am Abend erschien Abou. Coulibaly war noch da, aber er blieb auf dem Sofa sitzen und schickte mich, um Abou alles zu erklären. Das bestätigte mir wieder meine These, dass das Äußere nur einen geringen Einfluss auf die Orakelinterpretationen hat. Denn nicht nur hatte Coulibaly das Orakel in Abwesenheit des Klienten geworfen, sondern er suchte auch jetzt nicht das Gespräch mit Abou, um dann die Aussagen eventuell noch anzupassen und zu modifizieren. Es war eine ganz technische, unpersönliche Angelegenheit. Er schickte mich, um die Resultate des „Tests" zu überbringen; er hätte sie ihm ebenso gut schriftlich mitteilen können. Er arbeitet „blind", mittels eines operativ geschlossenen Systems, könnte man mit Luhmann sagen, ohne Außenkontakt. Er hatte mir übrigens auch keine einzige Frage über Abou gestellt, über den ich ja ziemlich viel wusste. (In der Systemtheorie spricht man ja davon, dass ein System in seinem Funktionieren von der Umwelt [einem andern System] nur in der Form von Störungen oder Irritationen beeinflusst werde. Als ich später selber das Orakel zu werfen begann, machte ich genau diese Feststellung: Weit davon entfernt, dass einem „außersystemische" Informationen etwas nützen, stören sie bloß. Deshalb ist die Orakelanwendung für Leute, die man kennt, sehr schwierig – die beiden Informationssysteme kommen sich dauernd in die Quere; ganz so, wie Psychotherapie mit Nahestehenden eigentlich unmöglich ist.)

Abou war ein Burkinabé; er kam aus dem Norden des Landes, aus der Region um Ouahigouya. Er war als junger Mann in die Elfenbeinküste gekommen und arbeitete jetzt schon viele Jahre für das CSRS. Er hatte eine Frau in Burkina und eine zweite in Abidjan. Mit der ersten hatte er natürlich nicht mehr viel Kontakt, aber besuchte sie doch regelmäßig. Er hatte insgesamt 14 Kinder; er sagte, heute wäre er in dieser Hinsicht zurückhaltender ...

Ich berichtete ihm die Ergebnisse.

Er reagierte vor allem auf die Aussagen über die „Krankheit":

„Meine Tochter, die seit einem Jahr verheiratet ist, war plötzlich gelähmt. Sie kam in die Klinik, wo sich ihr Zustand etwas besserte, aber man fand nicht wirklich heraus, worum es sich handelte. Ihr Mann schickte sie kurzerhand wieder nach Hause, also zu mir. Fürs Vergnügen war sie ihm recht, aber jetzt wo es Probleme gibt ... Ich habe tatsächlich seit sechs Jahren kein Schaf mehr geopfert. Normalerweise kümmert sich meine Mutter im Dorf um diese Sachen. Aber ich habe wirklich seit längerem gedacht, dass ich wieder mal ein Schaf darbringen sollte. Das mit den körperlichen Leiden stimmt schon. Überhaupt treffen etwa 70 % der Aussagen zu. *Und den Rest ergänzt man selber.*"

Er ging jetzt zu Coulibaly, um über die Opfer zu sprechen.

Er sagte, die kleinen Opfer könne er gleich machen, aber mit dem Schaf müsse er noch etwas zuwarten. Er brauche das Geld vorerst für eine Reise; Ende des Monats gehe er für fünf Wochen nach Burkina, um Familienangelegenheiten zu regeln. Nachher werde er sich darum kümmern. Er halte selber ein paar Schafe; es sei zwar kein weißer Bock darunter, aber man werde sehen. Wie groß denn die Bezahlung für ihn selber, für Coulibaly, sei?

„Wenn alles so klappt, wie ich es vorausgesagt habe, gibst du mir 50 000 CFA."

„Wann?"

„Nach einem Monat und zehn Tagen."

**Lesen im Sand**

In einem weiteren Teil seiner Initiation führte mich Coulibaly in das Sandorakel, die Geomantie, ein.

„Das Sandorakel ist langsamer als die Kauris", sagte er. „Aber auch wirksamer."

Das bedeutet zweierlei. Tatsächlich ist ein Sandorakel durchzuführen zeitaufwendiger als die Kauris zu werfen. Aber es verbindet noch stärker als das Kauriorakel Wahrsagung und Magie. Dieselben Zeichen, mit denen man Unfälle, Krankheiten oder Todesfälle in der Familie voraussieht, kann man auch verwenden, um Unheil abzuwenden oder jemandem Schaden zuzufügen. Was für Worte generell gilt in Afrika, dass nämlich ihre repräsentierende und ihre performativ-evozierende Funktion eng verbunden sind (alltäglich in den Segnungen und Verfluchungen), gilt in ganz besonderem Maße für die „magischen" Zeichen. Das Zeichen, das den Tod bezeichnet, ist ein Stellvertreter des Todes, trägt den Tod in sich und kann tödlich sein.

Wieder, wie bei den Kauris, führte mich Coulibaly nur unter dem Vorbehalt in diese Technik ein, dass ich sie nicht öffentlich mache. Ich begnüge mich also damit, einige allgemeine Anmerkungen zur Struktur des Orakels zu machen und zur „Philosophie" bzw. Psychologie, die darin impliziert ist. Es muss allerdings ehrlicherweise gesagt werden, dass das Sandorakel bereits sehr detailliert beschrieben wurde.[161]

---

161 Durchbreche ich das Geheimhaltungsgebot, wenn ich darauf verweise? Es handelt sich um das Werk *La Géomancie* von Robert Jaulin (1966). Eine kurze Darstellung findet sich auch in Eglash (1997).

Das Sandorakel, wie es bei den Bambara praktiziert wird (das Orakel nennt man dort *laturu*, seinen Interpreten *tiyendola*), findet sich – in Variationen – in weiten Teilen Afrikas und des Orients. Es stammt wahrscheinlich aus dem arabischen Raum, wo man es, im Gefolge der arabischen Eroberungen, von Persern und Indern übernahm, übersetzte und nach Afrika „verschleppte".[162]

Allerdings gibt es auch Analogien zwischen dem binären Zählsystem, das dem Sandorakel zugrunde liegt (und vielen traditionellen subsaharischen Zählweisen), und der altägyptischen Mathematik. Möglicherweise haben also die Perser ihrerseits das Orakel einst von den alten Ägyptern übernommen, womit wir vielleicht doch wieder bei einem nilotisch-afrikanischen Ursprung wären.[163] Das ist reichlich spekulativ, aber selbst wenn es sich so verhalten hätte, wäre das Orakel wahrscheinlich erst über einen komplizierten, viele Jahrhunderte dauernden Umweg via Perser und Araber ins Bambara-Gebiet gekommen. Es wurde ja öfters auf Ähnlichkeiten zwischen (vor allem religiösen) altägyptischen und westafrikanischen (etwa Dogon-) Vorstellungen hingewiesen. Ein Beispiel ist die Vorstellung, dass sich Wahrheit durch Verdopplung bzw. Zweiteilung offenbart (eine Idee, die in gewisser Hinsicht auch dem Sandorakel zugrunde liegt):[164] Eglash, ein Ethnomathematiker, verweist auch auf das traditionelle afrikanische Spiel, das darin besteht, Steinchen in zwei Reihen von Löchern zu platzieren und das unter den Namen *awalé, ayo, bao, lela* und andern bekannt ist (in Ostafrika unter *mancala*, das ein arabisches Wort ist, das sich irgendwann an dieses – rein afrikanische – Spiel geheftet hat und also ganz und gar nicht auf einen arabischen Usprung des Spiels hinweist, was man vielleicht doch auch für das *laturu* beherzigen sollte).

---

162 Jaulin 1966:15f. Es scheint mir übrigens faszinierend, dass sogar ein Kulturelement, das man – in einem entlegenen Dorf mitten im afrikanischen Busch – als besonders autochthon oder archaisch zu betrachten versucht wäre, sich als importiert erweist und damit auf Geschichte, Wandel, Krieg und Vermischung verweist; und dass deshalb ein Bambara-Bauer irgendwo im malischen Hinterland – ohne davon eine Ahnung zu haben und eifersüchtig auf Abschottung und Geheimhaltung bedacht – genau dieselbe Orakeltechnik verwendet wie ein Wahrsager in Madagaskar. Und dass das Sandorakel ausgerechnet durch die Islamisierung auch zu einem Volk getragen wurde, das stolz darauf ist, sich dem Islam nicht unterworfen zu haben (*bamanán* bedeutet „aufständisch"), ja, dass dieses Orakel, das man der islamischen Eroberung verdankt, durch eine Ironie des Schicksals geradezu zu einem Markenzeichen der Fetischisten, also Nicht-Muslime geworden ist!
163 Eglash 1997:117.
164 Eglash 1997:117f.

Wenn das Orakel also tatsächlich einen afrikanischen (nilotisch-altägyptischen) Ursprung hat, so heißt das nicht unbedingt, dass ein direkter Weg von Karnak nach Bandiagara und zu den Vorfahren Coulibalys führte, sondern eher, dass das Orakel schließlich nach all den Umwegen in verschiedenen Teilen Afrikas auf einen fruchtbaren Boden fiel, weil bereits eine strukturelle Ähnlichkeit, eine Kompatibilität zwischen seiner Vorgehensweise und dem Denken in der afrikanischen Aufnahmekultur bestand.

Interessanterweise variiert das Prozedere, also die Art, wie man die Zeichen aufbaut, verbindet und zu Aussagen kommt, von Region zu Region nicht; sehr wohl hingegen die konkreten Bedeutungen der einzelnen Zeichen. Was nicht verwundert. Denn das System, das mathematische Gerüst des Orakels ist in seinem Aufbau von einer genialen Einfachheit[165], die sich kaum im Detail modifizieren lässt, ohne das Ganze zum Einsturz zu bringen. Die Symbolik hingegen ist natürlich eher kulturgebunden.

Am Anfang des Orakels steht ein reines Zufallsprinzip. Aus dessen Resultat werden dann nach und nach, durch geregelte Transformationen, sechzehn Zeichen generiert, die allesamt aus vier Zeilen „Einern" oder „Zweiern" bestehen, wie zum Beispiel das Zeichen *meleju*, das Coulibaly auch im Kauriwurf für Abou wiederfand:

II
I
I
I

Die sechzehn resultierenden Zeichen werden nacheinander an vorbestimmten Plätzen gezeichnet. Diese Plätze werden auch „Häuser" genannt und die spezifische Bedeutung entsteht aus der Kombination zwischen der Eigenbedeutung des Zeichens und seiner Position. Die Interpretationsvorgaben sind natürlich noch strenger geregelt als beim Kauriorakel, weil die möglichen Resultate im Sand endlich, eindeutig und diskontinuierlich sind, im Gegensatz zu den Kauris. Es gibt 16 mögliche Sandzeichen, die, wie gesagt, je nach Region verschiedene Bedeutungen annehmen können.

---

165 Eglash (1997:115) vergleicht sie mit Georg Cantors Mathematik des Unendlichen und Benoit Mandelbrots Fraktalgeometrie.

Das Zeichen, das Coulibaly *meleju* nennt, heißt zum Beispiel ursprünglich *khotba ed-dakhil* („discours de pénétration"). In der Numerierung der Zeichen ist es das dritte. Die dritte Position im Orakel, das entsprechende „Haus", bedeutet „Familie".

Es gibt drei Zeichen, die *dakhil* beinhalten, also um das Thema der Penetration kreisen, und zwei, die *khotba* beinhalten, das heißt eine Art von Diskurs. Das Zeichen erlangt also seine Bedeutung nicht erst in Kombination mit dem „Haus", in dem es sich befindet, sondern ist in sich schon eine Kombination. Die *dakhil*-Zeichen verweisen generell auf Inneres.[166]

Da in Coulibalys Kauri-Konsultation das Zeichen nur in seiner isolierten Bedeutung genommen wurde (und nicht innerhalb des Sandorakels mit seinen Haus-Positionen), kann hier der Einfachheit halber auf diese kombinatorischen Bedeutungen verzichtet werden. Hingegen ist interessant zu beobachten, wie sich die Bedeutung dieses Zeichens im Laufe seiner „Migration" gewandelt hat:

Im Tschad wird es generell als *raya* („drapeau") bezeichnet, bedeutet jedoch bei den Sara Madjingaye „hommes au village", bei den Sara Deme „la brousse (extérieur)", bei den Dakhel „belle femme ou bel homme" und bei den Gula und Yalnas „femmes, toutes les femmes".

Bei den Fa (Dahomey bzw. Benin) wird dasselbe Zeichen *sa* genannt und bedeutet „magie noire (néfaste), feu féminin".

Bei den Bambara schließlich wird der Name *madi* („l'envoyé") angegeben, mit der Bedeutung „maison, famille maternelle, bonheur".[167] Man könnte also sagen, es gibt von Arabien über Tschad und Benin bis Mali eine eindeutige Verschiebung vom Männlichen zum Weiblichen, wobei die Bedeutung des „Inneren" jedoch konstant bleibt.

Coulibaly gab eine etwas abweichende Beschreibung. Bei ihm heißt das Zeichen wie gesagt *meleju*, und er machte dazu unter anderem folgende, pointierte Charakterisierung:

„Es handelt sich um einen Menschen, der zu viel denkt. Es ist, als ob er einen Spiegel im Kopf hätte. Er wird abmagern."

Auch in dieser Version ist also das Element des (allzu) Inneren noch vorhanden.[168]

---

166 Jaulin 1966:59f.
167 Jaulin 1966:149.
168 Die Differenz zu den Bambara-Bezeichnungen bei Jaulin könnte auch einfach auf einen zeitlichen Wandel hinweisen, da sich Jaulin auf ein Werk von Labouret/Travelé aus dem Jahre 1927 stützt. Der Heiler Moussa Sidibé aus Sindo (Mali) gab für das

## Ein Versuch, die Welt zu ordnen

Im Sandorakel wird zwischen einem *système au repos* und einem *système en activité* unterschieden. Ersteres umfasst die sechzehn verschiedenen Zeichen und die sechzehn Häuser sowie die „Spielregeln"; das *système en activité* die effektiv aktualisierten Möglichkeiten, die Resultate der Befragung. (Total gibt es 65536, also $16^4$ mögliche Kombinationen!).

Sicher könnte man, wie das Jaulin vorschlägt, das Orakel und insbesondere das *système au repos* als Mikrokosmos der Gesellschaft auffassen, die es ihrerseits geschaffen hat. Konkret: eine Art Abbild der arabischen Gesellschaft zum Zeitpunkt, als sie sesshaft wurde. Er macht tatsächlich einige mehr oder weniger einleuchtende Versuche in diese Richtung. Mir scheint es überzeugender und vorsichtiger, auch in diesem Punkt auf der rein formalen Ebene zu verbleiben, auf der sich seine Analyse sonst abspielt. Man könnte dann einfach festhalten, dass das Orakel (wie die Kultur generell) zweifellos ein Versuch ist, die Welt fassbar zu machen, aber dass, konkreter, im Sandorakel eben im strengen Sinne des Wortes ein geschlossenes Weltbild zum Ausdruck kommt, nämlich eines, das die Welt als Kombination von immer gleichen Elementen auffasst, entsprechend jener kollektiven Denkweise, die Lévi-Strauss mit dem Begriff „kalte Gesellschaft" bezeichnet hat. Sie entspricht auch in etwa jener Gesellschaftsform, in der Hexerei möglich oder fast notwendig ist und zu der das gehört, was wir im vorherigen Kapitel „Unantastbarkeit des Gegebenen" genannt haben. (Man könnte es auch Essentialisierung, Enthistorisierung, Sakralisierung oder Mystifizierung des Historischen, Politischen und Sozialen nennen). Von daher erstaunt es vielleicht auch weniger, dass sich das Sandorakel von Madagaskar bis Mali findet, hingegen in den arabisch-islamischen Ländern (und in Europa sowieso[169]) eher verschwunden ist.

---

entsprechende Zeichen den Namen *malidiou* und die Bedeutung „maternelle Verwandtschaft" an (Hielscher 1992:86).

169 Denn auch dort erlebte es durchaus seine Blütezeit (beispielsweise bei den Rosenkreuzern), siehe Jaulin 1966:13f. Allerdings könnte man sich fragen, was das Wiederaufleben von Wahrsagetechniken in Europa bedeutet (auch das Tarot beruht ja – wie übrigens auch die Astrologie – auf einem sehr ähnlichen System wie die Geomantie, nämlich auf der Kombination von Karten bzw. Planeten und „Häusern"); vermutlich ganz so wie die diversen Sekten und die populistischen Parteien auf einer „Reduktion der Komplexität" der (post-)modernen Welt, auf einer Simplifizierung der „neuen Unübersichtlichkeit" (65536 Möglichkeiten!), einer Zurückführung des

Dass sich der schon öfters erwähnte „Totalitarismus" der hier untersuchten Gesellschaften vor allem im Bereich der Wahrsagetechnik und der Heilkunst (die ja untrennbar miteinander verbunden sind) zeigt, hat auch Marc Augé[170] festgehalten. In diesen Interpretationssystemen sei der Irrtum ausgeschlossen. Jedes neue Faktum führe bloß zu einer Neuformulierung der Diagnose, nie zu einer Widerlegung. Ebenso sterbe ein Patient nie wegen eines „Kunstfehlers".

### Das zufällige Reale strukturieren

Was allerdings erklärungsbedürftig bleibt, ist das Element des Zufalls im Rahmen (oder sogar an der Basis) dieses Totalitarismus. Sind Zufall (des Kauriwurfs zum Beispiel) und interpretatorischer Totalitarismus einander nicht entgegengesetzt? Der Zufall setzt ja eben gerade etwas Unkontrollierbares an den Anfang der Deutungsmaschinerie. Ja, wird nicht auch die ganze ausgeklügelte Mathematik eines Sandorakels fragwürdig, ja lächerlich, wenn der Input (und damit auch der Output) rein zufällig ist? Und was ist von einer Medizin zu halten, die sich ja ebenso zu einem schönen Teil auf diese Lotterie stützt? Oder von der traditionellen Rechtsprechung?

Nun, wenn wir Jaulins Gedankengang weiterführen, dass das Sandorakel so etwas wie eine Metapher für die Kultur ist, dann können wir also sagen, das *système au repos* entspreche den kulturellen Kategorien, die wir zur Verfügung haben, um die Welt zu ordnen und ihr einen Sinn zuzuschreiben (zum Beispiel den Begriff der Verwandtschaft an sich und dann seine Differenzierungen, die in Beziehung gesetzt werden zum Beispiel zu ökonomischen oder gesundheitlichen Problemen). Das *système en activité,* also die konkreten Resultate („das Bauchweh wurde durch Hexerei in der Familie deiner Mutter verur-

---

Neuen auf eine bloße Kombinatorik von ein paar wenigen, „ewigen" Variablen (oft weniger als im Sandorakel!). Diese Systeme teilen mit den Orakeln vom besprochenen Typ auch das Schicksal, „vollkommen abgerundet" und tendenziell lernunfähig zu sein, insofern sie auf alles bereits eine Antwort haben. Da sie jedoch eine Art „irrationale Ferieninseln" in einem Meer von Rationalität sind, sind sie strukturell etwas anderes als der *tiyendola* mit dem ganzen Drum und Dran (mit dem Ganzen drum und dran, d.h. der Vernetzung des *fait social total)* in einem Bambara-Dorf. Aber wo steht in dieser auch allzu schön abgerundeten Gegenüberstellung nun Abengourou mit Coulibaly und Abidjan mit Clémentine?
170 Augé 1994a:132. Man könnte sagen, dass in solchen „totalitären" Gesellschaften ein religiöser Modus auf alle Lebensbereiche ausgedehnt wird.

sacht") versinnbildlicht für Jaulin die Realität mit ihren immensen Kombinationen von Möglichkeiten. Aber es ist immer noch eine *symbolisierte* Wirklichkeit! Das eigentliche „Reale", noch vor der Symbolisierung, wäre dann nämlich genau durch den Zufall dargestellt, wenn zu Beginn des Orakels in beliebiger Weise ein paar Zeichen produziert werden, die dann durch die geregelten Transformationen alle andern (mitsamt ihrem Sinnangebot) hervorbringen. Erst durch diesen beliebigen Anfang wird vorgängig so etwas wie eine präkulturelle Phase präsentiert, ein präsymbolisches Chaos, das zwar gänzlich mythisch/unmöglich ist (die Kultur hat es eben an sich, „vorgängig", das heißt „immer-schon-da" zu sein), aber nichtsdestotrotz der Bedeutungsmaschinerie Kultur ihrerseits – aus der Differenz – erst Bedeutung verleiht. (Dieses primordiale Zufallschaos ist eine Hilfskonstruktion, die zwar jeder Entsprechung im Wirklichen entbehrt, entbehren muss, weil sie dieser ja gerade entgegengesetzt ist, aber genau deswegen für ihre Ein- oder Erfassung notwendig ist). Dieser Kontrast zwischen einer ungeordneten Natur und einer geordneten Kultur beherrscht bekanntlich in geradezu obsessioneller Weise das Denken der „Wilden" (die sich in dieser Hinsicht allerdings eben nicht als Wilde, sondern im Gegenteil geradezu als Ordnungsfanatiker erweisen, gerade weil sie – noch – eine Ahnung des „Wilden" besitzen), wie beispielsweise fast das gesamte Œuvre Lévi-Strauss' bezeugt.[171] Aber, wie gerade Letzterer eben auch gezeigt hat, ist die Schnittstelle zwischen dem „Irrationalen" und dem „Rationalen" selbst noch irrational. Sie entsteht aus dem Bedürfnis nach Ordnung, findet aber im Ungeordneten selbst keinen festen Grund, um sich abzustützen. Sie fängt „irgendwo" an (wie die Mathematik mit – unbeweisbaren – Axiomen, die dann aber – rückblickend, im Laufe des rationalen Aufbauprozesses – rational, evident erscheinen). Dieses Bewusstsein, sich auf einer dünnen Eisschicht oder auf einer umspülten Insel zu befinden, in einem eigentlich unwahrscheinlichen und deshalb gefährdeten Schutzraum, kommt vielleicht im Aufbau der Orakel auch zum Ausdruck. Die Begründungen der Kultur sind ihrerseits nicht begründet. Sie bilden in sich zwar ein System, wie die Sprache, sowohl ihrem Aufbau (aus ihrerseits sinnlosen Elementen) als auch ihrem Bezug zum „Realen" haftet aber ebenso immer etwas Arbiträres an.[172]

---

[171] Siehe für Afrika diesbezüglich zum Beispiel auch Ortigues: „L'opposition fondamentale est celle de l'informe et du maîtrisable" – „Der fundamentale Gegensatz ist jener zwischen dem Amorphen und dem Beherrschbaren" (1984:231).
[172] „Der Sinn ist immer auf etwas zurückzuführen. Anders gesagt, gibt es hinter je-

Man könnte also den Vergleich von Orakel und Kultur insofern weiterführen, als beide *Sinnsysteme* darstellen, deren *raison d'être* und Basis jedoch im Sinnlosen zu suchen sind. Es scheint nicht so wichtig, *welcher* Sinn (wenn auch in gewissen Grenzen der Evidenz, wie bei den Axiomen), als vielmehr, *dass überhaupt einer* konstruiert wird.

### Wie die Zeichen heilen

Wenn der Zweck des Orakels (und der Kultur generell) nicht so sehr in einer absoluten Wahrheitssuche besteht, sondern darin, dem Menschen eine Sicherheit zu vermitteln, dann verschiebt sich der Fokus von der abbildenden zur evozierenden Funktion. Also nicht mehr: „Was zeigt es?", sondern „Was macht es?". Die lästige Frage, wie denn ein Wahrsager zu seinen Aussagen komme und ob sie nun zutreffen oder nicht, verliert dabei etwas von ihrer Dringlichkeit.

Man müsste dann die Aussagen des Orakeldeuters weniger als Diagnose nehmen denn als Intervention, mithin als bereits therapeutische. Das Wesentliche wäre dann weniger, *was* der Heiler sagt, als *dass* er überhaupt etwas sagt, wie und in welchem Kontext (Setting) er dies tut und was seine Aussagen auslösen.

Tobie Nathan gibt das Beispiel eines Bambara-Studenten namens Djadjé, der unter Kopfschmerzen leidet. Nachdem ihm die Ärzte nicht helfen konnten, sucht er einen Dogon-Heiler in Mopti auf. Der befragt den Sand und findet, dass eine Person aus der Umgebung des Patienten diesen vergiftet habe. Der Bambara erinnert sich daraufhin, dass er eines Abends in seiner Hirsebrühe eine Kolanuss vorgefunden hat, und verdächtigt sogleich die zweite Frau seines Vaters, seinen Kopf „kaputtgemacht" zu haben. [173]

Hier wäre die Wirksamkeit des Sandorakels also ganz analog zu andern Psychotherapien in der kollektiven Wiedereinschreibung des Symptoms in einen (kulturellen) Sinnzusammenhang zu verorten. Insbesondere besteht hier eine frappante Analogie zur Psychoanalyse, wo ja die *Deutung* auch zugleich Diagnose *und* Therapie ist.

---

dem Sinn einen Unsinn, und das Gegenteil ist nicht wahr." (Lévi-Strauss 1980:86).
„Die Geschichte ist irrational, alle Gesellschaften sind irrational ..." (ebenda:241).
[173] Nathan 1994:116.

Aber der Unterschied besteht darin, dass in Afrika für die Deutungen immer Hilfsmittel benützt werden wie Kauris, Sand, Kolas oder schriftliche Symbole. Nathan schlägt vor, diese Objekte in ihrem anfänglichen Chaos analog zu setzen zum Problem des Patienten, das sich ihm (ebenso wie dem Heiler) vorerst als rätselhaftes, sinnloses Phänomen präsentiert. Dieses zufällige, einfach nur reale Ding (das Kopfweh/das Häufchen Kauris) nimmt nun, unter den sehenden Augen des Heilers, plötzlich Bedeutung an:

„Wer je einen Kauriwerfer bei der Arbeit gesehen hat, konnte zweifellos beobachten, wie ein Haufen Muscheln sich durch eine seltsame Wahrnnehmungsorganisation (eine plötzliche *Gestalt*) in ein strukturales Schema verwandelte mit Kreisen, Strahlen, inneren und äußeren Punkten usw."[174]

Das, was bei uns innen angesiedelt ist, wird von den afrikanischen Heilern also außen abgehandelt, anhand von Objekten. Das trifft sich mit einer Ätiologie, die auch die Ursache der Störung in der Umwelt, im andern ansiedelt. Während die hiesige Psychotherapie und Psychiatrie auf eine Krankheitseinsicht zielt, die darin besteht, das Übel innen, in der Psyche oder im Körper zu verorten und damit auch die entsprechende Behandlung (Psychotherapie oder Psychopharmaka sind unter diesem Gesichtspunkt ein und dasselbe) zu akzeptieren, macht der afrikanische Heiler genau das Umgekehrte: Er sucht die Ursache außen (Geist, Hexe, Marabout) und gibt dem Patienten auch etwas aus der konkreten Außenwelt zur Hand (pflanzliche Medizinen, Gris-Gris oder andere aufgeladene Objekte, einen Fetisch, verschiedene Opfer, handfeste Schutz- und Verteidigungsdispositive wie z.B. ein Hemd mit eingenähtem *Anti-balles*-Horn), um sich gegen dieses Böse da draußen zu schützen.[175]

Der Zufall, das unsymbolisierte Reale, steht also am Anfang einer Behandlung, sowohl in Form des unverstandenen Symptoms wie als technischer Ausgangspunkt der Konsultation (der Kauriwurf). Das Symptom wäre in diesem Schema immer als Zeichen (als momentan bestmögliche Verarbeitung) eines Traumas zu denken, das heißt also als etwas, was das individuelle Fassungsvermögen des Patienten überschreitet. Es kann im Interpretations- und Heilprozedere mit dem Heiligen in Verbindung gebracht werden (unberechenbares Einwirken der Geisterwelt), also gewissermaßen mit dem, was das kollektive, kultu-

---

174 Nathan 1994:112 (Übersetzung D.S.).
175 Nathan 1995 und 1999:194; Augé 1995:232.

relle Fassungsvermögen überschreitet. Der Schock der Konfrontation mit etwas Unfassbarem, von dem sich vorerst nicht mehr sagen lässt, als dass es *ist*, wird im Behandlungsprozess oft reinszeniert, in Form einer Retraumatisierung (durch vorerst befremdende Deutungen, dann durch ungewöhnliche Wahrnehmungen und Behandlungen, die im normalen Alltag keinen Sinn machen würden).[176] Wie gesagt, spielen Objekte eine große Rolle in diesem Prozess, Objekte, die zunächst stumm und gewöhnlich sind, dann aber nach und nach mit Bedeutung aufgeladen werden, bis sie selbst das „Problem" darstellen, vertreten und schließlich *sind*, das infolgedessen auch an ihnen abgehandelt werden kann.

So wie das ganze Setting der Behandlung darauf angelegt ist, den Patienten aus den alltäglichen (Sinn-)Bezügen herauszureißen, so wird auch sein Problem aus dem Innern herausgerissen und verpflanzt, und so bekommen auch Objekte, die zu magischen (bösen oder schützenden) werden, einen neuen Sinn, und die Opfer, die verschrieben werden, verlieren ihren profanen Status und werden geheiligt[177] – ein *Reframing* auf allen Ebenen.

Diese Analogien machen auch insofern Sinn, als ich während meiner Initiation bei Coulibaly erstaunt feststellte, dass die Orakelelemen-

---

176  Nathan 1994, Chapitre 4: „L'art de renaître" (299ff.). Dadurch wird eine Entregelung, eine Dekonditionierung provoziert; eine verhärtete Struktur wird zerschlagen, eine allzu fixierte Vorstellung durcheinander gewirbelt, eine allzu sterile Ordnung besudelt. Das unberechenbare Zufallsmoment in den Wahrsageorakeln bezieht also seinen therapeutischen Sinn gerade aus der Unkontrollierbarkeit und Unvorhersehbarkeit des Unsinns. „Zweifellos ist es so, dass Unordnung eine Struktur zerstört, sie hält aber auch das Material bereit, aus dem eine Struktur entstehen kann ... Sie symbolisiert sowohl Gefahr als auch Kraft. Das Ritual erkennt das potentielle Moment der Unordnung an. Es hofft, in verwirrten Geisteszuständen, Träumen, Ohnmachtsanfällen und Rasereien jener Kräfte und Wahrheiten habhaft werden zu können, die durch bewusste Anstrengungen nicht zu erlangen sind ... Es gibt eine Kraft in den Formen und eine Kraft, die der ungeordneten Sphäre, den Grenzgebieten, unklaren Trennlinien und dem Bereich jenseits der äußeren Grenzen innewohnt" (Douglas 1985:124ff).
177  Worin ja Bataille die zentrale Funktion des Opfers sieht. „Das Opfer zerstört die in der Realität existierenden Bande der Unterordnung eines Gegenstandes, es entreißt das Opfertier der Welt der Nützlichkeit und gibt es einer Welt kapriziöser Unbegreiflichkeit zurück" (1997:39; siehe auch 1975:85–92). Ganz so, wie auch das magische Objekt (z.B. ein Vorhängeschloss) seine alltägliche Funktion verliert und eine Art „flottierender Signifikant", ein „symbolischer Nullwert", ein unfassbares *truc* oder *machin* wird, das gerade durch sein Herausfallen aus den Zweckzusammenhängen zu etwas Geheimnisvollem, Heiligem und Omnipotentem werden kann (Lévi-Strauss 1989:35,39,40). Zu diesem Fremdwerden gehört auch, dass der Heiler selbst oft ein Fremder ist (Eglash 1997:114).

te nicht nur zur Wahrsagung dienen, sondern auch zu magischen und Opferzwecken benützt werden können (und wie die Deutung Reflexion und Aktion zugleich sind).

So verweist jedes der sechzehn Sandzeichen auch auf ein bestimmtes Opfer, das es vorschreibt; bei diesem Opfer findet das Zeichen selbst dann auch Verwendung, indem es beispielsweise in das Salz geschrieben wird, das man nachher in der Nähe eines Gewässers vergraben muss. Das Zeichen *meleju*, das weiter oben beschrieben wurde, musste im Falle Abous in einer bestimmten Weise auf einen Zettel gezeichnet werden, den man nachher in einer Flasche Honig verstaute, der solcherart aufgeladen als Medizin diente. Jedes Zeichen kann darüber hinaus auch als Element in einem Gris-Gris Verwendung finden. Und wie wir gesehen haben, erinnert die Lage eines Kauriwurfs Coulibaly manchmal an ein bestimmtes Sandzeichen, das er dann zu ihrer Dechiffrierung einsetzt. Es zeigt sich also, dass die verschiedenen Diagnose- und Behandlungstechniken (Kauri- und Sandorakel, Opfer, Medizinen und Gris-Gris) miteinander durch die gleichen verwendeten Zeichen verbunden sind; Zeichen wohlgemerkt, nicht Symbole, denn ihr Sinn ist arbiträr und ihre volle Bedeutung erhalten sie erst im Kontext des Systems. Dasselbe Zeichen ist also zugleich Bedeutung und Kraft, wie das Wort im traditionellen Afrika überhaupt. Es hat eine magische Energie, die erst durch den Zusammenhang, in dem es geäußert wird, gut oder böse ist (ganz so wie man generell annimmt, dass Hexer und Heiler im Prinzip dieselbe Macht benutzen). Orakel, Opfer, Medizinen und Gris-Gris (und Hexerei) bilden zusammen ein geschlossenes System (manche würden sagen: ein Spinnennetz), in das man eintritt (in dem man sich verheddert) oder nicht. Man kann nicht nur einen Teil davon nehmen („ich möchte die Zukunft wissen, aber keine Medizin einnehmen"). Wer den Fuß in das Behandlungszimmer eines Féticheurs setzt, geht eine Verpflichtung ein, aus der es kein Zurück mehr gibt!

> Die Westafrikaner kennen die seltsame Alchimie gut, welche das Wort des Wahrsagers in eine Verpflichtung dem Schicksal gegenüber verwandelt. Die Bambara von Mali zum Beispiel haben die Gewohnheit, Wahrsager zu befragen, die im Sand, in den Kaurimuscheln und im Wasser „lesen". Wenn der Wahrsager „sieht" und – was gar nicht unüblich ist – ausruft: „Saraka bô" – „die Opfergaben aufdecken", befindet sich der Ratsuchende unwiderruflich durch die Weissagung gebunden. Der Verschreibung nicht Folge zu leisten, würde das schlimmste Unheil

nach sich ziehen. Wer befragt, ist angehalten, die von der Erde stammenden Verschreibungen zu erfüllen.[178]

Wie Nathan im Folgenden zeigt, ist dieser Mechanismus nicht auf die afrikanische Heilkunde beschränkt. Auch bei uns geht (gerade im Bereich der Psychotherapie) mit der Heilung oft eine Identifikation mit dem System oder der Ideologie des „Heilers" einher; der ehemalige Patient wird Mitglied einer „Glaubensgemeinschaft". „Man kennt ja diese geheilten Kranken, die plötzlich Proselyten der Chirurgie, der Chemotherapie, aber ebensogut einer charismatischen Bewegung oder auch von was immer für einer Philosophie des Fernen Ostens geworden sind ... Die therapeutischen Systeme bilden also äußerst mächtige soziale und politische Kräfte, obwohl die Therapeuten immer behaupten, dass für sie nur die Erleichterung des individuellen Leidens zähle."[179]

### Coulibaly und Prof. Gueye im Vergleich

Das führt uns zur interessanten Frage, ob eigentlich ein grundsätzlicher Unterschied zwischen westlichen und afrikanischen Heilmethoden bestehe.

Ich führte wiederholt Gespräche in den Psychiatrischen Kliniken Bingerville (Elfenbeinküste) und Fann (Dakar, Senegal), bei denen es um dieses Thema ging. Ich möchte ein paar Äußerungen von PsychiaterInnen wiedergeben, die tagtäglich in der Praxis damit konfrontiert sind.

Bei meinem ersten Besuch in Bingerville im Frühjahr 1996 ergab sich folgende Diskussion:

> „Das *Hôpital Psychiatrique* in Bingerville wurde – als Erstes der Elfenbeinküste – 1962 eröffnet", erzählte Dr. Ve Diomande, „und zwar in unmittelbarer Nähe von Bregbo, dem therapeutischen Dorf des populären Harristenheilers Atcho, der jetzt vor kurzem verstorben ist."
> „Gab es Kontakt zu ihm?"
> „Nur über die Patienten."
> „Oft herrscht ja die Ansicht, die Verrückten seien eigentlich verhexte Erfolgreiche ..."
> „Ja, in den Dörfer gibt es manchmal noch diese Auffassung."

---

178 Nathan 1999:189f.
179 Nathan 1999:218.

„Teilen die Patienten selber häufig diese Ansicht?"
„Ja, tatsächlich glauben sie selber, dass ihre Verwirrung auf Hexerei zurückzuführen sei. Es passiert nichts, ohne dass es nicht jemand so wollte. Jemand hat einem eine Verwünschung nachgeworfen, *maraboutage* gemacht etc. Wir Afrikaner sind alle ein bisschen paranoid ... Immer haben wir den Verdacht, jemand mache etwas hinter unserem Rücken!"
„Werden diese Verbindungen vom Patienten bei allen psychischen Krankheiten gemacht?"
Dr. Mariama Barry, die erste und bisher einzige Psychiaterin in Guinea (die inzwischen wieder am Spital von Conakry arbeitet) antwortete: „Vor allem natürlich bei Störungen paranoiden Typs, aber auch bei psychotischen Schüben, Schizophrenie und Depression. Die Inhalte sind meist durch Verfolgung gekennzeichnet. Sogar durch Drogen hervorgerufene Halluzinationen *(horror trips)* haben oft solche Inhalte, bzw. es wird auch von ihnen angenommen, sie seien von jemand anderem geschickt oder gesteuert. Auch die Vorstellung, dass die Ahnen in Form von *spectres* oder als *revenants* kommen und einem einen Schrecken einjagen, ist verbreitet."
„Mir scheint, es ist schwiegrig, in Afrika erfolgreich zu sein."
„Nun, es sind nicht nur die Erfolgreichen, die durchdrehen", sagte Dr. Barry. „Es ist ein relativer Erfolg, gemessen an der jeweiligen Umgebung. In einem Bauerndorf reicht da schon wenig, ein schulischer Erfolg in einer Klasse oder allgemein ein sozialer Aufstieg, der einen Bruch mit der Familie und der eigenen Vergangenheit bedeutet. Das subjektive Empfinden ist da sehr unterschiedlich. Aber man muss auch sagen, dass es wahrscheinlich keine Ethnie gibt, die zur Hexerei nicht auch die Gegenmittel erfunden hätte, die Gris-Gris zum Beispiel. Man kann sich also auch schützen."
Auf dem Nachhauseweg kam ich in Bingerville zufällig noch mit einem Studenten ins Gespräch, einem Sohn einfacher Bauern aus einem Gouro-Dorf bei Daloa. Er kannte die Familie von Dr. Diomande. Er sagte: „Dieser Arzt kommt auch aus einem kleinen Dorf. Nachdem er Doktor geworden ist, kann er nicht mehr dorthin zurückkehren. Er muss in der Stadt bleiben, sonst würde er verhext."

Im Herbst 1998 führte ich mit Prof. N'Goran Amani, wieder in der Klinik von Bingerville, ein langes Gespräch über moderne Psychiatrie und traditionelle Vorstellungen.

„Verrücktheit wird als Signal aufgefasst, als Alarmzeichen", sagte er.
„Die Leute glauben im Allgemeinen, dass die Psychiatrie die Leute nur beruhigen kann; heilen muss sie der Heiler. Die Psychiatrie stellt gewis-

sermaßen die Alarmsirene ab, ohne dass der Ursprung des Problems behoben wäre. Es gibt ja hier praktisch nur Medikamente, keine Therapie, außer Ergotherapie. Man betrachtet Verrücktheit häufig auch als ansteckend und meidet den Kranken deswegen. Der Heiler nimmt dieses Etikett weg. Er betrachtet den Patienten als jemanden, der ein Verbot übertreten hat, vielleicht sogar, ohne es zu wissen (er hat zum Beispiel Reis gegessen, obwohl das sein Totem ist). Verrücktheit wird hier gesehen als *signe d'un dérèglement*; es wird eine Übertretung nachgewiesen und damit holt man den Kranken wieder in die Kultur zurück. Häufig geht es auch darum, dass man einem Geist, der etwas für einen getan hat, ein Opfer versprochen, das dann aber unterlassen hat. Man steht also noch in seiner Schuld." Man kann also von einer *Schuld* des Kranken reden, aber nicht im Sinne unserer Psychologie („du hast deine wahren Wünsche verdrängt, dich nicht verwirklicht, deine Mutterbeziehung nie gelöst, deine anale Fixierung nie durchgearbeitet, am Leben vorbeigelebt etc."), nicht im Sinne von *faute, tort* oder *délit* (als Schuldiger), sondern von *dette* (als Schuldner.)

Amani fuhr fort: „Es gibt drei Schutzgürtel um den Menschen: Gott (bzw. die Geister), die Ahnen und die Familie. Ist einer defekt, kann Unheil eindringen. Ein Hexer sucht immer den Schwachpunkt, das Leck, wo er eindringen kann. Bei uns, den Baule, einer matrilinearen Gesellschaft, ist dieses Einfallstor vor allem die Mutter; man sagt, alles Gute kommt von dort, aber auch alles Übel. Man geht davon aus, dass *eigentlich* alles gut wäre, man würde nie krank, nicht einmal sterben, wenn nicht ... Das Opfer selbst ist also unschuldig. Der Begriff ‚Kastration' passt ziemlich gut auf den Hexereikomplex. Es geht um ein ödipales Problem, das Verbot, groß, größer als der „Vater" (nicht zwangsläufig der biologische) zu sein. Man darf sich nicht allzu potent, erfolgreich, intelligent oder eigenwillig zeigen, sonst wird man von der Hexe, einer Art übermächtiger Mutter, kastriert, auf seinen Platz als Kind zurückverwiesen, zwangsregrediert, hilflos wie ein Säugling gemacht. Interessanterweise verkörpert der Féticheur dann all die Größen- und Allmachtsphantasien, die man selber nicht ausleben darf. Er ist wie ein guter Vater, der alles kann, dich beschützt und immer auf deiner Seite ist. Wie ein Starverteidiger!"

„Ob es Hexerei wirklich *gibt* oder nicht, können wir natürlich auch nicht sagen", äußerte Amani einmal bei einer anderen Gelegenheit.
„Aber wir können untersuchen, was die Einzelnen damit machen, psychisch und sozial. Bei manchen wird es wirklich zu einer Neurose oder gar Psychose, andere können es integrieren. Für den Intellekt bedeutet der Hexereiglaube eine Einschränkung. ‚Hexerei' ist oft eine Pseudolösung, man muss dann nicht mehr weiterfragen. Da gab es zum Beispiel den Fall mit dem Fußball-Länderspiel, als ein Blitz ins Spielfeld ein-

schlug. Alle Mitglieder der einen Mannschaft fanden den Tod, die andern überlebten ausnahmslos. Viele Leute sahen darin ein eindeutiges Beispiel für Hexerei. Damit hat es sich dann, und man denkt nicht mehr weiter. Vielleicht lag es aber zum Beispiel daran, dass die Equipen verschiedene Turnschuhe trugen. Vielleicht isolierten die einen besser? Solche Untersuchungen wurden jedoch nie angestellt. Man war bloß mit Spekulationen und der Hatz nach einem möglichen Täter beschäftigt, sogar in den Zeitungen. Es ist eine Art von Dummheit.
Mindestens die Hälfte der Patienten in unserer Klinik sucht daneben noch einen Féticheur auf. Dann kommen noch die christlichen Heiler, die Exorzistenpriester usw. dazu. Ich hatte zum Beispiel einen Patienten, der sich seine Störungen durch einen Mitarbeiter erklärte, den er auf der Baustelle an der Lagune hatte ertrinken sehen. In seiner Kultur kommt das einem Tabubruch gleich. Als er mir das erzählte, schrieb ich ihn einen Monat krank, er fuhr in sein Heimatdorf in Burkina, unterzog sich dort einer traditionellen Behandlung und genas." (Nur das System, das ihn verurteilte, kann ihn auch wieder freisprechen. Etwas polemisch könnte man sagen, der Fetischismus ist die Krankheit, für deren Heilung er sich hält. Aber das gilt wohl für jedes kulturelle Krankheits/Gesundheits-System.)

Im Feburar 1999 hielt ich mich eine Woche in der Psychiatrischen Klinik *Fann* in Dakar auf und führte eine Reihe von Gesprächen mit dem Direktor Prof. Momar Gueye.
Er vertrat klar die Meinung, traditionelle Heilverfahren und westliche Psychiatrie seien nicht kombinierbar, was mich etwas überraschte, da diese Klinik ja durch ihre Auseinandersetzung mit traditionellen Ätiologien (Hexerei, *maraboutage*, *Rab*) und Behandlungszeremonien (*n'doep*) berühmt geworden war.[180] Als ich ihn fragte, was denn mit den Ritualen sei, die seinerzeit in *Fann* durchgeführt worden seien (ich hatte einen Dokumentarfilm darüber gesehen), reagierte er fast etwas ungehalten:

„Es wurde nie ein n'*doep* hier abgehalten. Der besagte Film ist hier vielleicht etwas missverständlich, aber er spielte in einem Dorf in der Nähe. Es stimmt, dass viele Patienten neben der psychiatrischen Behandlung sich traditionellen Riten unterziehen; das können wir nicht unterbinden und wollen es auch nicht. Wir beurlauben sie dann für eine Woche, und sie gehen in ihr Dorf. Manchmal wird der Psychiater sogar mit eingeladen; manchmal gehen wir auch, aber nur als Zuschauer. Ich halte

---

180 Siehe die Werke von Collomb und Ortigues.

nichts von afrikanischen Marabouts, die ihre Dienste in Paris anbieten, oder solchen, die sich in Workshops in San Francisco präsentieren. Die wirklichen Heiler findet man auf dem Dorf. In der Stadt regiert meist die Geldgier. Ich halte übrigens auch nichts von einem Tobie Nathan. Ich persönlich würde zum Beispiel nie ein *rab* diagnostizieren oder gar ein Gris-Gris für den Patienten fabrizieren. Dieser Dilettantismus ist doch eigentlich auch eine Geringschätzung des Heilerberufs. Ich anerkenne beide Welten, beide Systeme, beide Techniken, aber sie lassen sich nicht verbinden. Ich arbeite gegenwärtig an einem Gesetzesentwurf mit, der dann der Assemblée zur Abstimmung vorgelegt wird, über die offizielle Anerkennung der Heiler (bis jetzt ist ihre Tätigkeit eigentlich verboten, was natürlich juristischer Blödsinn ist). Aber wem soll man ein Diplom geben? Nach was für Kriterien die ‚Guten' von den ‚Schlechten' trennen? Ich würde sagen, es gibt etwa 80 % Scharlatane. Aber wenn wir die Heilverfahren analysieren und bewerten, so tun wir das zwangsläufig wieder aus westlich-cartesianischer Sicht. Wir können für eine Psychose nicht zugleich eine psychiatrische Ursache und eine Geisterbesessenheit annehmen. Entweder glauben wir an Geister oder nicht. Übrigens muss man den Patienten auch gar keine traditionellen Behandlungen anbieten; sie gehen schon von selbst da hin, wenn sie es wollen. Hingegen überweisen manchmal Heiler Leute an die Klinik."

*Fann* wurde Ende der Fünfzigerjahre gegründet und stand bis 1978 unter der Leitung des Franzosen Henri Collomb. Sein Nachfolger war der Senegalese Babakar Diop. Heute, nach der „Afrikanisierung" der Klinik, scheint eine größere Skepsis den traditionellen Heilverfahren gegenüber zu bestehen. Das ist nur auf den ersten Blick paradox. Vielleicht spielte für Collomb auch eine gewisse exotische Faszination bei seinen Forschungen eine Rolle, die bei seinen afrikanischen Nachfolgern wegfiel. Dann war es für ihn als Weißer wahrscheinlich auch einfacher, das Vertrauen der Heiler zu gewinnen (weniger Angst vor Konkurrenz). Aber vor allem scheint mir, dass das Bedürfnis nach Abgrenzung und Legitimierung für einen afrikanischen Arzt verständlicherweise größer ist. Denn für die Mehrheit der Afrikaner besitzt der Psychiater Prestige eher aufgrund seiner Stellung als eine Art Funktionär oder staatliche Autoriät denn aufgrund seiner Heilkraft (wo er gegenüber dem traditionellen Heiler bestenfalls, wie Amani sagte, die Rolle dessen hat, der das Alarmsignal abstellt).

Nun, die scharfe Trennung, die Gueye zwischen Heiler und Psychiater vornimmt, scheint mir einerseits einleuchtend, da die beiden Vorgehensweisen tatsächlich nur vor dem Hintergrund eines völlig unterschiedlichen Welt- und Menschenbildes Sinn machen, von dem man bei einer Behandlung nicht einfach abstrahieren kann (zum Beispiel: glaubt man an Orakel, Hexerei, Geister, magische Objekte oder nicht?).[181] Andererseits scheint mir die radikale Unterscheidung auch illusionär; sie geht nicht zuletzt von einem idealisierten, ja sterilisierten Bild der Wissenschaft und der Medizin (und auch der Heilkunst) aus. Denn zum einen ist die Medizin selbst heute pluralistisch geworden und verschreibt oft Medikamente, die zwar wirken, deren Wirkungsweise jedoch kaum bekannt ist und die sich insofern nicht grundsätzlich von traditionellen Methoden unterscheiden. Zum andern hat auch die traditionelle Medizin viel von der modernen aufgenommen (außer man kreiert eine Art „reine" Tradition, wo man nur die isolierten Heiler auf dem Dorf gelten lässt, um sie besser von allem Modernen trennen zu können). Es gibt Heiler, die in manchen Fällen Tabletten aus Europa bzw. chinesische Heilmittel verwenden; vielerorts ist auch eine medizinische Terminologie in ihre Erklärungen eingeflossen. Selbstverständlich sind auch Aufklärungskampagnen nicht spurlos an ihnen vorübergegangen (zum Beispiel bezüglich Aids oder Malaria), das hat ihre Modelle verändert oder ergänzt (sexuelle Übertragbarkeit, Präservative, Moskitonetze). Auch wenn sie sich diesen Informationen gegenüber verschließen, bekommt ihre Haltung dadurch eine neue Färbung: sie entstammt nicht mehr einfach einer Isolation, sondern wird zu einem bewussten Konservativismus oder sogar Widerstand. Auch Heiler, wie viele andere, migrieren natürlich in die Stadt, ins Nachbarland, oder sogar zeitweise nach Europa oder in die USA (und arbeiten dort auch, halten besagte Workshops ab, lassen sich Visitenkarten drucken, inserieren in der Zeitung, passen ihre Sprache dem neuen Umfeld an). Auch Heiler brauchen Geld und verlangen deshalb Honorare für ihre Arbeit, die sich nach Angebot und Nachfrage richten (sie gehen bis ans Maximum, das der Patient zu zahlen bereit ist). Es gibt auch Pflanzenheiler, die ihr Wissen formalisieren, aufschreiben, publizieren oder die phytomedizinische Apotheken eröffnen, wo man ihre Medikamente in Beutel abgepackt fein säuberlich sortiert vom Gestell holen kann. Wenn die Mehrheit der Afrikaner zwischen verschiedenen Bezugssystemen hin und her „switcht", warum dann nicht auch die Heiler? Sind

---

181 Diese Position von Gueye findet einen Fürsprecher in Augé, der der Ansicht ist, jede Zusammenarbeit zwischen Medizinern und (afrikanischen) Heilern sei illusionär; insbesondere, weil der Heiler mit einem Menschenbild arbeite, in dem der Patient ganz durch seine Bezüge zum andern definiert sei und wo nicht zwischen Körperlichem, Psychischem und Sozialem unterschieden werde (1994:140ff.).

Menschen nicht immer, nicht nur in Afrika, mal rational und mal irrational, gerade auch was ihren Körper, ihre Psyche und Krankheiten angeht?[182]

Das alles ist völlig selbstverständlich, wenn man sich die allgemeinen Veränderungen in Afrika vor Augen führt, die alle betreffen, und damit auch die Heiler. Warum sich also darüber empören? Vermutlich spielt bei einigen eine Enttäuschung darüber mit, dass auch die Heiler nicht vom gesellschaftlichen Wandel ausgenommen sind; denn das ist insofern desillusionierend, als es zeigt, dass auch sie nicht bloß von „ewigem Wissen" und übernatürlichen Geistern leben. Man kann dieser Entschleierung ausweichen, indem man all jene, an denen man diese Modernisierungsflecken entdeckt, aussondert und eine heile Restgruppe von „echten" Heilern imaginiert, die sich noch irgendwo unberührt im innersten Afrika versteckt hielten. Sowohl bei Afrikanern wie bei Europäern findet man dieses Festhalten an einem Mythos außerhalb von Geschichtlichkeit und Gesellschaftlichkeit. Wenn ein Mediziner wie Gueye diese Nostalgie äußert („die echten Heiler findet man nur noch auf dem Dorf"), ist, wie gesagt, anzunehmen, dass auch eine Angst mitspielt, die Grenze zwischen Arzt und Heiler könnte sich verwischen, wenn ihm die Heiler auf allen Ebenen näher rücken. Aber es geht nicht nur um eine Mumifizierung der Heiler, sondern ebenso um eine Mystifizierung seiner eigenen Profession. Es gibt ein abstraktes Ideal von Wissenschaftlichkeit und Rationalität, aber die reale Wissenschaft und vor allem ihre Anwendungen (wie die praktische Medizin) sind etwas ganz anderes. Wissenschaft funktioniert in der Praxis ja oft nicht grundsätzlich anders als irgendein *Glaubens*system, insofern als gewisse angeblich bewiesene Paradigmen von der Mehrheit einfach geglaubt werden (bis sie von einem „Spinner" angesägt werden).[183] Gera-

---

182 Auch Jarvie weist darauf hin, dass im selben Kopf verschiedene, manchmal auch sich widersprechende Konzepte vorhanden sein können, die je nach Situation aktualisiert werden. „Der Schützengraben kennt keine Atheisten" (1985:58). Dr. R. G. Ahyi, Prinz des Königreiches von Allada und Psychiatrieprofessor an der Universität von Cotonou, sagt in einem Gespräch mit Fichte (1990:50): „Wir sind alle doppelt... Mein Traum ist es vielleicht, ein Medizinmann zu werden, der die westlichen Verfahren beherrscht."
183 Barnes verweist auf diesen Sachverhalt, insofern er mittels Kuhns Paradigmabegriff traditionelle Glaubenssysteme und wissenschaftliche Modelle auf ihre Dogmatik hin vergleicht. „Das Paradigma wird nicht geglaubt, weil die Natur, wie man sagen könnte, darauf besteht, sondern die natürliche Welt wird vielmehr durch das Paradigma gesehen (im Sinne von Atomen etwa, oder Feldern) und ihr Verhalten wird so interpretiert, dass es mit dieser Wahrnehmung, mit der Verwendung – wo angemessen – von zusätzlichen Annahmen und zusätzlichen Argumenten, übereinstimmt"

de die Psychiatrie ist ja heute sehr pluralistisch und synkretistisch orientiert; ganz ähnlich wie bei traditionellen Methoden macht man, was wirkt, auch wenn man nicht genau versteht, wie und warum: Medikamentöse Behandlung, sicher, aber auch Ergotherapie, Psychotherapie – die sich wieder auffächert in Gesprächstherapie (die sich wiederum in diverse Schulen und Techniken auffächert), Körpertherapie (dito), Gruppentherapie (dito) usw.-, Physiotherapie (die sich asiatischen Einflüssen, z.B. Massagetechniken, geöffnet hat) usw. Dann ist auch hier die wirtschaftliche „Kontamination" nicht zu vergessen. Als ich im Februar 1999 im *Fann* war, wurde im Rahmen einer internen Fortbildung gerade ein Werbefilm für Medikamente gegen Angst und Allergien vorgeführt, anschließend gab es einen Gratisapéro und kostenlose Kugelschreiber, von der betreffenden Chemiefirma gestiftet. Solche Einflüsse sind der Medizin natürlich nicht einfach äußerlich; sie gehören untrennbar dazu.[184] Und wenn der Chefarzt zu Kongressen in Paris und Boston eingeladen wird, merkt er möglicherweise, dass es auch in der Psychiatrie Unterschiede zwischen Europa und den USA gibt, also Kulturbedingtes mitten in der Moderne!

Nun, meines Erachtens gibt es gute Gründe, einer Mischmasch-Ethnopsychiatrie à la Nathan gegenüber skeptisch eingestellt zu sein. Aber man sollte gerecht sein und die *real existierenden* Systeme einander gegenüberstellen (anstatt idealisierende Modelle, sei's von einer superwissenschaftlichen Psychiatrie, sei's von einer ur-authentischen Heilkunst). Dann zeigt sich nämlich, dass sie gar nicht so eindeutig voneinander abtrennbar sind, ja, dass die Verbindung schon längst gemacht wird, unabhängig davon, ob die Akademie sagt, es gehe oder nicht.

---

(1987:216). Winch kommt – ausgehend von Wittgenstein: „Die Grenzen meiner Sprache bedeuten die Grenzen meiner Welt" – zu einer ähnlichen Parallelisierung von Orakel und Magie (bei den Zande) und Wissenschaftsgläubigkeit (1987:89f. et passim). Siehe ganz ähnlich übrigens schon Durkheim 1994:486 und 586: „Wenn es heute im Allgemeinen genügt, dass (Begriffe) den Stempel der Wissenschaft tragen, um gewissermaßen Vorzugskredit eingeräumt zu bekommen, so darum, weil wir an die Wissenschaft glauben. Aber dieser Glaube unterscheidet sich nicht im Wesentlichen vom religiösen Glauben."

184 Das Ökonomische macht sich auch insofern bemerkbar, als in *Fann* Geldmangel herrscht und man auch im Medikamentösen nehmen muss, was erschwinglich ist (bzw. was der „Dritten Welt" günstig angeboten wird). Das Gesundheitsministerium droht dauernd mit Budgetkürzungen; es ist möglich, dass die Abgrenzung gegenüber den traditionellen Heilern auch mit einer diesbezüglichen politischen Anpassung zu tun hat. Denn offiziell dürfen die Heiler im Senegal ja nicht praktizieren.

Denn auch im Alltag von *Fann* werden ja, der Skepsis des Direktors zum Trotz, durchaus und seit langem, Elemente der traditionellen Behandlung in die psychiatrische Behandlung integriert.

So ist es zum Beispiel seit 1972 verbindlich, dass jeder Eingewiesene von jemandem begleitet werden muss (das ist übrigens auch in der Klinik in Bingerville so):

„Die Begleitperson *(accompagnant)* besteht aus einem Familienmitglied oder einer nahe stehenden Person, die den Kranken vom Moment der Hospitalisierung an begleitet, und wurde durch das Vorgehen einiger Heiler angeregt", schreibt Gueye. „Im Senegal lebt in den Dörfern der traditionellen Heiler, wie z. B. in Mawa in der Casamance, der Kranke mit einem oder mehreren Familienmitgliedern zusammen ... Diese Grundhaltung wurde durch einzelne traditionelle Begriffe über die Geisteskrankheiten erleichtert. Unter diesen konnte sich solch ein Familienverbund voll angesprochen fühlen, denn die Krankheit wurde so zu einem Ausdruck der Übertretung von bestimmten Regeln."[185]

Eine andere Besonderheit von *Fann* liegt im so genannten *pinth:*

> *Pinth* bezeichnet im Wolof Zusammenkunft, Versammlung. Nach dem Bilde des traditionellen afrikanischen Dorfes hat jeder Aufnahmedienst einen Palaverort unter der Führung eines ‚Dorfchefs', der von den Kranken gewählt wird. Der *pinth* ist eine Versammlung, in der jeder das Recht und die Pflicht hat, das Wort zu ergreifen. Er wurde um 1963 in *Fann* verankert und beruht auf drei Forderungen:
> 1) Die Dienstleistung ist die eines Dorfes, das von den Kranken selbst gestaltet und verwaltet wird; 2) alle Mitglieder sind gleich; 3) es herrscht völlige Freiheit, sich auszudrücken und Beziehungen aufzunehmen. Der ‚Dorfchef' ist in der Regel selbst ein stationärer Patient, oder auch mal eine ‚Begleitperson' oder ein Teammitglied. Alle nehmen an diesen Zusammenkünften teil: Kranke, Begleitperson, Pflegepersonal oder von außen hinzugekommene Personen.[186]

Gueye weist auch darauf hin, dass manchmal nicht die traditionellen Elemente, sondern gerade die moderne, medikamentöse Versorgung in der Klinik den „magischsten" Aspekt hat: „Der Arzt seinerseits führt oft eine Konsultation, aus Angst zu enttäuschen, mit einer medikamentö-

---

[185] Gueye 1984:149.
[186] Gueye 1984:150.

sen Verschreibung durch. Spielt er dabei nicht auch eine ebenso magische Rolle durch seine Kenntnisse und die Verschreibungsbefugnis?"[187]

Ich möchte im Folgenden die Notizen wiedergeben, die ich mir beim Besuch eines solchen *pinth* machte, um einen Eindruck dieses konkreten, pragmatischen Nebeneinanders von „afrikanischer" und „europäischer" Herangehensweise an die Geisteskrankheit zu vermitteln.

Am Haupteingang der Klinik prangt eine große Inschrift: *„L'homme est le gardien de son frère"*. Aber auf dem eingezäunten Vorplatz der psychiatrischen Abteilung, die wir heute morgen besuchen, gab es offenbar noch ein anderes Motto, das unleserlich geworden ist. Die weißen Steine, die das Schriftrelief bildeten, sind durcheinandergeraten, die einstigen Buchstaben zerbrochen, zerfallen, zerbröselt.

Ein Angestellter putzt das Entrée und den Flur. Aber es riecht nicht nach Putz- und Desinfiziermittel wie bei uns im Krankenhaus, sondern nach *thiouraye*. Die beweihräucherte, die parfümierte Psychiatrie.

Das *pinth* für die Männer wird jeden Freitag um zehn Uhr abgehalten, auf einem überdachten Vorplatz. Wir sitzen im Kreis, auf kleinen Bänken. In der Mitte hockt die „Dorfchefin" auf einer Matte und verteilt Erdnüsschen aus einem Korb. Es sind auch noch andere Frauen da. Es gibt zwar ein Männer- und ein Frauen-*pinth*, aber man nimmt es mit der Unterscheidung offenbar nicht so genau. Einer schlägt eine kleine Djembé, um die Leute zusammenzutrommeln. Als alle da sind, stellt sich der Reihe nach jeder kurz vor. Gueye kommt erst später. Ein Patient erzählt, dass er unter dem Vorwand hierhergelockt wurde, man bringe ihn zum Hafen. Jetzt wartet er auf den Typen, der ihn irregeführt hat. Jeder ist mit seiner Begleitperson da. Einer erzählt, dass ihn die *rab*, die Geister, heimsuchen. Als die Vorstellungsrunde schon in Gang ist, kommt noch ein aufgebrachter Mann aus dem Haupttrakt und betritt schimpfend den Kreis. Er wird mir als „Commandant" vorgestellt, ein ehemaliger Soldat. Er trägt ein Tuch über der Schulter und ist über und über mit seltsamen Gegenständen behangen, unter anderem einer überdimensionierten Ampulle und einer Art Stethoskop. Die andern Anwesenden sagen ihm, er solle sich erst einmal anständig anziehen, bevor er das Maul aufreiße; darauf nimmt er ein paar von den Dingern

---

187 Gueye 1984:150.

ab. Nach einer Weile erregt er sich aber von neuem und schlägt der „Chefin" mit einem Fußtritt den Nüsschenkorb aus den Händen. Er wettert lauthals über das *pinth* und andere „Zeremonien". Dann beginnt er zu tanzen. Die Chefin tanzt mit, jemand schlägt die Trommel. Er sagt: „Ich verweigere die Medikamente, weil ich mit diesen Tabletten im Bauch nicht mehr hundert Frauen ohnmächtig ficken kann." Nachher sagt er, sie vertrügen sich nicht mit dem Essen. Er hält sich offenbar für Mike Tyson (nicht den Boxer, sondern den senegalesischen *lutteur*, der sich ebenso nennt). Es heißt, er haue immer wieder aus der Klinik ab und pöble dann die Leute im Quartier an. Schließlich, als er die Versammlung nicht mehr monopolisieren kann, tritt er ab und verschwindet. Anschließend wird noch eine Frau hineingeführt; sie setzt sich auf den Teppich in der Mitte. Sie wirkt völlig weggetreten, wie ein Roboter oder ein Zombie. Es gelingt nicht, sie zum Reden zu bringen. Da die Zeit schon mehr als abgelaufen ist, wird die Versammlung aufgelöst.

Einige Tage später nehme ich, mit meiner Kollegin Danielle Bazzi, am Frauen-*pinth* teil. Die heutige Chefin in der Mitte des Kreises ist eine Patientin, die demnächst entlassen werden soll. Aber offenbar geht es ihr doch noch nicht so gut; sie sagt fast nichts, wirkt schwach und überlässt das Feld den Lautstarken. Ein Patient erzählt wieder von den *rab*. Eine jüngere Frau erklärt ihm, das seien keine Geister, sondern Teile seiner Psyche – Ich, Es und Über-Ich. Sie hatte nach Studienjahren in Frankreich Jus an der Uni Dakar belegt. Das Studium wurde von ihrem Onkel bezahlt, bei dem sie auch wohnte. Dessen Frau war offenbar eifersüchtig auf sie und sprach schlecht über sie beim Onkel. Eines Tages schlug er sie – „weil ich meine Zöpfe ins Gesicht hängen ließ." Seit diesem Tag leidet sie an Spasmophilie (hysterische Gesichtsmuskelversteifung), wie ihre Mutter, die jetzt als Begleitperson hier ist. Von ihrem Onkel sagt sie: „*Ce temps-là il a eu des problèmes. Il me faisait les porter.*" Er ließ sie seine Probleme tragen. Sie will noch etwas von ihrem Onkel erzählen, der sie misshandelt hat, aber plötzlich bricht sie ab. Versuche, sie zum Weitersprechen zu motivieren, fruchten nichts. „*Je n'ai plus la force*", sagt sie. „Ich habe keine Kraft mehr." Dafür erhebt sich jetzt eine andere, betet lauthals, singt, tanzt. Manisch-depressiv, sagt der Arzt neben mir. Eine ältere Frau ruft plötzlich, sie sei gar nicht krank. „Ich habe einen Mann, keine Geldsorgen, bin gesund, mein einziges Problem ist bloß …, dass mir immer die Toilettenartikel geklaut werden!" Eine Frau in der Nähe flüstert: „Das stimmt gar nicht. Sie verschenkt sie, und nachher behauptet sie, man hätte sie bestohlen." Ein Mann steht auf, singt und macht obszöne Bewegungen dazu. Dann kommt ein Koraspieler dazu, und alle tanzen. (Manchmal endet das *pinth* offenbar auch in gemeinsamem Beten).

Am Nachmittag führt Danielle Bazzi noch ein Gespräch mit der jungen Intellektuellen, die am Vormittag so abrupt verstummt ist. Vor dem Gespräch schickt sie ihre Mutter hinaus. Sie erzählt, dass sie Freud, Dolto und Mannoni gelesen habe. Ihr Onkel sei Diplomat, seine Frau hingegen eine Ungebildete. Deshalb sei sie wohl auch eifersüchtig auf sie gewesen. „*J'aimait trop l'oncle.*" Als Bazzi sie nach der Tante fragt, stopft sie ihr buchstäblich den Mund mit Schokolade. Sie will wohl nichts Schlechtes über sie sagen. „Die Älteren haben immer Recht", meint sie ausweichend.

Ich selber mache einen Besuch bei der Frau mit dem „Toilettenartikel-Problem". „Ich bin 38 Jahre alt", erzählt sie. „1983 wurde ich zum ersten Mal eingeliefert. Am Tag der Miss-Senegal-Wahl. Nachher war ich fast jedes Jahr einmal hier. Immer in Begleitung meiner Schwester. Die beiden andern Schwestern sind gestorben." Sie kramt deren Fotos hervor. „Mein erster Mann entjungferte mich. Ich ließ mich von ihm scheiden, weil er meinen Klinikaufenthalt nicht zahlte. Der zweite Mann war Marabout. Er konnte mit einem Auto durch den Fluss fahren!" Plötzlich wird sie etwas müde und schlägt mir vor, den Rest in der KG-Fiche zu lesen. Sie möchte mir ihren kleinen Sohn vorstellen. Zu diesem Zweck führt sie mich ins Zimmer der Krankenschwester und „lädt" mich dort ab. Die Krankenschwester sagt, die Patientin hätte keinen Sohn hier. Sie zeigt mir die Krankengeschichte. „Schizophrenie, Schlaflosigkeit, *rab*, von Nachbarin verhext (Anthropophagie), Sachen geklaut und verkauft. Unterhält eine ganze Kollektion von Abfallobjekten."

Beim Gehen treffe ich sie nochmals im Flur. Sie fragt, ob ich ihr eine Zahnpasta mitbringen könne; eine Zahnbürste habe sie schon, aber kein Geld für die Paste. Als ich sie näher anschaue, sehe ich, dass ihre Zähne ganz braun und faul aussehen.

Am nächsten Tag bringe ich ihr das Gewünschte mit. Sie tanzt vor Freude. Triumphierend geht sie, die rote „Colgate" schwenkend, den Flur hinunter und verkündet lauthals: „Michael Jackson hat mir das geschenkt!"

Sie nimmt mich am Arm. „Wir zeigen sie Doktor Fann!" ruft sie.

„Wie schon Senghor sagte", meint dann der Dienst habende Arzt lächelnd, „die afrikanische Frau braucht keinen Schmuck. Denn schon ihre Zähne sind wie Gold."

Négritude und Colgate, *pinth* und Haldol, Hexerei und KG-Fiche ...
Afrika lebt vom Synkretismus; einer Mischung aus Mischlingen, sei's die traditionelle, sei's die moderne Medizin, sei's der Fetischismus, sei's die „westliche Ideologie" (was immer das genau ist). In diesem Chaos, das die Europäer vielleicht nicht hinter, sondern noch vor sich haben, überlebt nur der „Chaot", der Polyvalente, der Pluralist, der Kombinierer. Coulibaly ist für mich so ein Überlebenskünstler, ein Trapezartist zwischen den Jahrhunderten und Kontinenten, ein Trickster. Lebt nicht die Evolution von Variation, Auffächerung, Kombination, Versuch und Irrtum, Abweichung, Unvorhergesehenem, von „Fehlern"? Coulibaly verkörpert für mich – noch mehr als ein Professor Gueye – etwas von diesem Joker des (post-)modernen Afrika, einem Magier, Taschenspieler, Seiltänzer, Jongleur und Zirkusakrobat, einem Fährtenleser auf der Pirsch, einem Irr- oder Botenläufer zwischen Buschdorf und Asphaltdschungel, zwischen vertrocknendem Sahel und tropischem Großstadtwirrwarr, mit einer Dunhill („Paris, London, New York") hinterm Ohr und einer Kola in der Hosentasche, ein Phantom aus Vergangenheit und Zukunft zugleich, und immer am Rand des Unwahrscheinlichen.

# Tropischer Hyperhumanismus[188]

Fast alle afrikanischen Hauptstädte haben ein Viertel, in dem sich die meisten Regierungsgebäude, Banken, europäischen Restaurants, schicken Boutiquen, Cybercafés und Bettler befinden (wenn sie nicht gerade mal wieder anlässlich eines hohen Besuchs verjagt worden sind) und das sich als *Zentrum* versteht. Es ist der Ehrgeiz der Elite, dass das „Plateau", wie es in Abidjan und Dakar heißt, möglichst modern und westlich aussieht, denn ihr eigenes Selbstverständnis (bin ich Provinzler oder Kosmopolit?) steht und fällt damit. Dieses *Zentrum* hat aber Relevanz oft nur für eine Minderheit der Bevölkerung. Viele Bewohner der Außenquartiere kennen es nur vom Hörensagen. Was sollten sie auch dort? Eine Cola kriegen sie nebenan zehnmal billiger und *Windows 2000* brauchen sie nicht. Dadurch hat das „Zentrum" für die Mehrheit etwas Peripheres, Künstliches oder sogar Unwirkliches, wie ein Potemkinsches Dorf, für die in- und ausländischen Präsidenten hergerichtet, denen dadurch das Gefühl vermittelt wird, mit ihren Limousinen durch eine prosperierende Metropole zu fahren.

Manchmal geht der Ehrgeiz der Politiker so weit, einer ganzen Stadt diesen Glamour zu verleihen, wie zum Beispiel im Fall von Houphouët-Boigny, der in wenigen Jahren das neue Yamoussoukro aus dem Boden stampfte. Das Problem ist, dass die Zerfallskräfte stärker sind als jene des Aufbaus. Die Glaspaläste werden wieder vom Urwald überwuchert, bevor sie fertig gestellt sind. Die gerodeten Plätze werden von Marktfrauen mit ihren wackligen Buden besetzt, noch bevor die Terrains für die Neubauten abgesteckt sind. Die Boulevards können breit wie die Champs-Elysées sein, nach kurzer Zeit kommen die Autos trotzdem nicht mehr durch, wegen all den Fliegenden Händlern, Schubkarren, Krüppeln, spielenden Kindern, Eseln, durchziehenden Rinderherden und Müllhaufen. Es ist, als ob die Kräfte der Entropie, die alles dem wahrscheinlichsten, also chaotischen Zustand zuführen, nach kurzer Zeit immer wieder die Überhand gewinnen über die Kräfte der Ordnung; wie Unkraut über die Monokultur.

---

188 Dieses Kapitel erschien in modifizierter Form bereits in: Signer 2000b.

**Die persönliche Parksäule**

Dieses Phänomen lässt sich auch im Sozialen beobachten. Alle Versuche der Formalisierung und Automatisierung der Beziehungen werden in Afrika nach kurzer Zeit sabotiert, kompostiert, pulverisiert. Kürzlich erlebte ich ein sprechendes Beispiel für diesen Subvertierungsvorgang an der *Place de l'Indépendance*, quasi der Vorhof zu Dakars *Plateau*. In der Mitte des Platzes befinden sich Parkplätze. Lange lungerten dort die üblichen Straßenjungen herum, die sich anerboten, auf ein Auto aufzupassen. Wenn man ablehnte, riskierte man, dass sie einem den Reifen aufschlitzten, kaum hatte man ihnen den Rücken zugewandt. Kürzlich wurden jetzt aber Parkautomaten mit Geldeinwurf installiert. Frohgemut über diese Vereinfachung näherte ich mich der Parkuhr und wollte schon eine Münze einwerfen, als ich von einem jungen Mann aufgehalten wurde. Er erklärte mir, wie das Ganze funktionierte.

„Vielen Dank, aber ich kenne das System", sagte ich.

„Ich bin der Verantwortliche hier. Zwanzig Minuten kosten fünfzig Francs, und ..."

„Ich habe es bereits gesehen, es steht hier angeschrieben."

„Ich wollte Ihnen bloß helfen."

„Danke, nicht nötig."

„Du vertraust mir nicht ..."

„Ich bin in Eile. Lass mich jetzt einfach das Geld einwerfen und gehen. *D'accord?*"

Als ich das nächste Mal dort parkte, fing er mich schon ab, als ich am Aussteigen war. Er begrüßte mich überschwänglich *(„mon ami...!")* und schlug mir folgenden Deal vor:

„Du zahlst mir direkt 200 CFA, und du bleibst, so lange du willst. Um die Polizisten kümmere *ich* mich."

Obwohl eigentlich gegen diese Unterwanderungen (es war schließlich die *Ville de Dakar*, die die Parksäulen eingerichtet hatte und auf die Einnahmen angewiesen war) gab ich nach bzw. auf. Es war eben doch praktischer so.


**Des Menschen Hörigkeit**

Überall das gleiche Muster. Die Abläufe lassen sich einfach nicht formalisieren, nicht anonymisieren. Alles sträubt sich dagegen, alles drängt nach kurzer Zeit wieder zum „Normalzustand", der da heißt:

persönliches Gespräch, aushandeln, kommunizieren, die Angelegenheit auf die Ebene des Zwischenmenschlichen bringen. Deshalb fruchtet es nichts, wenn man sein Anliegen bloß in einem *Brief* ans zuständige Ministerium darlegt. Man muss persönlich vorsprechen, und sich dazu in eine möglichst hohe Etage durchschnorren. Deshalb muss man im neu eröffneten Büro eine der Cousinen als Sekretärin einstellen, auch wenn sie allesamt keine Qualifikationen haben; die Verwandtschaft würde einem das Leben sonst zur Hölle machen. Deshalb muss man den kleinen Unfall mit dem Polizisten *à l'amiable* regeln, sonst hätte das nie ein Ende. Deshalb kann man den benötigten Tisch nicht einfach kaufen gehen, sondern muss den Onkel berücksichtigen, der eine Schreinerei hat, auch wenn er momentan grad in Mali ist und man seinem Gehilfen erst mal Geld für ein Velo geben muss, weil er sonst gar nicht das nötige Holz einkaufen gehen kann. Das Leben ist dadurch zwar komplizierter und zeitaufwendiger als in Europa, wo so vieles durch Strukturen und automatische Abläufe geregelt ist, dafür gibt es immer unerwartete Begegnungen und gute Geschichten zu erzählen.

### Nanette oder Warum es in Afrika keine Wolkenkratzer gibt

Da fuhr ich zum Beispiel mit meiner Frau Lucienne per *Taxi brousse* von Dakar nach Ziguinchor. Im Auto saß vor mir eine junge, hübsche Frau, die mich insbesondere, während wir mit der Fähre über den Gambia setzten, auffällig aufmerksam von der Seite musterte. Kurz vor dem Ziel, in Bignona, verließen bei einem Zwischenhalt alle den Wagen, um die letzten Einkäufe zu machen. Alle, außer mir und besagter Senegalesin. Wir saßen also so da, als sie sich plötzlich einen Moment zu mir umdrehte und ein zusammengefaltetes Zettelchen neben mir auf dem Polster deponierte. Ich blickte sie fragend an, sie nickte.
Ich sagte: „Das ist für mich?"
Sie sagte: „*Oui.*"
Ich nahm das Zettelchen und faltete es auseinander. Da stand:

„Appelle-moi dimanche.
821 35 64.
Nanette, Dakar."

Wir plauderten ein wenig. Sie fragte mich, ob meine Begleiterin meine Freundin sei. Ich sagte: meine Frau. Nanette verdrehte vielsagend die

Augen. Dann kamen die andern Passagiere zurück, und wir fuhren schweigend bis Ziguinchor weiter.

Ich erzählte diese kleine Begebenheit einige Tage darauf, als wir zum Tee bei Khady, Luciennes Schwester, waren. Khady war der Ansicht, Nanette sei es gar nicht um mich gegangen, sondern darum, meiner Frau eins auszuwischen; sie hatte gesehen, dass ich mich mit meiner Frau die ganze Fahrt über gut amüsierte, war eifersüchtig und wollte mein Glück zerstören: „Es sieht nach Liebe aus; aber es ist Krieg. Wir können Menschen, die zufrieden sind, einfach nicht in Ruhe lassen." Von dieser Überlegung ausgehend kamen wir auf Hexerei zu sprechen. Es gab jene in unserer kleinen Runde, die die Ansicht vertraten, eine Anekdote wie die eben erzählte beweise doch zur Genüge, dass Neid, Bosheit und Hexerei eine alltägliche Realität in Afrika seien. Andere fanden, alles liege in Gottes Hand. Selbst wenn Hexerei existiere, sei es besser, nicht immer gleich daran zu denken, weil man damit noch Öl ins Feuer gieße.

Der Soziologe Boureima Ouedraogo aus Ouagadougou hatte mir eine Woche vorher eine gute Veranschaulichung dieser Mechanismen gegeben:

„Siehst du", sagte er mir, „wenn in Europa jemand ein Haus baut, dann möchte es der Nachbar ihm gleichtun. Und er baut dann gleich ein zweistöckiges. Der nächste Nachbar möchte ihn noch übertrumpfen und stellt kurzerhand drei Etagen hin. Und so weiter. So sind am Ende die Wolkenkratzer entstanden.

Wenn in Afrika jemand ein Haus baut, dann sagt sich der Nachbar: ‚*Tu vas pas vivre là-dedans…!*' – Du wirst nicht darin leben …!
*Chez nous, on étête les arrivistes.*"
Man köpft die Bäume, die in den Himmel wachsen wollen!

Die Afrikaner sind gewissermaßen so im Banne des andern, so gefangen genommen, dass sie den Blick nicht von ihm lassen können (um sich dem eigenen Hausbau zuzuwenden). Das Geheimnis unserer Wolkenkratzer liegt also vielleicht in einer gewissen Gleichgültigkeit dem andern gegenüber.

### Die hinterhältige Stiefmutter

„Lieber beide arm, als der andere reich und ich arm", sagte Khady und wusste auch gleich wieder eine Geschichte zur Illustration zu erzählen.

„In meiner Nachbarschaft wohnte ein Familie. Der Mann hatte

zwei Frauen. Die eine hatte schon zwei Kinder zur Welt gebracht, die andere noch keins. Dann hatte sie zum dritten Mal ein Baby. Das war aber immer krank. Die Leute sagten: *Das ist sicher deine Nebenfrau, die es aus Eifersucht verhext hat.* Aber sie nahm sie immer in Schutz. Sie sagte: Wer meine Nebenfrau unter diesem Dach anklagt, soll selber sterben! Und sie vertraute ihr Neugeborenes erst recht immer der anderen an, die es vom Morgen bis zum Abend auf dem Rücken trug wie ihr eigenes. Aber es wurde immer kränker und schwächer. Schließlich machte man eine Röntgenaufnahme. Und da fand man etwas Schreckliches: eine Nadel im Kopf! Jemand hatte dem Baby offenbar eine Nadel in die Fontanelle gestoßen. Man konnte sie jedoch operativ entfernen, und das Kind überlebte.

Aber natürlich blieb der Verdacht an der Nebenfrau hängen.

Das Kind wuchs heran und wurde schon in jungen Jahren ein erfolgreicher Geschäftsmann. Mit 25 schenkte er seinen beiden Müttern (er nannte auch die Nebenfrau immer „Mutter") eine Pilgerreise nach Mekka. Die Nebenfrau brach in Tränen aus. Weißt du, es ist Brauch, dass man, bevor man den *Hadj* unternimmt, alle seine Sünden beichtet. Und nun gestand sie, dass doch sie es gewesen war, die dem Baby damals die Nadel in den Kopf gestoßen hatte. Weil sie es nicht ertragen hatte, keine Kinder zu haben, neben ihrer Mitfrau mit dreien! Sie starb wenige Wochen danach. Das Herz. Sie hatte die Pilgerreise nicht mehr antreten können."

### Humanismus als Humus für Hexerei

Ich hatte immer eine gewisse Abneigung gegen das Konzept der Hexerei empfunden, weil es alles und jedes personifiziert: Hinter jedem Unglück, jeder Krankheit, jedem Unfall steht ein Bösewicht! Es gibt doch auch unpersönliche Kräfte, sagte ich mir, es gibt Bakterien, Viren, es gibt politische, soziale und ökonomische Strukturen, es gibt Gegebenheiten und Zufall. Die Suche nach einer Hexe, die schuld sein soll an einem Todesfall, riecht immer etwas nach Sündenbocksuche. Aber zunehmend fand ich, dass andererseits das Hexereikonzept auch die Realitäten einer Gesellschaft widerspiegelt, in der tatsächlich alles personalisiert ist. Wenn ich einen Brief nicht erhalte, den ich schon lange hätte erhalten sollen, besteht in Afrika *tatsächlich* die Möglichkeit, dass ihn der Postbeamte entwendet hat, um meiner Frau eins auszuwischen, weil sie damals seinem Bruder ... Würde ich in der Schweiz eine solche

Vermutung äußern, würde man mich zu Recht paranoider Tendenzen verdächtigen.

Man könnte diese Weltsicht mit Mary Douglas[189] „anthropozentrisch" nennen. Oder man könnte Hours[190] zitieren, der in Bezug auf Kamerun bemerkte: „Jede soziale Beziehung ist – lange vor ihrer konkreten Funktion – zuerst einmal persönlich: Eine Anerkennungsforderung." Etounga Manguelle[191] sieht in diesem „ununterdrückbaren Wunsch des Afrikaners, von Mensch zu Mensch zu kommunizieren", einen der Hauptgründe für die Stagnation seines Kontinents.

Von dieser kulturellen „Vorgängigkeit des Andern"[192] ist es nur noch ein kleiner Schritt zur Hexerei, für die ja ein solcherart *personalisiertes Universum* eigentlich das Medium oder der Nährboden par excellence ist; wobei das Paradoxe (oder Perfide) darin liegt, dass man Kausalbeziehungen in diesem System einerseits simplifiziert und konkretisiert („Ich bin krank wegen Madame X"), andererseits durch denselben Gestus des Hexereiverdachts aber auch wieder verdunkelt, unfassbar und unüberprüfbar macht („Das Double von Madame X verwandelt sich nachts in einen Vogel, der mich in den Träumen heimsucht").[193]

Manchmal sprechen Afrikaner etwas schwärmerisch vom „afrikanischen Humanismus". Ich würde diesem Ausdruck zustimmen, wenn man ihn seines sentimentalen Beiklangs entkleidete. „Humanismus" würde dann einfach eine Kultur charakterisieren, die ihre sozialen, politischen, ökonomischen und religiösen Vorstellungen in extremer Weise auf direkt zwischenmenschliche Beziehungen gründet. Das führt dazu, dass psychischer, sozialer und spiritueller „Reichtum" vor allem als Austausch mit dem andern gedacht wird (und nicht wie bei uns vor allem auf innere oder äußere „Objekte" bezogen ist). Dadurch werden die sozialen Kontakte intensiver, im Guten wie im Bösen. Es wird rückhaltloser geliebt, es wird tödlicher gehasst. Existenzieller, wenn man so will; denn es hängt ja fast alles an diesem Andern. Alles Schlechte, aber auch alles Rettende kommt von ihm. Die Vorstellung von Verhexung ergibt sich in einem solchen Kosmos des Menschlich-Allzumenschlichen, wo man alles „persönlich nimmt", fast von allein. Pointiert könnte man sagen, „Hexerei" sei die notwendige Nachtseite

---

189 Douglas 1985:107.
190 Hours 1986:44.
191 Etounga-Manguelle 1991:55.
192 Augé 1986:68.
193 Geschiere 1995:32.

dieses afrikanischen Hyperhumanismus. Denn man kann diese tropische Nähe, diesen permanenten Hautkontakt, das Teilen von Reisschüssel, Bett, Kleidern und Kindern, dieses häuslich-dörfliche „von Angesicht zu Angesicht" (auch in der Großstadt) nicht haben, ohne das Gegenstück: Neid, Eifersucht, Gier, Respektlosigkeit, Geschwätz, Gerüchte, Erpressung, Konformitätsdruck, soziale Kontrolle, Enge, Unfreiheit.

Insofern ist das Konzept der Hexerei ein natürliches Symptom, ein adäquates Interpretationsinstrument im Sozialdschungel des afrikanischen Alltags (wenn man nicht sowohl im Guten auf Madame X zählt, als auch im Bösen mit ihr rechnet, kann man nicht überleben), jedoch zugleich auch ein Motor, der dieses System bestätigt und befördert.

Eric de Rosny äußerte sich in diese Richtung, als er feststellte, dass es in Afrika *tatsächlich* Hexen gebe, wenn auch *weniger*, als die meisten Leute annähmen.[194]

Ich habe das Beispiel geschildert, wie sich eine Frau weigerte, die Krankheit ihres Säuglings solcherart zu personifizieren. Sie war zu gutgläubig und hatte Unrecht (wenn es denn stimmt, was uns Khady erzählte). Die Moral von der Geschichte ist: Man muss immer mit dem bösen Nächsten, dem nächsten Bösen rechnen. *„Il faut se méfier. Trop bon, trop con"*, wie die Afrikaner zu sagen pflegen.

Aber es gibt auch das Gegenteil und wahrscheinlich sogar häufiger: Hexereiparanoia, wenn man so will.

### Steckt hinter dem Herzinfarkt die neidische Tante?

Omar, Khadys Mann, hatte einen Bruder. Der lebte seit zwölf Jahren in Amsterdam. Er war mit einer Holländerin aus gutem Hause verheiratet. (Ihr Vater war Besitzer einer Fabrik und er hatte seinen senegalesischen Schwiegersohn schließlich zu deren Vizedirektor gemacht.) Es gab zwei Kinder, aber dann kam es zur Scheidung. Seit kurzem war er nun wieder verlobt (auch wieder eine „gute Partie"). Er kam in den Senegal, um mit ihr die Hochzeit in Ziguinchor, seinem Geburtsort, zu feiern. Es war vorgesehen, dass er ein paar Tage in Dakar bei seinen Geschwistern verbringen und dann mit seiner Braut in die Casamance fahren sollte. Er aß bei einem Freund zu Mittag, dann fuhr er nach Hau-

---

194  Eric de Rosny 1994:118.

se. Er fühlte sich nicht wohl. Ein Stechen im Hals. Er erbrach, ließ sich in einen Fauteuil fallen. Kalter Schweiß auf der Stirn. Dann wurde er bewusstlos. Man rief Omar, seinen Bruder, der in der Nachbarschaft wohnte, um ihn in die Klinik zu fahren. Aber man fand ihn nicht. Man rief die Ambulanz. Doch als sie endlich eintraf, war er schon tot. Man diagnostizierte einen Herzinfarkt. Am nächsten Tag kam seine Braut mit ihren Eltern aus Holland an. Sie begleitete ihren toten Mann nach Ziguinchor. Nicht zur Hochzeit, sondern zum Begräbnis.

Der Verdacht fiel zuerst auf den Freund, bei dem er kurz vor seinem Tod noch gegessen hatte. Vergiftung? Aber im Laufe der folgenden Tage konzentrierte sich die Hexereivermutung eher auf die Schwester des Vaters, die offenbar allen Grund gehabt hatte, eifersüchtig zu sein (aus *ihren* Kindern war allesamt nichts geworden ...). Angeblich hatte der Verstorbene noch kurz, bevor er sein Leben aushauchte, zu seinem jüngeren Bruder gesagt: „Geh weg, solange noch Zeit ist. Du bist als Nächster dran."

Ohne die Familienverhältnisse und die Personen im Detail zu kennen, würde ich hier die Bosheit eher den Verwandten zuschreiben, die der Schwester des Vaters einen Hexereimord unterschieben wollten, als ihr selbst. Aber man könnte mir natürlich antworten, dass sich darüber keine Aussagen machen lassen, da sich dies alles in einer anderen, unsichtbaren Sphäre abspielt, die nur für Eingeweihte sichtbar ist. Andererseits warten die Verdächtigungen und Gerüchte wie im beschriebenen Fall ja nicht auf den professionellen Scharfblick des Féticheurs, um sich zu manifestieren. Sie gedeihen ganz automatisch in diesem entgrenzten Klima, wo es manchmal scheint, der Sozialverbund bestehe nicht so sehr aus eindeutig gegeneinander abgesetzten Individuen, sondern – zumindest auf einer gewissen psychologischen Ebene – aus einem einzigen großen „Gruppen-Ich".[195]

So oder so, was sich auch ohne Hellsichtigkeit feststellen lässt, ist, dass sowohl die Art destruktiven Neides, die man als Hexerei bezeichnet, wie auch die diesbezüglichen Verdächtigungen ganz natürlich in einem soziokulturellen Klima gedeihen, das in Theorie (z. B. Interpretation von Krankheiten oder Fehlschlägen) und Praxis (z. B. Vetternwirtschaft, Korruption) zur Personalisierung von allem und jedem neigt. Ob man dann also letztlich an die „Realität" der Hexerei glaubt oder nicht, ist oft eher ein Streit um Worte. Denn real sind auf jeden Fall

---

195 Parin et al.:1978: 537. Siehe auch die Analysen in: Signer 1994 (2. Teil).

die *Folgen* einer solchen Personalisierung der Gegebenheiten, zum Beispiel für die öffentliche Verwaltung, die für ein effizientes Funktionieren auch in Afrika auf eine gewisse bürokratische Unpersönlichkeit angewiesen wäre.[196]

### Hänsel und Gretel bei den Mauren

Aber es ist doch interessant, besagte Hellsichtigkeit einen Moment näher zu beleuchten. Ich habe ja geschildert, dass mich Coulibaly im Mai 1999 einer Behandlung unterzogen hatte, die mich befähigen sollte, Bosheit bzw. Hexen unmittelbar zu erkennen. Tatsächlich kam es ja dann wenig später eines Morgens zu einer Begegnung mit einer alten Bettlerin in Bouaké, wo sich genau die von Coulibaly prophezeiten Symptome einstellten. Dann kehrte ich für einige Monate in die Schweiz zurück und ging schließlich im Dezember 1999 wieder nach Afrika. Erst im Januar 2000 kam es – in Mauretanien – zur zweiten „Begegnung der mysteriösen Art". Ich hatte inzwischen bereits etwas an der Wirksamkeit der Zeremonie gezweifelt, da sich die vorausgesagten Effekte innerhalb eines Jahres bloß zweimal eingestellt hatten. Wenig, verglichen mit der Häufigkeit der Hexereiverdächtigungen in Afrika!

Aber das entspricht genau der bereits erwähnten Feststellung von Eric de Rosny, der ja auch aus eigener Erfahrung spricht, insofern er sich gleichfalls einem solchen Ritus unterzogen hatte:

> ... Im unmittelbaren und ständigen Kontakt mit den Opfern in Duala, manchmal auch mit den Angeschuldigten, bin ich zu der Auffassung gelangt, dass es leibhaftige Schadenzauberer gibt. Ihre Zahl ist zweifelsohne erheblich kleiner, als meine verwirrten Brief- und Gesprächspartner glauben, aber es gibt sie wirklich. Dabei handelt es sich entweder um Personen, die zu ihrem Nutzen die Gutgläubigkeit anderer (bis zum Gebrauch von Gift) steuern, oder um solche, die sich ihrer Gemeinheit nicht bewusst sind. Aus eben diesem Grunde sind Letztere schwerer zu enttarnen, und vor allem fällt es schwer, sie von ihrer Schuld zu überzeugen. Gibt es nicht überall in der Gesellschaft ... perverse Menschen, die ihre Nächsten krank machen, sie ihrer Lebenskraft und Persönlichkeit berauben, ohne es auch nur zu ahnen? Mit andern Worten solche, die andere ‚auffressen'?[197]

---

196 Geschiere 1995:268f.
197 Eric de Rosny 1994, a.a.O.

Die besagte Begegnung verlief folgendermaßen: Ich war mit Lucienne auf dem „*Cinquième Marché*" in Nouakchott. Wir standen lange am Stand einer Thjouray-, Parfüm- und Hennaverkäuferin. Da näherte sich eine etwa 45jährige, ärmlich gekleidete, ziemlich hässliche Frau und bettelte uns an. Die Verkäuferin flüsterte uns zu: „Achtung, das ist eine Taschendiebin!" Tatsächlich blieb sie längere Zeit ganz nahe bei uns stehen und strich immer um unsere Hosen- und Handtaschen herum. Schließlich klaubte sie einige Münzen aus ihrem Hüfttuch und kaufte ein kleines Parfüm. Sie berührte Lucienne kurz an der Schulter und wandte sich ab. Im Gehen rief sie uns noch etwas nach und machte eine obszöne Geste.

In diesem Moment lief mir ein kalter Schauer den Rücken hinab, mich fröstelte, und ich bekam Gänsehaut. Genau die Symptome, die mir nach Coulibaly die Anwesenheit einer Hexe signalisieren sollten.

„Was hat sie gesagt?", fragte ich.

Die Verkäuferin übersetzte uns: „Sie hat deiner Frau zugerufen: *Ich werde euch trennen und dir deinen Mann stibitzen!*"

Ich ging mit Lucienne und ihrem Bruder an einen andern Stand, wo sie Stoff kaufen wollten. Wegen einer Nichtigkeit kam es plötzlich zu einem heftigen Streit mit dem Verkäufer, der fast zu einem Handgemenge ausartete. Später am Abend hatten wir mit dem Bruder eine unangenehme Auseinandersetzung wegen einer finanziellen Angelegenheit. Eine Pechsträhne; als ob etwas aus dem Gleichgewicht geraten sei.

Wir gingen ans Meer, wo die Fischerboote ankamen. Bei einer Frau, die ihr Tischchen am Strand aufgestellt hatte, tranken wir einen Tee. Ich war in Gedanken an die „Hexe" versunken, als die andern von ihr zu reden begannen. Die Frau, die den Tee ausschenkte, kannte sie. Sie nannte uns ihren Namen.

„Sie tut, als sei sie arm und verrückt", sagte sie, „aber in Wirklichkeit hat sie gerade vor kurzem ein großes Grundstück gekauft. Am Abend maskiert sie sich und verdingt sich als Hure."

„Woher kommt sie?"

„Sie ist schon lange in der Stadt, aber stammt nicht von hier. Sie hat weder Mann noch Kinder. Sie lebt alleine."

Später erzählte ich einem Cousin Luciennes von meinem Verdacht. Er meinte:

„Lucienne hätte die Berührung gleich *zurückgeben* sollen. Aber es macht nichts. Sie kann euch nichts antun, denn sie ist nicht aus demselben Milieu."

## Das Rätsel des Sechsten Sinns

Was ich verblüffend fand in dieser Begebenheit, war, dass ich auf körperlicher Ebene eine unwillkürliche, automatische Reaktion gezeigt hatte, die völlig konform war mit einem kulturellen Modell. Denn alles an besagter Frau entsprach genau den Attributen, die man in Afrika einer „Hexe" zuschreibt. Sie war die typische Neiderin: Neidisch als alleinstehende, kinderlose, unattraktive Frau gegenüber dem jungen, glücklichen Paar. Neidisch als eine, die sich für arm hält (auch wenn sie es gar nicht ist) gegenüber einer andern, die sie für reich hält. Sie hatte zuerst gebettelt, das heißt, uns zum *Teilen* angehalten, und als wir ablehnten, drohte und verfluchte sie uns. Ganz so, wie es die Wolof-Redensart im Senegal sagt:

*„Sunu lekkul sa xalis, lekk la!"* – „Wenn ich nicht dein Geld fressen kann, fresse ich dich."

Zu berücksichtigen ist auch, dass Lucienne und ich frisch verheiratet waren. Die Mauretanienreise war eine Art Flitterwochen. Das erste Mal, als ich das Gefühl hatte, mich einer Hexe gegenüber zu sehen, war ja am Tag gewesen, als ich mit Fatou in ihr Dorf fahren sollte, um die Verlobung aufzulösen. Es ist sicher kein Zufall, dass es in beiden Fällen um biografische Wendepunkte, um Übergänge ging, von denen man in Afrika annimmt, dass sie Hexen anziehen, weil man dann besonders verletzlich ist.

Es war, als ob mir Coulibaly einen Sensor eingepflanzt hätte, eine biologische Programmierung, die auf einen hochspezifischen Reiz reagierte und einen bestimmten Reflex auslöste. Das kulturelle Muster der Hexerei war mir offenbar, nachdem ich mich drei Jahre lang in Afrika mit fast nichts anderem beschäftigt hatte und nach Coulibalys Initiation, in Fleisch und Blut übergegangen, ins Unbewusste meines Körpers eingeschrieben. Ich war selber zu einem Teil des Systems geworden.

Ich erinnerte mich daran, was mir einmal ein Ethnologenkollege gesagt hatte: „Wenn du anfängst, alles normal zu finden, ist es Zeit, die Koffer zu packen und nach Hause zurückzukehren..."

Postskriptum:

Ich kehrte natürlich nicht nach Hause zurück.
Ich hatte mich ja, wie gesagt, im Senegal verheiratet. Eines Tages war der Schmuck, den meine Frau von meiner Mutter zur Hochzeit ge-

schenkt bekommen hatte, aus unserer Wohnung verschwunden. Und da mir Coulibaly einmal eine Technik gezeigt hatte, um in genau solchen Fällen den Dieb ausfindig zu machen, konnte ich nicht widerstehen ...

Zuerst suchten wir jedoch noch einen Wahrsager im Quartier auf, einen Peul namens Serigne Ka. Im Sandorakel sah er, dass der Diebstahl von einer Frau begangen worden war, die ganz in der Nähe von uns wohnte, sowie einem Mann mit einer Narbe auf der Stirn. Meine Frau sollte eine Ziege opfern und ich ein Kalb. Das war uns zu teuer; aber das Täterprofil entsprach unseren eigenen Verdächtigungen.

Es gab drei Verdächtige, deren Namen ich auf einen gemäß Coulibalys Anweisungen präparierten Zettel schrieb. Und zwar handelte es sich um die ehemalige Hausangestellte, die neue Hausangestellte, die uns von unserer Nachbarin vermittelt worden war, und diese Nachbarin selbst. Um der Magie die nötige Wirksamkeit zu verleihen, machten wir der Nachbarin gegenüber (der wir vom Diebstahl erzählt hatten) vielsagende Andeutungen, dass wir im Begriff waren, „Maßnahmen zu ergreifen".

Ich führte das Ritual mit Hilfe meines portablen Reisefetischs *tora febla* durch.

Das Bemerkenswerte war, dass ich, kaum hatte ich mit der Durchführung begonnen, absolut von seiner Wirksamkeit überzeugt war. Ich hatte etwas von Coulibalys Überzeugung(skraft), die mich oft beeindruckt hatte, übernommen. Ich sah den Schmuck vor mir, wie er sich wieder im Schrank befand. Es war wie eine vorweggenommene Zukunft.

Den ganzen folgenden Tag waren wir außer Haus, um dem Dieb die Möglichkeit zu geben, das Gestohlene zurückzubringen. Wir ließen absichtlich alle Türen offen.

Als wir am Abend zurückkehrten, lag der Schmuck wie ehedem im Schrank.

Der Erfolg war mir selber etwas unheimlich. Es war das erste und letzte Mal, dass ich eine der von Coulibaly erlernten Techniken in die Tat umsetzte.

Natürlich kann man den Erfolg psychologisch erklären: Die Nachbarin ahnte, dass eine magische Prozedur in Gang war, und das machte ihr solche Angst, dass sie den Schmuck zurücklegte, beziehungsweise die Hausangestellte dazu drängte, es zu tun. Aber vielleicht war es auch nicht so ...

Die Hauptfrage, die mir so oft gestellt wird – „Glaubst du an Magie und Hexerei, funktioniert es?" – bleibt also auch nach jahrelanger Forschung vor Ort unentscheidbar.

Post-Postscriptum

Als ich schließlich endgültig vom Senegal in die Schweiz zurückkehrte, glaubte ich, ich würde bald wieder in die Côte d'Ivoire zurückkommen. Aber die Projekte zerschlugen sich, alles kam anders als geplant und der Kontakt mit Coulibaly beschränkte sich auf Briefe. Im Herbst 2001 schickte ich ihm die Geburtsanzeige unserer Zwillinge. Coulibaly befragte sogleich seine Kauris und unterrichtete mich über die Opfer, die darzubringen waren, unter anderem zwei Silberstücke und zwei Kilo Reis für das Mädchen, das seinen Angaben zufolge nicht schlafen konnte wegen eines Geists, der sie bedrängte. Der Brief schloss mit Glückwünschen für die neue Familie und der Zeile: „Vous pouvez compter sur moi" – „Ihr könnt auf mich zählen".

Einige Monate später wurde ich schwer krank. Aus heiterem Himmel ereilte mich eine Trombopenie; durch eine Autoimmunreaktion waren fast alle meine Blutplättchen zerstört, ich riskierte, einer inneren Blutung, insbesondere im Hirn, zum Opfer zu fallen. Ich lag eine Woche lang im Krankenhaus, dank massiver Dosen Cortison normalisierte sich mein Zustand langsam wieder, aber die Ursache der Erkrankung konnte nie richtig eruiert werden. Als ich wieder zu Hause war, wenn auch immer noch geschwächt, hyperempfindlich und arbeitsunfähig, lag eines Morgens ein Couvert in meinem Briefkasten, Absender: „Madame Coulibaly". Das ließ nichts Gutes erahnen.

„Lieber David", stand da, „mit großem Bedauern senden wir dir diese Neuigkeiten: Dein Freund Tiegnouma Coulibaly ist am 16. September 2002 hier in Abengourou verschieden. Wir sind hier, seine zwei Frauen und fünf Kinder, und es fehlen uns selbst die Mittel, um Essen einzukaufen…"

Das Telefon war bereits abgeschaltet, sie hatten mir die Nummer der Nachbarin beigelegt. Ich rief an, aber es war nichts Näheres in Erfahrung zu bringen. Offenbar war Coulibaly seit ein paar Wochen krank gewesen und starb dann, ohne dass man mir irgendeine konkrete Krankheit angeben konnte.

Inzwischen war ja in der Elfenbeinküste der Bürgerkrieg zwischen Süden und Norden ausgebrochen, und die Lage für Coulibalys Familie als Malier, also Leuten aus dem muslimischen Norden, die jedoch im christlichen Süden wohnten, war noch zusätzlich zu Coulibalys Tod schwierig geworden. Der Fremdenhass der Einheimischen machte auch vor alteingesessenen Einwanderern nicht Halt. In ihrer Not konnten Coulibalys Ehefrauen nicht auf die Unterstützung der Nachbarn hoffen. Sie wollten so rasch wie möglich zurück in ihr Dorf, nach Tiengolo, wo sie nicht mehr um ihr Leben fürchten mussten und der Alltag billiger war; aber die Grenzen nach Mali waren geschlossen.

Ich half ihnen ein bisschen sich über Wasser zu halten, denn erst im Januar 2003 erreichte mich schließlich der Brief, in dem sie mir ankündigten, sie würden am nächsten Tag nach Ghana abreisen, um von dort via Burkina Faso heim nach Mali zu gelangen. Sie versprachen, mich gleich nach ihrer Ankunft zu benachrichtigen, mir eine Adresse oder eine Telefonnummer zu geben, damit wir in Kontakt bleiben könnten.

Der Brief endete mit den Worten: „Möge Gott dir ein langes Leben schenken und vergiss uns vor allem nie, denn wir werden dich auch nie vergessen."

Das war das Letzte, was ich von ihnen hörte.

# „Sie lassen dich nicht wachsen"

## Die Ökonomie der Hexerei[1]

### Der tödliche Neid

Oft übersieht man das Naheliegende. Dass Hexerei mit Neid zu tun hat (und damit mit Besitzverhältnissen), beziehungsweise, dass man in Afrika Neider äußerst fürchtet und ihrer Missgunst tödliche Kraft zutraut, wurde eigentlich immer und überall festgestellt, aber seltsamerweise als etwas Banales betrachtet, über das es sich nicht länger nachzudenken lohnt.

Evans-Pritchard machte zum Beispiel in den Zwanzigerjahren folgende Beobachtungen bei den Zande:

> Ein Hexer greift einen Menschen an, wenn ihn Hass, Neid, Eifersucht und Habgier dazu veranlassen ... Darum überlegt ein Zande, dem ein Unglück widerfahren ist, sofort, wer ihn wohl hassen könnte ... Er weiß: wird er reich, hassen ihn die Armen; steigt er gesellschaftlich auf, sind die weniger Angesehenen auf ihn eifersüchtig; sieht er gut aus, beneiden ihn die weniger Begünstigten um sein Aussehen ... Immer wieder erfuhr ich, dass ich zu einem meiner Nachbarn bloß großzügig, sogar nur sehr freundlich zu sein brauchte, damit dieser sofort Hexerei befürchtete, und jedes Unglück, das ihm widerfuhr, schrieb er der Eifersucht zu, die meine Freundschaft in den Herzen der Nachbarn geweckt hatte.[2]

---

1   Der Text dieses Kapitels erschien in einer früheren und französischen Fassung in: Signer 1999.
2   Evans-Pritchard 1988:92f.

... Auch Habgier kann der Ausgangspunkt für einen Mord sein und man scheut sich, Bitten um Geschenke abzuschlagen, damit man nicht von einem Schmarotzer behext wird; und man sagt, dass „ein Mensch, der immer um Geschenke bittet, ein Hexer ist."³

Monica Hunter Wilson stellt am Beispiel der Nyakyusa den Zusammenhang dar zwischen den Neidern und dem Zwang, den sie durch die Hexereidrohung auf die (geizigen) Bessergestellten ausüben können, das Erworbene zu verteilen: „Die Leute fürchten, allzu offensichtlich erfolgreich zu sein, damit Neid zu erregen und den Angriff einer Hexe auf sich zu ziehen ... Von den Hexen nimmt man an, dass sie vor allem jene attackieren, die mit Essen geizen, und es wird eine direkte Verbindung gemacht zwischen dem Füttern potenzieller Hexen und dem eigenen Schutz vor Angriffen. Eine gut genährte Python bleibt ruhig."⁴

Weitere Hinweise zu dieser Angst, Neid und also Hexerei zu provozieren, finden sich für ganz Afrika.⁵

Ich könnte beispielsweise auf die beiden jungen Männer Jean-Claude und Abou („Worum es geht") verweisen, auf die Erzählungen von Fatou („Aufstieg auf unbestimmte Zeit verschoben"), auf die Schilderungen von Coulibalys Patienten („Die Rivalen pulverisiert"), die Lebensgeschichte von Juliette („Odysseus, Eulenspiegel ..."), auf die Erzählungen Babas über den Mann und seine eifersüchtige Ex-Geliebte, die anlässlich seiner Hochzeit (mit einer andern) verbreitete, er sei aidskrank, und ihn nach einer medizinischen Widerlegung auf unerklärliche Weise zu Tode brachte („Die Reise nach Koumbara") oder auch Babas riskantes Überrunden seines älteren Bruders („Big Brother is watching you").

---

3  Evans-Pritchard 1988:99.
4  Wilson 1982:277 (Übersetzung D.S.)
5  Middleton 1967:59 (für die Lugbara in Uganda); Augé 1975:106 (für die Alladian, Avikam und Ebrié der Elfenbeinküste); Parin 1978:309 und Eschlimann 1985:230 (für die Agni der Elfenbeinküste); Ortigues 1984 und Collomb 1978 (Senegal); Wintrob 1973 (Liberia); Hausmann Muela et al. 1998:48 (Tansania); Wilson 1982:277 (für die Nyakyusa in Tansania und die Pondo in Südafrika); Parrinder 1958:193 (für Afrika im Allgemeinen); Lallemand 1988:175 (Togo und Afrika generell); Balandier 1978:378; Duval 1985:79 (Burkina Faso); Held 1986:70 (für die Gisu in Uganda); Lévy-Bruhl 1931; Geschiere 1995:16 (Kamerun). Der durch Neid und Hexerei verunmöglichte Aufstieg ist auch ein häufiges Motiv in der afrikanischen Literatur. Zum Beispiel für die hier behandelte Region: „Zahltag in Abidjan" von Tierno Monénembo, mit dem Kernsatz: „Aber er wollte hoch hinaus, was hier mehr Verdruss als Bewunderung einbringt." (1996:153).

Es ist bei diesen Erzählungen unwichtig, ob sie „stimmen" oder nicht. Wesentlich ist, dass sie eine Überzeugung ausdrücken und reproduzieren, die fast durchgehend quer durch die Ethnien, Altersgruppen, Schichten, Regionen und Religionen geteilt wird:

Aufsteigen ist gefährlich. Kann der andere nicht in irgendeiner Form teilhaben an deinem Erfolg, wird Neid heraufbeschworen.[6] Dieser kann – in Form von Hexerei – tödlich sein.[7] Und zwar musst du dich am meisten in Acht nehmen vor denen, die dir am nächsten stehen. Also machst du dich am besten entweder klein und verharrst an deinem angestammten Platz oder, wenn du groß werden willst, suchst du dein Glück woanders. Aber auch am andern Ende der Welt kannst du nicht sicher sein, ob dich die Missgunst deiner Familie nicht wieder einholt.[8] Die Hexerei ist gewissermaßen die Nachtseite der Verwandtschaft.

Damit wird man in eine Art *double bind*, eine widersprüchliche Anforderung, verstrickt: Man muss die Familie ehren, unterstützen, die Kontakte pflegen und regelmäßig Besuche mit Geschenken im „Dorf" machen. Wer alle Taue kappt, riskiert, verhext zu werden. Deshalb meiden viele, die ihr Glück in der Stadt gemacht haben, ihre Verwandten zu Hause und machen sich rar. Damit erhöhen sie aber die Gefahr von übler Nachrede. Mit andern Worten, es existieren zwei Vorsichtsmaßnahmen gegen Hexerei, die sich widersprechen:

1. Geh ins Dorf und pflege gute Kontakte mit deiner Verwandtschaft, auf dass sie dir nichts Übles will!

2. Vermeide den Kontakt mit deiner Verwandtschaft, denn man kann nie sicher sein, ob alle zufrieden sind oder dir nicht jemand Böses will!

---

6   Diese Furcht wird sinnfällig durch die Aufkleber zum Ausdruck gebracht, die man an Mofas, Autos, Fernsehern und andern Prestigeobjekten findet, und die den „bösen Blick" des Neiders mit dem Bild eines Papageis und folgendem Bannspruch unschädlich machen sollen: „*Tais-toi jaloux!*" („Schweig, Neider!").

7   Kann (die Angst vor) Hexerei wirklich töten? Seit Mauss (1989b) anfangs des Jahrhunderts Fälle aus Polynesien und Australien präsentierte, bei denen Leute allein aufgrund des Gefühls, sie seien todgeweiht, wirklich starben, gab es zahlreiche Untersuchungen zu dieser Frage (Cannon 1942; Ellenberger 1951; Richter 1957). Zusammenfassend kann man sagen, dass der plötzliche Panik-Tod („Kampf-Flucht-Stress", Sympathikus-Überstimulation) eher unwahrscheinlich ist, hingegen „allmähliches Sterben" aufgrund von Hoffnungslosigkeit, Aufgeben, Depression (Parasympathikus-Überstimulation) gut belegt ist (Lewis 1977:130,137f.).

8   Vielleicht müsste man die ganze afrikanische Thematik von Mobilität, Migration (Land-Stadt und in den Westen, „wo es keine Hexerei gibt"), Brain-Drain, Flucht und Asyl vermehrt unter dem Aspekt der Furcht vor Verhexung und der Flucht vor den „*Zurückgebliebenen*" betrachten.

Diese unmögliche Doppelstrategie geht einher mit einer Art Doppelwirklichkeit: Das afrikanische Leben, und vor allem das dörfliche, zeichnet sich durch eine extreme verwandtschaftliche Solidarität (paradiesische Nähe) und eine extreme verwandtschaftliche Konfliktualität (höllische Nähe) aus.

### Die Hölle, das sind die andern – aber ohne sie wäre man nichts

Die eine Seite wird von Suzanne Lallemand anhand der Kotokoli in Togo unter den Titeln „Die Theorie der idealen Familie" und „Die Liebespflicht" beschrieben:

> Was die Prinzipien betrifft, die ihre Familienpolitik beherrschen, unterscheiden sich die Kotokoli nicht allzu sehr von anderen ländlichen Bevölkerungen in Afrika ... Die Freigebigkeit der Menschen, die zusammenwohnen und die junge Schwägerin ebenso aufnehmen wie den Knaben, den man aus einer anderen Patrilinie adoptiert hat, den Freund eines Freundes ebenso wie den Händler auf Durchreise – das zeigt deutlich das explizit verfolgte Ziel: die Vergrößerung der familiären Gruppe, die permanente Entwicklung des Beziehungsnetzes. Man versteht also die extreme Wichtigkeit dessen, was man mangels eines angemesseneren Ausdrucks die „Liebespflicht" nennen könnte, das heißt die strikte Aufforderung, gute Beziehungen zu den andern zu unterhalten, die Abwesenheit von schlechten Gefühlen und Kalkül."[9]

Die andere Seite behandelt John S. Mbiti unter dem Titel „Der Ursprung und die Natur des Bösen":

> Jeder kennt jeden, und der Mensch kann nicht Individualist, sondern nur Gemeinschaftswesen sein ... (Alle) Erscheinungsformen des Bösen, denen der Mensch gegenübersteht, werden irgend jemandem in der Gemeinschaft zugeschrieben ... Die afrikanischen Dorfgemeinschaften sind tief von einer psychologischen Atmosphäre durchdrungen, die sowohl wirkliche als auch eingebildete Mächte des Bösen heraufbeschwört. Diese führen zu weiteren Spannungen und Anschuldigungen, zu Eifersucht, Argwohn und Verleumdung und machen wiederum Sündenböcke notwendig: ein wahrer Teufelskreis ...[10]

---

9   Lallemand 1988:177-179. (Übersetzung D. S.)

Lallemand schließt nun – unter dem Titel „Die paradoxe Forderung in der afrikanischen Familie" – dass die Figur der Hexe genau ein Produkt dieses Widerspruchs zwischen vorgeschriebenem und realem Empfinden sei:

> In der Tat konstituieren die „Liebespflicht" und ihr subtiles Protokoll, ebenso wie ihr Gegenstück, das „Abneigungsverbot", im Herzen der erweiterten Familie für die Mitglieder, die permanent damit konfrontiert sind, ein schwieriges Problem, und zwar sowohl auf logischer wie pragmatischer Ebene: wie kann man das, was man empfinden sollte, vereinbaren mit dem, was man tatsächlich fühlt gegenüber seinem Nächsten? In diesem System ist jeder potenziell schuldig, denn jeder fühlt, wie er es kann, und nicht, wie er sollte. In diesem verallgemeinerten Makel, der verbunden ist mit dem Verbot, die Beziehungsmodalitäten zum andern in Frage zu stellen, liegt der Ursprung der Figur der Hexe.[11]

Das Problem liegt natürlich nicht darin, dass auf dem afrikanischen Dorf eine Moral herrscht, die nicht mit der Wirklichkeit übereinstimmt. Diese Diskrepanz macht gerade das Wesen der Moral aus. Das Problem liegt eher darin, dass eine heuchlerische Ideologie diese Kluft leugnet und ein idealisiertes Selbstbild zeichnet, in dem das Unmoralische (Egoistische) unter den „normalen" Menschen gar nicht mehr erscheint. Die „Hexe" wäre dann gewissermaßen die Verkörperung dieses Verleugneten oder Verdrängten, das, da es im Eigenen unerträglich ist, immer im Anderen gesucht (und gefunden) wird. Die „Hexe" vereinigt also die Aggressivität der ganzen Gemeinschaft auf sich und ermöglicht ihr so, „sauber" und „friedlich" zu bleiben, beziehungsweise

---

10 Mbiti 1974:266f. Die dörfliche Zwangsgemeinschaft führt auch zu einem Gemeinschaftszwang, zu einem äußerlichen (soziale Druckmittel), aber auch einem innerlichen (verinnerlichten, psychischen): Es ist schwierig, sich abzugrenzen. Diese unscharfe Trennung zwischen Individuum und Gemeinschaft drückt sich oft schon in der Namensgebung und in den Vorstellungen von „Persönlichkeit" aus, die kein Individuum bezeichnen, sondern ein „Dividuum", das aus verschiedenen Teilen besteht, die zum größeren Teil kollektiven, religiösen und unbewussten Charakter haben. Vermutlich begünstigt auch die traditionelle Schriftlosigkeit der meisten afrikanischen Ethnien dieses Kontinuum zwischen psychischer und sozialer Welt. Denn die Schrift ist das Mittel par excellence, etwas Innerlich-Psychisches zu etwas Äußerlich-Sozialem zu machen, ohne dass, wie im direkten Gespräch, dauernd auf den andern Rücksicht genommen werden muss. (In einem Brief kann man jemandem etwas mitteilen, das man von Angesicht zu Angesicht nicht über die Lippen brächte.) Die Schrift führt in diesem Sinne wahrscheinlich zu größer Sach- (anstatt Personen-)Bezogenheit, zu mehr Distanzierung, Abstrahierung und „Rücksichtslosigkeit".
11 Lallemand 1988:180f. (Übersetzung D.S.)

die Konflikte latent zu halten.¹² Wir hätten so also die Möglichkeit, an dem, was in einer Gesellschaft „Hexe" und „Hexerei" genannt wird, zu studieren, von was für Konflikten sie bedroht wird, die nicht manifest werden dürfen.¹³ Die Hexe als das Unbewusste einer Kultur!

## Den Bruder oder gar den Vater überholen

Was wäre denn nun im vorliegenden Fall konkret der Wunsch, der nicht ausgesprochen werden darf, der Antagonismus, der verdeckt bleiben muss, das Böse, das so gefährlich zu sein scheint, dass man sogar seine bloße Existenz leugnet?

*Das Sich-Erheben über das Gegebene und das damit verbundene Überrunden von Gleich- und Höhergestellten*, lautet die Hypothese. Wer versucht, auf eigene Faust seinen *grand-frère* oder gar seinen Vater zu übertrumpfen, wird „heruntergeholt".¹⁴ Von einer Hexe, sagt man. Aber die Hexe ist hier nur ein anderes Wort für Kräfte der Gesellschaft, die man je nachdem als „egalisierend" oder „kastrierend" bezeichnen könnte. Es ist dieser Widerspruch zwischen Individualismus und Kollektivismus, letztlich zwischen modern/liberal/kapitalistischen und traditional/hierarchisch/konservierenden Kräften, der verdeckt gehalten wird, indem man ihn zu einem Individualkonflikt zwischen (aufstrebendem) Verhextem und (neidischer) Hexe macht.

Mbiti stellt einmal fest, dass streng genommen in Afrika als „böse" nur das Böse gegen einen „Oberen" gilt:

> Wenn von einem Vergehen die Rede ist, so bedeutet dies in der Regel, dass eine Person von niedrigem Rang, Stand oder Alter sich gegen einen sozial Höhergestellten oder Älteren vergangen hat. Das Vergehen kann sich auch gegen einen Gleichrangigen richten. Es kommt hingegen kaum vor, dass ein Höhergestellter einer Verfehlung gegen eine tieferstehende Person bezichtigt werden kann. Das Böse oder das als böse und anstößig Geltende wirkt in aufsteigender Linie vom Niedrigeren zum Höheren ...¹⁵ Eine Handlung ist nicht an sich schlecht, sondern es kommt auf die Beziehungen an, die bei dieser Handlung mitspielen.¹⁶

---

12   Sie nimmt damit die Rolle des Sündenbocks ein, durch dessen Opferung in Krisenzeiten jeweils wieder soziale Einmütigkeit hergestellt werden kann (Girard 1994).
13   Marwick (1982:17; 1967:300-313).
14   Siehe das Kapitel *Le drame de dépasser les „frères"* – „Das Drama, die ‚Brüder' zu überholen" (Ortigues 1984:80-116).
15   Mbiti 1974:265.

Nun ist es allerdings heute, im modernen Afrika, alltäglich geworden, dass eine neue Generation die alte überrundet, und dass die Kinder wohlhabender oder gebildeter sein können als die Eltern. Nichts anderes wird von ihnen erwartet in der modernen Sphäre der Schule, der Universität, der städtischen Arbeitsplätze usw. In der traditionalen Sphäre wird aber eben dieser Fortschritt sehr oft als Provokation der althergebrachten egalitären und hierarchischen Ordnung empfunden. Der Abweichler wird zur Ordnung gerufen, wird – primär mit psychischem und sozialem, manchmal auch ökonomischem Druck – gezwungen, an seinen zugewiesenen Platz zurückzukehren (beispielsweise die Schule zu verlassen, um sich nicht allzu sehr über die andern zu „erheben")[17]. Was im Hexereiglauben individualisiert und dem bösartigen Neid einer einzelnen, erfolglosen Person zugeschrieben wird, ist in Tat und Wahrheit die anonyme, zurückbindende Kraft der konservativen Hierarchie und müsste also, will man sie denn personalisieren, eher den Machtträgern zugeschoben werden, die die nachrückende Konkurrenz fürchten. Hier kommt die Unterscheidung von Hexereiverdacht und Hexereianklage ins Spiel: Oft werden tatsächlich die Mächtigen der Hexerei verdächtigt, aber offen angeklagt wird ein Ohnmächtiger, beziehungsweise der Mächtige in dem Moment, da sein Thron zu bröckeln beginnt.[18] In diesem Sinne kann die Figur des Hexers zwei Positionen bezeichnen: diejenige des Neiders, der den, der sich entwickelt, wieder zum Wickelkind macht, aber auch den, der stark genug war, sich rücksichtslos entwickelt zu haben. Doch in beiden Fällen ist der Effekt der gleiche: Der Aufsteiger wird eingeschüch-

---

16  Mbiti 1974:272. Das entspricht der Feststellung Augés (1995:10,215), dass im „heidnischen" Afrika Moral, Sinn und Macht nicht getrennt werden, bzw. dass keine Moral entwickelt wird, die den Machtbeziehungen äußerlich oder sogar entgegengesetzt wäre (wie die antiautoritäre und „subversive" christliche Moral oder das juristische Axiom, das besagt, vor dem Gesetz seien alle gleich).
17  In Westafrika ist sehr oft die Rede von Schülern, die kurz vor dem Abitur eine Art psychischen Zusammenbruchs erleiden, der ihnen dann den Schulabschluss unmöglich macht (wie im Falle von Juliettes Bruder im Kapitel „Odysseus, Eulenspiegel …"). Dies wird dann gewöhnlich durch den Neid eines Verwandten, also durch Hexerei erklärt (Wintrob 1973). Man könnte aber auch postulieren, dass *der Betreffende selber* seinen Aufstieg nicht aushält. Er würde dann dem Typus entsprechen, den Freud (1987) in einem Aufsatz mit dem Titel „Die am Erfolge scheitern" beschreibt. Es handelt sich dabei gewissermaßen um einen Ödipus, der reüssiert und tatsächlich – in seinem Empfinden – den Platz des Vaters eingenommen hat. Diese Usurpation erträgt er aber gar nicht; der buchstäblich verdrängte Vater kehrt in paranoider Weise wieder; was eigentlich sehr gut zur verfolgenden Hexe passt, die ja auch primär mit Vater oder Mutter identifiziert wird.
18  Augé 1975:105f.

tert *durch* Hexer oder dämonisiert *als* Hexer. Nun ist aber im Rahmen der modernen Rechtssprechung die Hexerein*anklage* mit den entsprechenden Verfahren und Strafen schwierig geworden; dadurch hat der bloße, unverbindlichere Hexerei*verdacht* an Relevanz zugenommen, wobei er sich insofern der Anklage annähert, als auch er mit (informellen) *Sanktionen* arbeitet: Gerücht, Gerede, Meidung, sozialer Ausschluss, inoffizielle Ächtung, Vertreibung, *Mobbing*. Das bedeutet aber, dass die Moderne nicht dazu geführt hat, dass die Hexereivorstellung verschwindet bzw. sich nun „kritisch" gegen die Autoritäten richten würde, sondern dass im Gegenteil angesichts einer Hexerei unter den Bedingungen von Justiz und städtisch-staatlichen Machthabern, die weniger greifbar sind, der Aufstrebende zwar weiterhin unter der Missgunst seines Milieus zu leiden hat, aber diese bremsenden Kräfte eher den schlecht weggekommenen untergeschoben werden.

Viele afrikanische Gesellschaften könnte man beschreiben als zugleich egalitär und hierarchisch. *Egalitär* in dem Sinne, als ein Ausbrechen aus dem angestammten Milieu oder ein Überrunden von Brüdern und Schwestern sogleich neutralisiert wird (insbesondere unter den Stichworten Verteilen, Anteilhabenlassen, Solidarität, kein Alleingang, keine egoistische Akkumulation von Geld, Bildung, Waren etc. Und Neid ist eigentlich ein empörter Appell, eine als normal erachtete Gleichheit wiederherzustellen.[19]). *Hierarchisch*, insofern als mit strukturell Höhergestellten (Vater, Chef, Politiker) nicht rivalisiert werden darf und andererseits kleine Unterschiede tendenziell fixiert werden (oft nach dem Muster von Patron-Klient-Beziehungen). Der Mächtige wird zwar – als quasi natürliche Gegebenheit – akzeptiert, aber nicht der Aufstieg, die soziale Mobilität, das Wachstum, die Karrieristen.[20] Es sind nur Letztere, die Neid provozieren. „„Hexerei" also vor allem zu verstehen als politisches und ökonomisches Regulativ.[21] Das allerdings in sämtliche Lebensbereiche eingreift und so ein *fait social total* darstellt.

---

19 Augé 1975:96.
20 Denn der Aufsteiger führt vor Augen, dass Macht eben nicht - wie das in der „heidnischen Logik" propagiert wird – etwas Natürliches, sondern etwas Gewordenes, Erworbenes und also Wandelbares ist. Vielleicht ist das das eigentliche Sakrileg und die Provokation, den eigenen – also nicht naturgegebenen, sondern selbstverschuldeten! - Stillstand vor Augen führt (zur traditionalen Gleichsetzung von sozialer und biologischer Ordnung: Augé 1995:10,215).
21 Augé 1975:108. Auch der Ökonom Latouche stellt fest, dass der Hexereiverdacht sowohl von den „Mächtigen" (Alten) ausgehen kann und sich dann gegen aufstrebende Junge wendet (Erhaltung der Hierarchie, des zugeschriebenen - im Gegen-

In diesem Sinne spricht auch Delacroix davon, (der Glaube an) die Hexerei sei eine Institution im Dienste des Vaters, der Geronto- und Theokratie.[22]

Sie erfüllt dabei folgende Funktionen:

1. das Gesetz der Ahnen zu schützen und damit das Wort des Vaters und der Alten;
2. den direkten Ausdruck von Aggression und Konfrontation zu verhindern;
3. jeden Versuch von Veränderung zum Scheitern zu bringen;
4. die Sozialorganisation und die damit verbundenen Glaubensvorstellungen aufrecht zu erhalten und damit ein System zu erhalten, das ökologisch war;
5. trotzdem in der Gesellschaft dem Ausdruck von Aggression einen kulturell akzeptierten Ort zuzuweisen.[23]

Ein System also, das im dörflichen Kontext stabilisierend gewesen sein mag, aber unter den Bedingungen von freier Marktwirtschaft und Demokratie eine Lähmung für jede Eigeninitiative bedeuten muss. Diese Wirkung wird noch unterstützt durch eine Logik, die im Unsichtbaren (wozu auch die Hexerei gehört) eine Gegenwelt sieht, der gegenüber die normale Welt geradezu irrelevant ist.

**Die Entwertung der greifbaren Realität**

Dieser Standpunkt wird pointiert von Georges Niangoran-Bouah, dem ivoirianischen Trommelsprachen-Experten, vertreten, nachdem ihn V. S. Naipaul fragte, ob die europäische Welt, die moderne Innenstadt Abidjan beispielsweise, für Afrikaner überhaupt „real" sei:

---

satz zum erworbenen - Status), als auch unter Gleichgestellten ausgesprochen werden kann, um ein egoistisches Ausscheren zu verhindern, im Namen von Solidarität und Egalität (1998:157). In dieselbe Richtung geht die Zweiteilung von Augé (1975:106): „Der Hexer ist ein Verlierer und ein Neider ... ; der Hexer ist ein Reicher und Mächtiger." Der Erstere wird offen angeklagt; der Letztere wird bloß hinter vorgehaltener Hand - zugleich eingeschüchtert und bewundernd - verdächtigt. Auch Geschiere (1995:25) stellt diese Janusköpfigkeit der Hexerei fest: „Eine Ressource für die Großen, aber auch eine Waffe der Schwachen gegen die neuen Ungleichheiten" (wenn auch nicht die alten!). So oder so wird soziale Mobilität eingefroren.
22 Delacroix 1994:117.
23 Delacroix 1994:120.

„Die Welt der Weißen ist real. Aber ... aber ... wir schwarzen Afrikaner, wir haben alles, was sie haben" – und Mr. Niangoran-Bouah meinte Flugzeuge, Autos, Raketen, Laser, Satelliten – „wir haben all das in der Welt der Nacht, in der Welt der Finsternis."

... Europäer könnten selbst mit ihren Raketen nur begrenzte Geschwindigkeiten erreichen. Dagegen gebe es Afrikaner, die sich in reine Energie verwandeln könnten ...

„Es gibt heutzutage in den Dörfern Leute", sagte Mr. Niangoran-Bouah, „die Ihnen jeden Abend Neuigkeiten aus Paris und Russland erzählen können. Und die bekommen sie mit Sicherheit nicht aus dem Radio ... Der kranke Bettler, den Sie den ganzen Tag lang um Almosen auf dem Bürgersteig betteln sehen, ist in Wirklichkeit in der Welt der Nacht ein großer Würdenträger."

... Es war eine Geschichte, die von einer Sklavenplantage in der Karibik vor 200 Jahren hätte stammen können. Weiße Männer, Geschöpfe des Tages, waren Phantome mit absurden, illusorischen Zielen. Macht, Magie der Erde, war afrikanisch und überdauerte alles; der Triumph gehörte Afrika. Doch nur Afrikaner wussten das.[24]

Am schärfsten wird dieses Übergewicht der „anderen Realität" bei der Hexerei sichtbar, wo die herkömmliche Logik auf den Kopf gestellt wird: „Reichtum, Gesundheit, Armut oder Krankheit erklären nichts; sie sind Zeichen von etwas anderem ... Der Mensch selber ist Ursache von nichts; seine Erfolge oder Niederlagen zeugen viel mehr von seiner Situation in der *surrealité* als von seiner sozialen Position, beziehungsweise Letztere wird präsentiert als Folge der ersteren.[25]

Für den „Realisten" kommt erschwerend hinzu, dass diese *surrealité* sich in der Praxis nur schwer von der normalen Realität trennen lässt. Man muss permanent mit Unerklärlichem, Wunderbarem und Übersinnlichem rechnen:

„Die Weigerung des Afrikaners, den menschlichen und den göttlichen Raum zu trennen, bleibt sicherlich eines der größten Handikaps gegenüber Kulturen mit eher zupackendem Charakter."[26]

Diese „magische" Einstellung zur Welt kann jeden, der in Afrika an Kontrolle, Machbarkeit, Vorhersehbarkeit, Selbstverantwortung, Rationalität, eine deutliche Grenze zwischen Realität und Phantasie und demzufolge an „reale" Produktion glaubt und entsprechend handelt,

---

24  Naipaul 1995:163-167.
25  Augé 1975:102f. (Übersetzung D.S.)
26  Etounga Manguelle 1991:43. Siehe auch Chabal/Daloz 1999:65f.

der Lächerlichkeit preisgeben. Denn ein solcher „Realist" kennt die wirkliche Wirklichkeit nicht. Er wird in den Augen seiner Landsleute zu einem „Weißen" oder einem Kind.[27]

Ein afrikanischer Prometheus, der das Feuer stehlen wollte, würde also nicht nur von den Neidern zermürbt („verhext") oder selber als Hexer verdächtigt, sondern auch noch als Naivling gebrandmarkt, weil er etwas mit grob-realen Mitteln vollbringen will, was die Alten schon seit Jahrtausenden heimlich mit Magie erreichten, ohne einen Finger zu krümmen.[28]

### Hexerei versus Entwicklung („Arbeiten bringt nichts")

Es ist klar, dass all dies einer technischen, wirtschaftlichen und intellektuellen Entwicklung nicht gerade förderlich ist. „Hexerei" ist ein Mittel par excellence, mit dem eine „kalte Gesellschaft" (im Sinne Lévi-Strauss'[29]) den Status quo beizubehalten versucht, den Wandel unterdrückt, oder, wo er doch unvermeidlich ist, leugnet. Sie kühlt das Mütchen der jungen Hitzköpfe und geht einher mit einer verordneten Unbewusstheit (wer den Finger auf die wunden Stellen legt und die Starrheit des Systems kritisiert, riskiert – als unsozialer, neidischer Eigenbrötler – selber der Hexerei bezichtigt zu werden.)

Auch der ivorianische Psychiater Amani[30] stellt fest, dass als Hexer vor allem sozial Marginalisierte verdächtigt werden, während die Erfolgreichen der doppelten Gefahr ausgesetzt sind, entweder aus Neid verhext zu werden oder selber in den Ruch des Hexers zu kommen. Sehr beliebt bei den Hexen ist beispielsweise das Fleisch von jungen In-

---

27  Naipaul 1995:173.
28  In einer solchen Gesellschaft kann schon die Feststellung, dass es Dinge gibt, die in dieser Gesellschaft nicht oder falsch verstanden werden, als moralischer Verstoß, als Subversivität, als Respektlosigkeit gegenüber den „Großen" und „Weisen" verstanden werden. „Die Stärke der magischen Weltauffassung besteht darin, dass sie eine vollständige Weltauffassung ist, die alles und jedes unter Bezugnahme auf Magie, fehlgeschlagene Magie oder magische Verschwörungen erklärt", schreibt Jarvie. Ihre Erklärungskraft ist aber paradoxerweise gerade deshalb schwach, weil sie alles erklären will. „Unsere Weltauffassung unternimmt nicht den Versuch, alles zu erklären. Wäre das der Fall, würde sie unwiderlegbar werden; Unwiderlegbarkeit aber ist für uns keine wünschenswerte Kategorie mehr." Denn Unwiderlegbarkeit, das würde heißen: „Immunität vor aller möglichen Erfahrung" (1987:147).
29  1975:39f. Eine „kalte" Gesellschaft ist eine, die Veränderungen abzukühlen, kaltzustellen versucht.
30  Amani et al. 1991:9. Siehe auch 1999:III.

tellektuellen, insbesondere von Lehrern, die aus der Stadt ins Dorf kommen. Was so traditionellerweise jedoch im Dienste einer Nivellierung und Harmonisierung des dörflichen Soziallebens stand, bekommt heute den Charakter eines Zwangs zum Mittelmaß, einer Bestrafung der Tüchtigsten, einer Negativauslese. „So vermeiden heute die meisten Intellektuellen jeglichen Kontakt mit ihrem Herkunftsdorf."[31]

Was gäbe es für Wege aus dieser kontraproduktiven Unterdrückung der Entfaltung? Amani verweist auf die Forschungen von Jones, der anhand der Ibo (Nigeria) die Vermutung äußerte, dass dort Hexereifurcht möglicherweise deshalb praktisch nicht existiere, weil eine expandierende, „raumgebende" Wirtschaft vorhanden sei, die die Bewohner zu Eigeninitiative und Selbstverantwortung motiviere (oder umgekehrt ein kulturell geförderter Unternehmungsgeist herrscht, der ein ökonomisches Prosperieren ermöglicht).[32]

Anfällig für Hexerei wären auf der anderen Seite Gesellschaften, in denen eine „Nullsummenspiel-Ökonomie" herrscht; in denen jeder Gewinn eines Mitglieds von einem anderen als Verlust empfunden wird; eine stagnierende, begrenzte Wirtschaft, wo Sozialbeziehungen vor allem autoritär und hierarchisch strukturiert sind und wo das Glück nicht in Eigeninitiative gefunden wird, sondern in der Unterordnung unter einen Patron, der dann im Gegenzug für einen zu sorgen hat.[33]

---

31 Amani et al. 1991:15. Ebenso Austen 1993:90f., der beklagt, die Ethnologie habe sich bei der Beschäftigung mit Hexerei zu lange auf formale Anklagen konzentriert, die heute an Relevanz verloren haben.
32 Jones 1970:328f.
33 Foster hat festgestellt, dass viele traditionelle, bäuerliche Gesellschaften stark von der Vorstellung einer Begrenztheit der Güter geprägt sind, vom „*image of limited goods*" (1965). Eine solche Gesellschaft, die von ihren Mitgliedern als geschlossenes System wahrgenommen wird, ist natürlich besonders neidanfällig, denn jeder Gewinn des einen wird als Verlust des andern aufgefasst (1972:169). Gluckman (1972:23) postuliert, dass solche Vorstellungen vor allem mit „stationären" Gesellschaften verbunden seien, das heißt egalitären Gesellschaften mit einem tiefen technologischen Niveau, wo nur wenig Arbeitsteilung herrscht und Rivalität vor allem zwischen Personen entsteht, die zugleich zur Zusammenarbeit gezwungen und oft verwandtschaftlich verbunden sind. Zweifellos existiert der Hexereiglaube auch unter großstädtischen Bedingungen (siehe z.B. Comaroff 1993; Geschiere 1995). Man könnte sich allerdings fragen, inwiefern eben auch unter urbanen Bedingungen solche „Hexerei-Konstituenten" fortbestehen: Die erweiterte Familie bleibt meist ökonomische Solidargemeinschaft, sodass weiterhin der Reichtum des einen die Armut des andern ist. Dabei ist die räumliche Nähe gar nicht entscheidend. Häufig klagen zum Beispiel die „Dörfler" ihre Verwandten in der Stadt oder im Ausland an, nicht genug Geld nach Hause zu schicken und betrachten sie als Hexen im Sinne von geizigen Reichen (dazu reich geworden durch nicht nachvollziehbare Tätigkeiten). Die Emigrierten verdächtigen die zurückgelassenen Verwandten umgekehrt der Hexerei,

Es ist unschwer festzustellen, dass der Großteil Afrikas „hexereianfällig" ist und eher dem letzteren als dem Ibo-Typ entspricht.

Ein anderes Beispiel einer Gesellschaft, wo zwar das „Hexerei"-Konzept existiert, aber selten „aktualisiert" wird, stellen die Hirtenvölker der Dinka und Nuer dar. Das scheint vor allem mit der Verfügbarkeit von *Raum* zu tun zu haben.[34] Taucht der Hexereiverdacht trotzdem auf, wird er in gewisser Weise dekonstruiert oder de-projiziert, indem er nämlich auf den Verdächtiger zurückfallen kann.[35] Douglas bemerkt dazu, dass die Dinka offenbar die Vorstellung zulassen können, dass die Hölle in ihnen selber liege, während für Hexerei-Gesellschaften das Böse und die Hölle immer der andere sei.[36]

Etwas ganz Ähnliches postulierte der Prophet William Wade Harris, der Gründer der Harristen-Kirche im Süden der Côte d'Ivoire. Sein Slogan war:

„Si tu fais le bien, c'est pour toi. Si tu fais le mal, c'est pour toi."
(„Tust du Gutes, ist es für dich. Tust du Schlechtes, ist es für dich.").

---

weil sie den Erfolgreicheren den Aufstieg missgönnen und durch ihre gierigen Forderungen ihre Existenz verunmöglichen. Hexerei wird so häufig zum Ausdruck einer Stadt-Land-Problematik (siehe für Nigeria: Bastian 1993:136f.; siehe auch die Spannungen zwischen der Erfordernissen des städtischen Lebens und den Forderungen der Verwandten auf dem Land bei Coulibaly und Baba und die häufige diesbezügliche Redensart, dass Hexerei eine „Angelegenheit des Dorfes" sei, was aber nicht meint, dass sie durch die Urbanisierung verschwinde, sondern heute vor allem die Form eines ländlichen Druckmittels gegen die städtischen Verwandten annehme).
34  Lienhardt 1970:279-289.
35  Lienhardt 1951:317f.
36  Douglas 1970:xxxv. Baxter (1972) verallgemeinert Lienhardts Befund, unter dem schönen Titel „Absence makes the heart grow fonder" („Abwesenheit macht das Herz zärtlicher"): Bei ostafrikanischen Hirtenvölkern sind Hexereianklagen selten, weil genug Ressourcen vorhanden sind, damit einzelne Gruppen sich bei Konflikten jederzeit von den andern lösen können (ohne dies „metaphysisch" legitimieren zu müssen). Baxter verweist hier ebenfalls auf Fosters *„image of limited goods"*: „Hexereigesellschaften" sind durch eine gewisse Geschlossenheit und Dichte („Dampfkochtopf") charakterisiert, wobei Dichte nicht rein demografisch, sondern auch psychologisch-moralisch verstanden wird (a.a.O.,117). Das erklärt auch, warum Hexerei unter städtischen Bedingungen fortbesteht: „Ausweglose" Situationen, zum Beispiel Konflikte am Arbeitsplatz (der infolge Knappheit nicht ohne weiteres gewechselt werden kann), werden in familial-dörflichen Begriffen abgehandelt (a.a.O.,185). Eine andere afrikanische Gesellschaft, wo Hexerei offenbar nicht vorkommt, sind die Korongo im damaligen Zentral-Sudan. Nadel (1967) bringt diese Tatsache in Zusammenhang mit ihrer differenzierten Mythologie, die es ihnen ermögliche, auf eine „sublimiertere" Art mit den Unberechenbarkeiten des Lebens umzugehen. Er verweist im Übrigen auch auf ihre sehr liberale Sexualmoral, was wiederum gut passen würde zu Whitings (1969) postulierter Verbindung von Hexereiglaube und Sexualangst (im Zusammenhang mit langem Sexverbot nach einer Geburt).

Damit meinte er, dass, wer rechtschaffen sei, das Recht habe, die Früchte seiner Arbeit zu genießen (ohne neidische Hexen fürchten zu müssen), und dass das Böse (insbesondere die Hexerei) letztlich auf den Übeltäter zurückfalle. „Jeder ist seines eigenen Glückes Schmied."
„Diese neue Ethik machte individuelle Initiative möglich, weil sie sie moralisch guthieß, während die alte Ethik zu viel individuelle Initiative moralisch verurteilte, weil sie allzu leicht in egoistisches Verhalten umschlagen konnte und die korporative Solidarität der Verwandtschaftsgruppe gefährdete", schreibt Multhaupt dazu.[37] „Wer ehrgeizig war und Reichtum anhäufte, wer mehr Glück und Erfolg hatte als sein Nachbar und Verwandter, wer die Früchte seines Erfolges nicht teilen wollte, der machte sich der Hexerei verdächtig. Die alte Ethik wirkte dämpfend auf jegliche private Initiative."

Harris wurde in seiner Selbstverantwortungsstrategie insbesondere unterstützt von seinem Anhänger und Heiler Albert Atcho. Patienten, die in sein Dorf Bregbo pilgerten und die ihr Leiden normalerweise auf Hexeneinfluss zurückführten, überzeugte er, dass sie selber andern Böses gewünscht hatten, und diese schlechten Wünsche nun, dank Gottes Gerechtigkeit, auf sie zurückgefallen waren. Häufig reagierten die Dorfältesten auf den Aufstieg der Jungen, der ihre eigene Position erschütterte, damit, dass sie ihnen ruinöse Opfer abverlangten. Durch diesen Umverteilungsmechanismus, verstärkt durch die Angst vor Sanktionen (Hexerei oder Strafe der Geister), floss das Geld der Jungen in die eigene Tasche und sie wurden in ihrer revolutionären Herausforderung der angestammten Ordnung gebremst. Häufig zerstörten die Harristen in solchen Fällen kurzerhand die Opferaltäre, und die Einschüchterungstaktik erwies sich für die Gerontokraten als Bumerang.

Nicht zufällig erfreute sich die harristische Kirche mit ihrer Mischung aus protestantischer Ethik und Adam Smith'schem Liberalismus vor allem im prosperierenden Süden des Landes (rund um Abidjan) während der wirtschaftlichen Boom-Jahre (Vierziger- bis Siebzigerjahre) eines großen Zulaufs. Der Zusammenprall des traditionellen Systems (mit seinen festen Statuspositionen) mit dem neuen und dynamischeren von Lohnarbeit, Mobilität und individuellem Aufstieg spiegelte sich auf persönlicher Ebene im Konflikt zwischen Hexereidrohung und -furcht (vorwiegend in der Familie: der Sohn, der beispielsweise als Erster ein Zementhaus in seinem Dorf aufstellen will, wird

---

37  1989:224.

vom missgünstigen Vater-Hexer – der immer noch die Lehmhütte bewohnt – „unterdrückt" bzw. eingeschüchtert) und dem Prinzip der Eigenverantwortung, das Harris predigte.[38]

Einen interessanten Sonderfall stellen auch die Bamiléké Kameruns mit ihrem sprichwörtlichen Unternehmungsgeist dar. Ihre Gesellschaft ist traditionellerweise sehr hierarchisch organisiert (es herrscht weder die Statuskonfusion noch jene aggressive Weise von Egalität, die beide Missgunst fördern). Suspekt ist hier vor allem Geld, das nicht innerhalb dieser Strukturen erwirtschaftet wird. Es kann jedoch jederzeit vom traditionellen Chef (vom Hexereiverdacht) „reingewaschen" werden[39]. Ihr ökonomischer Erfolg scheint damit zusammenzuhängen, dass es in ihrer Organisation Schutzvorrichtungen gibt gegen die bei ihren Nachbarn übermächtigen Tendenzen zur *désaccumulation*: solidarische Hilfe ist im Allgemeinen an gewinnorientierte Bedingungen geknüpft[40].

MacFarlane[41] stellt die These auf, der frühe Erfolg des Kapitalismus in England rühre zu einem guten Teil von der Abwesenheit extremer Hexenverfolgung und der entsprechenden Glaubensvorstellungen her.

Offensichtlich ist die Verbindung, die wir zwischen Arbeit und Erfolg herstellen, nicht zwingend; vielleicht stellt sie weltgeschichtlich gesehen sogar einen Sonderfall dar (und tatsächlich ist die Verbindung auch in unserer Gesellschaft trotz aller Evidenz eine *Konstruktion*. Manchmal führt Arbeit nicht zum Erfolg, manchmal verdankt sich Erfolg etwas anderem als Arbeit. Aber solche Unstimmigkeiten werden als Ausnahmen der Regel „wegargumentiert", ganz so wie auch die magische Logik dauernd „Sonderfälle" produziert, die dann innerhalb derselben Logik wegerklärt werden müssen).

In einer Gesellschaft ohne „Arbeitsethik", die Erfolg auf Glück, Magie oder die Gunst der Götter zurückführt, ist es nur logisch, dass die Früchte dieses Erfolges geteilt werden müssen und dass die Vorstellung von „wohl verdientem Privateigentum" wenig ausgeprägt ist. Oder, in den Worten Plateaus: „Eine Weltsicht, die dazu tendiert, jedes Einkommen prinzipiell als unverdient zu betrachten, neigt tendenziell na-

---

38  Der Kampf der Harristen gegen den Hexereiglauben wird beschrieben in: Walker 1980; Multhaupt 1989:223ff; Augé 1975:247ff. Die Kehrseite dieser Emanzipation: „L'apprentissage de la solitude" – „Das Erlernen der Einsamkeit" (Augé 1975:xxi).
39  Fisiy/Geschiere 1993:123.
40  Miaffo/Warnier 1993:47ff.
41  1987.

türlich zu einem Konzept von Gerechtigkeit, in dem reiche Leute ihr Einkommen mit den andern teilen sollten."[42]

### Der afrikanische Autoritarismus

Ein weißer oder auch einfach gut gekleideter Besucher Afrikas fragt sich ziemlich bald, warum er dauernd auf offener Straße, von Leuten, die er nicht kennt, als Patron, Boss oder *grand-frère* angesprochen wird. Des Rätsels Lösung ist einfach: Weil es eine der Haupteinkommensquellen ist, sich klein zu machen und so an den Reichtum und die Freigebigkeit des Chefs zu appellieren.[43]

Und wenn man nichts bekommt, hat auch der *petit-frère* seine Methoden, dem *grand-frère* das Leben zur Hölle zu machen.

„Weil der Arme dem Reichen sonst nichts geben kann, gibt er ihm Probleme." So erklärte mir eine junge Ivorianerin die Hexerei.

Parin charakterisiert die in Afrika typische Beziehungs- oder Identifikationsform des Patron-Klient-Verhältnisses folgendermaßen:

> Die Person ist abhängig vom „Patron", erwartet seine Zuwendung, materielle Gaben und Fürsorge; dafür zollt sie ihm Bewunderung, folgt seinen Befehlen und ist ihm völlig unterworfen. Diese Haltung ist nur selten frei von Spannung. Meist werden mit den rezeptiven Neigungen auch gierige Wünsche wach. Die Forderungen bekommen eine oral-aggressive Tönung. Ein Versagen des Patrons oder die Verminderung seiner Fürsorge lässt das Gefühl bitterer Enttäuschung entstehen. Daraus

---

42  Platteau 2000:198 (Übersetzung D.S.).
43  Touré (1981:110f.) porträtiert einen Liebeselixierverkäufer in Abidjan, der eine schlecht bezahlte Lohnarbeit seiner recht gut bezahlten Selbständigkeit vorziehen würde: „Wenn du arbeitest, wenn du Probleme hast, kannst du zum Direktor gehen und er kann dir aushelfen. Heute geht das nicht. Ich kann nur zu meinem Freund gehen." Kommentar von Touré: „Letztlich wichtig ist, einen Direktor oder Patron zu haben, der für einen sorgt. Man möchte den modernen Sektor wieder in die gewohnten patriarchalen Strukturen integrieren."
Der Griot Baba sagte mir einmal: „Bei uns sind es die Beziehungen, die zählen". Besser kann man „Afrikanität" - auf sozialer, ökonomischer, politischer, religiöser und psychischer Ebene - kaum definieren. Siehe auch Augé 1986:68 („la relation à l'autre"). Das hängt natürlich auch damit zusammen, dass die soziale Position eher von der Gesellschaft *zugeschrieben* (Mann/Frau, Alter/Junger, Nobler/Nicht-Nobler etc.) als selber *erworben* wird (Linton 1936). Wenn man seinen Status eigenhändig nicht ändern kann, kann man seine Stellung nur verbessern, indem man sich mit den Bessergestellten *besser stellt*.

gibt es den Ausweg, die ganze Beziehung plötzlich fallen zu lassen, und den Patron gegen einen mehr versprechenden auszutauschen. Der abhängig Gewordene kann nun zum Verfolger werden und immer heftiger und mehr verlangen.[44]

Gierige Wünsche, oral-aggressive Tönung, Enttäuschung, Verfolger, immer heftiger und mehr verlangen ... Man könnte sich kaum eine treffendere Umschreibung der Hexereifurcht (des Patrons vor seinem frustrierten Klienten) vorstellen!
Axelle Kabou hat in ihrem wütenden Manifest über die afrikanische Unterentwicklung die These aufgestellt, dass Afrika als Ganzes gegenüber dem Westen gewissermaßen die passive, bettelnde Haltung eines infantilen Klienten gegenüber einem allmächtigen Patron einnehme:

> Die Afrikaner sind die einzigen Menschen auf der Welt, die noch meinen, dass sich andere als sie selbst um ihre Entwicklug kümmern müssen. Sie sollen endlich erwachen.[45] Es ist allgemein bekannt, dass der ewige Rückgriff auf die ausländischen Kreditgeber in Afrika nicht als Schande empfunden wird. Weniger bekannt ist der Grund dafür, der Umstand nämlich, dass sich der Afrikaner für die Gegenwart gar nicht zuständig fühlt.[46] Die afrikanischen Diktaturen sind vor allem kulturelle Diktaturen ... Respekt vor dem Chef, Ehrfurcht vor dem Alter, Furcht vor den Oberschichten und den übernatürlichen Kräften, Verehrung des Geldes und abgöttische Verklärung einer vorkolonialen Vergangenheit.[47]
> Es gibt kein Land, keinen Erdteil auf der Welt, die ihre Bevölkerungen mit Hilfe von Zauberern ernähren könnten, die das „Geld vermehren", oder – um es auf moderne Art auszudrücken – mit Hilfe der Kreditgeber, wie die „Zauberer" im Westen und in den arabischen Ländern heißen.[48]

Meines Erachtens hängt diese rezeptive Haltung aber nicht nur mit den Ideologien von *Négritude* und *Tiers-mondisme* zusammen, also mit Haltungen, die in Kontakt mit Kolonialismus und Postkolonialismus entstanden sind, sondern ist die Übertragung eines Beziehungsmus-

---

44 Parin 1985:556.
45 Kabou 1993:94.
46 A.a.O.,130.
47 A.a.O.,154.
48 A.a.O.,196.

ters, das primär das Sozialsystem *innerhalb* Afrikas prägt und (vermutlich schon lange) prägte. Es geht um die traditionale Kombination von hierarchischer Familien- und Gesellschaftsordnung (nach Patron-Klient-Muster), kollektiv-antikompetitiver Orientierung und einer generellen Neigung, sowohl Übel (Hexerei, Geister) als auch Heil (Chef, *grand-frère*, Féticheur) von außen zu erwarten.[49]

Auch Chabal/Daloz verweisen unter dem Stichwort „*external causality*" auf die Häufigkeit, mit der afrikanische Politiker die Schuld für Probleme „außen" suchen: In (Neo-) Kolonialismus, Imperialismus, Globalisierung, Weltbank usw. Sie vermuten, dass hinter diesen Zuschreibungen nicht nur politisches Kalkül stehe, sondern ein mehr oder weniger von der ganzen Bevölkerung geteiltes Glaubenssystem.[50]

Was Kabou parasitäre Ideologie, Sündenbockmentalität, afrikanische Logik der Unterwerfung, Verschuldungswirtschaft, Verfolgungswahn, Verweigerung der Entwicklung, Unbeweglichkeit, Narzissmus, Bettelei, Vetternwirtschaft, Korruption, Schmarotzertum, Vergeudung, Klientelismus, passiven Widerstand, mörderischen Konformismus, Anspruchshaltung und Isolationismus nennt, dürfte zumindest zum Teil funktional-stabilisierende Aspekte einer traditionalen Dorfordnung gekennzeichnet haben, die jetzt aber, in Konfrontation mit Erfordernissen der nationalen und internationalen Moderne, kontraproduktiv geworden sind.

---

49 A propos gerontokratische Autoritätsgläubigkeit und Heilserwartung von außen: Nicht zufällig heißen die beiden bekanntesten Lieder des ivorianischen Superstars Alpha Blondy „Mon père avait raison" und „Heal me" („Who can heal me? Can you heal me now? Heal me! You've got to heal me ...").
Siehe auch Ortigues: „Le ‚mauvais' est toujours situé à l'extérieur de moi ..." – „Das Schlechte wird immer außerhalb des Ichs situiert ..." (1984:94).
Collomb hat Recht, wenn er feststellt, dass in Afrika auch der Wahnsinn als etwas betrachtet wird, das von außen kommt, und nicht diese Art psychologischer Essentialismus herrscht, der im Wahn geradezu das Innerste des Menschen ausmacht. Das hat sicher für den Kranken auch etwas Entlastendes. „ ... les autres ne posent pas sur le ‚fou' ce regard qui l'obligera à rester fou" – „Die andern betrachten den ‚Verrückten' nicht immer mit diesem Blick, der ihn verpflichtet, verrückt zu bleiben" (1975:11). Aber genau dieser identifizierende („identifixierende") Blick wird in Afrika stattdessen oft auf die Hexe gerichtet, die dann für den Wahn oder die Krankheit verantwortlich gemacht wird. Die „Geständnisse" von angeklagten Hexen sind das afrikanische Pendant zu den oft zusätzlich „krank machenden", symptomfixierenden, stigmatisierenden Diagnosen und „Labels" der europäischen Psychiatrie, an die am Ende der Patient selbst auch glaubt.
50   1999:69.

Diesen Zusammenprall von ausgleichsorientierter und wachstumsorientierter Ökonomie thematisiert auch Gluckman. Die Hexereivorstellungen, schreibt er,

> ... waren nur möglich in einer Gesellschaft, wo man überflüssige Güter nicht verkaufen konnte, ohne Profit-Motive, ohne lagerfähige Güter, ohne Luxus, sodass es keinen Druck auf ein Mitglied gab, mehr zu produzieren, als für den Eigenbedarf nötig. Die Afrikaner kamen aus einer Gesellschaft mit solchen Überzeugungen in unser ökonomisches System, wo von ihnen erwartet wird, lange und hart zu arbeiten, ihre Kollegen auszustechen, und vielleicht benachteiligen diese Glaubensvorstellungen sie in diesem Kampf und schmälern ihre Effizienz. Ich kenne Afrikaner, die ihr Pech Hexen zuschreiben, die neidisch auf ihre höheren Löhne oder ihre europäisch gestylten Häuser waren. Möglicherweise hindert die Hexereifurcht die Afrikaner daran, ihre Fertigkeiten und Fähigkeiten zu entwickeln.[51]

Anstatt dass nun auf diese Deregulierung mit neuen Konzepten reagiert würde, kommt es zu einem „Mehr desselben", insbesondere zu einer Zunahme von Hexereifurcht und zum wahrscheinlich inadäquaten Versuch, die modernen Konflikte in diesem traditionellen Idiom zu erfassen und zu lösen.[52]

Laurent schreibt, im Zusammenhang mit dem Gegensatz zwischen traditionell-dörflicher Redistribution/Gabe („*don*") und Marktwirtschaft:

> Es existiert, heute noch mehr als gestern, die Versuchung, aus der Verpflichtung zur Wiederverteilung auszusteigen, denn die Gaben verschaffen zwar Gleichheit dank eines ungleichen Austauschs, aber implizieren auch Verschwendung und nicht Nicht-Akkumulation. Man versteht gut, dass die individualistische Versuchung immer häufiger wird heutzutage. Also interveniert die Hexerei. Diese, durch die Furcht, die sie einflößt, versucht – mittels eines Geflechts aus Hass, Ranküne und Neid – das zerbrochene Gleichgewicht wieder herzustellen, allerdings eher gestützt auf Einschüchterung denn auf freie Übereinkunft.

---

51  Gluckman 1982:450. Er fährt dann fort, dass natürlich noch andere Faktoren für die Unterentwicklung Afrikas verantwortlich seien, zum Beispiel Krankheit und soziale Barrieren. Aber, wie hier zu zeigen versucht wird, steht gerade letzterer Faktor vermutlich in einem Zusammenhang mit dem Hexereikomplex.
52  Amani et al. 1991:13. Siehe auch (in bezug auf das häufige Frequentieren von Féticheuren in der Stadt): Touré 1990:1.Kap.

Das Risiko, verhext zu werden, ist das Damoklesschwert, das Individuen, die in Versuchung geraten, aus dem dörflichen Unter-sich-Sein auszuscheren, zur gerontokratischen Ordnung zurückruft.[53]

Ein entscheidender Faktor für das Fortbestehen der Hexerei ist sicher, dass in Afrika Arbeit (und deren Früchte) immer noch zum großen Teil familiär kontrolliert und ausgebeutet wird.[54] Es ist der Vater und die weitere Verwandtschaft, die ausgleichend wirken, indem sie Überschüsse abschöpfen, dafür aber auch eine gewisse soziale und ökonomische Sicherheit garantieren. Die Sprache der Hexerei ist wie gemacht dafür, die ökonomische Makrowelt des Schöpfens und die häusliche Mikrowelt des Schröpfens zu verbinden.

Der Staat wird dabei ganz analog der Großfamilie aufgefasst, „neopatrimonial", in den Worten Chabals, das heißt beruhend auf „Netzen vertikaler Verbindungen zwischen den zu Macht gelangten Schutzherren (‚Patrons') und ihrer Klientel ... Das Funktionieren politischer Institutionen ist so weitgehend durch die Ausübung personalisierter Macht geprägt: So werden etwa Beamte nicht einfach als neutrale Vertreter öffentlicher Dienste gesehen, sondern als Glieder in der Kette, die den ‚Patron' und seine ‚Klienten' verbindet."[55] Dieses System funktionierte spätestens in den Siebzigerjahren nicht mehr, als die Weltmarktpreise der Exportprodukte sanken und den „Patrons" die Mittel ausgingen. Dasselbe System, das nun seiner materiellen Grundlage beraubt war, stand aber einer ökonomischen Umstellung, wie sie in Asien stattfand, im Weg, und es kam zu einer bloßen Bereicherung (einiger weniger) ohne Entwicklung: „Denn ein Politiker legitimierte sich dadurch, dass er einerseits ostentativ einen persönlichen Wohlstand zu wahren wusste, der seiner Stellung entsprach, andererseits aber auch in der Lage war, das Netzwerk von Beziehungen zu speisen, auf denen seine Macht beruhte. So war es kaum möglich, bestehende Mittel zu äufnen und für wachstumsfördernde Investitionen in Infrastruktur und produktive Unternehmen einzusetzen."[56]

Dass Hexerei vor allem in dieser Konfrontation von zwei Sozial- und Normensystemen virulent wird, bestätigt die – bereits diskutierte – These von Mary Douglas: „Where social interaction is intense and ill

---

53  1998:270 (Übersetzung D.S.).
54  Geschiere 1995:35; Fisiy/Geschiere 1993:128f.; Mbembe 1990.
55  Chabal 2001b.
56  Chabal 2001b.

defined, there we may expect to find witchcraft beliefs" („Wo soziale Interaktion intensiv ist, aber unklar definiert, können wir den Glauben an Hexerei erwarten").[57]

„L'enfer, c'est les autres" ist in diesem Sinne nicht als philosophische, sondern als ethnologische Aussage zu lesen, die auf gewisse Gesellschaften zutrifft, auf andere nicht. Schon im entsprechenden Theaterstück von Sartre, *Huis clos*, geht es ja um eine spezifische Situation, in der eine Gruppe von Leuten, die sich nicht kennen und die ihre wahren Identitäten verheimlichen, in einem Raum eingeschlossen sind. Das ist genau die Zwangsgemeinschaft mit Rollenkonfusion, in der nach Douglas Hexerei gedeiht.

Dass die afrikanische „Entwicklungsverweigerung" etwas mit Hexereifurcht zu tun haben könnte, scheint übrigens auch Kabou am Ende des Buches plötzlich aufgegangen zu sein:

> Möglicherweise war es die Angst der Reichen vor dem Neid der Armen und vor den gegen sie gerichteten Zaubermitteln der Marabuts, die sie daran hinderte zu überlegen, wie der Wohlstand auf eine breitere Masse ausgedehnt werden könne – und die dazu führte, dass sie im Gegenteil darauf bedacht waren, ihre Vorrechte noch zu vergrößern, um sich vor den Feindseligkeiten der anderen zu schützen. Man kann nicht genug betonen, wie sehr der Glaube an die magischen Kräfte der Zauberei die soziale Entwicklung Afrikas behindert hat und noch behindert ... Übrigens wäre es naiv anzunehmen, dass derartige Einstellungen in dem Maße abnehmen, wie die allgemeine Bildung zunimmt, im Gegenteil: Je mehr Diplome einer in Afrika besitzt, desto mehr glaubt er, Zielscheibe von Neid und Magie zu sein, und desto mehr benützt er zu seinem Schutz Talismane.[58]

Die Vorwürfe, die ein gekränktes Afrika den geizigen Europäern macht, wären dann also nur ein Spezialfall der innerafrikanischen Anspruchshaltung an den Patron. Die „weißen" Kreditgeber sind dabei insofern in einer komfortableren Situation, als sie, nach allgemeiner Ansicht, kaum verhext werden können vom frustrierten, neidischen Klienten. Was aber kann der afrikanische „Chef" zu seinem Schutze tun? Salopp gesagt: Entweder er verteilt permanent sein ganzes Hab und Gut unter seine Schützlinge oder er schottet sich ab und hält sich

---

57  1970:xxxv; siehe auch 1985:134ff.
58  Kabou 1993:211f.

die Zukurzgekommenen mithilfe von Féticheuren vom Leib (wobei er ebenfalls einen großen Teil seines Geldes loswird).

## Der freigebige Chef

Lévi-Strauss gibt das Beispiel eines traditionellen Chefs, an dem sich sehr gut die Charakteristika eines Patrons ablesen lassen, um die es hier geht, auch wenn das Beispiel aus einem ganz anderen Kontext stammt (nämlich jenem der Nambikwara in Brasilien):

> Tatsächlich scheint die Macht nicht sehr begehrt zu sein, und die Häuptlinge, die ich kennen gelernt habe, klagten weit häufiger über ihre schweren Aufgaben und die große Verantwortung, als dass sie stolz darauf waren ... Das erste und wichtigste Instrument der Macht ist seine Großzügigkeit. Großzügigkeit ist bei den meisten primitiven Völkern und insbesondere in Amerika ein wesentliches Attribut der Macht ... Wenn ein Individuum, eine Familie oder die ganze Gruppe einen Wunsch oder ein Bedürfnis empfindet, wenden sie sich an den Häuptling, der ihn befriedigen soll ... Es lässt sich nicht daran zweifeln, dass die Fähigkeiten des Häuptlings in dieser Beziehung bis zum Letzten ausgebeutet werden ... Mit Ausnahme von ein oder zwei Männern ... steht die Passivität der Gruppe in merkwürdigem Gegensatz zu der Dynamik ihres Führers. Es scheint, als ob die Horde, indem sie dem Häuptling gewisse Vorrechte zugesteht, von ihm erwarten darf, dass er allein über ihre Interessen und ihre Sicherheit wacht.[59]

Diese Beschreibung trifft auch verblüffend gut auf die Situation eines Afrikaners zu, der es zu etwas Wohlstand gebracht hat, und den dieser Erfolg sogleich in die Situation eines Patrons versetzt, was heißt, dass von ihm eine Großzügigkeit erwartet wird, die seinen Wohlstand bald wieder neutralisieren wird, wenn er nicht Wege findet, sich zu entziehen.[60]

---

59  Lévi-Strauss 1978:305ff.
60  Dieses *Verbot zu behalten* verkörpert sich frappant in der Angst vieler Afrikaner vor Verstopfung (und einer Verharmlosung von Diarrhöe). Das führt in vielen Gegenden Westafrikas zum regelmäßigen Einsatz von Klistieren schon bei Kleinkindern (manchmal mit *Piment* versetzt zur Erhöhung der Wirksamkeit!). Wird man bei dieser „Retentionsverhinderung" nicht unwillkürlich an den Zusammenhang erinnert, den Freud in der *Traumdeutung* zwischen Geld und Kot postuliert hat?

Oft wird den Afrikanern vorgeworfen, aufgrund ihrer Kurzsichtigkeit unfähig zum Sparen, zu Kapitalakkumulation und langfristigen Geldanlagen zu sein.[61] Meines Erachtens liegt das Problem jedoch heutzutage oft weniger im Bereich der „Mentalität" als in jenem der Sozialbeziehungen. Auch jemandem, der guten Willens und fähig ist zum Sparen, wird es aufgrund seiner familiären Verpflichtungen fast unmöglich gemacht. Eine Unfähigkeit zum Sparen müsste man eher der Gesellschaft als ganzer als den Individuen zuschreiben. Der Einzelne ist oft *à contrecœur* freigebig (im vollen Bewusstsein der Kurzsichtigkeit), aber kann aufgrund des sozialen Drucks nicht anders.

Dieser unerträglichen Situation (denn man gibt nie genug) entziehen sich viele Aufsteiger durch einen Abbruch der Beziehungen zu Dorf und Familie. Dadurch entkommt man zwar den direkten Forderungen, Erwartungen und Vorwürfen, aber nicht der möglichen Rache durch Hexerei. (Hexerei ist ja perfiderweise an keinen Ort gebunden). Hier springt nun – als eine Art Tranquillizer – der Féticheur ein. Der Féticheur kann die Angst vor Zukurzgekommenen besänftigen, indem er sie identifiziert und Schutzvorrichtungen erstellt. Aber indem er das Gros der sozialen, psychischen und physischen Probleme durch Hexerei erklärt, perpetuiert er zugleich das System und die Angst. Er bietet Lösungen für Probleme, die er – zumindest zum Teil – selber schafft.

**Magischer Schutz vor Hexerei**

Als Veranschaulichung für solche „Antihexerei" könnte man hier auf die beiden Patienten von Coulibaly verweisen, die im Kapitel „Die Rivalen pulverisiert" porträtiert werden (Moussa, dem von einem Rivalen im Kampf um eine Frau ein Juckreiz angeworfen wurde und Abdoulaye, den die erste Frau aus Eifersucht gegen die zweite impotent gemacht hatte).

Folgende Punkte scheinen mir bei diesen zwei Fallvignetten wichtig und typisch: Körperliche Leiden werden in beiden Fällen durch Hexerei erklärt (das Wort selbst erscheint zwar nicht, aber in beiden Fällen wurde die Krankheit durch eine eifersüchtige Person verursacht). Diese Erkenntnis bezieht Coulibaly aus einer „anderen Dimension" (Orakel), das heißt, er verfügt über einen Zugang zu Wissen, der dem Patienten verschlossen und auch nicht einfach mitteilbar ist. Er behandelt

---

61 So auch Kabou 1993:95f.

den Patienten auf körperlicher, sozialer, religiöser und psychischer Ebene zugleich. Aber als wesentlich wird der Schutz vor Hexerei erachtet, und zwar unabhängig davon, ob der Patient an diese Ursache und deren Therapie glaubt (denn es handelt sich für Coulibaly nicht um ein psychisches, sondern „objektives" Phänomen). Die Patienten sind nach der geglückten Behandlung erleichtert. Aber sie sind dem Glauben an die krank machende oder gar tödliche Kraft von Neid/Eifersucht/Hexerei nicht entkommen, im Gegenteil. Gerade wegen des Erfolges werden sie in Zukunft umso abhängiger von Coulibalys Angst lösenden „Drogen" sein. Die Autonomie wird nicht gestärkt, sondern wird an den „Zauberer" delegiert, der – wie der Patron – mit der ganzen Omnipotenz ausgestattet wird, die bei einem selber so gefährlich wäre.

Bleibt die Frage nach den Opfern, die ebenso einen permanenten Teil dieser Behandlungen bilden. Selbst in den Städten der Elfenbeinküste bringen 56,7 % der Bewohner Opfer dar, gemäß einer aktuellen Studie.[62]

Nun, wenn von Hexerei vor allem derjenige betroffen ist, der nicht gibt, dann liegt nichts näher, als seine Angst dadurch zu beheben, dass man ihn dazu bringt, dass er etwas gibt und zwar in einer ritualisierten, geheiligten, generalisierten Art, bei der die Gabe zu einem Selbstzweck wird. Eben dies bedeutet das Opfer. Es ist ein Geschenk an niemanden und an alle: Gott, Geister, Féticheur, Familie, Nachbarn, Arme, Zukurzgekommene, potenzielle Neider, sich selbst. Das Wesentliche ist das entlastende Gefühl, etwas gegeben zu haben. (Wie die Kolas, die besagter Moussa der Familie seiner Verehrten vorenthielt, sie dann jedoch als Opfer darbrachte, was ihm dann offenbar auch das Nachholen der Kola-Brautgabe ermöglichte) Womit auch wieder Kontakt, Kommunikation, Kontinuität und Gleichgewicht hergestellt wurde.[63] Aber auch für das Opfer gilt somit dasselbe wie für die Orakel, Gris-Gris und magischen Medikamente: Sie geben Erleichterung, beruhigen die Furcht, aber sie führen nicht aus der Ideologie des Verteilens und der Ökonomie der Hexerei heraus. Sie bestätigen die gesellschaftliche Theorie und Praxis, dass der eigene Erfolg gefährlich ist und der andere einen jederzeit auf eine unfassbare Art zerstören, aber auch retten kann.

---

62 Touré/Konaté 1990:21.
63 Toure/Konaté 1990:15f. Durkheim 1994:462f. Die Senegalesin Aminata Sow Fall stellt sich in einem ihrer Romane die auf den ersten Blick absurde, im Nachhinein jedoch nahe liegende Frage, was passieren würde im Falle eines *Streiks der Bettler*. Wie ein Bettler sagt: „Wenn sie geben, dann nicht uns, sondern sich selbst! Sie brauchen uns, um in Frieden leben zu können!" (1996:69).

# Opfer und Gewalt

Mehr oder weniger explizit wurde im Verlauf der bisherigen Darstellung von folgender Hypothese ausgegangen: Die Funktionen des Heilers, der durch Orakel das Schicksal bestimmt und Gegenmittel (Opfer, Medizinen, Gris-Gris) identifiziert, die Funktionen der Hexe und die Funktionen des Opfers bilden sowohl aus funktionaler wie aus symbolischer Sicht ein soziales und kulturelles Ganzes, ein Netz aus Interdependenzen, ein Gerüst aus Bauteilen, die sich gegenseitig stützen, ein System, ein *fait social total*, das in alle Lebensbereiche hineinreicht und als ein wesentlicher Schlüssel zum Verständnis – auch des modernen, städtischen – Afrikas gelten muss. Im Sinne einer Parallelisierung der Opfer- und der Hexereilogik schlug ich am Ende des vorletzten Kapitels vor, die Opferungen als Sicherheitsvorkehrung gegen Hexereiverdacht aufzufassen. Kommt in den Ruch der Hexe eine Person, die nur nehmen, aber nicht geben bzw. alles für sich selbst behalten will, so ist der Opferer jemand, der der Ethik des Gebens und Verteilens in einer absolut und anonym gewordenen rituellen Praxis nachkommt. Immer steht aber im Hintergrund ein Heiler, der die angebrachten Opfer anordnet, der seine Autorität von höheren Mächten her bestimmt und dank dieses unsichtbaren Hinterlandes dem Hilfesuchenden *empowerment* garantieren kann.

Dass eine Verbindung besteht zwischen dem sozialen Gebot zu verteilen und der Praxis des Opferns deutete einmal in einem Gespräch der Griot Baba an, indem er auch die Hilfestellung gegenüber Verwandten als *„sacrifice"* bezeichnete:

Ich hatte Baba 50 000 CFA geliehen, um in Abidjan Schultaschen einzukaufen, die er dann in Ferké zu Schulbeginn anbieten könnte. Einige Wochen später traf ich ihn. Er sagte mir:
„Ich verkaufte alle Taschen und verdiente 65 000 CFA. Ich rief dich an, um dir das Geld zurückzugeben. Aber du warst nicht da. Man sagte mir, du seist einen Monat auf Reisen. Also kaufte ich mit der Summe einen Fernseher. Ich musste es irgendwie investieren, ich konnte es nicht bis zu deiner Rückkehr aufbewahren. Sonst wäre es mir einfach zwischen den Fingern zerronnen. Die Familie verschlingt alles. Bei euch ist es nicht so. Bei euch heißt es: *Chacun pour soi, Dieu pour tous* – Jeder für sich, Gott für alle. Hier ist immer irgendwo ein Notfall, wo du nicht

*nein* sagen kannst. So gibst du heute aus, was du heute eingenommen hast. Aber wir beschweren uns nicht. Das ist das, was man *sacrifices* nennt: Was du Gutes tust, kommt irgendwann zu dir zurück, auch wenn dir die Ausgabe im Moment wehtut. Du verteilst alles unter die Kinder. Du denkst, sie sind Nichtsnutze, Schmarotzer, Faulenzer; aber eines Tages geht vielleicht einer daraus hervor, der sich einen großen Namen machen wird. *On sait jamais dans le monde*, man weiß nie. Dann wird er dich nicht vergessen."[64]

In diesem Sinne haben Geschenke immer ein wenig den Charakter von Opfern und Opfer jenen von Geschenken. Immer geht es dabei auch darum, Neid abzuwehren. (Es gibt übrigens bei uns ebenfalls noch diverse Bräuche, die möglicherweise mit einer Beschwichtigung von potenziellen Neidern zu tun haben: Zum Beispiel das Trinkgeld oder die Sitte, aus den Ferien Ansichtskarten zu schicken oder Geschenke mitzubringen.[65] In Afrika wird beim Essen, sogar im Restaurant, ein zufälliger Passant immer eingeladen, sich ebenfalls dazuzusetzen. „*Il y a à manger ...*" Ein neidischer Blick könnte sonst die Nahrung vergiften. In diesen Zusammenhang gehört auch, dass es ganz allgemein als gefährlich gilt, wenn es einem zu gut geht. Wird man danach gefragt, antwortet man gewöhnlich: „*Ça va un peu*" oder „*Ça peut aller, al hamdullilah*". Es handelt sich wohl auch hier darum, in einer bescheidenen Opfer-Art symbolisch oder real Abstriche zu machen, sich zu verkleinern, auf dass die Neidpfeile über einen hinwegfliegen mögen.)

Diese postulierten Verbindungen (zwischen Verteilzwang, Angst vor Neid/Hexerei und Opferpraxis) sollen nun exemplifiziert, differenziert und vertieft werden.

---

64 Was man gibt, kommt oft zurück; aber man darf nicht auf diese Rückerstattung spekulieren, sonst ist es kein *don* oder *sacrifice* mehr, sondern ein *commerce*. Man darf eigentlich nicht einmal einen Dank erwarten. „Vergelt's Gott", wie man bei uns gesagt hat. Ob eine ganz absichtslose, absolute Gabe nicht unmöglich ist, ob das reine Almosen nicht immer kontaminiert, „Falschgeld" ist - siehe Derrida 1993. (Ich gab Fatou einen Fotoapparat zum Geburtstag. Sie war nicht allzu überschwänglich. Warum? „Ich sagte dir, ich wünschte mir einen Fotoapparat, und den hast du mir nun gegeben. Etwas auf eine Bitte hin geben ist kein Geschenk, sondern ein Service. Ich hätte gerne eine Überraschung.")
65 Foster 1972:178ff.

### Allgegenwart der Opferlogik

Dass auch im städtischen Westafrika von allen Bevölkerungsteilen Opfer dargebracht werden, dass diese Opfer von Wahrsager-Heilern verschrieben werden und Hilfe für alle Lebensprobleme und Wünsche bieten, insbesondere aber auch gegen die Hexereibedrohung wirken sollen, lässt sich empirisch gut belegen.

Gemäß der soziologischen Studie von Touré/Konaté, die sie Ende der Achtzigerjahre unter der städtischen Bevölkerung der Elfenbeinküste durchgeführt haben, gaben 57,6 % der Befragten zu Protokoll, sie hätten auch schon Opfer dargebracht (17,2 % verneinten, 24,2 % gaben keine Antwort). Die Ivorianer des Nordens (Voltaïque 79,2 %, Mandé-Nord 72,4 %) opfern dabei mehr als die Akan (52,7 %), Krou (53,4 %) und Mandé-Sud (55,4 %) im Süden.[66] Da die Elfenbeinküste ein ausgesprochenes Einwanderungsland ist (etwa ein Viertel der Bevölkerung sind Ausländer), gibt die Untersuchung auch Aufschluss darüber, inwiefern sich die Befunde ausdehnen lassen. Was die Nicht-Ivorianer betrifft, so opfern unter den Afrikanern 56,7 %, und sogar unter den Nicht-Afrikanern (vor allem Libanesen und Franzosen) 27,3 %.

Die Frage wurde auch noch in anderer Form gestellt: „Glauben Sie, dass die Afrikaner, die in der Stadt leben, opfern?"

67,3 % antworten „oft", 28,5 % „manchmal", 2,8 % „nie". Die Frauen scheinen dabei häufiger den Heiler-Wahrsager zu konsultieren als die Männer, während die Männer mehr Opfer als die Frauen darbringen. Nach Religionszugehörigkeit aufgeschlüsselt, zeigt sich, dass die Christen am wenigsten opfern (Katholiken 49,4 %, Protestanten 30,5 %). Am meisten opfern die Animisten (81,9 %). Bei den Muslimen sind es 70,4 %.

Auf die Frage, welches Problem sie zum ersten Opfer veranlasst habe, kamen folgende Antworten: Schule, Ausbildung (32,4 %), Arbeit (16,9 %), Gesundheit (12,7 %), Hexerei (5,6 %). Bei der Frage nach dem zuletzt dargebrachten Opfer, rangierten die gleichen vier Themen

---

66 Touré/Konaté 1990:100. Die Autoren unterscheiden einen Süden und einen Norden, was soziologisch und kulturell signifikanter ist als die Unterschiede zwischen den einzelnen Ethnien. Diese Unterscheidung könnte man übrigens auf ganz Afrika ausdehnen, wo die Breitengrade auch wichtiger sind als die Längengrade, was die Kultur, die Religion, die Vegetation und das Klima angeht (in all diesen Bereichen bestehen zum Beispiel größere Unterschiede zwischen Nouakchott und Banjul als zwischen Banjul und Bujumbura, obwohl sich Erstere geografisch näher sind).

zuvorderst, wenn auch etwas anders verteilt: Arbeit (15,8 %), Gesundheit (13,3 %), Schule, Ausbildung (9 %), Hexerei (5,3 %). Bei den Opfern gegen Hexerei zeigt es sich, dass hier die Akan am stärksten „betroffen" sind (29 %), aber auch die (afrikanischen) Immigranten (27,4 %). Bei den Krou sind es nur 9,7 %, bei den Mandé Nord 6,5 %.[67]

---

[67] A.a.O.,105. Der Islam scheint ein stärkeres Mittel gegen die Hexereifurcht zu sein als das Christentum. Möglicherweise haben sich die Missionare, im Versuch, das Christentum zu „enkulturieren", zu sehr assimiliert. Es lässt sich kaum mehr eine Trennlinie ziehen zwischen „indigenen" Kulten und den unzähligen Freikirchen im Süden des Landes. Letztlich wurde eher das Christentum afrikanisiert als die Afrikaner christianisiert. Damit taugt es aber auch nicht mehr als Abwehr der Hexereifurcht. Oft wurde der Erfolg des Islams mit seiner größeren Nähe zur afrikanischen Kultur erklärt. Vielleicht ist das Gegenteil der Fall: Er ist - vor allem in Afrika - strikter monotheistisch als das Christentum und hat kaum Konzessionen gemacht. Was für eine befreiende Einfachheit und Klarheit, wenn ich aus Coulibalys undurchschaubarem Behandlungszimmer in die weite Helligkeit der Moschee in Abengourou trete! Verglichen mit den wenigen und einfachen Pflichten des guten Muslims ist das (afrikanisierte) Christentum genau so einschüchternd und dschungelhaft wie Coulibalys Hexen-, Fetisch- und Geisterwelt.
Man könnte es auch so darstellen: Bei den „Heiden" ist das Opfer vor allem auch eine Medizin gegen Hexerei (um sich gegen jene zu schützen, denen man möglicherweise zu wenig gegeben hat). Es steht im Zeichen der „Gabe", des Verteilzwangs, um nicht zu sagen der ritualisierten Verschwendung, die in diesen traditionalen (geschlossenen, Nullsummen-)Gesellschaften herrscht. Die Opfer sind, wie die erwarteten Gaben, tendenziell unbegrenzt (je mehr, desto besser). Im Islam sind die Opfer, wie die geforderten Almosen, kodifizierter, im Prinzip wie ein Steuersatz verbindlich definiert, legitimiert und limitiert; sie sind nicht dazu bestimmt, die versäumten Gaben zu kompensieren, sondern sie stellen sich der Verteilzwang/Hexerei-Logik entgegen. Das primäre Christentum steht im Hinblick auf unbegrenztes Geben (bis zur eigenen Armut) dem „Heidentum" näher, während die etwas reformierten Richtungen in Bezug auf ökonomische Entwicklung und Infragestellung (nicht Verfolgung!) der Hexerei (Billigung der Akkumulation) eher dem Islam verwandt sind.
„Was den Islam mit dem Puritanismus verbindet, ist, dass er seinem ursprünglichen Antrieb nach die Negation der Verschwendung ist, die unter den arabischen Stämmen herrschte ... Der Moslem ist derjenige, der alle seine Ressourcen für etwas anderes aufspart als für die Verschwendung des Stammeslebens, mit seiner dauernden Prahlerei und jenem ständigen Streben nach Ehre, die man erlangt, indem man verschwendet. Der Koran sagt: ‚Gib nicht länger, um zu häufen.' Geben, um zu häufen, das bedeutet, Geld zu verschwenden, um Ehre zu erlangen.
Die Beendigung der unmittelbaren Verschwendung des wilden Lebens, die sich im katholischen Christentum noch in gewissem Maße erhalten hat, bewirkt rasch eine Bewegung gewaltsamer Expansion. Des Weiteren wird diese Expansion im Kapitalismus wie im Islam aber auch durch die äußere Gewalt verursacht. Es zeigt sich, dass die innere Gewalt des Puritaners sich in äußere Gewalt verwandelt, und zwar in dem Maße, wie alle Bestimmungen der puritanischen Moral darauf hinauslaufen, alle Ressourcen in die expansive, auf Erwerb ausgerichtete Aktion zu stecken, die in Gestalt wachsender Fabriken nicht weniger rasch oder explosiv ist als in Gestalt bewaffneter Explosionen" (Bataille 1997:142f.).

Der Bildungsstand spielt eine erstaunlich geringe Rolle in der Entscheidung, bei einem Problem sein Heil im Opfer zu suchen oder nicht. Bei den Analphabeten opfern 59,4 %, bei jenen, die die Primarschule abgeschlossen haben 59,8 %, Sekundarschulabgänger 55,7 % bzw. 59,1 % (2. cycle), bei jenen mit höherer Schulbildung sind es immer noch 49,6 %. 41,1 % der Studenten gaben an, Opfer darzubringen (wobei auffällige 46,3 % eine Antwort verweigerten).

Die Berufsgruppe, in der am meisten geopfert wird, sind die Händler (62,8 %). Auch unter den Büroangestellten sind es 58,4 %. Auf die Frage, in welcher Berufsgruppe wohl am meisten geopfert werde, antworteten 28,9 % in Übereinstimmung mit den Selbstaussagen „die Händler", während bemerkenswerterweise 25,8 % antworteten „die Politiker".

Zusammenfassend kann man sagen, dass sich die Formen des Opferns zwar geändert haben: Aus den dörflichen kollektiven Zeremonien sind in der Stadt eher individuelle Opferdarbringungen geworden; zu den traditionellen Opfergaben (Kolas, Hühner, Schafe) sind Bonbons, Kerzen, Schulartikel hinzugekommen; auch die Gründe für die Opfer haben sich naturgemäß gewandelt. Aber immer noch opfert die Mehrheit auch der städtischen Bevölkerung, und zwar durch alle Bevölkerungssegmente hindurch; immer noch wird dafür der Rat der Heiler-Wahrsager in Anspruch genommen, die mit Hilfe ihrer Orakel ein Fernrohr in die Welt der Geister, Götter und Hexen besitzen; und immer noch ist die Hexereifurcht einer der Hauptgründe für die Opfer.

Für die Verbreitung der Opferpraxis gilt somit dasselbe wie für die Hexerei: dass sie „nicht durch eine vereinfachende soziologische Korrelation zu erklären ist."[68] Sie ist nicht leicht auf etwas anderes, „Elementareres" in der Gesellschaft zurückzuführen. Eher gilt das Umgekehrte: dass die „Theorie des Surrealen" bzw. die „heidnische Logik", die sowohl das System der Hexerei wie jenes des Opfers leitet, von eminentem Einfluss auf die Sphäre der (politischen, sozialen und ökonomischen) Macht ist.

---

68   Gillies 1988:32.

## Neid, Sündenbock, Opfer

Dass die französischen Wörter *sacrifice* und *victime* im Deutschen mit dem einzigen Wort „Opfer" zusammengefasst werden, deutet an sich bereits auf einen Zusammenhang hin, der bereits 1899 Hubert und Mauss beschäftigte, als sie darauf hinwiesen, dass *sacrifice* wörtlich „heilig machen" bedeute. Ein Mensch oder ein Tier, in seiner Unschuld, wird heilig durch seine Opferung, indem es durch die Gewalt des Opferers, durch das „Blutvergießen", zu einem Opfer *(victime)* wird: „Le sacrifice est un moyen pour le profane de communiquer avec le sacré par l'intermédiaire d'une victime." [69]

Bekanntlich hat René Girard dem Zusammenhang von *sacré, sacrifice, victime* und *violence* ein berühmtes Werk gewidmet.[70] Seltsamerweise kommt darin das Hexenwesen nicht vor. Meines Erachtens ermöglicht aber gerade die Sündenbock-Theorie von Girard, die gemeinsame Logik, die hinter Theorie und Praxis sowohl von Opferung wie auch von Hexerei steht, noch deutlicher herauszuarbeiten.

„Damit man etwas bekommt, muss man etwas geben. Wird einer reich, wird ein anderer arm; wird einer gesund, wird ein anderer krank. Damit es Leben gibt, muss man töten. Frieden ist nur zum Preis von Krieg zu haben. Für die Fruchtbarkeit muss Blut fließen. Alles was passiert, geht auf Kosten eines anderen. Nullsummenspiel, Nullsummenökomie. Eine Gesellschaft nach einem thermodynamischen Modell von kommunizierenden Röhren. Ein geschlossenes System. Kein ‚Außerhalb des Systems', kein ‚anderes System' (von dem es etwas beziehen oder aus dessen Sicht es ‚kritisiert' werden könnte). Alles, was einer nimmt, muss ein anderer geben. Für jeden Gewinn muss etwas anderes zerstört, ‚geopfert' werden. Aufs Ganze gesehen gibt es weder Verlust noch Gewinn, nur Umverteilung. Eigentlich ändert sich nichts. Es gibt quantitative Verschiebungen, aber keine qualitativen Transformationen. Zirkularität, alles wird aufgehoben. Ewige Wiederkehr des Gleichen, das Ende ist wieder ein Anfang."

So ungefähr könnte man vielleicht die traditionalistische Weltauffassung skizzieren, die in einer Gesellschaft herrscht, wo an die Wirksamkeit von Opferungen und Hexerei geglaubt wird. Diese Auffassung

---

69 Mauss/Hubert 1968:16.
70 *Das Heilige und die Gewalt* (1992a). Im Original: *La violence et le sacré* (1972). Sowie: *Ausstoßung und Verfolgung* 1992b. Im Original: *Le Bouc émissaire* (1982).

muss nicht, ja darf vielleicht nicht einmal explizit sein, um zu wirken, das heißt „Wirklichkeit" herzustellen.

Von einer solchen Welt, einer „kalten Gesellschaft" im Sinne Lévi-Strauss', geht Girard aus.

Er behauptet, dass das Opfer vor allem den Zweck habe, stellvertretend für die „allgemeine Gewalt" in der Gesellschaft einen Sündenbock zu töten, um dadurch wieder Einmütigkeit herzustellen. Das „Böse" findet dadurch seinen benenn- und abgrenzbaren Ort, das Chaos von „jeder gegen jeden" wird kanalisiert, die „Opferkultkrise" (eben die entgrenzte, entfesselte Gewalt, die nach einem Opfer ruft) findet ihren Abschluss. Das Opfer, zuerst Verkörperung allen Übels, wird nach seinem gewaltsamen Tod oft heilig gesprochen und zum „Gründer" der neu fundierten Gemeinschaft emporstilisiert. So steht hinter allem Heiligem eigentlich ein Opfer und hinter jedem Opfer steht der gewaltsame Tod eines Sündenbocks, der sterben musste, um einer von gewaltsamer Entdifferenzierung bedrohten Gemeinschaft neue Einheit und Asymmetrie zu stiften. „Einmütigkeit minus eins", nennt das Girard: Versöhnung wird hergestellt dank des Ausschlusses eines als verantwortlich gebrandmarkten, jedoch in Tat und Wahrheit beliebigen Einzelnen. So verdankt sich jede differenzierte und strukturierte Gemeinschaft eigentlich der willkürlichen Gewalt gegen einen Unschuldigen, der später mythisch zum Stifter überhöht wird. Ohne diese periodische Kanalisierung der Gewalt würde sie sich lauffeuerartig verbreiten, vervielfachen, endlos spalten und verzweigen, bis sie die ganze Gesellschaft zerstört hätte. Diese latente Omnipräsenz der Gewalt rührt nach Girard vom mimetischen Charakter des Wunsches her. Das heißt, der Wunsch entzündet sich nicht primär an einem Objekt, sondern am Wunsch des andern. Eifersucht und Neid rühren nicht daher, dass zwei Personen zufällig dasselbe begehren. Sondern der Wunsch selber ist eifersüchtig, der Wunsch des andern stachelt an. Ich begehre etwas, weil der andere es begehrt und es dadurch auch in meinen Augen als wertvoll erscheinen lässt.

> Zuerst, so wird behauptet, gibt es das Objekt, dann, unabhängig davon, die Wünsche, die sich übereinstimmend auf dieses Objekt richten, und schließlich die Gewalt, die eine unvorhergesehene, zufällige Folge dieser Übereinstimmung ist. Je tiefer man in die Krise des Opferkultes eindringt, umso offensichtlicher wird die Gewalt: es ist nicht mehr der wahre Wert des Objekts, der den Konflikt dadurch herbeiführt, dass rivalisierende Begehrlichkeiten geweckt werden, sondern die Gewalt

selbst wertet die Objekte auf, erfindet Vorwände, um sich noch stärker zu entfesseln.[71]

Der Verzicht auf den Vorrang von Objekt und Subjekt zugunsten des Rivalen kann nur eines bedeuten. Die Rivalität ist nicht die Frucht einer zufälligen Übereinstimmung der beiden Wünsche, die auf das gleiche Objekt zielen. *Das Subjekt begehrt das Objekt, weil der Rivale es selbst begehrt.* Indem der Rivale dieses oder jenes Objekt begehrt, gibt der dem Subjekt zu verstehen, dass das Objekt begehrenswert ist. Der Rivale ist das Modell des Subjekts, und zwar nicht so sehr oberflächlich auf der Ebene von Lebensweise, Ideen usw. als vielmehr wesentlich auf der Ebene des Wunsches.

Wir kommen hier auf einen alten Gedankengang zurück, dessen Implikationen vielleicht verkannt werden; der Wunsch ist wesenhaft *mimetisch*, er richtet sich nach einem Modell-Wunsch; er erwählt das gleiche Objekt wie dieses Modell.[72]

Damit wird ein interessantes Licht auf die bereits öfters erwähnte Tatsache geworfen, dass man sich in Afrika die Hexe meist als durch Neid motiviert denkt. Wie schon ausgeführt, wurde dieser Zusammenhang von den Ethnologen zwar meist festgestellt, aber meist als etwas Banales betrachtet, das sich nicht näher zu analysieren lohnt. Hat Girard jedoch Recht, dann ist der Neid nicht ein akzidentielles Zusammentreffen von zwei beliebigen Wünschen, sondern etwas Elementareres als der Wunsch selbst, etwas, das diesem vorausgeht.

Sehr gut wird diese Dynamik veranschaulicht durch die Begebenheiten rund um die junge Bété-Frau namens Georgette, die ihre Eifersucht auf ihre Freundin Sophie, die im Gegensatz zu ihr ihren *Toubab* halten konnte, so offen ausagierte, dass sie am Ende in Grand-Béréby in den Ruf einer Hexe kam (im Kapitel „Es soll dir nicht besser ergehen

---

71 Girard 1992a: 212.
72 Girard 1992a:214f. Im Roman „Zeit der Nordwanderung" des Sudanesen Tajjib Salich gibt es eine Szene, die diese Überlegung gut veranschaulicht: Die unscheinbare Husna Bint Machmûd wird als junge Frau von einem geheimnisvollen Fremden geheiratet. Als dieser stirbt, verliebt sich der alte Casanova Wadd al-Rajjis in sie.
„ ‚Aber woher kommt diese plötzliche Liebe?' fragte ich. ‚Wadd al-Rajjis kennt doch Husna Bint Machmûd, seit sie ein Kind war. Weißt du noch? Sie war ein wildes kleines Mädchen, das auf die Bäume kletterte und sich mit den Jungen herumprügelte. Als Kind ist sie nackt mit uns im Fluss herumgeschwommen. Was sollte da auf einmal anders geworden sein?'
‚Wadd al-Rajjis ist einer von denen, die sich darauf versteifen, einen bestimmten Esel zu erwerben', erklärte er. ‚So einem gefällt eine Eselin erst, wenn er einen anderen darauf reiten sieht. Dann findet er sie wunderschön und gibt sich die größte Mühe, sie zu kaufen, selbst wenn er dafür mehr bezahlen müsste, als sie wert ist'" (1998:113).

als mir"). Auch Georgette bekam ja eigentlich erst richtig Interesse an ihrem Liebhaber, als ihre Freundin Sophie eine längere Liaison mit dessen Freund begann. Tatsächlich konnte man mit Girard postulieren, dass der Neid hier der Vater des Wunsches war („Ich begehre ihn, weil *sie* ihn begehrt"). Die Frau wollte am Glück ihrer Freundin teilhaben, indem sie erst versuchte, den Mann irgendwie „zurückzuholen", dann, den Mann ihrer Freundin zu erobern, und als das nicht ging, das Glück von Sophie zu zerstören. Das Eigene und das Andere sind fast nicht mehr voneinander zu trennen. Die eigene Gier wird im neidischen und diebischen andern sichtbar *et vice versa*. Georgette gilt als neidisch; für sie ist Sophie eine Diebin. Georgettes Neid ist für sie selbst psychischer Ausdruck einer legitimen Wiederaneignung von etwas, das ihr „eigentlich" gehören würde (wobei dieses „etwas" von ihrem ehemaligen Liebhaber wie auch vom Partner ihrer Freundin verkörpert werden kann). Wo die eine in der anderen einen Geizkragen oder sogar eine Diebin sieht, sieht jene Letztere in der anderen nur Neid. Geiz, Neid und Diebstahl sind alles Grenzüberschreitungen oder -verletzungen, Übergriffe, Perversionen der Ökonomie des Eigenen und Nicht-Eigenen; jedoch bloß immer aus der Innenperspektive. Von außen können sich die Vorzeichen umkehren. Von daher rührt auch die oft Schwindel erregende Austauschbarkeit, ja Rotation der Positionen in solchen Hexereiaffären. *„On ne sait plus qui est qui"* („Man weiß nicht mehr, wer wer ist"), lautet eine häufige Redensart in diesem Zusammenhang.

„Du bist ein Dieb!"
„Nein, du bist bloß geizig."

„Du bist neidisch."
„Bloß, weil du ein Dieb bist. Das, was ich dir neide, käme eigentlich *mir* zu."

„Du bist ein Geizkragen!"
„Ich wehre mich bloß gegen die Diebe."


Aus der Außenperspektive erscheint der jeweilige Vorwurf von Geiz, Neid und Diebstahl als Perversion der Perspektiven selbst.[73] In diesem Widerstreit von Interpretationen, der meist nicht aus einer „objekti-

---

73 Gerade als ich dies schreibe, tritt ein junger Mann in den Innenhof, kommt an die offen stehende Türe meines Zimmers und hebt einen Singsang an, mit dem er um

ven" Metaperspektive geschlichtet werden kann, kommt es nichtsdestotrotz ganz gemäß Girard normalerweise zu einer mehr oder weniger gewalttätigen Wiederherstellung einer Asymmetrie. Im vorliegenden Fall der um sich greifenden Destrukturierung war es erst Georgette (als „Hexe") die über die Klinge sprang (für die und deren Fraktion aber wahrscheinlich umgekehrt Sophie die „Hexe" war), später Pierre, womit dann wieder eine (vorläufige, prekäre) Ordnung hergestellt wurde. Immer bringt der (gierige und egoistische, also geizige, und eifersüchtige, weil durch den Wunsch des andern angestachelte) Wunsch „Hexen" hervor: angeblich eifersüchtige und geizige Menschen, die nur gierig nehmen, aber nichts geben, nichts „opfern" wollen und deshalb selber geopfert werden.[74]

---

eine milde Gabe bittet. Wo ich Eindringling, Störenfried, Hausfriedensbruch, Provokateur, Schmarotzer oder was auch immer denke, hält er es offenbar für sein Recht, als Armer dem Reichen „auf die Bude zu rücken". Wir teilen nicht dieselben Vorstellungen von Innen und Außen, Privatem und Öffentlichem, Eigenem und Nicht-Eigenem.

74 Mir scheint, dass der in Afrika so häufige Appell an traditionelle Solidarität, Freigebigkeit, Hilfe, Brüderlichkeit etc. an sich paradoxerweise heute oft eher etwas Egoistisches, also Heuchlerisches und fast schon Erpresserisches an sich hat. Man könnte sagen, das sei die typische etische und sehr wertende Sicht eines europäischen Beobachters, wäre nicht *hypocrite* im täglichen afrikanischen Diskurs ein so wichtiges Stichwort geworden. Denn er ist ein Diskurs der Gier, eigentlich des Nehmens und nicht des Gebens, der immer von jenen geführt wird, die etwas wollen; und wird er von denen geführt, die etwas geben, kann man sich fragen, was für Hintergedanken und Interessen dabei sind. Gerade in der Elfenbeinküste (vor allem bei den Akan) ist die Gabe untrennbar mit Macht(demonstration) verbunden (Augé 1995:145-153). Es stellt sich hier das Paradox, das Derrida (1993:2.Kap.) bei der Lektüre von Mauss (1989) beschäftigte: Im *Essai sur le don* geht es ausnahmslos gerade nicht um Gaben (im Sinne von „selbstlosen" Geschenken, für die keine Gegengabe erwartet wird), sondern um Tausch (Gegenseitigkeit, die Verpflichtung, eine Gabe zu erwidern, Geben/Nehmen, „Geschenkaustausch", durch den der Charakter des „Geschenks" eigentlich neutralisiert wird). Zu Recht fragt sich Derrida, ob eine „Gabe" im absoluten Sinn (ohne dass sie in ein „ökonomisches System" von Angebot, Nachfrage, Bedürfnis, Wunsch, Leistung/Gegenleistung und Gerechtigkeit eingeschrieben wäre) überhaupt möglich sei - außer als Utopie. Mauss (1989c:4.Kap.) und (von ihm inspiriert) Bataille (1975:93-110) sahen in den traditionellen Bräuchen rund um Gabe und Opfer ein humanes Gegenmodell zur „Ökonomisierung" der aktuellen Welt. Es ist jedoch nicht ausgeschlossen, dass dieselben aufgeführten Tatsachen auch gegen besagte Autoren gelesen werden könnten, nämlich als „hyperökonomisch"; zum Beispiel wenn in einem einzigen Satz sowohl die Liebe wie die Religion mit Geld in Verbindung gebracht wird: „Der religiöse Charakter der ausgetauschten Dinge liegt auf der Hand, insbesondere der des Geldes, der Art und Weise, wie es die Gesänge, die Frauen, die Liebe, die Dienstleistungen belohnt" (Mauss 1989c:57; bezüglich der Salomon-Inseln, aber es könnte auch auf afrikanische Beispiele angewendet werden). Siehe zur „Omniökonomisierung" der „kalten Gesellschaften" auch Serres: „Weder Spielraum, noch Lücke ... Kein Rest, keine Leere" (1988:12). Degegenüber: „Wir hoffen auf Abweichung - das erzeugt die Zeit. Sie bringt uns aus dem Gleichgewicht, destabilisiert uns. Daher unser Treiben, unsere

**Die unsichtbare Gewalt**

Girards Vision einer Welt der Gewalt entspricht verblüffend genau der Art, wie Eingeweihte, Hellseher oder Féticheure in Afrika die Welt beschreiben, die sie hinter der offensichtlichen Alltagsrealität wahrnehmen.

Eric de Rosny, dem französischen Jesuitenpater, der sich seit vielen Jahren in Kamerun mit der Welt der Heiler beschäftigt, wurden am Ende selber „die Augen geöffnet", das heißt, er wurde als *nganga* initiiert. In seinem Buch *Die Augen meiner Ziege* gibt er eine faszinierende Schilderung dieser „Offenbarung", die ihm zuteil wurde. Es handelte sich jedoch um eine Offenbarung, die nichts mit unseren Vorstellungen von Weisheit, Friede, *unio mystica*, Nirwana, Entrücktheit, Ekstase oder kosmischer Harmonie zu tun hat. Ganz im Gegenteil. Es wurden ihm die Augen geöffnet auf eine Welt, in der sich die Menschen gegenseitig töten, eine Welt, die von Gewalt regiert wird. Jener alltäglichen, unsichtbaren, oft auch unbewusst ausgeübten Gewalt, die die Afrikaner mit dem Wort „Hexerei" bezeichnen.

Die Initiation – die allerdings wohl ohne de Rosnys vorgängige Präsenz in der Welt der Heiler und Zeremonien während rund fünf Jahren nicht möglich gewesen wäre – bestand zur Hauptsache aus der Behandlung mit einem Pflanzensaft, der ihm selbst wie auch einer Ziege in die Augen, sowie auf die Fontanelle geträufelt wurde. De Rosny musste der Ziege seinen Wunsch, sehend zu werden, mitteilen, ihr all sein Übel aufladen, während sie ihm im Gegenzug „ihre Augen geben" würde. Dann musste er seinem Initiator Din mehrere Tage lang seine Träume erzählen, die zunehmend konfliktuöser wurden (knapp vermiedene

---

Geschichte, Odysseus' Irrfahrten, in widrigen Winden, Kolumbus gen Amerika, der Drang nach Westen, das Abenteuer der Wissenschaft. Nie beiben wir stehen, stöbern ständig im Gestrüpp, mit den Füßen im unberührten Dreck" (16). „Ja, die Geschichte vollzieht sich jenseits des Gesetzes, ist Ungleichgewicht, Exzentrizität ... Vielleicht begreifen wir eines Tages, dass die zuverlässigsten Maschinen Raum lassen für das Unvorhersehbare" (18). „Wir sind die Unvollkommenen, die Lücken und Leerstellen" (28). Vielleicht rührt der Erfolg der westlichen Ökonomie von einer Anerkennung des Nicht-Ökonomischen, der Erfolg des westlichen Wissen von einer Anerkennung des Nicht-Wissens (ein Coulibaly sagt nie: Ich weiß nicht, oder gar: Ich weiß, dass ich nichts weiß). Zweifellos spielt das Verschwinden des Opfers in diesem Übergang eine signifikante Rolle, aber vielleicht nicht so sehr, als beim Eintritt in die Moderne die zerstörerische Verschwendung, die das Opfer der instrumentellen Dingwelt entzieht und heiligt, wegrationalisiert würde (Bataille), als vielmehr dadurch, dass die Religion (Protestantismus) gerade den wirtschaftlichen Regeln entzogen wird (weder Opfer noch Ablass noch Almosen).

Autounfälle, Hilflosigkeit, Feinde, Verbündete, Gewalt.) Jeden Morgen nach dem Aufstehen hatte er überdies an einem Päckchen mit Pflanzen zu riechen, das nachts unter seinem Kopfkissen lag. Schließlich spitzten sich die Albträume zu. Ich gebe im Folgenden seine unmittelbaren Notizen sowie sich daran anschließende Überlegungen wieder.

24. August: Bei Tagesanbruch ein weiterer Alptraum: ein Feuerzeug, aus dem Gas entweicht; es gelingt mir nicht, es auszumachen. Atemnot. Ich wache auf. Wie ausgemacht, verschlucke ich das kleine Kräuterkügelchen. Und plötzlich ist der so sehr erwartete Augenblick da: meine Augen öffnen sich, die Menschen bringen einander um. Das nehme ich visuell ganz deutlich wahr. Alles, was Din mir schon seit langem immer wieder sagt, spult sich vor mir ab wie von einer Rolle: Sehen heißt zuallererst, dass einem die Gewalt zwischen den Menschen offenbar wird ... Sieben Uhr morgens. Ich höre die Nachrichten im Radio auf andere Weise als sonst. Ich bin wie benommen von der Litanei der Konflikte auf der Welt.
Während der Tage, die auf das Ende der Initiation folgten, fuhr ich fort, die geringfügigsten Konflikte, die um mich herum entstanden, mit großer Klarheit wahrzunehmen ... Das Experiment hatte dazu geführt, dass ich mich in mich zurückzog wie eine Mimose ... Din hatte mich in einen permanenten „Alarmzustand" versetzt.
Ich begriff, dass in einer traditionellen Gesellschaft alles darauf hinausläuft, die Gewalt zu kaschieren ... Lässt sie ihr freien Lauf, dann droht ein Gewaltausbruch ... Ausgenommen sind lediglich die eingeweihten, deren Aufgabe es ist, ihr ins Antlitz zu schauen und zum Schutz der Gesellschaft auf sie einzuwirken ... Die europäischen Gesellschaften haben zweifelsohne ebenso viele Gründe wie die anderen, die Gewalt zu fürchten. Aber ... Klassenkampf, Streiks, Massenkundgebungen sind zu Bürgerrechten geworden. Politische Doktrinen erbringen den Beweis, dass Gewalt berechtigt sein kann: Krisen sind für die Entwicklung der Gesellschaft nicht nur unvermeidlich, sondern notwendig und legitimiert ... Die moderne Gesellschaft, die Manifestationen der Gewalt billigt, beraubt sich der verschwiegenen Dienste des Imaginären und macht die Initiation überflüssig.[75]

In de Rosnys Schilderung des Initiationsvorgangs eines *nganga* finden wir fast sämtliche Elemente wieder, die die bisherige Argumentation ausgemacht haben:

---

75 Eric de Rosny 1999: 341ff.

Die menschlichen Gesellschaften befinden sich in einem permanenten Spannungszustand und sind geprägt von einer konstanten – mal latenten, mal manifesten – Konflikthaftigkeit.[76] Es gibt grundsätzlich zwei mögliche Umgangsformen mit diesem Gewaltpotential. Die modernen, westlichen Gesellschaftlichen (man könnte sie mit Lévi-Strauss die „heißen" Gesellschaften nennen), unterdrücken den Dissens nicht um jeden Preis, sondern versuchen ihn als Motor für Weiterentwicklung fruchtbar zu machen. Auch die Demokratie kann in diesem Sinne als institutionalisierte, dialektische Umgangsform mit Widerspruch aufgefasst werden. Dass diese „offenen" Gesellschaften so viel Widerstand gegen sich selber innerhalb des eigenen Systems zulassen (können), hängt vermutlich mit einer Kombination von stabilem Gewaltmonopol, Staatlichkeit, kodifiziertem Recht, institutionalisierter Gerichtsbarkeit, Marktwirtschaft und Demokratie zusammen. Die traditionellen Gesellschaften (die „kalten") versuchen demgegenüber Wandel zu verhindern bzw. zu leugnen. Sie unterdrücken Konflikte schon in einem viel früheren Stadium. Die Gewalt ist dadurch weniger sichtbar, das tägliche Leben durch zahlreiche Dämpfer, Filter und Umleitungen geprägt, die dazu da sind, Konflikte wie die Bäche in der Schweiz in unterirdische Kanäle zu verbannen, damit sie keine Überschwemmungen mehr anrichten können.[77]

---

76 Einerlei, ob man diese Tatsache wie Girard auf den mimetischen Charakter des Wunsches zurückführt und als konstituierend für Gesellschaft überhaupt betrachtet („Gründungsgewalt", „elementare Gewalt") oder mit Freud in Verbindung bringt mit einem Aggressions- oder Todestrieb, einer unausrottbaren Kulturfeindschaft des Menschen und einem entsprechend grundsätzlichen Antagonismus zwischen Individuum und Gesellschaft (1982c,1982d). Fortes argumentiert übrigens auch ganz freudianisch, wenn er feststellt, dass es in der Kind-Eltern-Beziehung ein irreduzibel kritisches Element gebe und dass zahlreiche Bräuche (insbesondere die Idealisierung der Eltern in Form der Ahnen, aber auch deren Dämonisierung als schlechtes, tragisches Schicksal à la Ödipus oder Hiob) vor allem in primär verwandtschaftlich organisierten Gesellschaften auf diese unvermeidlichen Frustrationen zurückgeführt werden können (1966:90ff.). „Beim gefahrvollen Fortschreiten des Individuums aus dem Zustande ungezwungener Abhängigkeit in den gezwungener Unabhängigkeit versagen unausweichlich einige teilweise oder ganz an ihrer Aufgabe. „Verehrung der Ahnen - oder einer Gottheit - setzt andererseits den Triumph der Eltern voraus. Sie anerkennt den Vorrang der gesamtgesellschaftlichen Moralnormen vor der gefährlichen Egozentrik des Kindes" (1966:92f.).
77 Paradigmatisch äußert sich dieser Unterschied im Umgang mit der Adoleszenz, von der man mit Erdheim (1984:271-368) sagen könnte, dass „kalte Gesellschaften", aber auch gewisse moderne Institutionen wie die Schule oder der Militärdienst, versuchen, den entsprechenden pubertären Triebschub mittels Initiationsriten unbewusst zu „machen" (kollektiv zu verdrängen). Ganz allgemeines Resultat eines solchen leugnenden Umgangs mit Gewalt und Konflikten in traditionellen, aber auch modernen Kulturen wäre dann eben „gesellschaftliche Produktion von Unbewusstheit".

Obwohl (oder weil) politisch nie zentralisiert im Ausmaße eines modernen Staatswesens, ist der alltägliche soziale Umgang in traditionellen Gesellschaften viel hierarchischer geprägt als in letzteren – wobei sogar die Gleichheit der Gleichgestellten einen sehr rigiden Charakter haben kann (Zwang zum Ausgleich, zu Solidarität und Mittelmäßigkeit; sonst: Missgunst, Ächtung, Hexereiverdacht). Das äußert sich auch darin, dass es keine Moral gibt, die als Gegenmodell zu den realen Machtbeziehungen konzipiert wäre. Überhaupt gibt es keine „andere Welt", auch nicht als empirisch-unpersönliche Wissenschaftlichkeit, politischen Gegenentwurf, soziale Utopie oder religiöses Jenseits.[78] Bezeichnenderweise wird dem „Eingeweihten" nicht ein Blick in einen transzendenten Kosmos gewährt, sondern es geht um die Enthüllung einer ganz diesseitigen, immanenten Wahrheit, die auch nicht die Innenwelt, sondern die Sozialbeziehungen betrifft. Der „Vorrang des anderen", der sich so mächtig im Gebot der Unterstützung und der Gabe äußert, aber auch in der Bedrohung durch die Hexerei, offenbart sich auch in der Gegenwelt der Hellseher. Jedes individuelle Problem (wobei man nicht scharf zwischen psychischem und körperlichem

---

[78] Es gibt in der traditionellen Gesellschaft keinen losgelösten Wahrheitsbegriff, nur „soziale Wahrheit", Wahrheit im Dienste von sozialer Stabilität. Moderne Gesellschaften können mehr „unpassende" Wahrheit zulassen, und also auch mehr Widerspruch, Widerstreit, soziale Inkohärenz und Chaos. Das hängt mit ihrer Atomisierung zusammen. Die Agrargesellschaft ist „eine eher vorstellungsbestimmte als zielorientierte Kultur. Ihr Wahrheitsbegriff ist mehr auf die Übereinstimmung mit gesellschaftlichen Normen als auf die Widerspiegelung äußerer Fakten gerichtet. Wahrheit bedeutet für sie Erfüllung eines Ideals, an dessen Bildung jeweils komplexe und vielfältige Interessen beteiligt sind. Das ist etwas vollständig anderes als eine Wahrheit, die einfach nur dem isolierten Erfordernis einer kritischen Sammlung und Vorhersage von Fakten genügen soll ... Gesellschaftliche Bindungen, nicht Sachbeziehungen sind das, worauf es entscheidend ankommt" (Gellner 1993:320f.).
Diese unausweichliche Einbettung ins Soziale und Politische zeigt sich auch in ökonomischen Entscheidungen (was bei uns dann oft als Vetternwirtschaft oder Korruption gebrandmarkt wird):
„Einen modernen Menschen zu fragen, ob er eine empirische Beobachtung anstellt oder seine Loyalität gegenüber dem hierarchischen Aufbau und der Struktur seiner Gesellschaft bekundet, hat einen Sinn ... Wer zum Beispiel einen Kauf tätigt, wird von dem einfachen Interesse geleitet, die beste Ware zum billigsten Preis zu erstehen. Anders in einem von Mehrdimensionalität bestimmten sozialen Zusammenhang: Wer in einer Stammesgemeinschaft etwas von seinem dörflichen Nachbarn kauft, sieht sich nicht nur einem Verkäufer gegenüber, sondern auch seinem Sippengenossen, einem Menschen, der mit ihm zusammenarbeitet, mit ihm verbündet ist oder konkurriert, seinem Sohn möglicherweise eine Braut liefert, mit ihm gemeinsam zu Gericht sitzt, an Ritualen teilnimmt, das Dorf verteidigt, in der Ratsversammlung sitzt. Diese ganzen vielfachen Beziehungen gehen in die ökonomische Transaktion ein und hindern beide Parteien daran, sie nur isoliert unter dem wirtschaftlichen Gesichtspunkt zu sehen" (Gellner 1993:49f.).

unterscheidet) wird so eigentlich auf seinen gesellschaftlichen, das heißt Beziehungsaspekt zurückgeführt.

Das, was nicht sein darf, aber trotzdem ist, was sich diesem so eng geknüpften Netz entziehen will, wird periodisch personifiziert und geopfert, um die kollektive Selbstsicherheit, Ordnung und Einigkeit wiederherzustellen. Die diffuse, tendenziell allgegenwärtige Gewalt wird dazu, damit man ihrer habhaft werden kann, eingegrenzt, dingfest gemacht und gleichsam aus dem Gesellschaftskörper evakuiert. Dieser opfert im Namen der Gewalt einige als gefährlich identifizierte „Einzelgänger", um nicht selber ihr Opfer zu werden.

Die Gewalt lässt sich offenbar nicht aufheben, nur verschieben, wobei entweder Freiheit und Bewusstheit oder Sicherheit und Gemeinschaft geopfert werden. Wie Gellner bündig schreibt: „Logische und soziale Kohärenz verhalten sich umgekehrt proportional zueinander."[79] Es scheint lediglich die Alternative zu geben zwischen den „heidnischen" Gesellschaften, deren Gewalttätigkeit in eine *surrealité* verbannt ist, zu der nur die „Geheimdienste des Imaginären" Zugang haben, und die nach außen in ihrer „sozialen Kohärenz" den trügerischen Eindruck von Gewaltlosigkeit vermitteln, und jener entzauberten, entheiligten und entfesselten Moderne, die in einer hoch differenzierten Anarchie, die man freie Marktwirtschaft nennt, der Gewalt das Terrain mehr oder weniger überlässt, sich in einer Art Dauerkrise befindet, dabei ein wahnsinniges Zerstörungspotenzial angehäuft hat, aber zugleich in dieser ungesicherten und beängstigenden Fragilität eine ungeheure Produktivität entfaltet.

---

79 1993:70. Der „Formel" geht folgende „Herleitung" voraus: „Erst bei den komplexen und erkenntnismäßig ‚fortschrittlichen' Gesellschaften, in deren interner Bewusstseinsökonomie relativ säuberlich zwischen Erkenntnisfunktionen und anderen Aktivitäten oder Gesichtspunkten getrennt wird, kommt es zu einem hohen Grad von logischer Kohärenz ... Gleichzeitig fehlt es diesen Gesellschaften normalerweise an sozialer Kohärenz; ihre moralische und ihre kognitive Sphäre bilden einfach kein geschlossenes Ganzes ... Demgegenüber tendieren einfachere Gesellschaften zu einem hohen Maß an sozialer Kohärenz. Die Welt, in der man lebt und handelt, ist identisch mit der Welt, in der man denkt, und die moralische und kognitive Sphäre verstärken und stützen einander. Zugleich besitzen diese Gesellschaften einen geringen Grad an logischer Kohärenz" (a.a.O.,69). Dieser Zusammenhang wird bei der Hexerei besonders deutlich, weil sie sowohl eine logisch-kausale Theorie als auch eine moralisch-soziale Praxis bezeichnet (Gluckman 1972:7,17).

# Die Hexerei als Teil der Kultur

Öfters wurde in den bisherigen Ausführungen davon gesprochen, dass die Hexerei (oder eben, um dieser vielfältigen Verkeilung Rechnung zu tragen: der Hexerei*komplex*) ein *fait social total* darstelle, um festzuhalten, dass sie kein isoliertes, atavistisches und eventuell aussterbendes, weil sinn- und funktionsloses Kuriosum sei, sondern aufs Engste verknüpft mit andern Elementen der Kultur, mit denen sie infolgedessen ein System bildet, deren einzelne Teile sich gegenseitig stützen.

Der Kameruner Ökonom Daniel Etounga-Manguelle hat in seinem Werk *L'Afrique a-t-elle besoin d'un programme d'ajustement culturel?* („Braucht Afrika ein kulturelles Anpassungsprogramm?") den etwas polemischen, kühnen und sicher auch anfechtbaren Versuch gemacht, die kulturellen Charakteristika des subsaharischen Afrika zu umreißen. Für unsere Zwecke ist sein Werk vor allem deshalb interessant, weil seine Konzeption einige Analogien aufweist zu Augés bereits öfters erwähnter „heidnischer Logik"[80], insbesondere auch, weil in beiden Entwürfen wiederholt auf die Hexerei Bezug genommen wird. Inwiefern nun die These haltbar wäre, dass sie in beiden Systemen geradezu einen Kristallisationspunkt bildet, soll nun herausgearbeitet werden.

Etounga-Manguelle setzt folgendermaßen zu seinem Umriss der „afrikanischen Kultur" an (die, was bald klar wird, weit entfernt ist von einer idealisierenden Négritude im Sinne Léopold Senghors oder dem mythologisierenden Panafrikanismus Cheik Anta Diops):

> Es gibt ein Fundament von gemeinsamen Werten, Einstellungen und Institutionen, das die Nationen südlich der Sahara, und in vieler Hinsicht auch die nördlich von ihr, miteinander verbindet. Die Situation ist mit der in Großbritannien vergleichbar: Ungeachtet der schottischen, der walisischen und der nordirischen Subkultur würde niemand an der Existenz einer britischen Kultur zweifeln.
> Das Vorhandensein dieser gemeinsamen Basis ist eine Realität, und zwar so sehr, dass manche Völkerkundler die Frage aufwerfen, ob im-

---

80 *Ex negativo* definiert, zur Erinnerung, durch folgende Eigenschaften: weder eine scharfe Trennung zwischen Geistigem (Ideellem, Seelischem, Spirituellem, Glauben) und Körperlichem (Materiellem, Wissen), noch von Moral (Sinn) und Macht, noch von Subjekt (Eigenem) und Anderem.

portierte Religionen wie das Christentum oder der Islam wirklich den afrikanischen Ahnenglauben beeinflusst oder den Afrikanern andere Möglichkeiten des Verständnisses der sie umgebenden modernen Gesellschaften eröffnet haben. Moderne politische Macht nimmt oft die Merkmale traditioneller religiös-ritueller Mächte an; Weissagung und Zauberei haben sogar Einzug in die Justiz gehalten. Überall auf dem Kontinent ist das Band zwischen Religion und Gesellschaft noch immer stark. Félix Houphouët-Boigny, der verstorbene Präsident der Elfenbeinküste, hat einmal gesagt (und als Katholik wusste er, wovon er sprach): „Vom Erzbischof bis zum kleinsten Katholiken, vom großen Medizinmann bis zum kleinsten Muslim, vom Pastor bis zum kleinsten Protestanten haben wir alle eine animistische Vergangenheit."[81]

Die solcherart postulierte „afrikanische Kultur" ist nach Etounga-Manguelle durch folgende sechs Merkmale charakterisiert:
- totale Unterwerfung unter die „göttliche" Ordnung
- Verweigerung gegenüber der „Tyrannei" der Zeit
- unteilbare Einheit von Macht und Autorität
- Dominanz der Gemeinschaft gegenüber dem Individuum
- maßlose Gastfreundschaft und Vermeidung jedes offenen Konflikts
- wenig ausgeprägte ökonomische Ausrichtung.[82]

Die Überschneidungen dieser Charakterisierung mit jener Augés stechen natürlich ins Auge. Anschließend an seine Darstellung dieser kulturellen Züge gibt Etounga-Manguelle eine Art Zusammenfassung oder Quintessenz unter den Titeln „Die Unkosten des Irrationalismus" und „Kannibalistische und totalitäre Gesellschaften". Tatsächlich scheint alles im Phänomen der Hexerei zu konvergieren. Dieser Zusammenhang – die Einbettung des Hexereikomplexes in ein kulturelles Ganzes – soll im Folgenden untersucht werden.

---

81 Etounga-Manguelle 2002:105f. Ich selber habe persönlich etwa zwanzig verschiedene afrikanische Länder besucht, und war auch immer eher über die Gemeinsamkeiten als über die Unterschiede erstaunt. Meines Erachtens besteht in der Ethnologie eine übertriebene Furcht vor Verallgemeinerungen. Warum sollte „Bambara" eine wissenschaftlichere (weniger „essentialisierende") Einheit darstellen als „subsaharisches Afrika"? Würde ein Ethnologe beispielsweise das Abendmahl bei den Appenzellern beschreiben, ohne klar zu machen, dass es sich dabei keinesfalls um ein Spezifikum dieser „Ethnie" handelt, würde er sich zu Recht blamieren. Genau dies ist aber bei afrikanischen Ethnografien der Normalfall („die Agni glauben, dass es Frauen gibt, die sich nachts in Vögel verwandeln und Kinder fressen", usw.).
82 Etounga-Manguelle 1991:42-60.

## Die Unantastbarkeit des Gegebenen

Etounga-Manguelle unterscheidet Gesellschaften, welche die Ungewissheit der Zukunft akzeptieren und solche, die sie zu kontrollieren versuchen:

> Man könnte versucht sein zu sagen, dass die afrikanischen Gesellschaften solche mit starker Kontrolle der Ungewissheit sind; leider wird diese Kontrolle jedoch nur durch die Religion ausgeübt. Wenn sich die Afrikaner in die Gegenwart stürzen und eine mangelnde Sorge um das Morgen an den Tag legen, liegt das letzten Endes weniger an der Sicherheit ihrer sozialen Gemeinschaftsstrukturen als an ihrer Unterwerfung unten einen ubiquitären, unerbittlichen göttlichen Willen. Auf den Ursprung der Religion zurückgehend, glaubt der Afrikaner, dass nur Gott den Lauf einer Welt verändern kann, die für die Ewigkeit geschaffen ist. Die Welt und unser Verhalten sind etwas unveränderlich Gegebenes, in mythischer Vorzeit unseren Stammeltern vermacht, deren Weisheit bis heute unsere Lebensgrundsätze bestimmt. Der Afrikaner bleibt ein Sklave seiner Umwelt. Die Natur ist die Herrin und bestimmt sein Schicksal.[83]

Der springende Punkt scheint mir nun aber zu sein, dass sich diese „Unterwerfung unter die göttliche Ordnung" vermischt mit der „unteilbaren Einheit von Macht und Autorität". Diese Kombination führt dazu, dass auch Macht und Autorität nach dem Muster der „für ein und alle Mal geschaffenen Natur" gedacht werden. So wie die Natur „sozialisiert" wird, wird andererseits das Gesellschaftliche biologisiert. Die Natur wird zum Modell, durch das Herrschaftsverhältnisse legitimiert werden. Das trifft sich mit Augés Feststellung einer „Kontinuität zwischen biologischer und gesellschaftlicher Ordnung, die dazu tendiert, aus Ersterer den Signifikanten Letzterer zu machen, und unter diesem Aspekt die Unterscheidung Individuum/Kollektivität relativiert".[84]

Dazu passt, dass es in der afrikanischen Geschichte kaum Kultur- oder Sozialrevolutionen gab, d. h. Massenbewegungen von unten mit einer Ideologie, die markant von der herrschenden abgewichen wäre. „Ähnlich waren auch im afrikanischen politischen Leben die Männer zwar Rebellen, aber niemals Revolutionäre" schreibt Max Gluckman.[85]

---

83  Etounga-Manguelle 2002:107 und 1991:43
84  Augé 1995:215.
85  Gluckman 1983:267.

„Der König und die prinzlichen Rivalen ebenso wie die Untertanen akzeptierten alle die bestehende Ordnung und ihre Institutionen als rechtens. Wer mit den etablierten Autoritäten um die Macht konkurrierte, trachtete nur danach, für sich selbst die gleiche Machtstellung zu erlangen." Man braucht nur „König" durch „Staatschef" und „prinzliche Rivalen" durch „Minister" oder „Oppositionelle" zu ersetzen, um ein ziemlich deutliches Bild der meisten afrikanischen Staaten der Gegenwart zu erhalten. Das gilt gerade auch für die Elfenbeinküste der späten Neunzigerjahre. Zwar wurde Bedié schließlich vor allem auch wegen seiner Ethnien-Politik der Garaus gemacht (wenn auch, wohlgemerkt, nicht vom „Volk", das Bedié erst öffentlich verfluchte, als ihn das Militär gestürzt hatte), kaum aber waren Gueï und später Gbagbo an der Macht, führten sie die gleiche Linie der Diskriminierung weiter (die vor allem als Diskriminierung des Rivalen um das Präsidentenamt, Ouattara, zu verstehen ist). All die Artikel und Bücher, die Gbagbo als Oppositioneller verfasst hatte, wurden damit auf einen Schlag zur Farce.

Etounga-Manguelle selber stellt fest, dass es vor allem die Weigerung der Afrikaner, den göttlichen und den sozialen Raum zu trennen, sei, die sie zur Immobilität verurteile. Es ist gerade dieser „Holismus", diese oft idealisierte Einheit von Religiösem, Natürlichem und Sozialem, der es fast unmöglich macht, einzelne Teile aus dem Ganzen herauszubrechen und einer Bearbeitung zu unterziehen.[86] Ein solches cartesianisches Vorgehen bedeutete im Prinzip ein Sakrileg gegen das Göttliche, das Natürliche und das Soziale zugleich. Allerdings ist es, als ob sich die Gesellschaft für diese Selbstbeschränkung entschädigen würde, indem sie gewisse Mitglieder mit einer – allerdings eher imaginären – Allmacht ausstattet: Die Magier, Marabouts, Heiler und Féticheure. Ihnen wird eine geradezu atemberaubende Fähigkeit zugestanden, die natürliche Ordnung auf den Kopf zu stellen, allerdings ohne dass real in die Gegebenheiten eingegriffen würde („umstandsloser", magischer Flug des Zauberers im Gegensatz zur „umständlichen" Technik der Flugzeugherstellung). Der Hexer stellt das Negativbild dieser Veränderungskünstler dar: Auch ihm wird die Fähigkeit zugestanden, sich über alles Gegebene hinwegzusetzen, aber bloß, um an ihm ein warnendes Exempel zu statuieren. Er demonstriert in doppelter

---

86 Auch Chabal/Daloz stellen fest, dass das Fehlen einer deutlichen Grenze zwischen Religiösem und Weltlichem einer der hervorstechenden Züge des afrikanischen Glaubenssystems sei und dass dieser Sachverhalt insbesondere im Politischen auffalle (1999:65).

Hinsicht, dass Veränderung gefährlich ist: Er schreckt Emporkömmlinge durch seine übernatürlichen Kräfte ab, aber bloß, um nach getaner Pflicht selber bestraft zu werden. Er macht gewissermaßen die Drecksarbeit im Dienste der herrschenden Verhältnisse.

Der Machthaber selbst ist in diesem System Ausdruck einer zirkulären Natürlichkeit: Er ist natürlicherweise legitimiert, weil er die Macht innehat; er hat die Macht inne, weil er offenbar dazu ausersehen ist. Alles was *ist*, muss seinen Grund und seinen Sinn, und also seine moralische Berechtigung haben. Das trifft sich mit Augés anderer Charakterisierung der heidnischen Logik: „Gleichsetzung der Sinnbezüge mit den Machtverhältnissen und dieser mit jenen, die keinen Platz für einen dritten Begriff lässt, die Moral, die ihnen äußerlich wäre".[87]

Henry verweist in diesem Zusammenhang auf den „einmaligen Fall der Königstümer im vorkolonialen Afrika, deren politische Funktion reduziert war auf die magische Aufrechterhaltung einer mythischen Vergangenheit." Er gibt dabei zu verstehen, dass das Gebaren vieler zeitgenössischer afrikanischer Potentaten und vor allem ihre Akzeptanz auch heute noch nur vor diesem Hintergrund verständlich ist.[88]

Etounga-Manguelle spricht vom „*despotisme obscur*" der sich diesem „*mélange de genres*" verdankt und schließt: „Es ist schwer, die afrikanische Passivität anders zu erklären als durch die Furcht vor jenem Gott, der im Gewand eines jeden afrikanischen Häuptlings verborgen ist. Wenn ein König oder ein Präsident einem Mordanschlag entgeht (und sei es einem fingierten), wird das ganze Volk zu dem Schluss kommen, dass er übernatürliche Kraft besitzt und unbesiegbar ist.[89]

Aber diese Tendenz, jede Macht mit einem „göttlichen Willen" in Verbindung zu bringen (von den Betreffenden selber, aber auch von

---

87 Augé 1995:215. Dazu passt, dass (nicht nur) bei den Bambara der Dorfchef immer auch der religiöse Chef war. Ihre Religion ist zugleich ein religiöses und soziopolitisches System, was sich auch in der Wichtigkeit der hierarchischen Initiationsgruppen ausdrückt (Imperato 1977:39-48). In Wole Soyinkas Kindheits-Roman „Aké" (1986:154) gibt es übrigens einen kleinen Dialog zwischen Geschwistern, der in knappster Form die afrikanische (machtkongruente) gegen die westliche (machtunabhängige) Moral ausspielt:
„Was starrst du denn so an?"
„Deine Nase."
„Ich sag's Mama, dass du schon wieder ungezogen bist."
„Man kann nur Älteren gegenüber ungezogen sein. Was bildest du dir denn ein, wer du bist?"
„Ungezogenheit ist Ungezogenheit ..."
88 Henry 1987, zit. in Etounga-Manguelle 1991:48.
89 Etounga-Manguelle 1991:49.

den Untergebenen), betreffe nicht nur die „Väter der Nation", sondern noch die kleinste Statusdifferenz. Autorität werde infolgedessen nicht mit Kompetenz in Zusammenhang gebracht. Im Gegenteil: Überdurchschnittliche Sachkenntnis oder Perfektionismus seien geradezu verdächtig, weil sie die Autorität der andern unterminierten und Missgunst provozierten. „Mittelmäßigkeit" sei das Karriere-Schlüsselwort. Etounga-Manguelle nimmt Bezug auf Duval, der in seinem Werk über „Totalitarismus ohne Staat" bei den Gurunsi (Burkina Faso)[90] feststellte, die Abwesenheit von sozialen Klassen im traditionellen Afrika erkläre sich dadurch, dass es in Wirklichkeit in diesen Gesellschaften nichts als soziale Positionen gebe:

> Der Afrikaner akzeptiert keine Veränderungen des sozialen Ranges und Standes: Herrschende und Beherrschte verharren ewig an der ihnen bestimmten Stelle, weshalb Veränderungen der sozialen Schichten so oft verurteilt werden. Wir klagen über die Schwierigkeit, in unseren Staaten den Privatsektor zu fördern. Diese Schwierigkeiten wurzeln in der neidischen Eifersucht, die alle persönlichen Beziehungen beherrscht und die sich weniger in dem Wunsch äußert, zu besitzen, was ein anderer besitzt, als in dem Bestreben, jede Veränderung des sozialen Status zu verhindern. In Afrika muss man als Herrscher geboren sein; andernfalls hat man kein anderes Recht auf die Macht als den Staatsstreich. Das gesamte Gemeinwesen akzeptiert als naturgegeben die Knechtschaft, die der jeweilige starke Mann errichtet. Man hat argumentiert, dass nicht die Menschen, sondern ihre Führer rückständig seien. Das ist richtig und falsch zugleich. Denn warum würden afrikanische Völker rückständige Führer akzeptieren, wenn sie nicht selbst rückständig (und das heißt passiv, resigniert und feige) wären?[91]

Die Angst vor der Hexerei nun scheint mir eines der Hauptelemente bei der Aufrechterhaltung dieses Systems zu sein. Wer versucht, die göttlich-natürliche Ordnung zu subvertieren, indem er sich über seinen angestammten Platz erhebt, wird von den wirklichen und den interiorisierten Neidern/Hexern zu Fall gebracht. Entweder steigt er selber wieder vom hohen Ross herab, weil seine Angst vor den missgünstigen Hexen übermächtig wird (die meisten steigen aus diesem Grund schon gar nicht hinauf), oder er wird heruntergeholt, indem man ihn selber als Hexer verdächtigt (wie sonst hätte er hinaufkommen können?).

---

90  Duval 1985:79
91  Etounga-Manguelle 2002:109f. und 1991:49f.

Duval[92] berichtet von einem Dorf in Burkina Faso namens Sapo, in dem ein Mann, da Muslim geworden, fortan auf die kostspieligen traditionellen Opfer verzichtete. Mit dem dadurch gesparten Geld konnte er sich ein Mofa kaufen. Misstrauisch von den andern Dorfbewohnern verfolgt, die sich den plötzlichen Wohlstand nicht erklären konnten, blieb ihm am Ende nichts anderes übrig, als das Mofa in seinem Zimmer zu verstecken und wieder sein altes Fahrrad zu benützen.

Erhellend (und deprimierend) an diesem Beispiel ist, dass die andern nicht versuchen, es dem bekehrten Muslim gleichzutun, also ihren Neid produktiv umzuwandeln, dass sie nicht ebenfalls „hinaufgehen", sondern ihn zwingen, wieder „herunterzukommen". Das ist genau die „Mittelmäßigkeit" und die „Gleichheit im Elend", von der Etounga-Manguelle spricht. In der Mitte ist man am besten vor Hexereiverdacht geschützt.

Man kann sich auch noch eine andere beliebte Art vorstellen, den Aufstieg des andern zu *verdauen* oder zu egalisieren: Indem jeder am neuen Moped zu partizipieren versucht. Nach ein paar Wochen, in denen sich alle ein bisschen damit vergnügt hätten, wäre es dann wahrscheinlich fahruntüchtig geworden; kollektiv verzehrt, wie ein Opfertier, in einer halb vergnüglich, halb aggressiven Gier, und die Ordnung auch wieder hergestellt. Gewissermaßen nach dem Motto: „*If you can't beat him, eat him.*"

Damit wären wir auch wieder beim Patron-Klient-Muster. Der Patron erfährt keine Konkurrenz, weil es in einer solcherart strukturierten Gesellschaft gewinnbringender ist, den Patron Patron sein zu lassen und sich als Klient in seinen Schutz zu stellen. Denn der Kleine wird beschützt, der Große schützt. Bloß der Uneinsichtige, der wachsen und mehr sein will als er ist, geht leer aus. Schwachheit, Fehler, Faulheit, Dummheit und Sorglosigkeit werden viel eher verziehen als Ehrgeiz, Fleiß, Kompetenz, Zielgerichtetheit und Sachbezogenheit. Aus diesem Grunde ziehen auch viele afrikanische Betriebe die Einstellung von ungelernten „Cousins" ausgebildeten Fachkräften vor. Damit werden die Impulse und Anreize, die von einem auf Leistung ausgerichteten Schulsystem ausgehen, wieder annulliert. Öfters trifft man Jugendliche, die – im Prinzip ganz realistisch – sagen: „Was soll ich mich in einer höheren Schule abmühen? Schau meinen arbeitslosen Bruder an mit all seinen

---

92  Duval 1986, zitiert nach Etounga-Manguelle 1991 :50.

Diplomen! Ist er einen Deut besser dran als seine ungebildeten Altersgenossen?"

Ähnliches Prinzip: In Ziguinchor erzählte mir eine Frau, die im besten Hotel der Stadt arbeitete, dass die Angestellten jeden Abend das erhaltene Trinkgeld in eine Sammelkasse einzahlen mussten. Ende Woche wurde es „gerecht", das heißt für jeden gleich viel, verteilt ...

Aber selbstverständlich gilt diese Egalität nur für jene, denen eine Gleichheit zugeschrieben wird. Der Direktor des Hotels verteilte seine diversen „Trinkgelder" bestimmt nicht unter die Angestellten! Der springende Punkt ist, dass die vielbeschworene Solidarität zwar einen gewissen ökonomischen Ausgleich bewirkt, aber keinen politischen, im Gegenteil: Mit jeder Bitte wird der Klient als Klient, mit jeder Gabe der Patron als Patron in seiner Stellung bestätigt. Und der „Große" wird dem „Kleinen" lieber jahrelang täglich 1000 CFA geben als einmal eine größere Summe, mit der der Kleine einen Laden eröffnen und vom Großen unabhängig werden könnte.

Macht wird biologisch gedacht: Sie hängt von der Geburt ab, von der Kaste oder der Schicht, in die man geboren wurde, vom Geschlecht, von der Stellung in der Geschwisterfolge, vom Alter[93], von der Hautfarbe, von Leben und Tod (oft kann ein Machthaber nur gewaltsam, das heißt durch einen tödlichen Staatsstreich entmachtet werden; andererseits wurden altersschwache Könige oft getötet, weil sie einen Widerspruch zum Bild des allmächtigen Königs darstellten[94]). Diese Ideologie ist in gewisser Hinsicht realitätsadäquat, weil in *dieser sozialen Realität* Macht, die durch Kompetenz, Leistung, Intelligenz etc. entgegen dem biologischen Status erworben wurde, tatsächlich selten ist. Und die wenigen Ausnahmen stellen das Repräsentationsgefüge nicht in Frage, sondern die Fakten werden dann dem System angepasst: Eine Frau, die gebildeter als ihr Mann ist, ist keine „Frau" mehr, ein Schwarzer, der sich gegen den Vater auflehnt, ist ein „Weißer" geworden, und wenn ein bestimmter Weißer einem bestimmten Schwarzen gegenüber behauptet, er habe weniger Geld als er, dann weiß jeder, dass er lügt ... Die Biologisierung der Sozialbeziehungen, und wäre sie hundertprozentig realisiert, bliebe eben doch eine soziale Angelegenheit.

---

93 „Wenn die ökonomische Macht auch durchaus ihre Bedeutung hat, sie bleibt trotzdem dem Vorrang des Alters untergeordnet, das überall unter den afrikanischen Himmeln das einzige Kriterium für Kompetenz bleibt" (Etounga-Manguelle 1991:77; Übersetzung D.S.).
94 Unter anderem bei diversen Akan-Völkern. Siehe Augé 1977.

## Bitte – Drohung – Hexerei (Eingeforderte Gaben)

Sehr wichtig in diesem Zusammenhang ist das Bitten. In einer Gesellschaft, die dem Kleinen kaum eine Möglichkeit läßt, „groß" zu werden, bleibt die Möglichkeit, den Großen um etwas zu bitten, die einzige Möglichkeit, ein Stück vom Kuchen zu bekommen. Die Bitte ist der Mechanismus, der das Patron-Klient-System zugleich unterläuft und bestätigt. Die Ordnung wird subvertiert, insofern im Bitten immer auch eine Drohung enthalten ist. Nur selten ist diese Erpressung so klar formuliert wie bei dem Jungen, der Coulibaly einmal um Geld bat und sogleich hinzufügte: „Bitten ist besser als stehlen, nicht wahr?"

Für ihn war die Alternative zum Bekommen also nicht Verzichten oder Arbeit, sondern sich das Gewünschte gewaltsam zu nehmen. Die subtilere Form dieses angedrohten Raubs wird in Afrika bekanntlich Hexerei genannt.

Geht man solcherart jemanden um etwas an, lautet das Stichwort im frankophonen Afrika interessanterweise *pardon*:

„*Pardon, grand, faut donner.*"

„*J'en ai vraiment besoin, pardon.*"

„*Faut envoyer l'argent maintenant, grand-sœeur, pardon.*"

„*Donne-moi cent francs, patron, sinon vraiment ... Tu peux pas me laisser comme ça, pardon.*"

„Pardon" wird in diesem Kontext anstelle von „s'il te plaît" verwendet, es bedeutet „bitte", aber zugleich auch „ich bitte um Verzeihung/Entschuldigung." Das französische Wort wird mit einem Sinn aufgeladen, den es ursprünglich nicht hat; es handelt sich um die Übertragung eines Doppelsinns, der in vielen afrikanischen Sprachen das entsprechende Wort auszeichnet. In der Elfenbeinküste ist es vor allem das Dioula-Wort *sábali*, das hier Pate stand. Man entwaffnet den potentiellen Gönner gewissermaßen, indem man sich schon prophylaktisch entschuldigt. Man bringt sich in eine Situation, wo man in der Schuld des Gebers steht und entschuldigt sich schon im Voraus dafür. Man macht sich klein; es handelt sich um eine Demutsgeste, die sich jedoch zugleich selbst neutralisiert. Man sagt implizit: „Ich stehe in deiner Schuld, aber weil ich dich bereits um Entschuldigung gebeten habe, kannst du mir nicht böse sein, kannst mir die Bitte nicht abschlagen, ja, ich stehe nicht einmal in deiner Schuld, ich bin bereits entschuldigt, entschuldet, ich schulde dir nichts mehr, denn ich habe dir das *pardon* geschenkt. Du gibst mir das Geschenk, und ich gebe dir den Respekt, der dir als Patron gebührt. Es ist selbstverständlich, dass du mir gibst."

Entsprechend wird in solchen Situationen oft auch gar kein Dank ausgesprochen. Denn eigentlich ist die Gabe gar nicht freiwillig, sondern Pflicht. Das „Pardon" beginnt im Sinne eines bescheidenen Duckens, eines Bettelns. *„Pardonne-moi*, Erbarmen, *pitié."* Es hat etwas vom unterlegenen Tier, das im Zweikampf den bloßen Hals hinhält, damit der andere von ihm ablässt. Es sagt: „Ich bin unterlegen, töte mich nicht, sondern beschütze mich. Ich begebe mich in deine Obhut. Du bist wie mein Vater, ich stelle mich unter deine Verantwortung." Aber neben diesem Unterwerfungsaspekt hallt unüberhörbar etwas Aggressiveres, Forderndes mit. Das „Pardon" wird oft fast in einem Befehlston ausgesprochen, mit einer starken Betonung auf der zweiten Silbe, die das *don* und das *donner* im Wort noch stärker hervortreten lassen (*par-donner*, „ver-geben", *for-give*). Man könnte *pardon* übersetzen mit „ver-gib mir", was dann bedeuten würde: „Ich weiß, dass meine Bitte um eine Gabe lästig ist, aber du hast kein Recht, mir böse zu sein, denn ich habe ja, im selben Atemzug, als ich die Bitte aussprach, bereits um Vergebung gebeten."

Der Ausdruck spielt auch eine wichtige Rolle im Kontext von Vergehen. Hat jemand eine Dummheit begangen, kann jemand stellvertretend für ihn beim Geschädigten um Verzeihung bitten, *demander pardon*. Es ist dann sozial fast unmöglich, diese Bitte abzuschlagen. In beiden Fällen, bei der Gabe und bei der Entschuldigung, wäre am Ende jener, der nicht gegeben, bzw. der nicht entschuldigt hat, der „Aggressor", der „Böse", und nicht der Bittsteller, mag er noch so unverschämt sein.

Bekommt man jedoch immer noch nicht, worum man gebeten hat, gibt es noch gewissermaßen eine Steigerungsmöglichkeit des *pardon*; im Afro-Französisch nennt man das *fatiguer quelqu'un*, ein Ausdruck, der fast ebenso wichtig ist. Er wird vor allem auch im Kontext von Bittstellern verwendet und bedeutet dann „jemanden (durch endloses Bitten) ermüden, überreden, überzeugen, verführen, weichklopfen, zermürben, fertigmachen". Oder auch „schnorren", im Sinne von: „eine Zigarette schnorren".

Bekommt der Bittende dann das Gewollte immer noch nicht, kann er beim Weggehen den hartherzigen *grand-frère* verfluchen, *maudire*. Das wird selten seine Wirkung verfehlen.[95]

---

[95] Inwiefern Verfluchen und Verhexen die Waffen der Armen darstellen, zeigt sehr treffend der Senegalese Ousmane Sembène in seinem Roman „Xala. Die Rache des Bettlers". *Xala* bezeichnet dort den Fluch, mit dem ein Bettler einen arroganten und geizigen Neureichen zur Impotenz verdammt.

Im Allgemeinen reicht es aber bereits, zum Ausdruck zu geben, dass einem etwas gefällt, um es auch zu kriegen (denn bei einer Weigerung könnte der andere ja neidisch werden). Ein senegalesischer Lehrer sagte mir einmal: „Dein blauer Anzug ist hübsch." In gespielter Naivität antwortete ich lediglich: „Danke für das Kompliment." Eine Woche später sagte er mir: „Du hast immer noch nicht auf meine Anfrage geantwortet."

„Welche Anfrage?"

„Ob ich deinen Anzug haben kann."

**Kredit und Schulden**

Einen Mittelweg zwischen Geben und Nicht-Geben stellen Ausleihen und Kredit dar. Geld oder auch Dinge auszuleihen steht dabei der Freundschaft nicht entgegen („Geschäft und Privates trennen"), sondern ist geradezu deren Beweis, deren Materialisation. Jemanden um einen Kredit zu bitten (was natürlich oft einfach einen Euphemismus für „Geschenk" darstellt) hat dabei nichts Beschämendes, so wenig wie überhaupt sich in die Position des Bittenden zu stellen. Der Schuldner steht einfach gegenüber dem Gläubiger etwa in derselben Position wie der *petit-frère* gegenüber dem *grand-frère*. Der Schuldner anerkennt, dass er allgemein in der Schuld des andern steht, aber das drängt ihn nicht dazu, das Geschuldete baldmöglichst zurückzuerstatten, um wieder eine Symmetrie herzustellen. Die Asymmetrie ist ein natürlicher, nicht notwendigerweise aufzuhebender Zustand, so wie man manchmal auch sagt, Mann und Frau seien so verschieden, dass sie sich nicht einmal vergleichen sollten.

Ein junger Mann in Coulibalys Nachbarschaft brachte es einmal auf den Punkt, indem er über ihn sagte: „Coulibaly ist mein Freund; ich schulde ihm viel."

Das war durchaus auch wörtlich gemeint.

Vielleicht sollte man die Problematik der Verschuldung Afrikas auch einmal unter diesem Aspekt betrachten. Verschuldet-Sein, in der Schuld von jemandem stehen wird in Afrika nicht als unangenehme oder gar verachtenswerte Situation betrachtet, die es so rasch wie möglich zu bereinigen gilt, sondern als Normalzustand. Es ist ein Zeichen dafür, dass man nicht allein ist, mit Menschen, und insbesondere auch mit wichtigen, großen, mächtigen Menschen, in Beziehung steht (wobei Beziehungen *per se* als Abhängigkeitsbeziehungen verstanden werden) und ihren Schutz genießt. Prinzipiell sind die Großen zu dieser Protektion aber auch verpflichtet; es ist ihre Gegenleistung für den Respekt, den man ihnen entgegenbringt.

In Afrika werde der permanente Rückgriff auf ausländische Kreditgeber kaum je als Schande empfunden, schreibt Axel Kabou:

> Die Afrikaner, die ihren Rückstand als einen stummen Vorwurf des Zurückgebliebenseins gegenüber dem Westen begreifen und sich hinter ihren kulturellen Werten verschanzen, sollten erkennen, dass sie sich nur selber eine Falle stellen. Sie sollten aufhören, vom Westen weitere Entwicklungshilfe zu fordern, da die Hilfsprojekte – gerade weil sie traditionelle Werte respektieren wollen – lediglich dazu beitragen, dass Fatalismus und Armut fortbestehen ... Afrika muss verstehen, dass es viel zu verlieren hat, wenn es die Gründe für seine Rückständigkeit und sei es nur aus Stolz, auf andere abwälzt oder in abstrakten Formulierungen verschleiert. Je mehr Afrika aber nun in der erniedrigenden Bettelei versinkt, umso mehr klagt es die Entwicklungshilfe als ein machiavellistisches Manöver und als einen klammheimlichen Versuch der Re-Kolonisierung an ... Statt bei jeder drohenden Kürzung von Finanzhilfe Überraschung zu mimen, sollten die Afrikaner endlich einsehen und sich selbst überzeugen, dass man die Gestaltung eines Kontinents nicht mit dem Ausland teilt.[96]

Das Problem liegt darin, dass möglicherweise in Afrika und im Westen völlig verschiedenartige Auffassungen über das Wesen von Schulden bestehen. Was in Afrika der *petit-frère* ist, der jeden Größeren als *grand-frère* verpflichten und mit einem *pardon!* um seinen Anteil angehen kann, ohne dass er sich dabei in irgendwelcher Weise etwas vergeben würde, läuft im Westen gelegentlich unter „Parasit", „Schmarotzer" oder „Schnorrer". Dort kommt ein „*Entschuldigung*" noch keiner Entschuldung gleich.

In vielen Läden Westafrikas findet man zwei populäre Abziehbilder. Das eine zeigt einen Bettler oder Vagabunden, der in zerrissenen Kleidern mit seinem Bündel Habseligkeiten auf trauriger Wanderschaft ist. Darüber steht: „*J'ai fait crédit à mes clients.*"

Das andere gibt – in bestem Afro-Französisch – folgenden Sinnspruch zu bedenken:

„*Toi vouloir crédit. Moi pas donner. Toi fâché.*

---

96  Kabou 1993:130-135.

*Moi donner crédit. Toi pas payer. Moi fâché.*
*Moi préférer toi fâché."*

Wenn es allerdings in Wirklichkeit so wäre, müsste man es nicht immer wieder propagieren. In Tat und Wahrheit wird das „*toi fâché*" eben kaum ertragen und der Kredit gewährt.

Fast alle Ladeninhaber in Afrika wissen ein Lied darüber zu singen, dass sie sich der Kreditwünsche oder eher schon -forderungen ihrer Klientel kaum erwehren können. Weigert sich der Inhaber, Gekauftes „anzuschreiben", geht der Kunde zur Konkurrenz. Der Inhaber zieht es also vor, etwas auf Kredit zu verkaufen, als überhaupt nicht zu verkaufen. Er selber wird dann infolge der Ausstände wiederum seinen Großhändler mit der Bezahlung auf später vertrösten. Das führt zu einer Kettenreaktion oder zu einem Teufelskreis: Der Käufer kauft auf Kredit, weil er kein Kapital hat; der Verkäufer hat kein Kapital, weil alle auf Kredit kaufen. So sind natürlich auch keine längerfristigen Investitionen möglich.[97] Angesichts eines Ladeninhabers inmitten seiner Waren scheint der Reflex aufzukommen, es sei eigentlich nur normal, sich auch ein bisschen an seinem Schlaraffenland gütlich tun zu können.

Ich kenne einige unternehmungslustige, ambitionierte *boutiquiers*, die ihren Laden infolge der ausgebliebenen Rückzahlungen schließen mussten. Das freundlich-bittende, Mitleid heischende und doch so gierig-aggressive *pardon* ihrer afrikanischen Mitbrüder hatte sie ruiniert. Die Angst, dass der andere *fâché*, böse, sein könnte, war stärker als die Angst vor dem Bankrott. Um die Idee der Hexerei zu verstehen, scheint es mir wichtig, die destruktive Seite des Habenwollens zu betonen. Es geht nicht einfach um den harmlosen Wunsch, etwas zu besitzen, was man nicht hat. Das Primordiale ist der Neid: Ich will etwas, weil es der andere hat. Und wenn ich es nicht haben kann, dann soll es der andere auch nicht haben. Dann hole ich es mir mit Gewalt und sein Leben gleich damit!

---

97  Genau so erklärt sich auch Platteau die Tatsache, dass die Ausländer mit ihren Läden in Afrika reüssieren, während die Einheimischen sich in dieser Branche regelmäßig ruinieren (2000:222f.). Auch in der Entwicklungszusammenarbeit setzt sich offenbar die Ansicht durch, dass das Problem oft weniger im Bereich der Kenntnisse liegt (sodass vor allem westliche Berater, Experten und Spezialisten geschickt werden müssten), als in jenem der „verhexten" Sozialbeziehungen. In diesem Sinne führt die Vergabe von zweckgebundenen Kleinkrediten oft weiter als aufwendige Aufbauprogramme. Wichtig ist in erster Linie, dass der Kreditnehmer vor dem Druck seiner „Nächsten" (und vor sich selbst) geschützt wird, etwa in der Form von Sperrkonten. Auch das traditionelle Bankensystem der westafrikanischen Marktfrauen, die *tontine*, geht in diese Richtung.

Etounga-Manguelle benennt diese Brutalität brutal, indem er die afrikanische Gesellschaft nach dem Bild ihrer Hexer (die, weit davon entfernt, ihr Umkehrbild zu sein, ihr eher so etwas wie ihr demaskiertes Antlitz zurückwerfen) als „kannibalisch und totalitär" beschreibt: „Der Zauberer will Gleichheit im Elend. Es gibt viele Fälle, in denen jemand, der sich ein Haus gebaut hatte, den Befehl bekam, es nicht zu bewohnen; anderen, die mit dem Bau begonnen hatten, wurde befohlen, die Arbeiten einzustellen, wenn ihnen ihr Leben lieb sei. Ist der afrikanische Totalitarismus mit der Unabhängigkeit entstanden? Natürlich nicht. Er war schon immer da, eingesenkt in die Fundamente unserer Stammeskulturen." [98]

Und: Von der Landflucht als einer normalen Tatsache zu sprechen, so Etounga-Manguelle, heiße zu vergessen, dass jede Abreise eine Anklage gegen die dörfliche Gesellschaft, ihre unlösbaren Konflikte und die Logik der Ahnen darstelle.[99]

### Korruption und Nepotismus

Auch die Korruption muss wohl, ähnlich wie die Kredite, im Lichte dieser Ausgleichsökonomie gesehen werden. Wie das Opfer gibt das Schmiergeld sich vorerst als reines, uneigennütziges Geschenk aus. Aber in beiden Fällen steht die Logik des *do ut des* dahinter, die Erwartung der Gegengabe. Es geht darum, den andern dazu zu bringen, dass er einem etwas schuldet. Es handelt sich um ein als Gabe getarnter Tausch. Die Gegengabe kann dabei weit hinausgezögert werden, manchmal reicht schon die Gewissheit, dass eigentlich eine Schuld da ist, auch wenn sie nie eingefordert wird. So fragte ich einmal jemanden, warum er eigentlich dem Polizisten an der Straßensperre jedes Mal Geld zustecke, obwohl seine Papiere doch immer in Ordnung waren.

„Vielleicht ist *einmal* etwas nicht in Ordnung. Dann kann er mich nicht schikanieren."

Es ist in dieser Perspektive nur natürlich, dass eine Dienstleistung honoriert wird, und zwar auf einer persönlichen Ebene. Es geht darum, Abhängigkeiten, Verbindlichkeiten nach dem Muster der Verwandtschaft zu schaffen. Die Ausdrücke „Vetternwirtschaft" und „Nepotismus" bringen das auch zum Ausdruck. Aber es ist sicher kein Zufall,

---

[98] Etounga-Manguelle 2002:115.
[99] Etounga-Manguelle 1991:75f.

dass Verwandtschaft und Hexerei koextensiv sind. Die Gabe ist eben auch ein Sedativum und Bannmittel gegen die Hexereibedrohung. Verwandtschaftliche Solidarität und Hexereifurcht sind keine Gegensätze; sie sind der positive und der negative Ausdruck derselben Nähe und Enge, derselben Intensität, die alle Beziehungen beherrscht, im Guten wie im Bösen. Diese beiden Seiten der Medaille sind klar herauszuhören, wenn afrikanische Städter über „ihr" Dorf reden: nostalgische Idealisierung der gegenseitigen Hilfe versus Angst vor den real oder eingebildet Benachteiligten. Entsprechend wird trotz der eingestandenen Freiheit die städtische oder auch westliche Vereinzelung beklagt. Aber wahrscheinlich ist das eine nicht ohne das andere zu haben. Liberalismus *oder* Kommunitarismus.[100] Kommt es zu einer Vermischung im städtischen Kontext, dann eben in Form einer Ausdehnung verwandtschaftsähnlicher Beziehungen auch im öffentlichen Sektor, wobei gleichzeitig prompt auch die Hexerei expandiert und sich über die Lineage-Kanäle hinaus dereguliert.[101] Der intensive Beziehungsaspekt all der Transaktionen, die für uns anonymen, sachlichen Charakter haben, kann auch ganz allgemein als Ausdruck dessen gesehen werden, was für Augé die eigentliche Essenz des „Heidnischen" ausmacht: die Vorgängigkeit des andern.[102]

Was hier letztlich aber sicher auch hineinspielt ist das, was für Augé einen weiteren Zug der „heidnischen Logik" charakterisiert: die Abwesenheit eines jeden Dualismus, der das Ideelle dem Materiellen entgegenstellen würde.[103] Dass die *cadeaux* solcherart die Rolle eines Schmiermittels einnehmen können, und zwar gleichermaßen gegenüber Geistern, Polizisten, Beamten, Cousins, Freunden und *last but*

---

100 Ein Senegalese, der seit einigen Jahren in der Schweiz wohnt, charakterisierte Letztere einmal gegenüber seiner Schwester, die dazu neigte, Europa zu idealisieren, kurz und bündig so: „Là-bas, on fait pas cadeau." – „Dort gibt es keine Geschenke."
101 Sehr oft wurde ja Hexerei in Verbindung gebracht mit kleinräumigen Gemeinschaften, in denen die meisten Interaktionen auf direkten, persönlichen Kontakten beruhen (Wilson 1982:284; Douglas 1970:xxxv) und gelegentlich dann auch der Schluss gezogen, mit mehr urbaner Anonymität müsste sie dann verschwinden. Marwick (1967:126) zum Beispiel bringt das Verschwinden des Hexereiglaubens im Westen in Verbindung mit der Entwicklung einer Gesellschaft, in derein großer Teil der alltäglichen Beziehungen unpersönlich und segmentiert geworden ist. Entsprechend habe sich die Idee des persönlichen Einflusses zurückgebildet. Offensichtlich verschwindet der Hexereiglaube aber weder in Abidjan noch in Abengourou, vermutlich, weil die Kausalität eben auch umgekehrt wirkt: Der Hexereikomplex personalisiert die Beziehungen.
102 Augé 1986:68.
103 Augé 1995:215.

*not least* schönen Frauen, ohne dass Letztere deswegen gleich in den Ruch der Prostitution kämen, ist nur möglich auf einem normativen Fundament, das nicht davon ausgeht, dass etwas Materielles das Ideelle zwangsläufig verunreinigt und korrumpiert.

Bei der Vetternwirtschaft spielt sicher die Pflicht zu verteilen auch eine wichtige Rolle. So wie vom Bessergestellten erwartet wird, dass er all die mehr oder weniger verwandten Bittsteller befriedigt, so wird halt außer Barem auch die Vergabe von Pfründen, Posten und Privilegien erwartet. Bei aller moralischen Verurteilung darf nicht vergessen werden, dass die Aufgestiegenen ähnlich wie die Ausgewanderten oft einem enormen Erwartungsdruck seitens ihrer Familie ausgeliefert sind, einer Familie, die den erworbenen relativen Reichtum oft maßlos überschätzt: „Durch die eigentümliche Beziehung des Afrikaners zur Zeit hat für ihn das Sparen für zukünftige Zwecke geringere Priorität als der sofortige Konsum. Um nur ja nicht in Versuchung zu geraten, Reichtum anzuhäufen, müssen die Bezieher regelmäßiger Einkünfte das Studium von Brüdern, Vettern, Neffen und Nichten finanzieren, Neuankömmlinge unterbringen und für die zahlreichen Festlichkeiten aufkommen, die das soziale Leben prägen."[103a]

Von dieser „Solidarität" ist nur ein kleiner Schritt zu illegaler „Hilfe" in Form von Begünstigung, Korruption und Nepotismus.

Übrigens haben eigentlich praktisch alle Feste in Westafrika diesen „Redistributionscharakter", der, zusätzlich zu den anderen gesellschaftlichen Einrichtungen wie Hexereiangst, Opferzwang, verwandtschaftlicher Solidarität, jeder Kapitalakkumulation entgegenwirkt: Tabaski (jeder, der etwas auf sich hält, muss ein Schaf opfern lassen), Begräbnis (den Hinterbliebenen werden Geld oder Naturalien geschenkt, die sie dann, zumindest zum Teil, unter die Bedürftigen weiterverteilen), Ende des Ramadans (Kinder und Frauen müssen mit neuen Boubous eingekleidet werden, die Kinder ziehen bettelnd durch die Gegend), Neujahr (die Frau muss neu eingekleidet werden), Hochzeit (möglichst pompöse Einladung; Luxusgüter wie teure *Pagnes* und Goldschmuck als Brautgaben), Taufe (wie bei allen anderen Gelegenheiten müssen neben den Verwandten die Griots beschenkt werden), all die kollektiven Opferzeremonien (wie das beschriebene jährliche Fest zu Ehren der Abouré-Flussgeister), abgesehen von Weihnachten und Geburtstagen, die auch bei uns noch mehr oder weniger diesem Prinzip folgen (viele Afrikaner müssen allerdings – als Synkretisten –

---

103a Etounga-Manguelle 1991:58 (Übersetzung D.S.)

sowohl die traditionellen wie die muslimischen oder christlichen Verteilpflichten übernehmen).

Wichtig in diesem Zusammenhang scheint mir, dass es, wie beim Hexereiproblem, nicht einfach um eine Frage der Mentalität oder des Glaubens geht. Fast alle Afrikaner klagen über die Verpflichtungen, die alle diese „Feste" mit sich bringen, und fast alle stoßen sich am Kontrast zwischen der Armut im Alltag und der Verschwendung bei solchen Anlässen. Aber selbst wenn zum Beispiel ein Brautpaar sich auf den Standpunkt stellt, ihr Geld in einen Hausbau anstatt in ein aufwendiges Hochzeitsfest zu investieren und selbst wenn die Eltern „im Prinzip" den Vorschlag billigen, wird in den meisten Fällen doch die „Konvention" obsiegen; die Konvention einer Gesellschaft, in der ein Großteil der Mitglieder die Sitten infrage stellt, und doch mit Entrüstung, Gerede und Ächtung auf jemanden reagiert, der tatsächlich wagt, sie zu umgehen.[104]

Dass in Westafrika die Unternehmen von Libanesen und von Weißen im Allgemeinen eher florieren als jene der Afrikaner, ist wohl weder dem Pakt mit unheimlichen Marabouts und Geldvermehrern zu verdanken, der vor allem den Libanesen oft unterstellt wird, um ihren ökonomischen Erfolg zu erklären, noch einfach einem Mentalitätsunterschied. Wichtiger dürfte die Tatsache sein, dass sie nicht in dieses Sozialsystem von Hilfserwartungen eingebunden sind, das wie ein entfernter Stöpsel wirkt, der aus einem Waschbecken ein Fass ohne Boden macht (oder wie ein Bandwurm, der den Mehrwert permanent wegfrisst, sodass man mager bleibt, egal, wie viel man zu sich nimmt).[105]

---

104 Das ist ein gutes Beispiel für das, was Niklas Luhmann (1995) die „operative Trennung von sozialem und psychischem System" nennt: Das Ruinöse des afrikanischen Sozialsystems zu erkennen, heißt noch nicht, dass man ihm entgehen oder auch nur, dass man es - außen, in der sozialen Welt der Kommunikation - kritisieren oder gar verändern könnte. Dieselbe Spaltung zeigt sich übrigens auch in der Aidsproblematik: „Für sich" sagen sich viele, die Verwendung von Präservativen sei unabdingbar. Aber in der kommunikativ-sozialen Situation am Bettrand kommen dann ganz andere Mechanismen ins Spiel. Nachher, wieder bei sich, sagt man sich verwundert: „Ich wusste, ich wollte, aber sobald wir zu zweit waren ..."
105 Coulibaly pflegte kurz und bündig zu sagen: „Geld ist nichts, was man behalten kann." Auf die Vorteile der „*stranger entrepreneurs*" weist auch Platteau (2000:222) hin. Übrigens ist zu beobachten, dass viele Firmen und Organisationen trotz postkolonialer Afrikanisierung noch einige Weiße in Schlüsselstellungen behalten haben. Genau aus oben genanntem Grund: man kann sich bei gegebenem Anlass hinter ihnen verschanzen, weil sie weniger „Teil des Systems" sind. Polizisten haben beispielsweise oft etwas Hemmungen, Weißen gleich schamlos Zwangsgeschenke abzuknöpfen wie ihren afrikanischen Brüdern und Schwestern, weil allgemein bekannt ist, dass Weiße in dieser Beziehung manchmal etwas „kompliziert" sind und vielleicht Scherereien machen.

Aus wirtschaftlicher Sicht ist es auch durchaus verständlich, dass sich diese Ausländer oft deutlich abgrenzen von der afrikanischen Bevölkerung. Kommt es zum Beispiel zu Mischehen, ist es nämlich mit der Sonderstellung oft rasch vorbei: Die Schwiegerfamilie wird zwar nicht merklich reicher, aber der Eingeheiratete ärmer ...

### Vermeidung von offenen Konflikten

Diese Tatsachen hängen zweifellos mit jenem Charakteristikum zusammen, das Etounga-Manguelle „exzessive Geselligkeit und Scheu vor offenen Konflikten" nennt:

> Freundschaft geht vor Geschäft; es gilt als unhöflich, in einer geschäftlichen Besprechung sofort zur Sache zu kommen. Der Afrikaner hat ein unerschöpfliches Kommunikationsbedürfnis und zieht die warmherzige zwischenmenschliche Beziehung der interessenbedingten vor. Das ist der Hauptgrund für die Ineffizienz afrikanischer Bürokratien. Jeder Bittsteller will, anstatt zu schreiben, den für seinen Vorgang zuständigen Beamten persönlich sprechen, weil er glaubt, dass dadurch die Kälte eines unpersönlichen Briefwechsels vermieden wird. Differenzen, die sonst die Grundlage des sozialen Lebens sind, werden entweder nicht wahrgenommen oder aber ignoriert, um den Schein eines sozialen Zusammenhalts aufrechtzuerhalten. Das Streben nach sozialem Frieden auf der Basis einer brüchigen Einmütigkeit drängt den Afrikaner zur Konfliktscheu – auch wenn es an Konflikten auf dem Kontintent weiß Gott nicht mangelt.[106]

Der Autor verweist dann auf die bereits zitierten Reflexionen de Rosnys, wonach die Hexerei-Interpretation es erlaube, Konflikte gewissermaßen ins Unsichtbare zu verschieben und ihre Lösung den Heilern zu überlassen. Wenn sich die offenen Rechnungen solcherart in der Nacht, und zwischen „Doubeln" begleichen ließen, werde es unnötig, sie ans Tageslicht zu zerren – selbst wenn sie sich dann unterschwellig wie Krebsgeschwüre ausbreiten und am Ende den ganzen Sozialkörper verseuchen könnten.

Als Beispiel, wie weit die Weigerung, Konflikte zu artikulieren, gehen könne, verweist der Autor – sich auf die Forschungen von Metang-

---

106 Etounga-Manguelle 2002: 111f. und 1991:55f.

mo[107] beziehend – auf gewisse Bamiléké-Dörfer (in Westkamerun), wo die traditionellen Machthaber, die für die politischen, juristischen und militärischen Belange zuständig sind, nur nachts und unter Ausschluss der Öffentlichkeit tagen, wobei die Geheimhaltung so weit geht, dass sie der Anonymität wegen sogar Masken tragen.[108]

Mit dieser Vermeidung des offenen Konflikts geht auch einher, dass Wissen der Höflichkeit bzw. der Hierarchie untergeordnet wird. Einem Älteren oder Vorgesetzteren widerspricht man nicht, auch wenn man besser informiert bzw. im Recht ist. Es ist dieser Punkt, den Augé „Gleichsetzung der Sinnbezüge mit den Machtverhältnissen" nennt.[109] Die (Macht-)Beziehung geht der Sache vor oder: Die Sache ist eine Funktion der Beziehung. Das führt, vor allem in der modernen Arbeitswelt, oft zu Entscheidungskonflikten: Soll man sich sach- oder personengerecht verhalten? Die Lösung besteht dann häufig darin, dass man sich gar nicht entscheidet, sondern wurstelt und mauschelt. Man sagt weder ja noch nein (Neinsagen ist ja an sich schon ein Affront, den man tunlichst vermeidet), man vertröstet auf morgen, man lässt in der Schwebe, man flüchtet sich in Allgemeinheiten (Sprichwörter sind in solchen Momenten, wo Unverbindlichkeit, Verwischen und Aufweichen gefragt sind, sehr hilfreich, zum Beispiel: *„Dieu est grand"* oder *„L'homme propose, Dieu dispose")*. Im Bereich der Geschlechterbeziehungen passt dazu, dass man sich nach Möglichkeit nie offen trennt. Einen klaren Schlussstrich zu ziehen wird als grausam empfunden. *Brutaliser quelqu'un*, nennt man das. Humaner ist, sich rar zu machen, unfreundlich, verhindert oder beständig „auf Reisen" zu sein, keine Geschenke mehr zu geben, bei Treffen im Restaurant keinen Hunger, bei einem Plauderstündchen keine Lust zu reden zu haben, und im Bett immer müde oder *„un peu souffrant"* zu sein. Diese Methode des *fatiguer quelqu'un* gibt dem anderen die Möglichkeit, sich in Ehren zurückzuziehen und das Gesicht zu wahren.

Mag dieses Primat des Sozialen („die Menschen mehr lieben als die Ideen/Prinzipien") im Bereich des Privaten, der Zweierbeziehungen, der Familie oder auch auf traditioneller Dorfebene eine gewisse Funktionalität haben, so wird sie, auf die Ebene des Bildungssystems, der modernen Arbeitswelt, sozialen Öffentlichkeit und staatlichen Politik gehoben, zu einer Zwangsjacke, die vermutlich mehr schadet als nützt.

---

107 1986:34.
108 Etounga-Manguelle 1991:56.
109 Augé 1995:215.

Unter dem Deckmantel von sozialer Harmonie und nationaler Einheit werde bloß ein einziges Ziel verfolgt und erreicht, schreibt Etounga-Manguelle: das Denken zu verhindern.
„Alle Unbestimmtheit wird verbannt; jedes Ereignis wird im Vornherein zerstückelt und das Unbekannte darf nie die Grenzen des Bekannten überschreiten. Der Faschismus in Afrika ist nicht nur die Mörderfolklore eines Idi Amin oder Bokassa; er spricht in unseren Eingeborenensprachen und tanzt im Rhythmus unserer Verhexung. Unsere Gesellschaften sind durch und durch totalitär. Die afrikanische Einheitspartei? Man muss ihr nichts vorwerfen; sie korrespondiert perfekt mit der Mentalität unserer Völker."[110]

**Selbstlosigkeit**

Dieser Totalitarismus ist nur möglich auf dem Hintergrund eines Wertesystems, in dem Individualismus nicht als Ideal, sondern als Schimpfwort figuriert. Sowohl für Augé[111] („Primat des andern") wie für Etounga-Manguelle[112] (Dominanz der Gesellschaft gegenüber dem Individuum) verdichten sich alle Züge der afrikanischen Kultur in dieser spezifischen Auffassung von Personalität und Interpersonalität:

> Wenn wir ein einziges Merkmal der afrikanischen Kultur herausgreifen müssten, wäre sicherlich die Unterordnung des Individuums unter die Gemeinschaft der im Auge zu behaltende Bezugspunkt. Das afrikanische Denken verwirft jede Anschauung des Individuums als eines autonomen, verantwortlichen Wesens. Der Afrikaner ist vertikal, wo nicht in Gott, in seiner Familie, seinen wichtigsten Ahnen verwurzelt; horizontal ist er mit seiner Gruppe, der Gesellschaft und dem Kosmos verknüpft.[113]

Um genau zu sein, müsste man sagen, dass in Afrika nicht eigentlich ein Individuum in unserem Sinn konzipiert ist, das dann einfach intensive-

---

110 Etounga-Manguelle 1991:78f. (Übersetzung D.S.)
111 Augé 1986:68).
112 Etounga-Manguelle 1991:52. Sundermeier (1990) schreibt in Bezug auf das Menschenbild in der afrikanischen Religion vom „dependenten Menschen" (in Bezug auf die Natur, die andern Menschen, die Kultur und das Religiöse (Gott, Götter, Geister)).
113 Etounga-Manguelle 2002:110.

re Beziehungen zu den andern unterhalten würde, sondern dass das Kollektiv bereits *in* der Person selber existiert. In den meisten afrikanischen „Psychologien" wird die Person nicht als unteilbare Einheit („Individuum") gedacht, sondern als Konglomerat von Instanzen, die oft in besonderen Beziehungen zu Ahnen und andern Familienmitgliedern stehen. Die afrikanische Auffassung von „Doubles", Hexerei und ihrem Bezug zur Verwandtschaft ist nur in diesem Kontext verständlich.[114]

Etounga-Manguelle stellt die interessante Überlegung an, ob die Tatsache, dass die meisten afrikanischen Gesellschaften schriftlos waren (und es bis heute, trotz Schulen, im konkreten Alltag geblieben sind!) nicht mit dieser „Gemeinschaftlichkeit" zusammenhänge: Denn Schreiben und Lesen sind naturgemäß individuelle, ja „einsame" Tätigkeiten, die bis heute von der afrikanischen Familie mit Misstrauen beobachtet werden. Es haftet ihnen etwas von Subversion, von Geheimnis und Geiz an.[115]

---

114  Augé 1995:215f. Signer 1994:110ff. De Rosny betrachtet konsequenterweise genau die Individualität (als außerhalb dieser Bezüge stehend) als einzige Rettung gegen den Hexereikomplex: „Die Individualität beschreibt jedoch das, was bei einem Menschen unveränderlich ist und auf keinerlei Gruppenzugehörigkeit zurückgeführt werden kann ... Dank der Tatsache, dass er ein Individuum ist, kann ein jeder in sich selbst genug Kraft finden, um entweder der Angst oder der Anschuldigung der Schadenzauberei zu widerstehen. Er kann so, wie man in Duala sagt, ,dem Tribunal der Gerüchte' die Stirn bieten." Er führt Jesus als Verbindung von (mutigem, unbestechlichem) Individualismus und Nächstenliebe an, der „für sich und uns den tödlichen Kreis des Wechselspiels der Anklagen durchbrochen" habe (1994:124f.).
115  Etounga-Manguelle 1991:52f. Eine ähnliche Überlegung zur Subversivität der Schrift findet sich bei de Kerckhove (1998:79): „Lesen und Schreiben verleihen dem Ausführenden eine ausschließliche Kontrolle über Sprache. Im Gegenzug können wir von äußeren Einflüssen relativ unabhängige Identität aufbauen. Diese besondere Art der Trennung von personaler Identität und sozialer Gruppe ist in einer vornehmlich oralen Kultur nicht möglich ... Insofern ist das gedruckte Buch zweifellos Bedingung für die Herausbildung einer privaten Identität. Vor allem Pädagogen und Politiker sollten über die Beziehung von Literalität und Privatheit des Denkens Bescheid wissen."
Die Geheim-„Schrift", die Coulibaly verwendet (wie viele Heiler und spirituellen Autoritäten nicht nur bei den Bambara, sondern in ganz Afrika) könnte als Paradebeispiel einer Verwendung der Schrift gelten, die nicht der allgemeinen Zugänglichkeit und Aufklärung, sondern esoterischen Zwecken (Einschüchterung inklusive) dient (Imperato 1977:10f.). In diesem Sinne hat Lévi-Strauss (1978:243-288) Recht, wenn er die Ursprünge der Schrift eher mit Kontrolle und Gewalt als mit Demokratisierung und Volksbildung in Verbindung bringt. Aber Derrida (1990:178-243) mit seiner Replik auf Lévi-Strauss trifft wohl ebenfalls ins Schwarze, wenn er argumentiert, dass auch in den schriftlosen Gesellschaften Aufzeichnungssysteme existieren, was die „Gewalt-Schrift"-Thesen nicht widerlegt, sondern sie im Gegenteil über die Schriftgesellschaften hinaus auf die „primitiven" ausdehnt (siehe zur Repression in der traditionellen afrikanischen Gesellschaft auch: Augé 1977). Ihre hierarchisierenden Aspekte entfaltet die Schrift wohl vor allem in „protoliteralen" Gesellschaften, in

Einen totalitären Charakter bekommt diese Gemeinschaftlichkeit aber erst in Kombination mit den anderen erwähnten Kulturzügen, wenn nämlich die Interessen der „unteilbaren Autorität" als jene der Gemeinschaft ausgegeben werden, und die Autorität, die solcherart vorgibt, „alles" zu repräsentieren, mit den Insignien der „göttlichen Ordnung" ausgestattet wird und dem Einzelnen eine „totale Unterordnung" abverlangt. Und wenn dies alles dann *tel quel* in die Sphäre der sozialen und politischen Moderne transferiert wird!

„Afrikanisches Denken meidet die Skepsis, einen weiteren Virus, den das Individuum überträgt. Infolgedessen bleibt das bestehende Glaubenssystem unangetastet : Sobald von den Ahnen überkommene Überzeugungen bedroht sind, gibt es nur noch die Wahl zwischen der bestehenden Ordnung und dem Chaos."[116]

Es ist dieser afrikanische Autoritarismus, der zum Delegieren des eigenverantwortlichen Denkens und Handelns führt[117] und der bewirkt, dass aus der „Selbstlosigkeit" nicht umsichtige Solidarität, sondern eine unverantwortliche Erwartungshaltung erwächst: „Gegenüber den Fremden sind wir dermaßen komplexbeladen, dass Afrika seit Urzeiten der Kontinent der andern ist: ein Kontinent, wo die Einheimischen von der Fürsorge leben und ihr Schicksal delegiert haben."[118]

### Liebe und Sexualität

Diese Geringschätzung des Individuellen zugunsten des Kollektivs findet ihren Ausdruck auch in der praktischen Inexistenz einer Privatsphäre; es gibt kaum einen Bereich, der der Verfügungsgewalt des andern, oder auch nur schon seinem Blick entzogen wäre. Nicht einmal das, was wir als unser Intimstes betrachten würden, unser Körper, die Geschlechtsorgane, die Sexualität, sind dem Zugriff entzogen. Im Gegenteil! Gerade die Institution der Beschneidung und all die andern

---

denen die Kenntnis der Schrift durch soziale und religiöse Beschränkungen auf eine Elite beschränkt wird. Erst die allgemeine Verbreitung einer leicht erlernbaren alphabetischen Schrift entfaltet die „modernen" Folgen der Literalität, zum Beispiel die Unterscheidung von Mythos und Geschichte oder die dem erwähnte kritisch-skeptisch sich abgrenzende Individualität, besonders deutlich zu ersehen in Griechenland ab dem 8. Jh. v. Chr. (Goody et al. 1997:39ff.; 88ff.; 110; 120f.).
116 Etounga-Manguelle 2002:110.
117 „In der Sprache Kameruns etwa bedeutet das Wort ‚verantwortlich' so viel wie Häuptling." (Etounga-Manguelle 2002:110f.).
118 Etounga-Manguelle 1991:103 (Übersetzung D.S.).

Regelungen und Praktiken rund um die Sexualität legen machtvoll die Hand der Öffentlichkeit auf den „Intimbereich". Verliebtheit in ihrer Innerlichkeit und Exklusivität wird geradezu als etwas für die Gesellschaft Gefährliches betrachtet und muss daher möglichst vergesellschaftet werden. Der Brauch der arrangierten Hochzeit gehört natürlich hierher. Aber auch die nichtarrangierten Ehen haben oft etwas vom Charakter eines mehr gesellschaftlichen als persönlichen Arrangements. Zugespitzt formuliert könnte man sagen, in Afrika werde Liebe (als inneres Gefühl) eher als Resultat/Funktion der (äußeren) Praktik aufgefasst, im Gegensatz zur eher umgekehrten Konzeption im Westen.

Die „Verliebtheit" des Anfangs ist weniger wichtig als die Liebe, die durch das Zusammenleben entsteht: durch das, was man zusammen gemacht und erlebt hat, durch die Zeit, die Sexualität, die Kinder. Man wohnt nicht zusammen, weil man sich liebt, sondern man liebt sich, weil man zusammenwohnt. Auch Sex muss nicht ein Zeichen von Liebe, nicht mal von Verliebtheit sein. „Sex ist wie Essen", sagt man manchmal.[119] Aber öfters mit jemandem zu schlafen kann Liebe zur Folge haben! Dann gibt der Mann der Frau Geschenke, und die Frau sagt sich: „Er liebt mich." Also beginnt sie ihn auch zu lieben.[120] Und hat den Wunsch, ihm ein Kind zu „geben"; was die Ehe, aber auch die Sexualität konsolidiert (Kinder und Mutterschaft laufen der Sexualität weniger entgegen als im Westen, vielleicht weil Letztere weniger auf intimer Zweiheit fußt).[121]

---

119 Sexualität hat nicht diesen Beigeschmack von Tiefe wie im Abendland, wo sie geradezu als Weg zur Wahrheit, zum Innersten eines Menschen gilt (von der katholischen Beichte bis hin zur Psychoanalyse!). Sie ist nicht so sehr Ausdruck des Individuums, als selbstverständlicher Aspekt der Konvivialität. Die antike Auffassung ist der afrikanischen wahrscheinlich näher (siehe dazu Foucault 1991). Auch wenn der Sexualität etwas Sakrales zugeschrieben wird, ist das ganz unpersönlich zu verstehen. Im Allgemeinen herrschte in Afrika ein pragmatisches, bejahendes Verhältnis zur Sexualität; die obsessive Beschäftigung mit Fragen der Jungfräulichkeit, Enthaltsamkeit oder Untreue, wie man sie im Mittelmeerraum oder im Nahen Osten fand (und findet), war hier selten. Viel wichtiger ist die Frage der Fruchtbarkeit; kein Kind zu haben ist schlimmer als ein uneheliches (Caldwell et al. 1994:173;188).
120 Auch im Bereich der Liebe/Sexualität ist in Afrika die Unterscheidung materiell („finanzielle Hintergedanken", „Prostitution") versus immateriell („wahre Liebe") nicht brauchbar. Eine Liebe, die sich nicht auch „materialisiert", ist nichts wert, leeres Gerede. Standing (1992) sagt kurz und bündig, dass in Afrika jeder sexuelle Austausch auch eine monetäre Komponente besitze. (Siehe auch Ferry 1999:246; Vidal 1999:80; Le Palec 1999:348).
121 Bataille zur Sexualität/Fortpflanzung als Verschenken, als luxuriöser Exzess: „Von Anfang an unterscheidet sich nämlich die Sexualität vom habgierigen Wachstum: obwohl sie von der Gattung her gesehen ebenfalls als Wachstum erscheint, so ist sie doch ihrem Wesen nach ein Luxus des Einzelwesens. Das ist noch ausgeprägter

Eine solcherart konzipierte und kollektiv abgestützte Liebe wird dann auch weniger in Frage gestellt, wenn private Verliebtheiten und *„copines"* ins Spiel kommen. Wenn schon, richtet sich die Aggression der Ehefrau gegen die Freundin des Mannes, aber weniger gegen ihn selbst. Als ob sie sich sagen würde: Die Ursache kann man nicht bekämpfen; der Mann *ist* polygam. Man kann höchstens gegen das Symptom (die Rivalin) vorgehen! Auch die monogame Ehe hat so immer noch einen polygamen Charakter. Eine *copine* zu haben heißt nicht automatisch, seine Frau deswegen weniger zu lieben. Ähnlich wie auf der Ebene der Religion (Synkretismus, Polytheismus, Sowohl-als-auch statt Entweder-oder) scheint auch hier nicht so sehr zu gelten: „Du sollst keine anderen ... neben mir haben" als: „Verteilen, Geben, Partizipieren und Addieren ist gut: Das führt zu Vermehrung, nicht zu Verminderung". Was uns (im Bereich der Religion, der Weltanschauung oder auch beispielsweise in der Frage von moderner und traditioneller Medizin) als unvereinbarer Widerspruch erscheint, der eine eindeutige Entscheidung verlangt („Wer nicht für mich ist, ist gegen mich"), hat in Afrika eher den Charakter eines gelassenen Nebeneinanders. Vielleicht hängt das mit den Bedingungen des Aufwachsens zusammen, wo ja auch nicht diese Fixierung auf die Mutter besteht *(„Only you"),* sondern schon früh Beziehungen mit vielen *petites mères, tanties,* Geschwistern und andern Liebesobjekten und -subjekten geknüpft werden.

Trotz dieser „Poly"-Mentalität gibt es natürlich das Bedürfnis nach Abgrenzung, auch für Paare. Die vielen kleinen Hotels in Afrika, von denen ja nur die Touristen meinen, sie dienten als Übernachtungsmöglichkeit, legen beredtes Zeugnis dafür ab, dass es „zu Hause" kein ungestörtes Plätzchen gibt. Die Angst vor Hexerei ist ja unter anderem auch Ausdruck dafür, dass man nie vor Übergriffen sicher sein kann. Der andere kann jederzeit in mich eindringen und mich „fressen". Weder mein eigener noch der Standort des andern ist bestimmt: Wir können – als

---

bei der geschlechtlichen Fortpflanzung, bei der die erzeugten Einzelwesen klar getrennt sind von denen, die sie erzeugen und ihnen das Leben *schenken,* so wie man *anderen etwas schenkt ...* Diese Verschwendung geht weit über das hinaus, was für das Wachstum der Gattung ausreichen würde. Sie scheint die größte augenblickliche Verschwendung zu sein, zu der das Einzelwesen die Kraft hat" (1975:61f.). Bataille legt eine Deutung der Sexualität dar, die sie mit einer Ethik der Gabe, der Verschwendung und der Überschreitung (zu der auch das Opfer gehört), wie sie in traditionellen Gesellschaften vorherrschen, in Verbindung. bringt. Das weist einen Weg, den „irrationalen" Kinderreichtum zum Beispiel in Afrika durch die Sichtweise einer allgemeinen Ökonomie, die auch das „Unökonomische" umfasst, einzuordnen.

„Doubles" – immer auch noch woanders sein. Nicht mal im Schlaf, wenn man meint, man sei ganz bei sich, in Ruhe gelassen, im Schutze der Dunkelheit, ist man vor dem andern sicher. Gerade dann nicht, denn die Nacht ist die Zeit der Hexen und Geister! Und auch der Traum, für uns das Innerlich-Persönlichste überhaupt, ist in Afrika der Tummelplatz par excellence für die *sorciers*, diese parasitären Eindringlinge. Keine sicheren Grenzen zwischen Ich und Du, kein Refugium. All die Gris-Gris und andern Schutzzauber sind eigentlich nichts als Rüstung, Panzer, Wall, Limes, Grenzverstärkung, Grenzbefestigung, Grenzsicherung. Die Obsession für *anti-balles* und *anti-fers*: Phantasma einer kugelsicheren Weste, eines Kettenhemds im existenziellen Sinn; die paranoide Kehrseite der Konvivialität. Hexerei als Metapher dafür, dass man permanent verführt, überredet, überwältigt, perforiert und penetriert wird. Die Hexerei steht nicht nur in einem oberflächlichen Verhältnis zur Ökonomie. Sie ist *Ökonomie* im wörtlichen Sinne: Es geht um Zählung im *oikos* (im Haus, Haushalt, Privaten, Familiären), um Inventar und Inventur, um die Frage, was mir gehört und was nicht, was das Eigene und das Nicht-Eigene, das Angeeignete und das Enteignete sei.

**Geiz ist schlimmer als Verschwendung**

Es wäre also ethnozentrisch zu sagen, das traditionelle Afrika denke nicht „ökonomisch". Fast alles dreht sich um im weitesten Sinne ökonomische Fragen: Schenken, Geben, Ausleihen, Kredit, Schuld, Unterschiede zwischen Arm und Reich, Großzügigkeit, Geiz, Teilen, Verschwenden usw.

Aber es geht in der Tat um eine andere Art des wirtschaftlichen Denkens als im Westen, wo man mit der Vorstellung des „homo oeconomicus" ein Verhalten assoziiert, das in Afrika nicht gerade Tradition hat.[122] Genau das ist gemeint, wenn Etounga-Manguelle die afrikanische Gesellschaft durch den Hinweis charakterisiert, der ‚*homo oeconomicus*' sei dort wenig entwickelt.

---

122 „Der Vorrang, den die Europäer den Produktions- und Konsumverhältnissen einräumen, ist nicht selbstverständlich; ... in den Augen anderer Völker rangieren die Beziehungen zu andern Menschen oder den Göttern weit vor denjenigen zu Gütern oder zum Reichtum" (Etounga-Manguelle 1991:57; Übersetzung D.S.). Man könnte zugespitzt sagen: Wir bringen's zu etwas, aber sind allein. Sie kommen zu nichts, aber zu *jemandem*.

Eine Voraussetzung unserer ökonomischen Einstellung besteht darin, dass wir eine Verbindung zwischen Arbeit und Reichtum postulieren oder uns zumindest vorstellen, dass Reichtum sich nicht von selbst einstellt, außer in seltenen Fällen, wenn man zum Beispiel ein großes Los gezogen hat. In Afrika hingegen wird genau dieser Sonderfall als Modell betrachtet. Geld ist etwas, das vom Himmel fällt, ein *cadeau*, ein Wunder. Oft wird von einem reichen Menschen angenommen, dass er entweder einfach „Glück" gehabt hat, dass Hexerei im Spiel war oder Magie, beispielsweise solche der berühmten Geldverdoppler-Marabouts. Dass der Betreffende vielleicht einfach besonders geschickt war, wird selten in Rechnung gestellt. *Fortune* ist das Stichwort, das Reichtum, Schicksal und Glück in sich vereint. Die Afrikaner sind leidenschaftliche Glücksspieler, und ein verbreitetes Losspiel heißt bezeichnenderweise „*Téléfortune*".

Man könnte annehmen, diese Einstellung sei eine Reaktion auf die wirtschaftliche Unsicherheit und die Unwägbarkeiten der Moderne und in diesem Sinne realistisch: In Afrika sind die schönsten Villen tatsächlich selten ehrlicher Arbeit zu verdanken und Schwerarbeit führt nur ausnahmsweise zu einem Mercedes. Trotzdem scheint die beschriebene Einstellung älter als der Kolonialismus und nicht nur Folge, sondern vielleicht auch eine der Ursachen der ökonomischen Misere zu sein.

A. H. Bâ[123] erinnert daran, dass vor der Ankunft der Europäer in Afrika niemand durch seinen Reichtum oder seinen Besitz an materiellen Gütern „klassiert" wurde, „Reichtum wurde als Ereignis betrachtet, das irgendwen von irgendwoher irgendwann treffen und ebenso grundlos plötzlich wieder verschwinden konnte."

Pieter C. Emmer[124] sagt kurz und bündig, Wachstum bleibe in Afrika aus, weil es an vier Institutionen fehle, die im Westen die wirtschaftliche Entwicklung ermöglichten: Privateigentum, Familie, Schule und Bürgertum. „Das weitgespannte Netz der gegenseitigen Solidarität bildete ein erhebliches Hindernis für wirtschaftliches Wachstum, während in Europa gerade das von Generation zu Generation aufgehäufte Familienkapital die Investitionen in die Industrielle Revolution ermöglichten." Auch die erweiterte Familie, das heißt der Brauch, Überschuss in ein Maximum an Frauen und Kindern (allerdings nicht in deren Ausbildung) zu investieren, gehört zu diesem Komplex.

---

123 Bâ 1984:178 (Übersetzung D.S.).
124 2003:63f.

Geld, für uns in gewisser Hinsicht das Realste an sich, hat in Afrika immer einen leicht irrealen Charakter. Plötzlich ist es da, und noch plötzlicher wieder weg![125] Ganz so eben wie das Zaubergeld der Marabouts (das sich ja manchmal in Nichts auflöst, sobald man es ausgeben, das heißt gegen etwas Reales eintauschen möchte. Manchmal verwandelt es sich dann sogar in Kot.)

Naipaul beschreibt sehr schön diese Indifferenz gegenüber dem, was für uns das Zentrale, und diese Fixierung auf anderes, das für uns Illusion ist:

> Ich sagte: „Es würde Ihnen also nichts ausmachen, wenn durch irgendein Unglück die Stadt Abidjan in Schutt und Asche fiele?"
> Arlette sagte: „Nein, es würde keine Rolle spielen. Die Menschen würden nach ihrer Art weiterleben."
> ... In einem der Tagungsräume des Hotels fand irgendeine Geschäftskonferenz statt, bei der viele weiße Männer an Tischen saßen und einem Mann zuhörten, der vor einer Tafel einen Vortrag hielt: Phantome, die Pläne für Dinge machten, die eines Tages zwangsläufig verschwinden mussten ... Neben den Hotels gingen die Arbeiten auf den Baustellen neuer Häuser voran, die halbherzig in dieser rasch wachsenden Gegend errichtet wurden.
> Ich sagte: „Arlette, Sie geben mir das Gefühl, dass die Welt nicht stabil ist. Sie geben mir das Gefühl, dass alles, wonach wir uns im Leben richten, auf Sand gebaut ist."
> Sie sagte: „Aber die Welt ist Sand. Das Leben ist Sand."[126]

---

125 Der Griot Baba zum Beispiel pflegte gerne zu sagen (vor allem, wenn er Geld von jemandem wollte): „Geld ist nichts wert. Nichts ist mehr wert als das Leben des Menschen. Es ist Gott, der gibt, und Gott, der nimmt. Wenn du morgen stirbst, wie könntest du dein Geld behalten?" Diese ganze Ideologie hat natürlich den Charakter einer sich selbst erfüllenden Prophezeiung. Im Allgemeinen stirbt man ja nicht gerade morgen, sondern könnte das Geld so investieren, dass es morgen und übermorgen etwas einbringen würde. Aber wenn man das nicht tut (sondern das Geld zum Beispiel einem Griot oder einem Marabout gibt, in der Hoffnung, wer gebe, bekomme), dann ist es tatsächlich so, als ob Gott nach Belieben gebe und nehme, das Geld verliert seinen produktiven Charakter und das Morgen hängt ganz vom Zufall ab.
Der Serigne Touba, Senegals Nationalheld, tat folgenden viel zitierten Ausspruch: „Niak worseuk mo ngi tambali thia feyecou wër" („Das Übel beginnt bei der Tatsache, genau zu wissen, wie viel man Ende des Monats verdienen wird"). Da ist das ganze „Inschallah", „yala yana" („Dieu est grand") etc. drin, die ökonomische Planungs- und Rationalitätsfeindschaft, aber auch viel vom informellen Wirtschaften, wie es insbesondere von den Boal-Boal und den Mouriden um Touba praktiziert wird.
126 Naipaul 1995:176-178.

Auch die Verschwendungssucht, das Protzen, das Parvenuhafte der afrikanischen Oberschicht widerspricht dem Gesagten nicht unbedingt. Viele traditionelle Feiern haben einen expliziten Renommiercharakter; Duchesne[127] spricht in diesem Zusammenhang geradezu von einer „*économie ostentatoire*", einer Zurschaustell- und Prahlwirtschaft. Das moderne Präsentieren des Reichtums kann ohne Weiteres als Fortführung der alten Gebräuche in neuem Gewand aufgefasst werden und ist in diesem Sinne nicht einfach Symptom einer „Verwestlichung", auch wenn die Objekte nicht mehr die hundert teuren *Pagnes* sind, in die traditionellerweise ein verstorbener Senufo vor der Beerdigung eingewickelt wurde[128], sondern Handy, Armani-Anzug, Rolex und Notebook, mit denen man sich in der Lobby des „Ivoire"-Hotels vor einem Glas Champagner präsentiert.

Gestern wie heute, schreibt Etounga-Manguelle, müsse ökonomischer Erfolg, damit er anerkannt und akzeptiert wird, zum Nutzen der Gruppe verteilt werden. Das gelte für den einfachen Bürger wie auch den Staatspräsidenten.[129] Das Wertesystem, das durch den Hexereikomplex gestützt wird, ahndet eben Geiz und nicht Verschwendung, Sparen und nicht Protzen. Und es favorisiert, damit zusammenhängend, eine Sicht von Vergangenheit, Gegenwart und Zukunft, in der Zeit nicht Geld ist.

---

127 Duchesne 1996:265.
128 Coulibaly 1978:137.
129 Etounga-Manguelle 1991:58f. Chabal/Deloz (1999:75) weisen darauf hin, dass Reichtum in Afrika zwar Neider und Hexer anziehen kann, an sich allerdings durchaus (noch mehr als bei uns) bewundert wird. Gerade die Zurschaustellung kann eine Möglichkeit sein, die andern (möglichst bloß) symbolisch daran partizipieren zu lassen und damit zum *Patron* zu werden (das heißt zum *legitimierten*, „guten" Reichen, der die Hexer nicht fürchten muss). Der moderne Patron (zum Beispiel die Mouriden-Marabouts in Senegal) hat es geschafft, den gesellschaftlich erforderlichen Schein der Distribution zu wahren, und trotzdem privates Kapital zu akkumulieren. Die Klienten – in diesem Fall die *talibé* (Koranschüler) – arbeiten unentgeltlich für ihren Meister, der im Gegenzug für sie „sorgt". Wenn die Rechnung dabei für seine Schützlinge „aufgeht", so hat das natürlich in diesem Fall viel mit einem subjektiven, nicht-materiellen Sicherheitsgefühl zu tun, das der Patron zu vermitteln weiß. Der demonstrative Reichtum des Patrons erzeugt dann in diesem Falle bei den Klienten nicht Neid, sondern Stolz (Platteau 2000:217f.).

## Eine zirkuläre und hierarchische Zeitauffassung

Die traditionell-afrikanische Zeitauffassung ist eher zirkulär als linear. Sie hat rituellen Charakter: Alles was geschieht, geschah bereits einmal; ewige Wiederkehr des Gleichen. Es genügt deshalb, sich in die Weisheit der Ahnen, der Alten und Eltern zu vertiefen, um das Jetzt zu verstehen. Nichts Neues unter der Sonne. In den Mythen ist gewissermaßen das Original, die Matritze niedergelegt, von der die aktuellen Geschehnisse nur Kopien oder Abzüge sind. Damals – *in illo tempore* – wurde ein für alle Mal festgelegt, was sich seither repetiert.

Die moderne Zeitauffassung wird als unmenschlich und tyrannisch empfunden, denn schließlich, so sagt es ein beliebtes Sprichwort: „Nicht die Uhr hat den Menschen erfunden ..." Folglich macht Etounga-Manguelle in der „Verweigerung der Tyrannei der Zeit" ein zentrales Merkmal der afrikanischen Kultur aus:

> In der traditionellen afrikanischen Gesellschaft, die in Märchen und Fabeln die ruhmreiche Vergangenheit der Ahnen besingt, wird nichts getan, um die Zukunft zu gestalten. Der Afrikaner, in seinem Ahnenkult verankert, ist so sehr davon überzeugt, dass sich die Vergangenheit lediglich wiederholen kann, dass er sich nur wenig Sorgen um die Zukunft macht ... In der modernen Gesellschaft muss jeder vorausschauend handeln. Ansonsten gibt es ... keinen Platz in der Eisenbahn mehr, nichts mehr zum Mittagessen im Kühlschrank und zwischen den Ernten nichts mehr in den Getreidespeichern. Also das, was den Alltag in Afrika ausmacht![130]

Ich nehme übrigens an, dass das stoische Warten in den Schlangen und Vorzimmern damit zu tun hat, dass in Afrika die Zeit selbst einen sozialen, beziehungsweise hierarchischen Charakter hat. So wie man der Vergangenheit generell Respekt zollen muss, weil man den Alten und den Ahnen Achtung schuldet, so ist auch das bescheidene Warten auf den Chef ein Ausdruck von Machtunterschieden. Der Präsident lässt den Minister warten, dieser seinen Beamten, dieser seinen Bittsteller, dieser seine Frau, diese ihre *bonne*. Hier buchstäblich auf der Uhr zu beharren, wäre beleidigend oder sogar revolutionär, und Revolutionen

---

[130] Etounga-Manguelle 2002:108.

entsprechen umgekehrt nicht der Zeitauffassung von Kontinuität und Wiederkehr.[131]

Auch die Tatsache, dass man in muslimischen Teilen Afrikas, wann immer man von der Zukunft spricht, *„Inschallah"* hinzufügen muss, ist Ausdruck einer Weltsicht, in der der Glaube an Planbarkeit und Machbarkeit der Zukunft geradezu als Blasphemie oder Hybris erscheinen. Wenn sich ein Afrikaner allzu sehr Sorgen um das Morgen macht (und zum Beispiel Vorbehalte gegen ruinöse Ausgaben anmeldet), zieht er leicht den Verdacht auf sich, ungläubig zu sein, das heißt, zu wenig auf die Vorhersehung Gottes zu vertrauen.

Die europäische, metaphysische Vorstellung der Zeit als einer Art von Gesetz außerhalb des Menschen verdankt vermutlich viel der Schriftlichkeit (in einem weiten Sinne, der auch Zahlen, Mathematik, Instrumente zur Messung von Zeit und anderen Phänomenen, die quasi erst durch die Messung/Beschreibung diskontinuierlich werden, Kalender, Geburtstage und andere Gedenkfeiern und -denkmäler usw., umfasst)[132] und dem Christentum (der Zusammenhang von Kirchturm und Uhr dürfte mehr als eine surreale Koinzidenz sein)[133]. In Afrika ist demgegenüber die Zeit eine Funktion des Menschen (oder des Sozialen) und nicht umgekehrt. Kapuscinski (der übrigens einerseits behauptet, „Afrika" sei ein bloß geografischer Begriff, andererseits aber laufend treffende Verallgemeinerungen über „die Afrikaner" macht) versinnbildlicht das gut:

„Wenn wir in ein Dorf kommen, wo am Nachmittag eine Versammlung stattfinden soll, aber am Versammlungsort niemanden antreffen, ist es sinnlos zu fragen: ,Wann wird die Versammlung stattfinden?' Die Antwort ist nämlich von vornherein bekannt: ,Wenn sich die Menschen versammelt haben.'"[134]

---

131 Siehe dazu auch Imfeld 1999:89f.
132 Eine Schriftgesellschaft neigt natürlich viel eher zu einer progressiven Entwicklung im Sinne einer Wissensakkumulation über mehrere Generationen als eine orale, die daher - ganz realitätsadäquat - eher einem zirkulären als linearen Zeitmodell anhängen wird. Das drückt sich übrigens auch in der Musik aus: Afrikanische Musik ist repetitiv, additiv und potenziell endlos, während sich zum Beispiel eine Sinfonie in voneinander getrennten, aber aufeinander verweisenden Teilen aufbaut, entwickelt und schließlich zu einem Finale kommt.
133 Hier könnte auf die Zeitökonomie verwiesen werden, die in einer protestantischen Ethik impliziert ist, mit ihren ganzen Vorstellungen von Aufschub, Aufsparen und damit verbundenen psychischen, sozialen und religiösen Gratifikationen.
134 1999:20.

An anderer Stelle findet man eine Bemerkung, die gut den Bogen von dieser Zeitauffassung zum ganzen Thema des Teilenmüssens schlägt: Die Afrikaner bewegen sich in „einem etwas langsameren, bedächtigen Tempo, weil man im Leben ohnehin nicht alles erreichen kann; was würde denn sonst für die anderen bleiben?"[135]

Diese Idealisierung des Stillstands, der Harmonie, der ewigen Wahrheiten, des Vorrangs des Seienden und Etablierten vor dem Werdenden und Neuen – diese Weltsicht führt fast automatisch zu Ächtung und Ausschluss von Nonkonformisten, Innovatoren und Querdenkern, von „Avantgardisten"; mit andern Worten zur *Verhexung* der Sozialbeziehungen.

---

135  1999:9. Siehe auch 313f.

## Die Hexerei als Fluchtpunkt

Man könnte sagen, dass all die beschriebenen Charakteristika im Phänomen der Hexerei zusammenlaufen, oder zumindest, dass sie allesamt dazu angetan sind, den Hexereikomplex zu stützen. Die Hexerei wäre der Fluchtpunkt, in dem Sinne, dass dort all diese Linien konvergieren, aber auch in dem Sinne, dass sie dorthin fliehen, wenn sie sich als brüchig oder dissonant herausstellen. Sie zeigen und verbergen sich zugleich im Gewande der Hexerei:

> Zauberei ist ein kostspieliger Mechanismus, um Konflikte zu regeln und den Status quo zu erhalten – und gerade hierauf kommt es der afrikanischen Kultur vor allem an. Ist daher die Hexerei nicht ein Spiegel, der den Zustand unserer Gesellschaften wiedergibt? In der Tat spricht vieles dafür. Hexerei ist sowohl ein Instrument des sozialen Zwangs (sie trägt dazu bei, die Treue der Individuen zu ihrem Clan zu erhalten und womöglich zu stärken) als auch ein sehr bequemes politisches Instrument zur Eliminierung jeder Opposition, die sich etwa regen könnte. Hexerei ist für uns ein psychologischer Zufluchtsort, wo all unsere Unwissenheit Antwort findet und unsere wildesten Fantasien Wirklichkeit werden.[136]

Wobei es seltsamerweise, muss man hier zum Thema „Eliminierung der politischen Opposition" anfügen, auf dasselbe hinausläuft, ob man den „Herausforderer" als Hexer anklagt (und ihn so zwingt, die Bühne zu verlassen) oder ob er selber sich zurückzieht, weil er sich von Hexern bedroht fühlt. Hexen und Verhextwerden scheinen in dieser Logik funktional äquivalent zu sein, und in beiden Fällen werden im wahrsten Sinne des Wortes Fantasien real. Vielleicht lässt sich diese Tatsache mit einem Verweis auf die Logik des Unbewussten, das, was Freud den Primärprozess nannte, erhellen. Denn zweifellos hängt die Hexerei-Vorstellung, aus psychologischer Sicht, eng mit dem Mechanismus der Projektion zusammen, der ja per definitionem eine Umkehrung (von Subjekt und Objekt, von Täter und Opfer) vornimmt. Hexereigeschichten haben oft diese verwirrende Note, dass am Ende nicht mehr klar ist, wer jetzt eigentlich wen verhext hat und wo das „Böse" (oder die Aggression) nun zu verorten sei. Ich möchte das mit einem Fall il-

---

136 Etounga-Manguelle 2002:113.

lustrieren, der diesen (im Lacan'schen Sinn) imaginären, Schwindel erregenden Aspekt der Hexerei gut zum Ausdruck bringt.

Das Drama trug sich in Sikensi zu und erschien am 13. August 1997 in der ivorianischen Tageszeitung *Soir Info* unter dem Titel: *„Elle découpe son mari à la hache"* („Sie zerhackte ihren Mann mit einer Axt").

Besagtes Ehepaar war vor ein paar Jahren aus Burkina Faso in die Elfenbeinküste, nach Kimoukro, gekommen. Der Mann verdingte sich als Landarbeiter. Nach ein paar Jahren begann er seine Frau zu vernachlässigen. Nächtelang blieb er weg und vergnügte sich mit andern Frauen. Schließlich ertrug seine Frau die Situation nicht mehr. Sie nahm etwas Geld aus seinem Zimmer und kehrte nach Burkina zurück.

Anlässlich des Begräbnisses ihres Vaters kehrte der Ehemann für einen Besuch nach Burkina zurück. Die Frau hatte sich inzwischen mit einem andern wiederverheiratet und drei Kinder. Der Mann wollte sie jedoch zurück zu sich nach Hause nehmen. Schließlich konnte er sie tatsächlich überzeugen. Aber wieder in der Elfenbeinküste, wo sie sich in Sikensi niederließen, hatte sie das Gefühl, in eine Falle gegangen zu sein. Der Mann sagte ihr angeblich, er hätte sie nur zurückgeholt um sich ihrer „zum Zwecke der Bereicherung zu bedienen". Sie hatte den Eindruck, er wolle sie verhexen, in den Wahnsinn treiben oder sie für ein Ritualopfer benützen. Als sie eines Morgens das Gefühl hatte, er werde jetzt zur Tat schreiten, ging sie zur Polizei. Die Auseinandersetzung konnte aber vorerst auf friedliche Art geschlichtet werden. Der Mann gab ihr allerdings zu verstehen, dass er, sobald er etwas Geld beisammen hätte, sie nach Burkina zurückschicken würde. Sie sah darin jedoch nur ein Ablenkmanöver. In diesem Moment sei ihr die Idee gekommen, ihn zu töten, gab sie zu Protokoll. Als er am Abend den Reis aß, den sie ihm zubereitet hatte, schlich sie sich von hinten heran und hieb ihm dreimal eine Axt in den Kopf. Sie wollte eben die Nachbarn benachrichtigen, als sie sah, dass er noch lebte. Sie ging zurück und hieb ihn endgültig zu Boden.

„Ich kenne meinen Gatten; als wir in Komoukro waren, hat er zusammen mit einem seiner Freunde einen Mann getötet. *Hätte ich ihn nicht getötet, hätte er mich selbst getötet*", sagte sie bei der polizeilichen Befragung.[137]

---

137 Gnandou 1997:12.

Übrigens nimmt die Kirche in der ganzen Hexenfrage eine paradoxe Rolle ein. Es wurde bereits an früherer Stelle festgestellt, dass die Hexereifurcht in christlichen Gebieten größer ist als in islamischen. Obwohl, oder gerade weil die christlichen Kirchen den Kampf gegen die Hexerei viel eher auf ihre Fahnen geschrieben haben als die Islam-Vertreter. Denn aus der Nähe betrachtet zeigt es sich, dass die Kirchen nicht so sehr die Hexerei als Konzept, als Phantasma oder als Aberglauben bekämpfen, sondern den Kampf buchstäblich verstehen, als Hexenverfolgung, und in diesem Sinn den ganzen Vorstellungskomplex nicht in Frage stellen, sondern unterstützen. „Im Gegensatz zu dem, was manche glauben mögen, hat die christliche Religion der Hexerei in Afrika keineswegs ein Ende gemacht, sondern sie legitimiert", schreibt Etounga-Manguelle. „Die Existenz des Teufels wird in der Bibel und von den Weißen Vätern (den Missionaren) anerkannt, was die Existenz von Zauberern und anderen bösen Personen bekräftigt."[138]

Ende März 1999 hielt eine Begebenheit die Bewohner von Divo, einer Stadt im Innern der Elfenbeinküste, in Atem, die ich im Folgenden anhand der Zeitungsberichte wiedergeben möchte, weil sie mir fast alles in sich zu vereinigen scheint, was über die Hexerei als integraler Bestandteil der afrikanischen Kultur gesagt wurde.
Am 30. März wurde der Kaufmann Dramera Bakary in Divo von einem Mob aus 5000 Kindern und Jugendlichen zu Tode gesteinigt und verbrannt. Warum? Am 17. März war in derselben Stadt eine 14jährige Schülerin namens Amenan unter ungeklärten Umständen ermordet worden. Das Gerücht wählte sich den Neureichen Dramera als Sündenbock aus, obwohl es keinerlei Indizien gab, die ihn irgendwie mit dem Mord an dem Mädchen in Verbindung brachten. Aber er war aus anderen Gründen als „Täter" prädestiniert: Noch vor ein paar Jahren war er ein armer Einwanderer aus Mali gewesen, mit einem Schubkarren und *Pagnes* zum Verkauf. Und jetzt besaß er plötzlich mehrere Autos!

Dramera Bakary, man muss es sagen, war das Opfer zahlloser Gerüchte, die in Divo kursieren. Denn man konnte sich den Ursprung seines beachtlichen Vermögens nicht erklären: „Er hatte jeden Tag ein anderes

---

[138] Etounga-Manguelle 2002:113. Als ich einmal in Bringakro an einer Messe der schon erwähnten, „christlichen" Dehima-Kirche teilnahm und Clémentine nachher davon erzählte, meinte sie bloß: „Das sind Hexer..."

Auto ...", hält Ouattara Logossina, ein 43jähriger Mechaniker fest. Während er anfangs den Schubkarren durch die Straßen schob. „Er hat als Tuchverkäufer begonnen" und „auf einen Schlag wurde er plötzlich so reich!", resümiert eine junge Schülerin.
Deswegen hat das Gerücht ihn des Kindsmordes angeklagt. Sein Vermögen musste auf Menschenopfern beruhen, die er regelmäßig macht. Sagte das Gerücht nicht auch, dass er aus diesem Grunde schon Gagnoa und dann Lakota verlassen musste, wo er vorher wohnte?
„Weil das Blut des Mädchens stark war, hat man ihn erwischt", meint Edwige, Schülerin am Lycée Racine. Tatsächlich: Nach der Ermordung der kleinen Amenan (der kein Organ fehlte, im Gegensatz zu dem, was die Gerüchte besagen), wanderten alle Blicke ganz natürlich zum reichen Händler.[139]

Es wurde eine Demonstration durchgeführt (nicht von irgendeinem Pöbel angezettelt übrigens, sondern organisiert von der FESCI, der offiziellen *„Fédération estudiante et scolaire de Côte d'Ivoire"*!) Diese verlief vorerst friedlich. Dann aber stoppte der Zug von mehreren tausend Schülern vor dem Haus des Händlers. Dieser, in Panik, eröffnete zusammen mit seinem Wächter das Feuer auf die Menge. Einige Schüler gingen verletzt zu Boden. Ihre Kameraden zündeten zwei Autos Drameras an. In diesem Moment erschien der Präfekt und die Polizisten. Als das Haus selbst zu brennen anfing, kam der Eigentümer heraus, übergab die Waffe und erhob die Hände, während der Präfekt die Kinder zu beruhigen versuchte.

„Er hat gedacht, dass man ihn lassen würde", sagt uns Edwige, eine 17jährige Schülerin, noch voller Wut ... Die Menge schob den Präfekten und sein Gefolge zur Seite, einige Demonstranten eskortierten sie bis zu ihren Wagen, dann wurde Dramera Bakary getötet. „Ich habe nichts gesehen, die Steine flogen von allen Seiten, es war so ein Durcheinander. Wir selber kamen nur mit Glück davon", sagt Monsieur Gossiho.
... Ein Toter, 11 Verletzte, 2 Autos (Patrol) verkohlt, eine Villa und ein Reislager angezündet. Ebenso, gemäß Quellen aus dem Umkreis der Präfektur, wurden die Hunderte von Rindern, die Dramera Bakary gehörten, abgeschlachtet. Sein ganzer Besitz in Lakota wurde geplündert.
„Er hat es so gewollt", sagen übereinstimmend und feierlich die Bewohner von Divo. Und fügen bei: „Hätte er nicht geschossen, wäre ihm

---

139 Pépé 1999:12 (Zeitungsartikel; Übersetzung D.S.).

nichts passiert." Ohne das mindeste Zeichen von Bedauern. Dabei war Dramera Bakary auf grausame Art ermordet worden, durch einen enthemmten Mob aus Gymnasiasten, Sekundar- und sogar Primarschülern aus Divo. Diese schätzungsweise 5000 Schüler haben den Händler und seinen Besitz sozusagen geopfert, vor seinem Haus im Grémian-Quartier ... Überzeugt von der Schuld desjenigen, den die Gerüchte als Anhänger der Menschenopfer brandmarken.[140]

Es ist der Lynchmob, der das Menschenopfer vollzieht, dessen man den Händler anklagt. *Sie* sind die Hexen, die sie in ihm sehen. Sie bringen ihn dazu, die Gewalt auszuüben, die man ihm unterstellt, um nachher zu sagen: „Selber schuld. Hätte er nicht geschossen, hätten wir ihm kein Haar gekrümmt. Er hat sich gewissermaßen selber umgebracht." Sein Aufstieg vom Schubkarrenjungen zum Großhändler weckt die Gier und den Neid, den man ihm, als „Kinderfresser", unterstellt. Er verkörpert die Möglichkeit, sein Schicksal selber in die Hand zu nehmen und sich über das Gegebene zu erheben. Das zu sehen, ohne daran partizipieren zu können, scheint vielen unerträglich zu sein. Sein Status als Fremder war seinem Aufstieg wohl förderlich, weil man ihn nicht so leicht „anzapfen" konnte; aber eben diese Unmöglichkeit, ihn als „*petit-frère*" auch etwas auszusaugen, seine Abkopplung, wurde ihm zum Verhängnis und führte dazu, dass man ihm selbst diesen neidisch-gierigen Vampirismus unterstellte, diesen Kannibalismus, der sich an ihm nicht hatte befriedigen können, ihn jedoch am Ende mit Gewalt opferte. Wir haben hier einen Fall, bei dem die Gesellschaft als Ganzes gewissermaßen den Part der neidischen und mörderischen Hexe übernimmt, am hellen Tag. Das Kollektiv zeigt sein wahres Gesicht, das es normalerweise auf die „Hexen" abschiebt.

Monsieur Baby von der malischen Botschaft in Abidjan sprach typischerweise fast in einer Art Defensive von den Wohltaten, die Bakary für die Gemeinschaft vollbracht hatte, wie um den Verdacht auszuräumen, dass er zu Recht – als *Solitär* – „hingerichtet" worden sei:

„Als er vom Verstorbenen sprach, rühmte Monsieur Baby seine Verdienste als Unternehmer, beispielhaft für die Mehrheit der Malier. Aus dem Munde zahlreicher Ivorer sei zu hören gewesen, dass unser Bruder maßgeblich an der Entwicklung von Divo und Lakota beteiligt gewesen sei. Er hatte Schulen gebaut, Moscheen ..."[141]

---

140 Pépé 1999:12.
141 Gnaka 1999:4.

Wenn man sich über das erhoben hat, was einem von der Gesellschaft (die sagen wird: von Gott und der Natur) bestimmt und beschieden wurde, kann man noch so viel geben: Man wird zur Geisel, an der jederzeit ein Exempel statuiert werden kann. Man schwebt in Lebensgefahr. Diese Situation ist seltsamerweise zugleich real und imaginär.[142] Und deshalb drückt, wer in diesem Zusammenhang von *Hexerei* spricht, diese reale Bedrohung aus, aber perpetuiert sie zugleich als Phantasma. Und auch wer vielleicht ahnt, dass es Wahnsinn ist, entkommt ihm – als kollektivem System – deswegen noch nicht. Vor allem nicht als Zwölfjähriger, mit 5000 andern.

---

142 Der zitierte Zeitungsartikel drückt das in seinem Titel aus: „Quand la rumeur tue …" – „Wenn das Gerücht tötet …". Oder wie schon Durkheim (1994:312) feststellte: „Es gibt daher ein Gebiet in der Natur, wo die Formel des Idealismus fast wörtlich genommen werden kann: den sozialen Bereich. Die Idee ist dort, mehr als anderswo, die Wirklichkeit."

# Literatur

AMANI N'GORAN/G. DURAND/R. C. J. DELAFOSSE 1991: Sorcellerie en Afrique: origine, évolution, place dans la dynamique psychologique du groupe. Paris: Publications Médicales Africaines, No. 112.
AMON D'ABY, F. J. 1960: Croyances religieuses et coutumes juridiques des Agni de la Côte d'Ivoire. Paris: Larose.
AUGÉ, MARC 1975: Théorie des pouvoirs et idéologie. Etude de cas en Côte d'Ivoire. Paris::Hermann.
AUGÉ, MARC 1977: Pouvoirs de vie, pouvoirs de mort. Introduction à une anthropologie de la répression. Paris: Flammarion.
AUGÉ, MARC 1986: La religion entre magie et philosophie. In: Afrique plurielle, afrique actuelle. Paris: Karthala.
AUGÉ, MARC 1994A: Le sens des autres. Actualité de l'anthropologie. Fayard
AUGÉ, MARC 1995: Der Geist des Heidentums. Klaus Boer Verlag. (Orig.: Génie du paganisme. Paris: Editions Gallimard 1982).
AUSTEN, RALPH A. 1993: The Moral Economy of Witchcraft: An Essay in Comparative History. In: JEAN & JOHN COMAROFF: Modernitiy and Its Malcontents.
BÂ, AMADOU HAMPATÉ 1972: Aspects de la civilisation africaine (personne, culture, religion). Paris: Présence Africaine.
BÂ, AMADOU HAMPATÉ 1984: Entretiens. In: La Découverte/Le Monde. Paris.
BÂ, AMADOU HAMPATÉ 1993: Von Mund zu Ohr. Initiation, Oralität, Gedächtnis: Afrikas lebende Tradition. In: Lettre 21. Berlin.
BALANDIER, G. 1978: Anthropologie politique. Paris: P.U.F., coll. „Le sociologue".
BARLEY, NIGEL 1990: Die Raupenplage. Von einem, der auszog, Ethnologie zu betreiben. Stuttgart: Klett-Cotta. (Orig.: A Plague of Caterpillars. A Return to the African Bush. New York: Viking Penguin Inc. 1986).
BARNES, BARRY 1987 (1973): Glaubenssysteme im Vergleich: falsche Anschauungen oder Anomalien? In: HANS G. KIPPENBERG (Hrsg.): Magie.
BASTIAN, MISTY L. 1993: „Bloodhounds Who Have No Friends": Witchcraft and Locality in the Nigerian Popular Press. In: JEAN & JOHN COMAROFF: Modernity and Its Malcontents.
BATAILLE, GEORGES 1975 (1967): Die Aufhebung der Ökonomie. München: Rogner & Bernhard.
BATAILLE, GEORGES 1997 (1974): Theorie der Religion. München: Matthes & Seitz Verlag.
BAXTER, P. T. W. 1972: Absence makes the heart grow fonder. Some suggestions why witchcraft accusations are rare among East African pastoralists. In: M. GLUCKMAN 1972: The allocation of responsibility.
BAYART, JEAN-FRANÇOIS 1989: L'Etat en Afrique, la politique du ventre. Fayard.
BEATTIE, J. 1963. Sorcery in Bunyoro. In: J. MIDDLETON/E.H. WINTER (Hrsg.): Witchcraft and Sorcery in East Africa. Routledge and Kegan Paul, London.
BEATTIE, J. 1967: Divination in Bunyoro, Uganda. In: J. MIDDLETON (Hrsg.): Magic, Witchcraft, and Curing.
BECKER C./J.-P. DOZON/C. OBBO/M. TOURÉ (1999): Vivre et penser le sida en Afrique. Paris: Codesria – Karthala.
BOUMPOTO, MADELEINE 1999: Sida, sexualité et procréation au Congo. In: BECKER et al.: Vivre et penser le sida en Afrique.
BOURDARIAS, FRANÇOISE 1996: Bamako: les guérisseurs du „bout du goudron". In: Le Journal du Sida. Nr. 86–87.
CALDWELL, JOHN C./PAT CALDWELL/I. O. ORUBULOYE 1994: The family and sexual networking in sub-Saharan Africa: historical regional differences and present-day

implications. In: I. O. ORUBULOYE et al. (Hrsg.): Sexual Networking and AIDS in Sub-Saharan Africa. Health Transition Series 4. Canberra.
CANNON, W. B. 1942: „Voodoo" Death. In: American Anthropologist 44, 169–181.
CAPRON, J. 1973: Communautés villageoises Bwa, Mali – Haute-Volta. Paris: Institut d'ethnologie, Musée de l'Homme.
CAPRON, J. 1988: Sept études d'ethnologie Bwa, Mali – Burkina Faso, 1957 – 1987. Université François Rabelais.
CHABAL, PATRICK/JEAN-PASCAL DALOZ 1999 : Africa Works. Disorder as Political Instrument. Oxford: The International African Institute.
CHABAL, PATRICK 2001A : „Der Westen kann für Afrika nichts tun". In: Tages-Anzeiger. 27. Jan. Zürich: Tamedia.
CHABAL, PATRICK 2001B : Verlierer auf der ganzen Linie ? Afrika im Zeitalter der Globalisierung. In: NZZ Nr. 36, 13.Februar. Zürich.
COLLOMB, HENRI/CHANTAL DE PRENEUF 1969: N'Doep et psychodrame. In: Bulletin de Psychologie, Vol. XXIII, No. 285. Paris.
COLLOMB, HENRI 1975: Psychiatrie moderne et therapeutiques traditionelles. In: Ethiopiques 2, 40-54.
COLLOMB, HENRI 1978: „Hexerei-Menschenfresserei" und Zweierbeziehung. In: Psyche 5/6 – XXXII. Sonderdruck Stuttgart: Ernst Klett Verlag.
COMAROFF, JEAN AND JOHN (EDS.) 1993: Modernity and Its Malcontents. Ritual and Power in Postcolonial Africa. Chicago & London: The University of Chicago Press.
COULIBALY, MARC 1996: Masques et société dans le village Bwa de Moundasso. Ouagadougou: Université, FLASHS.
COULIBALY, MARC 1999: Bwaba Masken, Appenzeller Masken, eine Begegnung. Urnäsch: Appenzeller Brauchtumsmuseum.
DE KERCKHOVE, DERRICK 1998: Explosion ins Überall. Hypertext und die lange Zukunft des Buchs. In: Du. Die Zeitschrift der Kultur. Heft Nr. 1, Januar. Zürich: TAMedia.
DE ROSNY, ERIC 1999: Die Augen meiner Ziege. Auf den Spuren afrikanischer Hexer und Heiler. Wuppertal : Edition Trickster im Peter Hammer Verlag. (Orig.: Les yeux de ma chèvre. Sur les pas des maîtres de la nuit en pays douala (Cameroun). Paris: Plon. 1981).
DE ROSNY, ERIC 1994: Heilkunst in Afrika. Mythos, Handwerk und Wissenschaft. Wuppertal: Peter Hammer Verlag. (Orig.: L' Afrique des Guérisons. Paris: Editions Karthala 1992).
DELACROIX, JEAN-MARIE 1994: Gestalt-thérapie, culture africaine, changement. Du Père-Ancêtre au Fils Créateur. Paris: Editions L'Harmattan.
DERRIDA, JACQUES 1990 (1967): Grammatologie. Frankfurt a. M.: Suhrkamp.
DERRIDA, JACQUES 1993 (1991): Falschgeld. Zeit geben I. München: Wilhelm Fink Verlag.
DEVEREUX, GEORGES 1982 (1970): Normal und anormal. Aufsätze zur allgemeinen Ethnopsychiatrie. Frankfurt a. Main: Suhrkamp.
DIETERLEN, GERMAINE 1951: Essai sur la Religion Bambara. Paris: Bibliothèque de Sociologie Contemporaine.
DOUGLAS, MARY (HRSG.) 1970: Witchcraft. Confessions & Accusations. London: Tavistock Publications.
DOUGLAS, MARY 1985: Reinheit und Gefährdung. Eine Studie zu Vorstellungen von Verunreinigung und Tabu. Berlin: Reimer. (Orig.: Purity and Danger. 1966).
DOZON, JEAN-PIERRE 1993: Médecines traditionelles et sida. Les modalités de sa prise en charge par un tradipraticien ivoirien. In: DOZON et al. (Hrsg.): Conférence de Bingerville. Petit Bassam: Orstom.
DUCHESNE, VÉRONIQUE 1996: Le cercle de Kaolin. Boson et initiés en terre anyi, Côte d'Ivoire. Paris: Institut d'ethnologie, Musée de l'homme.

DURKHEIM, EMILE 1994 (1912): Die elementaren Formen des religiösen Lebens. Frankfurt a. Main: Suhrkamp. (Orig.: Les formes élémentaires de la vie religieuse. Paris: Presses Universitaires de France 1968).
DUVAL, MAURICE 1985: Un totalitarisme sans Etat: essai d'anthropologie à partir d'un village burkinabé. Paris: L'Harmattan.
EGLASH, RON 1997: Bamana Sand Divination. Recursion in Ethnomathematics. In: American Anthropologist. Volume 99, Number 1.
ELIADE, MIRCEA 1961: Das Mysterium der Wiedergeburt. Initiationsriten, ihre kulturelle und religiöse Bedeutung (Orig.: Naissances mystiques. Paris: Gallimard 1958.)
ELLENBERGER, H. K. 1951: Der Tod aus psychischen Ursachen bei Naturvölkern. In: Psyche 5, 333–344. Stuttgart.
EMMER, PIETER C. 2003. Africa Addio? Afrika muss endlich in den Spiegel sehen. In: Der Überblick, Nr. 3, Hamburg.
ERDHEIM, MARIO 1984: Die gesellschaftliche Produktion von Unbewusstheit. Eine Einführung in den ethnopsychoanalytischen Prozess. Frankfurt a. Main: Suhrkamp.
ESCHLIMANN, JEAN-PAUL 1982: Naître sur la terre africaine. Abidjan: Inades.
ESCHLIMANN, JEAN-PAUL 1985: Les Agni devant la mort. Paris: Karthala.
ETOUNGA MANGUELLE, DANIEL 1991: L'Afrique a-t-elle besoin d'un programme d'ajustement culturel? Ivry-sur-Seine: Editions Nouvelles du Sud.
ETOUNGA-MANGUELLE, DANIEL 2002: Benötigt Afrika ein kulturelles Anpassungsprogramm? In: L. HARRISON UND S. HUNTINGTON: Streit um Werte. Wie Kulturen den Fortschritt prägen. Hamburg: Europa Verlag.
EVANS-PRITCHARD, E. E. 1988 (1937): Hexerei, Orakel und Magie bei den Zande. Frankfurt a. M.: Suhrkamp. (Orig.: Witchcraft, Oracles and Magic among the Azande. Oxford University Press 1976).
FAVRET-SAADA, JEANNE 1979: Die Wörter, der Zauber, der Tod. Frankfurt a. M.: Suhrkamp. (Orig.: Les mots, la mort, les sorts. La sorcellerie dans le Bocage. Paris: Gallimard 1977).
FERRY, BENOÎT 1999: Systèmes d'échanges sexuels et transmissions du VIH/sida dans le contexte africain. In: BECKER et al.: Vivre et penser le sida en Afrique.
FICHTE, HUBERT 1990: Psyche. Annäherungen an die Geisteskranken in Afrika. In: Psyche. Glossen. Frankfurt a. M.: Fischer.
FISIY, CYPRIAN F./PETER GESCHIERE 1993: Sorcellerie et accumulation, variations régionales. In: P. GESCHIERE/P. KONINGS (Hrsg.): Itinéraires d'accumulation au Cameroun.
FORTES, MEYER 1966: Ödipus und Hiob in westafrikanischen Religionen. Frankfurt am Main: Suhrkamp. (Orig.: Oedipus and Job in West African Religion. Cambridge University Press 1959).
FOSTER, GEORGE M. 1965: Peasant society and the image of limited good. In: American Anthropologist 67:293–315.
FOSTER, GEORGE M. 1972: The Anatomy of Envy: A Study in Symbolic Behavior. In: Current Anthropology, Vol. 13, No. 2, April. University of Chicago Press.
FOUCAULT, MICHEL 1991: Sexualität und Wahrheit. 3 Bände. Frankfurt a. M.: Suhrkamp.
FREUD, SIGMUND 1982A (1907): Zwangshandlungen und Religionsübungen. In: Studienausgabe Band VII. Frankfurt a. Main: Fischer.
FREUD, SIGMUND 1982C (1930): Das Unbehagen in der Kultur. In: Fragen der Gesellschaft. Ursprünge der Religion. Studienausgabe Band IX. Frankfurt a. Main: Fischer.
FREUD, SIGMUND 1982D (1920): Jenseits des Lustprinzips. In: Psychologie des Unbewussten. Studienausgabe Band III. Frankfurt a. M.: Fischer.
FREUD, SIGMUND 1986 (1950): Briefe an Wilhelm Fliess 1887–1904. Hrsg. J. M. MASSON. Frankfurt a. Main: Fischer.

FREUD, SIGMUND 1987 (1916). Einige Charaktertypen aus der psychoanalytischen Arbeit (Die am Erfolge scheitern). In: Schriften zur Kunst und Literatur. Frankfurt a. Main: Fischer.
GEERTZ, CLIFFORD 1987A: Religion als kulturelles System. In: Dichte Beschreibung. Beiträge zum Verstehen kultureller Systeme. Frankfurt a. Main: Suhrkamp. (Orig.: Religion As a Cultural System. In: M. BANTON (Ed.): Anthropological Approaches to the Study of Religion. London: Tavistock Publications Ltd. 1966).
GEERTZ, CLIFFORD 1987B: Dichte Beschreibung. Bemerkungen zu einer deutenden Theorie von Kultur. In: Dichte Beschreibung. Frankfurt a. Main: Surkamp.
GELLNER, ERNEST 1993: Pflug, Schwert und Buch. Grundlinien der Menschheitsgeschichte. München: dtv/Klett-Cotta. (Orig.: Plough, Sword and Book. London: Collins Harvill 1988).
GESCHIERE, PETER/PIET KONINGS (HRSG.) 1993: Itinéraires d'accumulation au Cameroun. Paris/Leiden: ASC-Karthala.
GESCHIERE, PETER 1995: Sorcellerie et politique en Afrique. La viande des autres. Paris: Karthala.
GILLIES, EVA 1988: Einleitung, in: EVANS-PRITCHARD: Hexerei, Orakel und Magie bei den Zande. Frankfurt a. M.: Suhrkamp.
GIRARD, RENÉ 1992A: Das Heilige und die Gewalt. Frankfurt a. M.: Fischer. (Orig.: La violence et le sacré, Paris 1972).
GIRARD, RENÉ 1992B: Ausstossung und Verfolgung. Eine historische Theorie des Sündenbocks. (V. a. : Kap. IV: Gewalt und Magie). Frankfurt a. Main: Fischer. (Orig.: Le Bouc émissaire, Paris 1982).
GLUCKMAN, MAX 1972: The allocation of responsability. Manchester: Manchester University Press.
GLUCKMAN, MAX 1972: Moral crises: magical and secular solutions. The Marett lectures, 1964 and 1965. In: M. GLUCKMAN 1972: The allocation of responsability.
GLUCKMAN, MAX 1982: The Logic of African Science and Witchcraft. In: M. MARWICK (Ed.): Witchcraft and Sorcery.
GLUCKMAN, MAX 1983: Rituale der Rebellion in Südost-Afrika. In: F. KRAMER/C. SIGRIST (Hrsg.): Gesellschaften ohne Staat.
GNAKA, LAGOKÉ 1999: La communauté malienne crie son désarroi. In: Le jour n° 1247 du vendredi 2 avril. Abidjan.
GNANDOU, KOFFI 1997: Elle découpe son mari à la hache. In: Soir Info N° 910 du mercredi 13 Août. Abidjan.
GOODY, JACK/IAN WATT/KATHLEEN GOUGH 1997 (1968): Entstehung und Folgen der Schriftkultur. Frankfurt a. Main: Suhrkamp.
GUERRY, VINCENT 1970: La vie quotidienne dans un village baoulé. Abidjan: Inades.
GUEYE, MOMAR 1984: Der soziokulturelle Ansatz der psychiatrischen Praxis in Fann. In: Curare, Sonderband (Georges Devereux zum 75. Geburtstag) 2/84. Braunschweig/Wiesbaden: Friedr. Vieweg & Sohn Verlag.
HAUSMANN MUELA, SUSANNA/JOAN MUELA RIBERA/MARCEL TANNER 1998: Fake malaria and hidden parasites – the ambiguity of malaria. In: Anthropology & Medicine, Vol. 5, No. 1. London.
HENRY, ALAIN 1987: Le développement face aux valeurs sacrées de l'Afrique. In: Afrique Industrie 366, 1. April.
HELD, S. 1986: Witches and Thieves. Deviant Motivations in Gisu Society. In: Man 21, 1.
HIELSCHER, SIBYLLE 1992. Heiler in Mali. Ein Beitrag zur postkolonialen Afrikanischen Medizin. Münster: Lit.
HOURS, BERNARD 1986. L'Etat Sorcier. Santé Publique et Société au Cameroun. Paris: L'Harmattan.
IMFELD, AL 1997: Da kam eines Tages im Frühsommer, kurz vor dem Melken, ein Mann leicht und fast tänzelnd vom Wald daher. Neue Geschichten. Frauenfeld: Im Waldgut.

IMFELD, AL 1999: „Eine Swatch ist faszinierend, aber ihre Zeit mag ich nicht." In: Entwicklungspolitik-Materialien III. Epd: Frankfurt a. Main.
IMPERATO, PASCAL J. 1970: Indigenous Medical Beliefs and Practices in Bamako, a Moslem African City. In: Tropical and Geographical Magazine 22: 211–220.
IMPERATO, PASCAL J. 1977: African folk medicine. Practices and beliefs of the Bambara and other peoples. Baltimore: York Press.
JARVIE, I. C. 1985: Die Anthropologen und das Irrationale. In: HANS PETER DUERR (Hrsg.): Der Wissenschaftler und das Irrationale. Zweiter Band. Frankfurt a. M.: Syndikat/EVA
JARVIE, I. C./JOSEPH AGASSI 1987: Das Problem der Rationalität von Magie. In: HANS G. KIPPENBERG (Hrsg.): Magie. Frankfurt a. M.: Suhrkamp
JAULIN, ROBERT 1966. La Géomancie. Analyse formelle. Paris: Mouton & Co (Cahiers de l'Homme, Ecole Pratique des Hautes Etudes, Sorbonne).
JONCKERS, DANIELLE 1993: Autels sacrificiels et puissances religieuses. Le Manyan (Bamana – Minyanka, Mali). In: A. DE SURGY (Ed.): Fétiches II. Systemes de pensées en Afrique noir, Nr. 12 1993:65–101.
JONES, G. I. 1970: A Boundary to Accusations. In: MARY DOUGLAS (Ed.): Witchcraft. Confessions & Accusations. London: Tavistock Publications.
KABOU, AXELLE 1993: Weder arm noch ohnmächtig. Eine Streitschrift gegen schwarze Eliten und weiße Helfer. Basel: Lenos Verlag. (Orig.: Et si l'Afrique refusait le développement? Paris: L'Harmattan 1991).
KAN, J.-C. 1986: Approche de la société Bwa du Bwée pré-colonial. Ouagadougou: Université IN.SHU.S.
KAPLAN, ROBERT D. 1996: Die kommende Anarchie. Ökonomie, Religion, Gesellschaft – Weltordnungen im Zerfall. In: Lettre, Frühjahr 1996, Berlin.
KAPUSCINSKI, RYSZARD 1999: Afrikanisches Fieber. Erfahrungen aus vierzig Jahren. Frankfurt a. Main: Eichborn Verlag.
KIPPENBERG, HANS G./BRIGITTE LUCHESI 1987: Magie. Die sozialwissenschaftliche Kontroverse über das Verstehen fremden Denkens. Frankfurt a. Main: Suhrkamp.
KLUCKHOHN, CLYDE 1960: Recurrent Themes in Myth and Mythmaking. In: HENRY A. MURRAY (Ed.): Myth and Mythmaking. New York.
KNELLESSEN, OLAF/PETER PASSETT/PETER SCHNEIDER (HRSG.) 1998: Übertragung und Übertretung. Tübingen: Edition diskord.
LACAN, JACQUES 1990 (1975): Freuds technische Schriften. Das Seminar Buch I. Weinheim, Berlin: Quadriga.
LALLEMAND, SUZANNE 1988: La Mangeuse d'âmes. Sorcellerie et Famille en Afrique noire. Paris: Harmattan.
LATOUCHE, SERGE 1998: L'autre Afrique. Entre don et marché. Paris: Bibliothèque Albin Michel Economie.
LAURENT, PIERRE-JOSEPH 1998: Une association de développement au pays mossi. Le don comme ruse. Paris: Karthala.
LE MOAL, GUY 1975: Poisons, sorciers et contre-sorcellerie en pays bobo (Haute Volta). In: Systèmes de pensée en Afrique noire. Cahier 1. CNRS Paris.
LE MOAL, GUY 1981: Introduction à une étude du sacrifice chez les Bobo de Haute Volta. In: Systèmes de pensée en Afrique noire. Cahier 5. CNRS Paris.
LE PALEC, ANNIE 1996: Mali: les nouveaux guérisseurs urbains en quête d'identité. In: Le Journal du sida, Nr. 86–87.
LÉVI-STRAUSS, CLAUDE 1971: Das Rohe und das Gekochte. Mythologica I. Frankfurt a. Main: Suhrkamp.
LÉVI-STRAUSS, CLAUDE 1975: Strukturale Anthropologie II. Frankfurt a. Main: Suhrkamp.
LÉVI-STRAUSS, CLAUDE 1977A (1958): Der Zauberer und seine Magie. In: Strukturale Anthropologie 1. Frankfurt a. M.: Suhrkamp.
LÉVI-STRAUSS, CLAUDE 1978 (1955): Traurige Tropen. Frankfurt a. Main: Suhrkamp.
LÉVI-STRAUSS, CLAUDE 1979 (1962): Das wilde Denken. Frankfurt a. Main: Suhrkamp.

LÉVI-STRAUSS, CLAUDE 1980: Mythos und Bedeutung. Vorträge. Frankfurt a. Main: Suhrkamp.
LÉVI-STRAUSS, CLAUDE 1989 (1950): Einleitung in das Werk von Marcel Mauss. In: MARCEL MAUSS: Soziologie und Anthropologie 1. Frankfurt a. Main: Fischer.
LÉVY-BRUHL, LUCIEN 1931: Le surnaturel et la nature dans la mentalité primitive. Paris: Librairie F. Alcan.
LEWIS, GILBERT 1977: Fear of Sorcery and the Problem of Death by Suggestion. In: JOHN BLACKING (Hrsg.): The Anthropology of the Body. London: Academic Press.
LIENHARDT, GODFREY 1951: Some Notions of Witchcraft among the Dinka. In: Africa 21 (4): 303–318.
LIENHARDT, GODFREY 1970 (1962): The Situation of Death. An Aspect of Anuak Philosophy. In: MARY DOUGLAS (Ed.): Witchcraft. Confessions & Accusations. London: Tavistock Publications.
LINTON, RALPH 1936: The Study of Man. New York.
LUHMANN, NIKLAS 1995: Soziologische Aufklärung 6. Die Soziologie und der Mensch. Opladen: Westdeutscher Verlag.
MABILLE, JEAN (ED.) 1987: Mémorial de la Côte d'Ivoire. Abidjan: Edition Ami.
MARWICK, MAX (1967): The Sociology of Sorcery in a Central African Tribe. In: J. MIDDLETON (Hrsg.): Magic, Witchcraft, and Curing.
MARWICK, MAX (ED.) 1982 (1970): Witchcraft and Sorcery. Harmondsworth: Penguin Books.
MAUPOIL, BERNARD 1943: La Géomancie à l'ancienne Côte des Esclaves. Publication de l'Institut d'Ethnologie, Paris.
MAUSS, MARCEL/HENRI HUBERT 1968 (1899): Essai sur la nature et la fonction du sacrifice. In: Œuvres, tome 1. Les fonctions sociales du sacré. Paris: Editions de Minuit.
MAUSS, MARCEL/HENRI HUBERT 1989A (1902): Entwurf einer allgemeinen Theorie der Magie. In: Soziologie und Anthropologie 1. Frankfurt a. Main: Fischer. (Orig.: Esquisse d'une théorie générale de la magie. In: Sociologie et anthropologie. Paris: PUF 1950).
MAUSS, MARCEL 1989B (1926): Über die physische Wirkung der von der Gemeinschaft suggerierten Todesvorstellung auf das Individuum. In: Soziologie und Anthropologie 2. Frankfurt a. Main: Fischer. (Orig.: Effet physique chez l'individu de l'idée de mort suggérée par la collectivité. Paris: PUF 1950.)
MAUSS, MARCEL 1989C (1923): Die Gabe. Form und Funktion des Austauschs in archaischen Gesellschaften. In: Soziologie und Anthropologie 2. Frankfurt a. Main. (Orig.: Essai sur le don).
MAUSS, MARCEL 1989D (1924): Wirkliche und praktische Beziehungen zwischen Soziologie und Psychologie. In: Soziologie und Anthropologie 2. Frankfurt a. Main: Fischer.
MBEMBE, ACHILLE 1990: Pouvoir, violence et accumulation. In: Politique africaine, 39, 7–25.
MBITI, JOHN S. 1974 (1969): Afrikanische Religion und Weltanschauung. Berlin: Gruyter.
MIAFFO, DIEUDONNÉ/JEAN-PIERRE WARNIER 1993: Accumulation et ethos de la notabilité chez les Bamiléké. In: P. GESCHIERE/P. KONINGS (Hrsg.): Itinéraires d'accumulation au Cameroun.
MIDDLETON, JOHN (HRSG.) 1967: Magic, Witchcraft, and Curing. Austin und London: University of Texas Press.
MONÉNEMBO, TIERNO 1996: Zahltag in Abidjan. Roman. Wuppertal: Peter Hammer Verlag. (Orig.: Un attiéké pour Elgass. Paris: Editions du Seuil 1993).
MULTHAUPT, TAMARA 1989: Hexerei und Antihexerei in Afrika. Trickster Wissenschaft, München.
NADEL, S. F. 1967: Witchcraft in Four African Societies. In: C. S. FORD: Cross-Cultural Approaches. New Haven: HRAF Press.

NAIPAUL, V. S. 1995 (1984): Die Krokodile von Yamoussoukro. In: Dunkle Gegenden. Sechs große Reportagen. Frankfurt a. Main: Eichborn.
NATHAN, TOBIE 1986: La Folie des autres. Traité d'ethnopsychiatrie clinique. Paris: Dunod.
NATHAN, TOBIE 1994: L'influence qui guérit. Paris: Editions Odile Jacob.
NATHAN, TOBIE 1999: Zum Begriff des sozialen Netzes in der Analyse therapeutischer Dispositive. In: PEDRINA et al. (Hrsg.): Kultur, Migration, Psychoanalyse. Therapeutische Konsequenzen theoretischer Konzepte. Tübingen: Edition diskord.
ORTIGUES, MARIE-CÉCILE UND EDMOND. 1984: Œdipe africain. Paris: Harmattan.
PARK, GEORGE K. 1967: Divination and its Social Contexts. In: J. MIDDLETON: Magic, Witchcraft and Curing.
PARIN, PAUL/F. MORGENTHALER/G. PARIN-MATTHÈY 1985 (1963): Die Weißen denken zuviel. Psychoanalytische Untersuchungen bei den Dogon in Westafrika. Frankfurt. a. Main: Fischer.
PARIN, PAUL/F. MORGENTHALER/G. PARIN-MATTHÈY 1978 (1971): Fürchte deinen Nächsten wie dich selbst. Psychoanalyse und Gesellschaft am Modell der Agni in Westafrika. Frankfurt a. M.: Suhrkamp.
PARRINDER, GEOFFREY 1976 (1951): West African Psychology. A Comparative Study of Psychological and Religious Thought. London: Lutterworth Press.
PARRINDER, GEOFFREY 1958: Witchcraft: European and African. London: Faber and Faber.
PLATTEAU, JEAN-PHILIPPE 2000: Institutions, Social Norms, and Economic Development. Australia: Harwood Academic Publishers (Fundamentals of Development Economics).
PRINCE, RAYMOND 1980: Variations in Psychotherapeutic Procedures. In: HARRY C. TRIANDIS/JURIS G. DRAGUNS (Eds.): Handbook of Cross-Cultural Psychology, Vol. 6 (Psychopathology). Boston: Allyn and Bacon Inc.
RICHTER, C. 1957: On the phenomenon of sudden death in animals and man. In: Psychosom. Med. 19, 191–198.
ROTH, CLAUDIA 1997: „Was ist Liebe?" Zum Wandel der Ehe in Bobo-Dioulasso, ein Beispiel. In: BEAT SOTTAS et al. (Hrsg): Werkschau Afrikastudien. Hamburg: LIT.
SALICH, TAJJIB 1998 (1969): Zeit der Nordwanderung. Roman aus dem Sudan. Basel: Lenos Verlag.
SEMBÈNE, OUSMANE 1997 (1973): Xala. Die Rache des Bettlers. Wuppertal: Peter Hammer Verlag.
SERRES, MICHEL 1988 (1983): Ablösung. Eine Lehrfabel. München: Klaus Boer Verlag.
SIGNER, DAVID 1994: Konstruktionen des Unbewussten. Die Agni in Westafrika aus ethnopsychoanalytischer und poststrukturalistischer Sicht. Wien: Passagen.
SIGNER, DAVID 1997: Fernsteuerung. Kulturassismus und unbewusste Abhängigkeiten. Wien: Passagen.
SIGNER, DAVID 1998: Übertragung und Übertretung als ethnologische Feldforschungsmethode. In: KNELLESSEN et al. (Hrsg): Übertragung und Übertretung. Tübingen: Edition diskord.
SIGNER, DAVID 1999: L'économie de la sorcellerie. Abidjan: Sempervira (Centre Suisse de Recherches Scientifiques).
SIGNER, DAVID (ET AL.) 2000A: Fluchten, Zusammenbrüche, Asyl. Fallstudien aus dem Ethnologisch-Psychologischen Zentrum in Zürich. Zürich: Argonaut-Verlag.
SIGNER, DAVID 2000B: „Tropischer Hyperhumanismus. Höfliche Parkwächter, geköpfte Aufsteiger und Hexerei in Afrika". In: Lettre 49. Berlin.
SIGNER, DAVID 2000C: „Wer steckt dahinter?" – Hexerei in Afrika. In: Unimagazin 4. Universität Zürich.
SIGNER, DAVID 2001: „Afrikanische Waffen gegen die Unberechenbarkeit des Lebens. Eine Initiation in die Kunst des Heilens und Krankmachens". In: Rebus 18 („Gegenzauber"). Bern: Psychoanalytisches Seminar.

SIGNER, DAVID 2002: „Ökonomie der Hexerei". In: Weltwoche 25. Zürich.
SIGNER, DAVID 2002: Aids-Übertragung: Die Kluft zwischen Denken und Handeln. In: DAVID SIGNER et al. (Hrsg.): Neue Entwicklungen der Ethnopsychoanalys. Münster: LIT.
SMITH BOWEN, ELENORE 1992: Rückkehr zum Lachen. Ein ethnologischer Roman. Hamburg: Rowohlt. (Orig.: Return to Laughter. An anthropological novel. New York: Doubleday & Company 1964).
SORG, EUGEN 1999: Verhext. In: Das Magazin Nr. 07, 20. bis 26. 2. Zürich: TA-Media.
SOW FALL, AMINATA 1996: Der Streik der Bettler. Roman. Göttingen: Lamuv Verlag. (Orig.: La grève des Bàttu ou les déchets humains. Dakar: Nouvelles Editions Africaines 1979).
SOYINKA, WOLE 1986: Aké. Jahre der Kindheit. Zürich: Ammann Verlag. (Orig.: AKE. The years of childhood. London: Rex Collings 1981).
STANDING, H. 1992: AIDS: conceptual and methodological issues in researching sexual behaviour in sub-saharan Africa. In: Social Science and Medicine 34 (5):475–483.
SUNDERMEIER, THEO 1990: Nur gemeinsam können wir leben. Das Menschenbild schwarzafrikanischer Religionen. Gütersloh: Gütersloher Verlag.
TOURÉ, ABDOU/YACOUBA KONATÉ 1990: Sacrifices dans la ville. Le citadin chez le devin en Côte d'Ivoire. Editions Douga: Abidjan.
TOURÉ, ABDOU 1991: Auf der Straße liegt die Fantasie. Gelegenheitsberufe in Abidjan. Zürich: Rotpunktverlag. (Orig.: Les petits métiers à Abidjan. Paris: Karthala 1985).
TRAORÉ, A. J. 1986: Coup d'œil sur le masque en pays Bwamu. In: Sidwaya, Nr. 483:4, August. Ouagadougou.
TROST, FRANZ L. 1990: Die Bevölkerungsgruppen im Südwesten von Burkina Faso, Westafrika. In: Wiener Völkerkundliche Mitteilungen, Band 32. Museum für Völkerkunde, Wien.
TURNER, VICTOR W. 1964: An Ndembu Doctor in Practice. In: ARI KIEV (Ed.): Magic, Faith, and Healing. New York: The Free Press. Wiederabgedruckt in: VICTOR TURNER 1967: The Forest of Symbols. Aspects of Ndembu Ritual. Ithaca, New York: Cornell University Press.
VIDAL, LAURENT 1999: De quelques lieux de rencontre de disciplines et concepts communément mobilisés par la recherche sur le sida. In: Becker et al.: Vivre et penser le sida en Afrique.
VOLTZ, M 1975: Le language des masques chez les Bwaba et les Gourounsi de Haute-Volta. Paris.
VUARIN, ROBERT 1999: „Le chapeau utile n'est pas le vestibule". In: BECKER et al.: Vivre et penser le sida en Afrique.
WALKER, SHEILA S. 1980: Young Men, Old Men, and Devils in Aeroplanes. The Harrist Church, the Witchcraft Complex and Social Change in the Ivory Coast. In: Journal of Religion in Africa. Vol. XI, 1. Leiden
WEBER, MAX 1991 (1905): Die protestantische Ethik. Gütersloh: Gütersloher Verlagshaus Gerd Mohn.
WEISS, CLAUDIA 1997: Ethnobotanische und pharmakologische Studien zu Arzneipflanzen der traditionellen Medizin der Elfenbeinküste. Dissertation. Basel.
WHITING, JOHN W. M. 1967: Sorcery, Sin, and the Superego. In: C. S. FORD: Cross-Cultural Approaches. New Haven: HRAF Press.
WILSON, MONICA H. 1982 (1951): Witch-Beliefs and Social Structure. In: MAX MARWICK: Witchcraft and Sorcery.
WINCH, PETER 1987 (1964): Was heißt „eine primitive Gesellschaft verstehen"? In: HANS G. KIPPENBERG: Magie. Frankfurt a.M.: Suhrkamp.
WINTROB, RONALD M. 1973: The cultural dynamics of student anxiety: a report from Liberia. In: Psychopathologie Africaine, IX, 2. Dakar.
WITTGENSTEIN, LUDWIG 1967: Philosophische Untersuchungen. Frankfurt.

ZAHAN, DOMINIQUE 1960: Sociétés d'Initiation Bambara: le N'domo, le Korè. Paris, The Hague.
ZAHAN, DOMINIQUE 1970: Religion, Spiritualité et Pensée Africaine. Paris: Payot.
ZAHAN, DOMINIQUE 1974: The Bambara. Iconography of Religions VII, 2. Institute of Religious Iconography, State University Groningen. Leiden: E. J. Brill.

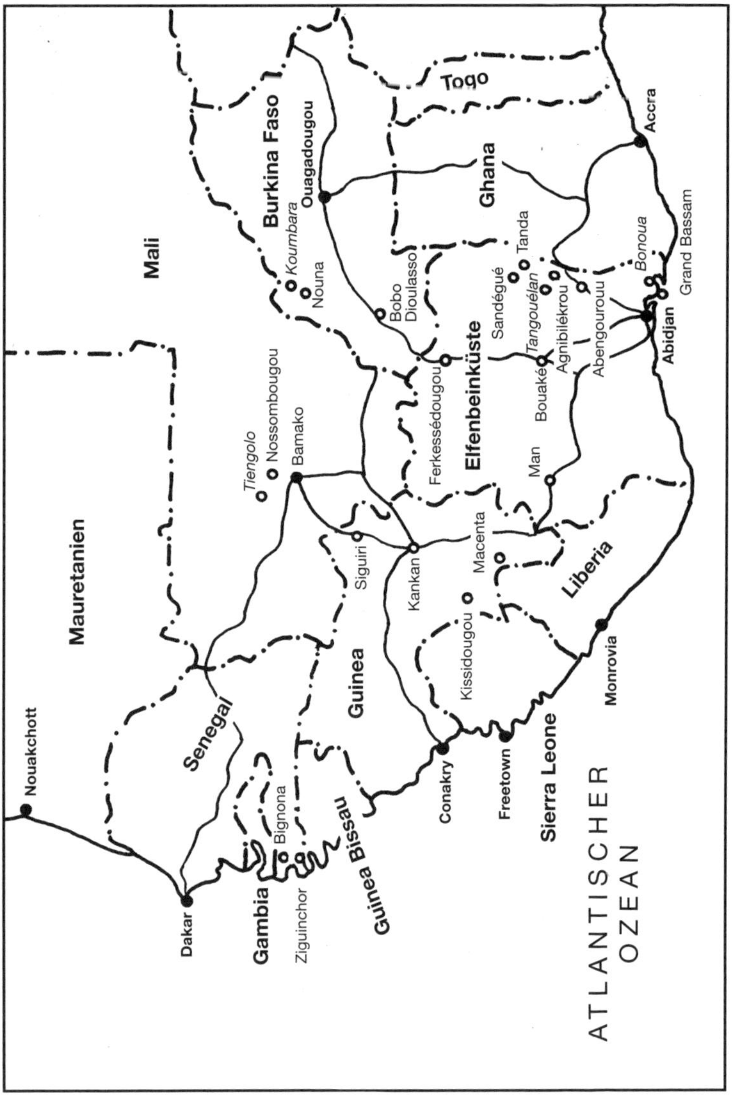
Mauretanien
Mali
Burkina Faso
Togo
Ghana
Ouagadougou
Koumbara
Nouna
Bobo
Dioulasso
Accra
Tanda
Sandégué
Tangouélan
Agnibilékrou
Abengourou
Bonoua
Grand Bassam
Abidjan
Bouaké
Ferkessédougou
Elfenbeinküste
Man
Tiengolo
Nossombougou
Bamako
Siguiri
Kankan
Macenta
Liberia
Kissidougou
Guinea
Senegal
Nouakchott
Dakar
Gambia
Ziguinchor
Bignona
Guinea Bissau
Conakry
Freetown
Sierra Leone
Monrovia
ATLANTISCHER
OZEAN